各界評論

東尼．賈德是我喜愛的歷史學者，他有精彩的生命實踐和學術旅程，又因為在盛年罹患漸凍症而蒙上一層謎團般的光芒，他在生命終點前與提摩希．史奈德的對談《想想二十世紀》，非常精緻而扣人心弦，引領讀者走過一趟冷戰時代的社會思想史。而此次左岸再版的《戰後歐洲六十年》更是令我愛不釋手，手寫筆記塗滿頁邊空白，閱讀期間數度廢寢。它重新教育了我的當代歐洲史知識，並以這本書為標竿，我閱讀了更多的中東歐歷史。這一系列閱讀讓我反思何謂左派、何謂民族主義、何謂帝國。左岸出版的賈德，翻譯品質也十分值得信任。

——吳介民｜中央研究院社會所特聘研究員

賈德的成名著《戰後歐洲六十年》英文版出版於二〇〇五年。本書正是賈德所生存的世代——從戰後廢墟的重建、跨越一九六〇－七〇年代、一九八〇年代新保守主義的建立、一九八〇年代後期到一九九〇年歐洲共產陣營的天崩地裂，以及法德主導下歐盟建立和合作試煉；在這部以歐洲為中心的全景歷史敘事中，迥異於美蘇對峙的冷戰文化敘事，賈德從歐洲一體的思維將政治體制、文化思潮、經濟活動、空間差異和不同意識形態等複雜現象融鑄一氣。他有說故事的本能、豐富的想像力和同理心，一件小故事能說得讓閱聽者心折不已，流暢的敘事力和敏銳的觀察力當然和他長期在報章雜誌書寫文章的訓練有關。《戰後歐洲六十年》一書費時十年始完成，可說是當代史家寫當代史的成功之作。

——吳翎君｜國立臺灣師範大學歷史學系教授

賈德是出身法國史，但能「東西合修」，深入討論東歐的罕見全歐洲史史家。他有百科全書式的博學，也有行雲流水的文字。他的歷史寫作有清楚立場，卻也有姑且可以稱為「人味」的誠懇說服力。在當代各種標榜大理論、或憤世嫉俗、或起訴書式的歷史敘事中，少有這種親切感。賈德雖在創造力高峰之際因病離世，他的名著在今日讀來仍充滿卓見，也不意外地依舊是歐洲戰後史寫作的標竿。

——夏克勤｜美國印第安納大學歷史系副教授

「戰後」的歷史分析架構，儘管賈德用來集中描述歐洲所發生的事，不過實質上，這個架構對於我們整理中國，乃至亞洲從四〇年代中期到至少七〇年代結束，這幾十年間的事，也大有幫助。採用了這樣的分析架構，也就決定了賈德所依賴的史料，以及其敘事風格。《戰後歐洲六十年》書中有大量的統計數字，有複雜的社會動盪描述，後面的篇幅還會有精巧的集體心理討論，然而相對地，沒有太多關於個人——不管是英雄或惡棍——的刻畫。賈德忠於「戰後」的大歷史命題，要提供給讀者的，是一幅經歷半世紀變化距離才得以看清楚的歐洲鳥瞰圖，大塊大塊的色彩塗抹，讓人真的能夠快速領略從戰爭到「戰後」、到走出「戰後」的歷史軌跡。

——楊照｜作家、評論家，「楊照談書」節目主持人

賈德帶著反省與承擔責任的心情，揭開了過去西歐忽略或逃避的視野，豐富而自信地描述了東歐與蘇聯的關聯，更進一步說，那些對舊秩序的爬梳，正埋藏著今日情勢何以至此的解答。過去的事物，只有在被認出的瞬間，才可能被把握。……我這一代人，成長於賈德形容的樂觀時代，見過新世界陽光普照、志得意滿的模樣，如今，我們是否也像一九八九年賈德在維也納換車，當時他說：「誰都看得出，一個時代結束了，新歐洲正在誕生。」我們呢？我們看到什麼？未來，我們之中，是否有誰也將寫下：「時間是二〇二二年二月，那是大家對未來感到幻滅的時期」？

——賴香吟｜作家，著有《白色畫像》等書

我得大力推崇賈德的《戰後歐洲六十年》……它擺脫了陳腐的冷戰模式，合理評價歐盟的角色，為理解歐盟提出嶄新、富啟發性的觀點。

——麥可．霍華德爵士，《泰晤士報文學副刊》年度好書

綜合、分析、反思的上乘之作。本書把這塊大陸分裂的歷史視為一個整體來看待，提醒我們一九六八年既發生在巴黎也發生在布拉格。

——提摩西．加頓－艾許，《泰晤士報文學副刊》年度好書

他敢於以渾然一體的敘述闡明一九四五年後歐洲的總貌……這是具有慧思與人性的歷史書寫……短期內不可能有人能超越賈德的成就。

——諾曼．戴維思，《衛報》

精湛剖析今日的歐洲如何從一九四五年的灰燼和疲憊中站起來。

——J．G．巴拉德，《新政治家》年度好書

一旦了解這本書的卓絕出眾，你會大吃一驚……書中幾乎每一頁都使四十歲以上的讀者想起他們所曾感受、盼望、參與或逃離的東西。

——尼爾．艾斯徹森，《倫敦書評》

賈德以別具一格、不同於傳統的觀點貫穿全書……賈德時時謹記宏觀的觀照或跨文化的主題探討。文筆流暢、優美、引人入勝；全書八百多頁，幾乎每一頁都能予人樂趣和啟發。

——菲立普．費南德茲－阿梅斯托，《泰晤士報》

一九四五年後的歐洲復興史和那過程所受到的限制，已被人講述過許多次，但少有人講得像賈德那麼清楚，那麼從容自信……對賈德來說，以如此易讀、公允的方式敘述這段錯綜複雜的歷史乃是一大成就，而他的著作……在未來多年裡仍將是標竿之作。

——《BBC歷史雜誌》

行文優美，觀點往往令人耳目一新……賈德對過去六十年的觀察，有時是切身的觀察，既新穎且深刻。

——《週日泰晤士報》年度歷史好書

出色之作……他對歐洲知識史（包括展現他深厚學識的論解構主義那一段）的簡練評斷，無人能及……賈德為歐洲戰後史寫下權威性的工具書。它將激起有益的辯論，但我想未來大概沒有著作能超越它。

——米夏．格倫尼，《愛爾蘭時報》

了不起的成就……《戰後歐洲六十年》的確是典範之作——一如作者的本意——是身為公共知識分子的歷史學家的熱情宣示：很有自己見解的、適時的、外向的、注重道德的……一如所有最優秀的歷史學家，他很善於從廢棄物中找到有用的東西——他從其他權威、其他時代挪用的東西，還有他對這些東西的反思，都得到精妙的轉化……令人擊節叫好……賈德並未重寫歷史，但他從另一個角度寫歷史，寫出他自己版本的歷史。

——亞歷克斯．丹切夫，《泰晤士高等教育增刊》

一部精彩巨著，文筆有力，闡述清晰，具有許多來自個人在政治、社會領域之敏銳親身觀察的深刻洞見。全書涵蓋的範圍之廣令人驚嘆……賈德嫻熟運用形形色色的資料，全書展現出對已發生、正發生、且需要予以面對和了解的改變之深刻理解。

——瑪莉娜．華納，《觀察家》年度好書

《戰後歐洲六十年》是歷史研究的傑作，帶我們綜觀過去六十年東方與西方、文化與地緣政治，無縫交織在一塊的歐洲……權威之作。

——約翰．格雷，《英國獨立報》

賈德以勤奮精神和淵博學識走過一九四五年後歐洲的大路和偏僻小路……他不只探索了這個現代大陸的what和when，而且最重要的，探索了why。

——博依德．通欽，《英國獨立報》年度歷史好書真正上乘之作——了不起的成就。很難想像還有誰能寫出更好，且更易讀的著作，描述今日歐洲從一九四五年廢墟中站起來的歷史；放眼望去以二十世紀下半葉為主題的著作，我想不出有哪本著作比得上……總而言之，真正的傑作。

——伊恩・克蕭，《地獄之行》作者

東歐的親身經歷，加上學了捷克語，使賈德非比尋常，同時兼具東、西歐的知識，這些優點都表現在《戰後歐洲六十年》。

——法蘭西斯・福山，《紐約時報》

很少歷史學家有能力處理這麼大的題目，甚或為此下一結論。唯有脫胎換骨之後，深思熟慮又博學多聞如賈德者，方能膺此重任。當代史的作品很容易隨著時事演進被埋沒在書海裡，但如果兼具敘事的誠意、機智的巧辯和獨特的風格，這樣的著作就能一直被傳頌。

——艾瑞克・霍布斯邦，《倫敦書評》

了不起……以不凡的手法涵蓋廣闊領域，在引人入勝的敘述裡將東、西歐的歷史交織為一。

——多米尼克・桑德布魯克，《標準晚報》年度好書

《戰後歐洲六十年》將是我今年所讀過最欣賞的非小說類書籍。賈德不只帶領讀者綜覽那一時期，還探討了在關於歐洲未來、歐洲認同、歐洲如何與其鄰居往來上，正費神思考的許多觀念。

——戈登・布魯爾，《蘇格蘭週日報》年度好書

《戰後歐洲六十年》最了不起的成就之一，乃是揚棄正統、近乎志得意滿的戰後歐洲史敘述，說明那段歷史其實有多複雜、混亂、充斥偶然因素……賈德的洞見和對細節的掌握令人贊嘆……內容無比豐富且易讀。

——《週日泰晤士報》

這本書解答了我心中揮之不去的疑問：為什麼邪惡竟如此頑強？為什麼要實現我們許多人所期盼的平等世界，竟如此困難？即使《戰後歐洲六十年》帶有陰鬱色彩，它卻不令人絕望。本書赤裸裸記錄了人可以沉淪得多深，因此，若我們希望未來的願景不要建立在口號和童話之上，閱讀《戰後歐洲六十年》是必不可少的前提——而那樣的未來願景，即是真實和穩固的希望。

——塔納哈希．科茨，《厄運之地》二〇二一年英文版序言

POSTWAR

戰後歐洲六十年

[下]巨變與融合 1971–2005

A
HISTORY
OF
EUROPE
SINCE
1945

東尼·賈德
TONY JUDT 黃中憲◎譯

獻給珍妮佛

過去的已逝性質，不是更為深刻，更富傳奇色彩，
比現在更為貼近當下？

托馬斯・曼，《魔山》

目錄

第三部
大衰退 1971-1989
RECESSIONAL

第四部
解體以後 1989-2005
AFTER THE FALL

國界
德國的蘇聯區邊界
蘇維埃社會主義
共和國聯盟
瑞典
芬蘭
赫爾辛基
列寧格勒
斯德哥爾摩
塔林
波羅的海
里加
莫斯科
維爾紐斯
加里寧格勒
格但斯克
明斯克
華沙
波蘭
基輔
哈爾科夫
克拉科夫
捷克斯洛伐克
布拉提斯拉發
基希訥烏
布達佩斯
匈牙利
羅馬尼亞
貝爾格勒
布加勒斯特
南斯拉夫
黑海
塞拉耶佛
保加利亞
索非亞
地拉那
史高比耶
伊斯坦堡
伊朗
安卡拉
阿爾巴
尼亞
土耳其
希臘
愛琴海
伊茲米爾
雅典
敘利亞
伊拉克
愛奧尼亞海
賽浦路斯
黎巴嫩
克里特

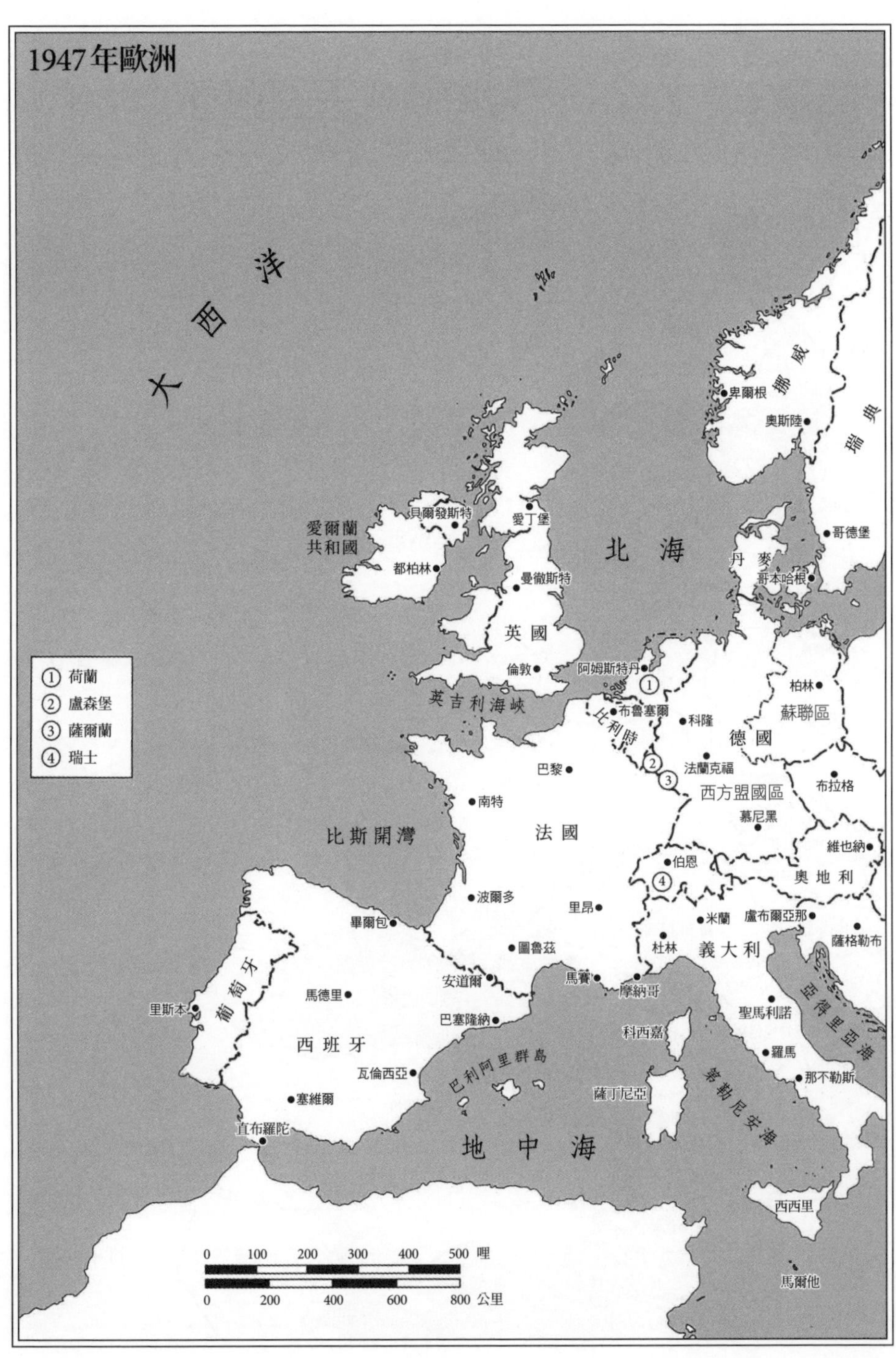
1947年歐洲
大西洋
北海
挪威
瑞典
卑爾根
奧斯陸
哥德堡
丹麥
哥本哈根
愛爾蘭
共和國
貝爾發斯特
都柏林
愛丁堡
曼徹斯特
英國
倫敦
英吉利海峽
阿姆斯特丹
布魯塞爾
比利時
科隆
德國
柏林
蘇聯區
法蘭克福
西方盟國區
布拉格
慕尼黑
維也納
奧地利
伯恩
巴黎
南特
法國
比斯開灣
波爾多
里昂
圖魯茲
米蘭
盧布爾亞那
薩格勒布
杜林
義大利
亞得里亞海
畢爾包
安道爾
馬賽
摩納哥
聖馬利諾
羅馬
那不勒斯
科西嘉
薩丁尼亞
第勒尼安海
葡萄牙
里斯本
馬德里
西班牙
巴塞隆納
瓦倫西亞
巴利阿里群島
塞維爾
直布羅陀
地中海
西西里
馬爾他
① 荷蘭
② 盧森堡
③ 薩爾蘭
④ 瑞士
0 100 200 300 400 500 哩
0 200 400 600 800 公里

國界
瑞典
芬蘭
赫爾辛基
聖彼得堡
俄羅斯聯邦
斯德哥爾摩
塔林
愛沙尼亞
波羅的海
里加
拉脫維亞
莫斯科
立陶宛
維爾紐斯
加里寧格勒
格但斯克
明斯克
白俄羅斯
哈薩克
華沙
波蘭
基輔
哈爾科夫
克拉科夫
烏克蘭
斯洛伐克
布拉提斯拉發
維也納
布達佩斯
匈牙利
摩爾多瓦
基希訥烏
克羅埃西亞
羅馬尼亞
塞瓦斯托波爾
貝爾格勒
布加勒斯特
⑤
黑海
第比利斯
喬治亞
巴庫
⑦
⑥
埃里溫
塞拉耶佛
塞爾維亞與
蒙特尼格羅
保加利亞
索非亞
地拉那
史高比耶
馬其頓
伊斯坦堡
安卡拉
伊朗
阿爾巴
尼亞
希臘
愛琴海
土耳其
伊茲米爾
雅典
愛奧尼亞海
敘利亞
伊拉克
克里特
賽浦路斯
黎巴嫩

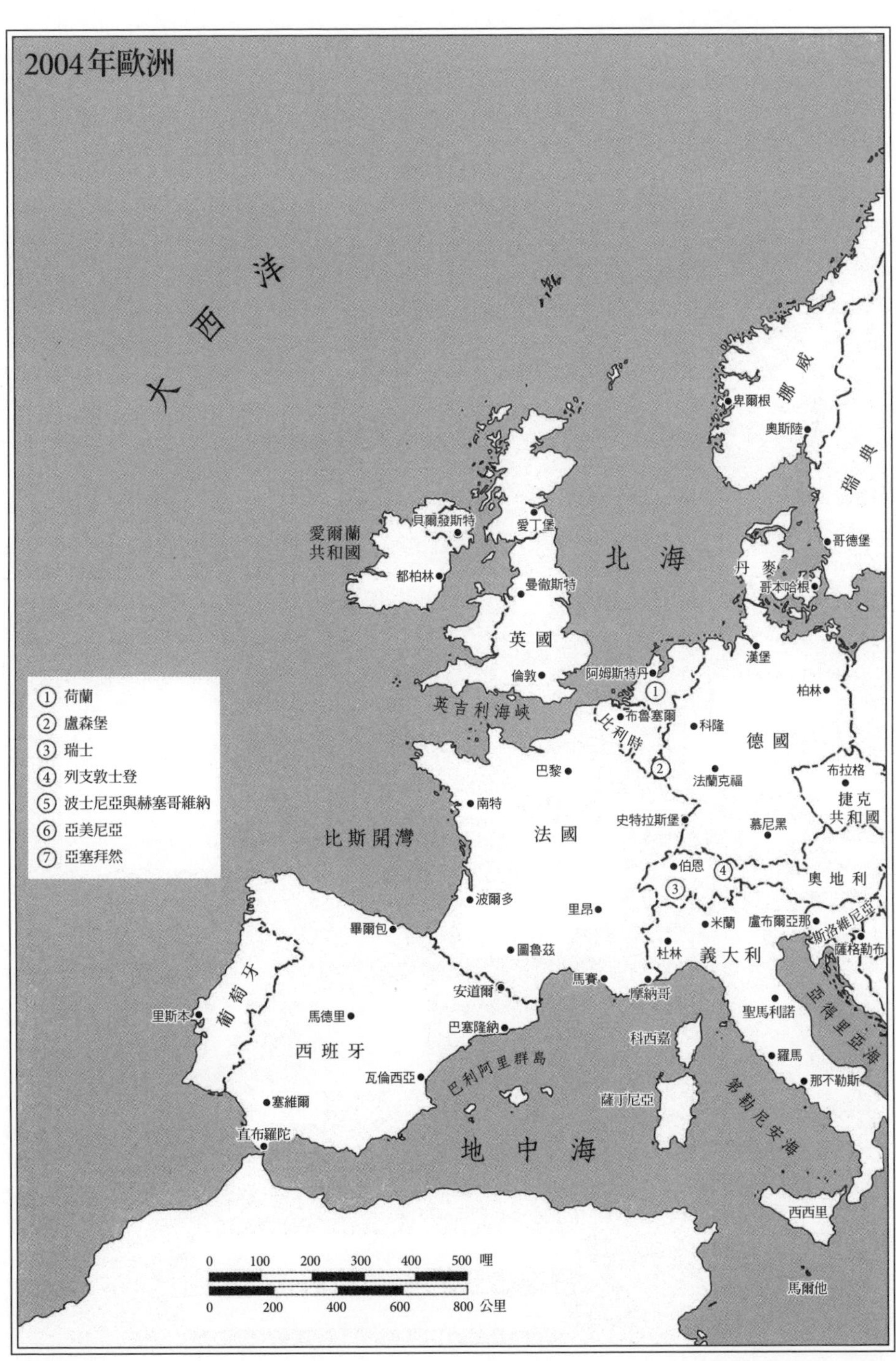
2004年歐洲
大西洋
北海
挪威
瑞典
卑爾根
奧斯陸
哥德堡
丹麥
哥本哈根
愛爾蘭
共和國
貝爾發斯特
都柏林
愛丁堡
曼徹斯特
英國
倫敦
英吉利海峽
阿姆斯特丹
布魯塞爾
比利時
漢堡
柏林
科隆
德國
法蘭克福
布拉格
捷克
共和國
巴黎
南特
史特拉斯堡
慕尼黑
法國
比斯開灣
伯恩
奧地利
波爾多
里昂
米蘭
盧布爾亞那
斯洛維尼亞
薩格勒布
畢爾包
圖魯茲
杜林
義大利
馬賽
摩納哥
安道爾
葡萄牙
里斯本
馬德里
巴塞隆納
聖馬利諾
亞得里亞海
科西嘉
西班牙
巴利阿里群島
羅馬
瓦倫西亞
那不勒斯
第勒尼安海
薩丁尼亞
塞維爾
直布羅陀
地中海
西西里
馬爾他
① 荷蘭
② 盧森堡
③ 瑞士
④ 列支敦士登
⑤ 波士尼亞與赫塞哥維納
⑥ 亞美尼亞
⑦ 亞塞拜然
0 100 200 300 400 500 哩
0 200 400 600 800 公里

第三部
大衰退 1971-1989
RECESSIONAL

14

期望降低
Diminished Expectations

美元是我們的貨幣，但是你們的問題。

美國財政部長約翰・康內利，一九七一

✣ ✣ ✣

殺人可能對，也可能不對，但有時是不得不。

蓋里・亞當斯

✣ ✣ ✣

工人的死重如泰山，資產階級的死輕如鴻毛。

毛澤東

✣ ✣ ✣

這是心情沉重如鉛的時刻——如果捱過去，請記住。

艾蜜莉・狄金生

✣ ✣ ✣

龐克有可能是為文化理論家而創造出來——而真相之一是那的確如此。

羅伯特・休威森

14 期望降低
Diminished Expectations

六〇年代的奔放熱情還未消褪之際，使那熱情得以出現的獨特環境就已永遠逝去。有史記載以來最富裕的十年過去之後不到三年，戰後的經濟榮景就畫下句點。西歐的「光輝三十年」退位，取而代之的是通貨膨脹和成長率下滑的時代，伴隨著普遍失業和社會不滿。六〇年代的激進人士，大部分和他們的追隨者一樣，放棄了「革命」，轉而憂心起自己的飯碗。有些人走上暴力對抗；他們所造成的傷害——和他們的行動招來的政府反應——引發對西方社會「無法治理」狀況憂心忡忡的議論。事實證明，這類憂心是過慮了；在壓力之下，西歐體制表現出的韌性，超乎許多觀察家所擔心的。但戰後頭幾十年的樂觀——或錯覺——將成為絕響。

經濟成長放慢的衝擊，在兩項外來打擊把西歐經濟嚇得猛然停擺時，才開始被人感覺到。一九七一年八月十五日，美國總統尼克森片面宣布美國將放棄固定匯率制。自布雷頓森林會議以來一直作為國際貨幣體系基石的美元，此後將對其他貨幣浮動。這一決定的背景，乃是越戰帶來的龐大軍費負擔和美國聯邦政府日增的預算赤字。在這之前，美元與黃金掛鉤，而華府日益憂心美元的外國持有者（包括歐洲諸國的中央銀行）會出脫美元換取黃金，耗掉美國的儲備。[1]

讓美元浮動的決定，從經濟上來看並非不理性。既然選擇在地球的另一邊打一場成本高昂的消耗戰——並以借來的錢支應該戰爭的開銷——美國就不可能指望將美元維持在固定且價值愈來愈被高估的匯率上。但美國這一舉動還是令人驚駭。如果美元變浮動，那麼歐洲貨幣必然也跟著浮動，在這情況下，戰後精心打造的穩定貨幣制度、貿易制度也會岌岌不保。二戰結束前為建構

1　美國的聯邦預算赤字從一九六五年的十六億美元，增加為一九六八年的兩百五十二億美元。

一受到控制的國際經濟網絡而推出的固定匯率制度壽終正寢，但會由什麼來取代？

經過幾個月的混亂、美元接連兩次貶值和一九七二年英鎊的「浮動」（終於不光彩且嫌遲地卸下其作為國際「儲備」貨幣這個古老且沉重的角色），一九七三年三月，在巴黎召開的會議，正式埋葬了在布雷頓森林會議所費力打造的金融協議，同意建立一新的浮動匯率制度取而代之。這一自由化措施的代價，可想而知，就是通貨膨脹。一九七一年八月美國這一舉措（和接下來美元貶值）之後，緊接著的一段時期裡，歐洲諸國政府希望阻止預期中的經濟衰退，於是採取刻意通貨再膨脹的政策：允許銀根放鬆、國內價格上漲、本國貨幣貶值。

在正常情況下，這一有所節制的「凱因斯式」通貨膨脹可能管用：對於通貨膨脹這一觀念，只有西德有源自歷史而根深蒂固的厭惡。但美國撤出美元計價制度所造成的不確定性，使貨幣投機活動愈來愈猖獗，而針對浮動匯率制度達成的國際協議無力約束這一投機活動。這一現象反過來使個別政府難以如願操縱本國利率、維持本國貨幣的幣值。諸國貨幣貶值。而隨著貨幣貶值，進口成本也揚升：一九七一至一九七三年，非燃料的大宗商品的全球價格成長了七成，糧食價格則成長了一倍。就在這已然不穩定的情勢下，國際經濟遭遇一九七〇年代兩次石油危機中的第一次打擊。

一九七三年十月六日，猶太曆的贖罪日，埃及、敘利亞出兵攻打以色列。不到二十四小時，阿拉伯諸石油輸出大國即宣布打算減少石油產量；十天後，它們宣布對美石油禁運以報復美國支持以色列，並把油價上漲七成。贖罪日戰爭以十月二十五日以埃停火收場，但阿拉伯人對西方支持以色列的失望心情未稍減。十二月二十三日，諸產油國同意再調漲油價。這時油價已比一九七三年開始時漲了一倍多。

欲正確評估這些發展對西歐的影響，就得記得，在這幾十年經濟成長期間，油價幾乎始終沒有變動，與現代工業經濟所倚賴的其他主要的大宗商品不一樣。一九五五年，一桶沙烏地輕原油——衡量基準——要價一·九三美元；一九七一年一月也只要二·一八美元。鑑於那段期間不算太大的價格膨脹，這意味著從實質角度來看石油其實變得更便宜。第一次石油危機之前，一九六〇年成立的石油輸出國家組織（OPEC）大體上形同虛設，無意逼迫其主要產油國以自身的石油蘊藏當政治武器。西方習慣於取得容易且特別廉價的石油——漫長繁榮時期的重要推手之一。

從歐洲經濟日益倚重石油，可看出油價飆漲的影響何等巨大。一九五〇年，固態燃料（煤和焦炭占絕大多數）占去西歐能源消耗的百分之八十三；石油只占百分之八·五。到了一九七〇年，分別變成百分之二十九和百分之六十。一九七三年義大利的能源需求，四分之三靠進口石油滿足；葡萄牙則是百分之八十。[2]因為在北海新發現石油蘊藏而有一段時間變成自給自足的英國，到一九七一年才開始產油。五〇年代晚期和六〇年代消費者的猛增，大大提高了歐洲對廉價石油的依賴：西歐道路上數千萬輛新車靠煤跑不了，靠這時由核能生產出的電力——特別是在法國——一樣動不了。

在這之前，進口燃料都以幣值固定的美元計價。因此，浮動匯率和油價上漲帶來前所未有的不穩定性。此前二十年裡價格、工資穩定上漲——在快速成長的時代這是可接受的社會和諧代價

2 相對地，美國的石油進口量，在一九七三年石油危機高峰時，只占美國國內消耗的百分之三十六。

——但到了這時，通貨急速膨脹。據經濟合作暨發展組織（OECD）的說法，一九六一至一九六九年歐洲非共產地區的通貨膨脹率保持在百分之三．一；一九六九至一九七三年是百分之六．四；一九七三至一九七九年平均達百分之十一．九。在這一總數據底下，各國有相當大的差異：一九七三至一九七九年西德的通貨膨脹率保持在還應付得來的百分之四．七，瑞典的通貨膨脹率則是其兩倍。同一期間，法國的物價膨脹年平均百分之十．七。在義大利，通貨膨脹率平均為百分之十六．一；在西班牙，超過百分之十八。英國平均為百分之十五．六，但在最嚴重的年份（一九七五），英國的年通貨膨脹率超過百分之二十四。

如此程度的價格、工資膨脹，並非史無前例，但對走過五〇、六〇年代穩定膨脹的大部分人——和對他們的政府——來說，這卻是頭一遭。更糟的是，七〇年代歐洲的通貨膨脹——因一九七九年發生的第二次石油危機而更為惡化——與過去的經驗不一樣。這場石油危機肇因於一九七九年伊朗國王巴勒維遭推翻所引發的石油市場恐慌，以及一九七九年十二月至一九八〇年五月間油價上漲一倍半。過去，通貨膨脹與經濟成長——往往是過度急速的成長——密不可分。十九世紀晚期和一九三〇年代的經濟大蕭條，都伴隨著通貨緊縮，誠如當時觀察家所發覺的：過度僵化的貨幣，和政府、人民雙雙長期支出不足，會造成價格和工資的急遽下跌。但在一九七〇年代的歐洲，這一傳統模式似乎不再適用。

西歐反倒開始經歷當時所謂的「停滯性通膨」：工資／價格全面上漲，同時經濟成長放緩。事後來看，今人對那樣的結果並不像當時人那麼吃驚。歐洲剩餘農業勞動力大舉轉入生產力旺盛的都市工業一事，一九七〇年時已經結束；再沒有「閒散人力」可以利用，生產力的成長速度開始無可阻擋地下滑。就歐洲主要的工業、服務業經濟體來說，完全就業仍是常態，晚至一九七一年英國的失業率仍只有百分之三．六，法國只有百分之二．六；但這意味著習慣以強勢地位與資方談判的工會工人，這時面臨了豐厚利潤率開始萎縮的雇主。

西歐經濟在一九七三年石油危機之前，就已顯出疲態，而在這樣的情勢下，工人代表卻以一九七一年起通貨膨脹率升高為理由，要求提高工資和其他補償。實質工資的成長速度已開始超越生產力的成長速度；利潤在下跌；新投資減少。戰後投資熱潮所產生的過剩生產量，就被通貨膨脹或失業吸收。拜中東危機之賜，通膨和失業同時降臨歐洲。

一九七〇年代的不景氣，其實沒有當時人所覺得的那麼糟，但由於和舊日子差別太大，西歐人才覺得那麼糟。衡諸歷史，整個一九七〇年代期間，西歐國內生產毛額的平均成長率不算特別低，從最低的英國百分之一．五到最高的挪威百分之四．九不等。因此，比起一九一三至一九五〇年法、德、英三國的百分之一．三平均成長率，其實有明顯的進步。但比起剛走過的日子，則落差頗大：一九五〇至一九七三年，法國年均成長率達到百分之五，西德將近百分之六，甚至英國都維持了超過百分之三的年均成長率。特殊的並不是七〇年代，而是五〇、六〇年代。[3]

但痛苦卻是千真萬確，且因為在出口方面對上亞洲新興工業國家日益強勁的競爭，和進口成本隨著大宗商品（不止石油）價格上漲而提高，痛苦更為加深。失業率開始上揚，穩定但無可阻擋地上揚。七〇年代底，法國勞動人口失業率已超過百分之七；義大利是百分之八；英國是百分

3 當然，平均值就只是平均值。在一九七六這個特別慘淡的年份──英國失業人口首度在戰後超過百萬，年通貨膨脹達到百分之二十五──各地的成長率都很低。在義大利，全國經濟甚至萎縮，為戰後首見。

之九。在某些國家——比利時、丹麥——七〇年代、八〇年代初期的失業率與一九三〇年代時相當；在法國和義大利，則比三〇年代還糟。

經濟衰退的直接後果之一，乃是對各種「外」勞的態度變得更為強硬。如果說儘管對製成品的需求驟跌，西德公布的失業率（一九七〇年時接近零）仍未超過百分之八，那是因為德國境內的失業工人大部分不是德國人——因而未列入官方紀錄。例如奧迪和寶馬於一九七四、一九七五年裁撤大量人力時，首當其衝者是「外籍工人」；失去工作的寶馬員工，五分之四為非德國公民。一九七五年聯邦德國裁撤其位在北非、葡萄牙、西班牙、南斯拉夫的人力招募營業所。誠如一九七七年某聯邦委員會在其「基本原則#1」中所表達的，「德國不是移民國家。德國是終將志願返鄉的外籍人士的暫時居留地。」六年後，聯邦議院通過一項法案，以「促進外籍工人返鄉的心理準備」。

不管是不是志願，其中許多人的確返「鄉」。一九七五年，二十九萬移民工人和其家屬離開西德前往土耳其、南斯拉夫、希臘、義大利。同年，二十萬西班牙人回西班牙找工作；移回義大利的人數，這時超越移出人數，為當時人記憶中頭一遭，同樣情形不久後也在希臘、葡萄牙出現。而到了七〇年代中期，已有約三十萬外移南斯拉夫人不得不返回巴爾幹半島，而在家鄉，就業展望和在德國或法國一樣糟。歐洲北部的就業危機正在地中海地區重現。在這同時，法國嚴格限制來自阿爾及利亞和其前非洲殖民地的人口移入，英國則對有意移入的南亞次大陸居民施予更嚴格的限制。

結構性失業、石油進口成本上升、通膨、出口下滑，四者紛至沓來，造成西歐各地都出現預算赤字和付款危機。就連西德，歐陸的製造業龍頭、最大出口國，都未能倖免。一九七三年西德國家收支有九十四億八千一百萬美元的盈餘，不到一年就降為六億九千兩百萬美元的赤字。英國的國家收支這時已長期處於赤字——甚至到了一九七六年十二月時，還出現國債拖欠的嚴重危機，不得不找國際貨幣基金會融資紓困。但其他國家的情況也好不了多少。法國的國家收支於一九七四年變成赤字，且在接下來十年的大部分期間處於赤字。義大利，一如英國，不得不在一九七七年四月求助於國際貨幣基金會。然後，一如英國的例子，義國領導人可以把接下來不得民心的國內政策怪到「國際勢力」頭上。

按照凱因斯式的思惟，預算不足和償付危機，一如通膨本身，都不必然是壞事。三〇年代時，它們代表了藉由「促進消費」來脫離衰退的一道看似有效的良方；但七〇年代時，西歐諸國政府已花費大筆錢在社會福利、社會服務、公共設施、基礎建設投資上。誠如英國工黨籍首相詹姆斯·卡拉漢（James Callaghan）向其同僚解釋的，「過去我們常認為促進消費就能脫離衰退……我要很坦白地告訴各位，這條路已不再存在。」他們也不再能指望像二次大戰後那般靠貿易自由化來脫困：六〇年代中期的「甘迺迪回合」貿易談判，已把工業關稅降到歷史新低。一定要說有什麼風險，那會是國內要求重施保護措施以抵抗日增的競爭壓力。

一九七〇年代的決策者所面臨的諸多選擇中，還有一項使事態更為棘手的因素。這場經濟危機，不管其肇因多麼偶然和複雜，正巧和一次影響深遠且諸國政府幾乎無力遏止的轉型同時發生。西歐已在約三十年期間經歷了第三次「工業革命」；幾年前還是日常生活裡重要一部分的煙囪工業，這時已漸漸退場。如果說煉鋼工人、礦工、汽車工人、工廠工人逐漸丟掉飯碗，那不只是因為本土經濟的周期性衰落，甚至不只是石油危機的副產品；西歐的古老製造業經濟正漸漸消失。

這一現象的證據不容置疑，但是決策者幾年來一直刻意忽視其影響。礦工人數自一九五〇年代西歐煤產量達到高峰後就持續下滑：比利時南部的桑布爾－默茲（Sambre-Meuse）大礦區，一九五五年出產兩千零五十萬噸的煤，一九六八年時只生產六百萬噸，十年後產量就微不足道。一九五五至一九八五年，比利時境內少掉十萬個採礦工作；相關的多種行業跟著受害。英國礦業少掉的工作更多，只是時間拉得較長。一九四七年，英國有九百五十八座煤礦；四十五年後只剩五十座。礦業勞動人口從七十一萬八千人減為四萬三千人：其中大部分工作在一九七五至一九八五年間失去。

煉鋼業，工業歐洲的另一個主要產業，下場類似。不是因為鋼的需求急遽下滑——與煤不同的，鋼是無法輕易取代的東西。但隨著更多歐洲以外的國家躋身工業之列，競爭加劇，價格下跌，對生產成本高昂的歐洲鋼的需求瓦解。一九七四至一九八六年，英國煉鋼工人失去十六萬六千份工作（但一九八六年時英國最大煉鋼業者「英國製鋼公司」十餘年來首度獲利）。造船業因類似的原因也衰退；汽車製造業和紡織業也是。英國最大的紡織、化學品聯合企業考陶爾德（Courtaulds），一九七七至一九八三年裁減了一半人力。

七〇年代的衰退，使得幾乎所有傳統產業工作流失的速度都愈來愈快。一九七三年前，煤、鐵、鋼、機械領域就已步上這樣的轉變；那之後並擴及化學製品、紡織品、紙、消費性商品。受創範圍以整個區域計：一九七三至一九八一年，英國西米德蘭茲郡，小型機械公司和汽車製造廠的大本營，失去四分之一勞動力。法國東北部洛林的工業區，失去百分之二十八的製造業工作。在西德的呂訥堡（Lüneburg），工業勞動力在同一期間失去百分之四十二。杜林的飛雅特公司於一九七〇年代底開始轉為自動化生產後，僅僅三年就少掉六萬五千份工作（原先工作總數為十六萬五千）。在阿姆斯特丹市，一九五〇年代四成勞動人口受雇於工業；二十五年後只剩七分之一。

若在過去，如此規模、如此速度的經濟變遷，大概會令人驚駭不安，帶來無法預料的政治後果。拜福利國制度之賜——或許也拜這時政治熱情降低之賜——抗議受到抑制。但絕非沒有抗議。一九六九至一九七五年，整個工業化的西歐，從西班牙到英國，都有憤怒的示威遊行、靜坐抗議、罷工、請願。在西班牙，一九七三至一九七五年有一百五十萬工作天葬送於工業罷工；在英國，一九七二、一九七四年的兩場煤礦工人大罷工，使緊張的保守黨政府相信，即使要付出補貼全體人民的額外代價，拖個幾年再關閉大礦場，仍是較明智的決定。

礦工和煉鋼工人是當時最為人知的有組織抗議者，說不定也是最拚命的有組織抗議者，但並非最為好鬥的。傳統工業從業人員的減少，已使成員人數正快速增加的服務業工會，在工會組織裡的勢力愈來愈大。在義大利，由共黨領導的古老工會失去成員之際，教師工會和公務員工會的規模、好戰性格都提高。舊工會不同情失業者：大部分舊工會最在意的是保住飯碗（和他們的影響力），避免公開對抗。積極為年輕人和失業者的權益奮鬥者，乃是好戰的服務業工會——法國的「工人力量」（Force Ouvrière），英國的「全國地方政府公務員協會」（NALGO）、「全國公務員聯合會」（NUPE）、「全國科學人員、技術人員、管理人員協會」（ASTMS）。[4]

面對前所未見要求保障飯碗、工資的龐大聲浪，歐洲領袖最初以過去證實管用的辦法來因應。在英、法，他們與力量強大的工會談成隨通膨調整工資的協議；在義大利，一九七五年開始施行將工資與物價掛鉤的統一費率指數化制度「指數化工資等級表」（Scala Mobile）。搖搖欲墜的產業，特別是煉鋼業，納入政府保護，作法就和戰後第一波國有化時差不多：在英國，一九七七年的「鋼計畫」將鋼的價格結構卡特爾化，有效廢除本土價格競爭，藉此使煉鋼業免於垮掉；在法國，洛林和該國工業中心破產的諸多煉鋼聯合企業，重組為幾個聯合大企業，受政府管理、由巴黎支應成本。在西德，聯邦政府遵循慣例，鼓勵私人企業合併而非政府控制，但得到類似的卡特爾化結果。七〇年代中期時，光是魯爾煤業（Ruhrkohle AG）這家控股公司所生產的煤，就占去魯爾區煤產量的百分之九十五。[4]

法國、英國靠可觀的直接就業補貼（付錢請雇主留下他們並不需要的員工）和反制第三世界進口品的保護措施，保住境內剩下的本土紡織業，以保住該產業在蕭條地區提供的就業機會。在聯邦德國，波昂政府承諾支應被派去從事兼職工作的工人的工資成本八成。瑞典政府投入大筆資金於無利可圖但攸關政局穩定的造船廠。

這些因應經濟衰退的措施，各國有所不同。法國政府施行微觀經濟干涉，在各產業裡找出「本國龍頭企業」，然後以承包合約、現金、擔保予以特別照顧；而英國財政部則沿襲古老傳統，透過課稅、利率、全面補貼（blanket subsidies）來宏觀調控經濟。但引人注目的地方，在於因應措施不會因為不同**政黨**而有很大差異。德國與瑞典的社會民主黨、義大利的基督教民主黨、法國的戴高樂派和英國各種政治立場的政治人物，一開始都本能性的恪守戰後共識：如果可行即追求全面就業，若無法達到全面就業，即提高就業者的工資，對失業者給予社會轉移性支付（social transfers），對公、私部門處境艱難的雇主給予現金補貼，作為補償。

但七〇年代期間，愈來愈多政治人物開始深信，通膨在這時所帶來的危險，大於高失業率的危險——特別是失業的人力成本、政治成本透過體制設計得到減輕之後。若不針對貨幣、匯率的管理達成某種國際協議，以取代遭華府率爾推翻的布雷頓森林制度，解決不了通膨問題。為因應這問題，歐洲經濟共同體的六個創始會員國，已在一九七二年同意實施「洞中蛇」（snake in a tunnel）匯率浮動制度：各會員國同意維持彼此貨幣間的半固定匯率，允許以認可的匯率為基準上下浮動匯率不超過百分之二・二五。這一妥協方案一開始得到英國、愛爾蘭、斯堪地納維亞諸國加入，但只維持了兩年：英國、愛爾蘭、義大利三國政府無力或無意抵擋國內要求貶值超出議定浮動範圍的壓力，不得不退出這協議，讓本國貨幣貶值。就連法國都在一九七四、一九七六兩度被迫退出「洞中蛇」制度。顯然光有這個還不夠。

一九七八年，西德總理施密特提議將「蛇」改造為更嚴謹的東西：歐洲貨幣體系（European Monetary System）。在這一體系下，將設立一個由固定的雙邊匯率構成的網絡，這些雙邊匯率由一純粹假想的計量單位——歐洲貨幣單位（European Currency Unit，簡稱 écu）[5]——連結在一塊，且得到德國經濟的穩定優先、反通膨優先政策和德國央行的支持。參與國將承諾在國內經濟上走嚴謹

4 National Association of Local Government Officers; National Union of Public Employees; Association o f Scientific, Technical and Managerial Staffs.

5 這個頭字母組合詞有一特殊的政治用意：它重新使用十八世紀法國的銀幣名，有助於減輕巴黎為不得不承認西德在歐洲舞台上正取得的龍頭地位而感到的不安。

路線，以保住在歐洲貨幣體系裡的位置。這是德國第一次提出這類倡議，實質上形同建議應由德國馬克取代美元作為參照貨幣，至少就歐洲來說該如此。

有些國家未加入，特別是英國。英國工黨籍首相卡拉漢正確理解到，歐洲貨幣體系將使英國無法以通貨再膨脹政策來處理國內的失業問題。其他國家則因為同一個理由而加入。歐洲貨幣體系作為「規定嚴格的解決辦法」，它的角色將類似國際貨幣基金會（或歐共體執委會和多年後的歐元）：它將迫使會員國政府採取不受人民歡迎的決策，但可讓政府將責任丟給國外所制訂之規定、條約。事實上，長遠來看，這些新協議真正重要的地方在此；意義主要不在他們及時驅除了通膨這個惡魔（雖然他們的確辦到了），而在他們辦到這點的方式，乃是逐步拿掉各國政府在國內政策上的主動權。

這是很重大的轉變，重要性比當時有些人體認到的還要大。過去，如果政府選擇以堅守金本位或降到較低利率的方式來施行「硬通貨」策略，得向本國選民交待。但在一九七〇年代晚期的情況下，倫敦或斯德哥爾摩或羅馬的政府，面對棘手的失業、產業垮掉或要求隨通膨調漲工資的主張時，可以兩手一攤指著國際貨幣基金會某筆貸款的條件，或事先談定的歐洲內部匯率的嚴格規定，然後宣稱錯不在己。這一作為的短期好處顯而易見：但得到這些好處的同時，也將付出代價。

如果歐洲國家的政府再也無法同時促成全面就業、高實質工資、經濟成長，那就必然要面對自覺遭背叛的那些選民的憤怒以對。各地政治人物的本能反應，乃是減輕藍領男性無產階級的焦慮不安：部分因為他們受害最大，但主要因為鑑諸先例，他們是社會裡最可能發動有效抗議的一群。但事實表明，真正的反對勢力在別處。將個人的不滿最有效轉化為政治上的反對力量者，乃是稅負沉重的中產階級——白領公務員和民間雇員、小生意人、個體戶。

畢竟，現代福利國制度的最大受益者是中產階級。這項戰後制度於一九七〇年代開始瓦解時，覺得受騙更甚於受威脅者，同樣是這些中產階級：被通膨騙了，被拿納稅人的錢補貼衰落產業的作法騙了，被削減或廢除公部門職位以配合預算、財政限制的作法騙了。一如過去，中產階級對於通膨重分配所造成的影響感受最為深刻，而現代福利國家普遍的高負稅又加劇了這個衝擊。

最不安於「無法治理」（ungovernability）這問題者，也是中產階級。一九七〇年代普見於各地的憂心——歐洲的民主國家已無法掌控自己的命運——有多個原因。首先，一九六〇年代打破陳規的叛逆行動激起的緊張不安，遲遲未得到紓解；在當時自信滿滿的氣氛下令人好奇、甚至令人振奮的東西，這時看來愈來愈像是前途未卜、混亂的徵兆。然後還有失業和通膨所引發更為迫切的憂慮，而對於失業與通膨，政府似乎束手無策。

事實上，歐洲諸國領袖似已無力回天這一事實，本身就是民眾憂慮的源頭之一——誠如前面已提過的，由於政治人物從堅稱自己的能力不足中得到好處，民眾更是憂心不已。在七〇年代中期倒楣的英國工黨政府中擔任財政大臣的丹尼斯・希利（Denis Healey），哀嘆有數十億歐洲美元（Eurodollar）在歐陸各地流動，那是「沒有臉孔的人」的傑作，他們「管理著日益壯大、仿若核子蕈狀雲的游資，那些游資為逃避國家政府控制而在歐洲諸市場積累起來」。[6]諷刺的是，希利所

6 引自Harold James, *International Monetary Cooperation since Bretton Woods* (NY, Oxford, 1996), p. 180.

屬的政黨能在一九七四年大選獲勝，乃是因為保守黨讓人覺得無力平息民怨——結果在接下來的幾年裡，工黨卻被指責治國能力和保守黨半斤八兩甚至更糟。

在英國，甚至短暫出現過民主體制無能應付現代危機的論點，媒體上則有人提出由公正無私的外人治理國家，或由「對政治不感興趣」的專家組成的「統合主義」（corporatist）聯盟治理國家的好處。在那幾年，英國有一些資深政治人物，就像戴高樂在一九六八年五月一樣，認為和軍、警領導人會晤，以確保一旦民間失序時有軍警的支持，乃是明智之舉。在斯堪地納維亞和荷比盧三國，雖然代議政體的核心合法性從未受到嚴正質疑，但在這兩個地區，全球金融體系的紊亂、戰後經濟的看似瓦解、傳統選民的不滿，都使戰後那一代的從容自信受到質疑。

在這些充滿懷疑與幻滅而混沌不明的情勢背後，有一個非常真實且在時人眼中存在於當下的威脅。自二次大戰結束以來，西歐大體上未遭遇內部衝突，遑論公開的暴力活動。東歐各地、歐洲諸殖民地和亞、非、南美各地，都有動武情事，造成傷亡。雖然名為冷戰，激烈、凶殘的戰爭卻是戰後幾十年的特色之一，從朝鮮半島到剛果有數百萬軍民喪命。美國本身經歷了三場政治暗殺和不止一場的血腥暴動。但至這時為止，西歐社會始終祥和，與此外的世界迥然有別。

歐洲的警察真的毆打平民或開槍打平民時，那些平民通常是外國人，往往是深色皮膚者。[7]除開偶爾和共黨示威者暴力衝突，西歐的鎮暴部隊鮮少被政府派去處理暴力抗議活動，真的派上場時，暴力往往是他們自己所為，非政府授意。與兩次大戰之間那二十年比起來，這時歐洲的市區相當安全——把受到良善管理的歐洲社會與不關心他人死活、個人主義盛行的美國城市相比較的評論家，常特別提到這點。至於六〇年代的學生「暴動」，反倒證實了這一判斷：歐洲的青年或許搞革命，但那大部分是演給人看。這些「街頭戰士」不大需要擔心身體真的受傷。

一九七〇年代，前景陡然黯淡下來。布拉格遭入侵後，東歐陷入共黨大家長的高壓擁抱而一片死寂，就在這時，西歐似乎漸漸無法控制其公共秩序。挑戰不是來自傳統左派。當然，莫斯科很滿意這些年國際局勢的發展：水門事件和西貢陷落明確削弱了美國的地位，而作為全球最大產油國的蘇聯，在中東危機中安然脫身。但索忍尼辛《古拉格群島》（*Gulag Archipelago*）英文版的問世和接下來他於一九七四年二月遭逐出蘇聯，繼之以幾年後柬埔寨境內的大屠殺和越南「海上難民」的悲劇，清楚表明，對共產主義的幻想不可能再生。

除開在極少數微不足道的例子裡所見的，歐洲也未出現極右派的復興。義大利的新法西斯組織「義大利社會運動」（Movimento Sociale Italiano），在全國性大選裡得票率從未超過百分六・八，而且得費心打造合法政黨的形象。在西德，民族主義者較不在意這類瑣碎的形象問題，但一如比利時、法國或英國境內類似的民族主義偏激政黨，在選舉上的表現微不足道。簡而言之，以典型形象現身的共產主義和法西斯主義，在歐洲沒有未來。祥和社會的真正威脅，來自另一個方向。

一九七〇年代期間，西歐社會面臨了兩種暴力挑戰。第一種帶有病態性格，因為誕生自存在

7 最惡名昭彰的例子，發生在一九六一年十月十七日，當時，在一場巴黎街頭的示威遊行過後，法國警方殺害了據估計兩百名阿爾及利亞人，其中許多人溺死在塞納河裡。當時的警察首長莫里斯・帕朋（Maurice Papon），後來因戰時和德國人合作搜捕、遣送法籍猶太人到奧許維茨集中營，被以違反人道罪起訴，並判定罪名成立。見書末「結語」。

已久的不滿心理，只是以非常現代之形式表現出來。在西班牙北部的巴斯克地區、北愛爾蘭的天主教徒少數族群、科西嘉島和其他地方，陳年怨氣爆發為暴動。對歐洲人來說，這算不上是新鮮事：比利時法蘭德斯境內的佛蘭芒民族主義者和義大利上阿迪傑（Alto Adige，以前的南蒂羅爾）境內說德語的「奧地利人」，老早就憤恨於自己「受異族統治」，訴諸塗鴉、示威、攻擊、炸彈、乃至投票等不同手段來表達自己的不滿。

但到了一九七〇年，藉由成立雙語自治區，撫平除了最極端批評者以外的所有人的怨氣，南蒂羅爾的問題已得到解決；人民聯盟（Volksunie）和佛蘭芒集團（Valaams Blok）兩政黨的佛蘭芒民族主義者，從未放棄脫離法語瓦隆尼亞地區這個最終目標，但法蘭德斯地區新獲致的富裕，加上將比利時聯邦化這一影響深遠的立法，已暫時使他們的要求失去了勢頭：佛蘭芒民族主義原是心懷憤恨的受排擠者所推動的運動，這時則已被改造為不願補貼瓦隆尼亞失業煉鋼工人之荷蘭納稅人的反抗運動（見第二十二章）。但巴斯克人和北愛爾蘭人天主教徒的情況與此完全不同。

西班牙北部的巴斯克地區始終令佛朗哥憤恨難消：原因之一在於該地區於西班牙內戰時認同共和派的主張，原因之二在於巴斯克人長期以來要求獲承認為**不同**民族，而此要求與西班牙軍方掌控大權和自命為國家保護者的角色相牴觸。整個佛朗哥當政期間，凡是**巴斯克意味**鮮明的東西，全遭到強勢壓抑：語言、習俗、政治立場。與其中央集權本能相矛盾的，這位西班牙獨裁者給予納瓦雷地區（Navarre，其自我意識和分離主義始終遠低於巴斯克地區和加泰隆尼亞地區）權利、特權、自己的立法機關，目的純粹是為了要刻意提醒相鄰的巴斯克地區別指望得到這樣的優惠。

現代巴斯克恐怖主義的出現，乃是對佛朗哥政策的直接回應，雖然該主義的發言人和辯護者始終宣稱，巴斯克地區的獨立夢想受挫一事具有更深層的根源。簡稱埃塔（ETA）的「巴斯克祖國與自由」（Euskadi Ta Askatasuna）組織成立於一九五八年十二月，以領導武裝抗爭，實現巴斯克獨立。從草創初期作為地下組織起，它就和國外的類似組織建立起工作關係——後來並以稍嫌浮面的意識形態理由，將這些關係合理化。這些組織——德國巴德－邁因霍夫團體（Baader-Meinhof Group）、愛爾蘭共和軍、巴勒斯坦解放組織、法國秘密軍事組織——協助埃塔取得資金、武器、訓練、安全避難所、宣傳。

埃塔——和人民團結黨（Herri Batasuna，一九七八年成立的巴斯克分離主義政黨）裡支持埃塔的人士——的策略，毫不掩飾將暴力當作工具：欲把西班牙保住巴斯克的代價提高到政治上無法忍受的程度。但一如愛爾蘭共和軍等類似組織，埃塔也有壯志雄心以「國家內之社會」的形式來運作。埃塔的活動分子信仰天主教、嚴格、有強烈道德觀念——諷刺地，其作風令人想起佛朗哥本人——攻擊目標不只西班牙警察（第一位遇害警察喪命於一九六八年六月）和立場溫和的巴斯克政治人物、重要人物，還有該地區裡「西班牙」腐敗的象徵：電影院、酒吧、迪斯可舞廳、毒品販子等。

佛朗哥當政晚年，埃塔的活動受制於當年催生出它的那個壓抑力量：一九七〇年代初期，佛朗哥獨裁政權結束時，光是巴斯克一地就派駐了四分之一的西班牙武裝警察。這未阻止埃塔於一九七三年十二月二十日在馬德里暗殺佛朗哥的總理路易斯・卡雷羅・布蘭科（Luis Carrero Blanco），未能阻止他們於九個月後在首都以炸彈炸死十二名平民。一九七五年九月，即佛朗哥死後不久，西班牙當局處死五名埃塔的武裝分子，也未能使該組織的活動有所收斂。另一方面，民主的降臨提供了新機會。

埃塔和其支持者想要完全獨立。在西班牙的後佛朗哥時代憲法（見第十六章）下，巴斯克地區所得到的，乃是一九七九年經公民複決批准的《自治法》。埃塔大為憤怒——特別是憤怒於原本支持它的溫和派，因滿足於得到自治和語言、文化上自我表達的權利，而不再支持它——於是加強了其炸彈攻擊和暗殺活動。一九七九至一九八〇年，該組織殺死一百八十一人；接下來的十年裡，平均每年殺死三十四人。儘管殺了如此多的人，而且西班牙初萌的民主很脆弱，埃塔和其政治盟友仍未能利用其恐怖主義運動從中獲取政治利益：他們一度成功挑激一小股右派陸軍軍官，在一九八一年二月以法律、秩序、國家完整的名義打劫國會，但最終還是以徹底失敗收場。

埃塔的恣意殺戮，恐怖駭人，衝擊廣大民心，但其影響仍然有限，原因之一在於大部分巴斯克人既不認同其手段，也不認同其目的。事實上，許多巴斯克人其實根本不是巴斯克人。一九六〇年代西班牙的經濟轉型和往國內他地、往國外的大規模移民，使情況改變，老民族主義者和其狂熱年輕追隨者無法理解。八〇年代中期時，巴斯克地區有巴斯克籍父母者，占當地人口不到一半，更別提有巴斯克籍祖父母者。這類人理所當然將埃塔和人民團結黨視為對他們的福祉有所威脅（和對他們在該地區生存的隱隱威脅）。

隨著其政治計畫與社會現實脫節，埃塔愈來愈極端——引用喬治·桑塔雅納（George Santayana）對狂熱主義的定義：忘了它的目標，還更加倍極端。埃塔的特務靠犯罪、勒索取得資金，活動基地愈來愈侷限於邊界另一邊法國西南部的巴斯克省，但埃塔未因此被消滅，至今仍未被消滅，偶爾仍殺害政治人物或村警。但它既未能鼓動巴斯克人支持巴斯克的政治獨立，也未能迫使西班牙政府承認其主張。埃塔最大的「成就」出現於一九八〇年代初期，當時，該組織的行動促使社會黨籍總理腓力佩・龔薩雷斯（Felipe González），同意反恐行動組織（Grupos Antiterroistas de Liberación）將基地非法設在法國土地上，翦除埃塔特務。於是，一九八三至一九八七年，有二十六名埃塔特務命喪該反恐組織之手。龔薩雷斯這項決定，多年後才曝光（見第二十二章），使後佛朗哥時代初期西班牙的憲政民主蒙上陰影；但在當時的情勢下，那可以說是相當溫和的反應。

臨時愛爾蘭共和軍（Provisional IRA，見本章註八）在手段上和其所宣告的部分目標上，與埃塔相差無幾。一如埃塔致力於使巴斯克諸省變得無法治理，藉以促成它們脫離西班牙，愛爾蘭共和軍也把目標放在使北愛爾蘭變得無法治理、趕走英國人、使北愛六省與愛爾蘭其他地方統一。但仍有重大差異。因為已存在一獨立的愛爾蘭，反抗分子有一切實可行的國家目標可提供給支持者，至少原則上如此。另一方面，北愛爾蘭的族群不止一個，且族群間的差異淵源久遠。

一如法國的阿爾及利亞，北愛爾蘭既是殖民殘餘，也是宗主國本身不可或缺的一部分。一九二二年倫敦終於將愛爾蘭讓給愛爾蘭人時，英國保留了愛爾蘭島北部六郡，而其理由也相當有力：該地區居人口多數的新教徒強烈效忠於英國，無意受都柏林統治——無意被併入一個由天主教主教團支配的準神權統治共和國。不管這一新共和國的政治領袖在公開場合怎麼說，對於放掉這個由憤怒頑抗的新教徒構成、結構緊實、人數可觀的族群，他們並非全然不樂意。但對於該地區居少數的愛爾蘭民族主義者來說，這一放棄無異於出賣，在愛爾蘭共和軍的旗幟下，他們繼續要求全島統一——如果情勢需要，不惜動用武力。

有四十年時間，這一情勢一直沒什麼大改變。一九六〇年代，都柏林的官方立場有點類似波昂：承認國家統一是值得追求的目標，但對於這問題無限期擱置感到安心。在這同時，歷任英國政府對於他們在北愛所承繼的不安情勢，長期以來都選擇盡可能漠視。在北愛，居多數的新教徒透過不公正的選區劃分、政治侍從主義、逼雇主以教派出身用人、獨占重要職業的職位——公務員、司法人員、特別是警察——來支配當地的天主教徒。

如果說英國本土的政治人物對這些事情抱著能不碰就不碰的心態，那是因為保守黨倚賴黨內的「聯合派」（Unionist）取得大量不可或缺的國會席位（聯合派濫觴於十九世紀主張保持愛爾蘭與英國聯合的運動）；因此，保守黨主張維持現狀，主張北愛爾蘭繼續作為聯合王國不可或缺的一部分。工黨以同等程度強烈支持對貝爾發斯特造船業和相關產業裡的強大工會，在這些產業裡，新教徒工人長久以來得到特別優厚的待遇。

如上述現象所表明，北愛爾蘭的族群對立特別複雜。新教徒、天主教徒之間的宗教分歧是真有其事，且重現於生活每個階段，從出生，到教育、住居、結婚、就業、休閒娛樂，直到死亡。而且這一分歧古已有之——一直吵到十七、十八世紀的爭執和勝利，外人可能覺得這分歧太儀式化，但它們真有其事。儘管愛爾蘭共和軍努力將馬克思主義的分類放進其言語裡，但天主教／新教的分歧從來就不是傳統意義裡的那種階級區隔；雙方都有工人和神父（或牧師）——以及人數較少的地主、企業家、專業人員。

此外，許多北愛天主教徒並不急於迎接都柏林統治。一九六〇年代，愛爾蘭仍是貧窮、落後的國家，北愛的生活水準雖然低於英國大部分其他地方，仍高於愛爾蘭平均水準不少。甚至對天主教徒來說，北愛都是較有經濟前途的地方。在這同時，新教徒強烈認同英國。但英國其他地方的人卻未對北愛有同樣的認同，他們看不起北愛（當他們終於想到北愛時）。北愛的傳統工業，一如英國其他地方的傳統工業，一九六〇年代底已在衰退，而且倫敦的規畫人員已清楚看出，北愛當地由新教徒占絕大多數的藍領工人前途未卜。但除此之外，可以說英國政府至這時為止已有好幾十年未認真思考北愛的未來。

愛爾蘭共和軍已淪為政壇的非主流派系，以愛爾蘭共和國未統治整個愛爾蘭島為由，將該共和國斥為非法，同時重申其欲打造不同的愛爾蘭——激進且統一的愛爾蘭——的革命志向。愛爾蘭共和軍含糊且與時代脫節的言詞，對年輕一代新成員（包括出生於貝爾發斯特、一九六五年加入的十七歲青年蓋里・亞當斯）沒什麼吸引力，後者對實際行動的興趣，更甚於對教條的興趣，他們成立自己的組織，即秘密組織「臨時愛爾蘭共和軍」。[8]臨時愛爾蘭共和軍的成員主要招募自德里（Derry）和貝爾發斯特，它誕生時正好趕上北愛各地出現一波民權示威而得以趁機壯大。這一波示威要求在斯朵芒特城堡（Stormont Castle）的北愛政府，把早就該給的政治權利和公民權利給予天主教徒，而示威者得到的回應，幾乎可以說只有政治當局的不讓步和警棍驅離。

一九六九年七月，德里市內展開傳統的「男學徒遊行」（Apprentice Boys' March），以紀念兩百八十一年前英王詹姆斯二世追隨者（Jacobite）的功敗垂成和天主教大業的失敗，結果爆發激烈的街頭暴力衝突，從而引發接下來三十年主導北愛——和在某種程度上英國——之公眾生活的「北愛問題」（Troubles）。鑑於公開暴力活動日益升高，天主教領袖要求倫敦政府出面干預的呼聲日益

8 「臨時愛爾蘭共和軍」這名字，來自一九一六年四月二十四日都柏林當地起事分子宣布成立臨時政府的宣言。

高漲，英國政府派出英國陸軍接管北愛六郡的治安。這支軍隊，成員大部分招募自英國本土，比起當地警察，族群意識較淡，且整體來講較不殘暴。因此，令人覺得諷刺的是，它的進駐反倒讓新成立的臨時愛爾蘭共和軍得以順理成章提出其核心要求：英國政府和其部隊應撤出北愛，以為全島在愛爾蘭人治下的重新統一邁出第一步。

英國人沒撤走。事後來看，還真不知怎麼撤。整個一九七〇年代，為建立族群間的信任，讓北愛得以自行管理，英國政府多方努力，但雙方的猜疑和不讓步，使努力付諸流水。天主教徒即使對自己一方的武裝極端分子沒有好感，但歷史教訓告訴他們，新教徒出身的北愛領導階層所提出分享權力、公民平等的承諾不可靠。而始終不願對居少數的天主教徒真正讓步的新教徒領導階層，這時則非常害怕臨時愛爾蘭共和軍那些堅不退讓的武裝分子。若沒有英國駐軍，北愛情勢大概已進一步惡化為公開內戰。

英國政府因此陷入困境。最初倫敦支持天主教徒的改革要求；但在一九七一年二月一名英軍遇害後，英政府開始不經審判即拘留的作法，情勢隨之迅即惡化。一九七二年一月，「血腥星期日」那天，英國傘兵部隊於德里街頭殺死十三名平民。同年，有一百四十六名安全部隊人員、三百二十一名平民在北愛喪命，將近五千人受傷。受到新一代烈士的鼓舞，以及對手頑固態度的刺激，臨時愛爾蘭共和軍展開一場長達三十年的作戰，以放炸彈、開槍、重傷致殘的方式，在北愛和英國本土各地對付軍人和平民，至少有一次暗殺英國總理未遂。即使英國政府想離開北愛（一如本土許多選民所希望的），也走不了。誠如一九七三年三月的公民複決和後來的幾次民意調查所證實的，絕大多數北愛人民希望維持與英國的關係。[9]

這場戰役未讓愛爾蘭共和軍一統愛爾蘭，未把英國人趕出北愛，也未破壞英國政局的穩定，雖然暗殺政治人物和公眾人物（特別是前印度總督暨威爾斯親王的教父蒙巴頓勛爵），確實嚇到愛爾蘭海兩岸的人民。但北愛問題使已然黯淡十年的英國公眾生活更為陰暗，加入當時正被不斷討論的「無法治理」主題，也終結了一九六〇年代無憂無慮的樂觀。等到臨時愛爾蘭共和軍——和隨之出現的新教徒民兵團體——終於坐上談判桌，以達成英國政府可能幾乎一開始就樂於接受的憲政協議時，已有一千八百人遇害，北愛五分之一居民有一名家人在戰鬥中喪命或受傷。

在這一背景下，一九七〇年代歐洲的其他「病症」就顯得小兒科，雖然這些「病症」促成普遍的不安。有個自封為「憤怒旅」（Angry Brigade）的組織，據稱代表沒人代其發聲的失業者行事，一九七一年在倫敦周邊安置炸彈。瑞士侏儸山地區的親法分離主義者，師法愛爾蘭人的作法，一九七四年暴動，以反對他們被強行劃入說德語的伯恩州。利物浦、布里斯托、倫敦布里克斯頓區（Brixton）的暴動民眾，為爭奪對「非經特許不得進入」的市中心貧民區的控制權，與警方大打出手。

從某種角度來看，這些抗議和行動，誠如我先前提過的，都是政治的病症：形式上再怎麼極端，目標都令人熟悉，手段都只是手段，而非目的。他們有目標要達成，照他們自己的說法，只要如願滿足要求，他們就會罷手。埃塔、愛爾蘭共和軍和仿效他們者都是恐怖主義組織；但他們並非無理性。這類組織最終大部分會上桌和敵人談判，冀望藉此實現目標，即使只是局部實現。但當時支持第二種暴力挑戰的人士，從沒有興趣走這樣的路。

9 據當時估算，英國在北愛駐軍的成本，每年平均達三十億英鎊，而當時倫敦正為平衡預算而焦頭爛額。

一九六〇年代不切實際的激進理論，在西歐大部分地方，在沒造成什麼傷害下煙消雲散。但特別是在兩個國家，它們轉變成會自我開脫侵略行為的精神錯亂病。有一小股前學生激進分子，自得於對馬克思主義辯證法的改造，著手「揭露」西方民主國家裡壓抑性寬容的「真面目」。他們推斷，如果把照顧資本主義利益的議會體制逼得夠緊，該體制就會脫掉合法性的外衣，露出真面目。在這之前，無產階級「異化」於自己的利益，受害於對自身處境的「虛假意識」（false consciousness），但看到其壓迫者的真面目後，將會在階級戰爭的堡壘裡站上自己應就的崗位。

這一概要性的說法，是過度推崇了一九七〇年代地下恐怖主義組織——但又貶低太甚。跟著潮流投入這類恐怖組織的年輕男女，不管對辯解性的暴力語彙多麼熟悉，在該組織的規畫上沒使上什麼力。他們是恐怖主義的棋子。另一方面，特別是在西德，他們在仇恨聯邦德國上所投注的情緒能量，其來源更深、更暗，並不只是遭到不當改造的十九世紀激進主義修辭技巧。那股要將安全、穩定的結構砸碎在他們父母那一代頭上的衝動，乃是鑑於晚近的歷史而對本國多元民主政體產生更為全面的懷疑心態的極端表現。因此，在德國、義大利，「革命性恐怖」最為氣勢洶洶，絕非偶然。

在德國，議會外政治和明目張膽的暴力相連結，早在一九六八年四月就出現。當時，四名年輕激進分子，包括安德烈亞斯・巴德（Andreas Baader）和古德倫・恩斯林（Gudrun Ensslin），因涉嫌燒掉法蘭克福兩間百貨公司被捕。兩年後，靠著烏兒莉克・邁因霍夫（Ulrike Meinhof）所籌畫、領導的武裝襲擊，巴德逃獄。然後，她和巴德發布《概念城市游擊隊宣言》（*Concept City Guerrilla Manifesto*），宣布成立旨在以武力推翻聯邦德國的赤軍派（Rote Armee Fraktion）。RAF這個頭字語拼寫詞是刻意挑選：一如英國的皇家空軍（Royal Air Force）曾從空中攻擊納粹德國，巴德－邁因霍夫團也要從下面轟炸、射擊接替納粹德國的聯邦德國，使其屈服。

一九七〇到一九七八年，赤軍派和附屬它的分支組織，實行刻意漫無章法的恐怖策略，暗殺軍、警、企業家，打劫銀行、綁架主流政治人物。在這幾年期間，除了以炸彈、開槍殺害二十八人、殺傷九十三人，還劫持了一百六十二名人質，搶劫銀行三十餘次——既為了替他們組織取得資金，也為了宣揚他們的存在。頭幾年，他們還把目標指向西德境內的美軍基地，造成一些軍人死傷，特別是在一九七二年晚春時。

一九七七年赤軍派聲勢最壯那一年，該組織綁架、處決了戴姆勒．賓士的董事長暨西德聯合會會長漢斯．馬丁．施勒耶（Hans Martin Schleyer），暗殺了西德檢察總長席格佛里德．布巴克（Sigfried Buback）、德勒斯登銀行負責人于爾根．朋托（Jürgen Ponto）。但這將是他們最後一次漂亮的出擊。一九七六年五月，邁因霍夫（一九七二年被捕）被發現死於斯圖加特獄中，似乎是上吊自殺，但有關她遭政府處死的傳言未歇。一九七二年與警方交火時被捕的巴德，以殺人罪在獄中服無期徒刑，然後在一九七七年十月十八日，也被發現死於獄中，古德倫．恩斯林及另一名被囚的恐怖分子，同一天被發現死於獄中。他們的地下組織繼續存在到八〇年代，但氣勢已大不如前：一九八一年八月，該組織以炸彈攻擊西德拉姆斯泰因（Ramstein）的美國空軍司令部，次月，「古德倫．恩斯林突擊隊」暗殺美軍駐歐洲總司令未果。

德國的恐怖主義地下組織沒有明確的目標，因此只能從其破壞德國公眾生活、削弱聯邦德國制度的程度來衡量其「成就」高低。就此而言，它明顯失敗。當時壓制色彩最鮮明的官方行動，乃是一九七二年威利・布蘭德的社會民主黨政府通過的「禁止擔任公職令」（Berufsverbot）。根據這一法令，凡是從事據認有害憲法的政治活動者，都不得在政府部門任職。它的目的據稱在防止極左、極右派的支持者出任敏感職務。在一個本就極度傾向於遵從公共規範的文化中，這項政策無疑會讓人擔憂政府是否要採取審查或甚至更糟的措施；但絕不會如批評這項政策的人所憂心的那樣——或推到最極端，所希望的那樣——成為獨裁統治的序曲。

恐怖主義左派和似乎剛誕生的新納粹右派——特別值得一提的事蹟，乃是一九八〇年慕尼黑啤酒節（Oktoberfest）期間，以炸彈炸死十三人、炸傷兩百二十人——都未能破壞聯邦德國的穩定，但的確在保守派政治圈裡激起該抑制公民自由、實行「秩序」的漫談。遠更令人憂心的，乃是激進組織，特別是巴德－邁因霍夫團體，能在原本守法的知識分子、學界人士圈子裡，為其理念找到廣泛的支持。[10]

在聯邦德國，文學界、藝術界日益濃厚地懷念德國失落的過去，乃是促成這一支持的原因之一。當時有人覺得德國已被納粹和聯邦德國雙重「剝奪掉應繼承的東西」：納粹剝奪掉德國人可敬、「有用的」過去；監管聯邦德國的美國人則將虛假的自我形象強加在德國身上。引用電影導演漢斯－于爾根・西貝爾貝格（Hans-Jürgen Syberberg）的話，這個國家已「在精神上被剝奪掉應繼承、應擁有的東西……我們生活在沒有祖國、沒有故鄉（Heimat）的國家裡」。打動人心的，是德國極左恐怖主義的鮮明民族主義色彩——把矛頭對準占領的美國人、跨國大企業、「國際」資本主義秩序——而且，這些恐怖主義者還主張德國人現在才是被他人操縱、為他人利益犧牲的受害者。

同樣這些年裡，大量冒出以該國具爭議性的歷史和身分認同為題的影片、演說、書籍、電視節目、公開評論。一如赤軍派聲稱在打擊「法西斯主義」——可以說是由他人代為打擊——西德的左、右派知識分子也爭奪對德國真正遺產的控制權。西貝爾貝格的導演界同僚埃德加·雷茨（Edgar Reitz），導演了一個大受歡迎、長十六小時的電視連續短片《故鄉：德國全紀錄》（*Heimat: A German Chronicle*）。它講述一個家庭的故事，家庭來自萊茵蘭普法爾茨州的宏斯呂克山鄉間，整部片透過一個家庭的敘事，勾勒出從一次大戰結束到當下的當代德國史。

在雷茨的影片裡，特別是兩次大戰之間那段時期，散發出類似泛黃照片那種帶著美好記憶的氣氛；就連納粹時代都未能侵犯對更美好時代的美好回憶。另一方面，戰後聯邦德國的美國化世界，是帶著憤怒且冷淡不屑的心情來呈現：那世界因物質主義而忽視民族價值觀，破壞了記憶、和連續性，被描寫成粗暴腐蝕了人類價值觀和社會。誠如法斯賓達的電影《瑪麗亞·布勞恩的婚姻》，主角——兩片都是「瑪麗亞」——代表了受害的德國；但《故鄉》懷舊意識鮮明，甚至仇外，對外來價值觀表露不屑，並渴望「深層德國」（deep Germany）失落的靈魂。

雷茨，一如西貝爾貝格等人，公開鄙視一九七九年在德國電視台首次播映的美國電視影集《猶太大屠殺》（*Holocaust*）。如果要拍片描述德國的過去，不管那過去多麼令人心痛，都應該由德國人來製作。雷茨寫道，「世上最激烈的剝奪過程，乃是剝奪掉人自己的歷史。美國人已透過猶太大屠殺偷走我們的歷史。」將「商業美學」用在德國的過去上，乃是美國控制德國過去的方式。

10 百分之百守法的法國社會黨甚至在聯邦德國成立「人權防衛委員會」，主動表示願為該國被控從事恐怖活動的被告提供專門知識和切實協助。

德國導演和藝術家奮力抵抗美國的「庸俗作品」，乃是奮力抵抗美國資本主義的一部分。

一九七八年，包括雷茨和法斯賓達在內的多位導演，將報導一九七七年秋天諸事件——特別是綁架、殺害漢斯・馬丁・施勒耶和後來恩斯林、巴德自殺——的紀錄片、短片、訪談，拼組成一部影片《德國之秋》（*Deutschland im Herbst*）。這部片之所以值得注意，與其說是因為它對恐怖分子表達了同情，不如說是因為表達同情時的特殊口吻。藉由小心的鏡頭交切，第三帝國和聯邦帝國被呈現為系出同源而極為相似。「資本主義」、「利潤制度」、國家社會主義被呈現為同樣應受指摘、同樣站不住腳，恐怖分子則以當今反抗者的姿態現身：是帶著良心對抗政治壓迫的現代安蒂岡妮（Antigone）。

《德國之秋》一如當時其他德國電影，用了相當多的電影明星，以呈現作為警察國家的西德。片中呈現的西德，類似納粹德國，即使只在其（尚未遭披露的）壓迫、施暴能力上類似。當時仍在獄中而有點悔悟的恐怖分子霍斯特・馬勒（Horst Mahler），在鏡頭前解釋道，一九六七年議會外反對勢力的出現，乃是一九四五年未發生的「反法西斯革命」。因此，德國的年輕激進地下組織，完成了對德國納粹惡魔的真正抗爭——儘管是透過相當類似於納粹的方法，此一弔詭之處馬勒並未予以說明。

《德國之秋》中，那種將納粹隱隱相對化的情況，也出現在知識分子對反資本主義恐怖活動的辯護中。誠如哲學家德特勒夫・哈特曼（Detlef Hartmann）於一九八五年所說明的，「從『新秩序』納粹帝國主義裡，錢、技術、滅絕的明顯連結，我們可了解到……（如何）掀開面罩，揭露布雷頓森林會議的『新秩序』的文明化滅絕技術。」這一輕鬆流露出的想法——將納粹主義和資本主

14 期望降低 Diminished Expectations

義民主連結在一塊，認為它們之間的相同比差異還重要，認為同時受到這兩者之害的是德國人──正有助於說明德國激進左派為何在猶太人問題上那麼麻木。

一九七二年九月五日，巴勒斯坦組織「黑色九月」攻擊慕尼黑奧運的以色列參賽隊伍，殺死十一名選手和一名德國警察。幾乎可以確定，這些殺手得到德國當地激進左派的援助（但當時德國極端主義政治的一個耐人尋味之處，乃是這些殺手若求助於德國極右派，後者也會同樣樂於幫忙）。事實上，巴勒斯坦組織已和歐洲恐怖主義團體建立連繫──恩斯林、巴德、邁因霍夫都曾和巴勒斯坦游擊隊「有往來」，巴斯克人、義大利人、愛爾蘭共和軍等亦然。但只有德國人願意特別為巴勒斯坦人盡份心力：一九七六年六月四名武裝歹徒（兩名德國人、兩名阿拉伯人）劫持一架法國航空公司班機飛到烏干達的恩得比時，負責從乘客中認出並隔離猶太人者，乃是德國人。

這一作為明顯令人想起另一個時空中德國人挑出猶太人的行徑，如果說這作為未使巴德和邁因霍夫一幫人受到其支持者明確的唾棄，那是因為那一幫人的論點，甚至手段，得到相當廣泛的認同：這時候受害者是德國人，非猶太人；加害者是美國資本主義，而非德國的國家社會主義。這時候，犯下──例如對越南人犯下──「戰爭罪行」者是美國人。在西德，「新愛國主義」四下流傳，而諷刺意味十足的是，最初以自己父母那一代「德國第一」的自滿心態為對象，發動暴力反叛的巴德、邁因霍夫和他們的友人，竟在不知不覺間被那個民族主義傳統的後續效應所吸納。霍斯特．馬勒，少數倖存的西德左派恐怖主義創建者之一，三十年後竟落腳在政治光譜的最右端，一點也不令人意外。

只看表面的話，當時義大利的恐怖主義與德國的恐怖主義沒有明顯差異。它也利用了來自六〇年代的類馬克思主義（para-Marxist）的言語，它的領導人大部分在當時的大學抗議活動中得到政治教育。自封為「赤軍旅」（Brigate Rosse）的組織，是主要的左派恐怖主義地下組織，一九七〇年十月散發傳單，說明其目標與西德赤軍派極類似時，首度受到公眾注意。一如巴德、邁因霍夫等人，義大利赤軍旅的領袖都很年輕——最著名者是雷納托・庫爾喬（Renato Curcio，一九七〇年時只有二十九歲）——大部分是大學生出身，為了地下武裝抗爭本身而獻身這類抗爭。

但也有一些重大差異。從一開始，義大利左派恐怖分子就比德國同類人士遠更強調與「工人」的關係；而在北義某些工業城，特別是米蘭，值得尊敬的極左派偏激分子，的確得到一小群人的愛戴。德國恐怖分子以幾個鬥志最堅強的罪犯為核心組成團體，而與此不同，在義大利，從合法政黨，到都市游擊網，到政治性武裝土匪的小派系，都有極左派存在，這些組織在成員和目標上有相當大的重疊。

這些團體和派系具體而微重現了歐洲主流左派易分裂的歷史。一九七〇年代期間，每一個暴力行動之後，都會出現此前沒沒無聞的組織出面聲稱對此負責，那些組織往往是更大組織的小派系和脫離原單位的獨立組織。在恐怖分子之外，有彼此鬆散連結的一群半地下組織和期刊繞著他們運行，而這些半地下組織和期刊簡潔有力的「理論性」聲明，為恐怖分子的戰術提供了意識形態掩護。這些形形色色的團體、支部、網絡、期刊、運動組織的名稱，都是可笑至極的模仿：除了赤軍旅，還有不斷鬥爭（Lotta Continua）、工人力量（Potere Operaio）、前線（Prima Linea）、工人自治（Autonomia Operaia）；工人前鋒（Avanguardia Operaia）、武裝無產階級核心（Nuclei Armati Proletari）、革命武裝核心（Nuclei Armati Rivoluzionari）；共產主義戰鬥編隊（Formazione Comuniste

Combattenti)、共產主義戰鬥聯盟(Unione Comunisti Combattenti)、無產階級武裝力量(Potere Proletario Armato),還有其他組織。

事後來看,這份名單讓人覺得,取名者拚命想放大位處勞工運動組織邊陲且心懷不滿的幾千位前大學生和其追隨者,在社會上、革命上的重要性。即使如此,他們為了引來公眾注意而發動的作為,所造成的衝擊也不該受到低估。庫爾喬、其伴侶瑪拉・卡戈爾(Mara Cagol)和他們友人的生活,或許活脫脫就是革命盜匪浪漫化童話故事的翻版(這一浪漫革命形象大體上源自大受宣傳的拉丁美洲革命游擊隊形象),但他們所造成的損害卻是千真萬確。一九七〇至一九八一年,在義大利,謀殺、重殘肢體、綁架、攻擊、形形色色公開暴力的行徑,沒有一年沒發生。在這十年期間,有三位政治人物、九位治安官、六十五位警察、另外三百人死於暗殺。

赤軍旅等組織成立後頭幾年的行動,大體上只限於綁架和偶爾槍殺工廠經理、沒那麼重要的企業家:「資本主義走狗」、「老闆的打手」(servi del padrone),反映了他們最初著重於工廠的直接民主。但到了七〇年代中期,他們已升級到政治暗殺——最初暗殺右翼政治人物,然後警察、記者、檢察官——其策略旨在「撕掉」資產階級合法性的「面具」,逼政府展開暴力壓迫,從而使民意趨於兩極。

一九七八年之前,赤軍旅都未能如願挑起強烈反應,儘管前一年其攻擊行動逐漸升高。然後,一九七八年三月十六日,他們綁架了阿爾多・莫羅(Aldo Moro),當過總理和外長的基督教民主黨領導人之一——赤軍旅受害者中最赫赫有名者。莫羅被押作人質兩個月,綁匪要求釋放「政治犯」以換取莫羅性命;基督教民主黨總理朱利奧・安德烈奧蒂(Giulio Andreotti)在共黨與他黨內大部分成員支持下，對這要求連考慮都不考慮。義大利政壇各種政治立場者一致譴責此一綁架行徑，教宗與聯合國秘書長也出面籲請放人，但恐怖分子不為所動。五月十日，阿爾多·莫羅的屍體在羅馬市中心街上一輛車內被發現，車子停得毫無遮掩。

莫羅事件無疑彰顯了義大利政府的無能——屍體發現的隔天內政部長辭職。經過八年拚命立法反恐和全國獵捕，警方顯然未能擊破這一地下恐怖組織。[11]而赤軍旅在公權力心臟地帶的首都殺害政治人物，其後續效應非常可觀。這時候，每個人都清楚看出，義大利的政治秩序面臨了真正挑戰：莫羅遺體被發現不到兩個星期，赤軍旅在熱那亞殺害反恐小隊隊長；一九七八年十月，在羅馬的司法部大樓裡暗殺了刑事總長。兩個星期後，共產主義戰鬥編隊暗殺了一名高階檢察官。

但恐怖分子肆無忌憚挑戰公權力的作為，這時開始讓自己付出代價。義大利共黨堅定且明確支持共和國制度，清楚表明這時候已是幾乎人人都看出的事實：七〇年代的恐怖分子，不管與六〇年代人民運動的淵源有多深，這時都已把自己放逐到激進政治光譜之外。他們是不折不扣的罪犯，該被當成罪犯獵捕。那些提供他們意識形態掩護，甚至還提供他們其他東西的人，該受到同樣對待：一九七九年四月帕多瓦大學講師東尼·涅格里（Toni Negri），連同「工人自治」的其他領袖一起被捕，被控以陰謀武裝叛亂的罪名。

涅格里和其支持者堅稱（且至今仍堅稱），激進「自治主義者」，既非秘密組織，也非武裝組織，不該和非法秘密會社混為一談。（國家）對他們進行追捕的政治決定，正意味著「資產階級秩序」的潰散，而這就是赤軍旅所預言且意圖實現的。但在這之前，涅格里本人就寬恕了帕多瓦大學裡對教師、行政人員所施行，幾近於恐怖主義手段的暴力攻擊。素孚眾望的學術圈裡，紛紛激越喊出了「集體非法」、「永久內戰」、需要組織「軍事行動」對付資產階級政府這些口號——包括涅格里本人的報紙《紅》（*Rosso*）。綁架、殺害莫羅一年後，涅格里本人撰文讚揚「殲滅敵人」：「敵人的痛苦，我不為所動：無產階級正義具有自我肯定的正面助力和合乎邏輯的說服力。」[12]

政治暴力說不定具有「自我肯定的正面助力」這一觀念，在現代義大利歷史上，當然並不新奇。涅格里所申明的和赤軍旅、他們友人所正在實踐的，與法西斯分子所頌揚的「武力的淨化力」（cleansing power of force）沒有兩樣。在義大利，一如在德國，極左派對「資產階級政府」的仇恨，已將它引回到「無產階級」反民主右派暴力。一九八〇年時，在義大利，恐怖主義左派和恐怖主義右派兩者的目標和手段已變得難以分辨。事實上，義大利「鉛年代」[13]的暴力活動，並非全是赤軍旅和他們的衍生組織所為。搞陰謀、反共和的右派，在這些年裡重新露臉（且犯下當時最嚴重的罪行，一九八〇年八月以炸彈攻擊波隆納火車站，炸死八十五人，炸傷兩百多人）；而在南義，黑手黨也在其與治安官、警方、當地政治人物的戰爭中，採取較具侵略性的恐怖策略。

但新法西斯恐怖活動和黑手黨暴力活動的重新出現，正彰顯且惡化民主體制的脆弱，因此，他們的作為被左派恐怖分子——或許正確的——解讀為他們自身成功的表徵。這兩種極端勢力都想使正常的公眾生活變得無法容忍的危險，藉此破壞國家的穩定——差別在於極右派可指望得到

11 一如在德國，警方一度找到其領導人，最後還是讓他們逃脫。雷納托·庫爾喬於一九七四年被捕，一九七五年二月越獄，十一個月後再度落網。

12 涅格里獲釋後，一九八三年再度被捕。一九八四年六月受審，判處三十年徒刑。

13 譯按：anni di piombo，指一九六〇年代晚期到一九八〇年代初期義大利社會、政治動亂的時期。

他們所打算顛覆之對象所提供的某種保護和合作。秘密行事的右派陰謀活動網，把觸角往上伸入高階警方、銀行界、執政的基督教民主黨裡，批准殺害法官、檢察官、記者。[14]

值得注意的是，在這些年裡民主和法治在義大利安然存活下來。義大利受困於極左派、極右派、職業犯罪分子恣意濫行的極端暴力活動，特別是一九七七到一九八二年間——同樣在這些年裡，黑手黨等犯罪組織暗殺警察首長、政治人物、檢察官、法官、記者，且有時似乎未因此受到什麼懲罰。較嚴重的威脅來自極右派——極右派的組織較完善，且遠較接近權力核心——但「紅色」恐怖分子對民眾心理的影響卻較大，原因之一是他們一如德國的赤軍派，為了激進理念，放棄了本國人民的普遍支持。史達林主義者將這一挪用革命遺產的行為，正確認知為恐怖分子的主要資產，但也是恐怖分子可能危害主流左派之公信力的表徵。

諷刺的是，且為本國共產主義者所不知情的，赤軍旅和赤軍派，一如比利時境內出於類似動機但不成氣候的「共產主義戰鬥小隊」（Cellules communists combattantes）、法國等地的「直接行動」（Action Directe）、乃至其他地方更小的行動團體，有一部分經費來自蘇聯特務機關的提供。提供這些錢，不是出於哪個規畫周詳的策略，毋寧是基於一般原則：敵人的敵人，再怎麼荒謬、微不足道，都是朋友。但單就這例子來說，這一作為帶來事與願違的結果：在這些年裡，西歐左派恐怖主義有一不容置疑的成就，即將任何僅存的革命錯覺從本國徹底抹除。

結果，所有主流的左派政治組織，特別是共產黨，不得不與任何暴力保持距離，且維持這立場。從某方面來說，這是對恐怖所加諸他們和他人之威脅的自發反應——工運人士和傳統勞工運動的其他代表，是遭地下組織詆毀最烈者之一。但從另一方面來說，那是因為一九七〇年代的「鉛年代」有助於提醒每個人，自由民主多麼脆弱——六〇年代的亢奮氣氛下偶爾遭忽視的一個教訓。革命顛覆念頭在西歐心臟地帶衝撞數年後，最後結果不是如恐怖分子所計畫和預期的使社會變得兩極化，而是使各種立場的政治人物全擠到安全的中間地帶。

在精神生活上，一九七〇年代是二十世紀最令人沮喪的十年。這在某種程度上可歸因於本章所談過的客觀情勢：急劇且持續的經濟衰退，加上到處出現的政治性暴力，助長了歐洲的「好時光」已經逝去、可能多年不再返的感觸。大部分年輕人這時把找到工作看得比改變世界重要：對集體雄心壯志的著迷，讓位給對個人需求的執迷。在威脅性更大的世界裡，滿足個人私利比推動共同目標更為重要。

毋庸置疑的，這一心態上的改變，也是對前一個十年任性放縱的回應。不久前還在音樂、時尚、電影、藝術上展現前所未見之活力與創意的歐洲人，這時有閒暇思索自己晚近狂歡的代價。人們眼中匆匆就變得過時的東西，與其說是六〇年代的理想主義，不如說是那時的純真：覺得凡是想得出來就都能做到；覺得凡是做得出來就都能予以擁有；覺得叛逆——違反道德上、政治

14 惡名昭彰的共濟會P2會所（P2 Lodge），就是這樣一個陰謀活動網。它是由利喬．傑利（Licio Gelli）所組織，由右派政治人物、銀行家、軍人、警察組成的神秘共濟會網絡。傑利在一九四三至一九四五年時是墨索里尼的「社會共和國」裡的好戰分子。該會所的九百六十二名會員，包括三十名陸軍將領、八位海軍上將、四十三位國會議員、三名現任內閣部長、還有相當多位居產業和民營銀行業最高層的人士。

上、法律上、美學上的規定——本身就吸引人且有益。六〇年代的特色，乃是有股天真、自誇的衝動，想把任何發生的事都認為是新鮮事——凡是新鮮事都認為很重要——而七〇年代卻是憤世嫉俗的年代，錯覺破滅、期望降低的年代。

卡繆於《墮落》（*La Chute*）中寫道，「平庸時代，先知闕如。」一九七〇年代多的是這樣的平庸時代。那是個慘然體認到走過樂觀而雄心勃勃的晚近後，除了對舊觀念死板且不可置信地重彈和延伸之外，沒有東西可出示的年代。那是個相當自覺性的「後一切」（post-everything）的時代，前景似乎黯淡的時代。美國社會學家丹尼爾・貝爾（Daniel Bell）當時論道，「使用『後』這個前綴，代表生活在某個空檔的感覺。」作為描述真實世界的用語——「戰後」、「後帝國」、最晚近出現的「後工業」——「後」有其用處，即使它未點出接下來會發生的，但用在思想範疇上時，一如在「後馬克思義」、「後結構主義」、最令人困惑的「後現代」，它只是使已然分不清的時期更為費解。

六〇年代的文化始終是理性至上的。儘管有溫和的毒品和不切實際的狂歡，六〇年代的社會思想，一如那時的音樂，以某種令人熟悉且脈絡一致的方式運作，只是「有所擴大」而已。它也帶有鮮明的共產主義社會特質：學生，一如「工人」、「小農」、「黑人」、其他集體名詞，被認為擁有某些共同的興趣和喜好，且那些興趣和喜好使他們彼此間有種特殊關係，使他們與社會其他人之間有著特殊關係——雖然是敵對關係——從而使他們結為一體。六〇年代的計畫，再怎麼異想天開，都認定個人與階級間、階級與社會間、社會與國家間有種關係，且前一世紀任一時期的理論家和行動主義分子若看到那一關係，將會覺得它雖然在內容上陌生，但在形式上卻是他們所熟悉的。

14 期望降低 Diminished Expectations

七〇年代的文化圍繞著個人而非集體來鋪陳。一如人類學取代哲學，成為六〇年代的根本學科，這時換成心理學拉下人類學。六〇年代期間，年輕馬克思主義者普遍拿「虛假意識」這觀念，來解釋工人和其他人為何未能擺脫其與資本主義利益的密切關係。誠如先前已提過的，這一觀念以突兀的變種形式，構成左派恐怖主義的核心前提。但它也在較不政治化的圈子裡展開奇特的死後生活：這時，以「後佛洛伊德派」自居者，改造馬克思主義的背景語言，以配合佛洛伊德學說的主體，然後強調有必要解放的東西，不是社會階級，而是積聚為一體的個人主體。

在西歐，一如在北美，鑽研解放的理論家這時浮現，其目標在使人的主體擺脫自我加諸的錯覺，而非擺脫社會強加的束縛。根據這一主題所發展出的性變異（sexual variant）——認為社會壓抑與性壓抑密切相關的觀念——在六〇年代晚期的某些環境裡，已是老生常談。但馬庫色或威廉・賴希（Willhelm Reich）清楚傳承了佛洛伊德、馬克思兩人的觀念——尋求透過個人解放來達成集體改造。另一方面，雅克・拉岡（Jacques Lacan）的追隨者，或凱特・米利特（Kate Millett）、安妮・勒克萊爾（Annie Leclerc）之類當時的女性主義理論家，既沒有這麼大的野心，同時又有更大的抱負。他們不是很關心傳統的社會革命計畫（女性主義者認知到那些計畫與由男人領導、且主要為男人服務的政治運動密不可分），反倒致力於削弱會作為那些計畫之基礎的「人的主體」這概念。

這一想法為當時知識界所普遍信持，其背後存在著兩個普遍的認定。第一個認定是權力的基礎不在控制自然資源、人力資源——那是啟蒙時代以來大部分社會思想家所認為的——而在壟斷知識：關於自然界的知識；關於公共領域的知識；關於自身的知識；最重要的，關於知識本身如何製造、獲得認可的知識。在這一論述裡，權力的維持取決於掌控知識者能否透過壓制顛覆性的

「知識」，以犧牲他人為代價來保有對知識的掌控。

當時，這一針對人類處境的論述，被普遍且正確地認為和米歇爾．傅科的著作有密切關係。但儘管偶爾出現反啟蒙主義心態，傅科骨子裡還是個理性主義者。他早期的著作亦步亦趨追隨馬克思主義一個歷久不衰的主張：為讓工人擺脫資本主義的枷鎖，首先得用另一種歷史與經濟學的論述，取代資產階級社會為自己服務的自私論述。簡而言之，得用革命知識取代主人的知識：或者用更早幾年前大為流行的安東尼奧．葛蘭西的話來說，得打擊統治階層的「霸權」。

第二個認定，是在知識界更受青睞的認知，想法更為極端。這個認定很能打動人心，認為不只該顛覆掉確定的舊事物，連獲致確定的可能性也要顛覆掉。所有行為、所有意見、所有知識，正因為都來自社會，進而成為政治的工具，因此都該予以存疑。在某些領域裡，認為判斷或評價可以做到客觀，不受做出判斷或評價者的主觀想法影響這一觀念，漸漸被視為是偏頗（且保守）的社會立場的表達和呈現。

一切被表達出來的判斷或信念，原則上都可以如此化約。就連批判性的知識分子本身，都可以如此被「定位」。引用法國社會學教授皮耶．布赫迪厄（Pierre Bourdieu）說法——他是歐洲最具影響力的新知識社會學闡述者——「大學教授的論述」不過是在表達「支配階級裡受支配派系的想法」。這一定位所有知識和看法的方式帶著有趣的顛覆性，而這一定位方式所未揭露的，乃是如何判定某「論述」比另一論述更真：關於這一難題，解決方式乃是把「真實」視為一個被社會性定位的範疇——而這一立場不久後會在許多地方流行起來。這類發展的結果，自然是對所有理性的社會論辯日益存疑。法國哲學家尚－佛朗索瓦．李歐塔（Jean-François Lyotard），其一九七九年論述此一主題的著作《後現代情境》（*The Post-Modern Condition*），精彩概述了當時的氣氛。他相當清楚地表達了上述觀點：「我把後現代界定為對後設敘述的不相信。」

一如此前幾十年所常見的，這些主要來自法國且影響知識界的有力學說，其隱而未顯、通常未受到認可的源頭其實位在德國。義大利作家埃利奧．維托里尼曾論道，自拿破崙時代起，法國一直能將外來影響拒於門外，惟獨擋不住德國浪漫主義哲學的滲入；而法國在一九五七年他寫下這句話時的情況，二十年後絲毫沒變。前一個世代的人文主義情懷是被馬克思和黑格爾所號召，而自我懷疑的七〇年代則受到德國思想裡一股更為黑暗的思潮吸引。米歇爾．傅科的激進懷疑主義，大體上改編自尼采的學說。其他具影響力的法國作者，特別是文學評論家雅克．德希達（Jacques Derrida），則求助於馬丁．海德格，以完善他們對人類動因（human agency）的評論和他們對人類認知主體與他文本主題的「解構」。

在專門研究海德格或其同時代德國同胞卡爾．施密特（Carl Schmitt，這時施密特的歷史主義實在論正受到國際學界的矚目）的學者眼中，對他們如此感興趣實在古怪至極。畢竟海德格和施密特都與納粹主義有密切關係——海德格明顯是在納粹的支持下當上大學校長。但意欲重新批判樂觀的進步假定，重新質疑啟蒙理性主義的根據和其在政治、認知方面的副產品，使二十世紀初期批判現代性和技術進步的人士（例如海德格），和「後現代」省悟前非的懷疑者之間有了某種契合，使海德格等人得以洗白他們過去與納粹的關係。

等到德國哲學經由巴黎社會思想進入英國文化批判領域時——這是當時大部分讀者所熟悉的形式——德國哲學本就難懂的語彙，又變得更加晦澀幽深；事實證明，這樣的晦澀有種魅力，令新一代學生和老師難以抗拒。當時擴大招生的大學所招募進的年輕教員，大部分是六〇年代畢業，在六〇年代的時尚、辯論中長大。但前一個十年的歐洲大學裡頭於各種宏大理論——社會、國家、語言、歷史、革命——到了下一個世代，最重要的乃是對理論本身的執著。「文化理論」或「總理論」（General Theory）的研討會，打破了傳統學科與學科的分際，而不久前，激烈的學術辯論都還無法擺脫這些分際的支配。「困難」成為衡量學術認真程度的指標。法國作家律克．費里（Luc Ferry）、阿蘭．雷諾（Alain Renault）以反省的角度，評論「六八年思想」的遺產時，尖刻的斷言，「六〇年代思想家最大的成就，乃是使他們的聽眾相信，令人無法理解是偉大的象徵。」

由於在大學裡有現成的聽眾，拉岡、德希達之類新躋身名人之列的理論家，把語言的怪異多變和弔詭提升為道道地地的哲學，成為文本分析與政治闡述時無比靈活好用的根據。在伯明罕大學當代文化研究中心之類的機構裡，新理論主義順利融入舊理論主義裡。馬克思主義被拿掉其對經濟範疇和政治體制那已過時到令人尷尬的執著，以文化批判的身分，重新被搬出來用。革命無產階級不願征服資本主義資產階級這一令人苦惱的心態，不再是絆腳石。在那些年裡，英國境內最主要的「文化研究」發言人斯圖亞特．霍爾（Stuart Hall）於一九七六年說道，「『整個階級消失』這觀念遭揚棄，代之以對一個階級裡的不同部分和層級，如何被他們的社經環境所限制，而被驅策到不同路線與選擇一事，施予遠更複雜、差異化的描述。」

霍爾本人會在幾年後無奈坦承，他的文化研究中心「曾有一段時間過度執著於這些困難的理論問題」。但事實上，這一自戀式的反啟蒙主義是當時非常典型的產物，其脫離日常現實的作風在無意間證實了某一知識傳統的枯竭。此外，它絕非這些年裡文化耗竭現象的惟一表徵。就連一九六〇年代法國電影熠熠耀眼的原創性，都墮落成在刻意表現追求藝術技巧。導演了《巴黎屬於我們》（*Paris Nous Appartient*，一九六〇）和《修女》（*La Religieuse*，一九六六），詼諧、具有獨創性的導演賈克．希維特，一九七四年導演了《賽麗娜與玉莉上了船》（*Céline et Julie vont en bateau*）。這部電影片長一百九十三分鐘，以沒有情節、風格化的方式（在無意間）搞笑模仿法國新浪潮電影，標誌著一個時代的結束。藝術的理論化取代了藝術。

如果說六〇年代的遺產中，有一部分是高尚文化的做作，另一部分就是其徹底的反轉，是日益無可救藥的刻意憤世嫉俗。搖滾樂的相對純真愈來愈被嫻熟媒體運作的流行樂團取代，這些樂團的賣點乃是以嘲笑的姿態挪用、貶低他們前一輩所打造出的風格。通俗言情小說、八卦新聞報導曾利用民眾識字程度的提升大賺其錢，與此差不多的，「龐克」搖滾在七〇年代問世，以利用民眾對流行音樂的需求，獲取自身利益。它以「反文化」的形象出現，其實卻是寄生在主流文化上，為賺錢的目的，祭出暴力形象和激進語言。

龐克搖滾樂團所公開宣稱具有政治性的語言——性手槍（Sex Pistols）樂團一九七六年的暢銷專輯《英國無政府狀態》（*Anarchy in the UK*）就是典型例子——抓住當時的鬱悶氣氛。但龐克樂團的政治立場和他們的音樂表現一樣是單一向度的，後者大多侷限於三個和弦、一個節拍，且靠音量來製造效果。性手槍等龐克搖滾樂團，一如赤軍派，最想要的就是震撼。就連他們的顛覆性外表和舉止，都包裝上諷刺和某種程度的做作：他們似乎在說「記得六〇年代嗎？」、「嗯，不管喜不喜歡，我們是剩下的東西。」音樂上的顛覆，這時由痛斥「霸權」的憤怒歌曲構成，那些歌曲佯裝出的政治內涵，掩蓋了持續遭到掏空的音樂形式。[15]

龐克世代的政治主張和音樂再怎麼虛有其表，至少他們憤世嫉俗是真的，而且來自真誠的體會。在同代人中對世間萬物愈來愈缺乏敬意的光譜裡，他們位居內心不是滋味、大多又缺乏天分的極端：對過去、對權威、對公眾人物、對公共事務都懷著不屑。在這光譜中表現得更機智風趣的另外一夥人，面對浮誇和傳統所採取的鄙夷態度，則取法自將近二十年前嶄露頭角的英國新銳政治諷刺作家，例如：劇評雜誌《邊緣之外》（*Beyond the Fringe*）、英國國家廣播公司深夜節目《上週說來如此》（*That Was the Week That Was*），以及《私家偵探》（*Private Eye*）這本週刊。喜劇團體蒙提巨蟒（Monty Python）和其後繼者、模仿者，趁著電視觀眾快速增加而政府審查持續後撤的時機，融合了粗俗的打鬧劇、下流的社會評論、嘲諷的政治模仿——在這之前最後一次看到這三者的混合，是在十八、十九世紀吉爾雷（James Gillray）、克魯克香克（George Cruikshank）的犀利政治漫畫中。搖滾樂與這新出現的滑稽諷刺作品的密切互動，在巨蟒的兩部影片《巨蟒與聖杯》（*Monty Python and the Holy Grail*，一九七四）、《布萊恩的生平》（*Life of Brian*，一九七九）的資金來源中得到貼切的說明：分別由英國搖滾樂團平克佛洛伊德（Pink Floyd）、齊柏林飛船（Led Zeppelin）與披頭四的喬治·哈里森出資支持。

公眾人物的地位低落，為英國《維妙維肖》（*Spitting Image*）或法國《傻蛋秀》（*Bébète Show*）之類每週一播的電視節目，提供了許多可供大作文章的材料。在這類節目裡，政界的重要人物常受到某種程度的嘲笑和鄙視，若早個幾年，這樣的嘲笑和鄙視不可能出現（在如今的美國仍不可能）。諷刺作家和政治喜劇演員取代作家和藝術家，成為當時知識界的英雄：八〇年代初期法國學生被問到最敬佩哪個公眾人物時，沙特已被科律什（Michel Coluche）取代，令老一輩評論家大為驚駭。科律什是粗俗下流、偶爾還無視道德的電視喜劇演員，還出馬競選法國總統，藉此昭告他新獲得的地位，嘲諷意味十足。

不過，公營電視頻道雖播放帶有批判性、輕視意味的節目，搞笑模仿通俗、娛樂文化，它本身也為滑稽演員提供了豐富的模仿材料。最廣為人知的嘲笑對象或許是「歐洲歌唱大賽」（Eurovision Song Contest），一九七〇年開播的一年一度電視歌唱比賽。這是高舉著慶祝多國同步電視轉播技術問世的名號而開播的商業節目，七〇年代中期時已有數億觀眾。在歐洲歌唱大賽裡，來自歐陸各地的二流歌手和無名小人物演唱沒有特色、聽過即忘的歌曲，下了舞台後，幾乎個個又回到原來沒沒無聞的角色。這一歌唱大賽在構思和執行上極為平庸乏味，搞笑模仿者要超越它可不容易。若早個十五年，它會是落伍的東西。但正因為這理由，它預示了新的東西。

歐洲歌唱大賽熱切推銷並頌揚已過時到無可救藥的表現方式和如過江之鯽的平庸表演者，而那股熱切正反映了日益壯大的懷舊文化，那是既失落而傷感且省悟前非的一種文化。如果說龐克、後現代、搞笑模仿是在回應大夢初醒七〇年代的混亂，「復古風」（retro）則是另一種回應。

15 在共產東歐的晚期，西歐龐克留下一特別醜惡的餘味。在共產東歐，為了自己的目的而憤世嫉俗，固守政治上、音樂上異議傳統的虛無主義地下樂團，開始走西歐龐克風。八〇年代匈牙利龐克樂團Spions，以色情兼觸犯政治禁忌的令人反感方式，錄製了歌曲「安娜．法蘭克」：「安娜．法蘭克，趁他們還沒來把妳帶走，來點強迫性交吧！和我做愛吧！安娜．法蘭克！你這個婊子大聲叫出來吧！安娜．法蘭克！否則我就把妳交出去！安娜．法蘭克——幾個男孩在等著妳呢！」

法國流行團體「從前」（Il Était Une Fois）一身一九三〇年代的打扮——諸多重新流行旋又消失的舊打扮之一。這類重新流行的舊打扮，從「祖母裙」到「新浪漫主義者」的新愛德華時代髮型，形形色色，而那一髮型還在三十年後二度重出江湖。在衣著和音樂（以及建築）上，想重新搬出舊風格的念頭——沒什麼自信的混合、搭配——取代了創新。七〇年代，自我質疑的紛擾年代，眼光望向過去，而非未來。水瓶座時代結束，留下混搭風格時期。

15

政治譜新調

Politics in a New Key

「Je déclare avoir avorté.」

（我墮過一次胎。）

西蒙・波娃（和其他三百四十二個女人），一九七一年四月五日

✣ ✣ ✣

頂多不到一個世代，

法國、義大利的共黨不是與莫斯科斷絕往來，

就是萎縮變成微不足道。

丹尼斯・希利，一九五七

✣ ✣ ✣

隨著這條約而失去的，

無一不是很久以前就已被賭掉的東西。

西德總理威利・布蘭德，一九七〇年八月

✣ ✣ ✣

兩國想改善關係時，

往往追求最崇高的陳詞濫調。

提摩西・加頓－艾許

15 政治譜新調
Politics in a New Key

一九七〇年代，西歐政界開始裂解、破碎。自一次大戰結束以來，主流政治一直被分割為左派、右派兩個政治「家族」，而左、右派內部又各自分裂為「溫和派」和「激進派」。自一九四五年以迄這時，雙方關係已拉近，但這種對立模式未有根本的改變。一九七〇年歐洲選民所能選擇的政治立場，和他們上上一代當年所能選擇的沒什麼兩樣。

歐洲的政黨能屹立如此久，得歸因於選民生態長久以來沒什麼改變。在英國的工黨與保守黨間擇一，或在西德的社會民主黨與基督教民主黨間擇一，這樣的選擇不再反映對特定政策的深刻分歧，當然更不再反映後來所謂的「生活方式」上根深蒂固的偏好。在大部分地方，那是在重現存在已久、跨世代的投票習慣，而那些投票習慣由選民的階級、宗教或地域決定，而非由政黨政綱決定。選民的投票行為一如他們的父母，視他們的居住地、工作場所、收入高低而定。

但在長久不變的表象底下，歐洲選民的政治社會學裡正發生地殼位移。白人、男性、受雇勞動階級——各地共黨與社會黨的支持基礎——這個族群的選票在萎縮、分裂。與此差不多的，基督教民主黨或保守黨不再能指望「理想型」保守選民——年紀較大、女性、上教堂者——為其提供核心支持。這些傳統選民即使保持原來的投票行為，終究已不再占多數。為什麼？

首先，戰後幾十年來的社會流動、地理遷徙，已使定型的社會分類淡化到幾乎無法辨識的地步。在法國西部鄉村或義大利威內托地區的小鎮，在比利時南部或英格蘭北部的無產階級工業據點，原本鐵板一塊的基督教投票群體這時裂解為數個小區塊。人不再和父母同住一地，而且往往從事與父母大不相同的工作。不足為奇的，他們對世界的看法也大不相同；他們的政治偏好開始反映出這些改變，儘管這些改變一開始很緩慢。

其次，六〇年代、七〇年代初期的繁榮和社會改革，已消磨掉傳統政黨的政綱和願景。它們的成功本身，已使溫和左派、右派的政治人物都失去了可供使力的重大政治議題，特別是六〇年代的自由主義改革之後。政府體制本身未受到質疑，經濟政策的總目標亦然；還有待完成的，就是勞資關係的微調、立法防止住屋、就業上的歧視、擴大教育設施和諸如此類者；這些都是重要的政治事務，但構不成重大政治辯論的題材。

第三，這時有了另一個政治效忠的分母可選擇。與歐洲的白人勞動族群同居一地而往往不受歡迎的少數民族，並非總是受邀加入當地的政治或勞工組織；他們的政治立場反映了這一遭排斥的現象。最後，六〇年代的世代政治學（generational politics）已將過去政治文化所全然陌生的事項引進公共討論範圍。「新左派」或許欠缺大計畫，但不缺主題；最重要的，新左派引進新的選民。對性與性活動的著迷，自然而然催生出性政治；在傳統激進政黨裡，女人扮演臣屬，同性戀則是隱形，這時他們都以擁有權利的合法歷史主體的身分浮出檯面。青年和青年的熱情成為主角，特別是在許多地方投票年齡降到十八歲時。

這一時期的繁榮已助長人們將注意力由生產轉移到消費，由生存的必需品轉移到生活品質。六〇年代的鼎盛時期，少有人為繁榮帶來的道德兩難而大為煩惱——繁榮的受益者忙著享受富裕的成果，無暇操心這個。但幾年後，就有許多人，特別是西北歐受過高等教育的壯年，開始把五〇、六〇年代的商業主義和物質享受視為煩人的遺產，認為那帶給人們廉價低俗的大宗商品和虛妄不實的價值。開始有人認為現代性的代價太大，至少其主要受益者是如此；他們父母、祖父母所生活過的那個「失落世界」令他們怦然心動。

15 政治譜新調 Politics in a New Key

這些文化性的不滿後來走上政治化，一般來講是某些行動派人士所造成，他們熟悉傳統政黨的策略，且自身或自身家人曾活躍於那些政黨。因此，政治邏輯的改變相對較小：重點仍在以某個立法計畫為核心動員志同道合者，以促成政府施行該立法。然而將這些人組織起來的主題則是新的。在這之前，歐洲政治上的支持群體，誕生自大型選民團體的選擇性契合（elective affinities）；這些選民團體靠階級或職業來界定其屬性，靠一共有的、承繼自前人的、往往相當抽象的一組原則和目標結合在一塊。政策的重要性不如長久以來的忠誠。

但在七〇年代，**政策**跑到了前頭。「單一議題」政策和運動組織問世，支持的選民由一組可變的共同關注議題形塑而成，而那些議題往往關注範圍極狹窄，偶爾是一時興起。英國極成功的真麥芽酒運動（Campaign For Real Ale，簡稱 CAMRA）就是很有代表性的例子：這一中產階級壓力團體創立於一九七一年，旨在扭轉多泡沫、均質化的「拉格啤酒」（Lager Beer，和販賣這類啤酒而同樣均質化的「現代化」酒吧）日益流行的趨勢，其論點建立在一新馬克思主義論述上：大量生產的壟斷企業併購了手工生產啤酒業者，為企業利潤而操縱喝啤酒者——以華而不實的替代品，使消費者與本身的味蕾異化。

真麥芽酒運動相當有效地結合了經濟分析、環境關注、審美能力、十足懷舊，預示了未來幾年將出現的許多單一議題行動主義組織，以及富裕的「布爾喬亞－波西米亞」文化人即將對昂貴「真品」事物著迷的潮流。[1]但它微帶古意的魅力，使這個單一議題運動必然顯得奇特而迷人，更別提倡議者的拚勁和他們所追求的乏味東西間不成比例的落差。

但其他單一議題政治組織——大部分和真麥芽酒運動一樣由中產階級組成且是為了中產階

級而組成——完全沒有一時興起或奇特迷人的特質。在斯堪地納維亞，有多種抗議性政黨在七〇年代初期問世，特別是芬蘭的鄉村黨（Rural Party，真芬蘭人黨的前身）；摩根斯・格利斯特魯普（Morgens Glistrup）的丹麥進步黨（Danish Progress Party）和安德斯・朗格（Anders Lange）的挪威進步黨（Norwegian Progress Party）。這些政黨全積極投入減稅運動，最初都單單致力於這一運動——一九七三年挪威進步黨創立時，黨名「安德斯・朗格的大幅降低稅、費率、政府干涉的黨」，其黨綱就只是一頁紙，上面重申其黨名上的諸項訴求。

斯堪地納維亞地區的經驗或許自成一格——其他地區的稅率沒有一處像斯堪地納維亞那麼高，政府管的範圍也沒有一處像斯堪地納維亞那麼廣——且在該地區之外，沒有哪個單一議題政黨在選舉上如格利斯特魯普的黨那麼出色。一九七三年丹麥全國性大選，該黨的得票率達百分之十五・九。但抗稅政黨並非這時才有。他們的師法對象是皮耶・布熱德（Pierre Poujade）的「捍衛商販與工匠聯盟」（Union de Défense des Commerçants et Artisans）。這一聯盟創立於一九五三年，旨在保護小店家免受稅與超級市場的傷害，一九五六年法國選舉時拿到百分之十二的選票，聲名大噪，但不久後即式微。不過布熱德的組織是特例。一九七〇年後出現的抗議性政黨，大部分久久未衰——挪威進步黨在成立二十五年後的一九九七年，拿到其迄今為止最高的得票率（百分之十五・三）。

抗稅政黨，一如兩次大戰之間歐洲的農民抗議黨，主要是反動的，且走負面訴求——他們反對不受歡迎的改變，對政府的最主要要求，乃是廢除他們眼中不合理的財務負擔。其他的單一議題運動組織，對政府或法律或制度的要求較為正面。他們關注的事項，從獄政改革和精神病院，到受教權、醫療服務的享有，再到安心食物供應、社群服務、都市環境改善、文化資源的取得，形形色色。他們不願只在傳統政治選區裡尋求支持，願意——不可免地——考慮以另一種方式來宣傳他們關注的事項，因此可說他們全是「反共識的」（anti-consensus）。

政治上的三股新勢力——婦女運動、環保主義、和平運動推動主義——因聲勢浩大且影響持久不衰而特別重要。出於顯而易見的理由，婦女運動是最多樣且影響最廣者。除了與男人共同關注的事項之外，女人有其特有的關注重點，那些重點這時才剛開始進入歐洲的立法範圍：托兒、工資平等、離婚、墮胎、避孕、家庭暴力。

除此之外，還應加上激進婦女團體對同性戀權利的關注，以及女性主義者對色情書刊影片愈來愈深的憂心。後者相當有力說明了政治對道德的新立場：拜舊自由派和新左派同心協力之賜，露骨描繪性事的文學作品和電影，剛在不久前局部擺脫了審查員的控制。但不到十年，它就再度受到抨擊，而這一次抨擊者是由婦女團體所構成的網絡，領導者往往是激進女性主義者和傳統保守派，雙方因為在這議題上志同道合而結盟。

歐洲的婦女運動從一開始就同時追求彼此交集且變動頻繁的多個目標。一九五〇年，四分之

1 在英國，這一潮流可追溯至對素食主義、「真正」建築、衣物材料等存在已久的熱衷，這熱衷往往與社會主義會社和步行社團（rambling club）的立場有部分重疊，是左派對保守人士之狩獵、打漁、射擊的回應。在歐陸，左派、右派的文化都反映了大不相同的一段歷史。英國的《美食指南》（*Good Food Guide*）由費邊社社會主義者創立、編輯，從一開始就表明要為美食方面的階級戰爭助一臂之力，而法國的《米其林指南》雖然鎖定的讀者群差不多，卻始終且純粹是營利事業。

一的西德已婚婦女出外上班，到了一九七〇年比例已成長到二分之一；在義大利，一九七二至一九八〇年，有一百五十萬新血加入勞動大軍，其中一百二十五萬是女性。到了一九九〇年代中期，葡萄牙、義大利以外的歐洲國家，女性都占全國（官方統計）勞動力的四成以上。許多新投入職場的女性從事兼職工作，或未享有全部福利的低階辦事員工作。兼職工作的彈性適合許多職業婦女的需求，但在七〇年代窘迫的經濟情勢下，這未能彌補女性工資低、工作飯碗不穩的缺陷。因此，同工同酬、職場提供托兒設施，早早就成為西方大部分職業婦女的主要要求，直至今日仍是備受關注的重要議題。

上班（和非上班）婦女在照顧自家孩子上愈來愈尋求外援；但她們未必想多生小孩。事實上，隨著收入提高，以及在外上班的時間變多，她們希望少生小孩，或至少希望在生小孩上有更大發言權。二十世紀初期，就有婦女主張有權取得避孕知識和避孕藥，但在嬰兒潮步入高峰後不到十年，這一要求高漲。一九五六年，「母親協會」（Association Maternité）在法國成立，以爭取避孕權；四年後，出現「法國家庭計畫運動」（Mouvement Français pour le Planning Familial），名稱上的改變清楚說明心態的轉變。

自由化掛帥的六〇年代期間，要求各種性自由的聲浪高漲，管理避孕的法律，隨之在各地都得到放寬（只有某些東歐國家例外，例如基於國家「生產策略」而仍禁止避孕的羅馬尼亞）。到了七〇年代初期，避孕藥在西歐已普遍可買到，但在道德觀念仍受天主教當局支配的偏遠鄉村或地區例外。不過，即使在城鎮，從這新自由獲益最大者仍是中產階級婦女；對許多勞動階級已婚婦女和絕大多數未婚女性來說，主要的節育方法仍是行之已久的墮胎。

因此，要求改革墮胎法，成為新女性政治的主題，也就不足為奇——激進女性主義的政治主張在此與不關心政治的一般女性的需求有了難得的交集。英國，誠如先前已提過的，已於一九六七年將墮胎除罪化。但在其他許多地方，仍屬犯罪行為：在義大利，要處五年徒刑。但不管合不合法，墮胎都是數百萬婦女生活經驗的一部分——在小小的拉脫維亞，一九七三年產下三萬四千個活胎，卻有六萬次墮胎。而在墮胎屬非法的地方，墮胎所帶來的法律上、醫療上的風險，把不同階級、年齡、政治立場的婦女團結在一塊。

一九七一年四月五日，法國週刊《新觀察家》（*Le Nouvel Observateur*）刊出三百四十三位婦女的聯名請願函，文中宣稱她們都墮過胎，因而犯了法，並要求修訂刑法。簽署者都是有名人士，其中有些人更是赫赫有名——作家西蒙．波娃與佛朗索瓦茲．莎岡，女演員凱薩琳．丹妮芙、珍妮．摩露（Jeanne Moreau）、瑪麗－佛朗絲．皮席耶（Marie-France Pisier），律師暨政治行動主義者伊韋特．魯迪（Yvette Roudy）、吉澤爾．哈利米（Gisèle Halimi）。此外還有沒沒無聞但好戰的行動主義者加入她們的行列，這些人來自一九六八年後突然出現的女性主義運動組織。雖然前一年有三百多位婦女被判犯了墮胎罪，政府仍未貿然將這封公開信的簽署者起訴。

這一請願活動由前一年成立的「女性解放運動」（Mouvement de Libération des Femmes）組織籌組；他們的行動所激起的政治騷動，促使哈利米和波娃成立以廢除墮胎禁令為目標的政治組織「抉擇」（Choisir）。一九七三年一月，法國總統喬治．龐畢度在記者會上坦承，法國法律已跟不上輿論的演變。除了開放墮胎，他幾乎別無選擇：一九七二至一九七三年，有三萬五千多名法國婦女前往英國做合法墮胎。龐畢度之後接任法國總統的季斯卡指示衛生部長西蒙娜．維爾（Simone

Veil）向國會提出法律修正案，一九七五年一月十七日，法國國民議會將（懷孕頭十個星期內）墮胎合法化。

法國立下的榜樣，受到西歐各地婦女仔細研究。在義大利，新成立的義大利婦女解放運動與小黨激進黨聯合，為要求修改墮胎法的請願書，募集到八十萬人簽名，一九七六年四月並有五萬婦女在羅馬遊行支持該訴求。晚至一九七五年，義大利才施行早該施行的新《家庭法》，取代法西斯政府時代的同類規範。三年後的一九七八年五月二十九日，即阿爾多．莫羅的屍體遭人發現三個星期後，義大利國會投票通過墮胎合法化。

這一決定在一九八一年五月的全國公民複決中間接得到進一步的確認。當時，義大利選民既否定了將既有的合法墮胎限制進一步放寬的建議，也否定了新成立的生命權運動（Pro-Life Movement）組織欲將墮胎重新列為犯罪行為的提議。如果說義大利的改革腳步有點落後於英國或法國，原因主要不是天主教會的反對，而是因為有太多義大利女性主義者是在議會外「自治」左派運動裡得到社會運動的初步歷練。（由女性主義鬥爭〔Lotta Femminista〕組織一九七一年發布的第一份宣言，聚焦於為女人爭取家務付出的薪水，就可看出這一初步歷練的影響——早先「工人主義」現代社會觀，把家裡視為一個大工廠；而主張家務付出應有薪水可拿，正是這一觀念的自然延伸。）因此，在追求實現她們目標時，遲遲才開始利用既有的政治機構。

在西班牙，法國人的策略得到更為徹底的追隨，舊政權垮台所釋出的動力，更加速其追隨腳步。一九七六年一月，即佛朗哥去世不到兩個月後，西班牙境內出現第一場女性主義示威。兩年後，通姦除罪化，避孕合法化。一九七九年，有一千名婦女，包括數位著名的公眾人物，簽署一

15 政治譜新調 Politics in a New Key

份公開聲明，聲明中表明自己墮過胎，因而犯了法——此事讓人想起佛朗哥治下的西班牙，非法墮胎率在歐洲名列前茅，與東歐的墮胎率相當，而原因也與東歐一樣，出於主張提高出生率、反對各種節育措施的專制政策。但即使在後佛朗哥時代的西班牙，反對改革墮胎法的文化壓力仍很強大；一九八五年五月西班牙國會終於通過法律，允許墮胎時，仍規定只適用於遭強暴懷孕者、畸胎、母體生命受威脅時。

打贏墮胎權之戰和取得離婚權，同是這些年裡婦女政治團體的最大成就。數百萬婦女的個人處境隨之得到無可估量的改善。墮胎合法化，加上可取得有效的避孕藥，不只提高了許多人（特別是窮人）改善生活品質的機會，還使職業婦女得以選擇拖到生育年齡的晚期才生第一胎。

結果就是新生兒數量的持續下降。西班牙每名婦女的生育率，在一九六〇至一九九六年間下降了將近六成；義大利、西德、荷蘭緊追在後。七〇年代的改革才過了幾年，西歐諸國就只有愛爾蘭的出生率比得上前一代。在英國，一九六〇年後的三十年間，每年出生率從每名婦女的二．七一個小孩減為一．八四個小孩；在法國，從二．七三個減為一．七三個。愈來愈多已婚婦女選擇只生一個或不生——要不是有非婚生子女，出生率還會更低：一九八〇年代底，非婚生子女占全年新生兒的比例，奧地利是百分之二十四，英國百分之二十八，法國百分之二十九，瑞典百分之五十二。

隨著經濟成長變慢，婦女解放腳步加快，法國的人口結構開始改變，而對福利國的未來而言，這可是不祥之兆。但，婦女運動所帶來的社會變遷，並未反映在政治上。沒有能瓜分選票，把自己的代表送進議會的「女人黨」出現。女人在國會和政府裡仍居少數。

事實證明，左派一般來講比右派更願意推出女性候選人（但並非各地皆然，在比利時和法國，中間偏右的基督教政黨，有許多年都比其社會黨對手更可能提名女性到安全選區參選），但要預判女性在公共活動領域的前途好壞，最佳指標不是意識形態，而是地理位置。一九七五至一九九〇年，女議員在芬蘭國會中的比重，由百分之二十三成長為百分之三十九；在瑞典，由百分之二十一成長為百分之三十八；在挪威，由百分之十六成長為百分之三十六；在丹麥，由百分之十六成長為百分之三十三。在更南邊，在義大利、葡萄牙的國會裡，一九九〇年時女議員只占全體議員的十二分之一。在英國下議院，女議員只占百分之七；在法國的國民議會，只占百分之六。

環保人士，不管是男是女，在將個人主張轉化為選票上，比女性主義者成功許多。在某種程度上，「環保主義」（environmentalism，一九三〇年代問世的新詞）的確是前所未有的新主張：中產階級集體表達出對核電廠與快速都市化、高速公路與污染之憂心。但歐洲的綠色運動，若只是六〇年代的注解——穿石洗泛白的天然纖維衣物，游移在個人直覺與利益之間，有錢的週末盧德分子[2]——絕不可能捲起如此的千堆雪。對「自然」世界的渴望和對個人「真誠」政治立場的追求，在意識形態分隔線的兩邊都有很深的根源，可追溯到浪漫主義者和他們對早期工業主義之掠奪的驚駭。到了二十世紀初期，左、右派都有與社會主義或民族主義的「解放、回歸」理想有密切關係的腳踏車社團、素食餐廳、漂鳥（Wandervogel）運動和步行者。

德國人懷念德國的獨特地理景觀，懷念哈茨山脈（Harz）與普法爾茨（Pfalz）地區之山川，懷念故鄉；法國民族主義者憧憬深度法國（la France profonde）裡不受城市和世界主義欺凌的祥和農村；英格蘭人幻想著曾經存在且寄望未來出現之和諧鄉村——布雷克筆下失去的耶路撒冷——這三者的共通之處，比他們的追隨者所可能承認的還要多。幾十年來左派一直以欽敬的心情看著共產國家的「產出」努力欲超越西方，但到了七〇年代，左、右派都已有人對進步、生產力、「現代性」的附帶成本表示不安。[3]

因此，現代的環保革命有雙重優勢：它代表著與晚近冷酷無情政策的決裂——且它淵源自遭人遺忘但打從骨子裡令人安心的古老歷史。環保主義（一如反戰主義）往往在事後激起民族主義——或地域主義——的復活，但那是帶有人性的民族主義或地域主義。西柏林的「替代選擇運動人士」（Alternativen），或贏得一九七八年的公民複決，使奧地利政府無法啟動茨文滕多夫（Zwentendorf）核電廠的反核抗議人士，絕不會把自己視為民族主義者乃至愛國者。但他們對本土環境遭污染時所特別顯露的憤怒（對其他地方正遭受的類似破壞相對較不關心），讓人覺得他們的自我認知與實際的情況不合。新興的綠色運動，其「只顧自家後院」的這一特質，類似先前的某個模式。

因此，老邁的葡萄牙獨裁者安東尼奧·薩拉查，積極施行一九六八年後維也納或阿姆斯特丹的激進人士敦促其民主政府施行的那些環境管制措施時，其積極態度裡毫無矛盾之處。薩拉查不信任「拜金主義」，決心與二十世紀保持距離，是真心追求生態目標——就他來說，靠著讓其國

2 譯按：Luddite，原指十九世紀初搗毀機器的英國手工業工人，後喻指反對工業化、反自動化或反新科技者。

3 一九八〇年時，蘇聯釋放到大氣層的二氧化碳已幾乎和美國一樣多。這一統計數據，一直到非常晚近，都仍讓崇拜蘇聯者感到驕傲，而非難堪。

人處於前所未有的經濟停滯狀態這一簡單辦法，就可實現這些目標。對於一九七一年法國抗議人士成功擋住欲在法國中南部高原的拉爾札克地區（Larzac）設置軍事基地的計畫，薩拉查若知道，想必會大加讚許。

拉爾札克地區的象徵意義——這一片無人居住的草原，靠一大群造反的環保人士捍衛，得以免受法國政府公權力的傷害——至關重大，而且不只在法國：這是場令人感動的勝利，且追求這一勝利，主要是為了非當地出身的牧羊人，而非為了法國中央高原的原生綿羊。這些牧羊人裡有許多是不久前才離開巴黎或里昂，以在「深度法國」的原始沿岸改行務農的年輕激進分子。前線已明顯轉移——至少在西歐是如此。

在東歐，無限制追求初級工業生產的政策掛帥——以及政府內部缺乏反制這政策的聲音——當然使環境任由各種官方污染源蹂躪，無力反抗。奧地利受到內部反對聲浪的束縛，而不得不放棄核能發電，但她的共黨鄰邦，在建造核子反應爐時（捷克斯洛伐克境內），在計畫於她的多瑙河下游處建造大壩時（捷克斯洛伐克、匈牙利境內），或在她北方幾十公里處的新胡塔（Nowa Huta）——波蘭專門建造的煉鋼城——持續增加產量和空氣污染時，則沒有這樣的顧忌。儘管如此，不受約束的工業污染和環境退化所導致的道德成本、人類成本，在東歐集團並非無人注意到。

因此，一九六八年後布拉格的胡薩克政權，其無所顧忌的不在乎心態——為了滿足國內的電力需求，不惜大肆破壞共有的多瑙河邊遠地區——使原本對政治沒有聲音的匈牙利人民，反彈聲浪日漲。布達佩斯政權提議建造的加布奇科沃－大毛羅什（Gabčikovo-Nagymaros）水壩，若早個幾年，似乎不會招來重大的國內反對聲浪，但這時不只會招來這樣的麻煩，還會大大危害兩個相鄰

「兄弟」邦的關係。[4]

在捷克斯洛伐克，更早就有厭惡科技現代性的心態，已透過揚・帕托什卡、瓦茨拉夫・貝洛拉茨基（Václav Bělohradský）等哲學家的著作，傳給新一代的知識分子；貝洛拉茨基於一九七〇年後在流亡地義大利寫作，其新海德格式的沉思錄，在母國境內以地下出版形式流傳。透過法蘭克福學派的著作，特別是透過特奧多爾・阿多諾、馬克斯・霍克海默（Max Horkheimer）一九四四年出版的《啟蒙辯證法》（*Dialectic of Enlightenment*），降伏並支配自然以為人類所用——啟蒙運動的計畫——最終可能帶來人類所無法承擔的高昂代價這一觀念，已是冷戰雙方陣營的讀者所熟悉。由帕托什卡和劇作家瓦茨拉夫・哈維爾（最欣賞貝洛拉茨基的讀者之一）領導的這些見解，帶有海德格式的思想傾向——共產主義本身是從西方進口的違禁品，帶有物質性成長會永無止境這一狂妄自大的錯覺——構成七〇年代出現的知識界反對意見的基礎，而這一反對意見結合了道德上的異議和生態學上的批評。[5]

日後，將會有一篇知名的環保評論文章，充當東歐、西歐新式抗議之間的橋樑。但在七〇年

4　環境議題方面的抗議——因為具有明顯非關政治的特色——使政治活動和民意的自我表達，在原本處處設限的政權裡，有了雖然範圍有限但安全的揮灑空間。到了一九八三年，水污染的問題已使蘇聯立陶宛整整一成的人口加入「立陶宛自然保護協會」。

5　這一基調上的海德格存在主義，開啟了與西方的另一道連結：法國哲學家埃瑪紐埃爾・穆尼耶（Emmanuel Mounier）許多年前就宣稱，他在其同時代人（例如沙特）的存在主義裡，看到了「主觀屏障」，去阻擋他所痛斥為「客觀唯物主義」與「技術」之類的東西。穆尼耶在《精神》（*Esprit*）雜誌作者群中的知識界接班人，在後來的幾十年裡，成為西歐境內最早出版、頌揚哈維爾之類異議人士之著作的聲音之一。

代初期的情況下，不管是東歐，還是西歐，都還無人對鐵幕另一邊的歐洲人的觀點或問題，有深切的了解——就西歐來講，並不在乎東歐人的觀點或問題。特別是西歐環保人士，太忙於贏取本國選民支持，因而無暇關注國際政治局勢，只在國際政治局勢影響到他們所注意的惟一目標時才例外。但在贏得本國選民支持上，他們大為成功。

一九七三年，最早有候選人以「生態」出現在英、法的選舉舞台上——同一年，綠黨前身「農民代表大會」(Bauern Congress)在西德成立。在第一次石油危機的推波助瀾下，西德的環保組織迅速躋身政治主舞台。受到農民、環保人士、反戰人士、都市裡擅自占地居住者等多種群體支持的綠黨，從七〇年代開始時的靜坐、抗議遊行、人民創制出發，到了一九七九年已壯大到在德國兩個州的議會裡取得席位。四年後的一九八三年，即第二次石油危機後，綠黨在該年全國性選舉的得票，由五十六萬八千成長為兩百一十六萬五千（得票率百分之五．六），首度贏得國會席次（十七席）。到了一九八五年，綠黨已成為地方大州的執政成員，與社會民主黨聯合治理黑森州，且由綠黨的年輕政治人物約什卡．費舍爾（Joschka Fischer）出任黑森州的環境能源部長。

德國綠黨的成功，未立即再現於其他地方，但奧地利綠黨，特別是法國綠黨，最後也有相當不錯的成績。西德人或許與眾不同。在這些年裡，他們愈來愈厭惡他們戰後復興的根源：一九六六至一九八一年，正面看待「科技」與其成就的人口比例，由百分之七十二陡降為百分之三十。西德綠黨也受惠於德國的比例代表制，拜這一制度之賜，就連很小的黨都能躋身州議會、聯邦議會。但在義大利，與此大略類似的制度，卻對該地的環保人士助益不大：一九八七年，義大利「綠黨」的得票仍未及百萬，在六百三十個席位中只拿到十三席。在比利時，兩個生態黨（一個法語黨、一個佛蘭芒語黨）也平穩成長：一九八一年初試啼聲拿到百分之四．八的票，然後逐步成長，一九八七年超過百分之七．一。但在英國，投票制度的設計不利於小黨和邊緣政黨，而且實際上也造成了這樣的效果。

在斯堪地納維亞，環保人士（或反戰人士或女權人士）之類的單一議題政黨，受到既有政黨包山包海的政策主張而難以施展——既然社會民主黨或農民黨宣稱關注類似的議題，為何要把票「浪費」在綠黨上？例如在挪威，環保理念受支持的程度，至少和在德國一樣廣——早在一九七〇年，工黨政府打算利用位於北極圈馬爾多拉（Mardola）的北歐最大瀑布發電，就激起廣大人民憤怒，促成環保政治在挪威誕生。但不管是馬爾多拉事件，還是後來抗議蓋核電廠的事件，都未催生出獨立的政治組織：在獲得多數民意支持的執政黨內，透過協商消弭了抗議，且促成折衷方案。

在瑞典，綠黨的選舉表現較佳，一九八八年終於進入國會；在芬蘭，無黨無派的環保人士於一九八七年首度贏得選舉，然後，隔年，才有環保政黨「綠色協會」（Green Association）成立（或許，芬蘭綠黨在該國富裕、都市化、「雅痞」的南部，選舉斬獲大大優於在較貧窮、鄉村的中、北部，並不特別意外）。但芬蘭和瑞典是特例：反戰人士、女權人士、環保人士、殘障者、其他單一議題的行動主義者，確信整個文化環境支持他們所關注的議題，因此他們可以脫離主流勢力，將自己的支持者分割，而不必擔心會危及執政多數地位或他們自己行動計畫的前景。

誠如先前已提過的，單一議題政黨往往出現於危機後、醜聞後、或不得民心的提議之後：奧地利的環保人士，從初出茅蘆到壯大為全國性勢力，就得歸功於他們與政府在水力發電廠建設案的激烈對立——一九八四年政府提議在東奧地利海恩堡（Hainburg）的濕地森林蓋水力發電廠。接下來社會黨領導的聯合政府和環保人士間的對立，大大促進了環保運動：政府後來放棄此議，但這一事件使理想幻滅的社會黨選民，特別是知識分子、自由派專業人士，轉而支持綠黨的人數大增。

單一議題政黨和計畫的壯大，以及它們逐步融入主流政治裡，使左派的傳統組織受創特深。西歐的共黨，因持續流失無產階級選民而實力大減，且因蘇聯入侵捷克斯洛伐克事件而名譽掃地，最難以抵禦上述的衝擊。法國共黨的領導階層，他們是從未真正和一九五六年的事件，更別提一九六八年的事件劃清界線、抱殘守缺的史達林主義者。法國共黨本質保守，對任何它所無法制伏、掌控的事或人都心存懷疑，因而得票率一路下滑：從一九四五年的戰後高峰百分之二十八，下滑為一九七七年的百分之十八．六，然後在一場慘敗後，於一九八〇年代的選舉中下滑到不足一成。

義大利共黨境遇好得多。法國共黨領導階層幾乎全是平庸、無魅力之輩——在這點上，一如在幾乎其他每一點上，正反映了法國共黨對蘇聯共黨全盤照搬的模仿——相對地，義大利共黨，從帕爾米羅．托利亞蒂到恩里科．貝林格（Enrico Berlinguer，一九七二年起擔任黨的書記，直到一九八四年以六十二歲之齡去世為止），其領導階層成員聰敏，甚至具有魅力。這兩個黨，一如其他每個共黨組織，都深深倚賴蘇聯的資助：一九七一至一九九〇年，蘇聯挹注了五千萬美元給法國共黨，四千七百萬美元給義大利共黨。[6]但義大利共黨至少公開表示不認同蘇聯的駭人舉動，特別是入侵捷克斯洛伐克一事。

一九七三年貝林格決定將義大利共黨帶往捍衛義大利民主之路，即使因此而不便再公開反對基督教民主黨亦在所不惜：此即所謂的「歷史性重大妥協」。貝林格這一決定更突顯了義大利共黨的（相對）自主地位。義大利共黨之所以有這一轉變，原因之一是一九七三年智利政變的震撼，使貝林格等共黨知識分子相信，即使共黨贏得國會多數，美國人或美國人在義大利軍方、商界、教會裡的盟友，也絕不會容許他們組閣執政。但誠如前一章提過的，那也是共黨對義大利民主本身受到左、右派恐怖分子威脅時所做的回應；而對左、右派恐怖分子來說，共黨是和義大利政府一樣是不容寬貸的敵人。

這些改變使義大利共黨的選舉斬獲，短期內有所提升。該黨在義大利的得票數持續成長，從一九五八年的六百七十萬票，成長為一九七二年的九百萬票，四年後一九七六年六月選舉時達到巔峰，囊括了一千兩百二十六萬票和二百二十八個國會席次。得票率達百分之三十四·四，只比執政的基督教民主黨少了四個百分點，席次只少了三十四席，是西方共黨前所未有的佳績。外界相信義大利共黨正試圖營造「體制內」政黨的形象，甚至可能是（一如季辛吉和許多外國觀察家所擔心的）等待執政的形象。[7]

義大利共黨的新路線，以及即使無意師法該黨理念，但有意複製該黨成就的法國共黨，其為此所付出的努力，雖然不太成功，但後來被人稱作「歐洲共產主義」（Eurocommunism）——這是

6 同一段期間，莫斯科甚至資助小得可憐的美國共黨四千兩百萬美元，說明蘇聯的慷慨沒有大小眼。

7 一九七六年四月十三日，即義大利選舉的九週前，季辛吉公開宣布美國「不樂見」共黨在義大利執政——從而證實貝林格的直覺。

一九七五年十一月在義、法、西三國共黨會議上首度造出來的新詞；而且因為西班牙共黨總書記聖地牙哥・卡里略（Santiago Carrillo），在其一九七七年著作《歐洲共產主義與國家》（*Eurocommunism and the State*）中使用該詞，而使它通行於官方。這時，西班牙共黨剛脫離數十年偷偷摸摸行事的處境，其領導人急於打造他們的民主形象。一如他們的義大利同志，他們知道要達成這目標，最好的辦法就是與當時的蘇聯，還有更重要的，與他們共同的列寧主義過往，保持距離。

事實證明，「歐洲共產主義」能短暫迷惑人心，但起作用的對象並非投票人，而是某些知識分子和學界中人，他們以為馬克思主義在政壇東山再起，但那其實只是教條窮途末路之表現。如果西歐共產黨人想甩掉他們的歷史包袱，把自己改造為一個——惟一的——左派民主運動組織，他們所需要否定的，就不只是在一九七〇年代期間毀於意識形態浮誇作風的「無產階級專政」和其他冠冕堂皇的教條。他們還得公開與蘇聯共產主義本身劃清界線，而這是連貝林格、卡里略都辦不到的。

因此，儘管歐洲共產主義的倡導者說得頭頭是道，歐洲共產主義這詞卻是矛盾的組合。誠如列寧在世時所始終認為的，聽命於莫斯科，乃是所有共黨的首要識別標誌。蘇聯壽終正寢之前，西歐諸共黨受到這一觀念的束縛——即使那時他們自己不這麼認為，至少投票者如此篤定認為。在義大利，共黨的得票率未能再度達到一九七六年的鼎盛時期，但他們擁有不少死忠票——在該國某些地區，共黨成功把自己打造為（當地）理所當然的執政黨，成就獨特。但在其他地方，歐洲共產主義的逐步衰退趨勢，幾乎未曾間斷。發明歐洲共產主義的西班牙共黨，一九八二年時得票率降到只剩百分之四。

諷刺的是，莫斯科的布里茲涅夫還向疏遠蘇聯以穩住本地支持基礎的歐洲共產主義者，表達肯定與支持。蘇聯這一舉動，乃是當時正實行的緩和美蘇關係的「國際低盪」（détente）策略的副產品，只不過對這些有心改革的共產主義者助益不大。蘇聯領導階層雖仍繼續在資金和實物上支持西歐共黨，卻對西歐共黨日益冷淡，畢竟這些共黨的政治影響力不大，似乎不可能在可預見的未來執政。但社會民主黨，特別是占據要職的社會民主黨員，則是另一回事。德國仍是陷入分裂之歐陸的衝突場，該國的社會民主黨對蘇聯特別重要。

一九六九年，威利・布蘭德領導的社會民主黨在西德聯邦大選贏得過半席次，與自由民主黨組成聯合政府，使保守的基督教民主黨自聯邦德國創立以來首度淪為在野黨。在這之前布蘭德在基辛格的大聯合政府裡當過三年外長，而擔任該職期間，他已與他的政策規畫幕僚長埃貢・巴爾（Egon Bahr）密切合作，開始為德國外交政策擬訂新方針，為德國與蘇聯集團的關係擬訂新走向：東方政策（Ostpolitik）。

在這之前，西德外交政策都以艾德諾的觀點為依歸：這個新共和國，透過西歐聯盟、歐洲經濟共同體、北約，與西方牢牢綁在一塊，拒絕承認東邊德意志民主共和國的立場絕不能有所動搖。艾德諾宣稱聯邦德國是德國的惟一代表，因此也不願承認與民主德國有外交關係的國家（但蘇聯例外）。他之後的總理路德維希・艾哈德，派了貿易代表團赴布加勒斯特、索非亞、華沙、布達佩斯；但直到一九六七年，波昂政府在布蘭德鼓勵下與羅馬尼亞建交，隔年與南斯拉夫建交，才真正打破艾德諾建立的原則。

艾德諾始終堅持，得先解決德國分裂和其東邊待解決的邊界爭執，低盪（Détente）或撤軍才有可能出現於中歐。但一九六一年美國不願對建立柏林圍牆一事表示異議，已表明美國不願冒開戰的風險讓柏林邊界保持開放：而美國，一如總統詹森於一九六六年十月證實的，再也不會讓其外交政策受制於德國未來統一這一原則。意思很清楚：新一代德國外交官若想達成他們的目標，不能再堅持把「德國問題」的解決當作低盪的先決條件，而得反轉其政策的優先順序。

如果威利・布蘭德敢冒險違反西德的政治常規，那主要是因為他當西柏林市長的那段經驗。事實上，最熱衷提倡「東方政策」者中，有些人是柏林市長出身——布蘭德本人、後來出任聯邦德國總統的理察・馮・魏茨澤克（Richard von Weizsäcker）、繼布蘭德之後出任社會民主黨黨魁的漢斯－約琛・佛格爾（Hans-Jochen Vogel）——絕非偶然。對這些人來說，西方諸盟國不會沒事找事冒險弭合歐洲的分裂，乃是再清楚不過的事——而西方消極接受華沙公約組織入侵捷克斯洛伐克一事，正再度證實這一觀點。西德人如想打破中歐僵局，就得自己來，亦即得直接和東德政府打交道。

把這些因素時時擺在心裡的布蘭德和巴爾，設計了對東德的方針，以達成巴爾所謂的「透過修好促成改變」（Wandel durch Annäherung）。目標在透過多方的接觸——外交、機構、人員方面的接觸——以「打破《雅爾達條約》」；從而使兩德關係和歐洲內部的關係「正常化」，同時不致在國內外引發不安。布蘭德以饒富創意的新措詞，悄悄揚棄了西德原來堅持德意志民主共和國不具合法性的立場和無商量餘地的統一要求。自此之後，波昂將繼續公開且堅定地表達德意志民族基本的不可分割性，但也承認東德不可否認的存在事實：「一個德意志民族、兩個德意志國家。」[8]

一九七〇至一九七四年，布蘭德與其外長自由民主黨籍的瓦爾特・謝爾（Walter Scheel）與外國協商、簽署了一連串重大的外交協議：一九七〇年與莫斯科、華沙簽訂條約，承認戰後德國內部邊界和德國、波蘭邊界的實質存在和不可侵犯（「現有的邊界線……將構成波蘭人民共和國的西部國界」），並「根據歐洲的政治現狀」定位德國與其東方諸鄰國的新關係；一九七一年針對柏林簽署了四方協議，莫斯科於協議中同意不在柏林做任何片面的改變，同意促進跨邊界的移動；然後與民主德國簽訂《基本條約》，並於一九七三年得到德國聯邦議院的批准，根據這條約，波昂繼續給予任何成功西奔的東德居民自動公民權，同時放棄其長久以來宣稱其是所有德國人之惟一合法代表的主張；一九七三年與布拉格簽訂條約；一九七四年五月與民主德國互換「常駐代表」。

因為這些成就，且在威利・布蘭德前往華沙展開感人的朝聖之旅，在華沙猶太隔離區起義受害者紀念碑前跪下，為受害的猶太人默哀後不久，布蘭德獲頒諾貝爾和平獎。他在國內也是意氣風發——一九七二年選舉，他的社會民主黨首度成為聯邦議院的最大黨。即使布蘭德避而不談波昂長久以來的三項堅持——堅持邊界與民族的問題尚未得到確切的解決，堅持《雅爾達條約》造成的分裂在法理上不成立，堅持一九三七年十二月的德國邊界仍然有效這一法律上的推定必須予

8 一九六九年出任總理後，布蘭德的頭一批決定之一，乃是將「全德問題部」改名為「德國人之間關係部」：以使東德人不再擔心聯邦德國會繼續宣稱其代表所有德國人的法理主張，以表明他願意將德意志民主共和國視為自成一體、持續存在的實體。

以維持[9]——但在國內他仍很得民心，而且不只在西德如此：一九七〇年前往愛爾福特（Erfurt）訪問時，作為首度訪問東德的西德領導人，布蘭德受到如癡如狂的群眾歡迎。

布蘭德因一九七四年的情蒐醜聞被迫下台後，繼任者——社會黨的赫爾穆特．施密特（Helmut Schmidt）和基督教民主黨的赫爾穆特．柯爾（Helmut Kohl）——從未偏離「東方政策」的大方針，不只在公開外交活動上予以奉行，且透過與東德的多種官方與非官方的聯繫予以實行，而這些聯繫全是為了促進人員的接觸、消除雙方的隔閡、減輕對西德壯大後復仇的疑慮、使波昂與東邊諸鄰國的關係全面「正常化」——用布蘭德所簽署、確認德國戰後邊界的《莫斯科條約》之後所講的話，「隨著這條約而失去的，無一不是很久以前就已被賭掉的東西。」

「東方政策」的制訂者若想實現其雄心壯志，就不得不考慮到三個群體的想法。他們得向西歐人保證德國無意琵琶別抱轉投東方，以讓西歐人放心。法國總統龐畢度對《莫斯科條約》的初步反應，乃是向英國拉攏示好——對這時的法國來說，英國加入歐共體，將可制衡沒以前那麼好講話的德國。德國人承諾聯邦德國將更為堅定留在西歐陣營裡，藉此終於化解了法國人的疑慮（就和二十年後兩德統一後德國承諾追求歐洲共同貨幣，讓龐畢度的繼任者放心差不多）；但在巴黎，一如在華府，一九七三年德國財政部長赫爾穆特．施密特的談話——例如描述這個「變動中的世界」，「傳統的東、西方範疇」漸漸變得不重要——和類似的意見，短期內不會遭人遺忘。

第二個群體是分隔線兩邊的德國人。對許多德國人來說，布蘭德的「東方政策」的確帶來好處。兩德的接觸、交流迅速成長。一九六九年從西德打往東德的電話只有五十萬通，二十年後成長為約四千萬通。東西柏林間的電話往來，一九七〇年時幾乎無人知曉，到了一九八八年達到一年一千萬通。八〇年代中期時，大部分東德人已幾乎可以完全不受限制地收看西德電視節目；事實上，東德政府甚至把有線電視網鋪設到德勒斯登周邊的「無知者之谷」裡（Tal der Ahnungslosen，當地地形妨礙西德電視信號的接受，因此得名），一廂情願認為如果東德人在家裡看得到西德的電視節目，就不會想外移。這些和其他安排，包括失散家人的團聚和東德將政治犯釋放到西德，使「東方政策」受到好評，反映了共黨愈來愈相信西德的「穩定」、「不讓對方感到意外」的政策。

東德的統治者有充分理由樂見如此的演變。一九七三年九月，聯合國承認東、西德均為主權獨立國家，同意它們入會；不到一年，民主德國就得到包括美國在內八十國外交承認。民主德國的領導人呼應波昂的改變，不再提「德國」這字眼，轉而愈來愈有自信地提到德意志民主共和國，將它視為自力建構、自成一體且合法的德意志國家，擁有自己的未來——且這時堅稱他們的未來不只牢牢扎根在「優秀」的反法西斯德國人上，還扎根在普魯士的土壤和傳統上。一九六八年的民主德國憲法提到決心以民主、社會主義為基礎達成統一，一九七四年的修訂後憲法則拿掉這幾個字，換上承諾將仍「永遠且不可改變地與蘇聯站在同一陣營」。

民主德國官方對「東方政策」感興趣，還有更切身、更關乎金錢利益的因素。一九六三年起，東德將政治犯「賣」給波昂換取現金，金額多寡取決於政治犯的「身價」、資格。為了讓東德釋放犯人，一九七七年時波昂付出的金額已達每人將近九萬六千德國馬克。讓因國家分裂而分處兩

9 這一法律上的推定和以它為核心的感受問題，說明了基督教民主黨最初為何不願意簽署使西德與東德建立關係的一九七三年《基本條約》——也說明了該黨為何直到一九九〇年都堅持東部邊界問題尚未解決。

地的家人重新團聚，乃是「東方政策」的諸多外交成就之一：為此，東德政府對每人加收四千五百德國馬克（很划算的交易——一九八三年，羅馬尼亞獨裁者希奧塞古要波昂政府付出每人八千德國馬克的代價，才肯讓其境內的德裔居民離開該國）。根據某項估計，到一九八九年，東德釋放了三萬四千名犯人、讓兩千名小孩與其父母團聚、「管理」二十五萬個家庭重新團圓的案子，而波昂政府為此總共付給東德將近三十億德國馬克的金錢。[10]

這些發展帶來多個非預期的後果，其中之一是「統一」形同從德國政治議題裡完全消失。誠如布蘭德所說的，兩德的重新統一的確仍是聯邦德國的Lebenslüge（自欺以求心安的謊言）。但到了八〇年代中期，即兩德突然重新統一的幾年之前，重新統一這議題已不再鼓舞人心。五〇、六〇年代的民意調查顯示，高達四成五的西德人民認為統一是當前「最重要」的問題；七〇年代中期起，比例從未超過百分之一。

波昂新政策該考慮到的第三個群體，當然是蘇聯。從威利．布蘭德於一九七〇年頭幾次和布里茲涅夫協商，到將近二十年後戈巴契夫訪問波昂，西德針對與東邊「正常化」所擬的全部計畫，都有知會莫斯科，且無人不知此事。引用赫爾穆特．施密特的話，「德蘇關係自然是東方政策最重要的一環」。事實上，西德人和俄羅斯人在波蘭新邊界的確立上達成協議（遵照歐洲沿襲已久的慣例，沒有人就此事詢問波蘭人的意見），且波昂同意承認東歐諸共黨國家後，西德人和俄羅斯人就在許多事務上意見相合。

一九七三年五月布里茲涅夫訪問波昂，成為首位訪問西德的蘇聯共黨領導人。訪問期間，他和施密特甚至一起回憶溫馨往事，交流起他們共同的戰時經驗——施密特配合當時需要，憶道他

「白天為德國打仗，夜裡私下盼望希特勒落敗」。真的從頭到尾反對第三帝國的威利．布蘭德，在其回憶錄裡冷靜論道，「人與人交流戰爭回憶時，真假難辨。」但即使腦海中的往事可能是錯覺，共有的利益卻是非常真實。

多年來蘇聯一直極力要求西方國家正式承認其戰後獲益和歐洲的新疆界，最好是召開正式和會予以確認。西方諸盟國，特別是美國，長久以來只願實質承認現狀，除非「德國問題」得到解決。但由於德國人已開始向其東邊諸鄰國示好，西方的立場必然會改變；蘇聯領導人的願望就要成真。美國總統尼克森和其國家安全顧問季辛吉施行與蘇聯、中國「低盪」的宏大策略，基於這一策略，他們比前任者更願意和莫斯科協商——也可能較不在意蘇聯政權的本質：誠如季辛吉於一九七四年九月十九日向美國參院外交關係委員會所說明的，不能等蘇聯內政有所改革，才來追求國際關係的低盪。

於是，一九七一年十二月，北約諸國部長在布魯塞爾會晤，原則上同意參加歐洲安全會議（European Security Conference）。不到一年，就在芬蘭的赫爾辛基召開了預備會議；一九七三年七月，正式的歐洲安全、合作會議揭幕，會議地點仍是赫爾辛基。三十五國（包括美、加）參加，只有阿爾巴尼亞拒絕出席。接下來的兩年裡，赫爾辛基會議的與會者制訂公約，草擬協議，針對如何改善東西方關係提出「信心建立」措施等。一九七五年八月，《赫爾辛基協定》（Helsinki Accords）

10 「東方政策」開始施行時，對仍住在德東或德南邊境以外的德裔（Volksdeutsche）給予特別的關注和特權。這些人的身分根據家庭或族裔出身來界定，只要他們能來到聯邦德國，就給予完整的公民權。有數十萬烏克蘭、俄羅斯、羅馬尼亞、匈牙利和其他地方的居民，突然重新發現其德裔身分，而此前五十年他們是一直極力否認的。

獲得一致通過並簽署。

表面上看，蘇聯是這一協議的最大受益者。根據「原則一」底下的「最後條例」，「與會各國將尊重彼此的主權平等和個體性，以及主權所固有和主權所包含的所有權利，特別包括每個國家在司法平等、領土完整上所享有的權利。」此外，在「原則六」中，與會各國承諾「不管彼此關係如何，都不會以直接或間接、個別或集體的方式，干預別的與會國之內部或外部事務」。

這正是布里茲涅夫與其同僚所最想要的。戰後歐洲的政治分裂從此得到正式且公開的接受，民主德國和其他衛星國的主權和領土完整也得到正式的承認；西方諸強國首度承諾絕不再「武裝干預別的與會國，或威脅要如此干預別的與會國」。北約或美國會入侵蘇聯集團的可能性，的確早就微乎其微：事實上，一九四八年來惟一真的如此武裝干預過別國的國家，就是蘇聯自己……而且做了兩次。

《赫爾辛基協定》的這些條款，以及申言「與會諸國會尊重每個與會國的領土完整」的「原則四」，受到如此地看重，正說明莫斯科普遍而強烈的不安全感。有了與西德的諸項協議與《赫爾辛基協定》對《波茨坦協定》溯及既往的肯定和接受，蘇聯終於達成其目標，可高枕無憂。相對地，誠如當時人所覺得的，西方諸與會國所追求並得到的，幾乎只有無可反駁且無實質意義的條款：社會性、文化性、經濟性的合作與交流、真心誠意一起解決重大的、未來的歧異，諸如此類。

但同樣在所謂的「第三籃」[11]赫爾辛基原則中，除了列出國家的權利，還列出個人、民族的權利，並將後者分別納入「原則七」（「尊重人權與基本自由，包括思想、良心、宗教或信仰的自由」）、「原則八」（「民族的平等權利和自決」）。簽名同意這些條款的政治領袖，大部分不是很看重它們——鐵幕兩邊的人都普遍認為它們是裝飾門面的外交詞彙，用來安撫國內民意的東西，且絕不可能實行：根據「原則四」和「原則六」，外人不能干預簽約國的內政。當時捷克某位心懷怨憤的知識分子說，《赫爾辛基協定》其實是重新搬出「教隨君定原則」（Cuius Regio, Eius Religio）：統治者再度獲准在其國內隨心所欲對待其人民。

但後來的情勢並未如此發展。一九七五年的赫爾辛基原則和議定書，大部分只是在包裝既有的國際協議。但「原則七」不只要簽約國「尊重每個人的人權和基本自由，包括思想、良心、宗教或信仰的自由，不因種族、性別、語言或宗教而有異」，它還要三十五個簽約國「促進、鼓勵公民在政治、經濟、社會、文化和其他方面之權利、自由地有效行使」，「承認並尊重個人獨自或在群體裡與他人一起，遵照個人良心的決定，表達、實踐宗教或信仰的自由」。

從這份冗長囉嗦且似乎沒有約束力的權利、義務清單中，誕生了赫爾辛基權利運動（Helsinki Rights movement）。蘇聯領導人得到他們期盼已久的國際會議協議後，不到一年，就面臨了愈來愈多且最終無力予以控制的志同道合圈子、社團、網絡型組織、共同綱領、個人；他們所提出的要求，都「只是」要他們的政府遵守該協定的字面意義，要政府如「最後條款」所要求的，「履行在這一領域的國際宣言和協議中所揭櫫的義務」。布里茲涅夫指望季辛吉和其務實果斷的繼任者會認真看待在赫爾辛基簽署的不干涉條款，事實證明沒讓他失望；但他（還有季辛吉）從未想到其他人會同樣認真看待後面較不切實際的那些條款。[12]

11 編按：《赫爾辛基協定》第一簍涉及安全與政治問題，第二簍關注經貿與科技合作關係，第三簍則專注於人權議題。

短期來看，蘇聯當局和其在東歐的同僚無疑可輕易壓下主張個人權利或集體權利的要求：一九七七年，烏克蘭某「赫爾辛基權利」團體的領袖被捕，判處三到十五年不等的徒刑。共黨領袖強調「赫爾辛基」是他們政權之國際合法性的來源，而這一強調此後將反過來成為他們揮之不去的麻煩：（國內外的）批評者自此可搬出莫斯科自己最近的承諾，使蘇聯政權受到公開的壓力。以暴力手段壓制這類反對，不只無效，而且只要搞到眾所皆知，都是在搬石頭砸自己的腳。處處提防別人的布里茲涅夫和其同僚害人反害己，無意間在自己的防線上開了一道缺口。事實證明，這將出乎眾人的意料，要了蘇聯政權的命。

12 第一個「赫爾辛基團體」（Helsinki Group）於一九七六年五月十二日在莫斯科成立，十一個創會會員包括尤里·奧洛夫（Yuri Orlov）、葉蓮娜·邦納（Yelena Bonner）、阿納托利·夏朗斯基（Anatoly Sharansky）。兩年後，赫爾辛基觀察（Helsinki Watch）問世，這是專為公布赫爾辛基簽約國國內破壞權利之事而成立的傘型國際組織。

16

過渡時期

A Time of Transition

事後來看，我們最大的錯誤乃是同意舉行選舉。
我們的垮台追根究柢就從那裡開始。

奧泰洛．薩萊瓦．德．卡瓦柳准將

✣ ✣ ✣

西班牙是問題，歐洲是解決之道。

奧爾特加－加塞特

✣ ✣ ✣

歐洲不只關注物質成果，還關注精神層面。
歐洲是個心智狀態。

雅克．德洛爾

16 過渡時期
A Time of Transition

在北歐，國內與國際情勢的改變，是在大國交易和歐陸東西分裂這個未曾落下的背景前演出。但在地中海歐洲，本土事務支配大局。七〇年代初期之前，西班牙、葡萄牙、希臘三國不只在地理上地處歐洲邊陲；這三國因為冷戰時期的陣營歸屬而被列為「西方」國家（葡、希是北約會員國），但在其他方面卻稱不上是「西方」。他們的經濟極度倚賴出國打工的剩餘鄉村勞動力匯回的收入和日益成長的觀光業，情況類似歐洲南部邊陲的其他國家：南斯拉夫或土耳其。西班牙南部和葡萄牙、希臘兩國大部分地區的生活水準，與東歐、部分開發中國家相當。

這三國於一九七〇年代初期都受獨裁者統治，且這些獨裁者屬於在拉丁美洲比在西歐更為常見的那一類型；戰後幾十年的政治轉型似乎大體上與這三國擦身而過。葡萄牙從一九三二至一九七〇年一直受安東尼奧・薩拉查統治，而在西班牙，佛朗哥將軍於一九三六年發動軍事政變，然後從一九三九年統治該國直到一九七五年去世為止，其間未受到挑戰。來自另一個時代的統治階層掌控這兩個國家，牢不可破。在希臘，軍中的陰謀小集團於一九六七年推翻國王和國會；自那之後，國家由一上校軍事執政團統治。動盪不安的過去，幽靈般在空中盤旋，壓迫著這三國不受看好的未來。

希臘的晚近歷史，一如西班牙，被內戰的陰影沉沉籠罩著。戰後時期，希臘共黨以恐怖手段統治其所控制的村落，留下恐懼陰影，使許多希臘人一想到激進左派，腦海裡就浮現壓迫和暴行。一九四九年十月共黨放棄鬥爭後，換成左派遭受持久的壓迫。戰時的敵後游擊隊員（包括許多在更早時打過抗德戰爭者），不得不流亡國外，數十年不得返鄉。留下來的人，還有他們的小孩，乃至孫子，被禁止進入公家機關服務，直到進入七〇年代許久以後才解禁。在馬可羅尼索斯

（Makronisos）島上那座惡名昭彰的監獄，共產黨員遭長期監禁，受到令人髮指的虐待。[1]

但希臘的政治分裂，不管表面上看來如何切合冷戰的對立格局，主要議題始終是本土特有的關注事項。一九四九年三月，狄托、史達林鬥爭最激烈時，對莫斯科言聽計從的希臘共黨（從布加勒斯特）透過電台聲明，支持馬其頓人獨立建國的要求。希臘共黨的如意算盤，乃是藉由助長南斯拉夫的領土裂解，來削弱狄托勢力，結果未收效，反倒使希臘共黨在國內的公信力大受傷害，約三十年難以復原，因為此舉間接表示只要共產黨獲勝，住著少數民族斯拉夫人、阿爾巴尼亞人的希臘北部馬其頓地區就會得到自治，從而會使希臘陷入分崩離析。

這一考量如此受看重，乃是因為希臘的民族主義特別不穩固，甚至就地區性標準來看都是如此。希臘的保守戰後政治人物，始終防備著與土耳其境內的前帝國主子起衝突，一九四〇年後一直與阿爾巴尼亞處於戰爭狀態（直到一九八五年才解決），且連境內有龐大斯拉夫族群住在希臘與南斯拉夫、保加利亞交界處這個事實都不願承認，因而把秩序和穩定看得比民主或戰後和解來得重要。希臘國王和他的軍隊、部長，把希臘本身關注已久的事務和國際分裂的新形勢掛鉤，以該不穩定地區最可靠的盟邦之姿，向西方毛遂自薦。

他們的忠誠得到豐碩的回報。[2]一九四七年二月，《巴黎條約》迫使義大利將多德卡尼茲（Dodecanese）諸島割讓給希臘。不管是在「杜魯門主義」宣布之後，還是在馬歇爾計畫下，希臘都是美援的最大受益者之一。希臘於一九五二年獲准加入北約，希臘軍方在規畫和物資上收到大筆實用的援助，大為滿意。事實表明軍方的角色極為關鍵。英國人原本希望留給解放後的希臘充分國家化的軍隊和現代化的警察部隊；但由於當時當地的情勢，一段時日後發現這只是空想。打過八年戰爭的希臘軍隊，成為堅決反共、效忠國王、反對民主的一股勢力，其對北約、對其美國同僚的效忠，比其對本國政治制度或法律的信守，還堅定得多。

事實上——這方面與傳統西班牙軍方大為類似——希臘軍方認為**他們本身**才是國家與國家完整性的保護者，而不是他們所宣誓捍衛的那些短暫的憲法文件。軍方從一開始就活躍於戰後希臘政壇：五〇年代初期的全國大選，獲勝的希臘集會黨（Greek Rally），黨魁是內戰時政府軍總司令亞列山德羅斯・帕帕戈斯（Alexandros Papagos）陸軍元帥。一九六三年之前，軍方樂於支持已改名為國家激進聯盟（National Radical Union）的希臘集會黨黨魁康士坦丁・卡拉曼利斯（Constantine Karamanlis）。卡拉曼利斯領導該黨於一九五六、一九五八、一九六一年贏得大選，但在其中最後一次勝選且是贏得最漂亮的一次勝選之後，他被懷疑大規模選舉舞弊。

卡拉曼利斯本人在意識形態上不反共，與軍方的關係也不是特別密切。但出生於希臘馬其頓且極度反斯拉夫，是他得以得意政壇的重要因素。小農出身，信仰東正教，他本質上就是老派、民族主義、保守的人物——正切合他國家的形象，在美國外交官和希臘軍方眼中安全可靠。他無意逼軍方接受文官的監督，對於政界高層有反議會政治組織和陰謀這個日益傳開的謠言，他也無意用心調查。在卡拉曼利斯治下，希臘保持穩定，儘管經濟停滯且政治非常腐敗。

1 馬可羅尼索斯監獄的獄吏逼共產黨人認罪悔改，然後對付那些不願悔改者，作風與同一時期羅馬尼亞共產黨人在皮特什蒂監獄的作為極為類似，只是稍稍沒那麼殘暴而已。見第六章。

2 最初，一如在歐洲其他地方，美國認為可在希臘政壇的中間偏左圈子裡找到朋友和盟友，但不久就了悟自己打錯算盤，於是轉而與民族主義右派和軍方右派締結密切且長久的友好關係。

但一九六三年五月，左派國會議員格里戈里斯．蘭布拉基斯（Grigoris Lambrakis）博士，在帖薩洛尼基（Thessaloniki）的某場和平集會上講話時遭到攻擊，五天後傷重不治，為左派和希臘境內新興的和平運動創造了一個政治烈士，而政府刻意不調查蘭布拉基斯遇刺背後不可告人的原因，激起普遍的猜疑。[3]六個月後大選時，卡拉曼利斯以些微差距敗給喬治．巴本德里歐（George Papandreou）的中間聯盟（Center Union）。中間聯盟是中間派政黨，受到希臘日益壯大的都市中產階級支持。隔年，新一輪選舉，巴本德里歐的政黨和其盟友成績更為出色，贏得絕對多數的選票，得票率從百分之四十二成長為百分之五十二．七。

國會中新的多數黨要求調查一九六一年選舉舞弊情事，國會與年輕國王康士坦丁的緊張關係隨之升高。國王的保守政治傾向人盡皆知，右派以愈來愈大的壓力要求國王解除巴本德里歐總理職，最後巴本德里歐還是被弄下台。此後有數位過渡性人物接任總理，但無一能在國會組成穩定多數。國會與王室的關係，則在一群偏自由派的軍官被控與巴本德里歐的兒子安德烈亞斯（Andreas Papandreou）合謀顛覆政府時更為緊繃。一九六七年三月，其中二十一人遭到軍法審判。

希臘的議會制政府這時已名存實亡。保守派和軍方沉著臉要人民提防「共產黨」在整個國內日益坐大的影響力。國王不願與多數黨中間聯盟合作，指控該黨靠極左派的選票選上，而反對黨國家激進聯盟不願支持接下來成立「看守」政府的行動。最後，一九六七年四月，國家激進聯盟自組少數黨政府，撐到國王解散國會，宣布舉行新一輪選舉為止。

人民對國會僵局的失望，普遍認為國王未扮演中立角色的，意味著在即將進行的選舉，左派會有更大的斬獲。軍方右翼組織裡的一群軍官，即以這威脅為理由——一九四九年起希臘境內持

16 過渡時期
A Time of Transition

續有人高喊的「共產主義威脅」——並指出希臘民主政體的弊病和政治人物的無能，然後在四月二十一日奪取政權。

他們由喬治・帕帕多普洛斯（George Papadopoulos）領導，派坦克和傘兵進入雅典等希臘城市，逮捕政治人物、記者、工運人士、其他公眾人物，控制所有要塞，宣布自己是國家的救星：誠如他們所解釋的，「民主」將會被「繫上吊腕帶」。國王康士坦丁雖然興致缺缺，還是消極配合，讓政變策畫者宣誓就職。八個月後，在一場半推半就的「反政變」未遂後，康士坦丁與其家人逃到羅馬，國內無人為他們難過。軍事執政團派人攝政，帕帕多普洛斯出任總理。

這場上校政變是典型的西班牙式軍事政變（pronunciamento）。帕帕多普洛斯和其同僚最初很暴力且始終限制人民的自由，開除近一千名公務員，監禁或驅逐左派、中間派政治人物，使希臘有七年時間不與外界往來。這些上校反現代反到可笑的地步，審查新聞媒體，禁止罷工，禁止迷你裙和現代音樂。除了禁止研讀古希臘三大劇作家索福克里斯、尤里皮底斯、亞里斯托芬的劇作，還禁止研究社會學、學俄語和保加利亞語。他們標榜「平民主義」，實際上施行家父長式統治，極度在意外表。在他們統治期間，人民不得留長髮，宮廷衛兵和其他禮儀性官員的服裝換成華麗俗氣的「傳統」希臘服裝。各地呈現秩序井然的軍事氣氛，尤以雅典最為鮮明。

這場希臘政變對經濟的影響好壞參半。觀光業未受衝擊——有些旅客囿於政治觀念而杯葛軍人當政的希臘，但受規定繁瑣卻廉價的渡假區吸引而來的觀光客，很快就填補這流失的客源。外

3 且促使柯斯塔・加華斯（Costas Gavras）根據蘭布拉基斯事件，在一九六九年拍成具影響力的電影《Z》。

來投資（希臘的外來投資在這場政變前約十年才開始）和國民生產毛額穩定成長（一九六四年起年均百分之六），未受政治局勢的演變影響：一如在西班牙，低工資（壓制所有勞工抗議行動有助於壓低工資）和「法律與秩序」掛帥的制度，為外來資本提供了有利環境。最初，軍事執政團甚至在鄉村地區（大部分上校出身的地區）得到普遍的支持，特別是在他們於一九六八年撤銷農民所有債務之後。[4]

但這些上校認為經濟該自給自足的心態，促成進口替代的舊習復活——沒有效率的本土製造商生產劣質產品，受保護而不必與外國製造商競爭。這最後必然使軍人政權與都市中產階級起衝突，而後者身為消費者和生產者，雖然一開始為除去好鬥政治人物而感到寬慰，但不消幾年，就會把他們消費、生產方面的利益看得更重要。拿不苛求的軍事執政者標準來衡量，這些上校都算是平庸之輩，無法為未來提出任何構想：無法為希臘融入新誕生且日益擴大的歐共體提出計畫，無法為回歸文官統治提出策略。[5]

此外，這政權在國內穩如泰山，在國外卻日益孤立——一九六九年十二月，歐洲理事會一致表決通過開除希臘會籍；兩個月後，歐洲經濟共同體斷絕與希臘軍事執政團的所有協商。這一上校政權只靠武力維持，肆無忌憚的程度超過大部分國家。因此，這個獨裁政權會為了解決賽浦路斯這個老問題而在境外用兵，結果受挫之後垮台，也就完全不足為奇。

賽浦路斯島於一五七一年起屬於奧圖曼帝國，一八七八年起由英國治理，一次大戰爆發時被英國片面吞併。賽浦路斯島位在地中海最東邊，接近土耳其的安納托利亞，與希臘本土或希臘其他任何外島都相隔甚遠，但島上居民大多是說希臘語、信仰東正教而愈來愈傾向於和希臘結合。

土耳其裔少數民族，占島上人口約百分之十八，可想而知反對這樣的安排，且得到安卡拉政府的高調支持。一方面，英國想甩掉這個燙手的帝國遺產，另一方面島上希裔、土裔長久以來水火不容，夾處其中的賽浦路斯何去何從，在整個五〇年代期間懸而未決，令英國頭痛。

與希臘結合（Enosis）的方案遭拒之後，島上希臘裔領導階層的大部分成員只好退而求其次接受獨立一途。一九六〇年，英國同意賽浦路斯獨立，只保留某些過渡權利和一處戰略地位重要的空軍基地。新成立的賽浦路斯共和國，其主權和憲法受英、土、希三國保障，由希、土兩裔組成聯合政府治理，以大主教馬卡里奧斯（Makarios）為國家元首。馬卡里奧斯曾遭倫敦視為武裝、暴力恐怖分子，放逐海外，這時則成為希臘裔賽浦路斯人之「合理」目標的崇高發言人。

在這同時，島上的希、土兩裔毗鄰而居，彼此猜忌不安，間或爆發族群間的暴力衝突。雅典、安卡拉的政府都宣稱自己是島上本族同胞的保護者，偶爾揚言介入。但審慎心態和國際壓力，使他們不敢妄動，即使一九六三年土裔賽浦路斯人遭攻擊，導致隔年聯合國派維和部隊進駐時，仍然如此。雖然希裔賽浦路斯人幾乎完全壟斷公職和重要官職（與北愛爾蘭境內占人口多數的新教徒獨占特權和權力，天主教徒無緣分享的情況差不多）——也或許正因為這點——賽浦路斯的情

4 這些軍官大部分出身自戰前約阿尼什・邁塔克薩斯（Ioannis Metaxas）獨裁統治期間的軍校，不得民心的程度可能沒有他們的外國批評者所認為的那麼差。但據認他們——事實的確如此——得到美國的同情（和說不定不只是同情）。原來基本上只是一九四〇年代希臘內戰遲來的延續，卻突然間被視為歐洲百年內戰中最近一件轟動大事。「希臘」這時取代「西班牙」，成為兩極化政治心態的探測棒。

5 一九六二年起，希臘就成為歐洲經濟共同體的「準會員」。

勢表面上看來還是穩定，但即使賽浦路斯不再是個危機，仍是個重大的「爭議」。

因此，一九七三年，雅典的大學生（先是在法學院，然後在理工學院）首度公開反對這些上校的統治，令他們大為難堪時，軍方的反應乃是轉移注意力，試圖藉由重申希臘對賽浦路斯的領土主張來強化民意對其的支持。理工學院學生示威後，帕帕多普洛斯下台，由「強硬派」約阿尼底斯（Ioannidis）將軍接任軍事執政團領導人。約阿尼底斯與喬治・格里瓦斯（George Grivas）等希裔賽浦路斯民族主義者合謀推翻馬卡里奧斯，以使該島與希臘「重新統一」。一九七四年七月十五日，幾個單位的賽浦路斯國民警衛隊和特別挑選的希臘軍官攻打總統府，驅逐馬卡里奧斯（他逃到海外），成立傀儡政府，深信該政府會直接聽命於雅典。

但就在這時，土耳其政府宣布打算進兵賽浦路斯以保護島上土裔居民的利益，且在七月二十日迅即出兵。不到一星期，土耳其就拿下全島五分之二地區。希臘軍事執政團既未能事前阻止，又未能在事發後回應兵力大大居於優勢的土耳其，顯得束手無策：才下令全面動員，隔天就取消動員。眼見國家顏面受辱，人民怒氣沖天，這些軍事獨裁者只好求助於老邁的卡拉曼利斯，邀流亡巴黎的他返國主持大局。七月二十四日，這位前總理回到雅典，開始讓國家回歸文人統治。

這一轉變輕鬆就完成。卡拉曼利斯的「新民主黨」在一九七四年十一月的大選中大勝，三年後再度勝選。反對黨最初反對新憲法賦予共和國總統較高的權力（一九八〇年起由卡拉曼利斯本人擔任此職），一九七五年六月還是通過新憲。出乎外界意料地，希臘的國內政治很快就呈現歐洲常見的政治格局，形成由勢力約略旗鼓相當的中間偏右派（新民主黨）和中間偏左派（泛希臘社會主義運動）主宰政局的局面。泛希臘社會主義運動（Panhellenic Socialist Movement）的領導者是已故喬治・巴本德里歐受過美國教育的兒子安德烈亞斯。

希臘能順利回歸民主，一部分得歸功於卡拉曼利斯能與自己的過去劃清界線，同時又營造出老練能幹、具有延續性的形象。他未重建他名譽掃地的中間聯盟，反倒另組新黨。一九七四年十二月他將受到唾棄的君主制付諸公民複決，而當百分之六十九・二的選民要求廢除君主制時，他即開始建立共和。為避免軍方有異心，他未順應外界整肅軍隊的呼聲，反倒一方面逼素行較差的高級軍官早早退休，另一方面獎賞、提拔忠於他者。[6]

廢除君主制且拔掉軍隊的牙之後，卡拉曼利斯接著得處理尚未解決的賽浦路斯問題。他和他的繼任者都無意重啟「結合」問題，但他們也無法公開漠視土耳其在該島的駐軍，甚至在一九七四年十二月馬卡里奧斯回到島上後亦然。卡拉曼利斯使希臘退出北約的軍事組織，以抗議同是北約會員國的土耳其的行為，六年後才再度加入。這一大體上屬象徵性的舉動，得到國內包括左派、右派的廣泛肯定。土、希兩國關係隨之進入冰河期，而一九七五年二月島上的土裔少數族群片面宣布成立「賽浦路斯土耳其聯邦國」（只得到土耳其一國承認），以及兩國為東愛琴海領土主張引發的外交爭執，正說明這段期間雙方關係的惡化。

賽浦路斯島因此成為國際關注焦點，接下來幾十年，聯合國外交官和律師為解決島上分裂問題而奔走，均徒勞無功。在這同時，希臘政治人物卸下賽浦路斯包袱（雖然仍受制於國內政治而

6 但軍事執政團本身未逃過懲罰，一九七五年八月，有十一名軍事執政團成員遭審訊、判刑。其中三人判死刑，後來減為無期徒刑。帕帕多普洛斯一九九九年死於保外就醫期間，至死不承認犯錯。准將約阿尼底斯在後來的審判中被判有罪，罪名是參與鎮壓理工學院學生暴動。撰寫本書時他仍在獄中。

不得不表示仍關心該島的前途），而得以處理較有勝算的事務。一九七五年六月，即軍事執政團垮台不到一年，雅典政府正式申請加入歐洲經濟共同體。一九八一年一月一日，希臘成為歐共體正式會員，但後來在布魯塞爾卻有許多人認為這是基於期盼而非基於智慧所行出的一件憾事。

與希臘不同的，葡萄牙的晚近歷史，連最不健全的民主，都沒有經歷過。薩拉查的獨裁統治，即使拿他於一九三二年初掌權時盛行的標準來衡量，都是特別倒退且刻意倒退的——事實上，兼具苛刻教權主義、統合主義制度、鄉村低度開發狀態的葡萄牙，非常類似一九三四年後的奧地利。戰後葡萄牙受到懷念維琪法國的退休法國人喜愛，自是順理成章——名譽掃地的「法蘭西行動」的領導人夏爾．莫拉（Charles Maurras）備受薩拉查讚許，與薩拉查通信直到他本人一九五二年去世為止。[7]

薩拉查治下的葡萄牙，總體生活水平比較像當時的非洲而非歐陸：一九六〇年時人均年收入只有一百六十美元（相對地，土耳其是兩百一十九美元，美國是一千四百五十三美元）。有錢人的確非常有錢，嬰兒死亡率居歐洲之冠，三成二人口是文盲。薩拉查是經濟學家，在科英布拉（Coimbra）大學教過幾年書，但對葡萄牙的落後，不覺有何不妥，反倒還認為那是獲致穩定的關鍵——得知在葡萄牙的安哥拉領地發現石油後，他只說道這「令人遺憾」。

一如羅馬尼亞獨裁者希奧塞古，薩拉查一心想要避免負債，極力平衡每年的預算。他狂熱信仰重商主義，儲備了特別多的黃金，且盡可能不把它們花在投資、進口品上。因此，他的國家深陷貧窮裡，大部分人民在葡國北部的小型家庭農場或南邊一點的大莊園討生活。由於沒有本國資本可為國內產業提供資金，且明顯不歡迎外國投資者，葡萄牙大體上倚賴初級大宗商品（包括其人民）的出口或再出口。

一直到一九七〇年去世為止，薩拉查都驕傲宣稱，他不只使葡萄牙免遭本世紀慘烈外國戰爭的摧殘，還帶領國家安然度過貪婪市場資本主義和國家社會主義的夾擊。事實上，在他的統治下，人民受到最惡劣資本主義和國家社會主義的雙重傷害：在歐洲，物質享受的不平等和唯利是圖的剝削，就屬葡萄牙最為顯著，且獨裁的里斯本政府扼殺所有獨立意見和主動作為。一九六九年，只有一成八的成年人口有投票權。

國內沒有反對勢力，惟一抗拒薩拉查的力量來自軍方，該國惟一的獨立組織。葡萄牙軍隊薪水差——薩拉查不把稀少的資源用在薪資上，反倒積極鼓勵沒錢的軍官靠婚姻躋身有錢的中產階級。但一九六一年之前，儘管有一九四七、一九五八年兩次輕易就遭敉平的流產軍事政變，薩拉查政權至少還可指望軍方的消極效忠。陸海軍裡有心改革的低級軍官或許對經濟的停滯不前憤憤不平，但他們沒有盟友或群眾基礎。

一九六一年，印度強行併吞葡萄牙在印度本土的領土臥亞（Goa），葡國在非洲的安哥拉殖民地爆發武裝暴動，情勢自此完全改觀。失去臥亞令葡國大失顏面，但非洲境內的叛亂，後果更嚴

7 莫拉死於一九五二年，享年八十二。薩拉查本人，房地產經理之子，一八八九年四月二十八日生於葡萄牙的維梅魯（Vimeiro），比希特勒生日只晚了一星期。就一九六〇年代晚期仍統治歐洲國家的人來說，他特別執著於前一世紀的習俗——他母親生於一八四六年。

重。葡萄牙在非洲的幾個大「省」，包括位於西非洲的安哥拉、幾內亞比索、佛得角群島和位於東南非的莫三比克，其中，安哥拉最為重要，境內不到六百萬人口中，歐洲人占了將近五十萬。安哥拉尚未開發的物質財富——鐵、鑽石、新近發現的外海石油——已使薩拉查在百般不願下允許外來投資（特別是美國海灣石油公司的投資），六〇年代期間安哥拉在經濟上對葡萄牙愈來愈重要。

安哥拉也陷入公開叛亂。為摧毀聲勢日大的安哥拉民族主義運動，里斯本於一九六七年展開「平亂」策略，該策略的基礎是將人民遷到好控制的大村中居住：至一九七四年，已遷移一百多萬小農。這一計畫傷害安哥拉的社會和鄉村經濟，傷害久久未消，但未能瓦解叛亂勢力，反倒使奉命前去平亂的葡國軍人——加入殖民地軍隊藉以提升社會地位的貧窮軍官，和不情不願被派到海外平亂的應徵入伍兵——對政府愈來愈不滿。

在安哥拉，叛軍分為互不統屬的數個派系，葡軍鎮得住他們，至少鎮住一段期間。在莫三比克，六萬葡軍忙著保護為數僅十萬的歐洲移民，在幾內亞和佛得角，富群眾魅力的阿米爾卡·卡布拉爾（Amilcar Cabral）率領一萬叛軍打游擊，使三萬多葡軍陷入吃力不討好的戰爭中。在這三個地方，葡軍都愈來愈守不住。到了一九七〇年代開始時，非洲的戰事已耗掉葡萄牙這個歐洲最窮國家一半的年度國防預算。葡國役齡男子有四分之一被徵召到非洲服役——一九六七年後，最少得服四年的義務役。到了一九七三年，已有一萬一千人死在非洲：以占全國人口的比例來看，死亡率比越戰最激烈時美軍的死亡率還高許多。

葡萄牙的殖民地保衛大業，代價高昂，死傷慘烈，且愈來愈無望；軍隊對此最清楚。而他們感到挫折，還有其他原因。為保住自己權力，將人民的注意力從海外的苦難移開，在這之前，薩拉查指定的接班人馬塞洛・卡埃塔諾（Marcello Caetano），就已放寬借貸限制，向國外借得巨款，鼓勵進口。一九七〇至一九七三年，在葡萄牙外勞所匯回收入的進一步挹注下，葡國出現短暫的消費榮景。但不久後就因為石油危機，出現螺旋式通膨。公部門的薪資開始大大落於物價之後。

葡萄牙出現多年來首見的罷工。令首都周邊的貧民區居民——其中許多是不久前從貧困的阿連特茹（Alentejo）地區遷來——感到痛苦的，不只是他們本身普遍且難以翻身的貧困，還有附近里斯本炫目的新富裕景象。軍隊愈來愈痛恨替由非民選技術官僚掌理的不得民心政府，在遙遠異地打「骯髒戰爭」，而且其不滿這時在國內有了普遍的共鳴。初級軍官和其家人，靠著本來就低且因為通膨又更低的薪資，根本無法生活，因此怨聲載道，而新一代企業家失望於統治者的無能，知道國家的未來在歐洲，而非非洲，也是滿肚子怨言。[8]

一九七四年四月二十五日，軍官和武裝部隊運動（Movimento das Forças Amardas）的成員拉下卡埃塔諾和其同僚，宣布成立臨時政府，目標放在民主化、去殖民化、經濟改革。這場政變（類似一九二六年青年軍官第一次將薩拉查送上台的那個西班牙式政變）只招來少許反抗，舊政權的領導人獲准搭機流亡——先是到馬戴拉島（Madeira），然後到巴西。安東尼奧・德・史皮諾拉（António de Spínola）將軍，即葡萄牙陸軍前副參謀長暨一九六八至一九七二年的幾內亞總督，被軍官同僚推舉為軍事執政團領導人。秘密警察裁撤，政治犯全部釋放，出版自由恢復，葡萄牙社會黨、共

8 一九七三年時，與歐洲的貿易已占了葡萄牙進出口額各三分之二。

產黨的領導人結束流亡返國，被視為非法將近五十年的社會黨、共產黨自此成為合法政黨。

這場革命在各地都大受歡迎。[9]史皮諾拉延攬中間派、社會黨人進入他的臨時內閣，七月時公開宣布讓非洲殖民地完全自決的計畫。不到一年，諸殖民地皆獨立——印尼則已拿下葡屬東帝汶。去殖民化的過程非常混亂——史皮諾拉堅持幾內亞和莫三比克的游擊隊得先放下武器，但他們不予理會，至於安哥拉則惡化為內戰——但從葡萄牙看來，去殖民化乾淨俐落，完成迅速。去殖民化也促成在非洲約七十五萬歐洲人，在政府軍撤退而安哥拉首都羅安達爆發激烈衝突後，返回葡萄牙。其中許多人定居葡國較保守的北部，將在未來政局扮演舉足輕重的角色。

這些紛至沓來的變化令史皮諾拉苦惱，其保守的本性與他年輕同僚愈來愈激進的計畫格格不入，一九七四年九月他辭職。接下來十四個月期間，葡萄牙似乎朝全面社會革命邁進。在武裝部隊運動和阿爾瓦羅・庫尼亞爾（Álvaro Cunhal）所領導堅決信仰列寧主義的共產黨積極支持下，銀行和主要工業公司國有化，大規模土改開始實施：特別是在阿連特茹地區。阿連特茹是葡國南部的穀物產區，該區大部分土地當時仍歸大地主所有，這些大地主往往人在外地。

國有化在城鎮受歡迎，南部的土改——基本上就是土地集體化——最初的動力在於靠受共黨和其盟友鼓動的當地佃農和體力勞動者的「自發性」占領、奪取土地。而共產黨被譽為組織最完善、最有力的舊政權地下反對者，且特別受益於這一當之無愧的名聲。但在中部和北部，土地已被細分為數千塊由家庭持有的小土地，這套作法就明顯不受歡迎。由農村和小鎮構成的葡國北部，也是天主教很活躍的地區（至今仍是），一九七二年時平均每五百人就有一名神父；在中、南部是四千五百比一，在最南部比例又更低。共黨工運人士和小農領袖的反教士、集體化計畫，因此在人口眾多的北部地區遭到高聲、強有力的反對。

一九七四年的葡萄牙革命分子，基本上在重蹈三〇年代西班牙共和國激進土改人士的覆轍：他們想將以南部社會情況為基礎的集體主義土地改革，強加在土地私有且較有效率的北部小地主身上，結果使後者與他們為敵。一九七五年四月的立憲會議選舉，共產黨只拿到百分之十二・五的選票。中間偏右政黨成績較好，但最大贏家是葡萄牙社會黨。這個黨於兩年前由馬里奧・索阿雷斯（Mário Soares）在流亡期間創立，競選期間索阿雷斯高舉「社會主義Yes！獨裁統治No！」的口號，拿到百分之三十八的選票。

武裝部隊運動和共產黨不滿選舉結果，庫尼亞爾公開承認如果經議會執政的路線受阻，不無可能走另一條路——誠如他於一九七五年六月向某義大利記者所說的，「不可能實行像你們西歐那種民主……葡萄牙不會是擁有民主自由、專賣事業的國家。不會這樣。」從四月到十一月，緊張升高。外國評論者警告不久後會有共黨政變，葡萄牙的北約盟邦和西歐貿易夥伴保證，只要葡國公開表示不會有馬克思主義革命，就會給予援助，維持密切關係。

該年年底事態達到白熱化。十一月八日，里斯本的立憲會議遭建築工人包圍，有兩個星期時間，當地謠傳即將成立「里斯本公社」，甚至謠傳會爆發南北內戰。十一月二十五日，數群激進軍人試圖起事。最初，他們得到葡萄牙共黨的默予支持，但當情勢表明大部分軍隊，乃至某些左

9 但清教徒似的年輕軍官和其左派盟友，並不是很樂見接下來大量冒出被他們視為是色情著作和影片的東西——經過五十年文化緊縮政策後，隨著約束消失而在葡萄牙大量迸現。他們甚至一度想禁止演唱葡萄牙傳統民謠「命運歌」（fado）：他們認為這類歌曲助長「悲苦和宿命思想」，不利於他們的啟蒙、社會進步目標。

派軍官，反對這一起事時，就連庫尼亞爾都打退堂鼓。武裝部隊運動的某些領導人後來承認，一九七五年四月的選舉結果，使革命軍官的目標事先就失去人民的信任：左派可以選擇議會民主或革命「過渡」，但無法兼而有之。

一九七六年二月，政變將近兩年後仍實質控制葡國的該國軍方，正式將政權交給文人政府。葡國將以一九七六年四月批准的憲法為治理原則，且依舊重申一九七四年之政治措詞與雄心，決心「透過勞動階級為實行民主所創造的條件，藉此過渡到社會主義」。同月的國會大選，社會黨得票數稍降，但再度躋身第一大黨，馬里奧．索阿雷斯組成近五十年來葡萄牙第一個民選政府。

葡萄牙的民主前景仍然混沌不明——當時有許多心懷同情的觀察家，包括威利．布蘭德，認為索阿雷斯是另一個克倫斯基（Kerensky），不知道自己是非民主勢力試水溫的工具，一有機會，非民主勢力就會取而代之。但索阿雷斯活了下來——且不只活了下來。軍隊仍乖乖待在軍營裡，軍中搞政治的激進分子，角色愈來愈邊緣化。共黨得票的確成長，但是也放棄了其不切實際的雄心。隨著經濟惡化，隨著索阿雷斯的溫和政策令他黨內的左派失望——他原向黨內左派保證會讓資本主義在社會主義葡萄牙銷聲匿跡——共黨得票率成長為一九七六年的百分之十四．六和三年後的百分之十九。

一九七七年，國會通過《土地改革法》。該法認可不久前的土地集體化，但只認可在南部的這類作為，並限制可從現有地主沒收的土地面積。此舉消弭了農村衝突與保守派反彈的可能，但在解決民主葡萄牙所承繼的經濟爛攤子上，短期內幫助不大。葡萄牙失去前殖民地提供的廉價原物料（和前殖民地為原本無競爭力的葡國出口品提供的賣方支配市場），無法如過去那般將沒有專門技能的工人輸出到西歐，且受制於國際貨幣基金會重要貸款所附加的平衡預算、撙節開支的條件，因而有數年受苦於失業和消費不足。

軍方未完全退到幕後：根據一九七六年憲法，由非民選的軍隊代表組成的「革命委員會」保有否決權，一九八〇年它駁回二十三件立法案，包括該年選出的中間偏右政府欲將國內銀行收歸國有的計畫。但接下來兩年期間，國會修訂憲法，降低行政機關權力（一九八二年廢除革命委員會），悄悄拿掉原始條文中反資本主義的部分時，他們未表異議。

接下來二十年內，社會黨和其反對黨，由阿尼巴爾．卡瓦索．席爾瓦（Aníbal Cavaço Silva）領導的中間派社會民主黨，輪流執政。老早就揚棄其反資本主義辭令的馬里奧．索阿雷斯，一九八六年，即葡萄牙獲准加入歐共體那一年，登上葡萄牙總統之位。從西歐的標準來看，葡國仍很窮，薩拉查的影響終究短期內難以消除。但跌破所有人眼鏡的是，到這時為止，葡萄牙既未陷入「白色恐怖」，也未陷入「紅色恐怖」。在農村南部和里斯本的工業化郊區鎮仍受歡迎的共產黨，在老邁的庫尼亞爾領導下（掌權到一九九二年），仍堅持強硬路線。但他們的影響力已不如以往，且未再恢復。返國定居的殖民地居民，從未能成立由心懷怨憤的民族主義者組成的極右派政黨。民主葡萄牙能在上述情況下誕生，可說是很不簡單的成就。

對於一九七〇年從法國越境進入西班牙的外地人來說，將庇里牛斯山兩邊隔開的鴻溝似乎其大無比。此前兩百年裡，西班牙有許多時候陷入社會落後和文化孤立中，而佛朗哥三十年的漫長

統治，使這落後和孤立更為顯著，他的獨裁政權與現代歐洲政治文化格格不入的程度，似乎比初成立時更為嚴重。乍看之下，「六〇年代」似乎完全略過西班牙：嚴格的審查制、嚴厲執行規範公開場合衣著、行為的法律、無所不在的警察、對政治批評者祭以嚴刑峻罰，這一切讓人覺得這是個時間凍結的國度，其歷史時鐘的指針永遠定在一九三九年。[10]

但更仔細檢視，西班牙——或最起碼西班牙北部和城市——正快速改變。佛朗哥是個固執僵化、真正反動的獨裁者，但與鄰國獨裁者薩拉查不同的，他在經濟上很務實。一九五九年，西班牙放棄過去二十年的自給自足路線，在一群主業會（Opus Dei）部長的勸說下，採行國家穩定計畫（National Stabilization Plan），旨在抑制國內猖獗的通膨，使國家廣開大門迎接貿易與投資。這一計畫對經濟的衝擊，最初很慘：貨幣貶值、削減預算、凍結信用、限制工資——全都堅決、毫不妥協地施行——壓下了通膨，但迫使數萬西班牙人到國外找工作。

但，私部門在這之前受制於統合主義規定和長久施行之進口替代政策，如今則有了較大的施展空間。關稅降低；西班牙加入世界銀行、國際貨幣基金會、《關稅暨貿易總協定》，獲准以準會員的身分加入經濟合作與發展組織（一九六二年佛朗哥甚至向歐洲經濟共同體叩關，但未如願）。佛朗哥推行新經濟政策的時機很有利。歐洲戰後經濟急速成長期的頭幾年，西班牙保護國內經濟，以阻止外來競爭，但挑對時機向外國商業活動敞開門戶。一九六一年起，國民生產毛額開始穩定成長。該國農業人口占總勞動人口的比例，一九五〇年達五成，但隨著南部、西部的農村勞動力北移，投入工廠和欣欣向榮的觀光業，這一比例遽降：到了一九七一年，降為兩成。六〇年代中期時，根據聯合國的標準，西班牙已脫離「開發中國家」的身分。

佛朗哥的經濟奇蹟不可高估。西班牙沒有帝國殘留的包袱，因而未面臨去殖民化的經濟成本或社會成本。六〇年代流入該國的外資，大部分不是來自西班牙製商品的出口，而是來自西班牙外勞匯回的收入或歐洲北部渡假客的消費：簡而言之，西班牙的經濟現代化大體上是其他國家繁榮富裕的副產品。在巴塞隆納、布拉瓦海岸（Costa Brava）、部分巴斯克地區、馬德里以外地方，交通、教育、醫療、服務的基礎設施仍大大落後。甚至在一九七三年，該國的人均收入仍低於愛爾蘭，不到歐洲經濟共同體平均值的一半。

但即使是有限的經濟現代化，其對社會的影響仍然很大。在電視引進之前，西班牙或許大體上未受到其他地方六〇年代文化的衝擊，但「穩定計畫」所導致的貧富差距和經濟混亂仍造成勞工普遍不滿。從六〇年代晚期到佛朗哥去世為止，罷工、（資方為對付罷工而）停工、示威、要求集體勞資協商、組織工會代為發聲的普遍聲浪，在西班牙變得司空見慣。佛朗哥政權在政治上堅不讓步；但在有這麼多外國人踏上其國土的時刻——一九六六年一千七百三十萬人，佛朗哥死前一年成長為三千四百萬人——該政權禁不起以太高壓的形象示人。

西班牙當局也無法放掉日益壯大之都市勞動人口的合作與技能，因而不得不承認勞工運動已實質問世，而勞工運動的大本營在巴斯克地區的重工業和加泰隆尼亞地區。這一由工人代表、雇員代表組成的半秘密網絡，加上公務員、銀行職員和其他正日益壯大之白領職業組成的非正式工會，到了佛朗哥去世時，已有將近十年的組織和經驗。

10 晚至一九六三年，這位西班牙領導人捕獲共產黨人胡安·格里毛（Juan Grimau），仍然無視國際的普遍批評，立即予以處決。

但在西班牙，勞工抗議活動侷限在關乎個人利益的切身問題。佛朗哥政權晚期，該政權的存續——與匈牙利的雅諾什．卡達爾政權頗為類似——倚賴的不是公開的暴力鎮壓，而是某種被迫、被動接受的心態，即西班牙文化長達數十年的去政治化。一九五六年起一直在追求更大校園自治和放寬道德規範等限制的抗議學生，這時獲得可以在嚴格畫出的範圍內組織、抗議的某種自由；甚至可指望得到該政權內部批評者——有心改革的天主教徒和失望的「社會－長槍黨黨員」等——的某種支持。但對學生以外人士（例如罷工的礦工）積極表達支持或串連之意，則在嚴禁之列。[11]這一禁令同樣適用在該政權的成年批評者身上。

事實上，凡是臧否政治的見解，都受到牢牢的約束，且禁止成立獨立政黨。一九六七年之前，西國甚至沒有憲法，既有的權利和程序大體上只是門面工夫，是擺給西方夥伴看的。佛朗哥的正式職稱是「攝政」，負責在君主政體暫時停擺期間代理國政，為杜悠悠眾口，他指定了年輕的胡安．卡洛斯（Juan Carlos，西班牙末代國王的孫子）當接班人，但在大部分觀察家眼中，王位問題對西班牙局勢影響甚小。就連在許多西班牙人的日常生活中舉足輕重的天主教會，在公共政策上，影響也甚微。

西班牙的傳統角色——基督教文明抵抗拜金主義、無神論的堡壘——乃是小學教學的基本內容；佛朗哥政權頭十年高舉新十字軍的「國家天主教」（National Catholicism）精神，但天主教聖職體系——與推動現代化的主業會「秘密修士」不同——無緣與聞國政。[12]一九六八年六月，佛朗哥屈服於現實，首度承認宗教自由原則，允許西班牙人在自己喜歡的教堂公開禮拜。但這時候宗教本身已開始漫長的衰退期：六〇年代開始時全國有八千多名神學院學生，十二年後剩不到兩千名。一九六六至一九七五年間，有三分之一西班牙耶穌會士離開該修會。

佛朗哥對軍方也小心翼翼保持適當距離。西班牙軍隊承繼了自認有責保住西班牙國和其傳統價值的觀念，且把這一責任感過度膨脹。靠軍事政變上台後，佛朗哥深知與這樣的軍隊疏遠所會帶來的危險。整個戰後期間，西班牙陸軍受到寵愛、巴結。它在內戰期間的功績，每年在各大城的街頭上得到頌揚，它的傷亡在一九五九年九月建成的「烈士谷」（Valley of the Fallen）裡得到高調的追念。贈勳、升階不勝枚舉：佛朗哥政權垮台時，有三百個將軍，軍官占整個部隊員額的十二分之一，比例為歐洲之冠。一九六七年，《國家體制法》（Institutional Law of the State）正式賦予軍隊確保國家統一、領土完整、捍衛「制度」的責任。

但事實上，軍隊已變得虛有其表。幾十年來佛朗哥不讓他的軍隊打外國戰爭或殖民地戰爭。與法軍或葡軍不同的，他們未遭遇過丟臉的慘敗或被迫撤退。西班牙未受到軍事威脅，其國內安全靠警、憲、專司打擊恐怖分子——真實存在和虛構的恐怖分子——的特種部隊來維護。軍隊大體上只扮演儀式性的角色，已變得不願意冒險；其傳統的保守心態，表露在其熱衷恢復君主制，而事實將表明，這一熱衷反倒有益於西國過渡到民主。

西國的事務靠一排外性網絡來操持，由律師、天主教徒教授、公務員組成，其中許多人在他

11 佛朗哥執政最後十年，給了大學裡的行動主義分子精心盤算過的有限自由，其令人感到諷刺的後果之一，乃是六〇那一代的西班牙學生，通常在事後回顧時，誇大他們在西國接下來的民主抗爭中扮演的角色。

12 見第七章。因此，未受到佛朗哥獨裁過往玷污的天主教領袖，得以在過渡到民主期間扮演積極有為的角色，充當激進人士與保守派的「橋樑」。

們政策所特別照顧的民間公司擁有股權。但由於當局禁止成立反對黨，所以改革理念和要求改變的壓力其實將來自這些統治集團內部——而非來自龍頭人物仍在外流亡的知識階層——其起源則是對本國政治的無能感到失望，受到外國的批評，以及梵二會議所立榜樣。

一九七五年十一月二十日，佛朗哥終於去世，享年八十二。他生前完全不願考慮實施重大的自由化變革或權力轉移，因此，就連他的支持者，在他還沒死時，就已不對他寄予厚望，其中許多人支持該年早先要求廢除出版、政治結社限制的示威者。因此，往民主過渡的工作，是由佛朗哥自己的部長和其欽定人選主持，也因此才能如此快、如此平順完成過渡。西班牙脫離佛朗哥主義的頭幾個階段，西班牙傳統的民主改變力量——自由派、社會黨、共黨、工會——扮演次要角色。

佛朗哥死後兩天，胡安・卡洛斯登基。最初他未撤換佛朗哥的最後一位總理卡洛斯・阿里亞斯・納瓦羅（Carlos Arias Navarro）和其內閣閣員。為讓軍方和其他人放心他不會突然和過去決裂，這是較明智的作法。但一九七六年四月，阿里亞斯取締新成立的「民主協調」（Democratic Coordination）——由尚未得到官方認可的諸左派政黨組成的聯盟——逮捕其領導人，令國王反感。不到兩個月，國王即要阿里亞斯走人，要他的閣員阿道佛・蘇亞雷斯・岡薩雷斯（Adolfo Suárez González）接替其位。

四十四歲的蘇亞雷斯是佛朗哥執政晚期典型的技術官僚；事實上，在這之前，他當過這位獨裁者的長槍黨（Falange）——已改名國民運動（National Movement）——的領導人一年。事實表明，選他出來主持大局是選對了人。他組成新政黨「中間民主聯盟」（Center Democratic Union），著手勸說已開議的佛朗哥主義議會接受有關政治改革的全國公民複決——基本上就是要議會通過實施普選和兩院制國會。堅持佛朗哥主義的保守派，原以為蘇亞雷斯是自己人，被他這一舉動弄得陣腳大亂，最終同意舉行公民複決。一九七六年十二月十五日，百分之九十四的選民投票同意政治改革。

一九七七年二月，蘇亞雷斯同意讓西班牙社會黨返回政壇。它是西國最老牌的政治組織，當時領導者是來自塞維爾的年輕人菲力佩．岡薩雷斯．馬奎斯（Felipe González Márquez），岡薩雷斯二十出頭就活躍於這個秘密組織。在這同時，工會合法化，得到罷工權。四月一日，蘇亞雷斯禁止他所曾領導過的「國民運動」運作，予以解散；一個星期後，他讓西班牙共黨合法化。西班牙共黨則由聖地牙哥．卡里略領導，已承諾會在往議會民主過渡的範圍內運作（而與葡萄牙共黨大相逕庭）。[13]

一九七七年六月，舉行選舉以便召開立憲會議。這場選舉——一九三六年來西班牙的第一場選舉——讓蘇亞雷斯的中間民主聯盟取得多數黨地位，贏得一百六十五席國會席次；岡薩雷斯的社會黨得票居次，只拿到一百二十一席，政治立場居於它們之間的其他政黨，共只拿下六十七席。[14]從許多方面來看，這是最理想的結果：蘇亞雷斯的勝利使保守派放心（大部分保守派把票投給他），不會有突然傾向左派的事發生，而未能取得絕對多數，則使他不得不與左派議員合作，從而使左派議員也參與主導新立憲會議所要草擬的新憲法。

13 在被宣布為合法組織前一個月，西班牙共黨邀請西歐諸共黨，在馬德里舉行了公開會議。

14 一九七七年的投票行為受社會－地理因素影響的程度，和一九三六年的選舉結果驚人類似——該國的政治文化事實上已被冰封了四十年。

這個憲法果然於一九七八年十二月的第二次公民複決中得到認可，而它在許多地方都是相當傳統的。根據這憲法，西班牙將成為議會制君主國；不會有國教（但承認天主教是「社會事實」，顯然有心向教會讓步）；投票年齡降到十八歲；廢除死刑。但立憲會議把西國具有重大歷史意義的地區（特別是加泰隆尼亞、巴斯克）的自治權寫進新法律裡，與晚近過去決裂的意向鮮明。

憲法第二條申言「西班牙國牢不可破的統一，西班牙國是所有西班牙人共有且不可分割的母國」，但接著「承認並保障構成西班牙國的諸民族、地區的自治權和這些民族、地區的休戚與共」。接下來的《自治法》承認在西班牙這個此前超級中央集權的國家裡自古即存在的語言多樣、地域觀念；也承認某些地區，特別是加泰隆尼亞，具有超乎其人口所占比重的重要性，承認巴斯克、加泰隆尼亞兩地追求自治的殷切。但對所有西班牙人得一視同仁，不能厚此薄彼。因此，不到四年，西班牙將分割為十七個自治區，每個區有自己的區旗和首府。不只加泰隆尼亞人和巴斯克人，還有加里西亞人、安達魯西亞人、加那利人、瓦倫西亞人、納瓦雷人和其他許多族群，都將獲承認為自成一體的族群。[15]

但在新憲法下，馬德里仍保有國防、司法、外交方面的職責，而某些人，特別是巴斯克民族主義者，無法接受這樣的安排。誠如前面已提過的，在討論新憲法那幾個月裡，埃塔組織刻意升高其暴力、暗殺活動，把矛頭對準警察、軍人，冀望激起反彈，使看來愈來愈有可能削弱這些極端分子之論點的民主進程停擺。

一九八一年，若非國王力挽狂瀾，他們本有可能得手。一月二十九日，由於對經濟的不滿達到高峰（見後文），且加泰隆尼亞、巴斯克、加里西亞、安達魯西亞全都展開分離主義的自治試驗，蘇亞雷斯擋不住黨內壓力，不得不辭職下台——黨內所不滿的，不是他的失敗（在新憲法下舉行的一九七九年大選，中間民主聯盟又贏了一次選戰），而是他的成就和他乾綱獨斷的管理作風。在中間民主聯盟的另一位政治人物卡爾沃・索泰洛（Calvo Sotelo）接替他的職位之前，巴斯克地方諸省爆發總罷工。在批評該黨的右派人士眼中，西班牙群龍無首，瀕臨分崩離析。

二月二十三日，治安警備隊中校安東尼奧・泰黑羅・莫林・莫利納（Antonio Tejero Molin Molina）以武力占領國會。瓦倫西亞軍區司令，哈伊梅・米蘭斯・德爾・博許（Jaime Milans del Bosch）將軍，宣布國家進入緊急狀態，要求國王解散國會，成立軍政府。事後來看，泰黑羅與米蘭斯・德爾・博許的行動顯得誇張做作、雜亂無章，但他們無疑有傳統和先例可茲援引。此外，國會本身，或各個政黨與他們的支持者，若想阻止軍事政變，幾乎是無能為力，軍方的動向難以捉摸。[16]

決定最後結果和接下來西班牙歷史進程者，乃是國王胡安・卡洛斯一世斷然拒絕陰謀分子的要求，以及他的電視演說。在這一演說中，他堅決捍衛憲法，清楚無誤地將自己、君主政體與國內新出現的民主多數畫上等號。雙方大概同樣驚訝於這位年輕國王的勇氣；在這之前，他一直生活在靠已故獨裁者的提拔，才得以登上大位這一事實的陰影裡，但這時他的命運和議會民主不可挽回地連在一塊。大部分警察、軍人、懷念舊政權的其他人，由於沒有機構或象徵來集結勢力，於是放棄暴動或恢復舊制的夢想，轉而只支持馬努埃爾・佛拉嘎（Manuel Fraga）的「人民聯盟」（Popular Alliance）。這個新成立的政黨，矢志打擊「西班牙最危險的敵人：共產主義、分離主義」，

15 憲法第一五一條讓任何要求「自治」的地區得以自治。

16 一九八二、一九八五年還會有兩項不利於國王、國會的陰謀活動，但都迅即遭粉碎。

但是在法律範圍內行之。

泰黑羅的冒進舉動，使他的「奮鬥大業」受到唾棄，從而使國會得以趁機削減軍事預算、通過早該通過的離婚合法化法案。但多數黨中間民主聯盟夾處在主張教權主義、民族主義的右派和近來自信滿滿的社會主義左派之間，處境愈來愈艱難。前述右派不滿於改變過快，不安於地區自治，反感於新西班牙公共道德標準的放寬，而前述左派願意在憲政事務上妥協，但以激進立場面對西國煩躁易怒的勞工運動和日益壯大的失業大軍。

一如在葡萄牙，政治轉型是在經濟困頓時期展開，而經濟困頓的禍首是佛朗哥時期的最後幾任政府。一九七〇至一九七六年，這幾任政府為拉攏人心，提高公共支出和公務員聘用人數，補貼能源成本，壓低價格，同時任由工資上漲，不顧及長期效應。這一短視近利的作法，其後果到一九七七年已開始顯現：該年六月，大選期間，通膨達到每年百分之二十六，（因佛朗哥的遞減稅制度而早已入不敷出的）國庫漸漸枯竭，失業率步上漫長的上升曲線。一九七三至一九八二年，據估計西國流失一百八十萬份工作。[17]

一如一九三〇年代那個短命共和國，西班牙正在經濟衰退的困境裡建構民主，許多人談到西班牙會步上阿根廷的後塵，指數化工資與受政府補貼的價格會退化為惡性通膨。最後未走到這一步，主要得歸功於一九七七年十月《蒙克洛亞協定》（Moncloa Pacts）的那些簽署人。為推動全面改革——貨幣貶值、收入政策、控制政府支出、對冗員充斥的龐大公部門施予結構性改革——政治人物、勞工領袖、雇主敲定一連串協議，而《蒙克洛亞協定》是其中第一個問世者。

《蒙克洛亞協定》和後繼的諸協議（最後一個協議簽署於一九八四年）未創造奇蹟。因為第二次石油危機和其他因素，西國的國際收支危機持續惡化；許多小公司倒閉，失業率和通膨同步上漲，激起一波罷工潮和不願為民主轉型的社會成本分擔責任的左派工會、共黨內部嚴重分裂。但沒有這一協定，這些對立和其社會後果幾可篤定會更嚴重。

一九八二年十月，在經濟最困頓時舉行選舉，社會黨在國會拿下絕對多數，菲力佩・岡薩雷斯出任總理，就此掌理國政十四年。蘇亞雷斯的中間民主聯盟，即帶領國家走出佛朗哥主義的政黨，只拿到兩席，幾乎從國會消失。共黨慘敗，只拿下四席，聖地牙哥・卡里略辭職以示負責。此後，西班牙的政局走上和西歐其他地方一樣的模式，各股政治勢力以中間左派、中間右派為中心重新洗牌，而就中間右派來說，指的是跌破眾人眼鏡拿下百分之二十六・五選票的人民聯盟（一九八九年易名人民黨）。

社會黨以民粹、反資本主義政綱為訴求，承諾保障工人飯碗和支出能力，並讓西班牙退出北約。但一旦上台，岡薩雷斯即維持經濟緊縮政策，展開西班牙工業、服務業的現代化（和後來的漸進私有化），一九八六年針對去留北約問題舉行公民複決時，他已轉而贊成留在北約，令許多他的支持者大為失望。[18]

政策方向的逆轉，使保守的社會黨員對岡薩雷斯沒有好感，在他的領導下，社會黨正漸漸偏離它長久以來的馬克思主義承諾。[19]但岡薩雷斯愈來愈倚賴年紀輕而沒有內戰記憶的男女作為支

17 官方失業數據顯示，八〇年代中期時，勞動年齡人口超過兩成失業。真實數據大概接近兩成五。在這個仍欠缺健全的社會安全網、只有少數人有個人儲蓄的國家，這些數據表明人民普遍困苦。

18 一九八二年，西班牙社會主義工人黨喊出「不加入北約！」的競選口號，四年後他們的海報上寫著：「要加入北約！」

持核心，且公開表示以消除西班牙的落後為目標——即是自黃金時代結束以來伊比利半島一直未能擺脫而備受爭辯的「落後」（atraso）。對這樣一個政治人物來說，舊意識形態左派是問題的一部分，而非解決之道。在岡薩雷斯眼中，西班牙的前途繫於歐洲，而非社會主義。一九八六年一月一日，西班牙與葡萄牙以正式會員身分連袂加入歐共體。

地中海歐洲的民主轉型是該時期最值得大書特書且出人意料的發展。到八〇年代初期，西、葡、希三國不僅已和平轉移為議會制民主國家：在這三國裡，社會黨幾年前都還只能秘密活動、高舉反資本主義大旗，這時都已成為最大黨執掌政權。隨著新一代政治人物爭取年輕、「現代」選民的效忠，薩拉查政權、佛朗哥政權不只消失於政壇，還消失於記憶。

這出於數個原因。其中之一，前面已提及，和時代大大脫節者是政治體制而非整個社會，尤以在西班牙為然。佛朗哥執政最後十年的經濟發展和隨之帶來的大規模社會性、地理性流動，意味著在西班牙的日常生活和期望，其改變幅度遠大於仍透過一九三六至一九五六那些年的稜鏡審視這國家的外界觀察家所認為。在地中海歐洲，年輕人不覺得適應北方一點的歐洲人老早就熟悉的社會生活方式有何困難；事實上，政治革命之前他們就已在這麼做。他們急著想擺脫另一個時代的束縛，對左派或右派的政治辭令明顯心存懷疑，對舊式忠誠行為無動於衷。轉型之後，來到里斯本或馬德里的外地人，對當地人完全不提晚近的過去，不管是政治上的過去或文化上的過去，無不大吃一驚。[20]

《戰爭終了》（*La Guerre Est Finie*）一片，頗有先見之明地捕捉到即將浮現的一種貶低一九三〇年代的心態。這是阿倫．雷奈於一九六六年導演的充滿悲傷氣氛的電影，片中流亡國外的西班牙共產黨人狄耶哥——由演技絕佳的尤．蒙頓（Yves Montand）飾演——從巴黎偷偷來到馬德里，為他所知道絕不會發生的「工人起義」，大膽傳送顛覆性著作和計畫。他那些以巴黎為大本營的黨領導人，夢想著重現一九三六年願望，但他告訴他們，「你不知道嗎？」「西班牙已成為抒情浪漫的左派集結點，戰後老兵的迷思。在這同時，每年有一千四百萬觀光客來西班牙度假。我們不肯面對世界的真相。」這部片的劇本出自豪爾赫．森普倫之手，絕非偶然。森普倫當了西班牙共黨的地下特工數十年，然後在對黨沉迷於懷舊感到失望下退出共黨。

八〇年代初期時，西班牙人，特別是西班牙年輕人，不願停留在過去的心態已是清楚可見，且在公然拒斥傳統公共行為規範上——拒斥語言、衣著、最重要的，性習慣上的規範——表現得特別明顯。佩德羅．阿莫多瓦（Pedro Almodóvar）的通俗電影，為五十年過時的獨裁統治提供了某種自覺性的反轉陳述，以近乎瘋狂的手法呈現反正統文化的新得體行為。這些電影通常描述情欲熾烈的情況下困惑的年輕女人，導演手法透露了對片中主題的存在主義式看法。在西班牙首度自由選舉後只三年，阿莫多瓦就拍了《鄰家女孩》（*Pepi, Luci, Bom y otras chicas del montón*，一九八〇）。

19 傳統上社會主義者往往以國有化作為政綱，但這點難以應用於西班牙，因為正式經濟的大部分原本就是獨裁國家的囊中物。

20 西班牙一九七八年的新憲法，最重要的目的在調和西班牙歷史水火不容的兩端——左／右派；教會／反教會；中央／邊陲——對於它所取代的那個政權，明顯閉口不談。

在這部片中，人物心照不宣的嘲笑「general erections」[21]和「正吞沒我們的性欲戰爭」。

兩年後，在《激情迷宮》（*Laberinto de pasiones*）中，誇張搞笑的恐怖分子與女色情狂互相淫猥的取笑，一度辯論起該在「國家的未來」到來之前或之後從事他們「歡快的小事」。他的電影場景愈拍愈光鮮亮麗，城市愈來愈時髦。到了一九八八年，靠《瀕臨崩潰的女人》（*Mujeres al borde de un ataque de nervios*）一片，阿莫多瓦已透過電影，淋漓呈現了拚命欲彌補失去的時光而狂熱、**現代**得不自在的社會。[22]

更令人覺得諷刺的，這些改變能夠實現，不是靠文化界或政治界的激進分子、創新人士，而是靠來自舊政權的保守政治家之力。康士坦丁．卡拉曼利斯、安東尼奧．德．史皮諾拉、阿道佛．蘇亞雷斯，一如數年後的戈巴契夫，都是他們所協助拆解的那個制度的典型產物。沒錯，卡拉曼利斯於軍人統治期間流亡國外；但他的民族主義立場和偏執心態，絲毫不遜於任何人，而且，一九六一年不光彩的希臘選舉──使戰後制度受到唾棄，使軍方掌權的禍首──他得負直接責任。

但他們能拆解掉他們所曾忠心效力的獨裁統治機構，靠的是他們讓其選民感到放心。而且繼他們之後掌權者是社會黨人──索阿雷斯、岡薩雷斯、巴本德里歐──這些人讓支持者放心他們的激進立場會一路走來始終如一，同時施行迫於形勢而不得不施行的溫和、往往不得人心的經濟政策。引用西班牙某著名評論家的話，轉型，「使佛朗哥主義者得佯稱自己從未是佛朗哥主義者，使左派妥協者必須佯稱自己仍信奉左派原則。」[23]

因此，當時的情勢迫使許多人幾乎在一夜之間公開揚棄長久抱持的原則。識時務而撕毀的承諾和基於一時需要擱置的記憶，在這些年裡，散發出令人熟悉的氣味，沉沉籠罩地中海的公眾生活，而且必然有助於說明這三國裡的新一代人民為何心存懷疑，對政治漠不關心。但從共產黨人到長槍黨員，凡是無悔執著於過去承諾者，都因為情勢變化太快，而使他們所信持的東西一下子變得無足輕重。堅定不移不代表就會受到重視。

最後，西、葡、希三國雖然自主選擇政治孤立之路，卻都頗為順利地進入或重新進入「西方」，因為他們的外交政策始終與北約或歐洲經濟共同體成員國的外交政策並行不悖——甚至予以支持。冷戰體制已促成多元民主國家與軍事獨裁國家或教權主義獨裁國家日益廣泛的溝通和合作，共同的反共信念當然也起了這樣的作用。經過多年來與這些非民選的領導人會晤、協商、一起計畫或只是生意往來，北美人與西歐人早已不再惱火於馬德里或雅典或里斯本的內政作為。

因此，對大部分旁觀者來說——包括許多批評它們的本國人——南歐這些不討人喜歡的政權，與其說是道德破產，不如說是體制上已和時代脫節。毋庸置疑地，它們的經濟基本上類似其他西歐國家，已充分融入國際的貨幣、商品、勞動市場。就連薩拉查治下的葡萄牙，都可看出已是國際資本主義制度的一部分——儘管是在那制度錯誤的一端。新興的中產階級，不只在衣著打扮上，在其抱負上，也同樣追隨法國或義大利或英國的經理人、企業家、工程師、政治人物、公僕，尤以在西班牙為然。地中海歐洲的諸社會雖然落後，早已是它們這時所渴望以平等身分加入

21 譯按：普遍勃起，諧general elections之音。

22 他歷來的電影——最新的作品《壞教慾》（*La mala educación*，二〇〇四）——也帶有鮮明的反教權主義立場；或許那正是阿莫多瓦仍一貫忠於更古老西班牙文化異議傳統的地方。

23 Victor Perez-Diaz, *Spain at the Crossroads. Civil Society, Politics and the Rule of Law* (Cambridge, MA, 1999), p.65.

的那個世界的一部分，而它們能脫離獨裁統治，最大的助力，乃是他們所得到的機會。它們的菁英分子，原本堅決地回頭看，這時卻望向北方。看來地理已戰勝歷史。

自成立以來，歐共體每隔一段時間就會出現行動主義上揚的擴張期，有位歷史學家將這現象稱作歐共體的「不規則大霹靂序列」，而一九七三至一九八六年，歐共體就走過這樣一段時期。隨著戴高樂去世，龐畢度卸下其政途提攜人所留下不讓英國加入歐共體的包袱——且誠如先前已提過的，大大憂心於威利．布蘭德的「東方政策」所帶來的長遠影響——於是，這位法國總統表態歡迎英國成為歐共體一員。一九七二年一月，在布魯塞爾，歐共體正式通過英國、愛爾蘭、丹麥、挪威入會，一年後生效。

英國申請入會獲准，得歸功於保守黨首相愛德華．希斯，他是二戰以來惟一一位明確主張且熱衷促成將英國前途與歐陸鄰邦的前途綁在一塊兒的英國政治領袖。工黨於一九七四年再度執政後，就英國加入歐共體一事舉行了公民複決，結果以一千七百三十萬票對八百四十萬票通過。但就連希斯都無法使英國人——特別是英格蘭人——「覺得」自己是歐洲人，右派、左派的投票者，都仍有相當大比例對「加入歐洲」的好處心存懷疑。在這同時，挪威人相當清楚地主張，不加入較有利：一九七二年九月的公民複決，五成四的國民不同意加入歐共體，而選擇與歐共體簽署有限的自由貿易協定。二十二年後，挪威國民以幾乎一樣的正反得票比例，重新認可這一決定。[24]

日後，當英國首相柴契爾反對旨在促成愈來愈緊密結合的新計畫，而要求歐共體退還英國對共同預算所「多繳的費用」時，加入歐共體一事的確在英國引發爭議。但在七〇年代，倫敦有自己的難題，而且儘管加入後帶來物價上漲的衝擊，英國對於能加入這個貿易區還是感到寬慰，因為這貿易區供應其對內投資三分之一的金額。新成立之歐洲議會的第一次直接選舉在一九七九年舉行——在這之前，位於史特拉斯堡的歐洲理事會國會議員大會（European Assembly），其成員都由各會員國的國會選出——但未在民間激起多大關注。在英國，投票率一如預期很低，只有百分之三十一．六；但在當時，其他地方的投票率也未特別高——在法國投票率只有六成，在荷蘭又更低。

與其他幾次歐共體擴張相比，這次三個北方國家的入會，對新舊會員都未帶來什麼困擾。愛爾蘭窮且小，相對地，丹麥與英國富有，加入後，提升了歐共體的共同預算。一如下一波富國入會案——一九九五年奧地利、瑞典、芬蘭加入歐盟——這三個新會員國使得正日益擴大之歐共體得到更多財力和影響力，同時未大大增加其營運成本，也未在敏感領域與老會員國對抗。來自南部的新會員則非如此。

希臘，一如愛爾蘭，小且窮，其農業完全未對法國農民構成威脅。因此，希臘雖有某些體制

24 在這兩次公民複決，首都奧斯陸的選民都多數贊成加入。但由於由激進人士、環保人士、「語言民族主義者」、來自該國沿海省分、北部省分的農民組成的反歐聯盟人多勢眾，加上有漁民激烈反對歐洲經濟共同體將沿海專屬捕漁區限制在十二哩內的規定，反對加入之議獲得過半數通過。隨著丹麥入會，當時仍由哥本哈根治理的格陵蘭島也跟著加入。但一九七九年格陵蘭得到自治後，丹麥舉行公民複決，決定退出歐洲經濟共同體。自共同體成立以來，只有丹麥這一會員國在加入後又退出。

上的缺陷不利入會——例如東正教會具有官方地位且影響力大，公證結婚（由政府官員而非宗教組織主持的婚禮）直到一九九二年才獲准——但法國總統季斯卡等人支持希臘入會，其入會案未遭到有力反對。但葡萄牙和（特別是）西班牙要入會時，法國極力反對。在庇里牛斯山以南，葡萄酒、橄欖油、水果等農產品的種植、釀製成本遠低於山北；西、葡若獲准以平等條件進入歐洲共同市場，伊比利半島的農民將使法國農民處於劣勢。

因此，西、葡兩國花了九年才獲准加入歐共體（希臘的申請案不到六年就通過），而在這期間，向來對法國很有好感的伊比利半島人民，對法國的好感遽降：一九八三年，激烈的入會談判過程達到三分之二時，只有百分之三十九的西班牙人對法國有「好」感——對他們的共同未來是個不祥的開始。問題癥結之一，在於隨著地中海諸國的入會，法國雖然得到好處——提高歐共體對法國農民的資助費，以補償法國的損失——卻也要付出不少代價；隨著西、葡、希三國入會，歐共體增加了五千八百萬人，但其中大部分是窮人，因而有資格接受由布魯塞爾出資的多種計畫和補貼。[25]

事實上，隨著這三個貧窮農業國加入，「農業共同基金」（Common Agricultural Fund）的負擔加重不少——法國不再是該基金的最大受益人。為彌補法國人的「損失」，不得不透過小心翼翼的談判，達成多種協議。新加入的三國，其在漫長「過渡期間」的損失，也得到充分的補償（法國如願讓這三國接受「過渡期」的安排，待過渡期結束，三國才可以用平等條件將產品外銷歐洲）。一九八六年西、葡入會後給予這兩國的「地中海整合計畫」（Integrated Mediterranean Programs）——實質上就是地區性補貼計畫——一九八一年時並未提供給希臘人。安德烈亞斯・巴本德里歐得知後，要求這一計畫擴大適用於希臘，甚至揚言如果遭拒將讓希臘退出歐共體，結果如願以償。[26]

就是在這些年裡，歐共體取得其不甚光彩的形象——某種制度化的牛墟——會員國在這牛墟般的組織裡以政治結盟換取實質報酬。報酬的確不假。西班牙人和葡萄牙人從「歐洲」得到不少好處（雖然還是不如法國那麼會撈），西班牙談判者變得很善於提升、爭取自己的金融優勢。但真正獲利滾滾的是雅典：八〇年代期間，希臘落後於歐共體其他成員（到一九九〇年時已取代葡萄牙，成為歐共體最窮的會員國），但會員身分讓希臘從中獲利甚大。

事實上，正因為希臘很窮——一九九〇年時歐共體最窮的地區，有一半位在希臘——才有如此大的獲益。對雅典來說，取得歐共體會員身分，無異於得到第二次馬歇爾計畫加持：光是一九八五至一九八九年，希臘就從歐共體得到七十九億美元的資金，就比例上來講高於其他任何會員國。只要沒有其他窮國等著入會，如此慷慨的財富重分配（要讓希臘不管心裡同意與否都接受歐共體決定，就得付出這一代價），歐共體的付錢大爺（主要是西德）都負擔得起。但隨著德國為統一付出昂貴成本，隨著將有一大票來自東歐的窮國要加入，地中海諸國入會後那些年的慷慨先例，將誠如後面會看到的，成為沉重負擔，引發爭議。

成員愈多，歐共體就愈難管理。歐共體部長理事會（Council of Ministers）的一致決規定，帶來無休無止的爭辯。一項議題可能花上數年才得到一致同意的決定——針對礦泉水的定義和指示，

25 但為私部門提供的新投資機會，抵銷了這一代價：一九八三至一九九二年，外人在西班牙公司擁有的股分比例，成長了百分之兩百七十四。

26 在布魯塞爾，不止一位有力人士請求歐共體執委會如他所揚言地讓希臘退出……

部長理事會討論了十一年才出爐。如此情形勢必得有所改變。各國長期以來一致同意，需要為歐洲一體化計畫注入目標和活力——為「讓歐洲重新出發」，召開了一連串的會議，各會議相隔的時間長短不一，而一九六九年在海牙召開的會議是其中第一場——一九七五至一九八一年法國總統季斯卡和德國總理施密特的個人交情，有利於這一議題的實現。

但消極性的經濟整合較容易——廢除關稅和貿易限制，補貼經濟劣勢地區和產業——而若要談出需要積極的政治行動配合才能達到的標準，就較難。原因不難理解。只要有足夠的現金讓大家雨露均霑，經濟合作就可以說是對各方都利大於弊；而以歐洲整合或協調為目標的任何政治作為，都暗暗威脅到國家的自主權，限制了各國在內政上的主動權。只有具影響力的大國領袖基於自身利害同意追求某個共同目標時，才有可能促成改變。

因此，第一個貨幣協調體制「洞中蛇」由威利．布蘭德、喬治．龐畢度合力推動；施密特和季斯卡將它發展成歐洲貨幣體系（EMS）；策畫一九九二年《馬斯垂克條約》，從而催生出歐洲聯盟的人，是他們兩人各自的繼任者柯爾和密特朗。開創「首腦外交」，藉以規避布魯塞爾這個累贅的超國家官僚機構羈絆，也是季斯卡和施密特——此事再一次提醒我們，法德合作，一如過去，乃是西歐一體化的必要條件。

七〇年代法、德之所以有這些作為，出於經濟上的焦慮不安。歐洲經濟成長緩慢（如果真有成長的話），通膨普遍且嚴重，而布雷頓森林體系瓦解所導致的未卜前途，意味著匯率易變動且不可測。「洞中蛇」、歐洲貨幣體系、歐洲貨幣單位（écu），都是對這問題的次佳因應之道——因為是地區性而非國際性的因應之道——分成幾個步驟讓德國馬克取代美元，成為歐洲銀行業和市場的穩定參照貨幣。幾年後以歐元取代各國貨幣，就是順理成章的下一步，即使歐元具有破壞性的象徵意涵。因此，單一歐洲貨幣的問世，乃是務實因應經濟問題的結果，而非為了實現預定的某個歐洲目標而精心謀畫的戰略作為。

透過說服許多觀察家——特別是此前心存懷疑的社會民主黨——相信光從國家的層次著手再也不可能達成經濟復甦與繁榮，西歐諸國成功的貨幣合作，出乎意料成為邁向其他類集體行動的踏腳石。由於原則上未遭到有力的選民團體反對，歐共體的諸國元首和行政首長於一九八三年簽署《嚴正宣言》（Solemn Declaration），承諾未來成立歐洲聯盟。接下來，經過多次協商，催生出《單一歐洲法案》（Single European Act），敲定這一聯盟的具體面貌。這一法案於一九八五年十二月獲得歐洲高峰會批准，一九八七年七月生效。

《單一歐洲法案》是對原始《羅馬條約》的第一次重大修正。法案第一條清楚陳述，「歐洲共同體和歐洲的政治合作，目標必須是共同致力在邁向歐洲統合上獲致具體進步作為。」光是透過用「聯盟」取代「共同體」，十二個會員國的領袖就在原則上往前邁了一大步。但各簽約國避談所有真正具爭議性的事務——特別是愈來愈重的聯盟農業經費負擔——或予以延後處理。他們還小心避開在防衛、外交事務上歐洲尚未有共同政策這個令人難堪的問題。一九八〇年代「新冷戰」達到高峰，而東邊數十哩外的局勢就要出現重大轉變時，歐盟諸會員國只關心該聯盟的內部事務，而該聯盟在性質上主要仍是個共同市場，但是個涵蓋三億多人民的共同市場。

但他們真正達成的共識，乃是要懷著明確目標邁向商品、勞力上真正的單一內部市場（將於一九九二年前達成），要在歐盟的決策過程中採取「條件性多數決」（qualified majority voting）制

——也就是說，較大的會員國（特別是英、法）堅持，碰到他們所認為危害自身國家利益的提議，他們有權阻止該提議通過，因而是「條件性」的。這些是真正的改變，而它們能得到同意，乃是因為從柴契爾到綠黨，人人都在原則上支持單一市場，儘管支持的原因不盡相同。這些改變促進且預示了下一個十年真正的經濟整合。

會員國在短短十三年內，規模就擴大了一倍，且預期會有瑞典、奧地利等國申請入會。日益臃腫笨重的歐共體，若要順利做出決定，就勢必要廢除歐洲理事會裡的國家否決制。（未來的）歐盟規模愈大，對於那些尚未加入的國家，就愈有吸引力——且「一定」得加入。但對於會員國的國民來說，歐盟在這些年裡的最大特色，不是它受治理的方式（對此歐盟大部分人民仍一無所知），也不是歐盟諸領袖追求更緊密整合的計畫，而是通過其財庫的金額和那些金錢的支出方式。

按照原來的《羅馬條約》，只有一個機構具有明確權限，要在會員國內找出需要援助的地區然後發予共同體資金：即在義大利堅持下創立的歐洲投資銀行。但約三十年後，以現金補貼、直接援助、創業基金等獎勵投資措施的形式發出的地區性支出，是布魯塞爾預算擴張的主要根源，且是共同體手上最有力的工具。

原因在於個別會員國內的**地域**主義政治興起，同時國與國間經濟差距愈來愈大。戰後頭幾年，歐洲諸國仍是中央集權，由中央發號施令，不大關注地方的多樣或傳統。只有一九四八年的義大利新憲法承認地方自治的主張；即使如此，該憲法所明訂權力有限的地方政府，仍有二十五年時間只存在於書面上。但就在地方自治的呼聲成為歐洲各地牽動國內政局的重要因素時，歐共體基於自身的理由也開始實施地區基金制，一九七五年成立歐洲地區開發基金（ERDF）。

在布魯塞爾的歐共體官員看來，歐洲地區開發基金和其他所謂的「結構基金」（structural funds）有兩個目的。第一個是處理共同體內經濟落後與不均的問題。誠如《單一歐洲法案》所清楚表達的，歐共體這時仍是戰後的「成長」文化掛帥。每有一批新國家加入，就帶來新的不平等，而經濟整合若要成功，就得重視並矯正這些不平等。曾是共同體內惟一貧困地區的義大利南部，這時不再獨享這地位：愛爾蘭大部分地區；英國部分地區（北愛、威爾斯、蘇格蘭、英格蘭西部和北部）；希臘、葡萄牙兩國大部分地區；西班牙南部、中部、西北部地區，全都是貧窮地區，這些地區若要趕上，都需要大量補貼，且中央援助的分配方式也需要調整。

一九八二年，以歐共體的平均收入為一百的話，丹麥（最富裕的會員國）的平均收入是一百二十六，希臘只有四十四。到了一九八九年，丹麥的人均國內生產毛額仍是葡萄牙的兩倍多（在美國，最窮州的平均收入仍有最富州的三分之二）。而且這些是以國家為單位的平均數，若就地區來講，差距更大。就連富國都有符合經濟援助條件的地區。瑞典、芬蘭於一九九〇年代中期加入歐盟時，它們的北極區人煙稀疏，完全仰賴來自斯德哥爾摩、赫爾辛基的生計補助和其他補貼，自然也有資格得到來自布魯塞爾的援助。地理上或市場上的變形（deformation），使西班牙的加里西亞或瑞典的西博滕（Vasterbotten）無法擺脫仰賴外援的困境，為導正這一變形，布魯塞爾的機構將投入大筆資金——毋庸置疑造福了該地區，但也在這過程中設立了成本高昂、大而無當、偶爾腐敗的地方行政機關。[27]

27 共同農業政策——歐盟預算上另一個大宗支出項目——當然老早就使「團結基金」等經援計畫所欲協助打消的地區扭曲（distortion）現象更為惡化……

歐洲不惜巨資施行地區援助計畫——其中的「結構基金」和「團結基金」（Cohesion Funds），到二十世紀底會耗掉歐盟整體支出的三成五——而這麼做的第二個動機，乃是為了使位於布魯塞爾的歐共體執委會得以避開不合作的各國中央政府，與會員國內的地區利益團體直接合作。事實證明這一策略很成功。自一九六〇年代晚期起，地域主義觀念就在各地日益壯大（在某些例子裡則是東山再起）。以鄉土情懷取代政治教條的「昔日一九六八」（Quondam 1968）行動主義者，這時致力於在法國西北地區復興、使用奧克語（Occitan）。一如布列塔尼地區志同道合的行動主義者，他們發覺自己與加泰隆尼亞和巴斯克的分離主義者、蘇格蘭與佛蘭芒的民族主義者、北義大利的分離主義者和其他許多同性質的族群，有共通的目標。這些族群全對來自馬德里，或巴黎，或倫敦，或羅馬的「不當統治」，懷有同樣的怨恨。

這股新興的地域主義政治可再細分為許多彼此重疊的子類——歷史性的、語言性的、宗教性的；追求自主的、自治的、乃至獨立建國的——但通常分裂為富裕省分和歷來處於劣勢或剛剛去工業化地區的兩陣營，前者憤恨於被迫補貼自己國內的貧窮地區，後者則憤怒於全國性政治人物未能體察民瘼，漠視他們。在富裕省分這一類裡，可找到加泰隆尼亞、倫巴底、比利時的法蘭德斯、西德的巴登－符騰堡州（Baden-Württemburg）或巴伐利亞、法國東南部的隆－阿爾卑斯（Rhône-Alpes）地區（此地區與法蘭西島地區的國內生產毛額一九九〇年時已占法國國內生產毛額將近四成）。在劣勢地區這一類裡，有安達魯西亞、蘇格蘭大部分、說法語的瓦隆尼亞和其他許多地區。

這兩類都有可能受惠於歐洲的地區政策。加泰隆尼亞或巴登－符騰堡之類富裕地區，在布魯塞爾設立辦公室，懂得如何遊說促進自身的利益和投資、或促使共同體制訂有利於地方機構更甚於全國性機構的政策。來自劣勢地區的政治代表，同樣善於從布魯塞爾弄到補助和援助，以拉攏本地民心，從而逼使不敢拂逆民意的都柏林或倫敦政府鼓勵布魯塞爾大筆援助，甚至在布魯塞爾的援助上另行加碼。這些安排是人人皆大歡喜：歐共體可能撥款數百萬美元補貼人口減少的愛爾蘭西部地區觀光業，或撥款支持租稅優惠，以吸引投資者到洛林或格拉斯哥境內長期就業低迷的地區；但即使只是出於合理的私利，受惠者都漸漸成為忠誠的「歐洲人」。愛爾蘭以此方式順利汰換或更新了許多破舊的交通、污水排放基礎設施，而在諸多貧窮、邊陲的會員國中，愛爾蘭不是惟一如此受惠者。[28]

《單一歐洲法案》使共同體的權力擴及到它此前從未涉及的許多政策領域（環境、雇用、地方研發），從而促成布魯塞爾的資金直接分配給地方機構。歐洲這一「地區化」的趨勢，由官員主導且成本高昂。拿義大利的上阿迪傑／南蒂羅爾地區這個小例子，可充分說明其他數百個例子。該地區位在毗鄰奧地利的義大利北部邊陲，一九七五年被布魯塞爾正式歸類為「多山」地區（未引發爭議的界定）；十三年後又被正式宣告為超過九成是「農村」地區（對任何隨意來此走走的人來說，這同樣是毋需多說的事實），或——套用布魯塞爾的術語——「目標5-b地區」。因為這雙重身分，上阿迪傑有資格得到環保資金；農業扶持補助金；改善職技訓練補助金；鼓勵傳統手工藝補助金；改善生活水準以免人口外流補助金。

28 較富裕的國家通常較不依賴布魯塞爾，對自家事務維持較嚴密的掌控。在法國，一九八〇年代通過的法律標榜中央「權力下放」，但預算權仍牢牢掌握在巴黎手裡。因此，法國的富裕地區追隨國際潮流，在與歐盟的往來中受惠，但貧窮地區仍特別倚賴政府援助。

於是，一九九三至一九九九年，上阿迪傑共收到九千六百萬個歐洲貨幣單位（約合二〇〇五年的同樣數目歐元）。在歐洲結構基金所謂的「第三期間」（排定於二〇〇〇至二〇〇六年），又撥了五千七百萬歐元給該省。根據「目標二」，撥發這些錢，純粹是為了造福居住在「純」多山或「農村」地區的八萬三千名居民。自一九九〇年迄今，一直有位於該省首府博爾察諾（Bolzano）的某個政府部門，專責指導當地居民如何從「歐洲」和歐洲資源「獲益」。一九九五年迄今，該省也一直在布魯塞爾設有辦公室（與相鄰的義大利特倫蒂諾省、奧地利蒂羅爾地區共用的辦公室）。博爾察諾省的官方網站（提供義語、德語、英語、法諾、拉迪諾語的版本，拉迪諾語〔Ladino〕是瑞士羅曼什〔Romansch〕方言的一種），可想而知熱切支持歐洲統合。

於是，在南蒂羅爾，一如在其他地方，歐陸「由下而上」整合，而且無論成本高低，的確如這一整合方式的提倡者所堅稱的，讓人覺得收到預期效果。一九八五年「歐洲諸地區聯合會」（Council of European regions，後來改名歐洲諸地區大會）成立時，已有一百零七個地區性會員，還有許多地區等著加入。的確有某種統一的歐洲漸漸成形。地域主義，原本是少數語言返古主義者或懷舊民俗學研究者追求的東西，這時卻被當作「亞國家」的替代性認同端上檯面：取代了國家本身；而且伴隨著布魯塞爾的官方認可，乃至還有來自本國中央的認可——雖然後者明顯不如前者那麼積極——因而更顯得合情合理。

歐共體內部的地域分化愈來愈厲害，其居民這時表現出多種選擇性的效忠——具有多變文化意涵和攸關日常生活的效忠——他們的「義大利人」、或「英國人」、或「西班牙人」的國族認同或許已不如過去幾十年那麼清楚明確；但儘管掛名「歐洲」的標籤、選舉、公共機構有增無減，他們未必從此更覺得自己是「歐洲人」。行政機關、媒體、公共機構、代表人、基金大量出現，帶來許多好處，但未贏得愛戴。原因之一或許是支付、監督歐洲經濟援助的官方單位太多：現代國家政府、其部會、委員會、董事會，結構本就複雜，這時則從上（布魯塞爾）到下（省或地區），規模增加了一倍至兩倍。

結果不只是官僚機關膨脹到前所未見的程度，還因為經手的資助金額龐大，誘發、助長貪腐行為。有許多資助，需要誇大、乃至虛構地方需求才能取得，因而幾乎無一不在當地招來貪腐惡行，而這些惡行未被布魯塞爾的歐共體主事者注意到，卻有可能使他們的計畫受到唾棄，甚至也被該計畫的受惠者所唾棄。這些年裡的「歐洲」，廣為人知的既是由遙遠異地非民選公務員來決策，又有關於政治狼狽為奸、牟取暴利的謠言甚囂塵上，「歐洲」的成就並未帶給它本身多大的益處。

上軌道的民族國家所據認已消除的地方政治常見弊病——侍從作風、貪腐、操縱——這時重新浮現，且擴及整個歐陸。國家的政治人物，將偶而發生的「歐洲醜聞」的公共責任，精明地轉移到一批見不到的非民選「歐洲官僚」的肩上。醜化這些「歐洲官僚」，不會帶來政治代價。在這同時，共同體預算暴增，並有其領受者和提倡者予以捍衛，理由是要維持跨國「和諧」或做出合法補償（且得到看來用之不竭的共同體資金加持）。

簡而言之，誠如那些抱著找碴心態批評「歐洲」者——特別是英國境內的此類人——幸災樂禍主張的，「歐洲」正漸漸成為重大「道德危險」的代表。幾十年來欲透過純技術性措施來打破歐陸內部不和的雄心壯志，這時看來顯然是由「政治」著手才能竟其全功，但這一雄心壯志少了某種合法性來支撐——那種由民選且為人民所熟悉的政治人物，所施行的傳統政治計畫所具有的合法性。「歐洲」雖有一明確目標，「歐洲」的經濟策略仍困在五〇年代的盤算和雄心裡。至於「歐洲」的政治：歐共體執委會發出聲明時那種自信、干涉主義的語調——以及歐洲專家降臨遙遠地區時所具有的權力、所攜帶的空白支票簿——顯示了牢牢根植於六〇年代初期社會－民主最發皇時代的治理風格。

七〇、八〇年代打造「歐洲」的人士，為了能夠超越國家政治算計的弊病，付出了值得稱揚的努力，但他們本身仍出奇囿於地域觀念。他們當時的最大跨國成就，即一九八五年六月簽署的《申根公約》，就暴露了這點。根據這一公約，法國、西德、荷比盧同意取消彼此間的邊境管制，護照納入同一制度下管理。從此之後，從德國到法國將非常容易，一如老早以前，荷蘭、比利時間的跨境進出那般輕鬆自如。

但反過來，《申根公約》的簽約國得承諾會在他們和非簽約國之間實施最嚴格的簽證、海關管理：例如，如果法國人想向任何從德國過來者開放邊境，得確定德國人已在**自己的**入境管制上採用最嚴格的審查標準。因此，《申根公約》一方面使歐共體某些會員國彼此開放邊界，卻也堅決強化了他們與非簽約國間的邊境管制。文明的歐洲人的確能消弭彼此邊界——但「野蠻人」將被堅決隔離在他們的共同邊界之外。[29]

29 目前為止，「申根區」已擴大涵蓋歐盟其他會員國，但英國仍不願加入，法國等申根簽約國保留了基於安全理由重新管制邊界的權利。

17

新現實主義
The New Realism

世上沒有「社會」這種東西。
有男女個人，有家庭。
柴契爾夫人

✣ ✣ ✣

法國人開始理解創造財富、決定我們生活水平、
確立我們在全球地位高低的東西是商業。
密特朗

✣ ✣ ✣

密特朗實驗結束時，
法國左派思想空洞、心情絕望、喪失支持的程度，
是自該派誕生以來最嚴重的時刻。
唐納德．沙孫

凡是具有重大政治意義的革命，都先有知識界的轉變。一九八〇年代歐洲的劇變也不例外。七〇年代初期的經濟危機，削弱了西歐戰後幾十年的樂觀，使傳統政黨分裂，把陌生的議題推到政治辯論的舞台中心。冷戰雙方的政治論點，正毅然決然揚棄數十年根深蒂固的思想習性——且以令人意想不到的速度形成新的思想習性。不管是變好或變壞，新現實主義正在成形。

緣於這一思想上的改變，首當其衝的受害者是在這之前一直支持戰後政府的共識，以及為戰後政府提供來自知識界之防護牆的新凱因斯經濟學。一九七〇年代晚期時，歐洲福利國家已開始計算福利國制度成功的代價。戰後嬰兒潮世代已開始步入中年，政府統計學家已開始要人民留心那個世代退休時供養該世代人民的成本——由於退休年齡普遍提早，預算吃緊的危機更為急迫。例如，六十至六十四歲的西德男性，一九六〇年時有百分之七十二從事全職工作；二十年後，這一年齡層的男子只有百分之四十四還在上班。在荷蘭，這比例則由百分之八十一降為百分之五十八。

再過幾年，歐洲有歷史記載以來最大的一個世代，將不再為國家貢獻稅收，將開始消耗龐大稅收——不管是以受保障的政府養老金形式，或間接但衝擊不相上下的，透過提高對公營醫療、社會服務的需求。此外，他們也是有史以來受到最佳照顧的一代，因而八九不離十壽命會較長。除了這一隱憂，這時又多了失業救濟金給付日增的負擔。一九八〇年時，失業救濟金的給付，已是西歐每個國家編列預算時得考量的主要項目之一。

這些普見於各地的不安並非杞人憂天。戰後的福利國制度建立在兩個未明言的假設上：經濟成長和新增的就業機會將維持五〇、六〇年代的高水準（從而政府收入也將維持那樣的水準）；

出生率仍會大大高過置換水平，使將來必有新的納稅人支付他們父母——和祖父母——退休後的需求。這兩個假設這時都受到質疑，但人口上的失算是這兩者中錯得較離譜者。一九八〇年代開始時，西歐境內的人口置換比例，只有希臘和愛爾蘭達到或超過每個婦女二・一個小孩的水平。在西德是每個婦女一・四個小孩。在義大利，則會在不久後落到更低：一九五〇年，百分之二十六・一（超過四分之一）的義大利人年齡不滿十四歲，到了一九八〇年，降為百分之二十（五分之一），到了一九九〇年，則會降到百分之十五（接近七分之一）。[1]

於是，在富裕的西歐，情況顯示再不到二十年，就會沒有足夠的人支付支出——而富裕本身，似乎和可靠的避孕方法、出外工作的婦女日增，同是元凶。[2]結果就是能付錢的人得付更多的錢。在某些地方（特別是法國），養老金和國民保險的成本已令雇主大呼吃不消——在失業率普遍高昂的時期這是得嚴肅考慮的問題。但國庫的直接應付款項，是更為迫切的問題：一九八〇年代中期時政府債務占國內生產毛額的比重已達歷史新高——就義大利來說，達到百分之八十五。在瑞典，一九七七年時，三分之一的國民生產毛額花在社會支出上，而要籌措到這筆預算上的應付款項，除了靠預算赤字，就只能靠對選民（受雇員工、公務員、專業人士）加稅，而他們是維持「社會民主主義」共識的基礎。

一九三〇年代起，公共政策都建立在一個普受認可的「凱因斯」共識上。這一共識理所當然地認為，經濟規畫、赤字財政、完全就業本來就值得追求，且彼此相輔相成。批評這一共識者提出兩個論點。第一個，很簡單的道理，西歐人所習慣擁有的種種社會福利事業和社會供給，無法以固定的水平永續運行。第二個論點則是，干預型政府，不管能不能永續，都是經濟成長的絆腳石。而在英國——國家經濟於戰後幾十年的大部分期間搖搖晃晃撐過一個接一個危機——批評者提出第二個論點時，語氣特別焦急。

這些批評者主張，政府應盡可能不干預商品和服務的市場。政府不該擁有生產工具，不該分配資源，不該實施或鼓勵專賣事業，不該訂定價格或收入。在這些「新自由主義者」眼中，政府目前提供的服務，大部分——保險、住屋、養老金、健康、教育——可由私部門更有效率地供應，應讓公民以不再被（不當）導入公共資源的個人收入自行購買這些服務。在奧地利經濟學家佛里德里希・海耶克（Friedrich Hayek，提倡自由市場自由主義的龍頭人物之一）眼中，就連經營最完善的政府都無法有效率的處理資料，將資料轉化為好政策：這些政府取得經濟資訊的過程，本身就扭曲了資訊。

這些想法以前就有人提出。凱因斯之前，就有某一代自由主義者根據新古典經濟學的自由市場信條，提出這些想法，成為他們的基本對策。更晚近時，透過海耶克和其美國弟子米爾頓・傅利曼（Milton Friedman）的著作，這些想法為專家所熟悉。但由於一九三〇年代的經濟大蕭條和五〇、六〇年代由需求創造出的榮景，這些想法通常被斥為政治上短視、經濟上與時代脫節（至少在歐洲是如此）。但一九七三年起，自由市場理論家再度露臉，以高聲、自信的姿態，將普見的經濟衰退和隨之的不幸，歸咎於「大政府」和戕害國家活力與主動權的大政府課稅、計畫作為。

1 若非亞裔、非裔、加勒比海裔移民的出生率保持明顯的成長趨勢，這些數據還會更低。

2 在東歐，第一個在同樣這些年裡出生率降到類似低點的國家是匈牙利。在該國，「地下」經濟（見第十八章）使許多人享有比蘇聯集團其他任何地方都還高的生活水平。

在許多地方，此類修辭策略令年輕選民頗為心動；他們並未親身體驗到五十年前，這類觀點稱霸知識界所造成的禍害。但只有在英國，海耶克、傅利曼的政治界弟子得以掌控公共政策，使該國政治文化徹底改頭換面。

歐洲這麼多地方，這竟會發生在英國，實在令人深覺諷刺，因為英國的經濟雖然受到嚴密管理，「計畫」程度卻可能是歐洲最低。英國不斷有政府操縱價格機制、財政「信號」的情事；但英國經濟活動裡惟一受意識形態驅使的作為，乃是一九四五年後由工黨政府首度施行的國有化。至這時為止，工黨始終將「生產、分配、交換」之工具的「國有」（工黨一九一八年黨章第四條款）視為黨的政策，但該黨領導人絕大部分只是口頭說說，未付諸實行。

英國福利國制度的核心，不在經濟「集體主義」，而在該國以二十世紀初期與凱因斯同時代的自由派改良主義為基礎，所建立的全民性社會機構。英國大部分左派、右派選民所最看重的，不是經濟規畫或國有，而是免費醫療、免費公立教育、受補貼的公共運輸。這些設施的運作談不上很理想——由於社會福利的經費不足、公共養老金不足、住屋供給不完善，英國福利國制度的營運成本比其他地方都低——但它們普遍被視為是應享的權利。新自由主義批評者再怎麼猛烈譴責這些社會財的效率差、執行不善，在政治上，這些社會財仍是動不得的。

現代英國保守黨，從邱吉爾到愛德華．希斯，都熱情擁抱英國的「社會契約」，熱衷程度和工黨的凱因斯學派「社會主義者」幾乎不相上下，且保守黨多年來一直牢牢站在中間立場（畢竟邱吉爾本人一九四三年三月曾論道：「不管是哪個社會，最好的投資就是讓嬰兒喝到奶」）。一九七〇年，希斯邀一群自由市場論者到倫敦附近的塞爾斯頓公園飯店，共同探討未來保守黨政府的經濟策略。希斯短暫且態度明顯游移地考慮了他們相當溫和的提議，卻為此招來一波語帶嘲弄的猛烈譴責。他遭人取笑為「塞爾斯頓人」，打算返回尼安德塔人原始的經濟叢林；希斯落荒而逃。

如果說英國的政治共識於接下來的十年裡瓦解，那不是因為意識形態對立，而是因為不管哪種政治立場的政府上台，都未能找到管用的經濟策略並予以落實。工黨、保守黨政府都認為英國經濟困境的肇因乃是長期投資不足、管理階層無能、勞資間的工資、分工紛爭四起，且雙方政黨都根據這一認定，試圖師法奧地利－斯堪地納維亞模式或德國模式，達成有計畫的共識，藉以解決英國勞資關係的動盪。在英國，這些模式被稱作「價格與收入政策」，具有典型的經驗式極簡主義。

結果失敗。工黨無法使勞資關係恢復穩定，乃是因為該黨的工會金主偏愛十九世紀與資方硬碰硬衝突的模式（這方式他們的勝算很大），而較不愛在首相官邸簽署契約，這樣的契約經雙方談判敲定，會在接下來幾年綁住自己手腳。保守黨，特別是一九七〇至一九七四年的希斯政府，成效更差，而這主要因為英國勞動階層的某些族群（特別是煤礦工人），對於與保守黨內閣達成的任何妥協方案，都有根深蒂固的懷疑，而這樣的懷疑是有憑有據的。因此，一九七三年希斯提議關閉一些不具經濟效益的煤礦，試圖立法限制工會發動勞資爭議的權力（數年前工黨率先提出此議，後來放棄）時，一波罷工潮使他的政府進退兩難。他要求以選舉解決如他所說的「由誰當家」的問題，結果以些微差距敗給小心不表態的哈羅德．威爾森。

直到威爾森的下一任政府，由詹姆斯．卡拉漢領導的工黨政府執政期間（一九七六～一九七九），才開始浮現新政策。迫於情況危急和國際貨幣基金會某筆貸款的條件，卡拉漢與其財政部長（厲害角色丹尼斯・希利）開始從戰後政府的中間派對策撤退。他們展開一重整計畫，且承認該計畫必會造成某種程度的失業；保護有專門技能的工人，同時允許未受保護、未加入工會、受冷遇而處於劣勢的兼職員工存在於社會上，藉此降低社會轉移支出；著手控制並降低通膨和政府支出，即使付出經濟困難、成長更慢的代價也在所不惜。

這些目標無一對外公開宣告。工黨政府從頭至尾主張，它會堅守自己的核心價值觀，捍衛福利國制度，雖然它已展開了審慎規畫出的脫困行動，試圖暗地達成前幾任政府未能透過立法公開予以實現的那幾種改革。結果這一策略不管用：工黨惟一辦成的事，就是使其支持者對它心生反感，同時又吃力不討好，其種種成就都未能得到肯定。到了一九七七年八月，一部分因為工黨政府大砍公共支出，英國失業人口已超過一百六十萬，且還繼續增加。隔年，在一九七八／七九年英國那個「不滿的冬天」，各大工會對「自己人」工黨政府發動一連串憤怒的聯合罷工：垃圾堆積無人清，人死未能下葬。[3]

首相卡拉漢似乎和民意脫了節：記者問他產業界日益動盪不安的問題，他漫不經心地宣布沒必要擔心，從而促使某報下了一個著名的標題——「危機？什麼危機？」間接使他在下一個春天被迫舉行的大選裡輸掉政權。說來實在諷刺，工黨明明徹底揚棄大部分人認同的經濟模式，從而引發一場社會危機，卻不得不在一九七九年那場歷史性選舉裡，以未有這一回事為訴求打選戰；另一方面，保守黨則在一名充滿幹勁，堅稱英國弊病就需這類激進辦法才能治好的女人帶領下，拿回政權。

表面上看，瑪格麗特・柴契爾不可能勝任她所將扮演的那個革命性角色。她生於林肯郡死氣沉沉的小鎮格蘭瑟姆，父母是開食品雜貨店的虔誠衛理會教徒。她始終是個保守派：她父親以保守黨員身分擔任該鎮議員；她年輕時（名叫瑪格麗特．羅伯茲）拿到牛津大學獎學金，在那兒攻讀化學，當上該校保守協會會長。一九五〇年，二十五歲時，她以保守黨候選人身分投入大選（落選），成為該國最年輕的女性候選人。她最初是化學家，後來轉為稅務律師，一九五九年在保守黨鐵票區芬奇利贏得議員席次，首度進入國會。此後她歷任該區議員，直到一九九二年進入上議院為止。

一九七五年，她擊退保守黨內遠更資深的對手，登上黨魁之位，而在這之前，她在英國最為人知的資歷，乃是在希斯的保守黨政府裡當教育部長。擔任此職期間，為達成削減預算的目標，她廢除英國小學裡免費供應牛奶的政策：這一（無奈的）決定為她贏得「搶牛奶者瑪姬．柴契爾」的綽號，而她日後的政治作風也在此首度露出端倪。但這一明顯不討喜的公共形象，最終卻未妨礙柴契爾夫人的仕途——她不惜忤逆、對抗民意的作風，不只未使她在同僚裡樹敵，甚至可能還成為她魅力的一部分。

而她無疑很有魅力。事實上，在歐、美，有分屬不同黨派的冷酷無情政治家承認——但抱著不欲曝光的心態承認——柴契爾夫人很性感。對這類事略有所知的密特朗，曾形容她擁有「（古羅馬皇帝）卡利古拉的眼睛，但瑪麗蓮夢露的嘴」。她威逼、脅迫人時，能比邱吉爾以來的任何

3 最強烈的憤怨出現在公共事業工會，涵蓋從清潔工到護士的低薪政府雇員。各大產業工會對卡拉漢的大砍公共支出，心態則遠較樂觀：只要工黨信守承諾，保護具有專門技能的傳統產業工人，不動他們的特權，他們的領袖就樂於容忍政府的背叛。當發現不可能和柴契爾夫人談成這類協議時，讓他們大吃一驚。

英國政治人物還要狠，但她也運用個人魅力來達成自己的目的。從一九七九到一九九〇年，柴契爾以威逼、脅迫——加誘惑——的方式，使英國選民接受一場政治革命。

「柴契爾主義」內涵廣泛：減稅、自由市場、自由企業、工業與服務業私有化、「維多利亞時代價值觀」、愛國精神、「個人」。其中有一些——屬經濟政策的部分——乃是在保守黨、工黨圈子裡都已在流傳之提議的延伸；其他部分，特別是「道德」性的主題，受鄉村選區的保守黨死忠分子歡迎，更甚於受整體選民的歡迎。但它們是在六〇年代的自由至上主義（libertarianism）遭到激烈反彈後出現的，打動了勞動階層、中間下層（lower-middle）階層裡的許多柴契爾夫人的景仰者：那些男女與這些年支配公共事務的進步派知識分子為伍時，始終覺得不自在。

但柴契爾主義的最重要意涵，乃是其所予人「強有力政府的感覺」。七〇年代底，英國據認的「無法治理」現象，已成為熱烈爭辯的議題。當時人普遍認為，政治人物已無力掌控大局，不只對經濟政策是如此，對職場、乃至街頭也是如此。工黨向來難以抵禦它沒本事搞好經濟的指控，而在「不滿的冬天」之後，它更遭指責連治理國家的本事都沒有。打一九七九年選戰時，保守黨不只大打國家需要嚴管經濟和管好財政的訴求，也拿國民對強勢、自信領袖的渴望大作文章。

瑪格麗特·柴契爾當上黨魁後打贏的第一場選戰，跟過去的選戰相比，贏得並不是特別漂亮。事實上，在她領導下，保守黨得票一直不高。與其說是它打贏選戰，不如說是工黨輸掉選戰，許多工黨選民轉投自由黨候選人或根本不出來投票。有鑑於此，柴契爾的激進行動方案和落實該方案的決心，可能讓人覺得與她所得到人民的託付程度不成比例，且是令人意外的，甚至帶有風險的，背離了從盡可能接近政治中間派的立場來治國英國這個存在已久的傳統。

但事後來看，似乎不難看出，這正是柴契爾成功的原因。在她的貨幣主義政策顯然已告失敗的當頭，她仍然不為所動（一九八〇年十月，有些保守黨同志懇求她改弦易轍，政策上來個一百八十度的大轉變，結果她回以：「你想轉就轉。本夫人不會轉。」）；蘇聯稱她是「鐵娘子」，她欣然接受；她與一連串對手過招——從福克蘭群島戰爭中的阿根廷軍事執政團到礦工工會領袖亞瑟·史卡基爾（Arthur Scargill）——讓他們一個個吃敗仗，且不掩其志得意滿之情；她出席歐共體領導人會議時，氣勢洶洶的揮舞她的手提包，要求歐共體「還我們錢」：這全都指出一明確的體認，即她那令批評者怒不可遏的頑固，堅不妥協的倔強，正是她最大的政治資產。誠如每次民意調查所顯示的，就連不喜歡柴契爾主義政策者，往往都承認自己雖不情願但還是有點敬佩這女人。英國人再度**受到統治**。

事實上，柴契爾雖然大談個人和市場，卻主導了英國公權力顯著卻有點令人不安的復興。在行政治理上她是天生的中央集權派。為確保號令施行於全國，她降低地方政府的權力和經費（在歐洲其他地方正忙著把中央權力大規模**下放**地方時，一九八六年的《地方政府法》拆解了英國大都市的權限，把它們的權力收回倫敦）。教育政策與地區經濟計畫的方向，回歸中央政府部會主導，受中央政府直接控制；政府部會本身則發覺自己傳統的施展空間，愈來愈受到首相的約束；而這位首相倚賴一小群友人、顧問，遠更多於倚賴由高級文官組成的傳統菁英班子。

瑪格麗特·柴契爾直覺懷疑那些高級文官較喜愛政府補貼掛帥的舊家父長主義作風（且事實正如她所懷疑的）。在階級意識濃厚的英國複雜政治傳統下，柴契爾——中間下層出身而對商界暴發戶很有好感的政治新貴——並不是很受該國老派政治菁英的喜歡，而對於他們的不友善，她則連本帶利予以回敬。老一輩保守黨員驚駭於她對傳統或過去慣例那種不帶情感的輕蔑：私有化狂潮達到最高點時，前首相哈羅德．麥克米蘭指責她出賣「傳家寶」。曾將英國某腐敗企業家廣為周知的作為，憤憤形容為「令人無法接受的資本主義面孔」的前一任首相希斯，則對柴契爾和其政策厭惡至極。她無動於衷。

柴契爾主義革命強化政府權力，努力發展市場——且著手拆除原將這兩者綁在一塊的連結。她將英國工會所具有的公共影響力永遠消滅，通過法律以限制工會領袖發動罷工的能力，然後在法庭上落實這些法律。在一九八四至一九八五年這場極具象徵性的對抗中，武裝起來的國家與一群注定落敗的無產階級工人正面交鋒，柴契爾夫人粉碎了「全國礦工工會」充滿暴力與激情的反抗——他們企圖破壞她的政府關閉無效率礦場、取消煤業補貼的政策。

這些礦工缺乏英明的領導，他們的目標注定落空，他們的罷工拖得比預期還要久，不是出於精明的算計，而是因為絕望而孤注一擲。但柴契爾打贏希斯所輸掉（且歷來的工黨領袖所避打）的一場仗，使她的權勢大增——臨時愛爾蘭共和軍在這場罷工期間試圖暗殺她未遂，也起了同樣的作用。柴契爾，一如所有最厲害的革命分子，得益於敵人。他們使她得以宣稱，只有她在為那些沮喪、受過度管制的小人物講話。這些小人物數十年來受制於既得利益分子和受補貼、享受納稅人的錢的寄生蟲支配，而她正要助他們擺脫這境遇。

毋庸置疑地，經過一九七九至一九八一年早期的衰退後，英國經濟在柴契爾當政期間**確有**起色。由於無效率的企業遭淘汰、競爭提高、工會勢力遭削弱，商業生產力和利潤陡升。由於有出售國有資產的收入，國庫一下子滿了起來。這並非一九七九年柴契爾原始行動計畫的一部分，帶有如此濃烈意識形態的私有化也不是一開始就計畫好的——畢竟一九七六年（應國際貨幣基金會的要求）賣掉英國石油公司中之官方股份者是工黨。但到了一九八三年，英國變賣國有或國營資產的財政效益和政治效益，已使這位首相展開一長達十年的全國性拍賣，使生產者和消費者都得到「解放」。

每樣東西，或者說幾乎每樣東西，都端上私有化的檯子待價而沽。第一輪是政府擁有部分股權或控制性股權的小公司與單位，特別是製造業的公司與單位。接著上場者是此前被視為「理所當然」獨占的事業，例如電信網、公用能源事業、空中運輸，並以一九八四年出售英國電信公司為開端。政府還賣掉許多英國戰後的公營住宅：最初賣給現行的住戶，最後賣給所有申請者。一九八四至一九九一年，全球來自私有化資產的收入，有三分之一來自英國。

經過這番私有化，公部門似乎遭到拆解，但儘管柴契爾承諾「讓人民不再受政府打擾」，公共支出占英國國內生產毛額的比例，一九八八年時（百分之四十一．七）仍和十年前（百分之四十二．五）沒什麼差別。這是因為這個保守黨政府得支付前所未有的高額失業救濟金。一九七七年，卡拉漢的政府因為失業人口一百六十萬這個高得「嚇人」的數據而受到重創，但到了一九八五年，失業人口已達到三百二十五萬，且在此後柴契爾執政期間在歐洲都名列前茅。

煉鋼、採煤、紡織、造船之類效率不彰（且此前受政府補貼）的產業的失業者，有許多未再能找到工作，實質上終身倚賴政府的扶養。如果說在某些例子裡（特別是煉鋼業），他們的前雇主轉型為有獲利的私人公司，那主要不是因為私有制帶來的奇蹟，而是因為瑪格麗特．柴契爾的政府替他們拿掉高昂的固定勞動成本，以政府補貼救濟失業的形式將過剩勞動力的成本「轉嫁給社會」。

某些公營工業公司、服務業的私有化，還是有其可取之處。多年來，重要的經濟資產一直掌握在幾無心於投資或現代化的公部門手裡。私有化之前，這些資產已短缺現金，受到保護以減輕來自競爭與消費者的壓力，它們的經理人因為官僚怠惰和政治干預而無法大展身手。[4] 拜柴契爾夫人之賜，英國境內對商品、服務的需求大增，進而最終使得對勞力的需求也大增。選擇變多，且價格競爭變多（儘管這花了較多時間才做到，且仍未臻完善）。當接替她的約翰·梅傑一直不願讓英國簽署歐盟條約的「社會章節」（social chapter）時，雅克·德洛爾指責他已使英國淪為「外國投資的天堂」：這是柴契爾主義者可理直氣壯且欣然接受的一個指控。

從經濟的角度來說，柴契爾主義化的英國變得較有效率。但從社會的角度來看，這樣的英國是一敗塗地，承受了毀滅性的長期惡果。柴契爾鄙視且拆除所有由集體擁有的資源，高調主張「把不可量化的資產一律予以貶低」的個人主義倫理，從而嚴重傷害了英國公眾生活的結構。公民被改造為「股東」，或「利害關係人」，他們彼此間的關係和他們與集體的關係，被用資產和索求權來衡量，而非用服務義務來衡量。從巴士公司到電力公司，一切都交給彼此競爭的私人公司經營，公共空間成為利潤掛帥的市場。

如果——像柴契爾夫人所斷言的——「沒有『社會』這種東西」，那麼一段時間之後，人們必然不再尊重那些由社會界定（socially-defined）的商品。而在柴契爾執政晚期，英國開始出現美國模式裡某些較不吸引人，這位鐵娘子卻大為推崇的特色時，這件事便這麼發生了。仍留在政府手裡的服務性事業，資源耗竭，而在「獲解放」的經濟領域，則積累了大量財富——特別是倫敦金融城（City of London）。一九八六年英國金融市場解除管制、開放國際競爭時，倫敦金融城的投資銀行業者和證券經紀人就大大受惠於「大霹靂」。公共空間受到漠視。隨著愈來愈多人陷入永遠無法翻身的貧窮，不嚴重的犯罪和青少年犯罪同步上揚。一如以往所常發生的，隨著私人富裕，公共的破敗情景也出現了。[5]

但柴契爾再怎麼有本事，也有她力有未逮的地方。支持「柴契爾主義」的典型選民——被以誇大逗趣手法描寫為倫敦東部郊區三十多歲的房地產經紀人，教育程度低但薪水高，擁有其父母所可望而不可及的有形資產（汽車、房子、出國渡假、投資共同基金、個人退休計畫）——或許已進入柴契爾主義個人主義的世界，但他和他的家人仍完全倚賴政府來取得重要服務：免費教育、幾乎免費的醫療、得到補貼的公共運輸。因此，當柴契爾夫人和其繼任者梅傑只是暗示他們可能將全民健保私有化或公立學校將收學費，民意支持即一夕消失——這些不再支持者正是一開始被柴契爾主義吸引，新近發了財，但極難保住既得利益的那些人。

柴契爾下台五年後，梅傑的確將鐵路事業私有化。保守黨這麼做，無疑是看中把公共資產賣給私人之後，政府將多一筆收入，但他們的主要動機，乃是梅傑得讓外界看到他在私有化上有表現——那時候，能賣掉的東西，已幾乎被柴契爾夫人賣光，而私有化是保守黨惟一的黨綱。但這

4 一九九六年，即英國鐵路網私有化的前一年，英國鐵路網「誇口」官方的補貼是在歐洲最低的。那一年，法國打算以每人二十一英鎊的投資率投入該國的鐵路；義大利是三十三英鎊；英國只有九英鎊。

5 還有私人貧窮跟著到來。柴契爾把養老金與薪資脫鉤，藉此使她的大部分同胞退休收入大為減少。一九九七年時，英國的公共退休金只有平均收入的百分之十五，比例在歐盟敬陪末座。

過程中官員的無能和瀆職，還有隨之而來的災難——在一連串明顯可避免的火車追撞慘劇中，災難達到最高點——不只間接促成兩年後保守黨淪為在野黨，還間接終結了一段私有化時期，使較極端的柴契爾主義作為在事過境遷之後遭到詆毀。

柴契爾主政的主要受害者，包括她所屬的保守黨。鐵娘子下台時，保守黨——將近百年來英國的「當然」執政黨——沒有政綱，沒有領袖，且如當時許多人所覺得的，沒有靈魂。對一個帶領黨接連打贏三次大選，且幾乎獨力執政將近十二年的女人來說，這樣的評價似乎太不厚道，但重點就在這裡：瑪格麗特．柴契爾**獨力**治理英國。引用腓特烈大帝的話說，「別人說他們想說的，而我做我想做的。」凡是在重大議題上與她意見不合，因而不屬於「我們這一掛」者，都被打入冷宮。

與柴契爾同一時代的保守黨人——更別提被她肆無忌憚冷落在一旁的黨內老一輩政治家——大部分是貨真價實的**保守派**，其中許多人年紀夠大，記得兩次大戰之間那段時期的政治惡鬥，深怕喚醒階級戰爭的惡魔。柴契爾是決心大破大立的**激進派**，瞧不起妥協。在她眼中，階級戰爭，如果能跟上時代，就是政治的基本要素。她那些往往在非常短的時間內就出爐的政策，不如她的目標重要；而這些目標又大體上隨著她的風格而變化。柴契爾主義的重點在**如何**治理，而非做什麼。保守黨內那些接替她的倒楣鬼，被驅逐到後柴契爾主義時代荒涼的大地上，沒有政策，沒有目標——且沒有風格。[6]

瑪格麗特．柴契爾或許毀了保守黨，但不可否認的，有功於拯救工黨，使其重生。短期來看，她的確擊垮了她的工黨對手——事實上，要不是那些對手驚人的無能，她不可能辦到她那些變革。一九七九年有些工黨領袖了解到自己所面臨的難題，卻既無法使他們的信念得到認同，也無法打動他們的支持者。隨著柴契爾的上台，英國工黨走上十年的動亂期。工黨內好戰、支持工會的核心分子看世界的方式和柴契爾夫人差不多，差別在他們是從鏡子的另一邊看：英國必須擇一而行，若不是保護主義的、集體主義的、平等主義的、管制掛帥的國家，那就是開放市場、無限制競爭、私有化資源、最低程度的共有商品和服務。拜鐵娘子之賜，選擇再度清楚呈現：社會主義或資本主義。

工黨的傳統溫和派，一如保守黨的傳統溫和派，深感絕望。其中有些人——特別是曾任歐共體執委會主席的羅伊．詹金斯（Roy Jenkins）——退出工黨，成立社會民主黨。社會民主黨是短命政黨，不久後會與英國的萬年第三黨自由黨合併。但大部分黨員留下來，雖然心裡忐忑不安。他們的悲觀不是杞人憂天。在具有知性魅力但政治無能的麥可．福特（Michael Foot）領導下，工黨以和時代嚴重脫節的政綱打一九八三年的大選。根據這一政綱，工黨不只矢志打破柴契爾主義，還矢志廢除過去工黨政府的許多妥協方案。據此，英國將退出國際經濟舞台（和撤回其對美國盟友的堅定效忠），將不會涉入私有化、開放市場、「歐洲一體化」計畫或其他任何外來的計畫。安全置身在封閉性經濟的保護牆後面，英國左派的「英格蘭本土主義者」（Little Englander）將以反抗的姿態打造他們同僚所常抹黑的新耶路撒冷。

有位意氣消沉的工黨國會議員，精簡且頗有先見之明地將工黨的一九八三年選戰宣言，稱作

6 柴契爾下台後的十年間，保守黨黨魁，從單調得令人厭煩（約翰．梅傑），到自我感覺良好的才能不足（威廉．海格），到無可救藥的無能（伊恩．鄧肯．史密斯），每下愈況。經過太陽女王漫長的掌舵，接下來是庸才輩出。

「史上最長的自殺筆記」。藉由打贏福克蘭群島戰爭，柴契爾夫人已使她的政黨獨享「愛國主義」光環，且再度展現她對「衝突對抗」異於常人的嗜好，[7]不久後，在這場勝利的加持下，她以近乎創紀錄的勝負差距，打贏一九八三年六月的大選。工黨流失三百多萬選票和一百六十個國會席次，得票率降到百分之二十七．六，為一次大戰以來該黨最差的成績。柴契爾夫人所推銷的東西，英國人想不想要，仍然不明朗（保守黨得票未成長）；但他們無疑不想要政治人物提出的另一個方案。

工黨花了十四年間、三個黨魁，才從一九八三年的慘敗中恢復元氣。政治上來講，工黨得孤立、消滅托派和其他「強硬」左派行動主義分子在該黨某些地區性票倉（特別是利物浦）的影響力。從社會上來講，它得懂得接受並處理自己的失敗，以掌握新興中產階級最新關注事項和希求。沒有這些中產階級的支持，它不可能再執政，而且他們的人數多過工黨（一如所有社會民主黨）向來所倚賴為支持中堅，且人數愈來愈少的工人無產階級和公務員。從知性層面來看，工黨領袖得找出一套新的政策目標──和藉以提出新語言。

九〇年代中期時，這三個大目標已達成──即使只是擺擺樣子。工黨於一九九六年改名為新工黨，而在這前一年，即將接任該黨黨魁的東尼．布萊爾，終於說服同僚拿掉使該黨背負國有化政策包袱且引發爭議的黨綱「第四條」。一九九七年工黨大勝已是強弩之末的保守黨，終於再度執政時，完全不提打破柴契爾主義革命的事。反倒是打選戰時，工黨幾乎只以位處邊緣、「舉棋不定」的保守黨選民為訴求對象，猛烈抨擊高稅、腐敗、無能──約三十年前柴契爾夫人抨擊的東西。

如果說布萊爾和其同僚戰戰競競避談柴契爾主義時代，這並非偶然。布萊爾的勝選，直接仰賴柴契爾夫人留下的三重遺產。首先，徹底拆除工業與服務性事業裡的公部門，和以「私有化」、具有企業家精神的英國——布萊爾所大力讚揚的那個英國——取代公部門這兩件事，在她手裡得到「正常化」。其次，在這過程中，她摧毀了舊工黨，有利於決心改革該黨者大刀闊斧的改革：布萊爾只是收割那些改革者的成果。第三，誠如前面已提過的，她的粗暴作風和對異議、歧見的無法容忍，使她的黨分裂而不可能勝選。

布萊爾靠著柴契爾的助力執政，懷有許多與她一樣的成見，只是作法上沒她那麼生硬粗暴。與她一樣的，他非常討厭舊的政治詞彙。就他來說，這表示完全避談「階級」——在新工黨的制式辭令裡，這個過時的社會分類項已被「種族」或「性別」取代。一如柴契爾夫人，布萊爾幾乎完全無法容忍分權式決策或內部異議。與她一樣的，他偏愛與私部門企業家為伍。[8]新工黨仍含糊信守其對「社會」的義務，但布萊爾主義領導階層仍和最教條的柴契爾主義者一樣，打從內心懷疑「政府」。

由此可見柴契爾的成就之大。她不只摧毀了戰後共識，還塑造了新共識。她掌權之前，英國公共政策的固有原則，乃是國家是合法性與主動權理所當然的來源。等到她下台時，即使在深深執著於國家的英國工黨內，這都快成為少數人的觀點。兩個世代以來，國家的角色首度被拿來討

7 誠如一九八二年五月十四日她在蘇格蘭保守黨代表大會上解釋的：「從政以來有一半時間耗在處理環境之類乏味議題，在這之後，手上能有個真正的危機來處理，還真是興奮。」

8 但或許有如下差異：柴契爾夫人深信私有化是類似於道德「善」的東西，而布萊爾則純粹喜歡有錢人。

論，而替國家講話的人愈來愈少，至少在政治主流圈是如此。不可否認，仍有人深信柴契爾主義革命帶來破壞，深信應讓服務性事業回歸由政府直接管理（甚至把生產工具納入公有）。但在柴契爾夫人下台後，他們的觀點不再是不證自明的主張——且除開與教育、醫療之類核心社會公益有關的部分，這觀點不再總是得到共鳴。

有人認為柴契爾在這一變革中的作用遭到誇大，不管有沒有她，基於客觀情勢，英國都會走上「柴契爾主義」的方式：戰後的社會公約已開始失去效力。或許是吧！但即使事後來看，都難以看出，除了柴契爾夫人，還有誰能扮好這個掘墓人的角色。她所促成的轉型，不管是好是壞，不得不承認的是這一轉型的確規模浩大。若有人在一九七八年時在英格蘭入睡，二十年後醒來，大概會覺得國家變得很陌生：與原來的英國大不相同——且大大不同於歐洲其他地方。

在這些年間，法國也有劇烈的轉變，且轉變的結果與英國有部分相同。但在英國，戰後共識的核心假設遭右派主導的革命撕碎，在法國，卻是非共黨的左派的復興和轉型，打破政治模式。在這之前，法國政治一直受縛於左派共黨和右派戴高樂主義者的平行引力和相對引力。共黨與戴高樂主義者，加上他們的左派、右派小老弟夥伴，如實地體現並擴大了法國所特有的一個由地區、職業、宗教決定的政治效忠傳統。

法國政治社會學的這些僵化現象，自十九世紀中葉以來未被打破，但誠如先前已提過的，由於六〇年代的社會、文化轉變，它們已開始瓦解。左派再也不能指望無產階級無怨無悔地把票投給他們。一九七〇年戴高樂死後，右派不再靠他個人和他的光環團結成鐵板一塊；在法國，村莊、小鎮之教堂的堂區居民，特別是堂區居民的下一代，離開故鄉，遷往大都市，公開性的宗教儀式隨之變少，於是，衡量政治保守立場的基本指標——保守派選民積極參與天主教活動的傾向——不再如過去那麼可靠。

但有個更深刻的改變也正在進行。一九七〇年代和一九八〇年代初期，法國人覺得傳統法國社會和古老的生活方式——被暱稱、被充滿深情地回憶為「深邃的法蘭西、甜蜜的法蘭西、古老的法蘭西、永恆的法蘭西」的生活方式——似乎正漸漸消失。一九五〇、六〇年代的農業現代化，農民子女移居都市，使法國鄉間逐漸失去活力和人口。重現活力的國家經濟，正在轉變新興城居族群的職業、旅行模式、閒暇時間。數十年來長滿雜草、佈滿汙垢的鐵公路，得到重建與重新規劃，或被幾乎全新的全國交通網絡取代。長久以來因衰退和投資不足而邋遢不堪的都市與城鎮，正變得人聲鼎沸且煥發朝氣。

對於如此迅速的轉變，法國人並非總是感到自在寬心。有人成立政治組織，以抗議社會生活的都市化和生活腳步愈來愈快，抗議城市擴張和鄉村人口減少。六〇年代留下的影響——對本土、地區的語言和文化重燃興趣——似乎威脅到領土的完整和法國本身的一統。對憂心忡忡的當時人來說，他們的國家似乎既在現代化，同時逐漸分崩離析。但政府仍然置身事外，未加入爭辯。在英國，什麼都管的政府和無效率經濟之間的關係，即柴契爾夫人所大大貶抑的那個關係，在許多人看來是必然的事。許多人認為什麼都管的政府必然造成經濟無效率，柴契爾夫人即對此大大貶抑。但在法國，國家經濟復甦的關鍵，似乎繫於政府。政府的管理人是該國的知識界菁英：政府的規畫人員自視為公正公僕，不受該國短暫的意識形態狂熱和社會突發情勢影響。在法國，為了誰會掌權、為了什麼社會目的而掌權這政治問題，國家陷入激烈對立；但在他們會如何行使權力這問題上，卻有相當務實的共識。

從一九五八至一九六九年，法國一直由戴高樂執政。這位總統刻意採取的傳統風格和他公開表示不關心經濟計畫的瑣事，事實證明並未成為改變的絆腳石。反倒促成了改變：根據這位具群眾魅力的軍事獨裁者的需要，法國量身訂做了一部準獨裁憲法，而法國就是在這部憲法的偽裝下，開始了破壞既有秩序的現代化，間接引爆一九六八年抗議事件——事實上，正是老式家父長式權威和破壞穩定的社會改變這令人憂心的組合，引發這些抗議活動。

戴高樂的反對者、批評者針對這位將軍奪取、行使權力的「不民主」方式大作文章——在一九六五年出版的某個宣傳小冊上，密特朗稱之為「永久政變」（le coup d'état permanent）——但事實證明，幾乎不受限制的總統權力，其龐大資源和堂皇威儀，乃是他之後不管哪種政治立場的總統，都同樣難以抗拒的。而自成一格的總統直選制，影響了法國五年一次的國會改選，在這一制度下，政黨勢必以個別候選人為中心重組黨內權力結構，個別候選人的政治手腕和性格因而變得非常重要。就是在這一背景下，密特朗這個厲害角色脫穎而出。

佛朗索瓦·密特朗，一如瑪格麗特·柴契爾，表面上看來無法勝任他將在自己國家的事務上扮演的角色。他生於法國保守西南部的虔誠天主教家庭，一九三〇年代是右派法律系學生，是當時某些最極端反民主的組織裡的行動主義分子。二次大戰期間，他大部分時候擔任維琪政權的基層公務員，然後及時轉換陣營，而得以在戰後取得反抗分子的資歷。第四共和期間擔任國會議員、部長時，棲身於幾個中間偏左的小黨，而那些小黨無一效忠於馬克思主義主流勢力。

一九六五年，密特朗投入總統大選，結果敗北。而在這次競選期間，即使得到一些正統左派的政黨支持，他也絕不是他們推出的候選人，且小心翼翼與他們保持距離。舊社會黨於一九六八年選舉慘敗，隔年瓦解之後，密特朗才開始籌謀復興該黨：一九七一年入主社會黨，在密特朗領導下，該黨以新面貌問世，並有雄心勃勃的新一代年輕人效命於他。

密特朗與法國社會主義光榮傳統的殘餘勢力，出於各取所需的互利考量而結合在一塊。社會黨需要密特朗：一九六五年總統大選時，他得到百分之二十七已登錄選民支持（包括位在東、西部保守派據點的許多選民），迫使戴高樂進入第二輪選舉才分出勝負，密特朗雖敗猶榮，顯示他具有強大的吸票能力——早在一九六七年國會選舉期間，密特朗徽章、照片就大賣。這時法國正進入政治電視化、個人化的新時代——誠如聖埃蒂昂市長米歇爾・杜拉福（Michel Durafour）在一九七一年以憂愁口吻寫下的：「法國人一心只盼著下次總統大選到來。」密特朗將是左派的王牌。

反之，密特朗需要社會黨。這位無比高明的機會主義者，沒有自己的組織，又因為曾任職於第四共和政府，被第四共和的妥協方案和醜聞弄得形象大傷，因此透過利用社會黨，使自己搖身一變成為忠貞的左派分子，同時不讓舊左派所背負的沉重教條包袱上身。他曾如此描述自己的宗教皈依：「我生為基督徒，死時也必然是基督徒。但在這同時……」（Je suis né chrétien, et je mourrai sans doute en cet état. Dans l' intervalle ...）如果可能，他大概會以差不多一樣憤世嫉俗的口吻補充道，我生為保守派，死時也會是保守派，但在這同時擺脫萬難成為社會黨人。

這因應一時需要的結合，成效超乎雙方任何一方所想像的好。一九七〇年代期間，英國工黨正陷入無可救藥的衰退時，法國的社會黨距他們有史以來最大成功只一步之隔。左派無法在法國重新站上多數黨之位，出於兩道障礙，即戴高樂的個人魅力和許多選民害怕左派政府會遭共產黨宰制。一九七〇年，戴高樂已死；然後不到十年，共產黨也走上窮途末路。對於前者，密特朗不能直接居功，但後者無疑是他的功勞。

基於現實需要，且不像他的正牌社會黨前輩那麼拘泥於意識形態，於是最初密特朗讓他的新社會黨與共黨結盟；一九七二年，他與共黨組成選舉聯盟，雙方一致支持一措詞模糊、反資本主義的《共同綱領》。一九七七年選舉時，共黨（從一九四五年以迄這時一直是最大的左派政黨）的得票率，已落後密特朗的社會黨十個百分點。消極無作為的法國共黨總書記喬治・馬爾歇（Georges Marchais），這時才開始理解到他的黨與密特朗的年輕有活力政黨結盟——在「歐洲共產主義」樂觀、大一統觀念等因素影響下做出的決定——所犯下的錯誤，但為時已太遲。

一九七四年的總統大選，密特朗的表現又更勝一九六五年，他以左派聯合推出的候選人身分出馬角逐，只以些微差距敗給季斯卡。經過這次更為漂亮的操兵，密特朗已打造出能征善戰的選舉機器，把社會黨改造為令法國社會各族群都為之傾心的兼容並蓄大黨，包括此前敵視社會黨的天主教徒、婦女、農民、小店家老闆。[9]他本身的形象則隨著歲月演進而變得成熟穩健：一九八一年春出現於法國各地的競選廣告大看板，以柔焦朦朧手法呈現密特朗肖像，背景是亙古未變的農村景觀——貝當主義者在同樣那些宣傳看板上所曾愛用的景觀——上方是競選口號「安靜的力量」（La Force Tranquille）。

在這同時，共黨勢衰——一九七九年蘇聯入侵阿富汗令法國共黨大為難堪，本身的得票愈來愈少亦然。一九七〇年代，法國共黨已不再是意識形態蒼穹上的一顆恆星：其威信已跟著得票一起崩盤，甚至在二〇年代中期以來它所一直稱霸的巴黎「赤帶」工業區亦然。但馬爾歇決意在此後的總統大選親自出馬角逐：一部分出於習慣，一部分出於不自量力的野心，但主要是因為他日益體認到有必要使法國共黨擺脫其社會主義同志包藏禍心的擁抱。

一九八一年總統大選的第一輪投票，保守派兩位候選人季斯卡和年輕的雅克．席哈克（Jacques Chirac），得票總合超過密特朗與馬爾歇（馬爾歇只拿到百分之十二．二的選票）。但兩個星期後由季斯卡與密特朗對決的第二輪投票時，密特朗得到社會黨、共黨、環保人士、乃至照理不會合作的托派分子的支持，得票率超過其第一輪得票率一倍多，擊敗季斯卡，成為歐洲第一個由人民直接選出、抱持社會主義立場的國家元首。他迅即解散國會，宣布改選，結果他的政黨大敗共黨和右派，在國會議會裡贏得絕對多數的席位。社會黨在法國完全執政。

社會黨勝選後的自發性慶祝活動規模空前。對在街頭興奮而舞的數萬密特朗支持者（年輕人居多）來說，這是革命的前夜，[10]是與過去斷然決裂的開端。但若光從投票數據來看，會覺得這樣的詮釋令人費解。一如過去的變天選舉——被立即拿來和密特朗的勝選相提並論的一九三六年四月法國人民陣線的勝選、或一九七九年瑪格麗特．柴契爾的勝選——一九八一年這場法國大選，主要政黨的得票率並未激烈重洗。事實上，第一輪投票時密特朗的得票率，比一九六五、一九七四年他兩次問鼎總統寶座時的得票率還要低。

9 一九七九年的民調顯示，支持密特朗社會黨的選民，廣泛分布於全國各族群，這是其他任何政黨都不敢誇口擁有的成績。

10 譯按：grand soir，帝國主義的末日。

影響大局的因素，乃是左派選民在這次選舉第二輪投票時未囿於派系成見拒投，反而顧全左派大局，聯合支持密特朗，以及右派陣營的分裂。一九八一年總統大選第一輪投票時把票投給席哈克的人，有百分之十六在兩週後把票投給密特朗，而非把票投給尋求連任的季斯卡；席哈克的戴高樂主義支持者極為厭惡季斯卡。若非右派陣營分裂，密特朗不可能當上總統，社會黨不可能在接下來的國會改選中大勝——也不會有令人懷抱激進改革憧憬的「革命的前夜」。

這一點之所以值得特別提出，乃是因為似乎有太多改變取決於一九八一年的大選結果。事後來看，誠如密特朗本人所理解的，他一九八一年的成就，顯然在於將法蘭西共和國的輪流執政過程「正常化」，使社會黨得以被視為正常的執政黨。但對一九八一年的密特朗支持者來說，意義大不相同。他們的目標不在將未來輪流執政正常化，而在立即奪取執政權並予以運用。他們看重他們領導人所許下徹底變革的承諾：不只把季斯卡當政期間的腐敗和乏味肅清，也把資本主義制度本身一掃而空。法國社會黨的好戰分子在野太久，得以隨心所欲做革命的美夢。

因為左派在法國已數十年未執政；事實上，在這之前，受制於聯合執政夥伴、不合作的銀行業者、外匯危機、國際緊急事件、其他常被掛在嘴上用來辯解左派未能落實社會主義的藉口，左派從未能在政治舞台上盡情施展抱負。到了一九八一年，當時人覺得，這些藉口沒一個成立，左派再沒有理由可自毀承諾。此外，把掌控政權與施行革命性改變畫上等號的觀念，在法國的激進政治文化裡太根深蒂固，因而光是贏得大選這件事，就被視為是社會對抗即將降臨的表徵。

一如馬克思本人，法國左派認為所有真正的改變，一般來說即是政治革命，尤其是法國大革命；於是他們興致昂揚地將一九八一年與一八七一年、乃至一七九一年相提並論。密特朗於選戰期間所說的話，每句話都引導他死忠的追隨者往這個方向想。為「毀掉」共產黨和他自己黨內的左派，他偷走他們的革命外衣。選戰一路打來，他讓外界認為接下來他就會實現諾言。

因此，密特朗執政時期以一雄心勃勃且激進的行動計畫為開端：這一計畫既包括早該施行且具有提振民心效果的社會改革（廢除死刑是其中最重要的改革），也包括一古怪的「反資本主義」立法方案。工資調漲，退休年齡調降，工作時數減少。但這一立法方案的核心，乃是前所未有的國有化時程表。社會黨執政第一年，皮耶·莫魯瓦（Pierre Mauroy）總理領導的新政府把許多事業納入政府掌控，犖犖大者包括三十六家銀行；兩家大金融公司；法國五家名列前幾大的工業公司，包括法國最大電器、電子產品製造商Thomson-Brandt；法國的兩大鋼鐵集團Usinor與Sacilor。

這些作為背後並無預先定好的策略。社會黨政府談到要以注入政府資本的方式振興低迷的法國經濟；但這不是什麼新點子，也不是社會黨才有的想法：七〇年代中期總理席哈克就短暫考慮以需求帶動成長的類似計畫。一九八一至一九八二年國有化的首要作用，一如伴隨國有化而來的匯率管制，乃是象徵新政府確有反資本主義的意向；證實一九八一年選舉所帶來的改變，不只是政府人事改組。

事實上，從一開始，相關人士就很清楚，只有讓國有銀行「在決策和行動上完全自主」，它們才能運作，因此，他們最初高舉管制、社會重分配的目標，來合理化國家接管銀行，後來卻把這些目標束之高閣。這一識時務的讓步，彰顯了密特朗「革命」所面臨的更大障礙。有一年時間，這個新政權拚命想以激進面孔呈現給法國和世人看。最初，外界真信了——密特朗的心腹顧問雅克．阿塔利（Jacques Attali）記錄下，（時時在留意這類後退跡象的）美國官員聲稱法國與蘇聯在經濟政策上看不出什麼大差別。

但一九八二年法國若要走「社會主義」路線，不只得實施匯率管制，還得實施全套的管制措施，以切斷法國與其貿易夥伴的往來，使法國經濟變得幾乎自給自足。當時法國若真的撤出國際金融市場，可能不會像它後來真正的發展那麼讓人驚駭：畢竟一九七七年時光是ＩＢＭ公司的市值就是整個巴黎證券交易所市值的兩倍。值得重視的是，法國若真的這麼做，將會與歐共體疏遠，甚至退出歐共體。這時，歐共體在關稅、市場、幣值調整方面的協議——更別提即將施行的單一市場計畫——已嚴重限制會員國可擁有的選項。

這些因素似乎使密特朗變得務實——而跡象顯示，商業界日益恐慌無疑也有推波助瀾的作用，貨幣、貴重物品、人員愈來愈迫不及待外流，加速經濟危機到來。一九八二年六月十二日，密特朗政策大轉彎。他否決其激進顧問的意見，反而要政府凍結物價、工資四個月；裁減公共支出（前一年公共開支大增）；調高稅負；把打擊通膨視為第一要務（而非原來他一直被鼓吹去做的印鈔票一事）——實質上他採取了保守派經濟學家雷蒙．巴爾（Raymond Barre）的經濟策略。巴爾的一九七七年「計畫」從未付諸實行，若真的實行，會使法國比英國更早就施行柴契爾主義，並立即會將「法國通往社會主義的道路」束諸高閣。

密特朗的共黨盟友和某些社會黨同僚大為震驚。但他們根本不該意外。超級務實的密特朗很快就理解到，即使只是去盤算該留在西方經濟（和政治）圈，還是該退出該圈子，走上不偏資本主義、也不偏共產主義、未必可長可久的中間路線，對法國來說都是無法想像的事。基於一時情勢所逼，他不得不改弦更張，把自己重新塑造為「歐洲主義」健將。法國將透過歐洲一體化而非反對歐洲一體化來建構更美好的社會。法國不會抗拒資本主義，反倒要創造更優質的資本主義。

一九八四年，密特朗已撤換掉他政府裡四名共黨籍部長；公開宣揚「多體制混合」經濟的優點；任命年輕的技術官僚洛朗・法比尤斯（Laurent Fabius）為總理；要雅克・德洛爾掌理經濟、財政、預算，並指示他穩定法國經濟；[11]甚至，在該年四月的一場著名演說中，呼籲「以美國為師」將法國現代化。

結果，密特朗得到法國大部分民意的支持——一九八三年他的社會黨選民只有百分之二十三遺憾他未能「落實社會主義」。他們是否希望他如此緊鑼密鼓地「現代化」，我們沒那麼確定，但他的確將法國現代化。密特朗未明言揚棄他早期改革中不具爭議的部分——行政權下放、翻新社會保險、為婦女爭取職場權、人民期盼已久的司法改革——然後，當了兩任共十四年總統的他（一九九五年退下，隔年八十歲時去世），將他此後的執政歲月專注於所費不貲且在美學、實用上都可議的公共工程；專注於恢復法國在國際事務上的獨立自主；[12]……以及專注於督導不久前才被他納入官方掌控的許多服務性事業和工業公司的回歸民營事項。

促成法國將龐大公部門私有化的動力，最初來自一九八六年選舉後掌握國會多數的保守派。但不同政治立場的歷任政府都追求同樣目標——事實上，密特朗執政最後幾年的社會黨政府，乃

11 德洛爾是銀行家出身，曾擔任戴高樂主義總理雅克・夏班－德爾瑪（Jacques Chaban-Delmas）的顧問，將會在一九八五至一九九五年執掌歐共體／歐盟執委會。

12 一九八〇年代中期經濟衰退，人民對政府政策的不滿達到最高峰之際，仍有百分之五十七的選民滿意密特朗的外交政策。

是最熱衷於私有化的政府。依循英國出售國有事業的模式，法國第一批賣給私人的官方資產，乃是幾家大銀行和TF1（法國三大全國性電視台之一），接著是官方控股公司、保險公司、化學品與製藥公司、石油大財團道達爾（Total）、億而富（Elf）。

但與柴契爾夫人和其接班人不同的，法國人出售公用事業公司或雷諾汽車之類「戰略性」公司時謹慎小心（不久前的一九八五年，雷諾汽車靠著政府的巨額資金補助，才免於破產）。在市場上，一如在庭園裡，法國人不放心漫無計畫的成長。他們偏愛保留某種程度的干預能力，通常是以官方保有一部分私有化企業的股權來達成。因此，在法國，私有化本身是在明顯受制約的情況下進行——針對政府會倚賴的企業和事業，小心保住政府在其中的控制性股權；國際投資者有許多年一直受到官方的猜忌。但從法國人的標準來看，這些改變非常重大，把國家一下子拉回到與歐洲、國際發展同步調的位置。

事隔多年，如今來評論一九八〇年代打上西歐海岸、然後在接下來十年間席捲歐陸的私有化浪潮，或許是適切的時機。這波浪潮的出現，並非全然出人意料。誠如前面已提過的，英國石油公司從一九七七年開始逐步出售，然後已完全賣掉；西德政府早在一九五九年就以發行公股的方式處理掉化學聯合企業Preussag，幾年後賣掉官方的福斯股份；就連奧地利政府都已在一九五〇年代賣掉其在兩家國有化銀行的四成股份，一九七二年讓出其在西門子公司可觀的股權。

但這些都是零星作為，且可以說是出於**實際利益**的私有化。一九八〇年代的私有化則大不相同，是政府受迫於兩股來自不同方向的壓力而施行。首先，科技日新月異——特別是電信和金融市場方面——正使舊獨占事業的存在不再那麼「理所當然」。如果政府再無法一手壟斷電波的使用或金錢的流動，「擁有」它們就沒什麼意義。從政治或社會的角度來看，政府保有特定產業的一部分（例如公共電視台或郵政），仍有不容忽視的有力理由；但在這時，競爭已避不開。

其次，出於經濟上的短期需要，政府正受迫走上出售公共資產之路。鑑於通膨、一九七九至一九八〇年的石油危機、龐大年度赤字、日益沉重的政府債務，各國財政部長認為出售國有資產有雙重好處。政府將卸下虧損的工業公司或服務性事業；藉此賺進的收入將有助於平衡預算，雖然只有一次的功效。即使政府仍保有工業公司或服務性事業的部分股份（政府通常留下私人買家無意購買的不可能獲利部分），出售股份所得到的現金還是可用於未來的投資。因此，許多公部門經理人雖然長久以來不願將他們的獲利挪去彌補國家預算的不足，仍熱情支持這類局部性的出售。

歐洲公有與官方控制的形式和程度，因不同國家而有相當大的差異。公有工業部門在荷蘭、丹麥、瑞典規模最小，在義大利、西班牙、法國、奧地利最為龐大。撇開健保與社會福利事業，八〇年代初期直接受雇於政府的員工占全國勞動人口的比例，從西德的百分之十五，義大利的百分之二十八，到奧地利的將近三分之一，不一而足。在某些國家（奧地利、西班牙、義大利），公部門被組織成大型工業控股公司，其中義大利的工業復興公司（IRI）規模最大。[13]

在其他地方，政府的股權，如在荷蘭所見，透過「國家投資銀行與工業保障基金」（National Investment Bank and Industrial Guarantee Fund），或如在比利時所見，透過「國家投資協會」（Société

13 一九八二年，工業復興公司掌控了全義大利的鑄鐵製造業、該國三分之二的特鋼產量、該國四分之一的冰淇淋產量、該國百分之十八的剝皮蕃茄。

Nationale d'Investissement），售出。只有煉鋼業得到多種方式的支持：在英國，財政部常注銷國營企業的債務；在法國，政府向本土製造商提供低利貸款，並以政治手段干預，使本土製造商面對外來競爭時享有優勢；在西德，民間煉鋼業者得到直接現金補貼。

由於各國存在這些差異，因此在歐洲，私有化形式自然很不一致。但不管是在哪個國家，私有化都帶來某種程度的解除管制；市場自由化；引入新金融工具以利於部分私有化或全盤私有化之公司股份的出售和轉售。在西德，主要外銷產業（汽車、機械工業、化學公司與電子公司）都已在私人手裡，妨礙效率、競爭的東西不是來自政府控制，而是來自高固定成本和勞動市場管理規定。在德國，**私有化**的浪潮降臨時，私有化業務主要由「信託公司」（Treuhandgesellschaft）負責。信託公司是一九九〇年為處理前東德國營企業而成立的官方公司。[14]

在義大利，私有化路上的最大絆腳石，不是政府裡的既得利益者，而是政黨裡的既得利益者。特別是基督教民主黨和社會黨，利用公部門和官方控股公司酬庸同僚，賄賂支持者，常把官方工程讓他們承包，把他們吸收進支撐他們統治的地下權力結構裡。但儘管有這一大不利的因素，義大利的私部門還是在這期間持續壯大，特別是員工少於百人的製造業公司——在義大利，這類公司的數量遠多於在英、法或德國。

一九七六年，憲法法庭就已撤銷義大利廣播公司（RAI）這家國營電台、電視公司的獨占地位。幾年後，當時仍在官方控股公司支持下營運的愛快羅密歐汽車公司，所有權被「轉讓」給飛雅特。不到六年，各大控股公司——IRI，INA，ENI，ENEL[15]——全改造為公開招股股份公司。表面上看，它們本身不值錢：一九八四年，有五十萬員工的工業復興公司，每個員工年均虧損四百五十萬里拉。但這些公司能發行債券，債券可轉換為它們轄下已排定私有化之公司的股份。

在剛脫離獨裁統治的國家，情況大不相同。例如，在後佛朗哥時代的西班牙，公部門其實**規模變大**。一九七六至一九八二年政府裡的中間派沿用舊政權的辦法，將破產的私人公司轉移給政府，藉此避開社會對立，公共支出占國民生產毛額的比例因此逐步上升。他們幾乎是別無良策——工人、老闆、中央級政治人物、地方政府都較中意這種國有化，只是中意的原因各不相同。無論如何，支持裁減公部門的主要原因之一——作為公部門之代表的福利國制度成本太高，無以為繼——不適用於西班牙或葡萄牙或希臘。因為這些國家沒有福利國制度可拆除。

但即使欠缺歐洲那種等級的社會福利和保護制度，西班牙資本主義在壓縮時程且受過度呵護的情況下匆匆走完發育成形期，在這期間產生了一些遭棄置、不可能獲利的廢物，而公部門承接了這些廢物，負擔過重，注定撐不下去。一九七六年，光是國家工業公司（Instituto Nacional de Industria），就在七百四十七家工業公司裡擁有股份（大部分是賺不了錢的公司），在另外三百七十九家工業公司裡擁有控制性股權。如果西班牙不想有債務在身，勢必得做某種程度的私有化和解除管制。一如在法國，啟動這一過程者是社會黨政府，一九八七年推動私人養老基金，兩年後開

14 「信託公司」的成立宗旨，原是為了將有數百萬員工的九千家東德公司，盡可能轉化為真正的企業，並將未能轉化的公司清算掉。但因為政治壓力，該公司偏愛將許多不可能獲利的企業改造使之重新營運或予以合併，反而創造出受政府資金補貼的準公部門。見第二十一章。

15 IRI／工業復興公司，INA／國民保險公司（Instituto Nazionale delle Assicurazioni），ENI／國家石油天然氣公司（Ente Nazionale Idrocarburi），ENEL／國家電力公司（Ente Nazionale per l' Energia Elettrica）。

放私人經營電視台。

在革命後的葡萄牙，憲法第八十五條和後來一九七七年的某道法律，明文禁止私人企業從事銀行、保險、運輸、郵務、電信、電力生產與配送、煉油、軍火業。馬里奧·索阿雷斯的社會黨政府，一九八三年允許私部門在銀行業、保險業與政府競爭，准許煉鋼、石油、化學、軍火業成立股份公司，想藉此減輕體制的僵固。但要再過一段時間，剩下的受保護產業才開放競爭，但仍是有所限制的競爭。

要不是歐共體／歐盟的衝擊，地中海歐洲——就像數年後共產政權垮台後的中歐——大概會更慢才放棄政府控制。一九七九年問世的歐洲貨幣體系的固定匯率，是早期的束縛之一——密特朗政府開始出售公共資產，原因之一是為了讓貨幣市場放心，從而將法朗匯率維持在它於歐洲貨幣體系裡議定的水平。但布魯塞爾主要的槓桿工具，乃是為了單一歐洲市場的運作而正在擬定的規則。根據這些規則，包括公家、私人在內的所有企業，在國內都得遵守公開競爭的準則，最終國與國間也得遵守這些準則。特別照顧本國「龍頭企業」，或暗中補貼，或讓公營或官方控制的企業在爭取承包工程或客戶時享有其他優勢，都將在禁止之列。

不管這些規定在現實上受到多大程度的規避，光是它們的存在本身，就迫使國營企業在市場上的行事得與私人企業一樣——這時，還要繼續讓政府干涉國營企業的營運，也就沒什麼道理了。從義大利的因應之道，可充分看出歐共體其他許多會員國的一貫作法：一九九〇年，義大利採取了與《單一歐洲法案》的重要條款相符的新規定，要求所有國營企業在所有商業交易上都貫徹公開、平等競爭的原則——只有官方獨占地位是「執行其業務所不可或缺」的企業不必遵守這規定。這一但書的彈性和含糊，使政府得以既因應歐洲規範，同時仍能敏於察覺本國國內壓力。

在布魯塞爾（和倫敦），提升開放程度與「競爭性」成為熱烈討論的議題，但這些年裡的歐洲私有化熱潮所造成的改變，很可能沒有支持私有化者所承諾或期望的那麼大。早就有批評者警告，結果不會是更多競爭，而只是集中於少數人的經濟力從公領域轉移到私領域而已。事實確是如此。舉法國來說，由於複雜的交叉持股協議，許多私人大企業行事仿效舊公營企業。它們壟斷整個產業，回應它們的非重要「利害關係人」的意見時，麻木遲緩，就和它們歸政府管理時對納稅人或消費者的回應一樣遲緩。

諷刺的是，私有化和競爭程度提高，對公部門本身之規模的直接衝擊也不大。先前已提到，在柴契爾主政的英國，政府規模其實是**變大**。在其他地方亦然。一九七四至一九九〇年（在某種程度上歸因於私部門普遍失業率高），公部門員工占整體勞動力的比例其實有增無減：在德國，從百分之十三成長為百分之十五．一；在義大利，從百分之十三．四成長為十五．五；在丹麥，從百分之二十二．二成長為百分之三〇．五。但這時，這些受雇於政府者大部分置身服務業，而非製造業；提供、管理服務（金融、教育、醫療、運輸方面的服務），而非製造產品。

福利國制度並未隨著經濟自由化而垮台，甚至也未隨之步上無可救藥的衰落，儘管經濟自由化的理論家認為會有這樣的結果。但經濟自由化的確彰顯了原先撥給公部門的資源與主動權轉而撥給私部門的重大轉變。這一改變遠不只是表現在誰擁有哪個工廠、或哪個產業將受到多大程度的管理，這些技術層面的事務。在這之前將近五十年來，歐洲人一直看著政府和公權力在他們的事務裡扮演日益顯著的角色；這一過程變得司空見慣，因而它背後的假設——積極的政府是經濟成長、社會改善的必要條件——大體上被視為理所當然，未受到質疑。若非在二十世紀最後幾十年，這一假設逐步遭到破除，不管是柴契爾主義，還是密特朗的大翻轉，都不可能出現。

18

無權者的力量

The Power of the Powerless

馬克思主義不是歷史哲學之一，而是惟一的歷史哲學，
公開否定它，就是要理性在歷史裡走上絕路。

莫里斯・梅洛龐蒂

✣ ✣ ✣

我談權利，因為光是權利就能使我們離開這場幻燈片表演。

卡其米爾茨・布蘭迪斯

✣ ✣ ✣

極權主義社會是整個現代文明的扭曲體現。

瓦茨拉夫・哈維爾

✣ ✣ ✣

比起有力論點的施壓，國家機器的施壓不值一顧。

切斯瓦夫・米沃什

推動西歐漫長「社會民主主義時代」的動力，不是對公部門的務實信賴，不是對凱因斯經濟原則的虔誠服膺，而是對時局所抱持的認知。這一認知影響甚大，連有意批評它的人都受它影響，且連這些人都因它而數十年噤聲不語。這一對歐洲晚近歷史的普遍認知，融合了大蕭條的記憶、民主與法西斯的鬥爭、福利國制度的道德正當性，以及——對鐵幕兩邊的許多人來說——認為社會理應會進步的強烈信念。這是二十世紀的主敘述；而當它的核心假設開始腐蝕、崩毀，隨之而去的不只是一些公部門的公司，還有整個政治文化和其他許多東西。

如果要找出象徵這一轉變完成的時刻，找出戰後歐洲的自我認知轉變的關鍵，一九七三年十二月二十八日在巴黎，亞歷山大・索忍尼辛的《古拉格群島》首度在西方問世，就是這樣的時刻。審閱過《衛報》刊登的該著作英譯本時，韋伯（W. L. Webb）寫道：「活到現在而不知道這部作品，就是某種歷史白癡，錯過了當代意識裡很重要的一部分。」誠如索忍尼辛本人所承認的，諷刺之處在於這本書的中心思想——「真正存在的社會主義」是個野蠻的騙局，是建立在奴隸勞動和集體謀殺這基礎上的極權主義獨裁統治——並不是發人所未發的新想法。

在這之前，索忍尼辛本人就有這一主題的著作，也有無數受害者、倖存者、觀察家、學者寫過這方面的著作。《古拉格群島》為更早的證詞添加了數百頁的細節描述和資料，但若要說親身閱歷，顯然還有幾部作品，在道德熱情和情緒衝擊上，比《古拉格群島》還要出色：一九六七年出版的尤金尼亞・金斯伯格（Evgenia Ginzburg）的《進入旋風》（*Journey Into the Whirlwind*）；一九五七年在德國首度出版，瑪格麗特・布伯－諾伊曼（Margarete Buber-Neumann）描寫個人在蘇聯、納粹集中營經歷的回憶錄；一九五五年問世，沃爾夫岡・萊昂哈德（Wolfgang Leonhard）描寫個人錯信蘇聯的悔悟之作；乃至更早時維克托．塞爾日（Victor Serge）和博里斯．蘇瓦林（Boris Souvarine）戳破蘇聯神話的著作。[1]

但時機決定一切。批評共產主義的知識分子從來不缺；但多年來他們一直施展不開，因為在西歐（和前面所提過的，在整個一九六〇年代的東歐），有一股普遍的願望，想在一九一七年從俄羅斯首度爆發開來、現已席捲歐陸許多地方的國家社會主義（state socialism）暴風雲當中，找到一絲慰藉的光亮，不管多黯淡都沒關係。「反共」，不管其真實動機為何、被人所認定的動機為何，都處於極不利的地位，這是因為「反共」予人三個印象——質疑歷史與進步的走向；「見樹不見林」；否定了基本的相鄰性（contiguity），也就是民主福利國制度（不管制度多不完備）與共產主義的集體主義計畫（不管計畫的形象多壞）之間的相鄰性。

反對戰後共識的人士為何落到如此邊緣化的境地，原因在此。提出海耶克等人的主張——為了公益而施行約束市場的計畫，不管那計畫立意多良善，都不只是在經濟上沒效率，最重要的是，在往農奴制踏出第一步——就是在撕毀二十世紀的藍圖。就連反對共黨獨裁統治，極力主張「為造福大眾而施行社會民主主義改革」與「以集體主義為名建立一黨專政」兩者之間截然有別的人士（例如亞瑟．柯斯勒、雷蒙．阿宏、卡繆或以撒．柏林），在許多批評他們的「進步派」人士眼中，都是在附和冷戰時忠於一黨一派的褊狹觀念，並助長這樣的黨派觀念。

於是，他們的想法與普遍不願放棄基本激進信念的心態相牴觸，特別是與抱有這類心態的六〇年代那一代相牴觸。嘲笑死去已久且終究受到他自己接班人批判的史達林是一回事；承認錯誤出在制度而非這個人，則是另一回事。若更進一步把列寧主義的罪行和過錯歸咎於激進烏托邦主義本身的計畫，則等於是在毀掉現代政治的支柱。英國史學家湯普森（E. P. Thompson）堪稱是年輕一輩「後共產主義時代馬克思主義者」的偶像，萊塞克・科瓦科夫斯基在一九六八年事件後出書痛斥蘇聯共產主義，湯普森得悉後，在給科瓦科夫斯基的信中以指責口吻寫道：你的醒悟威脅到我們的社會主義信仰。

但到了一九七三年，這一信仰不只受到批評者的猛烈抨擊，還受到時局本身的猛烈攻擊。《古拉格群島》以法文出版時，法國共黨機關報《人道》（*l'Humanité*）對它不屑一顧，提醒讀者「每個人」都已對史達林有透澈了解，因此，凡是炒那盤冷飯者，都必然是出於「反蘇」動機。但扣上「反蘇」帽子已漸漸不管用。在蘇聯入侵布拉格和接下來的鎮壓之後，在文化大革命的消息從中國傳出之後，索忍尼辛對整個共產主義計畫徹頭徹尾的譴責，讓人覺得真有其事——甚至連往日支持共產主義者都予以採信，或許這些人還特別相信。

事實愈來愈清楚，共產主義已玷污自己的激進傳統，使該傳統不再像過去那麼吸引人。柬埔寨的種族滅絕行徑和越南「海上難民」廣為周知的悲慘遭遇將在不久後揭露，共產主義還繼續在如此自毀長城。[2]西歐境內有些人士認為美國得為越南、柬埔寨的慘劇擔下大部分責任，他們

1 Evgenia Ginzburg, *Journey into the Whirlwind* (Harcourt, 1967); Margarete Buber-Neumann, *Von Potsdam nach Moskau: Stationen eines Irrweges* (Stuttgart: Deutsche Verlags-Anstalt, 1957); Wolfgang Leonhard, *Child of the Revolution* (Pathfinder Press, 1979)，一九五五年在科隆首度出版，書名 *Die Revolution entlässt ihre Kinder*; Victor Serge, *Mémoires d'un révolutionnaire* (Paris, 1951); Boris Souvarine, *Stalin. A Critical Survey of Bolshevism*，一九三九年以英文首度出版。

2 一九七五至一九八一年，光是法國就接納了八萬名中南半島難民。

的反美立場因為美國在《古拉格群島》出版三個月前，主導殺害了智利統治者薩爾瓦多·阿言德（Salvador Allende）而更為高漲——這類人還不少——而連他們都愈來愈不願如以往那樣斷言，社會主義陣營在道德上占上風。美國帝國主義的確惡劣，但另一陣營更惡劣，或許遠更惡劣。

這時候，傳統「進步派」堅持的，把抨擊共產主義視為隱隱威脅到**所有**改良社會之目標——亦即認為共產主義、社會主義、社會民主主義、國有化、中央計畫、進步主義社會工程，都是同一政治計畫之中的一部分——開始產生反效果。人們可以主張，如果列寧和其接班人已在社會正義的井裡下了毒，那麼我們**無一**倖免於難。鑑於二十世紀的歷史，政府漸漸讓人覺得它不是解決辦法，而是問題本身，且不只是因為經濟因素而如此，甚至主要也不是經濟因素。若以中央統籌一切的計畫為始，就會以中央統籌的殺戮作結。

那當然是非常「知識分子」式的結論，但隨著放棄政府而來的衝擊，知識分子感受最直接——這不令人意外，因為一開始最熱衷於由上而下改善社會者就是知識分子。捷克作家宜日·格魯薩（Jiří Gruša）在一九八四年論道：「把現代政府捧得老高者是我們（作家）。」現代暴政——如伊尼亞齊奧·西洛內（Ignazio Silone）所指出——根本上需要知識分子的合作才能成事。因此，若說引爆接下來之巨變者是歐洲知識分子對有關進步的大敘述的不滿，可說是完全切合事實；說這一不滿在巴黎最為顯著，從某種角度來看也成立。在巴黎，這一敘述本身於二百年前就在知識界、政治界成形。

七〇、八〇年代的法國不再是亞瑟·柯斯勒口中的「西方文明的取火鏡」，但法國思想家仍出奇地愛探討普世性的問題。在這些年裡，西班牙或西德或義大利的作家、評論家忙於應付本國的難題——但他們所念茲在茲的恐怖主義威脅，也間接抹消了激進烏托邦主義的名聲。在英國，知識分子從未被共產主義深深打動，大體上不關心共產主義的沒落，從而冷眼旁觀歐洲的新氣氛。相對地，在法國，對共產主義計畫原本普遍且長期存有好感。在法國公共討論領域，隨著共黨得票與影響力逐步下降，反共主張聲勢更為壯大，當地的回憶和故事起了推波助瀾的作用。新一代法國知識分子乾脆脫離馬克思主義，而推動他們這麼做的，乃是急切地欲公開否定自己過去的心態，有時急切到有失體面。

七〇年代中期的巴黎年輕「新哲學家」，例如安德烈．格魯克斯曼（André Glucksmann）或貝納爾—昂利．列維（Benard-Henri Lévy），其對激進烏托邦主義遭扭曲而發出的譴責，大部分不具新意。一九七七年三月，格魯克斯曼出版《思想導師》（*Les Mâitres Penseurs*），書中所陳述的，絕大部分未能超越二十二年前雷蒙．阿宏在《知識分子的鴉片》（*Opium des Intellectuels*）中所陳述的。《思想導師》問世兩個月後，列維出版了《帶人性的野蠻》（*Barbarie à Visage Humain*），書中的內容無一不是法國讀者在卡繆的《反抗者》中所能找到的。但卡繆的著作於一九五一年問世時，遭沙特斥為不值一顧，列維與格魯克斯曼卻是具影響力的暢銷書作家。時代不一樣了。

法國知識界這場巨變，其殺師滅祖的特質，誰都看得出。表面上其攻擊目標是馬克思主義在西方思想界悲慘的作為；但攻擊矛頭主要對準在法國等地主宰戰後知識界的那些龍頭人物；這些人眼睛注視著歷史邊線的另一頭，向勝利者歡呼，禮貌性地避免注視受害者。這些同路人中名氣最響亮的沙特，在這些年裡，甚至在他於一九八〇年去世之前，就已失寵，因為他先後為蘇聯共產主義、毛澤東主義做系統性辯護，他的創造性遺產黯然失色。[3]

在巴黎，大氣候的改變不只表現在對一整代關心世事的知識分子的報復上。一九七八年，卡爾．波普（Karl Popper）《科學發現的邏輯》（*The Logic of Scientific Discovery*）法文版首度問世，此舉代表著幾十年來法國知識界所幾乎完全不了解，「英美」在哲學和社會科學方面的完整學術研究成果，將從此持續被吸納入法國知識界主流。同年，史學家佛朗索瓦．傅勒（François Furet）出版其開創性著作《思考法國大革命》（*Penser la Révolution Française*），書中他有系統地拆除法國人數十年來藉以理解自己國家和國家歷史的「革命基本原理手冊」。

按傅勒剖析，在這一「基本原理手冊」中，法國大革命是現代的濫觴：法國因為這場對抗而分裂為水火不容的左、右派政治文化，而左、右派的認定似乎是由對手的階級身分來決定。這一說法建立在十九世紀初期自由主義樂觀心態和馬克思主義的激進社會轉型觀這兩個支柱上，而在傅勒筆下，這一說法已經站不住腳——特別是因為蘇聯共產主義，已玷污了整個傳統；蘇聯共產主義是在具有明確目標之激進轉型的道德論述中，作為革命的假定接班人。用傅勒的話說，法國大革命已「死」。

傅勒的著作，如他本人所深切理解的，具有重大政治意涵。馬克思主義這種政治主張的失敗是一回事，始終可以拿時運不濟或客觀情勢不利為藉口，得到原宥。但如果馬克思主義這種「大敘述」（Grand Narrative）不再能取信於人——如果在歷史裡，理性和必然性都不起作用——那麼，史達林的所有罪行，在政府指導的社會轉型中失去的所有生命和浪費的所有資源，二十世紀強行引入烏托邦的激進試驗的所有錯誤和失敗，就都不再可以「辯證性的」解釋為在真理道路上一時走錯步伐，反倒正好成為批評它們者對它們的一貫認定：損失、浪費、失敗、罪行。

傅勒和其他年輕的同時代人，不願求助於自一九三〇年代開始以來就大大影響歐洲境內知識界之參與的歷史。他們堅稱沒有支配人類活動進程的「主敘述」，因此不能以明日預期的益處，合理化造成今日真實苦難的公共政策或行動。俗話說，要打破蛋才能煎出好蛋餅，但靠著已被搞壞的人，造不出美好的社會。事後來看，相較於此前數十年激烈理論性辯論和政治辯論，這樣的論斷或許讓人覺得是相當軟弱無力的結論；但正因為如此，它相當有力說明了改變的程度。

在侯麥導演的一九六九年道德故事片《慕德家的一夜》（*Ma Nuit Chez Maud*）中，有位共產主義哲學家和其天主教同僚，針對巴斯卡的上帝賭注和馬克思主義的歷史賭注這兩個相互對立的主張，辯論了好長時間。事後來看，引人注目的不是這對話本身——畢竟凡是年紀夠大，得以記得歐陸六〇年代情事的人都會熟悉這段對話——而是，不只銀幕上這兩位針鋒相對者，還有當時數百萬觀眾，都那麼看重這事的心態。十年後，該主題，甚至這部電影本身，都已有了陳舊的時代感。求助歷史以為不討喜的政治抉擇辯護，這時已開始讓人覺得是道德幼稚甚至麻木不仁的作為。誠如卡繆在多年前已指出的，「歷史責任使人卸下對人的責任」。[4]

對歷史（和歷史）的新不確定感，為西歐的知識分子帶來不快的十年。他們不安地意識到，歷史大計畫和主敘述的解體，對向來傳播它們最不遺餘力，且這時本身——如當時許多人所察覺的——成為不光彩、受看輕的好議論階級（chattering classes），不是件好事。一九八六年九月，法

3 寫了劇作《髒手》（*Les Mains Sales*）的沙特，在一九六三年，在他已對法國本身的共黨不感興趣許久之後，仍可聽到他在布拉格，對著台下一臉困惑的捷克作家、知識分子暢談社會主義寫實主義。

4 原文：'La responsabilité envers l'Histoire dispense de la responsabilité envers les êtres humains.'

國社會學家皮耶・布赫迪厄以唯我論口吻向某法國記者私下吐露內心想法時，哀嘆關心世事的公共思想家地位低落：「至於我，我認為如果今天還有什麼偉大志業有待完成，那就是捍衛知識分子。」[5]

以撒・柏林曾將知識分子在歷史面前撇開私利的行為，稱為「德國人甩掉道德抉擇包袱的可怕方式」。這樣說對德國人太苛刻，畢竟在歷史必然性的祭壇上丟臉的歐洲人不只他們，雖然毋庸置疑地，這一說法有其在德國浪漫主義哲學的根源。但它指出歐洲政治思想領域裡正出現的真空：如果沒有「偉大志業」有待完成；如果進步主義的遺產已經不管用；如果拿歷史，或者說拿必然性，來替某行動、某政策或某綱領辯護，再也得不到相信；那麼人該如何解決當代的重大兩難？

柴契爾主義激進人士沒有這樣的困擾，他們把公共政策視為私人利益的延伸，把市場視為對價值與結果不可或缺且足以勝任的裁決者。對歐洲的傳統保守派來說，這一時代也未特別令人苦惱，在他們眼中，人間善惡的衡量標準仍牢牢固著於宗教規範和社會習俗裡，六〇年代的文化海嘯傷到這些規範和習俗，但未完全取而代之。迫切需要新劇本者，是在歐洲政治、文化交流領域裡影響力仍最大的進步主義左派。

這一左派所找到且令該派成員個個感到意外的，竟是一新的政治語言——確切地說，一個新近重新發掘出但非常古老的語言。權利（亦即自由）的語言牢牢寫在歐洲每個憲法裡，特別是人民民主國家的憲法裡。但作為政治思想，「權利論」在歐洲已褪流行許多年。一次大戰後，國際爭辯戰後局勢如何安排時，權利——特別是自決權——成為爭辯的主軸，在凡爾賽和會上，大部分與會者向大國力陳自己的主張時高聲要求自己應享的權利。但這些是**集體的**權利——國家、人民、少數民族的權利。

此外，綜觀歷史，申言集體權利者，總未能如願以償。歷史慘然且清楚地告訴世人，碰到一個以上的民族或宗教族群的利益相衝突時——通常因為領土主張相忤而起衝突——武力，而非法律，才是建立先例的惟一有效辦法。少數族群的權利在國內無法得到保護，弱國的權利，面對較強鄰國的權利主張，也無法得到確保。一九四五年的戰勝國，回顧遭戳破的凡爾賽希望後，如我們已看出的，斷定透過領土重組（也就是後來所謂的種族清洗）這個痛苦但有效的解決辦法，較能滿足**集體**利益。至於沒有國家的人，他們將不再被視為由國家組成的世界裡的司法異類，而是遭受迫害或司法不公的個別受害者。

於是，一九四五年後的權利論集中在個人上。這也是戰爭的教訓之一。那些遭到迫害的男男女女，儘管是以同一身分受迫害（猶太人、吉普賽人、波蘭人諸如此類的），卻以個人身分在受苦；新成立的聯合國所欲保護者，乃是具有個人權利的個人。每一個納入國際法、國際條約中的各種有關人權、種族滅絕或社會與經濟權的公約之問世，都對公眾的認知帶來愈強的衝擊：它們結合了十八世紀英美對個人自由的關注，以及二十世紀中葉對政府有義務確保愈來愈多重要或次要的要求——從生存權到「廣告需切合實情」的權利等多種要求。

促成一直被討論該入法的個人權利終於進入實際政治領域一事，乃是馬克思主義遭揚棄的時

5 原文'Pour ma part, je pense que s'il y a une grande cause aujourd'hui, c'est la défense des intellectuals.' See *Le Nouvel Observateur*, #1140, septembre 1986, 'Les Grandes Causes, ça existe encore?'

間點，正好和召開國際性歐洲安全與合作會議同時發生；這場會議於赫爾辛基召開，同一年，《古拉格群島》在巴黎出版。在那之前，「權利」長久不受歐洲左傾知識分子的青睞。馬克思將「所謂人的權利」斥為自私自利的和「資產階級的」，對此不屑一顧，而歐洲左傾知識分子的上述心態，正沿襲馬克思的著名論調。在進步派圈子，「自由」或「權利」，與其他和「人類」有關的抽象概念，只在其前面擺有形容詞修飾語時（「資產階級的」、或「無產階級的」、或「社會主義的」），才得到認真看待。

因此，一九六九年，由米歇爾．羅卡爾（Michel Rocard）和皮耶．孟戴斯－佛朗斯領導的法國統一社會黨（Parti Socialiste Unifié）內，有一群左派知識分子批評黨支持布拉格的改革者。他們公開表示，那些改革者是「小資產階級意識形態（人道主義、自由、正義、進步、全民秘密投票權諸如此類）的自願受害者」。抱持這一立場者，絕非只有他們。一九六〇年代期間，許多在其他方面抱持相當溫和政治立場的左傾西歐評論家，避提「權利」或「自由」，惟恐讓人覺得太天真。在東歐，改革派共產黨人和其支持者也避用這類語彙：就他們來說，那是因為官方抹黑、輕視這類語彙。

但從七〇年代中期開始，在西歐，愈來愈常見到各種政治立場者在演說、著作裡盡情引用「人權」、「個人自由」。如義大利某觀察家在一九七七年論道，「未分割的」自由這一觀念和理想，正受到左派「不故弄玄虛或不帶煽動性宣傳」的公開討論，為二戰以來所首見。[6]這不必然立即轉化為政治主張——八〇年代的許多時間裡，西歐工黨、社會黨在困境中無助掙扎，好幾次為了掩飾自己的空洞，只能盜用對手的政綱。但他們對權利、自由語彙所抱持的新開放心態，的確使西歐學者、知識分子得以接觸到東歐境內政治反對勢力其多變的語言，為鐵幕兩邊架起溝通的橋樑——而且來得及時，因為真正具獨創性的重大改變，這時正在鐵幕的東邊進行。

一九七五年，捷克改革派共產黨員日得涅克・姆萊納寫了封「給歐洲共產黨人、社會黨人的公開信」，以「歐洲共產主義者」為首要的訴求對象，信中籲請他們支持反對鎮壓捷克斯洛伐克境內的異議分子。以為可從黨內改革共產主義的錯覺不容易消散，但當多數人都已從這樣的錯覺中醒來時，姆萊納屬於少數一方；蘇聯集團內批評共產主義的國內人士，大部分懷著困惑之情看待他如此信任社會主義和西方支持社會主義者。

這些批評者——尚未被稱作「異議人士」（被冠上這頭銜者通常不喜歡這字眼）——大部分已背離共產政權，不再使用共產政權所採用的「社會主義」語言。在一九六八年事件後而仍餘波蕩漾的那段時期，死板擁抱「和平」、「平等」、「兄弟善意」的「社會主義」語言，聽來特別讓人覺得虛假——特別是在那些原本認真看待那語言的六〇年代行動主義者聽來。這些行動主義者——絕大部分是學生、學者、記者、劇作家、作家——乃是共黨國家（特別是捷克斯洛伐克）鎮壓行動的最大受害者。在捷克斯洛伐克，以古斯塔夫・胡薩克（Gustav Husák）為首的領導階層推測，欲恢復「秩序」，最穩妥的辦法乃是改善物質生活以平息民怨，同時積極壓下所有異議和對

6 Antonino Bruno, *Marxismo e Idealismo Italiano* (1977), pp.99-100.

晚近歷史的提及。這一辦法的確管用。

共產政權的反對者，被迫轉入地下——就捷克來說，他們真的是在地下活動，因為許多失業的教授、作家幹起司爐、加煤工的工作——因而幾乎無法與壓迫他們者展開政治辯論。結果，他們反倒拋棄馬克思主義語彙和先前幾十年的修正主義辯論，將計就計，刻意擁護「非政治性」的主題。其中，拜《赫爾辛基協定》之賜，「權利」是最容易入手者。

蘇聯集團國家的憲法，個個都對公民的權利、義務有明文的界定；因此，在赫爾辛基會議得到共同認可的那一組追加的且相當具體的權利，就為國內批評共產主義者提供了一個大為有利的切入點。如捷克史學家彼得・皮哈特（Petr Pithart）所指出的，重點不在索求某些尚未擁有的權利——這麼做必然招來進一步的鎮壓——而是索求政權所已承認且白紙黑字寫在法律條文裡的那些權利，藉此賦予「反對勢力」溫和、近乎保守的姿態，同時迫使黨處於守勢。

認真看待「社會主義」法律的字面意義，不只是個策略，不只是個讓共黨領導人難堪的工具。在事事都和政治脫不了關係——且因此沒有政治可言——的封閉社會，「權利」提供了前進的道路，提供了第一個突破口，讓人打開「無聲的七〇年代」裡籠罩東歐的悲觀布幕，讓人得以終結共黨政權在「語言即權力」上的壟斷地位。此外，憲法賦予個人的權利，在本質上正式表明了有這樣的「人」——對其他個人和對群體有所要求的個人——的存在。這些權利描述了無助個人和有無上權力的政府之間的一個空間。

誠如匈牙利年輕理論家米科洛斯・哈拉茲提（Miklós Haraszti）所坦承的，權利（「人權」）運動的存在表明了，若要修正共產主義的缺陷，根本之道不是改善共產主義，而是建立——或重新建立——公民（亦即「資產階級」）社會。倒轉馬克思主義的目標，致力於以資產階級社會取代社會主義國家，此舉的諷刺意味，布拉格或布達佩斯的知識分子還是有體察到。但誠如哈拉茲提的匈牙利同僚米哈利．瓦伊達（Mihaly Vajda）所說明的，資產階級的優越地位，看來明顯比他們國家「過去那令人無法忍受的公民暴政體驗」更為可取。

公民社會一詞語意含糊，描寫一不確定的目標，但從七〇年代中期起，廣為東歐知識界反對分子所信持。努力重建公民社會，此舉所具有的意義，乃是他們認知到一九六八年後改革黨國體制已不可能。只有少數人真的期盼布拉格的胡薩克或柏林的何內克承認「權利論」有道理，把自己國家的憲法當一回事，至於蘇聯，對它有如此期待的人，當然又更少。在理論上談權利，正說明實際上不存在權利，正提醒國內外的觀察家，這些社會其實有多不自由。新反對勢力不與共黨當局正面交鋒，反倒在言談中刻意忽略他們。

波蘭的亞當．米奇尼克，其一九七六年的文章〈新革命主義〉，鋪陳了接下來幾年裡波蘭反對勢力所將採取的策略。而對米奇尼克或哈拉茲提之類異議分子來說，上述作為代表他們徹底轉身，不再像年輕時那樣支持馬克思主義及其社會－經濟重點目標。對於從來不對馬克思主義辯論感興趣的人來說（例如瓦茨拉夫．哈維爾），這樣的轉變容易得多。哈維爾出身一九四八年後遭共黨政府剝奪家產的布拉格富商家庭，但年輕時未像他關心國事的同時代人一樣展露革命熱情，一九六八年前也未積極參與他們的改良主義作為。哈維爾與共黨政府始終處於敵對狀態（主要因為他的資產階級出身），但這時他未因此投身政治，與政府對抗。

七〇、八〇年代，隨著因為個人所從事的活動遭騷擾、逮捕、最後入獄，他成為叱吒風雲的政治人物，但他的「中心思想」仍然是完全非政治的。他主張，重要的並不是和掌權者爭辯，甚至不該把說真話當成最重要的，儘管置身在以謊言為基礎的政權裡，說真話很重要。他寫道，在當下的環境，惟一明智的事，就是「活在真實之中」。其他全是妥協之物——「在政治上拉幫結派，只迫使人玩起權力遊戲，而非開始把真實放在首位。」

一九八四年哈維爾寫了篇文章，反思捷克斯洛伐克知識分子那脆弱的反對勢力的目標和策略，在這篇文章他解釋，目的應擺在不管政權想怎麼對付你，都應保有自主權；要猶如真正自由般來活。哈維爾深切理解，這對大多數人來說談不上是個好辦法：「在今日的世界裡，這些可能是不切實的方法，且難以用在日常生活裡。但我不知道還有什麼更好的辦法。」

哈維爾的主張並非前所未聞，即使從晚近歷史來看亦然。一九六七年六月在第四屆捷克斯洛伐克作家聯盟大會上致詞時，盧德維克．瓦楚利克就向其同僚建議了類似的「猶如」策略。他告訴他們，我們應「假扮自己是公民……講話時猶如自己已長大成人，取得法定獨立地位」。但在六〇年代樂觀的氣氛中，瓦楚利克等人仍能指望得到當權者的某種通融和迎合。等到米奇尼克或哈維爾主張類似論點時，環境已經不一樣。重點不再是就為政之道向政府提供意見，而在向全國人民推介生活之道——以身作則。

在七〇年代的情勢下，認為東歐知識分子能「向全國人民推介」個人自處之道這看法，顯得太托大——大部分知識分子連彼此同僚間都無法提供多少建議，遑論向全國同胞建議。特別是在匈牙利和波蘭，知識分子大體上不了解工業中心的情況和意見，甚至與農民界更為隔閡。事實上不妨說，拜共產主義之賜——引用匈牙利異議分子伊凡．塞列尼（Ivan Szelenyi）、喬治．孔拉德

（George Konrád）的話，共產主義政治制度使「知識分子踏上取得階級權力之路」——中歐「知識分子」與「人民」間的舊區隔已以令人極憂心的形態重見天日（這種區隔，在匈牙利、波蘭之類貴族統治社會，比在捷克斯洛伐克之類庶民社會，更為清楚，但一九四八年後，即使在捷克斯洛伐克，也被人為強加了這種區隔）。

第一個消弭這區隔者乃是波蘭人。一九七六年，在糧食價格劇漲引發一連串罷工抗議之後，共產政權強硬鎮壓，毆打、逮捕烏爾蘇斯（Ursus）、拉多姆（Radom）兩工業城裡的工人。對此，雅切克·庫隆和一些同僚，揚棄數年前工人、知識分子抗議時各搞各的、互不關心的作風，宣布在一九七六年九月成立工人捍衛委員會（Committee for the Defense of Workers / KOR）作為回應。工人捍衛委員會和幾個月後創立的人權、民權捍衛委員會（Committee for the Defense of Human and Civil Rights / ROPCiO）目標都是將工人的公民自由受到的傷害公告周知、協助他們打官司、成立共同陣線。三年後的一九七九年十二月，工人捍衛委員會的知識分子領袖——有一些猶太人、一些天主教徒、一些前共產黨員和其他身分——制訂並刊布《工人權利憲章》。

因此，自主公民領域在波蘭的創立——或精確地說，宣告周知——源於一場社會對抗。在鄰國捷克斯洛伐克，在不受看好的政治情勢下，這樣的領域誕生自一個法律機會。一九七七年一月，一群捷克斯洛伐克公民簽署一份文件（最初以宣言形式刊布在西德某報上的文件），文件中抨擊他們政府未能落實捷克斯洛伐克憲法的人權條款；一九七五年《赫爾辛基協定》的最後文件；聯合國政治權、公民權、經濟權、文化權公約。這些公約，布拉格都已簽署，且就赫爾辛基一二〇法令來說，還正式納入捷克法典。[7]

這份文件（後來所謂的《七七憲章》）的簽署人，自稱是個「組織鬆散、非正式、開放的協會，成員……因有志於以個人、集體的方式爭取人權、公民權在我們國內和世界各地得到尊重而團結起來。」他們特意強調《七七憲章》不是個組織，沒有章程或常設機構，「不構成任何政治反對活動的基礎」——欲使他們的活動不違反捷克斯洛伐克的法律規定。

《七七憲章》始終只有一小群勇者參與，且這些勇者不代表任何人，只代表自己：兩百四十三人簽署了原始文件，接下來的十年期間亦只多了一千六百二十一人加入。《七七憲章》的頭幾任發言人是哈維爾、宜日·哈耶克（Jiří Hájek，杜布切克當權時該國的外長）、年長的揚·帕托什卡（捷克斯洛伐克哲學界龍頭），這三人全是沒有公眾名望或公共影響力的象牙塔知識分子；但政府未因此就平和看待他們的宣言，反倒將它視為「一份反政府、反社會主義、具有煽動宣傳性、謾罵污蔑的文件」。個別簽署人分別被扣上「賣國賊與叛徒」、「帝國主義的忠僕與代理人」、「破產政治人物」、「國際冒險分子」的帽子（一字不差照搬五〇年代擺樣子公審的用語）。當局對簽署人施以報復和恐嚇，包括拿掉飯碗、不讓他們小孩上學、吊扣駕駛執照、逼他們流亡國外和拿掉公民權、拘禁、審判、入獄。

捷克斯洛伐克政府迫害《七七憲章》簽署人，報復性的起訴新一代年輕音樂家（尤其是搖滾樂團宇宙塑膠人〔The Plastic People of the Universe〕），於是在一九七八年四月催生出支持團體「捍衛遭不當起訴者委員會」（Committee for the Defense of the Unjustly Prosecuted / VONS），其目標和捍衛工人委員會類似。布拉格政權對這一最新發展的反應，乃是逮捕該委員會六名帶頭成員（包括哈維爾），隔年以顛覆罪予以審判。一九七九年十月，他們被判處最高達五年的徒刑。

一九六八年事件後，各共黨政權的實務作法全都模仿了卡達爾治下之匈牙利（只有希奧塞古的羅馬尼亞例外）。他們甚至不再裝模作樣說要得到人民發自內心的效忠，只要求人民表面上乖乖遵守官方的規定。《七七憲章》的目標之一，類似捍衛遭不當起訴者委員會——或捍衛工人委員會——乃是挽回他們的同胞使其不致對公共事務憤世嫉俗而冷漠。特別是哈維爾，強調不能再讓政府心滿意足地看著人民為了不引人注意而粗率地貶低自己；否則，他寫道，這政權就能放心期盼「每個公民心裡都有政權的前哨基地」——在其著名文章〈無權者的力量〉（The Power of the Powerless）中，他以行禮如儀在櫥窗上懸掛標語「全世界的工人，聯合起來！」的蔬菜水果店老闆為例，說明這一中心思想。

異議知識分子的眾多關注事項裡，有一些事項比其他事項更適合用來打破公眾的冷漠和恐懼。第十五章提到的那個正曝光的環境災難就是其一。在斯洛伐克，據該政權自己的數據，境內總長五千六百公里的河川，一九八二年時有百分之四十五受到「危險污染」。捷克斯洛伐克東部五分之四的井水，人類不宜飲用。該地區集體農場過度使用肥料是禍首，造成與蘇聯黑土區所遭遇類似的土壤中毒、作物歉收。

到了八〇年代初期，波希米亞北部的空氣污染已居歐洲之冠，原因出在該地區的工業、能源生產使用（廉價的）褐煤。該地區所生產的七百三十五億千瓦電力中，有六百四十億來自燃燒這種高含硫燃料的電廠。因此，到了一九八三年，全捷克的森林有約三成五已死或奄奄一息，三分

7 耐人尋味的是，正是捷克斯洛伐克在一九七六年決定批准《聯合國人權公約》——第三十五個批准此約的國家——使這些公約受到國際法的約束。

之一的水道嚴重污染到連工廠都不敢用。在布拉格，政府不得不設立一專門的醫療機構，以處理孩童的呼吸道疾病。在〈聖誕節陰謀〉這一短篇小說中，伊凡·克里瑪（Ivan Klima）形容出門走上捷克首都街頭的感受：「又暗又冷的薄霧，散發出煙味、硫磺味，還有焦躁的氣息。」

在社會主義下，造成污染者是政府，但受害者是社會，污染因此是人人都關注的問題。它也隱隱和政治有關：為何保護環境這麼難，原因出在防範於未然並不會讓任何一個人得到好處。只有有效且一體適用的官方懲罰規定，才可能改善這現象；而制定這些規定者，必然就是頭一個鼓勵恣意破壞環境的那個政府。凡是不長眼自己主動施行污染控制措施而拿自己的「產量配額」冒險的工廠經理或農場經理，都會招來大麻煩。愈來愈多人終於體會到，共產主義經濟制度本來就不利於環境。[8]

可想而知，作家和學者極在意審查制度。在共產世界，妨礙出版或表演的規定，因國家而有很大的差異。在捷克斯洛伐克，一九六九年起，政府就不加掩飾地壓抑出版；不只有數千人不得出現在報紙上或不得公開露面，還有多種主題、個人、事件，連提都不能提。相對地，在波蘭，天主教會和其機構、報紙，提供了某種半受保護的空間，在這空間裡，可享有某種程度的寫作、研究自由，雖然是戰戰兢兢的自由。

在波蘭，一如在匈牙利，問題往往出在**自我**審查。為讓作品能呈現於觀眾眼前，知識分子、藝術家或學者，一旦預期可能遭致官方反對，都會想改變原創內容，想修改自己論點成模稜兩可，或不明確表態。在非常看重文化、藝術的社會裡，這類調整會帶來職業好處，乃至物質好處，但自尊受損的程度很可觀。海涅在一百五十年前寫道——以這時許多東歐知識分子會立即深表認同的詞語——「這些思想的劊子手使我們成為罪犯。因為作者……頻頻殺嬰：在瘋狂害怕審查者想法之下殺害自己的思想小孩。」

這是某種局部共犯的行為。沉默——在切斯瓦夫．米沃什《被禁錮的心靈》（*Captive Mind*）中「虛與委蛇者」（Ketman）在精神上的移民國外——則是另一種局部共犯的行為。但那些真的說出自己想法，透過非法複寫本散布自己作品者，面臨的也是悲慘未來，自己將幾乎隱形於社會，而個人理念和作品只有極少數圈內人得以欣賞到——在最好的情況下，也只是感受到某捷克知識分子所謂的，為了一同在寫地下出版品的那兩千個知識分子而出版，所帶來的手淫般自我滿足。

此外，勇氣本身不是品質的保證。地下寫作偏離主流觀點、反對當權者、常帶有危險的特色，賦予地下寫作浪漫冒險的氛圍和有時言過其實的重要性（欣賞地下寫作的西方人尤其這麼覺得）。在蘇聯集團日益腐敗的堆肥裡，獨創和激進的觀念有時的確開花結果，成長茁壯——哈維爾與米奇尼克的著作是最出色的作品，但共產主義的「惡之華」，絕非只限於他們的作品。[9]但就其他許多著作來說，未公開發表絕不代表就是出色之作。引用喬治．史泰納（George Steiner）的話說，世上沒有「審查制的繆斯」。不得政權喜歡，不代表你就有才華。

8 但就連環保陣營都有內部異議者。斯洛伐克作家米蘭．希梅茨卡提醒包括哈維爾在內的同僚，勿低估現代性的好處：「我認為即使是伴隨工業富裕而來的污染，都好過使那些無法滿足人民基本需求的社會，飽受折磨的混亂和殘暴。」Milan Šimečka, 'A World With Utopias or Without Them', *Cross-Currents*, 3 (1984), p. 26.

9 南斯拉夫例外，此一例外凸顯了常態：「既然從來沒有一套官方文化在南斯拉夫建立起來（只是文化圈仍然有官方人物），那麼也就不會有它自然的對立面，所謂地下、另類、平行的文化，像其他社會主義國家珍而重之的那種文化。」Dubravka Ugresic, *The Culture of Lies* (1998), page 37.

因此，甚至有些最出名的反對派知識分子，一旦置身於思想的自由市場，其名聲就乾癟縮水。匈牙利的喬治·孔拉德，其論「反傳統政治」的盡情發揮之作，八〇年代時廣受推崇，卻在一九八九年後銷聲匿跡，許多人也像他一樣。其他知識分子，例如東德小說家克莉絲塔·沃爾夫（Christa Wolf），深知自己的創作題材和創作衝勁（與公共地位），是靠共產主義下作家的艱難處境所取得。共產主義社會裡為何有許多知識分子有機會移民國外和流亡，卻選擇留下，原因在此——受迫害、舉足輕重，總比自由自在但無足輕重好。

在這些年裡，害怕變得無足輕重的心態也促成另一個現象，即普遍主張「返回」歐洲是刻不容緩之事。一如審查制，關注這事者只有知識分子——事實上大部分是來自前哈布斯堡帝國西部諸省的作家。蘇聯宰制所造成的落後、發展不足，在這些地方特別嚴重。這一想法的最著名代言人，乃是在流亡地巴黎寫作的捷克小說家和電影劇作家米蘭·昆德拉。在他眼中，中歐的悲劇在於它遭外來的亞洲獨裁政權接管（重新使用中歐這個地理名詞，很顯然是為了證明他的觀點）。

昆德拉本人在祖國並不是很受肯定，他同儕裡那些選擇（照他們自己的說法）不流亡、也不求名利的人，對他流亡而功成名就大為憤懣。但對西方讀者來說，他的一般性論點乃是許多人普遍抱持的想法。這些西方讀者被指責：漠視位居東邊的「另一個」西方，早在一九五〇年米沃什論道，「若有一本談戰後波蘭詩學的理論性著作，那應該專闢一章談西歐知識分子、特別是法國知識分子所受到的諷刺和嘲笑」，就已勾勒出這種忽略、漠視東歐的觀點。

對《七七憲章》之類公民創制行動心存懷疑的昆德拉認為，共產主義下捷克的情況，乃是在歐洲心臟地帶裡，小國、弱勢民族始終面臨消失危險的情況下，國家認同與國家命運這個更古老問題的延伸。他覺得，在那裡和在那之外，知識分子反對運動的重點，應是使這一關注得到國際注意，而非浪費時間去試圖改變莫斯科的「拜占庭」帝國。此外，中歐是「西歐命運的濃縮版」。哈維爾表示認同：共產主義是歷史向西方伸出的黑暗之鏡。

米奇尼克之類波蘭人不用「中歐」這詞，也不常談「返回歐洲」：原因之一是，與捷克人不同，他們能夠追求較切身、較易達成的目標。這不表示波蘭人和其他人不憧憬有一天共享新歐洲共同體的好處——揚棄失敗的社會主義神話，代之以成功的「歐洲」傳說，所帶來的好處。後面會提到，他們有迫切的事要先處理。

東德人也有自己關注的事。布蘭德與其繼任者施行的「東方政策」有幾個弔詭之處，其中之一乃是因為西德官員將大筆強勢貨幣挹注東德，慷慨給予東德承認、關心、支持，於是在無意間扼殺了內部改變（包括改革東德受污染、落伍的工業經濟）的機會。藉由「搭起橋樑」、締結姊妹城、表示尊重、與西方對東方集團諸政權的批評保持距離，波昂政治家使東德領導階層產生穩定、安全的錯覺。

此外，西德「買下」政治反對人士和犯人，使東德反對陣營失去了一些最著名的異議人士。諸共產社會裡，就只有東德在西方擁有一個講同樣語言、與自己極相似的國家。因此，離開東德的念頭始終存在，「遷徙權」通常在東德境內作家、藝術家所汲汲追求的權利裡排第一個。但東德政權的「內部」批評者，有許多選擇既不逃離國家，也不放棄自己的舊理念。事實上，七〇年代底，東德是惟一仍擁有非正式反對勢力、甚至黨內馬克思主義反對勢力的歐洲共產國家。東德最著名的異議分子全從左派立場抨擊共黨統治——如捷克作家宜日．佩利坎所尖銳論道的，這一立場使他們的主張在東歐其他地方既聽不到也無足輕重。

遭遇數年迫害而後在一九七九年被遣送到西方的東德知識分子魯道夫・巴羅（Rudolf Bahro），最有名的著作就是《替代方案》（*The Alternative*），此書明確從馬克思主義出發，批判「真正存在的社會主義」。年紀更大的共產黨員羅伯特・哈費曼（Robert Havemann），因為表態支持一九七六年被驅逐到西方的民謠歌手沃爾夫・畢爾曼，而在這些年裡受到起訴、罰款。但他痛批執政黨，不是因為後者濫權，而是因為後者背叛自己的理想，鼓勵消費性產品的大量消費和私有。東德哲學界的龍頭人物之一，長期批評東德政權「官僚主義」偏差行徑的沃爾夫岡・哈里希，同樣高聲反對「消費主義的錯覺」，認為重新教育民眾勿信消費主義，乃是執政黨的責任。

在東德，反對這種共產主義的人士，一如在波蘭，往往以教會為核心集結在一塊：在德國，扮演這角色者是新教聯盟（Bund der Evangelischen Kirchen）。在德國，權利、自由這些新語言與基督教信仰的語言並存，且（同樣一如波蘭）這些新語言的影響，因為與惟一僅存的「前社會主義時代」機構關係密切，而得到強化。教會的影響力也說明了在東德異議人士圈子裡，「和平」問題為何那麼受看重。

在東歐其他地方，西方反戰人士和主張裁撤核武的行動主義者受到相當深的猜疑。在最好的情況下，他們也只是被視為未經世事的無知者，較可能的情況是已成為蘇聯操縱的工具卻不自知。[10]例如瓦茨拉夫・哈維爾認為一九八〇年代初期西歐日益高漲的反戰運動，是占據、轉移西方知識分子的注意力、使他們**成不了氣候**的最理想工具。他主張，在政府永遠與社會交戰的國家，「和平」不是選項。和平與裁減軍備占上風，將讓西歐得到自由、獨立，同時使東歐繼續受蘇聯控制。將「和平」問題與對權利、自由的要求分開處理，是不智之舉。或者，如亞當・米奇尼克所說的，「要降低戰爭風險，就得讓人權得到完全的尊重。」

但在東德，反戰運動得到強烈的回響。毋庸置疑地，這有一部分得歸因於其和西德的聯繫。但原因不止於此。民主德國——一個偶然成立、既沒歷史也沒主體性的國家——可以頗為言之有理地將和平，或至少將「和平共存」，稱作它真正的存在理由。但在這同時，它是最軍事化、最軍國主義的社會主義國家：一九七七年起，東德小學就開始上「防禦課」，官方成立的「青年運動」組織，即使以蘇聯標準來衡量，準軍事性質都特別濃。這一誰都看得出的弔詭，其所產生的緊張，隨著一反對運動組織的成立而得到紓解。這組織鎖定和平、解除軍備的議題，而得到大部分人的支持。

一九六二年，東德政權已實施義務役，凡十八到五十歲的男子都得服十八個月的兵役。但兩年後加了一條例外條款：凡是想以道德理由免服兵役者，都可加入替代性的勞役單位「建築戰士」(Bausoldaten)。建築戰士的身分可能不利於這類人日後的生活，但建築戰士的存在意味著民主德國承認，出於道德或宗教原因而拒服兵役一事的存在和合理性。到了一九八〇年，已有數千東德男子當過建築戰士，為反戰運動人士提供了一個潛在的龐大網絡。

因此，路德派牧師於一九八〇年開始支持、保護早期的反戰運動人士時，能有相當程度的進展而未招來政府的反對。然後，新興的反戰運動從教會蔓延到大學，而不可避免地，大學生不只

10 這絕非無的放矢。誠如今人早已知悉的，當時英國、西德的反戰運動組織遭蘇聯、東德情報機構完全滲透。

主張解除軍備，還要求有權在不受任何阻礙下表達這些主張。東德異議人士，以這種間接的方式，才遲遲找到與蘇聯集團內其他地方的反對勢力交流（和迎頭趕上他們）的方法。

羅馬尼亞人沒這麼好運。《七七憲章》的問世，激發作家保羅．戈馬等八位羅國知識分子大膽寫了封信表示支持，結果八人迅即遭當局封嘴。但在其他方面，羅馬尼亞仍然沉默不語，一如此前三十年。戈馬被迫流亡國外：沒人接他的位置。這件事情，西方得負某種程度的責任——即使出現了羅馬尼亞的《七七憲章》或類似波蘭團結工聯（見第十九章）的當地組織，都不可能得到西方的大力支持。從沒有哪個美國總統要求獨裁者希奧塞古「讓羅馬尼亞是羅馬尼亞」。

就連蘇聯都讓某些知識分子——大部分是著名科學家（始終享有特權的一群人）——擁有限制極嚴的行動自由。生物學家若列斯．麥德韋傑夫（Zhores Medvedev），一九六〇年代即出書揭露李森科的錯誤，此著作並以地下出版品的形式流傳甚久。他先是遭騷擾，然後被剝奪公民權；一九七三年他定居英國。但蘇聯最著名的核子物理學家，長期以來一直批判蘇聯政權的安德烈．沙卡洛夫（Andrei Sakharov），仍然享有自由，直到公開反對一九七九年蘇聯入侵阿富汗，才使他成為當局的眼中釘。沙卡洛夫的作為令當局太難堪，無法視而不見（他已於一九七五年獲頒諾貝爾和平獎），但又太重要，不能把他往國外送。最後，他和妻子葉蓮娜．邦納被（國內）流放到封閉城市高爾基。

但沙卡洛夫始終堅稱，他是在要求蘇聯解釋自己的缺點和迫害批評者的理由，無意推翻蘇聯當局——這一立場使他的角色介於老一輩改革派共產黨員和中歐新異議分子之間。其他人，名氣沒那麼大且公開反蘇者，則受到較嚴厲的對待。詩人納塔利亞．戈爾巴涅夫斯卡亞（Natalya Gorbanevskaya）在監獄精神病院關了三年，與其他數百名患有呆滯型精神分裂症的病人一起受診斷。年輕激進人士裡名氣最響亮的佛拉季米爾・布科夫斯基（Vladimir Bukovsky），在蘇聯監獄、勞動營、精神病院度過十二年歲月，然後拜國際聲援，蘇聯當局於一九七六年以他交換智利共產黨人路易斯・科瓦蘭（Luis Corvalán）。

除了偶爾為特定個人抗議和為蘇聯猶太人聯合爭取移民國外的權利，西方鮮少關注蘇聯的內政——例如，到了一九八〇年代初期，比起對波蘭、乃至捷克斯洛伐克內部反對勢力的關注，相較之下少了許多。直到一九八三年，蘇聯退出世界精神病協會，該協會才開始——以可恥的尖刻口吻——批評蘇聯虐待精神病患。

但不管有沒有外來的刺激，絕大多數蘇聯知識分子都無意效法東歐其他地方正出現的改變（不管那些改變的試探性質多濃）。史達林鎮壓所激起的恐懼，在他死了三十年後，即使沒有人真的提起，仍像罩屍布般蓋住整個道德大地，除開最敢言、最勇敢的批評者，所有人都小心翼翼待在蘇聯合法主題、語言的範圍內。相當合理地，他們推斷蘇聯不會垮台。安德烈・阿瑪爾里克（Andrei Amalrik）的文章〈蘇聯能捱到一九八四年？〉，一九七〇年在西方首度問世，十年後以增補版再度刊行。像他之類的作家，具有先見之明，但屬於異數。與蘇聯在其鄰國扶植的傀儡政權相反的，到了一九八三年，蘇聯屹立的時間已超過其大部分公民所能記住的，且似乎根基穩固。

中歐境內知識分子的反對勢力，當下未帶來多大衝擊。這樣的結果，沒人感到驚訝：七〇年

代異議分子的新現實主義，不只是悔悟社會主義之失敗，還透澈體察權力現實。此外，能從人民那兒得到的幫助有限：在〈論勇氣〉中，捷克斯洛伐克作家盧德維克．瓦楚利克主張，從每天辛苦工作只求好好活著的一般人身上所能求得的，就只有這些。誠哉斯言。大部分人生活在某種道德「灰色地帶」裡，那是雖然不舒服但安全、認命取代熱情的地帶。現實環境使人難以理直氣壯去冒險反抗當權者，因為——同樣地，對大部分老百姓來說——那沒必要。若要對一般人有所期求，最可能得到的是「膽怯、識時務的行為」。

知識分子大部分是在自己圈子裡彼此宣說，而非向全體社會發表理念；在某些例子裡，他們為自己先前的熱情投入含蓄致歉。此外，他們是第一代社會主義政權之統治階級的接班人（在某些例子裡真的就是統治階級的下一代）——教育和特權世代相傳，特別是在波蘭、匈牙利。那不盡然使他們贏得人民群眾的好感。過去他們為共黨政權說話時，他們只占人口裡的極少數，只代表他們自己發聲，如今他們反對該政權時，處境依然。

因此，當喬治．孔拉德以有點警句似的口吻寫道，「沒有哪個有識之士會把當權的政治人物拉下台以便取而代之」時，他承認了一個簡單的事實——在當時當地沒有「有識之士」有能力做這樣的事。對嚴酷現實的這份認識，也構成反對勢力堅持走非暴力路線的時代背景：不只在捷克斯洛伐克（消極面對當權者的習性在此存在已久）；或在民主德國（路德教會在反對圈子裡影響力日增）；甚至在波蘭（對米奇尼克等人來說，嚴酷現實使人考慮到利害關係和道德因素，而不敢從事危險、無意義的「冒險」），亦然。

新反對勢力的成就出現在其他地方。在東歐，一如在西歐，七〇、八〇年代是憤世嫉俗的時代。六〇年代的衝勁已煙消雲散，六〇年代的政治理想已名譽掃地，投身公益已讓位給私人利害考量。藉由打造以權利為題的對話，藉由將注意力集中在相當含糊的「公民社會」觀，藉由鍥而不捨地談論中歐今昔的沉默——可以說是藉由公開肆無忌憚地說教——哈維爾等人正在建構某種「虛擬」的公共空間，以填補被共產主義摧毀的公共空間。

有件事乃是異議知識分子所未多談的，那就是經濟。這也是現實主義的表現。自史達林當政起，經濟——或者更精確地說，工業——成長就既是社會主義的目標，也是衡量社會主義成就的主要指標。第十三章提過，經濟原是更早一代改良主義知識分子最關心的事項：反映了共產政權本身念茲在茲的事，重述了馬克思主義者和許多非馬克思主義者都抱持的一個認定：所有政治活動最終都著眼於經濟。以提出經濟改革建議的形式所進行的批判性討論，乃是一九五六至一九六八這修正主義十年期間，最近似於特許性反對活動的事物。

但到了一九七〇年代中期，凡是熟諳局勢的蘇聯集團觀察家，都知道從內部發動經濟改革的可能性不大，而且原因不只出在馬克思主義經濟學的語言經過幾十年的濫用已經垮掉。一九七三年起，東歐經濟急劇往下掉，甚至比西歐成長率的下跌還嚴重。拜油價上漲之賜，盛產石油的蘇聯，其財政會有短暫好轉，但除此之外，蘇聯集團諸經濟體，受七〇年代通膨和八〇年代貿易、服務業「全球化」的打擊，陷入無可救藥的不利境地。一九六三年，經濟互助委員會（Comecon）諸國的國際貿易占全球總貿易額百分之十二，到了一九七九年降到百分之九，而且還急速在下滑。[11]

11 一九八〇年代期間，波蘭、捷克斯洛伐克的經濟都滑落到負成長——兩國經濟其實是在萎縮。蘇聯本身的經濟則很可能自一九七九年以來便持續在萎縮。

蘇聯集團諸國在質量上敵不過西方諸工業經濟體；該集團每個國家（只有蘇聯例外）都沒有源源不絕的原料可賣給西方，因此甚至敵不過未開發國家。封閉的經濟互助委員會體系使他們無法參與西歐的新貿易網和《關稅暨貿易總協定》，而且無論如何，諸共產國家若要調整自身經濟以配合世界物價水準，都要冒引發國內消費者發火的危險（一九七六年在波蘭就發生這樣的事）。

這時候，使共產經濟體陷入癱瘓的缺陷，乃是意識形態所造成而普見於各地的效率不彰。蘇聯集團頑固堅持初級工業產出對「社會主義建設」至關重要，因此錯過了從數量掛帥的生產向密集型高價值生產的轉變——這是使西方經濟體在六〇、七〇年代期間改頭換面的轉變。蘇聯集團仍倚賴更古老得多的經濟活動模式，令人聯想起一九二〇年代的底特律或魯爾，或十九世紀晚期的曼徹斯特。

因此，捷克斯洛伐克（鐵資源非常有限的國家），一九八一年時已是世上第三大（人均）鋼輸出國。儘管有困難，民主德國仍打算不斷擴大落伍的重工業產品的產量。除非有高度的補貼，不然凡是有得選擇的人，都不想買捷克鋼或東德機器：因此，這些產品是在虧本生產、銷售。事實上，蘇聯式經濟體這時在做**減損價值**的事——他們所進口或從地下挖出的原料，比他們將這些原料加工後製造的成品還值錢。

甚至在比較具優勢的領域，蘇聯式經濟都受創。匈牙利被經濟互助委員會選定為卡車、巴士的製造國，民主德國則在一九八〇年代被委以製造電腦的重任。但東德製的機器不可靠且落伍；更麻煩的是，中央集權制度根本無力生產足夠的機器。到了一九八九年，（有一千六百萬人口的）東德所生產的電腦，只有（人口七百五十萬的）奧地利產量的五十分之一——而且在國際電腦市場上，奧地利的電腦產量還完全威脅不了其他的競爭者。因此，在這個例子裡，「比較優勢」絕對是相對的——東德在花數百萬馬克生產沒人要的產品，因為在世界市場上，買家可以用較低價格買到較高品質的同類產品。

經濟會走到這地步，主要得歸咎於中央計畫體制的內在缺陷。一九七〇年代晚期，國家計畫委員會（Gosplan，蘇聯的中央經濟計畫機構）已有四十個負責不同經濟領域的部門和二十七個互不統屬的經濟部會。對數據目標的執著人盡皆知，且到了讓自己出醜的地步：提摩西．加頓－艾許舉了「（東柏林）普連茨勞貝爾區人民經濟計畫」說明此點。該計畫宣布，該區「圖書館的藏書將由三十五萬冊增加為四十五萬冊。借閱次數將增加百分之一〇八．二」。[12]

固定價格制使蘇聯無法確認真正的成本，無法回應需求，或無法根據資源限制做相應的改變。各層級的行政人員都害怕冒險、創新，惟恐因此降低短期內的總產量。無論如何，沒有誘因鼓勵他們冒險、創新：拜布里茲涅夫對「幹部穩定」（一九七一年後的口號）眾所皆知的偏好，他們再怎麼無能，都不擔心丟掉飯碗。在這同時，為確保完成上級設定的目標，工廠領班、經理千方百計隱藏備用物料、人力，不讓當局知道。浪費、短缺因此相互提攜，無法斷絕。

這一制度的結果，可想而知不只助長停滯和效率不彰，還助長持續不墜的貪腐循環。社會主義計畫的弔詭之一，乃是沒了私產往往催生更多貪腐，而非減少貪腐。權力、地位、特權無法用錢直接買到，但反倒倚賴相互強化的恩庇侍從關係。法定權利被逢迎拍馬取代，而逢迎拍馬者自

12 Timothy Garton Ash, *The Uses of Adversity* (NY, 1989), page 9.

會在一段時間後得到穩定飯碗或升官的回報。即使只是為了達到尋常且合法的目的——醫療、民生必需品、教育機會——人都得以各種算不上嚴重惡行的旁門左道扭曲法律。

這在很大程度上說明了憤世嫉俗心態為何在這些年裡顯著成長。有個例子很典型：托拉機工廠或卡車製造商未費心去製造足夠的備用零件，因為透過建造大機器，它們更易達到規定的「定額」——結果就是這些大機器故障時，沒有備用零件可替換。官方資料只公布特定產業裡所生產的各種機器總量；未交待有多少機器仍堪用。工人當然比較清楚實際狀況。

「你們假裝工作，我們假裝付錢給你」這個流行笑話，扼要且尖刻地說明了社會主義的社會契約。這些安排攸關許多工人的利益——特別是較不具專門技能者——讓工人取得安穩的生活和減少工作上的壓力，藉此換取他們在政治上的默然合作。如東德官方的《政治小辭典》說的，「在社會主義裡，資本主義特有的工作與閒暇的矛盾，已然得到移除」。始料未及的是，這句話在無意中流露了諷刺。

到了一九八〇年，典型的共產主義經濟裡，還能相對較有效率運作的部分，只剩高科技國防業和所謂的「第二經濟」——販賣商品、服務的黑市。不被官方承認的第二經濟，其重要性正說明了官方經濟的一塌糊塗。在匈牙利，到八〇年代初期時，據估計光是八萬四千名工匠——只在私部門運作——就滿足了當地從管線安裝到賣淫等各種服務需求的將近六成。

除了黑市，還要加上民間小農生產，以及被工人「挪用」於私人事業的公共資源（磚塊、銅線、鉛字），由此可以看出，蘇聯式共產主義——和義大利資本主義差不多——需靠一平行經濟才得以存活。[13]官方經濟和第二經濟彼此是共生關係：共黨政權只有將它既無法否認且無法滿足的所有活動和需求導入私領域，才能維持其一黨專政地位；第二經濟倚賴官方經濟取得資源，但最重要的，正是公部門的效率不彰，才使第二經濟得以形成市場，人為提升其價值，進而提升其獲利。

經濟停滯本身等於是向共產主義宣稱「優於資本主義」的主張不斷甩耳光。而經濟停滯即使未激生反對勢力，無疑至少引發民怨。對大部分生活在布里茲涅夫時代的人來說，從六〇年代晚期到八〇年代初期，生活的基調不再是恐怖或限制自由，而是黯淡與單調。小孩愈生愈少；成人飲酒量變多——在這些年裡，蘇聯境內人均烈酒年消耗量成長了三倍——而且早死。共產主義社會的公共建築不只難看，而且品質低劣，住來不舒服，正貼切反映共產獨裁制度本身的破敗。如布達佩斯某計程車司機，指著使該市郊區城鎮變醜的一排排緊挨在一塊、潮濕骯髒的公寓大樓時對我說，「我們住在那些房子裡。典型的共產主義建築——夏天熱，冬天很冷。」

公寓大樓，一如蘇聯集團裡的其他許多東西，便宜（在蘇聯，租金平均只占一般家庭預算的百分之四），因為制約經濟者不是物價，而是不足。對政府來說，這有其好處——不足的大宗物資的分配操在當權者手上，有助於使人民不生二心——但那也伴隨一嚴重風險，大部分共黨領導人非常清楚的風險。六〇年代底，情勢已清楚表明，再也無法靠「社會主義」對未來的保證來綁住民心，而早從那時候起，共黨統治者就已選擇將子民視為消費者，用今日富足的物資生活來取代明日的（社會主義）烏托邦。

這是相當刻意的抉擇。如在一九六八年邀蘇聯入侵自己國家上出過一份力的捷克保守派瓦昔

13 在農業上，蘇聯許多地區、匈牙利、羅馬尼亞是採行類似十九世紀雇工生產的大莊園：工資低、效益差、裝備不良的農業工人，為人在外地的雇主幹最低限度的活，同時省下精力為自家田地幹真正的活。

爾・畢利亞克（Vasil Bil'ák），一九七〇年十月向黨的意識形態委員會所陳述的：「（一九四八年）我們的商店櫥窗上有海報說明社會主義的遠景，而人民接受那遠景。那是不一樣的興奮，不一樣的歷史時期，如今我們不能張貼社會主義遠景的海報，但如今商店櫥窗裡得擺滿商品，好讓我們可以證明，我們正往社會主義前進，我們此刻擁有社會主義。」[14]

於是，消費主義受到鼓勵，被視為衡量社會主義成就的指標。這與一九五九年赫魯雪夫和尼克森進行的那場著名的「廚房辯論」是不同一回事。當時他向這位美國副總統保證，共產主義一定會在可預見的未來勝過資本主義。畢利亞克，就像匈牙利的卡達爾，沒有這樣的錯覺；只要市面上的商品讓消費者開心，他樂見共產主義成為劣質的資本主義複製品。一九七一年取代黯然下台的瓦爾特・烏爾布里希特，成為東德共黨領導人的艾里希・何內克（Erich Honecker），同樣著手參考一九五〇年的西德成長「奇蹟」，小幅度改造東德。

這一辦法一度頗有成效。捷克斯洛伐克、匈牙利、波蘭的生活水準，在整個一九七〇年代期間持續改善，至少拿零售性產品的消費來衡量是如此。汽車、電視機——當時指標性的消費性耐久財——數量持續成長：在波蘭，人均私家車的數量在一九七五至一九八九年間成長了三倍。八〇年代底，在匈牙利每十人有四台電視機；在捷克斯洛伐克，比例差不多。如果消費者願意接受品質差、設計普普、選擇不多，通常能在官方商店或透過「私」部門買到所要的東西。但在蘇聯，這類「選擇性」商品較難找到，且相對較貴。

基本民生必需品亦然。一九七九年三月，華府的居民得工作十二・五小時，才買得起一「籃」普通的基本食物（香腸、牛奶、蛋、馬鈴薯、青菜、茶葉、啤酒諸如此類的）。在倫敦，要買下類似的一籃食物，得付出二十一．四個工時，但在莫斯科，雖然有高度的補貼，仍得付出四十二．三個工時。[15]此外，蘇聯或東歐的消費者得花多上許多的時間，才能找到、買到食物和其他商品。即使不是以盧布或克朗（Crown，挪威、丹麥等國的貨幣單位）或福林（Forint，匈牙利貨幣單位）為衡量標準，光是從時間和精力的角度來看，共產主義下的生活就是既累人且高成本。

從滿足民間消費者的成就高低來界定共產主義，會碰上一個問題，即誠如前面已指出的，整個經濟的運作，目的在於大量生產工業機械、原物料。除開食物，共產主義經濟體並未生產消費者所想要的東西（而且它們在生產食物上也不是很有效率——蘇聯老早就成為穀物的淨進口國，光是一九七〇至一九八二年食物進口量就成長了兩倍）。要繞過這個絆腳石，只有一個辦法，就是從國外進口消費性產品，但得以強勢貨幣支付才行。要取得強勢貨幣，只有靠出口，別無他途：但除開蘇聯石油，社會主義國家的產品在全球市場吃不開，除非大降價求售，而往往即使大降價也乏人問津。事實上，在東歐，要使店裡有東西可賣，惟一辦法是向西方借錢。

西方無疑樂於相助。國際貨幣基金會、世界銀行、私人銀行都樂於借錢給蘇聯集團的國家：有紅軍在，不必擔心局勢失穩，且共黨官員陳述他們國家的產量、資源時作假，西方卻深信不移。[16]光是一九七〇年代期間，捷克斯洛伐克的強勢貨幣債就成長了十一倍。在波蘭，由於第一書記愛德華．吉瑞克（Edvard Gierek）和其同僚大量進口受補貼的西方商品，還為農民推行成本高昂的

14 這段引文的取得，得感謝 Paulina Bren 博士。

15 在布里茲涅夫當政期間，一磅牛肉的生產成本是三．五盧布，但在店裡售價兩盧布。歐共體也補貼農民，且比例差不多。當然差別在於西歐負擔得起「共同農業政策」，而蘇聯沒這財力。

新社會保險計畫，並將糧食價格凍結在一九六五年的水平，該國的強勢貨幣債成長了約二十九倍。

如此程度的借款一旦啟動，就難以煞車。一九七六年，吉瑞克提高食物價格，引發激烈暴動，迅即將價格調回，然後該政權卻選擇繼續借錢：一九七七至一九八〇年，波蘭自外借得的資金，有三分之一用於補貼國內消費。在布拉格，共產主義經濟學家建議逐步廢除補貼，推行「真實」價格，但他們的政治主子擔心此一後退作為將引發嚴重社會問題，反倒偏向借更多錢。一如兩次大戰之間那些年，東歐的弱小國家再度向西方借錢，以支撐他們經濟能自給自足，避免陷入難以抉擇的境地。

匈牙利最後一任共黨總理米科洛斯．涅梅特（Miklós Németh），在若干年後也承認這點。一九八七年十月，波昂政府批准了一筆十億德國馬克的貸款，西德政治人物稱這筆貸款將有助於匈牙利的經濟「改革」，但實際上這筆錢是如此花掉：「我們將其中三分之二用來付利息，剩下的拿去進口消費性商品以減輕經濟危機的觀感。」到了一九八六年，匈牙利的官方經常帳赤字達一年十四億美元。一九七一至一九八〇年，波蘭的強勢貨幣債已從十億美元成長到兩百零五億美元，且日益惡化。根據民主德國自己的估算，該國存世最後幾年，光是為了支付其西方債務的利息（已大打折扣後的利息），就花掉其一年出口所得的六成多。始終受到西方特別照顧的南斯拉夫（從一九五〇年到一九六四年結束，美國支應了貝爾格勒年度赤字的五分之三），拿完全背離事實的官方資料，從西方得到巨額貸款和備用融資協議。

整個來看，東歐的強勢貨幣債，一九七一年時共六十一億美元，一九八〇年成長為六百六十一億美元，到了一九八八年，會達到九百五十六億美元。這些數據不含羅馬尼亞的部分，希奧塞古已在他過了許久苦日子的子民支持下，還清羅馬尼亞的向外借款；若非七〇年代期間匈牙利在價格制訂上保有某些彈性，東歐債務很可能會更高。但它們傳達了非常清楚的訊息：共產主義制度不只靠借款活命，還靠借來的時間苟延殘喘，遲早得在經濟上做出痛苦且破壞社會安定的調整。

幾年後，東德情報頭子馬庫斯．沃爾夫（Markus Wolf）宣稱，一九七〇年代晚期時他就已斷言，東德「會完蛋」，而抱有這種想法者無疑不止他一人。匈牙利的陶馬什．鮑爾（Támás Bauer）和與他同時代的波蘭人萊塞克．巴爾采羅維奇（Leszek Balcerowicz）之類的經濟學家，非常清楚用紙牌搭的共產主義房子已如何脆弱。但只要資本主義者願意出錢支持，共產主義就不會倒。布里茲涅夫的「停滯時代」（戈巴契夫語）滋生出許多錯覺，而且不只在國內。一九七八年，有份世界銀行報告竟斷定東德的生活水準高於英國，波坦金親王（Prince Potemkin）若地下有知，肯定含笑九泉。

但共產黨員知道西方銀行業者所未注意到的事。蘇聯集團內的經濟改革不只是遭延後而已，而是根本不可能做到。誠如阿瑪爾里克在〈蘇聯能捱到一九八四年？〉裡所預測的，共產主義菁英分子「認為比起改變政權的痛苦過程，現行政權帶來的禍害較小」。就連限定最小地區、最微效率（micro-efficient）的經濟改革，都會立即衝擊到政治。社會主義的經濟安排不是個自治區，而是和政權本身密不可分。

東歐諸衛星國全由老邁、保守而得過且過之人治理，絕非偶然。在新的現實主義時代，華沙的愛德華．吉瑞克（一九一三年生）、布拉格的古斯塔夫．胡薩克（一九一三年生）、柏林的艾里

16 匈牙利於一九八二年五月加入國際貨幣基金會，雙方都沾沾自喜。直到一九八九年才被發現，匈國政府嚴重低報其此前十年的內外債。

希・何內克（一九一二年生）、布達佩斯的雅諾什・卡達爾（一九一二年生）、索非亞的托多爾・日夫科夫（Todor Zhivkov，一九一一年生）——更別提地拉那的恩維爾・霍查（Enver Hoxha，一九〇八年生）和貝爾格勒的狄托（一八九二年生）——是最現實的。就像布里茲涅夫——生於一九〇六年，得過七枚列寧勳章，四次受封蘇聯英雄稱號，拿過列寧和平獎，當總書記，一九七七年起擔任國家元首——這些人都習於因循守舊。沒什麼誘因要他們自找麻煩，拆自己的台，他們只想平靜無事度過餘生。[17]

「真正存在的社會主義」運作不良且受唾棄這一事實本身，並不表示社會主義必敗無疑。在由他人代為宣讀的一九七一年諾貝爾獎受獎演說中，索忍尼辛以激動人心的語調斷言，「謊言一旦遭戳破，暴力的真面目就會以令人反感的種種形式公諸於世，然後，變得老朽的暴力將會垮掉。」但事實並非如此。蘇聯暴力的真面目老早就被揭露——且在一九七九年入侵阿富汗一事中再度暴露於世人眼前——共產主義的謊言在一九六八年後逐步被戳破。

但共產主義制度垮台的時間還沒到。列寧對歐洲歷史的特殊貢獻，乃是綁架歐洲激進主義的離心政治遺產，透過一新的獨占式控制制度，使那遺產為權力所用：將權力毫不遲疑地集中於一地和強行保留於一地。共產主義制度或許會在邊陲地區不斷受腐蝕；但促成其最後瓦解的第一槍，只能從中央發出。在共產主義的敗亡史裡，新類型反對勢力在布拉格或華沙的驚艷登場，只是初期階段的告一段落。但在莫斯科，新一類領導階層的問世，將是結束的開始。

17 此外，一如布里茲涅夫，他們是當時最大的消費者之一。當時有則蘇聯笑話說，這位蘇聯領導人帶母親參觀他的夏季別墅、車子、狩獵木屋。「真棒，萊奧尼德（即布里茲涅夫），」她說。「但如果共產黨重新執政怎麼辦？」

19

舊秩序的終結
The End of the Old Order

我們不能再這樣生活下去。

戈巴契夫（向妻子講的話，一九八五年三月）

✣ ✣ ✣

對壞政府來說，最危險的時刻就是它開始改革自己時。

阿勒克西・德・托克維爾

✣ ✣ ✣

我們無意傷害民主德國或破壞其穩定。

西德兩德關係部長，海因利希・溫德倫

✣ ✣ ✣

歷史經驗顯示，共產主義有時受情勢所逼而理性行事，同意妥協。

亞當・米奇尼克

✣ ✣ ✣

各位，你們的政府已經回來了。

瓦茨拉夫・哈維爾，總統演說，一九九〇年一月一日

19 舊秩序的終結 The End of the Old Order

說到共產主義的垮台，傳統說法從波蘭談起。一九七八年十月十六日，克拉科夫樞機主教卡羅爾．沃伊提瓦（Karol Wojtyła）被選為教宗，名號若望．保祿二世，成為史上第一位出任教宗的波蘭人。他的出線所激起的期待，在現代史上前所未見。在天主教會裡，有些人認為他可能是激進分子——他年輕（一九七八年被選為教宗時只有五十八歲，三十幾歲時就被任命為克拉科夫大主教），但已是參加過第二次梵蒂岡大公會議的老鳥。他精力充沛且具群眾魅力，將完成教宗若望二十三世和保祿六世未完成的志業，且將把羅馬教會帶進新時代。他與其說是羅馬教廷高級官員，不如說是個牧師更為貼切。

在這同時，保守的天主教徒，在沃伊提瓦堅守神學立場的名聲中，在他從共產主義統治下擔任神父、高級教士的歷練所生出的道德、政治絕對主義裡，找到慰藉。儘管願意接受知識交流和學術辯論，而有「觀念教宗」（pope of ideas）的稱號，他卻不會與教會的敵人妥協。一如樞機主教若瑟．拉辛格（Joseph Ratzinger）——具影響力的教廷傳信部部長（和繼若望．保祿二世之後出任教宗者）——沃伊提瓦已被若望二十三世的改革所激起的激烈餘震，嚇掉了早年的改革熱情。選上教宗時，他在教義上和行政治理上都已是保守派。

卡羅爾．沃伊提瓦的波蘭人出身和他悲慘的早年生活，有助於說明他異於常人的堅信和他主持羅馬教廷的特殊風格。他八歲喪母（三年後還將失去他的哥哥愛德蒙；他僅存的至親——父親，則在沃伊提瓦十九歲時死於戰時）。母親死後，他被父親帶到卡爾瓦里亞．澤布日多夫斯卡（Kalwaria Zebrzydowska）的聖母堂，接下來幾年裡常去那裡朝聖——澤布日多夫斯卡，一如琴斯托霍瓦（Częstochowa），是現代波蘭境內重要的聖母瑪利亞朝聖地。十五歲時，沃伊提瓦已是他家鄉瓦多維采（Wadowice）鎮的聖母會會長，他崇拜聖母瑪利亞的傾向（促成他對婚姻與墮胎之頑固立場的傾向），由此早早就露出端倪。

這位新教宗的基督教願景，扎根於救世主觀念特別濃厚的波蘭天主教作風。在現代波蘭，他不只看到天主教世界裡苦難重重的東部邊陲，還看到被選為在對抗東方無神論、西方拜金主義的雙重鬥爭中，充當教會榜樣與利劍的土地與人民。[1]這一點，加上他長年在克拉科夫服務，與西方神學思潮、政治潮流沒有接觸，大概說明了他為何傾向於抱持地域性的、有時令人苦惱的波蘭基督教觀。[2]

但那也說明了他祖國人民為何對他懷有那種前所未見的高昂熱情。從一開始，這位教宗就棄絕其前幾任教宗默然認同現代性、世俗主義、妥協作風的世界主義立場。他在國際上大肆露臉——加上在大型公開場合，精心策畫過，搭配有超大型耶穌受難像和一應俱全的燈光、音效，充分掌握戲劇表演時機的演出——絕非隨興之作。他是個把自己和自己的信仰帶到全世界的「大教宗」：帶到巴西、墨西哥、美國、菲律賓；帶到義大利、法國、西班牙；但最重要的，帶到波蘭。

若望．保祿二世揚棄前幾任教宗謹小慎微的「東方政策」，一九七九年六月二日抵達華沙，受到大批仰慕群眾的熱烈歡迎。他在位期間三赴共產波蘭進行戲劇性的「朝聖」之旅，這是第一趟。他的出現證實且強化了天主教會在波蘭的影響力；但這位教宗想做的，不只是為基督教在共產主義下的消極求生背書。令他底下的主教偶爾感到不安的是，他開始公開且清楚地阻止波蘭和東歐其他地方境內的天主教徒與馬克思主義妥協，昭告世人他的教會不只是沉默的聖所，還是支撐道德、社會權威的替代性支柱。

誠如波蘭的共產黨人所清楚了解的，天主教會這一立場上的轉變——從妥協變抵抗——能破壞波蘭當地局勢的穩定，令共黨的一黨專政地位受到公開挑戰。這有一部分是因為波蘭人仍絕大部分是虔誠天主教徒；但主要是教宗本人所致。但對於這樣的發展，共黨當局幾乎是無力阻止——如果不准教宗訪問波蘭或不准他在波蘭講話，只會使數百萬崇拜他的人更心向於他，使他們與黨更疏離。即使在波蘭實施戒嚴之後，當教宗於一九八三年六月再度來到波蘭，在華沙的聖約翰大教堂向他的「同胞」談到他們的「失望與羞辱，他們的苦難與沒有自由」時，共黨領導人也只能佇立聆聽，不敢造次。在透過電視轉播的演說中，他告訴坐立難安的雅魯塞爾斯基（Wojciech Jaruzelski）將軍，「波蘭得在歐洲國際大家庭裡，在東歐與西歐之間，找到正確的位置安坐下來。」

史達林曾論道，教宗沒有槍桿子。但上天不盡然都站在強者那一邊：若望．保祿二世沒有軍隊，但他以頻頻曝光——和挑對時機——來彌補這缺憾。一九七八年時波蘭已處於社會劇變的邊緣。自一九七〇年、一九七六年兩次工人暴動，促成食物價格暴漲起，第一書記愛德華．吉瑞克就拚命想消除民怨——而如前面已提過的，主要的作法是向外大量舉債和利用貸款供應波蘭人食物補貼和其他消費性產品。但這套辦法漸漸不管用。

1 猛烈抨擊拜金和傲慢之罪，當然是天主教會所應為之事。但卡羅爾．沃伊提瓦更有過之。當上教宗的三年前，他在梵蒂岡的一九七五年大齋節儀式中就清楚宣示，教會面臨的兩大威脅，消費主義和迫害，前者的威脅遠較嚴重，因而是更需嚴正看待的敵人。

2 由他最初支持在奧許維茨建加爾默羅會女修院，後來鑑於國際抗議聲浪而撤回支持，就可說明此點。他將戒嚴下的波蘭率爾稱作一個「大集中營」，反映了類似的侷限。

拜雅切克・庫隆的工人捍衛委員會成立之賜，知識界反對分子和工人領袖這時合作程度遠超過從前。眼見「自由」（亦即非法）工會在數個工業城、沿海城鎮小心翼翼地出現——以卡托維采（Katowice）、格但斯克兩地為先聲——工人捍衛委員會的領導人於一九七九年十二月擬訂了《工人權利憲章》以因應新局：該憲章提出的要求包括自治權、黨退出工會、罷工權。可想而知，當局的反應乃是逮捕行動派知識分子，使鬧事的工人失去工作——其中包括當時還沒沒無聞的電工萊赫・華勒沙[3]和其他十四名在格但斯克的電力公司（Elektromontaż）上班的員工。

若沒有教宗造訪波蘭，這個半地下化的工人權利運動組織是否還會繼續壯大，不得而知。但教宗最近造訪波蘭，以及該組織的發言人斷定共黨政權擔心國際反彈而不會暴力反擊，無疑使他們更敢於抗爭。但他們的組織仍是由行動主義者所組成、規模甚小且雜亂無章的網絡型組織。真正促成廣大人民支持他們者，乃是一九八〇年七月一日共黨試圖——十年來第三度——以宣布肉價立即調漲來解決其經濟難題。

宣布隔日，工人捍衛委員會公開自封為「罷工新聞處」。接下來三個星期裡，罷工抗議從烏爾蘇斯拖拉機工廠（一九七六年抗議活動地點）蔓延到國內各大工業城，八月二日傳到格但斯克和該市的列寧造船廠。造船工人占領該船廠，自組非正式的工會「團結工聯」（Solidarność），領導人是華勒沙，他在一九八〇年八月十四日翻牆進入造船廠，躋身全國性罷工運動領導階層。

共黨當局的本能反應——逮捕「帶頭分子」，孤立罷工者——無效，轉而拖待變、分化敵人。在庫隆、亞當・米奇尼克等工人捍衛委員會的領導人遭短暫拘留訊問時，共黨當局破天荒派遣政治局代表到格但斯克與「講理」的工人領袖談判。但其他知識分子——史學家布羅尼斯瓦夫・蓋雷梅克（Bronisław Geremek）、天主教徒律師塔德烏斯・馬佐維耶斯基（Tadeusz Mazowiecki）——前來格但斯克協助罷工者談判，而罷工者堅持以他們自己選的發言人，特別是名氣日增的華勒沙來代表他們。

共黨政權不得不軟化立場。九月一日，警方釋放所有還在押者，兩個星期後，波蘭國務院正式承認罷工者的主要要求，即組成、登錄自由工會的權利。不到八星期，普見於波蘭各地的各種非正式罷工組織和權宜性工會，即合併為令當局再也無法視而不見的單一組織：一九八〇年十一月十日，團結工聯成為共產國家裡第一個合法的獨立工會，會員據估計達一千萬。隔年九月，團結工聯第一次召開全國性代表大會，華勒沙獲選為主席。

從一九八〇年十一月到一九八一年十二月，波蘭處於既興奮又不安，前途未卜的狀態裡。華勒沙的顧問——謹記過去的錯誤，唯恐激起受辱的共黨領導階層反彈——呼籲步步為營。這將是場「自我設限的革命」。謹記一九五六、一九六八年教訓的雅切克・庫隆，堅稱會繼續支持「社會主義制度」，重申團結工聯接受「黨的領導角色」——沒人想給華沙或莫斯科當局出動坦克的藉口。

自我設限的作法，在某種程度上收到效果。團結工聯公開的行動計畫，不碰政治性鮮明的議題——解除軍備或外交政策——而把焦點放在捍衛工人委員會既定的「社會實踐」策略：與天主教會建立關係（亞當・米奇尼克特別熱衷於此，他決意打破波蘭左派的傳統反教權主義立場，與

3 譯按：Lech Wałesa，若按波蘭語發音，應是萊赫・瓦文薩。

新近重振活力的天主教領導階層結盟）；組成地方工會與工廠委員會（factory council）；要求職場自我管理和社會權利（後者一字不差地套用自日內瓦國際勞工組織的公約）。

但在共產主義下，即使這類小心「不觸碰政治」的辦法，都必然因為黨不願給予**任何**實質的管轄權或自治權而難以如願。此外，經濟繼續惡化：隨著波蘭新加入工會的工人開會、抗議、罷工以逼迫當局滿足他們的要求，波蘭工業生產於一九八一年間崩潰。從華沙看來，特別是從莫斯科看來，波蘭已脫軌，波蘭政權愈來愈無法控制大局。這也向鄰國立下了壞榜樣。小心翼翼的團結工聯領導人極力避免引起當局反彈，但終究難逃布達佩斯、布拉格當年的下場。

一九八一年二月，沃伊切赫．雅魯澤爾斯基將軍已從國防部長升任總理，取代這時已名譽掃地的吉瑞克。十一月，他接替史塔尼斯瓦夫．卡尼亞（Stanisław Kania）成為黨書記。在確定得到軍方支持，且有蘇聯領導階層鼓勵他以強有力行動阻止波蘭失控之後，他迅即著手終結雙方都知道不可能無限期繼續下去的情勢。一九八一年十二月十三日——美蘇正在日內瓦談判核武裁減事宜時——雅魯澤爾斯基宣布波蘭戒嚴，官方說法是為預防蘇聯干預。團結工聯領導人和顧問遭大舉逮捕入獄（但工聯本身直到隔年變成「地下」組織時才正式遭禁）。[4]

在一九八九年後回頭看，團結工聯的崛起，像是與共產主義的決戰時發出的第一炮。但把一九八〇至一九八一年的波蘭「革命」，視為從一九七〇年就開始，工人針對黨充滿壓抑且無能的經濟管理所展開的愈來愈強的抗議行動的最終章，較為貼近事實。憤世嫉俗的無能、追求名利的野心、遭虛擲的生命；價格上漲、罷工抗議、鎮壓；地方工會自發成立和異議知識分子積極入世；同情與支持天主教會：這些是公民社會重生過程中常見的中途休息站。而安德烈．華依達（Andrzej Wajda）所導演的《大理石人》（*Man of Marble*，一九七七）和《鐵人》（*Man of Iron*，一九八一）——描寫共產波蘭遭辜負之錯覺和重燃希望的說教式電影——生動描述了這些休息站。

但它們所代表的意義也就只是如此。它們本身談不上是共產政權垮台的先兆。誠如米奇尼克、庫隆等人在戒嚴前後所持續主張的，可以從內部、從底層持續削弱共產主義，但不可能直接推翻它。誠如屢試不爽的歷史教訓所揭示的，公開對抗將會是一場大災難。沒錯，（直到一九八三年七月才廢除的）戒嚴法和接下來的「戰爭狀態」，正表明共黨當局的某種失敗——至這時為止，除了波蘭，沒有哪個共產國家被逼到這樣的處境，米奇尼克稱那是「極權主義國家的災難」（在這同時也承認那是「獨立社會的（重大）挫敗」）。但共產主義把權力看得最重要，而權力不在華沙，在莫斯科。波蘭的情勢是有關共產主義瓦解的敘事上，一個令人振奮的序曲，但終究是次要的事件。真正重大的發展在其他地方。

波蘭境內壓制反對勢力的作為，使一九七〇年代晚期開始，日益冷卻的東、西方關係，降到更低點。但後來被稱作「第二次冷戰」的當時情勢，不該被誇大：布里茲涅夫和雷根都一度指控對方考慮、甚至打算動用核戰，但不管是蘇聯還是美國都無意走到這一步。[5] 隨著《赫爾辛基協

4 在梵蒂岡鼓勵下，美國將於團結工聯在地下活動那些年提供大量金援——據某些人的估計達五千萬美元。

5 不過，一九八一年十一月雷根上台初期曾失口透露，歐洲若發生核戰，不見得會導致武器交鋒。華盛頓的西歐盟友們極為震驚，他們的強烈抗議程度不亞於莫斯科。

定》的締結，華府和莫斯科似乎都認為冷戰正以各蒙其利的方式結束。事實上，歐洲的局勢正合美蘇兩大強權的意，美國這時候的作為很像一八一五年拿破崙戰敗後幾十年間的沙俄：亦即扮演某種大陸警察，其存在使現狀不會再被不聽話的革命勢力破壞。

但東西歐的關係正日益惡化。一九七九年十二月蘇聯入侵阿富汗——大體上是在外長安德烈．葛羅米柯（Andrei Gromyko）唆使下採取的行動，其目的乃是在敏感的蘇聯南疆恢復一穩定且聽話的政權——促使美國抵制即將在莫斯科舉行的一九八〇年奧運（一九八四年的洛杉磯奧運，蘇聯集團集體抵制予以回敬），使美國總特卡特公開修正「本人對蘇聯最終目標的看法」（一九八〇年一月一日《紐約時報》）。這一入侵行動也使西方領袖確信，兩個星期前在北約高峰會上，他們決意在西歐部署一百零八枚新「潘興二型」飛彈和四百六十四枚巡弋飛彈的決定，實屬明智——這一決定則是在回應莫斯科於烏克蘭部署新一代SS20中程彈道飛彈。新一輪武器競賽似乎愈來愈火熱。

對於核子飛彈的用處，誰都非常清楚，一旦發生核戰將首當其衝的那些西歐國家的領袖尤其清楚。作為戰爭工具，這類武器特別不管用——不能拿來攻擊，只適於擺著好看；但作為嚇阻工具，核武有其用處——如果對手相信你最終可能用它的話。無論如何，一九八〇年代初期，華沙公約組織已擁有五十多個步兵師和裝甲師、一萬六千輛坦克、兩萬六千輛戰鬥車輛、四千架戰鬥機，在這樣的情勢之下，西歐只能靠核武來保衛。

英國首相（瑪格麗特．柴契爾和其前任詹姆斯．卡拉漢）、西德總理、比利時、義大利、荷蘭的領袖，為何全都歡迎這些新的戰場飛彈，同意讓它們部署在自己國土上，原因在此。對西方聯盟一事新近大為熱衷的法國總統密特朗，興致尤其高：一九八三年一月向德國聯邦議院議員演說時，他疾呼西德人堅守立場，儘快採用美國最新飛彈。[6]

「新」冷戰重新引發恐慌，恐慌程度之深，與眼前議題的嚴重性不成比例，與大部分參與者的意圖也不成比例。在西歐，反核反戰運動在新一代「綠色」行動主義者的加持下再度抬頭。在英國，各類狂熱且出身英格蘭的女權主義者、環保人士、無政府主義者，與他們所動員來的親友，一起對部署巡弋飛彈的格林翰康芃（Greenham Common）基地發動長期的圍城——耐心忍受的該基地美國駐軍則大惑不解。

在西德，反對運動最為壯大。在該國，社會民主黨總理赫爾穆特．施密特不得不在他黨內的左派成員投票反對讓新飛彈進駐後，辭職下台——後來，繼他接任總理的基督教民主黨人赫爾穆特．柯爾，同意並部署了新飛彈。[7]中歐成立非核化中立區的虛幻遠景，仍是許多德國人所憧憬的，西德著名的綠黨、社會民主黨成員，呼應東德官方的呼籲，反對核武進駐——在一九八三年十月於波昂舉行的某場示威中，前總理威利．布蘭德促請支持此議的三十萬群眾一起要求政府單方面宣布棄絕任何新飛彈。所謂的克雷菲爾德訴求（Krefeld Appeal）——反對在聯邦德國境內部署巡弋、潘興飛彈的訴求——得到兩百七十萬人連署。

不管是入侵阿富汗，還是波蘭的「戰爭狀態」，都未能在西歐引起多大的關注，即使在西歐的官場亦然（事實上，西德總理施密特得悉雅魯澤爾斯基宣布戒嚴後，其初步反應乃是在一九八

6 當然，說到讓潘興飛彈或巡弋飛彈部署在法國本土，那是絕不可能……

7 一九九〇年後發現，在那些年裡，至少有二十五位德國聯邦議員是拿錢替東德辦事的東德代理人。

二年二月派一高階的個人代表前去華沙，協助打破波蘭的「孤立」）。[8]對「反戰人士」來說，華沙境內的鎮壓，遠不如華府的好戰言論令他們不安。北約決定部署新飛彈的同時，也主動表示願協商減少這類武器（所謂的「雙軌」辦法），但情勢似乎愈來愈清楚，新總統上任後的美國已採取侵略性的新戰略。

華府的好戰言談，有許多只是口頭說說——雷根要求「讓波蘭就是波蘭」或把莫斯科叫做「邪惡帝國」（一九八三年三月）時，他是在說給國內聽眾聽。畢竟，也就是雷根這位美國總統展開核武裁減談判，主動表示若蘇聯拆除其中程彈道飛彈，美國就會撤回其同類飛彈。但美國事實上正在大舉重新武裝。一九八一年八月，雷根宣布美國將儲備中子彈。一九八二年十一月，美國違反戰略武器裁減條約，宣布成立MX洲際彈道飛彈系統，五個月後，宣布推動戰略防禦計畫（Strategic Defense Initiative，又稱「星戰」計畫），促使蘇聯以可信的理由抗議美國違反一九七二年的反彈道飛彈條約。對阿富汗、中美洲的正式軍援和暗中支持有增無減。一九八五年，美國國防支出成長百分之六，是承平時期前所未見的高成長。[9]

一九八一年九月，雷根就已警告，若沒有可核實的核武協定，將會出現軍備競賽，而若出現軍備競賽，美國將會是贏家。事實發展果真如此。事後來看，有人會認為美國加強軍備，乃是使蘇聯制度破產、最終瓦解的高招。但這大悖事實。蘇聯玩不起它早在一九七四年就開始玩的軍備競賽。但共產主義不會只因為破產就垮台。

第二次冷戰和美國的公開叫戰，無疑使已顯老態、運作不良的制度更顯吃力。蘇聯已打造出打敗希特勒、占領半個歐洲、在武器上和西方不相上下的軍事機器——但為此付出慘重代價。蘇聯國力最盛時，約有三至四成的國內資源花在軍事上，比例上是美國的四至五倍。許多蘇聯專家已看出，他們的國家無力長久背負這樣的負擔。長遠來看，這一跨越數代之久的建軍備戰作為，終究會拖垮經濟。

但至少在短期內，對外的緊張關係，大概有助於支撐蘇聯政權。蘇聯或許是個大陸規模的波坦金村（Potemkin village）——用施密特簡潔用力的話說，「擁有飛彈的上伏塔」——但它畢竟擁有那些飛彈，而且那些飛彈使擁有它們者得到某種地位和尊重。此外，老邁的蘇聯領導人，特別是格別烏頭子尤里·安德洛波夫（Yuri Andropov），把美國威脅很當一回事。一如他們的華府對手，他們真的相信對方在考慮打先發制人的核子戰爭。雷根的強硬路線，特別是他的戰略防禦計畫，使老邁的蘇聯領導階層更不願妥協。

蘇聯領導階層在軍事上真正面臨的兩難，不在歐洲，也不在華府，而是在喀布爾。誠然，卡特總統遲遲才對蘇聯的戰略野心有所察覺，但一九七九年蘇聯入侵阿富汗，並未在共產主義與自由世界的戰略鬥爭中開闢一新的戰線。入侵阿富汗，毋寧是出於國內的焦慮不安。一九七九年的蘇聯人口普查顯示，蘇聯中亞的人口（大部分是穆斯林）增長幅度，前所未有之高。在蘇聯哈薩

8 一九八一年十二月十三日，波蘭宣布戒嚴那天，施密特正在東德境內與東德領導人何內克舉行「高峰會談」，且心裡有點惱怒，而惱怒主要是因為擔心波蘭情勢發展可能對兩德關係的改善帶來「破壞穩定」的衝擊，而非因為數百名波蘭異議分子入獄。

9 由於國內生產毛額與年俱增，國防支出占美國公共支出的比重，從一九五〇年代中期直到一九七九年，相對來講，持續下降，即使在越戰期間亦然。然後，急遽成長：一九八七年國防支出占聯邦經費的比重，比一九八〇年成長了百分之二十四。

克和與阿富汗接壤的蘇聯諸共和國——土庫曼、烏茲別克、塔吉克——從一九七〇年以來人口成長超過四分之一。接下來十年期間，烏克蘭人口將只成長百分之四，塔吉克則成長將近五成。當時歐俄領導人覺得，歐俄面臨其內部少數民族帶來的人口威脅：有病在身的布里茲涅夫於一九八一年二月的蘇共第二十六屆全國代表大會上坦承，仍有「民族問題」需要處理。

若占領阿富汗後，順利扶植出穩固且友善的喀布爾政權，蘇聯領導人將一箭雙雕。他們將再度確立蘇聯在中東本來搖搖欲墜的影響力，同時向受惑於獨立美夢的新一代蘇聯穆斯林發出「明確訊息」。但眾所皆知的，蘇聯在阿富汗失敗收場。布里茲涅夫、葛羅米柯和他們的將領，不只忽略了越戰教訓，重蹈美國的許多覆轍，還忘掉八十年前沙俄在同一地區的挫敗。結果，蘇聯欲在陌生且充滿敵意的地區維持一傀儡政權，激起從境外取得武器和資金的游擊隊和伊斯蘭聖戰士的強硬反抗。此舉未「解決」帝國本身的民族問題，反倒火上加油：蘇聯所支持的喀布爾馬克思主義政權，對於莫斯科在伊斯蘭世界（不管是國內還是國外的伊斯蘭世界）的地位，幫助不大。

簡而言之，阿富汗對蘇聯來說是場災難。它對一代應徵入伍兵所帶來的心理創傷，後來才會浮現。到了一九九〇年代初期，打過阿富汗戰爭的老兵，據估計五分之一喝酒成癮；在蘇聯解體後的俄羅斯，其他的阿戰老兵，有許多人找不到固定工作，投身極右派的民族主義組織。但在那之前許久，就連蘇聯領導人自己都看出自己有多失策。在阿富汗山區打了十年的消耗戰，除了損失人員、物資，還使蘇聯在國際上久久抬不起頭。這場戰爭使蘇聯在可預見的將來都再也無法出兵境外：誠如政治局委員葉戈爾·利加喬夫（Yegor Ligachev）後來向美國記者大衛·倫尼克（David Remnick）所坦承的，阿富汗戰爭之後，再也不可能派兵東歐。

19 舊秩序的終結 The End of the Old Order

一場新殖民主義冒險（大敗收場的冒險）所帶來的衝擊，蘇聯竟如此承受不了，正局部說明了蘇聯潛在的脆弱。但阿富汗戰爭慘敗本身，一如八〇年代初期軍備競賽日益升高所帶來的成本，不至於導致蘇聯瓦解。在統治蘇聯那些老人的恐懼、惰性、自私心態支撐下，布里茲涅夫的「停滯時代」本有可能無限期維持不墜。不管是在蘇聯境內，還是在其附庸國境內，都沒有能讓蘇聯垮台的相抗衡權威和異議組織。這件事，只有共產黨人做得到，而且真的是「一位共產黨人」做到了。

共產主義計畫的大前提，乃是相信歷史法則，相信集體利益始終會壓下個人動機、行動。因此，它的命運最終竟由人的際遇來決定，實在令人深感諷刺。一九八二年十一月十日，老早就形同死人的布里茲涅夫終於去世，享年七十六歲。繼任者安德洛波夫已六十八歲，且健康不佳，才一年多，還未能落實他所打算的任何改革，就撒手人寰，由康斯坦丁．契爾年科（Konstantin Chernenko）接任總書記。契爾年科已七十二歲，健康極差，一九八四年二月在安德洛波夫葬禮上致詞時，很勉強才講完他要講的話。十三個月後他也辭世。

這三位都生於一次大戰前的老共產黨員短時間內相繼去世，代表了某種跡象：親身經歷過蘇聯布爾什維克那段發跡史，且個人生命和從政生涯都受過史達林摧殘的那一代黨領導人，正逐漸凋零。他們承繼且督管的行政系統，獨裁、由老人統治、且把自身的存活視為第一要務：在布里茲涅夫、安德洛波夫、契爾年科長大成人的那個世界，光是壽終正寢，就是難得的福份。但此後，那個世界將由年輕一輩來治理：這些人的獨裁本性和前輩一樣強烈，但除了著手處理從上到下困擾整個蘇聯制度的腐敗、停滯、效率不彰諸問題，他們幾乎別無選擇。

契爾年柯死後，由一九八五年三月十一日當選為蘇共總書記的戈巴契夫接任。他於一九三一年生於俄羅斯南部斯塔夫羅波爾（Stavropol）地區的某個村子，四十一歲就當選為中央委員會委員。然後，又過了十三年，就成為黨的最高領導人。戈巴契夫不只比前幾任蘇聯領導人年輕二十歲，也比柯林頓之前的歷任美國總統年輕。他的平步青雲得到安德洛波夫的提拔，而且外界普遍認為他可能有改革之意。

他的確是改革者，但談不上是激進改革者。戈巴契夫是很典型的黨工，在黨內逐步往上爬，一九五六年擔任斯塔夫羅波爾地區共青團的第一書記，接著擔任該地區國營農場委員會書記，然後在一九七〇年被選入最高蘇維埃。這位新領導人體現了他那一代共產黨人共有的許多想法：他從未公開批判黨或黨的政策，但深受一九五六赫魯雪夫批判史達林之舉的影響，且為之大為振奮，後來卻失望於赫魯雪夫時代的錯誤，對接下來布里茲涅夫當政二十幾年間的壓抑和怠惰感到絕望。

從這角度來看，戈巴契夫是典型的改革派共產黨員——一九五〇年代初期在莫斯科大學法學院就讀時，他與後來在一九六八年布拉格之春中扮演中心角色的日得涅克·姆萊納交情甚篤，絕非偶然。但一如他那一代所有有心改革的共產黨員，戈巴契夫把共產主義信仰擺第一位，在這信念下從事改革。誠如他在一九八六年二月接受法國共黨報紙《人道》訪問時所說明的，列寧的共產主義在他眼中仍是美好且未受玷污的理想。史達林主義?「那是反共者所捏造出來，大肆用來抹黑整個蘇聯和社會主義的概念。」[10]

•••

蘇聯共黨總書記說出這樣的話毫不令人意外，即使在一九八六年時亦然。但戈巴契夫的確打從心底認同這想法，他所開啟的改革很有心走列寧主義——或「社會主義」——路線。事實上，戈巴契夫很可能比此前某些蘇聯領導人更認真看待社會主義：赫魯雪夫曾公開表示，他若是英國人，會把票投給保守黨；戈巴契夫最欣賞的外國政治人物則是西班牙的菲力佩．岡薩雷斯，這樣的差異絕非偶然。後來，這位領導人認為最接近他政治理念者，就是菲力佩．岡薩雷斯所主張的那種社會民主主義。

戈巴契夫被寄予如此厚望，主要反映了蘇聯國內毫無反對勢力這一事實。只有黨能收拾它自己製造出的亂局，而且黨運氣好，選出一位有幹勁且有行政經驗來執此行事者當領導人。因為就蘇聯高級官員來說，戈巴契夫的學歷特別高，書讀得多，而且還展現鮮明的列寧主義者特質：為實現目標，願意放下理想。

接下蘇聯共黨總書記，戈巴契夫承接的是什麼樣的爛攤子，誰都很清楚。七〇年代幾次走訪西歐，所見所聞令這位新領導人印象深刻，因此從一開始他就打算把主要心力放在徹底革新停滯不前的蘇聯經濟，破除頭重腳輕之蘇聯政府機關相因相循的效率不彰和腐敗。由於石油是蘇聯最大的出口品，而國際油價從七〇年代晚期的高峰往下滑，蘇聯外債跟著持續攀升：一九八六年達三百零七億美元，一九八九年將達五百四十億美元。一九七〇年代期間經濟幾乎沒有成長，這時甚至已在萎縮：在質上始終不如人的蘇聯產出，這時連量也變得不足。獨斷訂定的中央計畫目標、普遍的短缺、供給瓶頸、缺乏物價指標或市場指標，使經濟變成一灘死水。

10 事實上，戈巴契夫一家在史達林統治期間受害甚大：他的祖父和外祖父於史達林整肅期間或被關或遭流放。但這位蘇聯新領導人直到一九九〇年十一月才坦承此事。

匈牙利等共黨國家經濟學家老早就體認到，在這樣的制度裡，「改革」的起點在於下放定價權、決策權。但這碰到幾乎無法克服的障礙。除開波羅的海居民，蘇聯境內幾乎沒人對市場經濟或獨立經營農場——如何製造產品、予以定價或找到買家——有親身經驗。即使在一九八六年頒行《個人勞動活動法》，放行有限（小規模）的私人企業之後，自己做生意者仍是出奇地少。三年後，整個蘇聯境內，兩億九千萬人口中，仍只有三十萬名企業家。

此外，任何有心改革經濟者，都面臨雞與蛋孰先的兩難。如果經濟改革的開端在於下放決策權或賦予地方經濟自主權、放棄遙遠中央的指導，生產者、經理人或企業家在沒有市場的情況下要怎麼做？短期而言，由於人人退回到地區性自給自足經濟，乃至退回到本地的以物易物經濟，短缺和瓶頸會**變多**，而非變少。另一方面，事情不只是宣布成立「市場」這麼單純。在數十年來「資本主義」一直受到官方痛斥、厭惡的社會裡，市場這字眼會帶來嚴重政治風險（戈巴契夫本人直到一九八七年晚期才提及市場經濟，而且即使在那時，也只提到「社會主義市場」）。

要改革，就要打破舊原則：要嘗試以政府權力創立一些受特別照顧、不受官僚體系掣肘、原料與專門技能勞力供應無虞的企業。改革者推斷，這些企業將成為其他類似企業效法的成功榜樣，甚至可獲利的榜樣：目標是達成有所節制的現代化，逐步適應隨需求而變動的定價、生產。但這一辦法的成功，建立在當局能透過行政命令創造有效率的企業上，而因為這前提，這辦法注定失敗。

黨若是將稀少的資源大量投入一些模範農場、工廠或服務性事業，的確能打造出暫時能存活、甚至在名目上能獲利的企業——但一定要給予巨額補貼、其他較不受特別照顧的企業則會垮掉。結果就是更多的扭曲和失望。在這同時，農場經理和地方主管，不確定大局走向，於是兩面下注以防政府走回計畫經濟的老路，結果把能拿到的東西都儲備下來，以防中央管制再度收緊。

在批評戈巴契夫的保守人士眼中，改革是道已經餿了的菜。從列寧的「新經濟政策」開始，自一九二一年起，蘇聯每次的改革計畫都以同樣方式展開，以同樣理由停擺。真正的經濟改革，意味著得放鬆或廢除控制。這不只一開始就在初期會使它所欲解決的問題惡化，還意味著會走到它所說的：失去控制權。但共產主義靠控制來維繫——事實上，共產主義*就是*控制：控制經濟、控制知識、控制遷徙、意見、人員。其他每樣東西都是辯證法，而辯證法——一如某資深共產黨員在布痕瓦爾德向年輕的豪爾赫．森普倫所解說的——「就是一門總能化險為夷的技藝」。[11]

戈巴契夫很快就看出，若要在解決蘇聯經濟困境時化險為夷，就得認同蘇聯經濟難題不能孤立處理的觀點。它只是更大問題的表徵。蘇聯的統治階層，基於既得利益，極力想維持遂行指令式經濟的政治手段、制度性工具；蘇聯普見的小荒謬和無日無之的貪腐，正是他們權力的來源。黨要改革經濟，就得先改革自己。

這也談不上是新想法——列寧和其後的蘇聯領導人在位期間，定期性的整肅都高舉類似的目標。但時代不一樣了。蘇聯再怎麼壓抑、落後，都已不再是殘忍、極權的暴政國家。拜赫魯雪夫推行的浩大安居計畫，大部分蘇聯家庭這時住在自有的公寓裡。這些低租金的公寓，長得難看，效率不好，卻讓老百姓得到此前幾代人無緣享有的某種程度的隱私、安全：他們不再那麼易受告

11 'Mais c'est quoi, la dialectique?' 'C'est l'art et la manière de toujours retomber sur ses pattes, mon vieux!' Jorge Semprún, *Quel Beau Dimanche* (Paris: Grasset, 1980), p. 100.

密者危害，也不太可能被鄰居或姻親向當局出賣。對大部分人來說，恐怖年代已過去，至少對戈巴契夫那一代人來說是如此。大規模逮捕、黨內整肅的時代不可能重現。

為打破黨組織的箝制，推動其經濟重整計畫，這位總書記轉而採取「開放」（glasnost）政策：官方鼓勵人民公開討論受嚴密限制的多種主題。藉由讓人民更了解即將到來的改變，藉由提高公眾的期望，戈巴契夫將打造出有利的民氣，讓他和他的支持者可藉以削弱政府內部的反改革勢力。這也是老招，有心改革的沙皇很熟悉的一招。但對戈巴契夫來說，一九八六年四月二十六日的大災難，讓他了解到打開官場封閉心態刻不容緩。

那一天凌晨一點二十三分，烏克蘭車諾比核電廠四具巨大石墨反應爐的其中一座爆炸，釋放出一億兩千萬居里的放射性物質——比廣島、長崎原爆釋放出的放射性物質**加總**，還多了一百多倍。放射性墜塵往西北飄到西歐、斯堪地納維亞，遠至威爾斯、瑞典，據估計有五百萬人遭到波及。除了三十名緊急搶救工人當場喪命，因曝露於車諾比放射性物質引發的併發症而死亡者，至本書寫成時已約三萬人，其中有兩千多人是死於甲狀腺癌的核電廠周邊居民。

車諾比不是蘇聯環境災難的頭一遭。在車里雅賓斯克四十（Cheliabinsk-40），即烏拉山區葉卡捷琳堡（Ekaterinburg）附近的一個秘密研究場所，一個裝了核廢料的容器爆炸，使八公里寬、一百公里長的地區受到嚴重污染。七千六百萬立方公尺的放射性廢料流進烏拉山水系，使該水系受污染數十年。最後有一萬人撤離，二十三個村子剷平。車里雅賓斯克的反應爐屬於蘇聯第一代原子設施，一九四八至一九五一年由奴工建成。[12]

其他類似程度的人為環境災難，包括污染貝加爾湖；毀掉鹹海；在北冰洋和巴倫支海棄置數十萬噸退役的原子動力海軍船艦和它們的放射性物質；使西伯利亞諾里爾斯克（Norilsk）周邊相當於義大利面積的一塊地區，受到鎳生產過程產生的二氧化硫污染。這些和其他生態災難，全是漠不關心、管理不善、蘇聯對待自然資源的「刀耕火種」式心態所直接造成。它們是秘密文化的產物。車里雅賓斯克四十爆炸案，距某座大城只數公里，但數十年後官方才承認有此事——同樣在那座大城，一九七九年，有數百人死於市中心某生物武器工廠外洩的炭疽病。

蘇聯核子反應爐的問題，內部人士知之甚明：有兩份日期分別註明為一九八二、一九八四年的格別烏報告，要當局留心車諾比核電廠三、四號反應爐，（南斯拉夫所供應的）設備「低劣」，有嚴重缺陷（一九八六年爆炸的就是四號反應爐）。但就像這一訊息遭秘而不宣（亦未採取任何行動）一樣，黨領導階層對四月二十六日爆炸案的本能性初步反應，乃是閉口不談——畢竟當時全國有十四座車諾比式核電廠在運作。事情發生整整四天後，莫斯科才首度承認發生了災難，且是以兩句式的官方公報予以交待。

但車諾比事件隱瞞不了：國際不安和蘇聯無力控制住損害，迫使戈巴契夫首先在兩個星期後公開發表聲明，局部承認已發生的事，然後請求外援和外國專門技術。戈巴契夫此舉等於是首度公開讓人民知道政府何等無能，何等不關心人民的安危和健康，而他本人則被迫承認國家問題重重。造成這場災難和試圖掩飾這災難的那些人，其失職、說謊、虛偽不實，不可當作是蘇聯價值觀令人遺憾的反常表現：誠如這位蘇聯領導人所漸漸體認到的，它們**就是**蘇聯價值觀。

12 若列斯·麥德韋傑夫（Zhores Nedvedev）於一九七九年流亡期間出版的《烏拉山核災難》（*Nuclear Disaster in the Urals*）就以此為主題。

一九八六年秋開始，戈巴契夫改弦更張。同年十二月，世上最知名的異議分子，遭軟禁於高爾基的安德烈・沙卡洛夫獲釋，預示了隔年所展開的蘇聯政治犯大量獲釋。審查制放鬆——瓦西里・葛羅斯曼（Vassily Grossman）遲遲無法出版的《生活與命運》（*Life and Fate*），一九八七年終於問世（二十六年前，蘇共意識形態人民委員M・A・蘇斯洛夫曾預言，它「兩三百年」內不可能面世）。警察奉命不再干擾外國電台廣播。一九八七年一月，戈巴契夫透過電視轉播向黨中央委員會演說，闡明為何應該施行較具包容性的民主。這位蘇共總書記選擇這場合演說，越過黨內保守派，直接訴諸全國人民。

到了一九八七年，已有九成多蘇聯家庭擁有電視機，戈巴契夫這一招，最初大為成功：他針對國家的困境開闢實質上公開的半開放辯論場域，打破統治階層對訊息的獨占，如此一來，逼使黨跟進——此前噤聲不語的黨內改革者可以安全說出心裡話，為他提供後盾。一九八七至一九八八年，這位總書記幾乎是在無意之間，在為進行改變打造全國性的支持民意。

非正式組織四處冒出：特別是一九八七年在莫斯科的數學研究所內成立的「重整俱樂部」（Club Perestroika），然後，這組織又催生出名叫「紀念」（Memorial）的組織，「紀念」的成員致力於「使（史達林主義統治期間）受害者的記憶不致湮滅」。這類組織最初驚訝於自己竟能存活下來——畢竟當時蘇聯仍是一黨專政——但不久就迅速發展，愈來愈多。到了一九八八年，戈巴契夫得自黨外的支持，得自蘇聯新興輿論的支持，比重愈來愈大。

事實上，戈巴契夫之改良主義目標的邏輯，和他實際上決定訴諸全國人民以對抗黨內保守批評者一事，已改變了經濟重整（perestroika）的動力。戈巴契夫以執政黨內改革者的身分展開其總書記工作，這時卻愈來愈站在黨的對立面，或至少想規避黨內反改革的勢力。一九八七年十月，戈巴契夫首度公開談到史達林主義的罪行，警告如果黨不提倡改革，黨會失去其在社會上的領導角色。

一九八八年六月的黨代表大會上，他重申其改革、放寬審查的決心，呼籲為隔年人民代表大會的開放性選舉（亦即有至少兩人角逐）作好準備。一九八八年十月，他將一部分主要政敵——特別是長期批評他的葉戈爾．利加喬夫——調到較不重要的職位，讓自己當選最高蘇維埃主席（亦即國家元首），拉下最後一位保守派大將安德烈．葛羅米柯。在黨內，扯他後腿的反對勢力仍很強；但在整個國內，他的民意支持達到巔峰，使他得以放手施為——事實上也正因此，他除了繼續改革，幾乎別無選擇。[13]

一九八九年五／六月的選舉，是一九一八年以來蘇聯境內第一場大致上稱得上自由的選舉。它們不是多黨選舉（要到一九九三年蘇聯已消失數年時才有），由於有許多席次限定只有共黨的候選人才有資格選，且禁止黨內競奪這些席位，選舉結果大體上早預定好；但選出的人民代表裡，有許多具批判性的獨立人士。開票過程透過轉播呈現在約一億觀眾眼前，而沙卡洛夫等人要求加大改革的主張——特別是拔除愈來愈受唾棄的共黨所享有的特權地位——即使是最初不願意照做的戈巴契夫，都無法置之不理。共黨的一黨專政地位正漸漸不保，在戈巴契夫的鼓勵下，人民代表大會將於隔年二月如期投票廢除蘇聯憲法裡賦予共黨「領導角色」的關鍵條款（第六條）。[14]

13 據幾個月後（一九九〇年一月）所做的某項民意調查，戈巴契夫的民間聲望緊追彼得大帝，但遠遠落後於卡爾．馬克思和列寧……

在戈巴契夫和其新任外長愛德華・謝瓦納茲（Edvard Shevardnadze）主導下蘇聯外交政策的重大轉變，使一九八五至一九八九年蘇聯內部的重大變革更為順利。從一開始戈巴契夫就表明他決心讓蘇聯至少卸下其沉重的軍事包袱。上任不到一個月，他就將蘇聯的飛彈部署喊停，接著主動表示願無條件展開核武談判，首先提議並以美蘇各自裁減一半戰略武器。到了一九八六年五月，在與雷根於日內瓦完成一場出奇圓滿的「高峰」會談（史無前例的五次這類會談的其中第一次）之後，戈巴契夫表示，如果將美國的「前沿配置核武器系統」排除在戰略武器談判之外，會有助於談判的進行，那麼他同意這麼做。

一九八六年十月，在雷克雅維克，第二場高峰會談登場，雷根與戈巴契夫雖未能在裁減核武上達成協議，卻為日後的成就奠下基礎。到了一九八七年晚期，謝瓦納茲與美國國務卿舒茲已擬就中程核武條約，隔年簽署、批准。這一條約認可了雷根早先所提的「零選項」提議，從而表明蘇聯接受了贏不了歐洲核戰的看法——且為一九九〇年所簽署，嚴格限制歐陸傳統武力之部署與運作的更重要條約，揭開了序幕。

從華府的角度看，戈巴契夫在武器上的讓步，當然是雷根的勝利——且因此，在冷戰戰略家的零和計算法下，是莫斯科的挫敗。但對於把內政擺優先的戈巴契夫來說，獲致較穩定的國際環境，本身就是勝利。這為他的國內改革爭取到時間和支持。這一連串會談、協定所具有的真正重要的意涵，乃是蘇聯認知到國外的軍事對抗不只勞民傷財，還偏離正軌：一九八六年十月戈巴契夫訪法期間說，「意識形態」不是外交政策的理想基礎。

這些觀點反映了他正開始從新一代蘇聯外交事務專家那兒得到的建議。他的同僚亞歷山大・

雅科夫列夫（Aleksandr Yakovlev）是其中值得注意的一位，雅科夫列夫已清楚看出，透過精心算計過的讓步，比透過徒勞無功的對抗，更能讓蘇聯掌控其外交關係。與戈巴契夫在國內所面臨的棘手難題相反的，外交政策是他能直接掌控且因而可望收到立竿見影的改革之效的領域。此外，大國外交在蘇聯外交關係裡所占的比重，不該予以誇大：戈巴契夫把其與西歐的關係，看得至少和其與美國的往來一樣重——他頻頻走訪西歐，與岡薩雷斯、柯爾、柴契爾建立良好關係（柴契爾認為他是「可以打交道」的人）。[15]

事實上，從重要的方面看，戈巴契夫主要把自己視為以歐洲為優先的歐洲政治家。他之所以著重於結束軍備競賽和核武儲備，與蘇聯改弦更張，自視為歐洲屬性鮮明的強權，有密切關係。他在一九八七年宣布，「應該將軍備降低到純供防禦所需的程度。此刻兩大軍事聯盟該修改各自的戰略構想，以更符合防禦目的。在『歐洲家園』裡每戶人家都有權保護自己，使不受竊賊侵犯，但絕不可為此破壞鄰居的財產。」

本著類似的精神，出於同樣的理由，這位蘇聯領導人從一開始就了解到從阿富汗撤兵刻不容緩。他於一九八六年二月在黨代表大會上表示，用兵阿富汗是蘇聯身上「流著血的傷口」。五個月後他宣布撤回約六千蘇聯部隊，同年十一月完成此一軍隊調度。在與阿富汗、巴基斯坦於日

14 迫使這議題公開化者是沙卡洛夫。他在電視直播的情況下，要求廢除第六條，將一九一八年被共黨「偷走」的權力還給人民代表，戈巴契夫最後關掉沙卡洛夫的麥克風，但已太遲。

15 一九八五年契爾年科的葬禮上，他也特意會晤、歡迎在那之前一直不受莫斯科青睞的義大利共黨領導人亞列桑德羅·納塔（Alessandro Natta）。

內瓦達成協定，並由美蘇兩大國保證該協定的效力後，一九八八年五月，蘇聯部隊開始撤離阿富汗：一九八九年二月十五日最後一批紅軍撤離。[16]

這時誰都看得出，用兵阿富汗並未解決蘇聯的民族問題，反倒予以惡化。如果蘇聯面臨了一些難以駕馭的少數民族，那有一部分是它自己所造成：畢竟是列寧和其後的諸位領導人在境內創造出諸多「民族」，然後按民族劃分行政區，建立共和國。在五十年前民族和獨立國地位還是聞所未聞的那些地方，莫斯科鼓勵以該民族的中心都市（即「首府」）為核心，組成機構和知識階層，作法和其他地方的帝國作為一樣。在高加索地區（即中亞諸共和國），各共和國的共黨第一書記通常都是遴選自當地最大的少數民族。為穩住自己的地盤，這些人可想而知傾向於支持「自己」同胞，特別是在中央政府內開始出現裂縫時。在焦慮不安、一心保護自身利益的地方行政長官想當家作主的念頭拉扯下，黨開始四分五裂。

戈巴契夫似乎未充分理解這過程。他於一九八七年告知黨，「同志們，說真的，我們國家的民族問題已經解決了。」或許他自己都不完全相信自己所說的；但他的確認為放鬆中央控制、處理積壓已久的民怨，將可以解決問題（例如，遭流放亞洲數十年的克里米亞韃靼人，一九八九年終於獲准返回原鄉）。蘇聯這個大陸性帝國，國土從波羅的海綿延到鄂霍次克海，境內有一百多個少數民族，其中大部分民族積怨甚深，而「開放」政策這時鼓勵他們抒發這股怨氣。事實證明，在這樣的帝國裡，上述作法是嚴重失算。

對蘇聯帝國偏遠地區的自治要求，戈巴契夫回應不當，而這其實不令人意外。如先前已提過的，戈巴契夫從一開始就是個「改革派共產黨員」，儘管是個與眾不同的這類改革者：認同改變、重生的需求，但不願抨擊他自小所置身的那個制度的核心信條。一如蘇聯和其他地方境內與他同一代的許多人，他真心相信重拾列寧主義「原則」是惟一的改善之道。對於列寧主義計畫本身可能有問題這觀點，這位蘇聯領導人很晚才接受──直到一九九〇年，他才終於允許公然反列寧主義的作家（如索忍尼辛）的作品在國內出版。

官方對流行音樂所抱持的那種獨特的新包容心態──例如一九八六年十月蘇共機關報《真理報》表示，「搖滾樂有權存在，但前提是旋律優美、富有意義、表現出色」──典型體現了戈巴契夫之早期目標的精神。那正是戈巴契夫想要的：旋律優美、富有意義、表現出色的共產主義。會施行必要的改革，會給予適切的自由，但不會是毫無管理的放任──晚至一九八八年二月，蘇聯政府仍強硬取締獨立出版社和印刷廠。

改革派共產黨員令人覺得奇怪的地方之一，乃是他們總會定下不切實際的目標──改革制度的某些方面，不更動制度的其他方面──引進市場導向的激勵措施，同時又保留中央計畫式的控制，或給予較大的意見表達自由，同時又保留共黨對真理的獨家支配。但局部性改革或切割出某領域單獨改革，本身就充滿矛盾。「有所管理的多元主義」或「社會主義市場」，從一開始就注定失敗。至於認為共黨可在去除七十年專制的病態瘤的同時，維繫住其「領導角色」這想法，說明了戈巴契夫在政治上還是有點天真。在獨裁體制下，權力不可分割──讓出部分權力，最終必會失去所有權力。將近四百年前，英國斯圖亞特王朝的詹姆斯一世就對此有更深切的了解──誠如

16 與美國不光彩撤離越南後，該地的局勢發展如出一轍：已失去國外軍事支持的喀布爾傀儡政權，苟延殘喘撐到一九九二年，然後（儘管有國際保證人撐腰，還是）被塔利班部隊消滅。

蘇格蘭長老會抗議他的主教被授予權力一事時，他所回以的精簡反駁：「沒有主教，就沒有國王。」

戈巴契夫和其有所管制的革命，最終被因此激發的嚴重矛盾推到一旁。事後回顧，他頗為遺憾地說道，「未能使整個『重整改革』過程在我計畫的架構內進行，我當然感到苦惱。」但他的計畫和架構扞格不入。一旦審查制、控制和壓抑不再得到支持，無以為繼，蘇聯制度內所有重要的東西——計畫經濟、官方說詞、一黨專政——就跟著崩潰。

戈巴契夫未如願打造出經過改革，有效率地除掉原有弊病的共產主義。事實上，他是一敗塗地。但他的成就仍然不凡。在蘇聯，沒有獨立機構，或甚至沒有半自主的機構，可供批評者、改革者動員以壯大自己聲勢：若要拆解蘇聯制度，只可能從內部，靠上面的主動作為，予以拆解。戈巴契夫先引進一個改變因子，再一個個陸續引進，藉此逐漸毀蝕了他所賴以崛起的那個制度。他運用黨總書記的大權，從內部掏空了黨的獨裁地位。

這是很不簡單、史無前例的成就。一九八四年契爾年科死時，若有人預測未來的發展，沒人能預料到會走到這一步，而且事實上沒人有如此的預料。在戈巴契夫某親信顧問眼中，戈巴契夫是「制度的遺傳錯誤」。[17]事後來看，讓人不由得斷言，他的掌權真是出奇地及時——蘇聯制度搖搖欲墜之際，出現一位了解局勢且成功找到脫離帝國之道的領導人。時勢造英雄？或許。而戈巴契夫無疑不只是另一個黨工而已。

但他的確不知道自己在做什麼，若知道，大概會大為驚駭。批評他的人就看得比較清楚。一方面，黨內保守派可想而知痛恨戈巴契夫——其中許多人熱切認同一九八八年三月十三日刊登在《蘇維埃俄羅斯報》（*Sovetskaya Rossiya*）那封惡名昭彰的信。信中，列寧格勒老師妮娜・安德烈耶瓦（Nina Andreyeva）憤憤警告，新改革必會把國家帶回資本主義（後來果真如此）。另一方面，戈巴契夫從未得到激進改革者的無條件支持，後者覺得他優柔寡斷，為此對他愈來愈失望。戈巴契夫的缺點之一，乃是為了掌控大局，不得不盡可能站在中間立場，一下子鼓勵新觀念，但接著碰到雅科夫列夫或葉爾欽之類激進改革者逼他加大改革時，又退回到黨內保守派的懷裡。戈巴契夫的立場搖擺，讓外界覺得他不願意全力貫徹改革意圖，他堅持改革不能太過火或太快，使許多早期欣賞他的人大為失望。

問題出在戈巴契夫放棄黨的專政地位和主動權，相應地也削弱他自身的影響力。因此他不得不與他人戰術性結盟，在其他人的極端立場之間保持中立。對民主國家政治人物來說，這是雖令人不快但很常見、不得不為之事；但在已習慣七十年獨裁統治的人民眼中，這類作為只使戈巴契夫顯得軟弱。從一九八九年頭幾個月起，戈巴契夫的民意支持度持續下滑。到了一九九〇年秋，戈巴契夫的民意支持度只剩百分之二十一。

戈巴契夫下台之前許久就已失去民心。但只在國內如此：在國外，很「瘋戈巴契夫」。戈巴契夫愈來愈頻於出訪，而每次出訪，受到西歐政治人物的盛情款待，得到熱情群眾的歡呼。一九八八年晚期，瑪格麗特·柴契爾（最熱情的戈巴契夫迷之一）宣布冷戰「結束」。從東歐的角度看，這或許言之過早；但在東歐，戈巴契夫也是普受歡迎。

在「諸人民民主國家」，這位蘇聯領導人在國內的辛苦改革，雖然得到應有的強調，但不如

17 Andrei Grachev, quoted in Archie Brown, *The Gorbachev Factor* (Oxford, 1997), p. 88.

他的對外聲明來得受到看重，特別是一九八八年十二月七日他向聯合國發表的那篇廣受報導的演講。宣布將單方面裁減蘇聯在歐洲的傳統武力之後，戈巴契夫接著向聽眾表示，「選擇自由是普世原則，不該有例外。」這不只是公然棄絕「布里茲涅夫主義」，還承認莫斯科將不會用武力逼兄弟之邦實行蘇聯版的「社會主義」。戈巴契夫所坦承的——且立即被認定已坦承的——乃是衛星國的公民從此可自己選擇要走的路，社會主義或非社會主義的路。東歐即將重新進入歷史。

在戈巴契夫領導下，蘇聯從一九八五年起逐步放掉其對附庸國的直接監督。但這一逐步放手所可能帶來的影響，這時仍不明朗。諸人民民主國家仍由一群獨裁共產黨員來治理，而這些共產黨員靠龐然的壓制機器來維繫其權力。他們的警察、情報機構仍與蘇聯的安全機關緊密相連，仍倚賴後者，且繼續以不盡然聽命於本國政府的姿態運作。布拉格、或華沙、或柏林的統治者漸漸體認到不能再指望莫斯科的無條件支持，但不管是他們還是他們的子民，都不清楚未來將因此有何變化。

波蘭的情況具體而微說明了這種前途未卜的感覺。一方面，宣布戒嚴已重新確立共黨的集權統治。另一方面，查禁團結工聯，封住其領導人的嘴巴，絲毫無助於緩和該國潛在的問題。事實正相好反：波蘭仍負債，但這時——由於國際譴責其鎮壓舉動——波蘭統治者再也不能透過向外進一步舉債來使自己脫困。事實上，波蘭統治者正面臨他們於一九七〇年代所曾試圖解決的那個兩難問題，但手中的選項少於當時。

在這同時，反對活動或許已被定為違法，但未消失。地下出版未斷，演說、討論、戲劇表演等也未斷。團結工聯本身雖然遭禁，實質上仍存在，特別是在該組織最著名的發言人萊赫・華勒沙於一九八二年十一月獲釋後（和隔年在未親自出席下獲頒諾貝爾和平獎後）。一九八三年六月，教宗返鄉訪問，波蘭共黨政權不敢冒險拒絕，事後天主教會更積極參與地下、半官方的活動。

政治警察支持鎮壓：舉一九八四年某個臭名遠播的例子來說，他們主導綁架、殺害了很受愛戴的激進神父耶爾濟・波皮耶烏斯科（Jerzy Popiełuszko），以儆效尤。但雅魯澤爾斯基和他的大部分同僚已知道，這種挑釁、對抗將不再管用。波皮耶烏斯科的葬禮吸引來三十萬民眾；幹掉他未讓反對分子就此噤聲，反倒只是使人民對教會和團結工聯的支持程度就此呈現於世人眼前。到了八〇年代中期，波蘭已迅速逼近頑抗社會與日益鋌而走險的政府相僵持的局面。

在華沙，一如在莫斯科，共黨領導階層的本能反應乃是提議「改革」。一九八六年，身為波蘭總統的雅魯澤爾斯基釋放關在獄中的亞當・米奇尼克等團結工聯領袖，透過新成立的「經濟改革部」提出少許經濟改革計畫。而這些計畫的目的之一，乃是吸引外國重新投入資金，以挹注正快速逼近四百億美元大關的波蘭國債。[18]波蘭政府表現出對民主的古怪認同姿態，竟在一九八七年開始問人民想要哪種經濟「改革」：「麵包價格漲五成，汽油價格漲一倍，或汽油漲六成，麵包漲一倍，你們較中意哪個？」不足為奇地，民眾的反應是「以上皆不要」。

這一提問——和決定提這問題的心態——貼切說明了波蘭共黨統治者不只經濟上無能，政治

18 一九八六年，美國不再否決波蘭加入國際貨幣基金會，以換取波蘭釋放所有尚在獄中的政治犯和大赦。

上也已是無可救藥。事實上，波蘭能獲准加入國際貨幣基金會，有一部分得歸功於團結工聯的同意，而此一現象正局部說明了共黨政權的公信力已是如何低落。團結工聯雖然遭禁，仍勉力維持其在國外的組織，而一九八五年九月勸說國際貨幣基金會總裁讓波蘭加入者，就是團結工聯的布魯塞爾分部，同時他們還主張雅魯澤爾斯基的局部改革注定失敗，只有全盤徹底改革才能解決波蘭難題。[19]

到了一九八七年，波蘭局勢最引人注目的地方，乃是共黨和其機構全然束手無策。波蘭統一工人黨（Polish United Workers Party）的專政地位從未真正碰過明顯可見的威脅，但該黨的角色漸漸變得無足輕重。十年前米奇尼克等人發展出一套「反社會」理論，這時逐漸成為權威和主動權之實質來源。一九八六年後，波蘭反對勢力內部的辯論主題，與其說是擺在教導全民如何成為自由之人上頭，不如說是擺在反對勢力該答應和共黨政權接合到何種程度，和為了什麼目的而接合的問題上。

「華沙計畫與統計學院」的一群年輕經濟學家，在萊塞克．巴爾采羅維奇領導下，已開始草擬計畫，要推動不受中央計畫約束的自主民間商業領域（亦即市場）；這些計畫和其他提議受到「非官方」波蘭人熱切討論，也在國外受到廣泛討論。但政治「現實主義」的指導原則和一九八〇至一九八一年那些「自我設限」的目標仍未消褪——對抗和暴力只會讓共黨保守派得利，要刻意避免，且成功避開了。交談是一回事，「冒險」是另一回事。

不難預料，促使共黨就此一蹶不振者，乃是又一次試圖「改革」經濟的舉動——或者，較貼切地說，試圖減少該國越來越多之債務的舉動。一九八七年，消費者物價調漲了約四分之一；一九八八年，又調漲了六成。一如一九七〇、一九七六、一九八〇年的情況，這一波物價暴漲引發一輪罷工，且在一九八八年春、夏，大規模停工、占領運動達到最高峰。過去，共黨當局無力控制勞動人口，不是停止調漲物價，就是訴諸武力——或雙管齊下。這一次，他們有第三條路可走——向工人領袖求援。一九八八年八月，內政部長切斯瓦夫·基什查克（Czesław Kiszczak）將軍促請萊赫·華勒沙——名義上是個老百姓，一個未受認可之組織的未受承認的領導人——與他一晤，協商化解波蘭的勞工抗議。華勒沙最初不願，最後還是同意。

華勒沙輕易就說服罷工者停止罷工——團結工聯的道德權威自一九八一年起有增無減——但潛在的問題依舊：波蘭的通膨率這時正逼近每年百分之一千。接下來四個月，團結工聯與政府斷斷續續幾次非正式接觸，激發民間更多的「改革」呼聲。共黨當局無助地漂流，在擺姿態與放話威脅間游移，撤換部長，否認打算談判，承諾改革經濟，揚言關閉造船廠。民眾對政府的信心，本來就不強，這時則蕩然無存。

一九八八年十二月十八日——距戈巴契夫在聯合國的重大演說只晚了一星期，雖是湊巧但代表了某種跡象——團結工聯「公民委員會」在華沙成立，以規畫和政府全面談判的事宜。似乎已走投無路的雅魯澤爾斯基終於面對現實，強迫有點不情不願的共黨中央委員會同意談判。一九八九年二月六日，共黨正式承認團結工聯為談判對象，與該工會的代表開始「圓桌」談判。談判進行到四月五日。那一天（又是在蘇聯局勢有重大發展——人民代表大會公開選舉——後一個星

19 參見Harold James, *International Monetary Cooperation since Bretton Woods* (IMF + Oxford University Press, 1996), p. 567.

期），各方同意讓獨立工會合法化，同意制訂影響深遠的經濟法規，最重要的，同意選出新議會。

事後來看，圓桌談判的結果，等於是透過談判讓共產主義在波蘭畫下句點，至少在某些參與談判者看來，這已是再清楚不過的事。但沒有人預料到會這麼快就落幕。定於六月四日舉行的選舉，破天荒給予人民選擇的自由，但共黨為了確保多數黨的地位，在選舉上動手腳：上議院投票將是真正的公開，但下議院的選舉，有一半席位保留給官方（亦即共黨）候選人。政府把選舉日期排得很早，希望趁反對勢力組織尚紊亂、經驗不足大贏對手。

結果令每個人都大吃一驚。在亞當．米奇尼克臨時創立的新日報《選舉報》（*Gazeta Wyborcza*）支持下，團結工聯拿下上議院一百個席位中的九十九席，拿下下議院裡它有資格角逐的所有席位。在這同時，角逐「保留」席次的共黨候選人，只有兩人拿到當選所要求的五成選票。面對如此慘敗和前所未有的公開羞辱，波蘭共黨領導人有三條路可選：不理會選舉結果；再度宣布戒嚴；或接受失敗，交出權力。

雖然這麼說，該選哪條路，誰都看得出——誠如戈巴契夫於私下通電話時向雅魯澤爾斯基清楚表明的，務必得承認選舉結果。雅魯澤爾斯基的初步想法，乃是邀團結工聯和他共組政府，以保住顏面，但遭到回絕。經過幾個星期的進一步協商，同時共黨推出的總理人選均過不了國會這關，共黨領導階層低頭接受現實，一九八九年九月十二日，塔德烏斯．馬佐維耶斯基當選戰後波蘭第一位非共黨籍總理（但共黨仍掌有某些關鍵部會）。

在這同時，團結工聯的國會議員使出一記高招，一致選舉雅魯澤爾斯基為國家元首，讓共黨「溫和派」一起參與接下來的過渡期，減輕他們的難堪。次月，馬佐維耶斯基的政府宣布打算施行「市場經濟」，並透過十二月二十八日下議院通過的穩定化計畫（所謂的「巴爾采羅維奇計畫」）端上檯面。再一天，波蘭共黨的「領導角色」正式從該國憲法裡剔除。四星期後，也就是一九九〇年一月二十七日，共黨即遭解散。

我們不該因為共產波蘭最後幾個月的倉促慌亂，忽略掉在那之前漫長且相當緩慢的醞釀。一九八九年這齣大戲的演員，大部分人——雅魯澤爾斯基、基什查克、華勒沙、米奇尼克、馬佐維耶斯基——早已在場上多年。在這之前，波蘭走過一九八一年曇花一現的相對自由期，再進入戒嚴，然後走進漫長、不確定的壓抑受苦期，最後重演前十年的經濟危機。雖然天主教會勢力龐大、團結工聯普受人民愛戴、波蘭全國人民長期以來痛惡共黨統治，但共黨統治者執政如此之久，因而他們的垮台還是頗令人意外。告別共黨其實是段漫長過程。

在波蘭，戒嚴和其造成的情勢，暴露了共黨的侷限和能力不足；但鎮壓既凝聚了反對勢力，也使反對派趨於謹慎。在匈牙利，也有類似的謹慎心態，但誕生自大不相同的經驗。二十年模稜兩可的容忍，已模糊掉官方對異議的確切容忍界限。畢竟匈牙利是鐵幕後第一個讓希爾頓飯店進駐的共產國家（一九七六年十二月）；是八〇年代葛培理（Billy Graham）牧師三次前來公開布道的共產國家；是同一個十年期間有美國兩位國務卿和副總統喬治・布希前來訪問（且得到他們暗暗支持）的共產國家。到了一九八八年，共產匈牙利已擁有大體上「正面」的形象。

部分因為這原因，共黨統治的反對者花了頗長時間才被人注意。掩飾真實想法和見機行事似乎才是大勇，特別是對記得一九五六年事件的人來說；雅諾什・卡達爾治下的匈牙利，生活雖然單調乏味，但還可忍受。事實上，誠如前一章提過的，雖有過幾項改革並推行名叫「新經濟機制」（New Economic Mechanisms）的經改，官方經濟仍和波蘭一樣糟。與官方經濟平行的「地下」經濟，的確使許多匈牙利人得以過著比其鄰國稍高的生活水準。但誠如匈牙利社會統計學家的研究所揭露的，匈牙利在收入、健康、住居上出現嚴重不平等；社會流動和社會福利落後於西方；工時長（許多人身兼兩份、乃至三份工作）、酗酒與精神病的比例高，還有居東歐之冠的自殺率，使該國人民大呼生活不易。

這自然成為滋生不滿的溫床。但政治上沒有有組織的反對派。一九八〇年代期間出現某些獨立組織，但它們大部分只關注環境議題，或只抗議羅馬尼亞不當對待其境內的匈裔少數族群——在這一議題上，他們可指望得到共黨的默予支持（這也說明了官方為何容忍一九八七年九月成立，民族主義色彩鮮明的匈牙利民主論壇）。匈牙利仍是「社會主義共和國」（一如一九七二年憲法修正案裡所描述的）。雖然一九八五年六月的選舉是頭一次獲准有多位候選人角逐同一席位，且有幾位獲官方認可的獨立候選人當選，異議和批評大體上還是侷限於執政黨內。要到一九八八年，才有重大的改變。

在匈牙利，改變的催化劑是年輕、「有心改革」——對戈巴契夫在蘇聯的變革公開流露濃厚興趣——的共產黨員，對本國老邁共黨領導階層的僵固感到失望。一九八八年五月，在特別召開的共黨黨代表大會上，他們終於拉下七十六歲的老總理卡達爾，把卡羅伊・格羅什（Károly Grósz）送上總理之位。嚴格來講，這場黨內政變對現狀的影響，只限於旨在強化「市場力量」的經濟緊縮計畫；但象徵意義濃厚。

在鎮壓一九五六年的匈牙利革命上，雅諾什・卡達爾居首功，且自那之後，匈牙利一直由他統治。他在國外的形象頗好，但對匈牙利人來說，他正代表了「匈牙利式共產主義」[20]核心的官方謊言：亦即，匈牙利改革運動到頭來只是場「反革命」。面對三十年前伊姆雷・納吉被綁架、秘密審判、乃至在不為人知的情況下遭到處決與埋葬，匈牙利對此緘默不語，而卡達爾就是這種共謀的代表。[21]因此，拉下卡達爾似乎意味著匈牙利的公眾生活已有了根本的改變——當他的繼任者不只允許一群年輕異議共產黨員和其他人成立「青年民主聯盟」（Fidesz），還在一九八八年十一月正式接受獨立政黨成立時，這一印象得到證實。

一九八九年頭幾個月，共黨立法機關通過一連串法案。這些法案認可了自由集會權，正式批准向多黨制「過渡」，且在四月時，正式拋棄共黨內的「民主集中制」。更重要的，匈牙利的共黨統治者宣布——默認黨若不對自己過去所作所為說實話，無望繼續控制國家——決意將引發困擾的伊姆雷・納吉遺骸火化，遷葬。在這同時，伊姆雷・波茲蓋伊（Imre Pozsgay）等匈牙利共黨政治局內的改革派，說服同僚設立專門委員會調查一九五六年事件，由官方予以重新界定：不再是「反革命」，而是官方所認定「人民起義抵抗使國家沉淪的寡頭統治」。

一九八九年六月十六日，伊姆雷・納吉逝世三十一週年，他與他同僚共五人的遺骸，以國家英雄身分隆重遷葬。據估計約三十萬匈牙利人佇立路旁，還有數百萬人觀看電視上實況轉播的遷

20 譯按：意喻帶來好日子、有限度的自由的共產主義。

21 照官方說法，納吉的埋葬地點三十年無人知曉；事實上，民間知道他葬在布達佩斯市立公墓偏僻、未立墓碑的角落。

葬過程。在墓旁致詞者，包括「青年民主聯盟」的年輕領導人維克托．奧爾班（Viktor Orbán）。他忍不住指出，出席納吉遷葬典禮的共產黨員裡，有一些人在幾年前還極力歪曲他們眼下正頌揚的那場革命。

的確如此。匈牙利脫離共產主義，有一耐人尋味之處，即執行脫離者就是共產黨人自己——只有在六月，他們才刻意仿效波蘭共黨，與反對黨展開圓桌會談。這使反共匈牙利人心生懷疑，對他們來說，納吉遷葬，一如他先前遭處死，都是黨內之事，與許多受害於共黨者不相干。但不該低估納吉遷葬的象徵意義；那代表共黨和其領導階層承認挫敗，承認他們一直活在謊言中，一直在灌輸謊言，強迫人民接受謊言。

雅諾什．卡達爾於三個星期後去世——匈牙利最高法院將納吉完全平反那一天——匈牙利共產主義跟著壽終正寢。剩下要做的，就只是談妥如何讓共產主義體面下台。共黨的「領導角色」廢除；多黨選舉排定隔年三月舉行；十月七日，共產黨（匈牙利社會主義工人黨）變身為匈牙利社會黨。十月二十三日，共黨舊政權下選出的共黨代表仍占絕大多數的國會，投票通過改國名為匈牙利共和國。

匈牙利的一九八九年「革命」有兩個與眾不同的特色。首先，誠如先前已提過的，就只有這場革命，完全靠內部力量，完成從共產政權向真正多黨制的轉變。第二個值得注意的地方，乃是在波蘭，一如後來在捷克斯洛伐克等地，一九八九年的情勢演變，大體上是自我指涉的，而匈牙

利的變遷，卻在瓦解另一個共產政權——東德政權——上發揮了舉足輕重的作用。

在外界觀察家眼中，德意志民主共和國是最穩固的共產政權，而這不只是因為世人普遍認定蘇聯不管誰當家，都不會讓該政權垮台。民主德國的實體環境，特別是其城市，或許顯得俗氣、破舊；其安全警察出了名地無所不在；柏林圍牆仍令人憤慨，令人覺得大大破壞市容。但東德經濟普遍被認為比諸社會主義鄰邦好。第一書記何內克於一九八九年十月建國四十週年慶祝會上得意宣布，民主德國是世上經濟表現最佳的前十個國家之一時，有人聽到國賓戈巴契夫哼了一聲；但撇開別的不談，該政權在假資料的製造與宣傳上很行：許多西方觀察家相信何內克的話。

民主德國最熱情的粉絲，出現於聯邦德國。「東方政策」在化解兩德緊張，促進兩德人員、經濟往來上卓然有成，已使幾乎整個政界把希望寄託在無限期延長該政策。西德政治人物不只在民主德國統治階層裡助長錯覺，還欺騙自己；光是重申「東方政策」緩和他們與東德的緊張關係，就使他們漸漸相信這政策管用。

許多西德人一心想著要「和平」、要「穩定」、要「秩序」，因此最終他們的觀點變得和他們正在打交道的東德政治人物一樣。一九八二年一月（緊接在波蘭宣布戒嚴後），西德社會民主黨的重要人物埃貢．巴爾（Egon Bahr）解釋道，德國人已為了和平，公開放棄追求國家統一，波蘭人將得為了同樣的「最優先事項」，公開放棄追求自由。五年後，具影響力的作家彼得．本德（Peter Bender）在社會民主黨所舉辦以「中歐」為題的座談會上講話時，得意地堅稱，「在追求低盪上，我們與貝爾格勒、斯德哥爾摩的共通之處，還有與華沙和東柏林的共通之處，比與巴黎、倫敦的共通之處還要多。」

後來才發現，西德社會民主黨的全國性領袖，不只一次向來訪的東德高階人物說了明顯有違原則的體己話。一九八七年，比約恩·恩霍姆（Björn Engholm）盛讚民主德國的國內政策「具重大歷史意義」，隔年，他的同僚奧斯卡·拉豐坦（Oskar Lafontaine）承諾會以他個人的權力，極盡所能使西德人對東德異議分子的支持只擺在心裡。他向與他談話者保證，「凡是會強化那些勢力的事，社會民主黨絕對不做。」蘇聯曾發給東德共黨政治局一份報告（日期註明為一九八四年十月）上面寫著，「我們過去向社會民主黨代表提出的許多論點，如今已被他們採用。」[22]

西德社會民主黨有這些錯覺，或許可以理解。但卻有許多基督教民主黨員，以幾乎一樣程度的熱衷，抱持和他們一樣的看法。一九八二年起擔任西德總理的赫爾穆特·柯爾，和其對手一樣熱切於與東德打好關係。在一九八四年二月安德洛波夫的莫斯科葬禮上，他與何內克會晤、交談，隔年在契爾年科的葬禮上亦復如此。兩德就文化交流和拆除兩德邊界上地雷達成協議。一九八七年九月，何內克成為首位造訪西德的東德領導人。在這同時，西德對東德的補助迅速成長（但完全沒有要支持對東德內部的反對勢力）。

有西德的大力贊助，又對莫斯科的支持信心滿滿，還能把境內令人頭痛的異議分子輸送到西方，在這情況下，東德政權本有可能無限期存活。從種種跡象看來，東德政權無疑是穩如泰山：一九八七年六月，東柏林境內反對柏林圍牆、讚許戈巴契夫的示威者，三兩下就遭驅散。一九八八年一月，一百多名東德人手舉標語上街示威，以紀念一九一九年遇害的羅莎·盧森堡和卡爾·李卜克內西，標語上寫著盧森堡說過的話：「自由也是那些想法不同者所該享有的。」結果，東德政權立即動手抓人，入獄，驅逐。一九八八年九月，訪問莫斯科時，何內克公開稱讚戈巴契夫的「重整改革」運動——卻在返國後大動作表明不會在國內如法炮製。[23]

雖然當時莫斯科、華沙、布達佩斯都出現前所未見的變化，東德共黨仍照著一九五〇年代以來的一貫方式作票。一九八九年五月，官方公布的東德市長、市議員選舉投票結果——官方候選人拿下百分之九十八·八五的選票——由於造假造得太離譜，引起全國各地牧師、環保團體、乃至執政黨內批評者的抗議。政治局置之不理。但這一次，東德人首次有了選擇。他們不必再接受現狀，不必再冒著被捕或受其他懲罰的危險，不必再逃往西方。一九八九年五月二日，布達佩斯當局放寬對境內人民移動、意見表達的管制時，形式上仍然封閉該國西部國界，但已拆掉該段國界的通電圍籬。

東德人開始大舉湧進匈牙利。到了一九八九年七月一日，已有約兩萬五千人排除萬難到了那裡「度假」。此後又有數千人跟進，其中許多人在布拉格、布達佩斯的西德大使館尋找短暫庇護。有些人穿過仍然封閉的匈牙利西部國界，然後進入奧地利，且未遭邊界守衛阻攔，但大部分人就在匈牙利待下。到了九月上旬，匈牙利境內已有約六萬東德公民等著投奔西方。九月十日，在匈牙利電視新聞節目上，有人問匈國外長久洛·霍恩（Gyula Horn），如果其中某些人開始往西走，匈國政府會如何因應，該外長答以：「我們會立即讓他們通過，而且我想奧地利人會讓他們入境。」通往西方的大門已正式開啟：不到七十二小時，就有約兩萬兩千東德人迅速通過。

東德當局怒氣沖沖地抗議——匈牙利的作為違反了諸共黨政權間的長期協議，亦即不讓各自

22 這句引文得感謝提摩西·加頓—艾許教授提供。
23 何內克似乎已推斷戈巴契夫掌不了多久的權，因而認為可安心地不予理會。

國家作為逃離兄弟友邦之管道。但布達佩斯當局一逕堅稱，他們簽署了《赫爾辛基最後法案》，有義務遵守。東德人民相信他們說的。接下來三個星期，數萬東德公民試圖利用這新管道離開東德，東德當局顏面盡失。

為掌控情勢，東德統治者主動表示願讓布拉格、華沙境內西德大使館裡的東德難民安全返回祖國，再安排一列密封列車送他們到西德。但這只是使愈來愈沒面子的東德政權更為丟臉：列車行駛於東德境內時，受到數萬羨慕、歡呼民眾的致意。難民列車於德勒斯登短暫停靠時，據估計有約五千人試圖爬上車；警方動粗將他們擊退，暴動隨之爆發──這一切在全球媒體的注視下。

東德政權的難題纏身，使批評該政權者更為大膽。匈牙利開放其邊界的隔天，一群東德異議分子在東柏林創立「新論壇」（Neues Forum），幾天後又一公民組織「現在就民主」（Democracy Now）成立，兩個團體都極力主張東德進行民主「重整」。十月二日星期一，在萊比錫，萬名群眾示威，表達其對何內克政權不願自我改革的失望──這是一九五三年以失敗收場的柏林暴動以來，東德境內最大一場公共集會。七十七歲的何內克仍不為所動。九月他宣布，凡是想移民國外的東德人，都是「受制於誘惑、承諾、威脅，而公開放棄社會主義的基本原則和根本價值」。黨領導階層顯得無能為力、束手無策，讓那些再也無法漠視自己所面對之強大挑戰的年輕同僚，愈來愈焦急不安。十月七日，為慶祝德意志民主共和國建國四十週年，戈巴契夫來訪並演講，告誡一臉冷淡的東道主何內克，「拖著不做的人終會倒楣。」何內克無動於衷，宣稱對現狀很滿意。

在這位蘇聯領導人來訪的鼓舞下──更別提國外風起雲湧的新發展──萊比錫等城市的示威者開始以改變為訴求，定期示威、「靜坐」。萊比錫的週一集會，已成為定期活動，到了戈巴契夫演講後的那個星期一，集會者更增加到九萬人，聚集的群眾同聲高呼「我們就是人民！」，呼籲「戈比」（戈巴契夫的暱稱）伸出援手。次一個星期一，參加人數又更多；日益惱火的何內克提議若再有抗議示威，要以武力壓下。

朝野即將走上硬碰硬的對抗，而黨內批評何內克者最後似乎因為這樣的發展決意不再袖手旁觀。十月十八日，他的部分同僚，在埃貢·克倫采（Egon Krenze）領導下，發動政變，將這個執政十八年的老人拉下台。[24]克倫采的第一個動作乃是飛到莫斯科，支持戈巴契夫（且尋求戈巴契夫的支持），然後返回柏林，準備進行小心翼翼的東德「重整改革」。但為時已晚。最近一場萊比錫示威，據估計聚集了要求改變的三十萬民眾，十一月四日，將近五十萬東德人聚集柏林要求立即改革。就在這時，同一天，捷克斯洛伐克開放邊界；接下來四十八小時內，有三萬東德人透過捷克邊界離開東德。

這時候，共黨當局真慌了起來。十一月五日，東德政府猶疑之後提出稍稍自由化的遷徙法，卻遭批評者斥為德不卒。然後東德內閣突然辭職，共黨政治局跟進。隔天晚上——十一月九日，即德意志末代皇帝遜位（一九一八）和水晶之夜[25]的週年紀念日——克倫采與其同僚提出另一個遷徙法，以遏止出逃潮。在透過德國電視台、廣播電台實況轉播的記者會上，鈞特·沙博夫斯基

24 戈巴契夫來訪三天後，何內克接待一來訪的中國要人，將東德境內的動盪與中國晚近的「反革命」相提並論。他很可能至少有考慮在德國重演天安門屠殺—這是他的同僚為何決意拉下他的原因之一。

25 譯按：Kristallnacht，又譯為碎玻璃之夜，指一九三八年十一月九日至十日凌晨，納粹黨員與黨衛隊襲擊德國全境猶太人的事件，被認為是有組織屠殺猶太人的開端。

（Günter Schabowski）解釋道，立即生效的新法允許不需事先報備即可出國旅行，且允許過境東德進入西德。換句話說，柏林圍牆已經開啟。

記者會尚未播報完，人民就湧上東柏林街頭，往邊界走去。才幾小時，就有五萬人湧入西柏林；有些人一去不返，其他人則只是去看看。到了隔天早上，情勢整個改觀。誠如誰都看得出的，柏林圍牆已出現缺口，且不可能再封住。四個星期後，跨距在東、西柏林交界上的布蘭登堡門重新開啟；一九八九年聖誕假期期間，兩百四十萬東德人（六分之一東德人口）造訪西德。這樣的發展顯然不是東德統治者的本意。沙博夫斯基後來說明，當局「未預料到」打開柏林圍牆會使東德倒下，反倒認為那是「穩定化」的開始。

東德領導階層猶疑之後決定開放邊界，原冀望這能洩掉積壓的民怨，或許贏得一些民意的肯定，最重要的，為提出「改革」大計爭取足夠的時間。開啟柏林圍牆的理由，就和將近三十年前樹立、關閉該圍牆的理由差不多：抑制人口大量外流。一九六一年，這無計可施下的舉動達到目的；一九八九年，也收到些許效果——東德政府向人民保證，返國後不會像以前那樣關入獄中，於是，永遠留在西柏林或移居西德的東德人出奇地少。但東德政府這一保證，其代價是不止一個政權垮台。

柏林圍牆倒下後而餘波蕩漾的那段期間，德國統一社會黨（Socialist Unity Party of Germany，東德執政黨）走過了垂死共黨的最後儀式——這時已為世人所熟悉的儀式。十二月一日，人民議會（Volkskammer，東德國會）以四二〇比〇（五人棄權）的表決結果，同意將東德憲法中明訂國家「由勞動階級和其馬列政黨領導」的條文刪除。四天後，共黨政治局再度辭職；選出新領導人，葛雷格・吉西（Gregor Gysi）；黨名改為民主社會黨（Party of Democratic Socialism）。舊共黨領導階層（包括何內克、克倫采）遭開除黨籍；（同樣地）與「新論壇」（公認曝光率最高的反對團體）代表展開圓桌會談，排定自由選舉日期。

但在最新的（且是最後一個）東德政府——由統一社會黨德勒斯登黨部主委漢斯・莫德羅（Hans Modrow）領導組成——開始草擬「黨行動綱領」之前，其行動和打算就已幾乎是無關大局。畢竟東德人擁有其他共產國家人民所無緣擁有的一個選擇——世上沒有「西捷克斯洛伐克」，沒有「西波蘭」——而且他們無意放掉這選擇。球門柱已在移位：一九八九年十月，萊比錫示威者高呼「我們就是人民」（Wir sind das Volk）。到了一九九〇年一月，同樣的群眾，喊出的要求已有了微妙的轉變：「我們是同一個民族」（Wir sind *ein* Volk）。

德國共產主義的死亡，誠如下一章會提到的，將造成一個德意志國家的死亡——到了一九九〇年一月重點已不只擺在**脫離**社會主義（更別說「改革」社會主義），而且還擺在**進入**西德——因此，事後來看，要如何解讀一九八九年秋推倒民主德國的那些群眾的希望，沒有確切的說法。但**可以**確定的是，不管是共黨（一如在匈牙利），還是反對派（一如在波蘭），對東德如此的發展，都沒資格居太多的功。我們已看到共黨遲遲才理解到自己的困境；但批評該黨的知識分子也沒快多少。

十一月二十八日，施特凡・海姆（Stefan Heym）、克莉絲塔・沃爾夫等東德知識分子發出「為我們國家」的請願書，以拯救社會主義和民主德國，且堅決反對海姆所謂的西方「閃閃發亮的垃圾」。新論壇的龍頭貝貝爾・博萊（Bärbel Bohley），甚至把柏林圍牆的開啟說成「不幸」，因為那阻礙了「改革」，使國家在政黨或選民都還沒「準備好」時就舉行選舉。一如東德許多「異議」知識分子（更別提欣賞他們的西德人），博萊和她同僚仍憧憬改革後的社會主義，在那個社會主義下，沒有秘密警察與執政黨，但與其西邊奉行掠奪性資本主義的同文同種國家保持安全距離。後來的情勢表明，這至少和何內克欲重新奉行新史達林主義的幻想一樣不切實際。因此，「新論壇」自己把自己貶到政治邊陲地帶，其領導人淪落到只會忿忿抱怨人民大眾的眼光太短淺。[26]

因此，一九八九年的德國人暴動，或許是那一年惟一真正的人民革命——也就是群眾革命（且的確是德國歷史上惟一成功的人民暴動）。[27]共產主義在鄰國捷克斯洛伐克的覆滅，雖與東德的轉變發生於同時，卻走著大不相同的路。在這兩個國家，共黨領導階層都僵固且壓抑人民，而對於戈巴契夫的掌權，布拉格政權不樂見的程度，至少和東德政權一樣大。但兩者也就只有這些相似之處。

在捷克斯洛伐克，一如在匈牙利，共產主義政權惴惴不安，其統治基礎是對於遭偷走的過去沉默無語的記憶。但就匈牙利來說，卡達爾將自己和他的黨與他們所承繼的史達林主義過往劃清界線，雖未完全成功，但取得部分成效，而捷克斯洛伐克的領導人未完成這樣的轉變，也未追求這樣的轉變。一九六八年華沙公約組織的入侵和接下來的「正常化」，一九六九年後掌權的古斯塔夫．胡薩克一直未忘記。甚至在胡薩克於一九八七年七十五歲辭掉黨總書記職務後（仍保留總統之職），替補他位置的仍是米洛什．雅凱什（Miloš Jakeš）——的確較年輕，但最為人知的事蹟，乃是七〇年代初期在集體整肅上大展身手。

在緊抓大權不放這點上，捷克斯洛伐克共黨其實相當成功。不管是天主教會（其影響力在捷克事務上始終居於次要地位，而在斯洛伐克事務上可能也是如此），還是知識界反對分子，都未能在社會上得到可觀的支持。由於整肅運動的殘酷有效，該國的知識分子，從劇作家到歷史學家，再到六〇年代有心改革的共產黨員，大部分不只已沒了工作，還被迫銷聲匿跡。一九八九年之前，捷克斯洛伐克國內最敢於公開批評共產主義者，有一些人（例如瓦茨拉夫·哈維爾）在國外比在國內還為人知。如上一章提過的，哈維爾創立的公民組織《七七憲章》，在一千五百萬人口中，只爭取到不到兩千人連署。

當然，人民不敢冒險公開批評共產政權；但不得不說，大部分捷克人和斯洛伐克人對自己的處境並沒有明確的不滿意。一直以來，捷克斯洛伐克的經濟，類似七〇年代初期起的大部分其他東歐經濟體，特意安排供應基本的消費性商品，而就捷克來說，還不止於此。事實上，共產捷克斯洛伐克刻意模仿西方消費性社會——特別是在電視節目和人民休閒娛樂上——只是學得不出色。在捷克斯洛伐克，生活單調，環境日益惡化，尤其是年輕一輩惱火於無所不在、愛挑剔的當局。但只要避免和當局對抗，口是心非地呼應當局浮誇的言詞，人民就可以隨心過活。

26 說句公道話，東德異議分子的確將一九八九年十一月群眾的勇氣，錯誤解讀為社會主義共和國東山再起的基礎。另一方面，這一誤解源於他們昧於時勢，未能理解人民對「社會主義」已有的定論，而且他們已經投入心力保住社會主義。

27 從某些方面來看，在波蘭，同樣的事件發生於一九八〇至一九八一年——十年後波蘭的政治轉變，由上層人士策畫、協商的成份較濃。

只要有一絲異議跡象冒出，捷克斯洛伐克政權都予以嚴密、甚至殘酷的壓制。一九八八年八月示威者在布拉格等地走上街頭紀念遭入侵二十週年，結果被逮捕；在布拉格，有人欲私下舉辦「東西歐」研討會，結果被硬生生制止。一九八九年一月，揚．帕拉赫在瓦茨拉夫廣場自殺二十週年紀念日那天，包括哈維爾在內的十四名《七七憲章》行動主義者被捕，再度入獄（但與幾年前受到的殘酷對待截然不同的，哈維爾於五月獲釋，畢竟他已是國際知名人物，虐待他可能讓當局難堪）。

一九八九年春、夏期間，非正式的組織、團體在國內各地迅速冒出，冀望走和鄰國一樣的路：一九八八年十二月「約翰．藍儂和平俱樂部」（John Lennon Peace Club）成立，然後，一九八九年五月「布拉格母親」（Prague Mothers）抗議團體成立，次月，在布拉提斯拉發，爆發環保示威。這些來自公民自發性的作為，規模小且輕易就遭壓下，無一對警方或政權構成威脅。但八月，正值馬佐維耶斯基要為他在華沙的政府所擬的計畫定案之際，在匈牙利突然開放邊界前不久，示威者塞滿捷克首都街頭，以再度紀念遭壓下的布拉格之春。

但這一次，捷克警方明顯較收斂。雅凱什政權已決定見風轉舵以討好民意，至少營造出承認莫斯科心態已變的觀感，同時絲毫不改變自己的統治地位。十月二十八日，捷克斯洛伐克建國（一九一八年）週年紀念日（自一九四八年起一直遭官方漠視的日子），再度爆發大規模公眾示威，當局袖手旁觀，無疑是出於上述考量。但共黨領導階層仍未受到龐大的公眾壓力——甚至，十一月十五日宣布此後前往西方不再需要出境簽證一事，都主要是對其他國家變革的策略性模仿，而非對任何要求的讓步。

而共黨高層看來無意真心改革，還有欠缺有力的外部反對勢力——夏季的幾場示威沒有共同的目標，沒有領導人出來將民怨轉化為綱領——使得外界普遍懷疑，接下來的發展在某種程度上是經過安排的「陰謀」：即行政、警察體系裡有心改革者欲藉此帶動奄奄一息的黨，使其起身帶領捷克走上「重整改革」之路。

事後看來這種說法可能顯得詭異，但其實不然。十一月十七日，布拉格警方正式批准學生為紀念另一個令人悲傷的日子——捷克學生揚・奧普列塔爾（Jan Opletal）遭納粹殺害五十週年紀念日——而舉行的市中心區遊行活動。但遊行學生開始高呼反共口號時，警方進場，驅散群眾，毆打落單學生。然後，對於謠傳有個學生喪命——奧普列塔爾遇害事件重演——警方不思制止，反倒推波助瀾。後來警方才承認這是不實傳聞；但在當時，那引發可想而知的效應，激怒學生。接下來四十八小時，數萬學生被動員，大學遭占領，大批群眾開始聚集街頭抗議。但這時，警方卻袖手旁觀。

如果說真有陰謀，那顯然過了頭，收到反效果。不過，十一月十七日事件和其後續餘波，使共黨的新史達林主義領導階層垮台：不到一星期，由雅凱什領導的政治局總辭。但他們的繼任者完全得到不到人民信任，立即被風起雲湧的事件浪潮淹沒。十一月十九日，原在波西米亞北部鄉村形同遭軟禁的瓦茨拉夫・哈維爾返回動盪不安的首都，而這時，執政的共黨，其權力正迅速流失，但還沒有人出來拿走他們手中的權力。

哈維爾與其來自《七七憲章》的友人在布拉格一劇院裡安頓下來，組成公民論壇（Občanské Fórum）這個非正式、流動的網絡型組織。不過幾天，這個組織就從辯論性的會社轉型為公民創制組織，再搖身一變為影子政府。公民論壇裡的討論，有一部分動力來自該組織最著名參與者長期抱持的目標，但主要動力來自外面街頭瞬息萬變的情勢。該論壇所做的第一件事，乃是要求該為一九六八年入侵事件和其後續餘波負責的那些人辭職下台。

十一月二十五日，即共黨領導人如期集體辭職的隔天，五十萬群眾聚集於布拉格的萊特納露天體育場，打破二十年來敢怒不敢言的公眾沉默。此一集會與其說是欲要求特定的改革，不如說是向自己和志同道合者展現自己的存在。同一晚，哈維爾史無前例接受了捷克電視台採訪。隔天，他在瓦茨拉夫廣場向二十五萬群眾講話，與共黨總理拉迪斯拉夫·阿達梅克（Ladislav Adamec）——和亞歷山大·杜布切克——同台發表意見。

這時候，公民論壇新冒出頭的領導階層已看出，他們正在無意間搞起革命。為提供方向——且為了有東西向外面聚集的群眾宣說——由史學家彼得·皮哈特領軍的團體擬定了「公民論壇綱領性原則」。這些原則簡明扼要說明了該論壇的總目標，是一九八九年人民之想法與最關注事項的指導原則。綱領問道，「我們要什麼？」一、法治國家，二、自由選舉，三、社會正義，四、乾淨環境，五、人民受教育，六、富裕，七、回歸歐洲。

這份綱領雜糅了標準的政治要求、文化理想、環保理想、求助「歐洲」的心態，為捷克所特有，且有許多地方承繼了過去十年《七七憲章》所發表的各種聲明。但這份綱領的基調貼切捕捉到十一月狂熱的日子裡群眾的氣氛：既務實又理想主義、同時流露不受羈絆的雄心。布拉格和該國其他地方的氣氛，也比其他任何變遷中的共產國家更不加掩飾的樂觀。這是種加速度效應。[28]

血腥鎮壓學生示威不到一星期，共黨領導階層即辭職。一個星期後，公民論壇和反暴力公眾

（Public Against Violence，公民論壇在斯洛伐克的對等組織）成為合法組織，已在和政府談判。十一月二十九日，聯邦議會乖乖遵照公民論壇的要求，將捷克斯洛伐克憲法裡保障共黨之「領導角色」的重要條文拿掉。這時，阿達梅克政府提議組成新聯合政府，作為折衷辦法，但公民論壇的代表，在這時全天占據街頭的堅決、龐大群眾的鼓舞下，立即回絕。

這時候，國外情勢的發展，捷克斯洛伐克共黨已無法視而不見：不只他們在前東德領導階層的同僚已於十二月三日遭拉下台；而且戈巴契夫正在馬爾他島與美國總統布希共進晚餐，華沙公約國家正準備公開聲明，絕不會再有一九六八年入侵捷克斯洛伐克的情事發生。胡薩克旗下剩下的捷克、斯洛伐克共產黨員，包括總理阿達梅克，遭到其幕後金主唾棄、判定不適任，於是辭職。

經過兩天的「圓桌」會議（這一年時間最短的圓桌會議），公民論壇諸領袖同意加入內閣。總理，斯洛伐克籍的馬里安·卡爾法（Marián Čalfa），仍是共黨黨員，但過半數閣員不是共產黨籍（一九四八年來首見）：《七七憲章》的宣日·迪恩斯特比爾（Jiří Dienstbier）任外長；反暴力公眾組織的天主教徒律師揚·查諾古爾斯基（Jan Čarnogurský）任副總理；公民論壇的佛拉季米爾·庫西（Vladimír Kusý）任新聞部長；此前沒沒無聞的自由市場派經濟學家瓦茨拉夫·克勞斯（Václav Klaus）主掌財政部。十二月十日，新政府在總統胡薩克宣誓下就職，隨後胡薩克迅即辭職。

銷聲匿跡二十年的亞歷山大·杜布切克重出江湖，使他成為接替胡薩克總統之位的可能人選——若真如此，既可藉此象徵一九六八年遭挫的希望得到延續，也可平撫共產黨人受傷的情感，

28 當時人在布拉格的本書作者，以個人的親身體驗，可以明確地說，當時的確存在每個小時都在創造歷史那種令人陶醉的氣氛。

甚至或許可安撫警察等體制內的保守派。但他一開始公開演說，就讓人清楚看出，可憐的杜布切克已和時代脫節，徒然令人難堪。他的用語、風格、乃至手勢，都是六〇年代改革派共產黨人的東西。他讓人覺得未從自己的痛苦經歷學到什麼，但嘴裡仍說著要恢復一條更親切、更溫和、通往社會主義的捷克斯洛伐克道路。對布拉格，布爾諾（Brno），布拉提斯拉發街頭上的數萬年輕人來說，他最初是個令人好奇的歷史人物；不久就成為無關緊要的惱人傢伙。[29]

杜布切克獲選為聯邦議會主席（即議長），作為妥協。總統一職由瓦茨拉夫・哈維爾出任——五個星期前，這還是教人覺得離譜、難以置信的事，因此，當時布拉格街頭群眾高呼「哈維爾進總統府！」（Havel na Hrad!）而首度提出此議時，他還委婉表示沒考慮。但到了十二月七日，這位劇作家已改變想法，認為接受此職或許是助國家脫離共產主義的最佳途徑；當年共黨議會聽命通過的法案，曾使哈維爾等人入獄數年，而就是這個共黨議會，在一九八九年十二月二十八日選舉他擔任捷克斯洛伐克社會主義共和國總統。一九九〇年元旦，新總統赦免一萬六千名政治犯；隔天，政治警察遭解散。

捷克斯洛伐克出奇快速且平和地脫離共產主義——所謂的「絲絨革命」——乃是因為數個條件的因緣和合才得以出現。一如在波蘭，使知識界反對力量統合為一的最大因素，乃是過去挫敗的記憶和避免硬碰硬對抗的決心——斯洛伐克境內最大的公民組織取名「反暴力公眾」，絕非沒來由的隨興之作。一如在民主德國，執政黨太快就顯露出無力回天的敗象，因而，從一開始，就不必考慮從事有組織的負隅頑抗。

但哈維爾發揮的作用同樣至關緊要——在其他共產國家，沒有出現民間聲望像他那樣崇高的人；雖然說即使沒有他，公民論壇的大部分務實理念，乃至政治策略，可能仍會有其他人想出，但捕捉到公眾的思想傾向並予以引導，推動同僚前進，同時將群眾的期望維持在不致失控範圍者，乃是哈維爾。對於哈維爾與其公眾魅力所發揮的作用，再怎麼誇大，都不為過。一如愈來愈常被拿來和他相提並論的托馬斯．馬薩里克，群眾魅力令人嘆為觀止的哈維爾，這時被許多人視為形同國家救星。布拉格學生在一九八九年十二月做了一張海報，以「他為我們捨了自己」來描述這位新任總統，語中的宗教意涵可能並非出於刻意，但非常貼切。

哈維爾能登上總統大位，靠的不只是他多次入獄的經歷和他毫不退縮地以道德對抗共產主義的事蹟：他鮮明的非政治人氣息也是一大助力。不該說，儘管他專注於戲劇創作，他同胞仍寄望於他，而該說，正因為他專注於戲劇創作，他同胞寄望於他。誠如某義大利評論家針對哈維爾在捷克斯洛伐克政治舞台的新角色所發表的看法，他獨特的嗓音使他得以抒發出被迫噤聲的民族的心情：「如果一個民族從未說過話，開口的第一句話便是詩。」[30]正是因為這些因素，能獨力彌合已退出舞台之共產主義那虛妄但誘人的平等主義，與自由市場那些令人不安的現實，兩者間令人不安的鴻溝者乃是哈維爾——他對資本主義的誘惑尤其心懷疑慮，與他的財政部長

29 在一九八九年十二月某份發行不久即停刊的布拉格學生報中，有幅漫畫貼切捕捉到這代溝。一名身穿汗衫、中廣身材的中年男子，面帶不屑盯著他刮鬍鏡裡立在門口處的邋遢女子。那女子雙肩上披著一件髒兮兮的睡衣，頭上紮著捲髮筒，嘴上叼著菸，揶揄他道，「不認得我？」「我是你一九六八年的夢想。」

30 義大利原文是：「Se un popólo non ha mai parlato, la prima parole che dice e poesia.」Ferdinando Camon in *La Stampa*, 'Tutto Libri', December 16th 1989.

克勞斯迥然有別。

在捷克斯洛伐克，這樣的彌合很重要，因為捷克斯洛伐克雖然在許多方面是歐洲共產世界裡最西方的國家，卻也是惟一具有顯著平等主義且左傾之政治文化的共產國家：畢竟這是一九四六年時，世上惟一有將近五分之二選民在自由選舉時把票投給共黨的國家。儘管經歷四十年「真正存在的社會主義」——還有二十年使人心灰意冷的「正常化」——這一政治文化仍未完全消失：共產政權垮台後舉行的第一次選舉（一九九〇年六月），有百分之十四選民把票投給共黨。就是持續存在這批為數可觀的共黨死忠支持者——加上為數多上許多、對現狀的不滿未大到令他們抗議的程度、且不關心政治的公民——使盧德維克·瓦楚利克之類異議作家認為不可能立即有重大改變。歷史似乎站在捷克人、斯洛伐克人的對立面：自一九三八年起，捷克斯洛伐克從未能拿回自己命運的掌控權。

因此，一九八九年十一月，人民終於掌握主動權時，由於接下來的絲絨革命太順利，使人幾乎是心存疑慮。所以才有政治陰謀、人為製造危機的傳言，好似捷克斯洛伐克社會太沒有自信，因而如果真要推倒共產主義，第一個動手者必然是共產黨自己人。這類疑慮幾可以確定是多慮了——自那之後出爐的種種證據顯示，十一月十七日捷克維安警察根本只是做得太過火。沒有什麼逼統治集團騎虎難下的「陰謀」。一九八九年，捷克斯洛伐克人民真的掌控了自己的命運。

羅馬尼亞的情況又不一樣。如今看來，一九八九年十二月時，執政的羅馬尼亞工人黨內的確

有一派人決定，若要保住該黨的命脈，最有勝算的辦法乃是強行除掉以尼古拉．希奧塞古為核心的統治小集團。羅馬尼亞當然不是典型的共產國家。如果捷克斯洛伐克是最西方的共產主義衛星國，羅馬尼亞就是最「東方」的。在希奧塞古治下，共產主義已從國家列寧主義墮落為某種受超級大國控制的新史達林主義統治，在那裡，長久以來的裙帶關係、效率不彰，靠無所不在的秘密警察支撐而穩如泰山。

與五〇年代德治的邪惡獨裁統治相比，希奧塞古靠著相對較少的赤裸裸殘暴行徑，勉強保住政權；但難得一見的公眾抗議跡象——例如一九七七年八月日烏（Jiu）採礦河谷裡的罷工，或十年後布拉索夫（Brașov）一地紅星拖拉機工廠的罷工——都遭粗暴且有效鎮壓。此外，希奧塞古賴以高枕無憂的，不只是人民嚇得不敢妄動，還有外國對其國內作為的視若無睹，不予批評：這位羅馬尼亞獨裁者把日烏河谷的罷工帶頭分子下獄（且殺害他們領袖）八個月後訪問美國，被卡特總統奉為上賓。希奧塞古與莫斯科保持距離——前面已提過羅馬尼亞如何拒絕參加一九六八年入侵捷克斯洛伐克行動——藉此，替自己爭取到行動自由，乃至外國的肯定，特別是在一九八〇年代「新」冷戰初期。這位羅馬尼亞領導人樂於批評俄羅斯人（和派體操選手參加洛杉磯奧運），因此，美國等國家對他的國內罪行不吭一聲。[31]

但羅馬尼亞人為希奧塞古享有的特權地位付出慘重代價。一九六六年，為增加人口——「羅馬尼亞主義者」向來念念不忘的東西——他禁止四十歲以下、孩子少於四人的婦女墮胎（一九八

31 至少在戈巴契夫上任之前是如此，但之後，「西方」就不認為這位反蘇的獨行俠還有什麼價值了。

六年提高到四十五歲才能墮胎）。一九八四年，女人最低結婚年齡降到十五歲。所有在生育年齡裡的婦女，每月都得接受醫學檢查，以防止她們墮胎。只有在黨代表在場的情況下，才能取得墮胎資格，如果真能取得的話。地區的出生率若降低，該地區的醫生得減薪。

結果，人口未增加，但墮胎致死率卻遠遠超過歐洲其他任何國家；非法墮胎是惟一可取得的節育方式，因此非常普見，且往往是在最駭人、最危險的條件下執行。一九六六年這道法令，在接下來的二十三年裡，奪走至少一萬名婦女的性命。嬰兒死亡率其實非常高，因而一九八五年後，官方規定嬰兒出生後活過四個星期才可以報戶口——共產黨控制知識的極致典範。希奧塞古遭推翻時，新生兒死亡率是千分之二十五，還有十萬多名的孤兒。

這一全國性的悲劇，有其背景——經濟被刻意往下拉，從勉強溫飽降為赤貧。八〇年代初期，希奧塞古決定償還羅馬尼亞的龐大外債，藉此提升該國的國際地位。國際資本主義機構大樂（例如國際貨幣基金會），對這位羅馬尼亞獨裁者讚譽有加。布加勒斯特獲准全面調整其外債償付計畫。為還錢給西方債權國，他對國內消費施以持續不斷、前所未見的壓力。

其他地方的共黨統治者拚命向外舉債，藉以提供不虞匱乏的民生必需品收買民心，而與他們截然相反的，這位羅馬尼亞獨裁者著手將所有可弄到手的國產大宗商品全數外銷。羅馬尼亞人被迫在家裡用四十瓦的燈泡（在有電的情況下），以便政府將電輸出到義大利、德國。肉、糖、麵粉、奶油、蛋和其他許多東西，實施嚴格配給。為提升生產力，針對週日、假日的義務性公共勞動（即法國大革命前法國境內施行的徭役），訂定固定額度。

汽油用量被減到最低：一九八六年，推動以養馬取代機動車的計畫。馬拉車成為主要交通工具，收割用長柄大鐮刀和短鐮刀。這作法的確是前所未見：所有社會主義制度都倚賴中央集權來控制那個體制所促成的短缺，但在羅馬尼亞，從對無用的工業設備過度投資的經濟，成功轉型為建立在前工業時代農業自足之上的經濟。

希奧塞古的政策有其可怕的邏輯。羅馬尼亞的確還清外債，卻是在使其人民淪為赤貧的代價下達成。但在希奧塞古在位晚年，他的駭人之舉，還不只是荒唐的經濟政策。為更牢牢控制該國的鄉村居民——且加大力度逼小農生產糧食外銷——該政權開始將羅馬尼亞農村「系統化」。該國一萬三千個村落，有一半將被強行夷平（少數民族村落的比例特別高），村民被遷進五百五十八個「農業城」。若非政局生變，希奧塞古被拉下台處死，使這工程中途夭折，該國僅剩的社會結構將會因此被撤底摧毀。

這位羅馬尼亞獨裁者日益狂妄自大的心態，乃是推動這一鄉村「系統化」工程的動力。在希奧塞古治下，欲控制、集中、計畫日常生活大大小小事務的列寧主義衝動，發展成執迷於同質性和恢宏事功——把史達林的雄心都比下去的事功。這一偏執狂熱的追求，將具體且永久地表現在該國首都上，希奧塞古已排定計畫，要以自尼祿以來未曾見過的規模，對首都來場帝國級的翻新。布加勒斯特的「翻修」工程，會因一九八九年十二月的政變而中止；但已完成的部分，足以將希奧塞古的雄心不可抹滅地刻進這座具有當代實用派設計特點之城市的結構裡。布加勒斯特中心某個和威尼斯一樣大的古城區遭徹底剷平。四萬棟建築和數十間教堂、其他宏偉古建築遭剷除，以騰出空間建造新的「人民宮」（House of the People）和五公里長、一百五十公尺寬的社會主義勝利林蔭大道。

這整個工程只是裝飾門面。在這條林蔭大道旁，白得發亮的建築立面後面，座落的是骯髒、黯淡、用混凝土預製件組成房子的街區。但這個門面本身是侵略性的、羞辱性的、冷酷無情的一成不變，是極權統治精神的具體縮影。由二十五歲建築師安卡・佩特雷斯庫（Anca Petrescu）設計，作為希奧塞古私人宅邸的人民宮，即使按照這類建築的標準來看，都是無法形容、絕無僅有的醜。它造形怪異、冷酷、沒有美感，大得驚人（凡爾賽宮三倍大……）。宮前是可容納五十萬人的半圓形大空間，接待區有一個足球場大，希奧塞古這座宅邸是無法無天之暴政的醜惡表徵（至今仍是），是羅馬尼亞自身對極權主義都市規畫的貢獻。

羅馬尼亞共產主義，走到最後幾年時，不安地橫跨在殘暴與可笑模仿的交會點上。黨領導人夫婦的肖像到處可見；對他的歌功頌德，以合唱詩的方式唱出，史達林若地下有知，聽了可能都覺難為情（但有時被拿來和他相提並論的北韓領袖金日成，可能不會這麼覺得）。針對描述他豐功偉績時該如何稱呼他，希奧塞古頒定了一份短清單供人選用：建築師；信條塑造者；英明的舵手；最高的桅杆；勝利光環；高瞻遠矚者；泰坦巨人；太陽之子；思想的多瑙河；喀爾巴阡山的天才。

希奧塞古那些逢迎拍馬的同僚，對這一切，心裡作何感想，並未說出來。但顯然，到了一九八九年十一月——當他在眾人六十七次起立鼓掌歡迎之後，再度被選為黨的總書記，並驕傲宣布不會有任何改革時——其中一些同僚已開始將他視為包袱：不只與時代脈動疏遠、脫節，也漠然無知於他自己子民日益升高的絕望。但只要有秘密警察機關國家安全局當靠山，希奧塞古就似乎是高枕無憂。

然而，正是國家安全局促成了希奧塞古政權敗亡。一九八九年十二月，國家安全局想除掉在西部城市蒂米什瓦拉（Timisoara）很得民心的匈牙利裔新教牧師拉斯洛·特凱什（Lázslo Tökés）。羅馬尼亞境內的匈牙利裔少數族群，在希奧塞古當政期間受到特別的歧視、壓抑，而鄰國匈牙利境內的局勢發展，早已令他們大為振奮，而更加憤恨於自己在國內所仍在承受的不當對待。特凱什成為他們失望心情的象徵和焦點，十二月十五日當局把矛頭對準他時，堂區居民團團圍住他所避難的那座教堂，徹夜守護，表達支持。

隔天，守夜活動突然轉變為反希奧塞古政權的示威，當局即出動軍警，射擊群眾。這場「屠殺」的誇大報導，透過美國之音和自由歐洲電台播出，傳遍羅馬尼亞。抗議活動從蒂米什瓦拉蔓延到布加勒斯特，為壓下這前所未見的抗議，正在伊朗正式訪問的希奧塞古返國。十二月二十一日，他出現在黨總部大樓的陽台上，打算演說譴責「搗亂」的「少數分子」，結果遭群眾不客氣的詰問，震驚得說不出話。隔天，在試圖向聚集群眾再度講話未成之後，希奧塞古和其妻子搭直昇機從黨部大樓天台逃離。

這時，權力天平已猛然倒向反希奧塞古政權的那一邊。最初軍方似乎支持這獨裁者，占據首都街頭，開槍射擊試圖奪取電視台攝影棚的示威者，但十二月二十二日起，軍方轉向支持接管電視大樓的「救國陣線」（National Salvation Front），而與重武裝的國家安全局部隊相敵對。在這期間，希奧塞古夫婦被捕，草草受審，判定犯了「反國家罪」，迅即於一九八九年聖誕節那天遭處死。[32]

32 審判、槍決過程被錄影下來，但兩天後才在電視上播出。

救國陣線轉型為臨時執政委員會，然後，在把國名改為單純的「羅馬尼亞」之後，指定自己組織的領導人揚．伊利埃斯庫（Ion Iliescu）為總統。伊利埃斯庫，一如他在救國陣線裡的同僚，曾是共產黨員，幾年前和希奧塞古決裂。儘管只是求學時和年輕的戈巴契夫結識，他還是能靠這關係取得些許「改革者」的形象。但伊利埃斯庫領導後希奧塞古時代的羅馬尼亞的真正憑藉，乃是他能掌控軍隊，特別是國家安全局。國安局最後一批負隅頑抗者，在十二月二十七日放棄抗爭。事實上，除了在一九九〇年一月三日開放黨禁，這位新總統在拆解舊政權的體制上沒什麼作為。

後來的發展表明，希奧塞古當權期間的統治機器，在他下台後仍然完好無損，只除掉希奧塞古一家人和他們那些被控犯了令人髮指之罪行的黨羽。數千人在十二月抗議和戰鬥期間遇害的傳言，證實是誇大不實——真實數據是逼近百人——雖然蒂米什瓦拉、布加勒斯特等城市的龐大群眾展現無比勇氣和熱情，但，真正的鬥爭其實在以伊利埃斯庫為核心的「現實主義者」和希奧塞古隨從裡的老臣之間。前者的勝利確保羅馬尼亞順利——事實上順利得令人懷疑——脫離共產主義。

希奧塞古晚年的荒唐作為被一掃而空，但共黨許多編制、警察、行政體系仍在原處，完好無損。名字改了——國家安全局遭廢除——但他們根深蒂固的認知和習慣作為沒改：對於三月十九日發生在特爾古穆列什（Tirgu Mures）的暴亂——該地的匈牙利裔少數族群遭精心策畫的攻擊，八人死亡，約三百人受傷——伊利埃斯庫絲毫未阻止。此外，在他的救國陣線於一九九〇年五月的選舉贏得絕大多數席次（儘管該組織更早時承諾不投入選舉），他本人正式連任總統後，他立即於六月以巴士將礦工載到布加勒斯特，去痛毆抗議學生：二十一名示威者喪命，約六百五十人受傷。羅馬尼亞仍有很長的路要走。

羅馬尼亞革命的「宮廷政變」特質，在其南方鄰國保加利亞更為突顯。保加利亞共黨中央委員會將高齡七十八的領導人托多爾·日夫科夫革除職務，作法極粗暴。日夫科夫從一九五四年起就擔任該黨領導人，是共產集團內在位最久的領導人。在任期間，他以保加利亞的一貫作風，竭盡所能追隨俄羅斯模式：八〇年代初期，他推出「新經濟機制」以改善生產，一九八七年三月，他師法莫斯科，承諾結束對經濟的「官僚」控制，向世人保證保加利亞自此能走上自己的「重整改革」之路。

但保加利亞經濟持續不振，以及共黨領導階層隨著莫斯科的新局勢趨於明朗而日益沒有安全感，促使日夫科夫為國內統治的合法性尋找一替代來源：族裔民族主義（ethnic nationalism）。保加利亞境內為數可觀的土耳其裔少數族群（在不到九百萬人口裡占了約九十萬），是誘人的靶子：土耳其裔不只民族特色鮮明，信仰不一樣的宗教，且還是才剛遭人淡忘的那段可恨鄂圖曼人統治時期的倒楣承繼者和象徵。在保加利亞，一如在鄰國南斯拉夫，搖搖欲墜的共黨獨裁政權把族群歧視的怒火全發洩在孤立無助的國內受害者上。

一九八四年，官方宣布保加利亞的土耳其人根本不是「土耳其人」，而是過去被強行改變信仰，自此將會被恢復真實身分的保加利亞人。穆斯林儀式（例如割禮）被禁，被宣告為非法；廣播、出版、教育上禁止使用土耳其語；特別令土耳其人反感（且憤恨）的，凡是擁有土耳其姓名的保加利亞公民，此後都得改取道地的「保加利亞」名。結果是一場災難。土耳其人群起反抗，也激起保加利亞知識分子的反對。國際社會大聲抗議；保加利亞在聯合國和歐洲法院遭到譴責。

在這同時，國際上與日夫科夫一樣實行寡頭統治的共黨領導人與他保持距離。到了一九八九年，保加利亞的處境比以往任何時候都還孤立，且對於鄰國南斯拉夫的局勢——共黨似乎漸漸控制不了大局——十分憂心。一九八九年夏，據估計約三十萬土耳其裔投奔土耳其，使局勢惡化到不能再置之不理——這使該政權的國際形象再度大傷，也使該政權的經濟受到重創，因為國內的粗活工人開始短缺。[33]十月二十六日警方對索非亞市某公園裡聚集的小批環保人士反應過度——逮捕、毆打散發請願書的「生態公開」（Ecoglasnost）組織成員——以外長佩特爾・姆拉德諾夫（Petar Mladenov）為首的黨內改革派決定行動。十一月十日（柏林圍牆倒下隔天，絕非巧合），他們趕走倒楣的日夫科夫。

接下來的發展照著這時已司空見慣的模式走：釋放政治犯；開放黨禁；拿掉憲法賦予共黨的「領導角色」；開「圓桌會議」以規畫自由選舉；改黨名為「保加利亞社會黨」；如期舉行選舉，而在保加利亞，一如在羅馬尼亞，前共黨輕易贏得大選（各地傳來選舉舞弊的指控）。

在保加利亞，政治「反對派」大體上是在共黨垮台後出現，而且一如在羅馬尼亞，有人認為反對派在某種程度上是共黨黨內異議派系為了自身目的而創造出來。但改變是千真萬確。至少，保加利亞避開了南斯拉夫所將遭遇的浩劫：十二月二十九日，儘管有憤怒的民族主義者抗議，穆斯林、土耳其人仍獲得完整且平等的權利。到了一九九一年，以土耳其人為主的政黨「權利與自由運動」（Movement for Rights and Freedom）獲得的席次足以左右國會中的勢力平衡。

為何共產主義在一九八九年如此陡然垮台？事後之明的決定論，再怎麼誘人，我們都不該沉迷其中。即使共產主義因其固有的荒謬特性而注定覆滅，卻少有人預料到它覆滅的時間、方式。共產主義的假象這麼輕易就遭戳破，的確說明了這些政權比任何人所認為的還要脆弱，而且這使人對這些政權的更早期歷史有了新的認識。但不管是不是假象，共產主義存在了頗長時間。為何未存在更久？

有人用「骨牌理論」來解釋。一旦有某地的共黨領導人開始垮台，其他地方的共黨領導人的合法性就跟著受到致命的打擊。共產主義能得到人民信任，有一部分倚賴其聲稱它體現了歷史的必然性，稱它是歷史進步的合理產物，是政治生活無可爭辯的事實，是現代世界不可避免的存在。一旦這被揭露是明顯不實——例如，在波蘭，團結工聯已顯然扭轉了**歷史**——那麼在匈牙利，或在捷克斯洛伐克，憑什麼還要繼續相信共產主義？而我們已看出，其他地方的事態發展，顯然起了榜樣的作用。

但共產主義在歐洲的瓦解，其引人注意的地方，不在如傳染病般蔓延的現象：凡是革命都有如此的蔓延現象，一個接一個爆發的革命，腐蝕了既有政權的合法性。這種現象，在一八四八年、一九一九年、一九六八年（以較小的規模）都發生過。一九八九年的新奇之處，在於這過程的迅

33 當然，就官方的立場，的確沒有土耳其人存在：「保加利亞境內沒有土耳其人。」（內政部長季米圖爾·史托雅諾夫）

疾。晚至一九八九年十月，匈牙利的伊姆雷·波茲蓋伊，或東德的埃貢·克倫采，還天真認為自己能控制、處理好他們所打算進行的「重整改革」。他們的對手大部分也同意，並繼續尋找某種暫時的妥協。一九八〇年時，亞當·米奇尼克就已寫道，「兼容並蓄的社會是可以指望的，在那社會裡，國家的極權組織將與社會的民主制度並存」；進入一九八九年夏許久，仍沒有什麼理由要他改變這期望。

傳播媒體的作用是影響一九八九年情勢的新因素。特別是匈牙利人、捷克人、德國人，能夠每晚在電視新聞上看到他們自己革命的進展。對布拉格的居民來說，電視上一再重播十一月十七日的事件，構成某種即時的政治教育，清楚傳達了雙重信息：「他們是軟腳蝦」、「我們辦到了」。因此，共產主義失去其重要資產——對訊息的控制與獨占。落單的恐懼——無法知道別人是否抱持和自己一樣的想法——從此消失。甚至在羅馬尼亞，接管全國性電視台的攝影棚，都是決定起事成敗的關鍵因素。把希奧塞古夫婦遭槍決的可怕下場拍下來，播放給全國民眾看，對民心絕對有影響。這當然不是什麼新模式——整個二十世紀期間，從都柏林到巴塞隆納，廣播電台和郵局都是革命群眾要拿下的首要目標，但電視傳播速度快。

一九八九年革命的第二個顯著特色，乃是平和。羅馬尼亞的確例外；但鑑於希奧塞古政權的本質，這樣的發展在預料之中。真正令人意外的，乃是就連在蒂米什瓦拉和布加勒斯特，流血程度都遠不如每個人所擔心的那麼嚴重。這有一部分也得歸因於電視。由於全國人民——更別提世上其他地方的許多人——緊盯著當權者的一舉一動，共黨政權不敢輕舉妄動。被這樣盯著看，其本身就代表威權的喪失，使共黨政權在因應作為上綁手綁腳。[34]

的確，在中國，這些因素未使共黨當局有所收斂，同年六月四日北京當局開槍射殺了天安門廣場上數百名和平示威者。希奧塞古若能像北京那樣做，大概也會毫不遲疑開槍鎮壓。而我們已知道，何內克至少曾考慮做類似的事。但對他們的大部分同僚來說，那已不再是選項。凡是垂死的獨裁政權，在生死存亡的關頭，都在鎮壓和妥協間舉棋不定。就共黨政權來說，統治信心崩潰太快，讓他們開始覺得光靠武力保住政權，勝算不大——而且這麼做未必有好處。在明哲保身的考量下，大部分共黨政權官員和黨工迅即轉向——與其違逆改變的浪潮而滅頂，不如順著潮流游動。

當初若是群眾暴怒或群眾領袖好戰，決意報復舊體制，共黨政權的考量可能就不是如此。但由於許多原因——包括波蘭選舉那天呈現於電視上的天安門血腥鎮壓——一九八九年的人民有心避免暴力。「自我設限」的不只波蘭革命。由於令共產政權形象大傷的數十年暴力鎮壓，且槍和子彈只有官方有，共產政權已非常有效地讓其子民知道訴諸武力的不當和魯莽。由於柏林、布拉格的警方直到舊政權快垮台時才不再暴力鎮壓，因此斯洛伐克人不是惟一的「反暴力公眾」。

厭惡暴力乃是一九八九年許多革命分子惟一共通之處。他們是成員出奇混雜的群體，即使就此前大部分暴亂事件的標準來看亦是如此。各種成員所占的比例因地而異，但「人民」通常包括有心改革的共產黨員、社會民主主義人士、自由派知識分子、主張自由市場的經濟學家、天主教

34 這類因素不盡然適用於偏遠鄉村和地方小鎮。在這些地方，警察始終我行我素，不受電視攝影機或民眾反對心態阻撓。

行動主義者、工會人士、反戰人士、一些頑固守舊的托派分子和其他人。如此混雜的構成，正是他們實力的一部分：這在實質上形成由公民組織、政治組織構成，大不利於一黨專政體制的非正式綜合體。

在革命陣營裡，至少已可看出存有一條重要的斷層線，將自由派民主主義者與民粹派民族主義者區隔開，例如馬佐維耶斯基與華勒沙分屬這斷層線的兩端，由雅諾什・基什（Janos Kis）領導的匈牙利左傾自由民主黨和「民主論壇」（Democratic Forum）裡的舊路線民族主義者亦然。此外，誠如前面已提過的，一九八九年的群眾，還存有一鮮明的世代鴻溝。那些老練的知識界反對派領袖，有許多和批評共黨政權的黨內人士有同樣的經歷。但在學生和其他年輕人眼中，他們因此被歸為同一類：不能喚醒且不該喚醒的那個過去的一部分。按照匈牙利「青年民主聯盟」二十六歲領導人維克托・奧爾班的規畫，該政黨原只想讓三十歲以下人士加入。[35]

「杜布切克世代」的回憶和錯覺，並沒有傳到他們的下一代，後者對追憶一九六八或保留民主德國「好」的方面，興趣缺缺。比起拉統治者進行辯論或提供激進方案取代他們的統治，這新的一代更在意於擺脫他們的統治。這促成波蘭、捷克斯洛伐克某些觀察家所論及的，一九八九年類似嘉年華會的一面；這也促成無意以暴力懲罰的心態。共產主義與其說不再是個絆腳石，不如說已經不值一顧。

這在表達一九八九年目標時所普遍使用的語言裡可最清楚地看出。「回歸歐洲」這中心思想不是新觀念。共產主義問世之前許久，東歐就已是在尋求肯定與承認的歐洲；西歐則是「了解」自身的歐洲，是東歐所渴盼得到其承認的歐洲。[36]隨著蘇聯集團的形成，認為他們所屬的那一部分歐洲被割離其母根的看法，已成為該地區反對意見裡一再重現的主題。

但對東歐人來說，對自己失去歐洲身分的哀嘆，已在晚近幾年，隨著某種新東西在西歐的問世，而開始具有特殊的意涵。這新東西是以「歐洲」價值觀為核心打造的制度性實體——「歐洲共同體」、「歐洲聯盟」——而且那些價值觀是可讓東歐人非常輕易就認同的：個人權利、公民義務、表達與遷徙自由。「歐洲」論變得比較不抽象，因而，在年輕人眼中，變得較有趣。它不再只是哀嘆舊布拉格或布達佩斯失去之文化，這時更代表了一組具體且可達到的政治目標。共產主義的對立面不是「資本主義」，而是「歐洲」。

這不只是言詞上的耍弄。共黨舊核心班子能言之鑿鑿的（甚至信心滿滿的）指出「資本主義」這抽象概念的掠奪之處，卻拿不出東西來取代「歐洲」——因為歐洲代表的不是替代性的意識形態，而只是政治準則。這一想法有時被改說成「市場經濟」，有時改說成「公民社會」；但不管是其中哪個，「歐洲」都——毫不含糊且完全地——代表了正常狀態，代表了現代生活方式。共產主義不再是未來——它六十年來一貫祭出的王牌——而是過去。

想當然爾，存有某些小差異。民族主義者，乃至某些政治上、宗教上的保守派——其中許多人於一九八九年活躍且具影響力——比較看重「波蘭」或「匈牙利」，而非歐洲。而且其中某些

35 此舉間接肯定了六〇年代惟一留下的遺緒，年輕本來就較優秀的觀念——引用傑瑞・魯賓（Jerry Rubin）的話：「絕不要信任超過三十歲的人。」

36 這段推論由伏爾泰等人發展出來，在賴瑞・沃爾夫（Larry Wolff）的《發明東歐》（*Inventing Eastern Europe*, Stanford，一九九四）中得到精彩的闡述。

人對自由、個人權利的興趣，可能不如其他人。群眾當下最看重的事物也不盡相同——在鼓動人民情緒上，回歸歐洲這觀念，在捷克斯洛伐克，比在——舉個顯而易見的例子——羅馬尼亞更受看重，在羅馬尼亞，最看重的是除掉獨裁者，三餐吃得飽。一九八九年的領導人，有一些從一開始就著手打造市場經濟（一九八九年九月塔德烏斯·馬佐維耶斯基組成他的第一個政府時，令人難忘地宣布他在「尋找我的路德維希·艾哈德！」），其他人，特別是哈維爾，則偏重於建設民主的公民基礎。

這些細微差異所帶來的影響，要在爾後才浮現。但在此，談談美國在這段歷史裡的角色，或許也不算突兀。東歐人，特別是東柏林人，非常清楚美國在圍堵蘇聯上扮演的角色。他們也了解使西歐政治人物和雷根之類美國政治人物有別的細微差異，西歐政治人物大體上覺得只要未受到共產主義的騷擾，和共產主義並存於一地亦無妨，而雷根則曾公開將蘇聯稱作「邪惡帝國」。團結工聯的經費大部分來自美國的資助，而且——一看出柏林等地抗議者勝算甚大——給予他們最堅定不移之官方鼓勵者是美國。

但我們不該據此斷定——有人即據此斷定——東歐不自由的人民渴盼成為……美國人；當然更不該據此斷定是美國的鼓勵或支持，加速或協助他們獲得解放。[37]美國在一九八九年的大戲裡扮演的角色並不吃重，至少在已成定局之前是如此。而美國社會模式——「自由市場」——偶爾才被群眾或群眾發言人視為欣賞或仿效的目標。對大部分生活在共產主義的人來說，解放絕非意味著他們渴求毫無限制的經濟競爭，更別提失去免費的社會福利、受保障的工作、便宜房租或其他伴隨共產主義而來的任何好處。畢竟，在東歐人的想像裡，「歐洲」令人心儀的地方之一，乃是它提供了富裕且安全、自由且保護的遠景。人可以擁有社會主義蛋糕，同時自由地享用它。

這種歐洲夢乃是日後失望的先兆。但當時只有少數人看出這點。在替代模式的選項裡，美國生活方式仍只有少數人青睞，而且美國雖具有全球性的影響力，距他們還是太遠。但另一個超級強權就在門口。東歐諸衛星國全是以莫斯科為中心的共產主義帝國的殖民地。因此，一九八九年的巨變，可歸功於本土社會或政治勢力者的地方不那麼多——不管那是斯洛伐克境內的地下天主教組織，或波蘭境內的搖滾樂團體，或各地的自由思想知識分子。總而言之，左右大局走向者，始終是莫斯科。

在解放後醺醺然得意的心態下，許多東歐人貶低莫斯科的重要性，突顯自己的功勞。一九九二年一月，民主論壇的約澤夫·安塔爾（József Antall）——時任匈牙利總理——向匈牙利聽眾哀嘆，西方未體察到中歐在推倒共產主義上的英勇貢獻：「這份一廂情願的愛必須畫下句點，因為我們堅守自己崗位，我們未發一槍一彈地打我們自己的仗，我們為他們打贏了第三次世界大戰。」安塔爾的悲情敘述，再怎麼討他聽眾的歡心，都忽略了有關一九八九年的重大事實：如果東歐的群眾、知識分子、工會領袖「打贏了第三次世界大戰」，那完全是因為戈巴契夫讓他們打贏。

一九八九年七月六日，戈巴契夫在史特拉斯堡的歐洲理事會演說，告訴底下的聽眾蘇聯不會阻擋東歐的改革：那「完全是人民自己的事」。一九八九年七月七日，在布加勒斯特召開的東歐集團領導人大會上，這位蘇聯領導人申明各個社會主義國家都有權走自己的路，不受外力干涉。

37 甚至雷根對波蘭宣布戒嚴的初步反應都明顯冷淡。直到（季辛吉等人）高聲公開批評，華府官方才採取強硬立場，也就是後來它較為人知的立場。

五個月後，在馬爾他島外海「馬克西姆・高爾基」號（Maxim Gorky）郵輪的特等客艙裡，他向美國總統布希保證不會為了保住東歐共產政權而動用武力。他的立場毫不含糊。米奇尼克於一九八八年說，戈巴契夫「被他自己外交政策的成就囚住」。帝國都城一旦如此公開承認不會且無力抓住其邊陲殖民地——且已因這樣的表態而受到舉世的讚揚——帝國也就失去其殖民地，隨之失去其在各殖民地裡與之合作的人。接下來還不確定的，就只是那些殖民地如何垮掉，往哪個方向垮。

這些合作者無疑清楚局勢的走向：一九八八年七月至一九八九年七月，匈牙利共黨內的改革派龍頭，卡羅伊・格羅什和米科洛斯・涅梅特（Miklós Németh），四赴莫斯科會晤戈巴契夫。他們的同僚雷若・涅爾什（Rezső Nyers）也於一九八九年七月七日，即卡達爾去世隔日，情勢表明他們大勢已去時，與戈巴契夫在布加勒斯特會談。戈巴契夫未以任何主動作為，引動或加速一九八九年革命，而只是旁觀。一八四九年，俄羅斯的干預使匈牙利的革命和同年的其他革命注定功敗垂成；一九八九年，俄羅斯坐視不管，協助確保匈牙利革命成功。

戈巴契夫的作為，不只是任由殖民地走自己的路。他表明不會干預，藉此一舉削弱了諸衛星國統治者賴以取得政治合法性的惟一真正憑藉：莫斯科軍事干預的保證（或威脅）。少掉那威脅，那些國家的政權在政治上就變得毫無防禦。在經濟上，它們本來或許可以再苦撐幾年，但在經濟上，蘇聯的收手，同樣帶來致命的打擊：莫斯科一旦要求經濟互助委員會諸成員國，以世界市場的價格買進蘇聯的商品（一九九〇年就這麼做），嚴重倚賴帝國補貼的那些國家絕對會垮台。

如上面最後一個例子表明的，戈巴契夫任由共產主義在東歐垮台，目的在於保住俄羅斯自身境內的共產主義——一如史達林扶植那些衛星政權不是為了那些政權，而是為了他的西疆建構安全屏障。戰術上來講，戈巴契夫大大失算——不到兩年，就會有人用東歐的教訓，在蘇聯本土對付他這位東歐解放者。但戰略上來講，他的成就巨大且前所未見。有史以來，從未有領土遼闊的帝國能夠像蘇聯那樣，迅速、欣然且幾乎不流血地放棄自己的領土。一九八九年的發展，不能直接歸功於戈巴契夫——他未規畫那樣的發展，只是模模糊糊理解到其長遠的重要影響。但他使那發展成為可能，助長那樣的發展。那是場戈巴契夫先生的革命。

第四部
解體以後 1989-2005
AFTER THE FALL

20

易裂的大陸
A Fissile Continent

我不必動手阻止；蘇聯會替我做。
他們絕不會讓這個更大的德國就在他們對面。

密特朗，一九八九年十一月二十八日

✣ ✣ ✣

開始做時，我們並不知道自己所面對問題的嚴重性。

戈巴契夫，一九九〇

✣ ✣ ✣

我們國家一直運氣不好。我們被選定來進行這場馬克思主義實驗，
結果發現這一觀念根本不適用——
只把我們推離世上文明國家所走的路。

葉爾欽，一九九一

✣ ✣ ✣

捷克國的存在從來不是確切無疑的事，
而這一不明確正是它最引人注目的地方。

米蘭．昆德拉

擺脫共產主義的統治後，東歐經歷了第二個轉變，更引人注目的轉變。一九九〇年代，四個國家從歐陸地圖上消失，新生（或復活）了十四個國家。蘇聯最西邊六個加盟共和國——愛沙尼亞、拉脫維亞、立陶宛、白俄羅斯、烏克蘭、摩爾多瓦——與俄羅斯本身，都成為獨立國家。捷克斯洛伐克分裂為兩國——斯洛伐克和捷克共和國。而組成南斯拉夫的六個共和國，則各奔前程，成為斯洛維尼亞、克羅埃西亞、波士尼亞-赫塞哥維納、塞爾維亞-蒙特尼格羅、馬其頓五國。

這一次的國家形成和裂解，規模上與一次大戰後《凡爾賽條約》的衝擊相當，且在某些方面更引人注目。凡爾賽誕生的民族國家，乃是一個漫長過程積累的結果，始於十九世紀中期或更早時，然後拖了很久才結束的；那樣的發展並不令人意外。但二十世紀晚期發生的類似現象，則是幾乎無人預見到的發展。事實上，在一九九〇年代消失的三個國家——捷克斯洛伐克、南斯拉夫、蘇聯——本身就是後一九一八年的產物。

但這些國家是該地區碩果僅存的多民族聯邦國家一事絕非偶然。九〇年代的領土分裂，伴隨著歐洲四個大陸性帝國的最後一個——俄羅斯帝國——的覆滅而來。事實上，那是另外三個帝國垮台後——鄂圖曼土耳其、哈布斯堡奧地利、威廉德意志——後帝國時代國家形成運動的尾聲，而且是早該到來的尾聲。但帝國解體本身不會引發東歐的制度性重組。一如過去所常見的，該地區的命運繫於德國境內的情勢。

德國再度統一——在裂解大行其道的十年裡絕無僅有的融合例子——赫爾穆特．柯爾該居首

功。這位西德總理最初和其他人一樣遲疑——一九八九年十一月二十八日，他向聯邦議院提出以五年為期、腳步審慎的德國統一計畫。但聽過東德群眾的呼聲後（且確定得到華府支持），柯爾推斷統一的德國這時不只可能，還或許刻不容緩。很明顯地，欲堵住西奔潮（曾一度達一天兩千人），惟一辦法就是將西德東擴。為使東德人不再離開自己國家，這位西德領導人著手廢掉東德。

一如十九世紀時，德國統一首先將依靠貨幣聯盟達成；但接下來必然走上政治聯盟。「邦聯」論最初得到西德人的鼓勵，漢斯．莫德羅的東德內閣也積極往這方向走，但這時突然被打入冷宮，在一九九〇年三月倉促舉行的東德選舉中，基督教民主聯盟候選人以統一為政見。他們的「德意志聯盟」（Alliance for Germany）拿下四成八的選票；社會民主黨受阻於他們在統一問題上廣為周知的含糊立場，只拿到兩成二選票。[1]前共產黨——已改名民主社會黨——拿下一成六選票，成績不俗；但九〇聯盟（Alliance '90）——由包括貝貝爾．博萊（Bäbel Bohley）的「新論壇」（Neues Forum）在內的前異議人士組成的聯盟——只拿下百分之二．八。[2]

由洛塔爾．德梅齊耶（Lothar de Maizière）領導的基督教民主聯盟、社會黨、自由派三黨派聯盟，成為東德人民議會新多數黨，組成新政府。新政府的第一個作為，乃是承諾帶領國家走上德國統一。[3]一九九〇年五月十八日，兩德簽署「貨幣、經濟、社會聯盟」，七月一日，其主要條款生效——德國馬克擴大適用於東德。自此東德人可以極有利的一比一匯率，將他們形同廢紙的東德馬克換成德國馬克（以四萬德國馬克為上限）。東德境內的工資、薪水從此將以幣值相等的德國馬克支付——讓東德人留在東德，很管用的一招，但長遠來看，對東德人的就業和西德的預算不利。

八月二十三日，透過與波昂事先敲定的協議，東德人民議會投票同意加入聯邦德國。一星期後，簽署統一條約，藉此，民主德國被併入聯邦德國——三月的西德選舉，選民已同意此議，一九四九年《基本法》第二十三款已給予此事法律依據。十月三日，統一條約生效：民主德國「加入」聯邦德國，自世上消失。

德國的分裂是二次大戰諸戰勝國所造成，而一九九〇年其重新統一，若沒有那些國家的鼓勵或同意，絕不可能成真。東德是蘇聯衛星國，一九八九年時境內仍駐有三十六萬蘇聯軍隊。西德雖已獨立自主，在這件事情上卻沒有自主權。至於柏林市，在和平協議真正敲定之前，它的命運仍操在法、英、美、蘇四個占領國手上。

英國人、法國人都不樂見德國重新統一。西歐人若真的思索起來，德國統一應該會發生在東歐漫長改變過程結束而非開始時，這是相當合理的推斷。英國外長道格拉斯·赫德（Douglas Hurd）於一九八九年十二月思索即將告終的冷戰時論道，這是個「我們已在其下相當快樂地生活了四十年……的制度」。

他的上司首相瑪格麗特·柴契爾，毫不隱藏她心中的憂慮。在自傳中，她憶及有次與法國總統密特朗倉促會晤：「我從手提包裡拿出一張地圖，地圖上呈現德國過去的疆域變化，那些變化讓人對未來無法全然放心……（密特朗）說過去碰到很危險的時刻，法國總是和英國建立特殊關

1 一九八九年八月，社會民主黨的副主席即已批評柯爾政府，歡迎正欲透過新開放的匈牙利邊界西奔的東德難民入境，已使危機「惡化」。但在柏林（社民黨的傳統據點），該黨於一九九〇年的選舉大有進展，拿下三成五選票。

2 博萊本人的反應，乃是有點尖酸的說道：「我們想要正義，我們有了Rechtstaat（法治國）。」

3 德梅齊耶的第二個作為，乃是終於承認東德也是猶太大屠殺的凶手，撥款六百二十萬德國馬克賠償。

係，而他覺得這樣的時刻已再度降臨……我覺得我們雖然尚未找到方法，但雙方至少有意制衡德國這個巨怪。那是個開始。」

柴契爾夫人——不只她如此——也擔心德國統一可能使戈巴契夫地位不穩，甚至可能導致他垮台（赫魯雪夫於古巴受辱後遭拉下台就是類似的例子）。但英國人儘管憂心忡忡，面對當時德國局勢的演變，卻提不出什麼替代辦法，只能默然接受。密特朗則沒這麼容易就認命。對於德國和整個共產集團內多年來屹立不搖且眾所熟悉的協議瓦解，最感到不安者非法國莫屬。[4]

巴黎的第一個反應乃是著手阻擋德國往統一的方向走——密特朗甚至於一九八九年十二月訪問東德，展現對其東德主權地位的支持。柯爾邀他出席布蘭登堡門重啟典禮，他予以婉拒。他還試圖說服蘇聯領導人，法、俄作為傳統盟邦，抑制德國野心，同蒙其利。事實上，法國人指望戈巴契夫否決德國統一——誠如密特朗於一九八九年十一月二十八日向其顧問說明的，「我不必動手阻止；蘇聯會替我做。他們絕不會讓這個更大的德國就在他們對面。」

但一旦看清這只是一廂情願——且柯爾在東德選舉中贏得決定性勝利——這位法國總統就改弦易轍。德國人可以如願統一，但得付出代價。更為壯大的德國絕不能走獨立自主路線，更別提重拾其過去的中歐優先政策。柯爾得承諾在法、德共管體制下施行歐洲一體化計畫，德國得受到「日益緊密」之聯盟的束縛——這一聯盟的條件，特別是歐洲共同貨幣，將會明訂於新條約中（隔年會在荷蘭馬斯垂克市商議這一新條約）。[5]

德國人二話不說同意法國人的所有條件（但法國外交手段笨拙，使兩國關係冷卻了一陣子）——這與更早時，波昂於一九五五年後同意將「歐洲」侷限在最初六國，以化解法國人對德國恢復完全主權地位的焦慮，如出一轍。柯爾甚至在接下來的幾個月裡同意法國的多個小要求，以回報巴黎的寬容。[6]為了統一大業，德國值得如此安撫其緊張不安的鄰國。無論如何，生於路德維希港，且和他的萊茵蘭同鄉艾德諾一樣骨子裡親西方的柯爾，對於將德國與歐共體更緊密結合這想法，並未特別不安。

但最重要的，誠如當時任何一張柯爾照片都會表明的，這位德國總理已穩操勝券：德國統一有美國的全力支持。一如其他所有人，美國布希政府最初和其盟邦一樣，認為德國統一只會在蘇聯、東歐境內一連串不可測的改變結束時降臨，而且只有得到蘇聯同意才可能成真。華府較快就抓到主流民意，特別是一九九〇年二月某項民意調查顯示了五成八的西德人贊成建立統一、中立的德國。這是美國（和許多西德政治人物）最不想見到的結局：擴大後的德國，以中立、不歸屬任一陣營的姿態矗立於歐洲中央，破壞其兩側鄰邦的穩定，使它們不安。

因此，美國決意全心全意支持柯爾的目標，以使德國人無需選擇，究竟是要統一或者要與西方聯盟。在華府施壓下，英、法都同意和蘇聯、兩德代表坐下來談，研討出新德國誕生的條件。

4 隔年莫斯科流產政變，西方的主要政治人物，只有密特朗一人在戈巴契夫尚未確定遭推翻時就立即做出因應作為，此一現象絕非偶然。

5 令人深覺諷刺的，密特朗的繼任者，如今卻為同一條約的經費限制和社會後果而傷透腦筋。

6 其中最值得一提的，乃是任命密特朗的親信雅克·阿塔利（Jacques Attali）執掌新機構歐洲重整與發展銀行（European Bank for Reconstruction and Development）。這一機構的職責之一是投資東歐的重建事業。但阿塔利花了數百萬元重新裝潢自己的豪宅——對該銀行所應投資的對象卻挹注甚少——他隨之遭不光彩地拔去職務。自視甚高的他，經此風波，其自負心態看不出有所節制。

這些所謂的「四加二」會談，由各國外長參加，從一九九〇年二月談到同年九月，最後敲定《關於德國問題的最後解決方案條約》，九月十二日在莫斯科簽署。

這一條約正式確認未來德國的國界即現有兩德的國界，隨著條約簽署，柏林於一九九〇年十月二日午夜結束其遭四強占領的處境。蘇聯同意讓統一後的德國留在北約，有關紅軍撤離與所有外國部隊離開柏林一事也達成協議（四年後執行完畢，至那時德國土地上將只剩一小支整編的北約部隊）。

戈巴契夫為何如此欣然同意德國朝統一的方向走？幾十年來蘇聯的首要戰略目標，都是維持中歐的領土現狀：莫斯科就和倫敦、巴黎、華府一樣，已安於德國分裂現狀，老早以前就放棄史達林欲將波昂拔出西方聯盟的戰後目標。與英、法不同，蘇聯領導階層仍有能耐阻擋統一，至少在原則上是。

戈巴契夫，一如一九九〇年的其他所有人，是在瞎猜。不管在東歐還是西歐，都沒有人拿得出計畫，說明如果東德解體，該怎麼做；而且德國統一沒有藍圖。但與西方國家領導人不同的，這位蘇聯領導人沒有理想的替代辦法。除非自打嘴巴，推翻最近幾年他與人為善的公開宣示，大大傷害自己的公信力，否則，情勢擺在眼前，德國統一已是他所無力阻止的事。最初他的確反對讓統一後的德國加入北約；即使在原則上同意此事之後，[7]仍堅持北約部隊的進駐不得向東推進三百公里至波德邊界——一九九〇年二月美國國務卿詹姆斯．貝克（James Baker）的確向蘇聯外長如此保證。但後來北約撕毀這承諾時，戈巴契夫也只能苦苦吞下。

他所能做的，乃是從他的讓步中得到回報。誠如西德總理柯爾已預見到的，用錢能說服蘇聯。

最初戈巴契夫試圖以協商統一問題為籌碼，勒索兩百億美元，最後敲定約八十億美元，外加約二十億美元的無息借款。整個來講，從一九九〇到一九九四年底，波昂轉給蘇聯（和後來的俄羅斯）相當於七百一十億美元的資金（還有三百六十億美元給東歐的諸個前共產國家）。柯爾還表示，願保證接受德國現行的東界為永久國界——隔年白紙黑字寫在與波蘭的條約裡——藉此減輕蘇聯（與波蘭）對德國日後收復失土的疑慮。

得到其所能爭取到的最佳條件後，莫斯科同意放棄東德。蘇聯如同名片《北非諜影》裡的演員悉尼·格林史屈，華府則如同另一演員亨佛萊·鮑嘉，蘇聯善用一手爛牌獲得最大利益，拋棄它滿懷怨恨的東德小老弟，在這期間發表了必不可少的抗議，但心裡其實沒什麼遺憾。與其讓新德國與自己為敵，和友善、心懷感激的新德國建立戰略關係更為明智，而且從蘇聯的角度看，統一後的德國，被西方緊緊抓在懷裡——並且被約束——這樣的結果也不算太糟。

東德受到冷落，但並非從頭至尾無人對其感到惋惜。除了鈞特·葛拉斯、于爾根·哈伯馬斯之類，為重新統一後「更大」德國的靈魂感到憂心的西德知識分子，[8]許多此前只知東德這一祖國的東德人，在「他們的」德國於腳下被人抽掉時，心裡是悲喜交織。東德已存在約四十年。他們或許已不相信東德荒唐離譜的自我描述，但不可能對官方宣傳完全充耳不聞。因此，一九八九

7 證據顯示戈巴契夫是在一九九〇年五月不小心同意這一重大事項，當時他接受布希總統的提議，認為德國的自決權應包括「選擇與誰結盟」的自由。

8 在葛拉斯眼中，現代德國史乃是永遠想要膨脹、擴張，然後歐陸其他國家拚命想阻止的一段歷史，或者用他的話說：「每隔幾年，我們就因為整個德國便秘，被施予一次歐洲灌腸。」

年過了許久之後，德東中學生仍相信東德部隊曾與紅軍並肩作戰，使他們國家擺脫希特勒統治，也就不足為奇。

這一反覆灌輸的錯誤觀念，乃是東德核心認同的一部分，絲毫無助於使迷惘的前東德公民更順利「回歸」德國，特別是因為「他們的」德國遭有系統的從官方紀錄裡剔除。鎮名、街名、建築名、縣名遭更改，往往恢復一九三三年前的名稱。宗教儀式與紀念儀式重新復甦。但這不是找回歷史，而是抹掉歷史——好似德意志民主共和國從未存在過。艾里希·米爾克（Erich Nielke）被以謀殺罪起訴、判刑時，不是因為他主持東德秘密警察機構時授意下屬犯下的罪行，而是因為他在一九三〇年代犯下的一起政治暗殺，證據得自納粹的審訊紀錄。

換句話說，前東德的子民未正視東德紛擾不安的歷史，反倒受鼓勵去忘掉那段歷史——五〇年代西德「遺忘時代」的諷刺性重演。聯邦德國建立後頭幾年怎麼做，一九八九年後如法炮製：解決之道在使前東德富裕繁榮。德國要用錢收買，藉此走出歷史的泥淖。而民主德國的確很適合如此處理。東德不只制度破產，其實體基礎設施有許多已是破舊不堪。五分之二的住宅建於一九一四年前（在西德一九八九年時不到五分之一）；四分之一的家庭沒有浴室，三分之一的家庭得到屋外上廁所，超過六成的家庭沒有中央供暖設施。

一如與莫斯科打交道時的作法，波昂的因應之道，乃是砸大錢解決這問題。統一後的三年裡，德西輸往德東的金額總共相當於一兆兩千億歐元；二〇〇三年底時，為吸併前東德付出的成本已達到一兆兩千億歐元。聯邦德國以補貼方式使東德人接受新德國：政府大幅增加支出，以支持東德人的就業、退休金、交通、教育、住屋。短期來看，這一辦法管用——與其說是使東德人更加堅信自由市場的價值，不如說是使他們更加深信西德財力的確深不可測。但在重新統一的初期喜悅之後，許多東德人因西德同胞洋洋自得的優越感而心生反感——在日後的選舉裡，前共黨將利用這心態而頗有斬獲。

在這同時，為免惹惱西德選民——他們絕非個個都歡天喜地迎接統一——柯爾選擇不加稅。因此，此前一直享有巨額經常帳盈餘的聯邦德國，為支應其龐大的新財政支出，只有走上赤字之途。德意志聯邦銀行驚駭於這一政策帶來的通膨衝擊，於是開始從一九九一年起——正值德國馬克被漸漸鎖入計畫發行的歐洲貨幣之中時——逐步提高利率。調高利率陸續引發的效應——失業率升高、經濟成長變緩——將不只出現在德國，還將波及整個歐洲貨幣體系。事實上，柯爾將國家統一的成本轉嫁給外界，使德國的歐洲諸夥伴一起分擔。

⸻

戈巴契夫在德國問題上的讓步，無疑促成其國內聲望的下滑——事實上他早就提醒過詹姆斯·貝克，當北約內部出現統一的德國，可能就是蘇聯「重整改革的末日」。失去其他東歐衛星國，可歸咎於時運不濟；但把德國也放棄，就顯得思慮不周了。蘇聯國防部長謝爾蓋·阿赫羅梅耶夫（Sergei Akhromeyev）元帥深信，當初戈巴契夫若及時注意到這問題，可以從西方要到更好的條件；而有這想法者不止他一人。但那當然是戈巴契夫的問題：一九八〇年代底時，他太專注於解決國內難題，因而對於蘇聯之「近西」地區境內猛然爆發的問題，他的因應之道，誠如前面已提過的，乃是愈來愈任由該地區自己去解決。

但碰到要處理蘇聯自己境內的類似難題時，這種良性的忽視就不是可行的辦法。俄羅斯靠數百年的征服、擴張打造出蘇聯帝國，其境內原屬外國領土的地區，這時已有許多地方和俄羅斯母土密不可分。情勢看來，蘇聯不可能像「放掉」波蘭或匈牙利那樣，「放掉」那些地區。但蘇聯較晚近征服來的土地，誠如我們已看出的，仍未能完全吸收，仍易受到外來影響：在中亞，在高加索，特別是在波羅的海沿岸的帝國最西陲地區。

波羅的海三國（愛沙尼亞、拉脫維亞、立陶宛）有三個特點，使其在蘇聯境內獨具一格。首先，它們比蘇聯其他任何地區更易接觸到西方。特別是愛沙尼亞人，與斯堪地納維亞諸國有接觸，一九七〇年代起就觀看芬蘭電視節目，時時意識到自己與富裕鄰國境遇上的差異。立陶宛人在歷史上和地理上與鄰國波蘭最為接近，而他們不可能沒注意到，即使在共產主義制度下，波蘭人仍比他們自由，日子過得較好。

第二，儘管比不上鄰國，波羅的海三國，就蘇聯的標準來看仍屬富裕。就蘇聯境內來說，它們是魚、乳製品、棉花的主要供應來源之一，更是工業產品的主要產地，生產大量火車車廂、收音機、紙製品。靠著他們所生產的大宗商品和通過他們碼頭的大宗商品，愛沙尼亞人、拉脫維亞人、立陶宛人至少短暫嘗過蘇聯其他大部分人民所可望而不可及的生活方式、生活水準。

但波羅的海三國的第三個特點，且是最重要的特點，乃是只有它們曾在晚近真正獨立過。沙俄帝國瓦解後，它們於一九一九年得到自由，但二十年後，因為一九三九年八月《莫洛托夫－里賓特洛甫協定》的秘密條款，被承繼羅曼諾夫王朝的蘇聯再度強行吞併。一九四〇年的入侵，仍鮮明留存於三國在世者的記憶中。在蘇聯境內其他地方，戈巴契夫的「開放」政策激發出要求更大公民權或經濟權的聲浪，而在波羅的海三國，這一政策不可避免地重新引燃獨立問題。在這地區，地下刊物的調子始終是且必然是民族主義傾向。

造成這現象的另一個原因，乃是「俄裔」問題。一九四五年，波羅的海三國的居民組成，同質性很高，大部分居民屬於當地最大族群且操當地語言。但由於戰時和戰後強行驅逐當地人，俄羅斯裔軍人、行政官員、工人不斷流入，一九八〇年代初期時，俄裔居民所占的比重已大增，尤以偏北的愛沙尼亞、拉脫維亞兩國為然。在立陶宛，立陶宛人仍占人口約八成；但在愛沙尼亞，據估計只有六成四人口是愛沙尼亞裔，說愛沙尼亞語；在拉脫維亞，據一九八〇年人口普查，總人口約兩百五十萬，本土拉脫維亞人一百三十五萬，只占百分之五十四。鄉村仍是波羅的海人的天下，但城市愈來愈俄羅斯化，俄語愈來愈盛行，這是令當地人大為痛恨的轉變。

因此，這地區的第一波抗議，把矛頭指向語言、民族問題，以及蘇聯將數千名當地「顛覆分子」流放西伯利亞的往事。一九八七年八月二十三日，《莫洛托夫－里賓特洛甫協定》簽署紀念日當天，維爾紐斯、里加、塔林同時爆發示威，三個月後，在里加，出現公眾集會，以紀念一九一八年同一天拉脫維亞宣布獨立。這幾場活動的成功——或者應該說當局破天荒容忍這些含蓄而公開表達異議的行動——使反對人士更為大膽，獨立團體和聚會開始在這地區各地出現。

於是，一九八八年三月二十五日，在里加，數百人聚集緬懷一九四九年拉脫維亞人遭流放事件，六月示威悼念一九四〇年拉脫維亞人遭驅逐事件，接著，向來沉寂的拉脫維亞作家聯盟開了一場異常熱烈的會議，會中談到「拉脫維亞人民陣線」。幾個星期後，在表面上屬非政治組織的「環境保護俱樂部」支持下，拉脫維亞民族獨立運動誕生。愛沙尼亞境內的情勢發展，幾乎如出一轍：在一九八七年的緬懷活動和一連串環保抗議活動之後，先是誕生了矢志保存、恢復當地文化性古蹟的「愛沙尼亞遺產會社」，接著，一九八八年四月，誕生了「愛沙尼亞人民陣線」，最後，在八月（拉脫維亞民族獨立運動成立一個月後），愛沙尼亞民族獨立運動誕生。

愛沙尼亞、拉脫維亞境內這些新興政治組織最引人注目的地方，乃是它們的存在本身——和顛覆意味出奇鮮明的組織名稱。但公開挑戰蘇聯當局的行動，出現在俄羅斯入侵勢力遠較薄弱的立陶宛。一九八八年七月九日，維爾紐斯一場為立陶宛爭取環境保護、民主、更大自主權的示威，吸引十萬人上街支持新成立的立陶宛重組運動組織「薩尤蒂斯」（Sajudis），群眾公開批評立陶宛共黨「屈從」於莫斯科，高舉寫有「紅軍回家去」的橫幅標語。一九八九年二月，薩尤蒂斯已轉型為全國性政黨。次月，蘇維埃人民代表大會選舉時，它拿下立陶宛四十二席中的三十六席。

波羅的海三國境內的選舉，無黨籍候選人都拿下漂亮成績，並使三國人民更加體認到攜手共創未來的重要。一九八九年八月二十三日，《莫洛托夫－里賓特洛甫協定》簽署五十週年紀念日，三國人民手牽手拉出一條六百五十公里的人龍，從維爾紐斯經里加綿延到塔林，使三國共創未來的體認，再度得到肯定。據估計有一百八十萬人（這地區總人口的四分之一）參與。愛沙尼亞、拉脫維亞的獨立運動得到立陶宛獨立運動的呼應，公開宣告民族獨立為其目標，在這情況下，與莫斯科的正面對抗似已無可避免。

但對抗局面遲遲才出現。波羅的海地區的獨立運動組織，一九八九年時忙著挑戰當局的禁令。立陶宛、拉脫維亞所新選出，追求獨立自主的最高蘇維埃（立法機關），先後仿效一九八八年十一月愛沙尼亞的舉動，立法批准本地國營企業私有化，結果莫斯科一如先前對愛沙尼亞立法的回應，宣布該法無效；但除此之外，莫斯科未有進一步的動作。一九八九年十月八日（戈巴契夫在東柏林公開警告「拖著不做的人終會倒楣」的隔天），拉脫維亞人民陣線宣布追求完全獨立時，蘇聯當局正忙著處理日益升高的德國危機，而未有任何作為。

但十二月十八日，立陶宛共黨分裂；絕大多數人表態支持立即獨立。戈巴契夫再也不能悶不吭聲。一九九〇年一月十一日他前往維爾紐斯勸阻立陶宛脫離蘇聯，呼籲「適可而止」。但——並非第一次——他本身的作為與他嘴巴上講的正背道而馳。由於薩尤蒂斯的勝選，由於這位蘇聯總統成功使蘇聯共黨中央委員會放棄憲法保障的黨「領導角色」，[9]由於當時正進行的「四加二」會談，立陶宛最高蘇維埃信心大增，於是在三月十一日投票（一百二十四比零）通過恢復立陶宛獨立，象徵性重申一九三八年的立陶宛國憲法宣告蘇聯憲法在立陶宛共和國境內無效。

一九九〇年——連俄羅斯共和國政府都力陳自己的「主權地位」，力陳俄羅斯法律的位階高於蘇聯法令之際——蘇聯領導階層對維爾紐斯獨立宣告的回應，只是祭出無關痛癢的經濟杯葛，此事頗能說明那一年情勢的不定。戈巴契夫無力阻止立陶宛脫離，但仍有能耐鎮住他許多強硬派同僚，未照他們的要求出兵干預。而就連經濟杯葛都於六月撤銷，以換取立陶宛同意「暫時中止」獨立宣告的全面落實。

經過鬧哄哄的六個月——在這期間幾乎其他每個主要的加盟共和國，即使未宣告完全獨立，也都力陳自己的「主權地位」——戈巴契夫的地位愈來愈不穩。他努力抑制波羅的海三國的脫離

9 請注意，八個星期前，戈巴契夫還悍然拒絕考慮這類變動。

自立，使他的「改革」形象隨之大為受損，而他未能消弭追求自治、主權、獨立的主張，則在他同僚間和——更為不妙的——在軍方和情治系統裡激起強烈不滿。一九九〇年十二月二十日，他的外長謝瓦納澤辭職，公開示警：政變的可能性愈來愈大。

一九九一年一月十日，由於美國和其盟邦專注於當時正在伊拉克進行的波斯灣戰爭，無暇他顧，戈巴契夫向立陶宛發出最後通牒，以蘇聯總統的身分要求立陶宛立即遵守蘇聯憲法。隔天，由格別烏特種部隊與蘇聯內政部派出的軍人占領維爾紐斯的公共建築，成立「救國委員會」（National Salvation Committee）。二十四小時後，他們攻打該市的電台、電視台，把槍口轉向已聚集該地的大批示威群眾：十四名平民遇害，七百人受傷。一個星期後，上述兩單位的部隊衝進里加的拉脫維亞內政部，殺害四人。

波羅的海地區的流血事件，為蘇聯的覆滅揭開序幕。不到一星期，莫斯科就出現十五萬人的聚集示威，抗議開槍鎮壓。曾任莫斯科市委會第一書記，一九九〇年五月起擔任俄羅斯最高蘇維埃主席的鮑里斯·葉爾欽，略過蘇聯當局，逕自前往塔林簽署俄羅斯與波羅的海三國互相承認「主權地位」的協議。一九九一年三月，拉脫維亞、愛沙尼亞的公民複決，確認兩國的選民也絕大多數支持完全獨立。戈巴契夫原本就是半推半就出兵鎮壓這些不聽話的共和國，這時也見風轉舵，改回早先的立場，希望與它們談出妥協之道，但未能如願。

但這位蘇聯總統這時受到兩方的夾擊。他不願壓下追求獨立的波羅的海三國，肯定令他的軍方盟友與之反目（籌畫維爾紐斯、里加攻擊行動的將領中，有兩位將在後來的莫斯科政變中扮演舉足輕重的角色），且他的前友人和欣賞者不再信任他。一九九一年三月葉爾欽不顧官方的彈劾施壓，公開斥責戈巴契夫「說謊、欺騙」，要他辭職下台。在這同時，其他加盟共和國已開始效法波羅的海三國追求獨立。

蘇聯的最高權力結構仍穩如泰山時，從烏克蘭到哈薩克的諸加盟共和國的共黨統治者，在「改革」上都是亦步亦趨追隨戈巴契夫，未有逾越。但蘇聯當局在波羅的海三國鎩羽而歸之後，促使他們追隨戈巴契夫「重整改革」路線的敏銳政治直覺，這時告訴他們蘇聯本身很可能不保；無論如何他們自己看得出這位蘇聯總統已身陷險境。因此，儘管波羅的海三共和國的新政局反映了普見於各地、真心追求的民族復興，然而在其他許多加盟共和國境內，追求「主權地位」的舉動，通常動機較不單純，夾雜了民族情懷和權貴階層的自保心態，還有日益濃厚的憂心成份：如果穩固和權力正從最高處逐漸垮掉——或更糟糕的，戈巴契夫的敵人可能在不久後以行動表明大權仍在他們手上——那麼，明智的作為就是把基本權力緊抓在共和國自己手裡。最後，蘇聯管理階層開始體認到，萬一中央分崩離析，將會有許多值錢的公共資產任人奪取：黨產、採礦權、農場、工廠、稅收和諸如此類者。

這時，維護自己的獨特權利而有意成為「主權國」的諸加盟共和國中，最重要者是烏克蘭。[10]與波羅的海諸加盟共和國類似的，烏克蘭曾是獨立國家（雖然那段歷史不盡然一帆風順），在一次大戰後宣告獨立，迅即又失去獨立。烏克蘭也與俄羅斯的歷史密切相關：在許多俄羅斯民

10 中亞五個共和國——哈薩克、吉爾吉斯、塔吉克、土庫曼、烏茲別克——的面積（占蘇聯領土百分之十八），大過俄羅斯以外的其他任何一個加盟共和國，但一九九一年九月它們的國民生產毛額總和只占蘇聯國民生產毛額的百分之九·九。但它們的歷史不在本書探討範圍。

族主義者眼中，基輔「羅斯」——以烏克蘭首府為大本營、版圖從喀爾巴阡山綿延到伏爾加河的十三世紀王國——乃是和俄羅斯本身一樣是帝國核心認同不可或缺的一部分。但更切身、更攸關現實利害的考量因素，乃是這地區的物資資源。

烏克蘭地跨俄羅斯進入中歐、黑海（與地中海）的要道，是蘇聯經濟的支柱之一。面積僅占蘇聯面積的百分之二．七，人口卻占了百分之十八，國民生產毛額占了蘇聯將近百分之十七，僅次於俄羅斯。蘇聯存世最後幾年，烏克蘭蘊藏了蘇聯六成的煤藏，過半的鈦（現代煉鋼業所不可或缺的東西）；其特別肥沃的土壤，造就了占蘇聯農產品輸出額四成以上的農業生產。

烏克蘭在俄羅斯、蘇聯歷史裡超乎比例的重要性，由蘇聯領導階層本身就可看出。赫魯雪夫、布里茲涅夫都是東烏克蘭出身的俄羅斯人——赫魯雪夫於一九三〇年代以烏克蘭共產黨第一書記的身分返回該地。康斯坦丁．契爾年科的父親是遭流放到西伯利亞的烏克蘭「富農」，尤里．安德洛波夫由於手握烏克蘭格別烏頭子這項要職，而得以當上蘇聯最高領導人。但烏克蘭共和國與蘇聯領導階層間的密切關係，不代表烏克蘭居民得到特別優渥的待遇。

實情正好相反。作為蘇聯加盟共和國期間，烏克蘭大部分時候被視為內部殖民地：其自然資源遭剝削，其人民始終受到嚴密監視（且一九三〇年代受到幾乎形同種族滅絕的懲罰性集體迫害）。烏克蘭的產品——特別是糧食、黑色金屬——被以經過大幅補貼的價格運到蘇聯其他地方，且這作法一直延續到蘇聯快覆滅時。二次大戰後，烏克蘭社會主義共和國因併吞波蘭的西加利西亞和西沃倫（Volhynia）而版圖大增：當地的波蘭裔居民，誠如先前已提過的，遭驅逐到西邊，以交換被趕出波蘭的烏克蘭裔。

這些人口交換——和戰時撲殺當地許多猶太人——使烏克蘭成為人口同質性很高的地區（就蘇聯的標準來說）：因此，儘管俄羅斯共和國一九九〇年時有一百多個少數民族，其中三十一個生活在自治區，烏克蘭境內居民卻有八成四屬烏克蘭裔。剩下的人口大部分是俄羅斯人（百分之十一），其次是為數不多的摩爾多瓦人、波蘭人、馬札兒人、保加利亞人和烏克蘭境內倖存的猶太人。或許更值得注意的，烏克蘭境內惟一不容忽視的少數族群——俄羅斯人——集中於該國工業化的東部和首府基輔。

烏克蘭中、西部，特別是第二大城利沃夫（Lviv）周邊，絕大部分是操烏克蘭語、信仰東正教或東儀天主教的居民。拜哈布斯堡王朝較寬容的政策之賜，加利西亞的烏克蘭人得以保住其母語。一九九四年時，當地居民以烏克蘭語為第一語言的比例，因地區而異，少者達百分之七十八，高者達百分之九十一，但在曾遭沙皇統治的地區，即使自認烏克蘭人者，都往往是俄語說得較流利。

如先前提的，蘇聯憲法賦予各加盟共和國的居民民族身分，且按民族別將所有蘇聯公民分類。在烏克蘭（特別是在烏克蘭），一如在蘇聯其他地方，這在不知不覺間帶來自我應驗的效果，尤以在晚近併吞的西烏克蘭為然。在更早時，即本土語言大部分只通行於偏遠鄉間，城市通行俄語且由蘇聯支配時，這一由加盟共和國組成的聯盟，其理論上標榜的分權、聯邦特質，只有學者和為蘇聯制度辯解者對其感興趣。但隨著定居城市的烏克蘭語居民、烏克蘭媒體、有意識的支持「烏克蘭」利益的政治菁英愈來愈多，一旦蘇聯土崩瓦解，烏克蘭民族主義可想而知隨之興起。[11]

一九八八年十一月，黨外組織「人民的重整運動」（People's Movement for Perestroika）在基輔創立，是幾十年來烏克蘭第一個自主性政治組織。它得到相當多支持，特別是在大城市和六〇年代改革派共產黨人身上；但與波羅的海地區的獨立運動組織截然不同的是，它無法順理成章期望群眾支持，且未反映迅速高漲的民族情緒。一九九〇年三月烏克蘭最高蘇維埃代表改選，共黨拿下明確多數；人民的重整運動拿到的席次不及四分之一。

因此，主導改變者不是烏克蘭民族主義者，而是共黨本身。一九九〇年七月十六日，烏克蘭蘇維埃裡的共產黨員投票決定宣布烏克蘭為「主權國」，主張該共和國有權擁有自己的軍隊，該國本身的法律位階最高。烏克蘭人是在列昂尼德·克拉夫丘克（Leonid Kravchuk）——共黨黨工暨烏克蘭黨的前「意識形態問題書記」——指導下，參與一九九一年三月的全聯盟公民複決，表明他們決意繼續支持聯邦制度，但那是「更新過」的聯邦制度（戈巴契夫語）。在西烏克蘭，選民被問到是否贊成完全獨立，不要以主權國身分留在聯邦內，而只有在這地區，烏克蘭共黨才敗給追求與莫斯科一刀兩斷者：八成八選民投贊成票。克拉夫丘克與共黨內其他領袖把這一民意謹記在心，同時小心觀望其他地方的局勢演變。

這一模式同樣出現於面積較小的蘇聯西部共和國，只是因當地情勢而有所差異。烏克蘭北邊的白俄羅斯，沒有類似的民族認同或傳統。一九一八年曇花一現的獨立「白俄羅斯人民共和國」（Belarusan National Republic），從未得到外界承認，且有許多白俄羅斯公民在心態上效忠於俄羅斯或波蘭或立陶宛。二次大戰後，由於兼併了東波蘭部分地區，白俄羅斯蘇維埃社會主義共和國境內有為數可觀的少數民族（俄羅斯人、波蘭人、烏克蘭人）。白俄羅斯人雖是該國最大的語族，卻完全沒有跡象顯示他們想成為主權國或期待成為主權國；他們的國家大大倚賴俄羅斯，若真的獨立，也無法存活。

白俄羅斯是貧窮、多沼澤的地區，較適合放牧而非大規模農業，且因二戰戰火摧殘，一片凋敝。它對戰後蘇聯經濟的最大貢獻，在化學品、亞麻——和其地處莫斯科、波羅的海間主要天然氣輸送管線、交通要道上的戰略位置。白俄羅斯境內最近似於獨立運動組織者，是名叫「重生」（Adradzhenne）的組織。「重生」總部設在首府明斯克，一九八九年創立，與烏克蘭「人民的重整運動」極相似。在白俄羅斯，一如在烏克蘭，一九九〇年的蘇維埃選舉，共黨奪回明確多數之位；而當烏克蘭蘇維埃於一九九〇年七月宣布烏克蘭為「主權國」時，其北鄰也在兩個星期後跟進。在明斯克，一如在基輔，當地的權貴階層行事謹慎，靜待莫斯科局勢的演變。

夾處於烏克蘭、羅馬尼亞之間的摩達維亞蘇維埃社會主義共和國，情況不同，且情勢發展較為有趣。[12]百年來，這個地區（即沙俄治下更為人知的比薩拉比亞）在俄羅斯、羅馬尼亞間幾經易手，飽受戰火蹂躪。境內四百五十萬居民，摩達維亞人居多，但有為數可觀的俄羅斯裔、烏克蘭裔少數民族和為數不少的保加利亞人、猶太人、吉普賽人、加告茲人（Gagauz，生活在黑海附近的突厥語裔東正教居民）。在這個多民族混居之地，過半數人口是操羅馬尼亞語者；但在蘇聯統治下——為將他們與毗鄰的羅馬尼亞人更清楚區隔——摩達維亞公民被迫以西里爾字母（Cyrillic）書寫，且被迫自稱「摩爾多瓦人」（Moldovan），而非羅馬尼亞人。

11 但大部分發展是始料未及。參看 Roman Szporluk 所寫的文章，可了解一重要的例外。這些文章寫於七〇、八〇年代，收錄在 *Russia, Ukraine and the Break-Up of the Soviet Union* (Hoover Institution, Stanford, 2000).

12 歷史上另有一摩達維亞，就在普魯特河（Prut）對岸，羅馬尼亞境內，請勿混淆。

因此，在這個共和國裡，民族認同非常不明確。一方面，該地許多居民，特別是首府基希訥烏（Chisinau，又名Kishinev）的居民，俄語流利，自認是蘇聯公民；另一方面，與羅馬尼亞的關連（歷史上、語言上的關連），提供了通往歐洲的橋樑，為急速升高的自治要求提供了基礎。「人民陣線」運動組織於一九八九年創立時，其首要目標是使羅馬尼亞語成為該共和國的官方語言，同年，當地共黨當局同意這要求。摩達維亞境內也出現要「重新加入」羅馬尼亞的煽動性言論。這類言論大部分出於投機心態，被布加勒斯特潑了冷水。

一九九〇年的選舉，人民陣線拿下過半席次，隨之成立的新政府，首先將共和國名從摩達維亞蘇維埃社會主義共和國，改為「摩爾多瓦蘇維埃社會主義共和國」（後來又改為簡單俐落的「摩爾多瓦共和國」），然後，六月時，宣布其為主權國。這些大體上屬象徵性的舉動，使加告茲這個小族群和俄語族群日益不安，並在這些族群裡激發出先發制人、自己先脫離摩爾多瓦的主張。一九九〇年秋舉行了以自治為題的公民複決後，在蒂拉斯波爾（Tiraspol）的共黨領導階層宣布成立德涅斯特河東岸自治蘇維埃社會主義共和國（Transnistrian Autonomous Soviet Socialist Republic），與東南部類似的「自治」加告茲蘇維埃社會主義共和國相呼應。蒂拉斯波爾是摩爾多瓦東部的最大城，位於德涅斯特河對岸，俄羅斯人、烏克蘭人占該城人口過半數。

加告茲族頂多只有十六萬人，而德涅斯特河東岸共和國是香蕉狀狹長土地，面積只四千平方公里，人口不到五十萬，因此，這類「自治共和國」的創立可能讓人覺得荒謬，覺得正說明了「虛構之傳統」與「想像之民族」的虛妄。加告茲共和國始終落在口頭宣告的層次，從未真正存在（後來的摩爾多瓦國以和平方式將它重新納入版圖，條件是摩爾多瓦一旦「重新加入」羅馬尼亞，它有權自立門戶），但德涅斯特河東岸的「獨立」則得到蘇聯（後來俄羅斯）第十四軍進駐的支持。摩爾多瓦頭幾次出兵欲失復這塊失土，都因這支部隊干預而未能如願。

這個迷你小國迫於情勢必然忠於莫斯科，其存亡完全繫於俄羅斯的善意，該國的統治階層，乃是當地共黨籍首長，他們本已掌控那片土地、在不久後則把該國改造為走私者、洗錢者之庇護所。在前景愈來愈難捉摸的情況下，蘇聯（和後來俄羅斯）當局非常樂於恩庇這樣一個迷你小國。摩爾多瓦的電力九成來自德涅斯特河東岸，因此這迷你小國的新統治者甚至擁有合法經濟資源，可據以逼基希訥烏就範。

德涅斯特河東岸的獨立未得到摩爾多瓦或其他任何國家的承認：就連莫斯科都未正式承認這個自立門戶的地區。但小小摩爾多瓦境內的分裂，預示了更東邊數百公里處的高加索地區所即將出現的更棘手難題。在那地區，亞美尼亞人、亞塞拜然人長期以來水火不容，特別是因為在亞塞拜然的納戈爾諾－卡拉巴赫（Nagorno-Karabakh）地區內存有為數可觀的亞美尼亞裔少數族群，彼此的敵視更難化解。一九八八年時，這一敵意已導致兩國彼此暴力衝突、兩國與蘇聯軍隊暴力衝突，造成數百人傷亡。[13]隔年一月，在亞塞拜然首府巴庫又爆發衝突。

在鄰國喬治亞，隨著要求脫離蘇聯的群眾與仍決意保住和蘇聯關係的當局，兩者之間變得更為緊繃，一九八九年四月，在首府第比利斯（Tbilisi），民族主義者與軍隊爆發衝突，二十名示威者中槍。但喬治亞蘇維埃社會主義共和國，一如與之毗鄰的亞美尼亞、亞塞拜然兩個蘇維埃共和

13 亞塞拜然人是突厥裔，因此，這些緊張對立有一部分可歸因於一次大戰時鄂圖曼土耳其對境內亞美尼亞人的大屠殺。

國，在地理上難以抵禦外敵入侵，在民族組成上太複雜，無法從容思考必然伴隨蘇聯瓦解而來的險境。因此，共和國當局決定使那個可能出現的結果更快到來，藉此化解那結果所會帶來的危險。加盟共和國的執政共黨搖身一變，將自己定義為民族獨立運動的領導者、地區的黨領導——其中最為人知者是喬治亞的謝瓦納澤——如此做好準備，一旦蘇聯瓦解，即把權力抓在手裡。

因此，一九九一年春時，位於邊陲的加盟共和國，個個在靜觀中央局勢的演變，以做下一步的打算。關鍵當然在俄羅斯本身，畢竟俄羅斯是蘇聯裡勢力最大的加盟共和國，人口占蘇聯一半，國民生產毛額占蘇聯五分之三，面積占蘇聯四分之三。從某個角度看，「俄羅斯」國並不存在：數百年來它都是個帝國，不管是真實存在的帝國，還是存在於強烈憧憬中的帝國。「俄羅斯」橫跨十一個時區，包含數十個民族，始終大到無法簡化為單單一個身分或明確的共同目標。[14]

「偉大的衛國戰爭」期間和其後，蘇聯當局的確打了俄羅斯牌，訴諸民族驕傲，頌揚「俄羅斯人民的勝利」。但哈薩克人或烏克蘭人或亞美尼亞人以「民族」身分出現在蘇聯官方說詞裡，俄羅斯人民卻從未像那樣被賦予「民族地位」。甚至沒有自成一體的「俄羅斯」共黨。俄羅斯人就是蘇聯人。兩者間有一天經地義的互補性：在後帝國時代，蘇聯為俄羅斯帝國提供了掩護，而「俄羅斯」則在歷史、領土上提供蘇聯合法性。「俄羅斯」與「蘇聯」間的區隔，因此被（刻意）保持模糊。[15]

戈巴契夫當政時，「俄羅斯特質」已受到顯著強調，而這和東德政權開始公開為腓特烈大帝的成就感到自豪，開始頌揚德意志民主共和國道地的德意志特質，出於部分相同的理由。在諸人民共和國日漸衰落的時期，愛國精神重新浮上檯面，成為社會主義的好用替代品。同樣因為這原因，愛國精神也是最簡單、最沒有威脅性的政治反對手段。在俄羅斯或民主德國，一如在匈牙利，知識分子批評可能遭到迫害，但溫和表達民族主義不必然遭到壓制，甚至不必然遭到阻止——善加引導，當局可從中得利。「大俄羅斯沙文主義」在蘇聯出版品、媒體的重新流行，應從這角度去了解。當然，那也是使弱勢的少數民族焦慮不安的另一個來源。

就是在這樣的背景下，葉爾欽突然崛起，雄霸一方。葉爾欽是傳統的布里茲涅夫時代黨工，在成為蘇共中央委員會某書記之前，專職工業營建。他在黨內逐步往上爬，直到一九八七年因不自量力，批評更資深的黨員，遭迅速拔職，仕途才受挫。由於在這之前，葉爾欽有充分機會去觀察黨和國家行政體系可如何有效防止真正的改變，然後，在仕途受挫的人生重要關頭，他憑著政治直覺，把自己重新定位為**俄羅斯**色彩鮮明的政治人物，重出江湖：先是在一九九〇年三月選舉後成為俄羅斯聯邦的人大代表，然後成為俄羅斯最高蘇維埃（即俄羅斯國會）的主席。

葉爾欽就從這個具影響力且動見觀瞻的位置出發，成為俄羅斯的改革派龍頭，一九九〇年七月高調退出共黨，利用其在**俄羅斯**莫斯科的權力基礎，對付位於對面的**蘇聯**莫斯科的昔日同志。如今他的首要目標是戈巴契夫（儘管葉爾欽最初堅定支持這位蘇聯總統，曾在葉爾欽家鄉斯維爾

14 俄羅斯的典型自我認知，是由不安全感與狂妄野心合鑄成的不穩定東西。自由主義哲學家彼得·恰達耶夫（Peter Chaadayev）一八三六年〈哲學書簡〉裡的見解，貼切捕捉到這一自我認知：「有一些國家似乎不是人類不可或缺的一部分，其存在只為給世人某個刻骨銘心的教訓，我們就是這樣的國家。我們注定要給予世人的啟示，世人肯定會體察到；但誰曉得我們哪一天才會發覺自己是人類的一部分，曉得我們要受多少苦才會走完自己命運的際遇。」

15 為何有許多俄羅斯人一直為蘇聯的覆滅感到遺憾，這是原因之一。對其他所有人來說，「獨立」意味著獲益；對俄羅斯本身來說，獨立是不折不扣的損失。

德洛夫斯克地區，為戈巴契夫效命十餘年）。這位蘇聯領導人的缺點愈來愈明顯——他的民意支持正迅速下滑，而葉爾欽不可能沒注意到這點。

戈巴契夫在內政上的最大失策，乃是催生出具有全國曝光度、實權且相當獨立自主的國家立法機關。葉爾欽和其俄羅斯支持者老早就看出，這一由公開選舉產生的新蘇維埃，將自然而然成為抒發各種不滿的場所，而戈巴契夫本人對此是後知後覺；葉爾欽則擅於將俄羅斯自身利益與不同國家、加盟共和國的利益掛鉤。戈巴契夫警覺到這類結盟對蘇聯本身的威脅：但這時候，對他來說，做什麼都已經太遲，他只能與懷念一黨專政老體制的蘇聯官員達成不穩定、令人難以置信的結盟——在此之前一黨專政是他所極力打破的。

因此，當戈巴契夫仍在可欲與可行之間進行評估，仍在主張「有所節制的聯邦主義」（典型的戈巴契夫式妥協）時，葉爾欽已積極且大張旗鼓地捍衛波羅的海人民追求獨立的抗爭。一九九一年四月，戈巴契夫不情不願地在新蘇聯憲法裡給予加盟共和國脫盟的權利；但這一屈服於現實的舉動，只使他變得更為弱勢，使他的保守派敵人相信，若要撥亂反正，必得除掉戈巴契夫。在這期間，民意支持度老早就凌駕戈巴契夫的葉爾欽，在一九九一年六月十二日選上俄羅斯蘇維埃共和國的總統——俄羅斯有史以來第一個民選領導人。[16]

次月，七月十二日，蘇聯最高蘇維埃投票通過成立新聯盟：權力下放地方，給予持異議的會員國相當大的行動空間。加上新近公開反共的葉爾欽選舉大勝，這終於使情勢逆轉，使蘇聯當局轉居下風。黨內保守派開始感到絕望，一群高級官員開始籌劃政變——包括總理、國防部長、內政部長、格別烏首腦佛拉基米爾・克留奇可夫（Vladimir Kryuchkov）。這時候，有人陰謀政變的事，在莫斯科已是公開的秘密——早在六月二十日，美國大使就已提醒戈巴契夫提防有人不利於他，但未受重視。

戈巴契夫每年都會到克里米亞度假，造反者即選在他度假時發動政變；上一位遭罷黜的黨領導人赫魯雪夫，也是在蘇聯南部度假時遭莫斯科同僚突然拉下台。因此，一九九一年的陰謀者大剌剌重施前人的故技。八月十七日，戈巴契夫被要求將其總統職權轉交給「緊急應變委員會」，他予以拒絕，該委員會即於八月十九日宣布，「因為健康因素」，總統已無法行使職權，將由該委員會完全接掌國政。蘇聯副總統庚納迪．亞納耶夫（Gennady Yanaev）簽署奪去戈巴契夫職權的命令，起事者宣布國家進入為期六個月的「緊急狀態」。

戈巴契夫孤立無援，形同被監禁在他位於克里米亞半島南岬角的黑海別墅裡，儘管如此，密謀者的處境沒好多少。首先，他們只為了拉下一共黨領導人，換上另一個共黨領導人，而不得不宣布進入緊急狀態和形同宣布戒嚴一事，就暴露了蘇聯的傳統結構已瓦解到何種程度。密謀者未得到他們自己機關的一致支持——至為重要的，格別烏的高階官員過半數不願支持克留奇科夫。密謀者反**對**什麼，非常清楚，但贊**成**什麼，他們從未能說清楚。

此外，密謀者在無意中讓世人看到蘇聯過去所有受人詬病的東西：來自布里茲涅夫時代的老頭子，說起話遲緩而呆板，與國內的變化脫節，且笨手笨腳想使國家退到三十年前。在過去，這類人於克里姆林宮籌謀劃策時，不拋頭露面，真的露面時，只限於公開典禮上與群眾隔得遠遠的

16 投票率百分之七十四，葉爾欽拿到百分之五十七的選票。

觀禮台上。但這時，他們不得不上電視，極力為自己的作為說明、辯護——而公眾可以好整以暇近距離打量官方社會主義老態龍鍾時的模樣。

在這同時，葉爾欽抓住機會。三週前美國總統布希訪問蘇聯時，他與布希私下會晤，已使他的地位更上一層樓。這時，八月十九日，他公開譴責克里姆林宮的換人當家為非法政變，並以反政變的領袖自居，從其位於俄羅斯國會裡的總部發號施令，動員群眾包圍國會，以抵抗坦克，捍衛民主。在這同時，在群聚莫斯科的眾國際媒體一刻不停地注視下，葉爾欽與諸位世界級領袖展開漫長的對談、協商——除了一人之外，其他世界級領袖全公開給予全力支持，並拒絕承認處境日益孤立的那些密謀者。[17]

反抗絕非只是做做樣子：八月二十至二十一日那一晚，三名示威者死於與軍隊的衝突。但政變領袖先是已失去對民眾的號召力，這時則開始心慌。要穩穩掌控大局，需要軍隊的支持，而支持他們的軍人只占軍中少數，且由於莫斯科（與列寧格勒）街頭的僵局遲遲未解，他們漸漸失去其重要資產：恐懼。民主人士和民族主義者未被克里姆林宮的情勢發展嚇到，反倒因此更有信心：八月二十日，局勢混沌不明之際，愛沙尼亞宣布獨立，隔天拉脫維亞跟進。八月二十一日，政變領袖之一的鮑里斯·普戈（Boris Pugo，內政部長暨格別烏前駐拉脫維亞的情治頭子）自殺；在葉爾欽的命令下，他的政變同謀遭逮捕。同一天，疲累、不安的戈巴契夫飛回莫斯科。

表面上，戈巴契夫恢復職權；但事實上情況已全然改觀。蘇聯共黨已名譽掃地，挽不回民心——一直到八月二十一日，黨發言人才公開譴責其同志政變，而那時，密謀者已入獄，且葉爾欽已利用共黨要命的遲疑，禁止共黨在俄羅斯聯邦境內活動。公開露面時一臉茫然、不定的戈巴契夫，未立即體察到經此變局民心已異。對著採訪記者講話時，他未讚許葉爾欽、俄羅斯國會或俄羅斯人民的成就，反倒談起「重整改革」政策和黨必會繼續從事改造自己、推動改革之類事務。

在普遍推斷（且希望）經此流產政變蘇聯局勢不會有重大改變的西方，戈巴契夫的這一路線仍然很吃得開。但在蘇聯境內，戈巴契夫與時代脫節，重彈那些已然失敗的目標，還有他看來對拯救他的恩人不思感激的舉動，讓人看破他的格局。他已被歷史甩在後頭，且對此渾然不察。對許多俄羅斯人來說，八月的事件是場不折不扣的革命，是真正的人民起義，而起義不是為了挺改革者和他們的黨，反倒是要對付他們：誠如戈巴契夫姍姍來遲抵達俄羅斯國會時，示威者所高喊的，蘇聯共黨是個「犯罪組織」，該黨的政府部長曾想推翻憲法。等到懊悔的戈巴契夫抓到民意，暫時中止蘇聯共黨的活動且（在八月二十四日）辭去黨總書記一職時，為時已晚。共產主義已經無關緊要，戈巴契夫本人亦然。

當然，這位前總書記仍是蘇聯總統。但蘇聯本身的重要性，這時已遭到質疑。那場失敗的政變已成為推動加盟共和國脫離的最後、最大動力。八月二十四日至九月二十一日，烏克蘭、白俄羅斯、摩爾多瓦、亞塞拜然、吉爾吉斯、烏茲別克、喬治亞、塔吉克、亞美尼亞效法波羅的海三國，宣布脫離蘇聯——其中大部分共和國是在戈巴契夫返回莫斯科後，情勢混亂、混沌不明之際宣布脫離。[18]地區的第一書記，例如哈薩克的努爾蘇爾坦·納札巴耶夫（Nursultan Nazarbaev）、吉爾吉斯的阿斯卡爾·阿卡耶夫（Askar Akaev）、亞塞拜然的蓋達爾·阿利耶夫（Gaidar Aliev）、白俄

17 這位獨持異議者是法國總統密特朗，他仍不安於東歐的陷入混亂，太急切就承認密謀者成功恢復過去狀況。

羅斯的史塔尼斯拉夫．蘇什凱維奇（Stanislav Shushkevich）等人，效法烏克蘭的克拉夫丘克，與他們長久保有的黨員身分精明地劃清界限，搖身一變成為新國家的元首，著手以最快的速度將本國的共黨資產全數收歸國有。

戈巴契夫與莫斯科的最高蘇維埃除了承認既成現實，承認新獨立的國家，怯生生地提出另一個「新」憲法，以將這些獨立的共和國納入某種邦聯體制裡，幾乎別無他法。在這同時，在數百公尺外，葉爾欽與俄羅斯國會正在建立獨立的俄羅斯。到了十一月，葉爾欽已將俄羅斯境內的金融、經濟活動幾乎全納歸俄羅斯掌控。蘇聯這時只剩個空殼，沒有權力與資源。

這時候，蘇聯的核心機構若不是已落入獨立國家之手，就是已蕩然無存：十月二十四日，格別烏本身遭正式廢除。戈巴契夫另提《主權國經濟共同體條約》時，這些獨立的共和國大部分拒簽。蘇聯最高蘇維埃十月會期時，西部諸共和國缺席。最後，十二月八日，俄羅斯、烏克蘭、白俄羅斯三國（作為蘇聯帝國核心的三個斯拉夫國）總統和總理，自行在明斯克附近會晤，譴責一九二二年的《聯盟條約》，從而在實質上廢除了蘇聯。他們並提議成立獨立國協，接替蘇聯。

人在莫斯科的戈巴契夫乍聞此事，忿忿譴責此舉「非法且危險」。但蘇聯總統的意見已沒人理會：誠如戈巴契夫終於體認到的，他的總統大位已是名存實亡。九天後，十二月十七日，戈巴契夫與葉爾欽會晤，兩人同意（或更精確地說，戈巴契夫迫於無奈地承認），正式廢除蘇聯：蘇聯的部會、大使館、軍隊都要轉交俄羅斯，蘇聯在國際法下享有的地位要由俄羅斯共和國承繼。

二十四小時後，戈巴契夫宣布決意辭去蘇聯總統之職。一九九一年聖誕節，克里姆林宮降下蘇聯國旗，升上俄羅斯國旗：戈巴契夫將其身為三軍統帥的最高權力轉移給俄羅斯總統葉爾欽，辭去總統職務。不到四十八小時，戈巴契夫即清空其辦公室，葉爾欽搬入。一九九一年十二月三十一日午夜，蘇維埃社會主義共和國聯盟消失。

蘇聯的消失是現代史上無與倫比的大事。沒有對外戰爭，沒有血腥革命，沒有重大天災。一個大工業國——一個軍事超強——就這樣瓦解：其權力逐漸消失，其機構蕩然無存。誠如在立陶宛、高加索地區所已見到的，蘇聯的解體並非全無暴力流血；此後，在某些已獨立的共和國裡，還會有戰事發生。但大體上，這個世上最大的國家幾乎是平和走下舞台。把這稱作是不流血撤出帝國，肯定無誤；但這樣的說法未能說明整個過程出乎預期的**平順**。

為何從頭到尾如此平和？世上第一個社會主義社會，經歷過數十年的內部暴力和對外侵略，為何連自保的作為都沒有，就瞬間解體？答案之一當然是它其實從未存在過：引用史學家馬丁・馬利亞（Martin Malia）的話說，「根本沒有社會主義這東西，是蘇聯用外力建造了它。」但即使這說法解釋了諸衛星國裡完全靠紅軍坐鎮才得以安坐大位的共黨政權為何如此摧枯拉朽般一夕瓦解，那仍不足以說明帝國本土境內的情勢演變。即使共產主義所聲稱建立的**社會**基本上是騙人的，列寧主義**國家**的存在終究是千真萬確，而且那是本土的產物。

18 就連在有許多俄語居民對國家獨立一事戒慎恐懼的烏克蘭，八月政變都劇烈衝擊民心：八月二十四日，烏克蘭最高蘇維埃以三百四十六票對一票投票通過獨立法案，待公民複決即生效。十二月一日舉行全國公民複決時，百分之九十・三投票贊成脫離蘇聯（投票率百分之八十四）。

答案之一在於戈巴契夫無意間掏空了蘇聯政權所憑恃的行政機關、鎮壓機器。一旦黨無法掌控大局，一旦大家都看出共黨當局不會冷血出動軍方或格別烏以打擊批評政權者，懲罰異議人士（直到一九九一年這事實才顯明出來），那麼，龐大陸疆帝國本就存在的分離傾向，自然大行其道。這時候，大家才看出，儘管七十年來當局拚命宣揚社會主義社會，其實根本沒有這樣的社會：只有一個日益萎靡不振的國家和焦慮的該國家公民。

但蘇維埃政權其實未消失，這是蘇聯為何平和解體的第二個原因。蘇聯解體為許多小國，這些國家由經驗老到的共黨獨裁者統治，而這些獨裁者的第一個本能作為，乃是重新搬出他們此前在蘇聯管理階層裡行使的制度和權力，施行於他們的新國家。在大部分自立的共和國裡，沒有「向民主過渡」的事；那樣的過渡若真的發生，也是以後的事。獨裁政權，即蘇聯帝國內大部分居民所惟一經歷過的那種政權，與其說是被推翻，不如說是被縮編。外人看來，這是場劇變；但從內部的實際體驗來看，改變顯然沒那麼劇烈。

此外，順利變身為國家總統的各共和國共黨書記，有充分理由採取果斷行動以保住自己的地盤，但位於中央的蘇聯當局沒有自己的領土地盤可保。蘇聯當局所能提議的，就是回歸戈巴契夫所拚命削弱的破舊體制；不足為奇的，他們缺乏戰鬥意志。[19]在莫斯科惟一擁有權力基礎的前共黨領袖乃是葉爾欽；誠如我們已看出的，他的確採取果斷作為，但是為了新誕生的「俄羅斯」。

因此，絕不應因各加盟共和國脫離自立，就推斷蘇聯是禁不住各共和國內一直受壓抑但新近重新覺醒的民族主義重壓而解體。波羅的海三國的發展軌跡，比較類似它們的西方鄰國，在蘇聯境內，它們是特例。撇開它們不談，蘇聯其他加盟共和國都是蘇聯計畫體制的產物，且如先前已提過的，民族組成通常很複雜。就連在新獨立的國家裡，都有許多弱勢少數民族（特別是分布各地的俄羅斯人）——這些前蘇聯公民理所當然遺憾於失去「帝國」保護，且日後將對自己的新處境憂喜參半。

有此心情者不止他們。一九九一年八月一日美國總統布希訪問基輔時，特別公開建議烏克蘭人留在蘇聯。他公開表示，「有人敦促美國在戈巴契夫總統和蘇聯各地追求獨立的各領導人之間擇一支持。我認為這選擇沒必要。戈巴契夫總統已有驚人的成就……我們會與蘇聯總統戈巴契夫維持最穩固的關係。」布希力挺大位愈來愈不保的蘇聯總統，其手法實在不高明，這一舉動雖不等於為蘇聯背書……但也差不多。

美國布希總統公開敦促蘇聯人民謹慎行事，等於又給了他們一個有利的提醒：美國在蘇聯局勢演變裡扮演的角色有限。儘管對於蘇聯的發展，美國的官方紀錄裡出現沾沾自喜的敘述，但華府並未「扳倒」共產主義——共產主義是自行瓦解。在這同時，烏克蘭聽眾不理會布希的規勸，在數個月後投票時絕大部分人支持永久脫離蘇聯，而那並非出於愛國熱情的突然爆發。烏克蘭、或摩爾多瓦、乃至喬治亞的獨立，與其說是為了自決，不如說是為了自保——誠如事實所表明的，那為建國提供了堅實的基礎，但對民主只是薄弱的根基。

---

19 缺的是意志，而非工具。戈巴契夫——或八月政變的密謀者——若選擇動用軍隊鎮壓所有反對者，未必會輸。

蘇聯這輩子所做過最對的事，就是結束掉自己。這句話用在捷克斯洛伐克的裂解，即一九九三年一月一日以平和且相當愉快的方式達成的斯洛伐克、捷克「絲絨分家」（velvet divorce），也大體適用。乍看之下，這像是民族情緒自然湧入共產主義垮台後之真空狀態的典型結果：以民族重生形式呈現的「歷史重返」。而兩國境內無疑也有許多支持分家者如此宣說。但更仔細檢視，捷克斯洛伐克在地方的層級上，在歐洲的中心，分裂為兩個互不統屬的國家——捷克共和國與斯洛伐克，再度說明了這類解讀的侷限。

這一分家行動當然不乏「歷史」可茲援引。捷克與斯洛伐克，不管在一頭霧水的外人眼中多麼難以分辨，兩者走過的路明顯不同。波希米亞與摩拉維亞——構成捷克的古地區——不只可誇稱自己位處神聖羅馬帝國中心時，擁有過一段不凡的中世紀、文藝復興時期歷史，還可誇稱自己在中歐的工業化上有卓越的貢獻。在哈布斯堡王朝奧匈帝國的奧地利這一半境內，捷克人享有愈來愈高的自治和顯著的富裕。他們的最大城市布拉格——歐陸最美麗耀眼的城市之一——一九一四年時已是視覺藝術與文學領域的現代主義重鎮。

相對地，斯洛伐克沒什麼東西可誇耀。被布達佩斯當局統治數百年，他們沒有獨樹一幟的民族事蹟——在奧匈帝國的匈牙利這一半境內，他們不被視為「斯洛伐克人」，而是匈牙利北部鄉村說斯拉夫語的農民。斯洛伐克地區的城市居民以德意志人、匈牙利人、或猶太人為主：這地區最大的城鎮布拉提斯拉發，維也納東邊數十公里處多瑙河畔一座不起眼的大城市，又名普萊斯堡（Pressburg，對說德語的奧地利人來說）或波若尼（Pozsony，對匈牙利人來說）的情況，絕非偶然。直到一九一八年捷克斯洛伐克獨立，斯洛伐克有點不情不願地被併入其中，這一城市才以布拉提斯拉發之名成為這新國家的第二大城。

兩次大戰之間，捷克斯洛伐克共和國從該地區最通行的標準來看，屬民主、開明，但該國的中央集權體制大有利於幾乎占去所有要職的捷克人。斯洛伐克只是個省，且是貧窮、頗受冷落的省。因此，同樣的一股衝動，既促使該國三百萬說德語居民裡的許多人，聽信親納粹分離主義分子之言，也促使該國兩百五十萬斯洛伐克人裡的許多人，認同要求自治、乃至獨立的斯洛伐克民粹主義分子。一九三九年三月，希特勒將捷克地區併入「波希米亞與摩拉維亞保護國」時，也成立了走集權、教權主義路線的斯洛伐克傀儡政權，並交由約瑟夫·提索掌理。因而，史上第一個獨立的斯洛伐克國，是在希特勒的授意下，在捷克斯洛伐克共和國滅亡之後誕生。

斯洛伐克的戰時「獨立」受到多大的歡迎，如今事過境遷，已難查明。戰後時期，那段歷史因為其本身的惡行（斯洛伐克把境內十萬戰前猶太居民幾乎全送到死亡集中營），因為其對納粹主子的言聽計從，而遭到唾棄。獲解放後，捷克斯洛伐克重新組建為單一國家，斯洛伐克民族主義成為禁忌。事實上，在史達林主義當道初年，「斯洛伐克資產階級民族主義」是當時正在籌備的擺樣子審判裡，用來對付被告的罪名之一——古斯塔夫·胡薩克就因這罪名蹲了六年苦牢。

但後來，捷克斯洛伐克的共黨，一如其他地方的共黨，看出鼓勵溫和的民族情感對己有利。誠如先前已提過的，一九六八年的改革者（其中許多人是斯洛伐克裔），反映布拉提斯拉發日益高漲的民族情緒，提議制定新聯邦憲法，以彰顯由捷克、斯洛伐克兩個不同的共和國共同組成的事實；布拉格之春時所討論或施行的種種重大革新中，只有這一項未隨著後來的「正常化」消失。共黨政權最初把信仰天主教、屬鄉村經濟的斯洛伐克視為敵對地區，這時終於對它正面看待（見

第十三章）。

斯洛伐克的落後——或者更具體地說，沒有受過高等教育、中產階級的城市居民大量聚集——這時反倒有利於它。比起較先進的西部諸省，斯洛伐克擁有的汽車和電視較少，通訊設施較不完善，因而看來不像以布拉格為基地、可接收到外國媒體的激進人士、異議分子那麼容易受到外國影響，從而在七〇年代的鎮壓、整肅時，受害遠不如捷克那麼嚴重。這時，換成捷克受到官方的冷遇。[20]

了解這段歷史後，有人覺得一九八九年後捷克斯洛伐克的解體，即使不是無法避免的結局，至少也是數十年互看不順眼的合理結果——互看不順眼的心態，在共黨統治下遭到抑制、利用，但未遭遺忘。但這並非實情。在從共產主義垮台到兩地終於分道揚鑣這三年間，各項公開民調都顯示，大部分捷克人、斯洛伐克人贊成捷克、斯洛伐克合組某種國家。政治界也未因這問題出現嚴重對立：不管在布拉格，還是在布拉提斯拉發，從一開始都普遍認為新的捷克斯洛伐克會是個聯邦國家，各邦將享有相當大的自治權。新總統瓦茨拉夫．哈維爾堅定且非常公開地認為，捷克人、斯洛伐克人應留在同一個國家裡。

從頭幾場自由選舉（一九九〇年六月）的結果，可看出「民族」問題最初不受重視。在波希米亞和摩拉維亞，哈維爾的「公民論壇」拿下一半選票，剩下的大部分由共黨、基督教民主黨瓜分。在斯洛伐克，情況較複雜：公民論壇的姊妹黨「反暴力公眾」成為最大黨，但基督教民主黨、共黨、匈牙利基督教民主黨、綠黨瓜分了不少選票。[21]但新近重出江湖的斯洛伐克國民黨（Slovak National Party），在斯洛伐克國民議會選舉中只拿到百分之十三．九的選票，在聯邦議會（國會）

議員選舉中只拿到百分之十一選票。它是惟一主張按民族將國家分割成數個選區的政黨，但支持它的斯洛伐克選民不到七分之一。

但在一九九一年，公民論壇開始解體。這組織建立在一共同敵人（共產主義）和一受歡迎的領導人（哈維爾）之上，但這時，兩樣基礎都消失：共產政權已成歷史，哈維爾已是超然於黨派紛爭之上的共和國總統。昔日同志間的政治歧異這時開始突顯，以財政部長瓦茨拉夫·克勞斯（自稱柴契爾夫人信徒）為首，極力主張自由市場的人士，勢力愈來愈大。在國會就國營企業的私有化一事通過一道包羅廣泛的法律後，一九九一年四月，公民論壇分裂，克勞斯領導的一派（勢力最大的一派）成為公民民主黨（Civic Democratic Party）。

克勞斯決意將國家迅速推向「資本主義」。這一目標在捷克境內的確有不少選民支持，但在斯洛伐克不然。大部分斯洛伐克人倚賴在無法獲利且過時的國營工廠、礦場裡的工作維持生計，倚賴程度遠高於捷克人，而這些「企業」的產品已失去受保障的銷路，且不可能吸引到外國資本或私人投資者。對這些斯洛伐克人來說，私有化、自由市場、裁減公部門，沒什麼吸引力。在布拉格某些商界、政界人士眼中，斯洛伐克是承繼下來的累贅。

在這同時，出於類似的原因，「反暴力公眾」也解體。這時，該組織最具影響力的公眾人物

20 這激起捷克人反感。一九八五年本書作者作客布拉格時，自由派捷克人向我提到共黨政權給予斯洛伐克裔少數民族的特權。來自斯洛伐克的老師，尤其令他們忿恨。那些人被招聘到布拉格的小學任教，被家長認為觀念無可救藥的落伍，不適任老師一職。

21 出現標舉匈牙利人利益的政黨，反映了斯洛伐克境內存有約五十萬匈牙利人（斯洛伐克人口一成）的事實。

是佛拉基米爾・梅奇阿爾（Vladimír Mečiar）。他是拳擊手出身，在一九八九年的劇變中扮演的是較次要的角色，但那之後的作為顯示，他遠比同僚更善於在處處暗礁的國內政局裡遊走。六月選舉後，他在斯洛伐克國民議會裡組閣，但他討人厭的作風造成聯合政府分裂，梅奇阿爾下台，由天主教政治人物揚・查諾古爾斯基（Ján Čarnogurský）取而代之。梅奇阿爾如外界所料離開「反暴力公眾」，另組政黨「民主斯洛伐克運動」（Movementfor a Democratic Slovakia）。

從一九九一年秋到一九九二年夏，來自捷克、斯洛伐克兩地政府的代表進行了漫長的協商，試圖找出雙方都認同的基礎，以建立權力下放的聯邦制憲法。這樣的立憲方向，乃是雙方過半數政治人物和選民所共同希望。但為壯大自己和自黨的勢力，梅奇阿爾這時高舉斯洛伐克民族主義的大旗——此前他未對這樣的主張顯露出多大興趣。他宣稱斯洛伐克受到種種威脅，從捷克私有化計畫、到匈牙利分離主義、到即將併入「歐洲」都是。斯洛伐克國（更別提該國人民的生計）已處於生死存亡關頭。

在這類激昂言詞和他粗俗但打動人心的作風加持下，梅奇阿爾帶領他的新黨在一九九二年六月的聯邦選舉中大勝，拿下斯洛伐克境內將近四成的選票。在這同時，在捷克地區，瓦茨拉夫・克勞斯新組的公民民主黨，與基督教民主黨結盟，也勝選執政。在克勞斯出任捷克地區總理後，聯邦共和國兩個自治體的執政者——出於不同但互補的理由——對於國家一分為二都不會感到遺憾。只有聯邦總統瓦茨拉夫・哈維爾本人基於憲政體制，支持聯邦、一統的捷克斯洛伐克這理想。

但哈維爾的民意支持度已不如兩年前，從而影響力也不如當時。他當上總統後第一次正式出訪，乃是前往德國而非布拉提斯拉發——從捷克、德國長期以來相互敵視和他的國家需要在西歐廣結善緣的角度看，這麼做可以理解，但從斯洛伐克人的情感角度看，這是一次失策。而且哈維爾部屬的作為，有時是在扯他後腿：一九九一年三月，他的發言人米凱爾・贊托夫斯基（Michael Žantovský）公開表示，斯洛伐克政局愈來愈受到前共黨人士和「追憶斯洛伐克國，[22]把那當作斯洛伐克民族黃金時代」之人士的把持。[23]

贊托夫斯基的斷言不盡然是錯，但在當時的時空背景下，這話可以說一語成讖。一如其他前捷克異議人士，哈維爾與其同僚有時看不起斯洛伐克人。他們認為斯洛伐克人是觀念褊狹的沙文主義者：在最好的情況下幼稚追求虛幻的主權國理想，在最糟的情況下則懷念戰時那個傀儡國。諷刺的是，克勞斯未抱持這類自由派偏見，也不在意斯洛伐克的過去。一如梅奇阿爾，他是現實主義者。這兩人，這時分別是各自地區裡最有權勢的政治人物，在接下來幾個星期裡煞有介事地協商聯邦捷克斯洛伐克的立國條款。

兩人觀念南轅北轍，根本不可能談成協議：梅奇阿爾要求讓形同主權獨立的斯洛伐克共和國擁有貨幣發行權和借款權；暫停私有化計畫；恢復共產時代的補貼；還有其他種種措施，而急著想建立自由市場且在這目標上不肯妥協的克勞斯，對上述要求，完全無法容忍。事實上，兩人於一九九二年六、七月的會晤，根本談不上協商：克勞斯據稱驚訝且失望於梅奇阿爾的要求，但從梅奇阿爾就這主題講過的許多話來說，這些要求早就是人盡皆知。事實上是克勞斯在使計，操弄

22 譯注：納粹扶植的傀儡國。

23 Quoted in Mladá Fronta dnes 12th March 1991. See Abby Innes, *Czechoslovakia: The Short Goodbye* (Yale U.P., Newhaven, 2001), page 97.

這位斯洛伐克領導人走向決裂，而非克勞斯受操弄走到決裂。

因此，儘管斯洛伐克國民議會和捷克斯洛伐克聯邦議會裡的斯洛伐克代表，大部分會很樂於批准讓捷克和斯洛伐克合組聯邦國家，並給予兩邦完整自治權和平等地位的立國條約，最終卻不得不面對既成事實。協商停擺後，克勞斯等於是告訴其斯洛伐克談判對手：我們看來無法達成協議，既然如此，不如別再做無謂的努力，彼此各奔前程。表面上看來，這正如斯洛伐克所願，實際上是中計而同意這安排——斯洛伐克非常不願走到這一步。

於是，一九九二年七月十七日，斯洛伐克國民議會投票通過採用新國旗、新憲法、新國名：斯洛伐克共和國。一星期後，克勞斯和仍為自己的「成就」有點樂昏頭的梅奇阿爾，同意分道揚鑣，並自一九九三年一月一日起生效。那一天，捷克斯洛伐克消失，其兩個共和國以獨立國家的姿態再度現身，克勞斯和梅奇阿爾分別擔任自己國家的總理。瓦茨拉夫·哈維爾努力欲維持國家一統，卻愈來愈像螳臂擋車，在最後幾個月裡被晾在一旁。分裂已成定局後，哈維爾辭去捷克斯洛伐克總統之位，轉任捷克共和國總統。[24]

分家是否有利於這兩個國家，還有待時間觀察——在後共產主義時代的頭十年，捷克共和國和斯洛伐克發展都不理想。克勞斯的「震盪療法」和梅奇阿爾的民族共產主義，雖然方法不同，都終歸失敗。但儘管斯洛伐克人開始後悔上了梅奇阿爾的當，克勞斯在布拉格已經吃不開，卻沒什麼人明顯懷念起捷克斯洛伐克。捷克斯洛伐克分家是有心人操弄所致，在操弄過程中，捷克右派促成了它所聲稱並未追求的那個結果，而斯洛伐克民粹分子則獲致了比他們所希冀還要多的東西：為這結果欣喜若狂者不多，但為此而產生的遺憾也存在不久。一如在蘇聯解體裡所見到的，國家權力和國家權力所孕育出的政治機器未受到威脅：只得到複製。

捷克斯洛伐克分家肇因於人所無法控制的機緣和形勢，但也有人力因素在其中。若由別人掌權——若一九九〇、一九九二年的選舉結果不一樣——如今將是另一番局面。擴散效應也起了少許作用：原本可能讓人覺得荒謬或無法接受的中歐小國分裂為兩個「民族共和國」，因為蘇聯的例子和巴爾幹半島的情勢演變使人覺得那並沒有那麼荒謬或無法接受。當初若是在一九九二年談成聯邦國條約——若捷克斯洛伐克再多撐數年——布拉格或布拉提斯拉發大概都不會有人覺得為分家而爭吵有什麼意義，因為到了那時，有加入歐盟的前景吸引他們的目光，且附近波士尼亞的血腥屠殺將令他們腦袋清醒。

24 事後的發展表明，政治分家比經濟分家還好處理——直到一九九九年，雙方才就捷克斯洛伐克聯邦資產的分割達成協議。

21

清算
The Reckoning

如果歐洲再有戰爭，
那會因為巴爾幹半島上某個可笑至極的事而發生。

俾斯麥

✣ ✣ ✣

這些懷著世仇的農民，似乎一刻也不能等的急著要入侵他們國家，
以便相互獵殺。

米洛凡．吉拉斯，《戰時》（一九七七）

✣ ✣ ✣

最後會怎樣，我們一點都不在乎。

美國國務卿詹姆斯．貝克，一九九一年六月

✣ ✣ ✣

共產主義最糟糕的地方，乃是緊跟著它到來的東西。

亞當．米奇尼克

✣ ✣ ✣

真理始終是具體的。

黑格爾

21 清算 The Reckoning

捷克斯洛伐克的平和分家，與同一期間降臨南斯拉夫的分裂浩劫，差別猶如天壤。一九九一至一九九九年，數十萬波士尼亞人、克羅埃西亞人、塞爾維亞人、阿爾巴尼亞人遭本國公民殺害、強姦或折磨；還有數百萬人被迫逃離家園，流浪在外。長久以來，在西方激進人士眼中，南斯拉夫可以說是社會主義模範社會，卻爆發自一九四五年以來最嚴重的屠殺和內戰。對此，外國評論家通常提出兩個南轅北轍的說法來解釋。

其中一個觀點，普遍流傳於西方媒體，且可見於歐、美政治家的公開聲明裡。這觀點認為巴爾幹是無可救藥的病人，是悶燒著難以理解之爭執與古老仇恨的大鍋子。南斯拉夫「注定要滅亡」。人們常說，南斯拉夫裡面有六個共和國、五個民族、四種語言、三種宗教、兩種字母表，靠一個黨將它們綁在一塊。一九八九年後發生的事很簡單：蓋子拿掉，鍋子爆開。

根據這一說法，「陳年」舊衝突——在塞拉貝里侯爵（Marquis de Salaberry）一七九一年所謂的「未擦亮的歐洲邊陲」裡——以和過去數百年裡差不多的方式沸騰溢出。嗜殺的敵意，在不公與復仇的記憶推波助瀾下，攫奪住整個民族。引用美國國務卿勞倫斯·伊格伯格（Lawrence Eagleburger）一九九二年九月所說的話，「除非波士尼亞人、塞爾維亞人、克羅埃西亞人決定不再互相殘殺，外界對此完全無能為力。」

與此觀點截然相反的，有些史學家和外國觀察家斷言，巴爾幹悲劇大體上是外人所造成。由於外力干預和帝國野心，過去兩百年裡，前南斯拉夫的國土遭到一個個外族占領、瓜分、剝削——土耳其、英國、法國、俄羅斯、奧地利、義大利、德國。該地區的人民間如有血海深仇，也該歸咎於帝國操弄，而非民族間的敵視。這一觀點認為，使當地困境惡化者，乃是外國強權不負責任的干預：例如，若非德國外長漢斯－迪特里希・根舍（Hans-Dietrich Genscher）一九九一年堅持「提早」承認斯洛維尼亞、克羅埃西亞獨立，波士尼亞人可能就不會跟進，貝爾格勒就不會入侵，十年的浩劫就得以避免。

不管對這兩種巴爾幹歷史的解讀觀點抱持何種看法，不可否認的，雖然兩種觀點看來水火不容，其實有一重大的共通點。兩者都貶低或忽視南斯拉夫人本身所扮演的角色，不是輕率地把他們視之為受命運擺布者，就是視之為他人操弄與過錯的受害者。的確，有不少歷史埋在前南斯拉夫山裡，許多令人不快的往事亦然。該國悲劇的造成，外人的確是罪不可赦，但罪過大部分在於對當地罪行不負責任的默許。但南斯拉夫的解體——在這點上類似其他前共產國家的解體——乃是人為所造成，非關命運。若要追究南斯拉夫悲劇的責任，該負最大責任者不是波昂或其他哪國首都，而是貝爾格勒的政治人物。

一九八〇年狄托以八十七歲高齡去世時，他所重新拼組成的南斯拉夫並非空殼。南斯拉夫行聯邦制，由彼此互不統屬的六個共和國組成，聯邦總統府包含來自六個共和國和塞爾維亞境內伏伊伏丁那、科索沃兩自治區的代表。各地區間的歷史相差甚大。位於北部的斯洛維尼亞、克羅埃西亞主要信仰天主教，曾是奧匈帝國一部分，波士尼亞也曾是，但為期較短。南斯拉夫南部（塞爾維亞、馬其頓、蒙特尼格羅、波士尼亞）被鄂圖曼土耳其統治了四百年，因此境內除了東正教塞爾維亞人這個最大族群，還有許多穆斯林。

這些歷史差異千真萬確，且因二次大戰的經驗而擴大，但在接下來幾十年裡已被縮小。經濟變化使此前不與外往來的鄉村居民來到武科瓦爾（Vukovar）、莫斯塔爾（Mostar）之類城鎮，而與

南斯拉夫 1942～1991

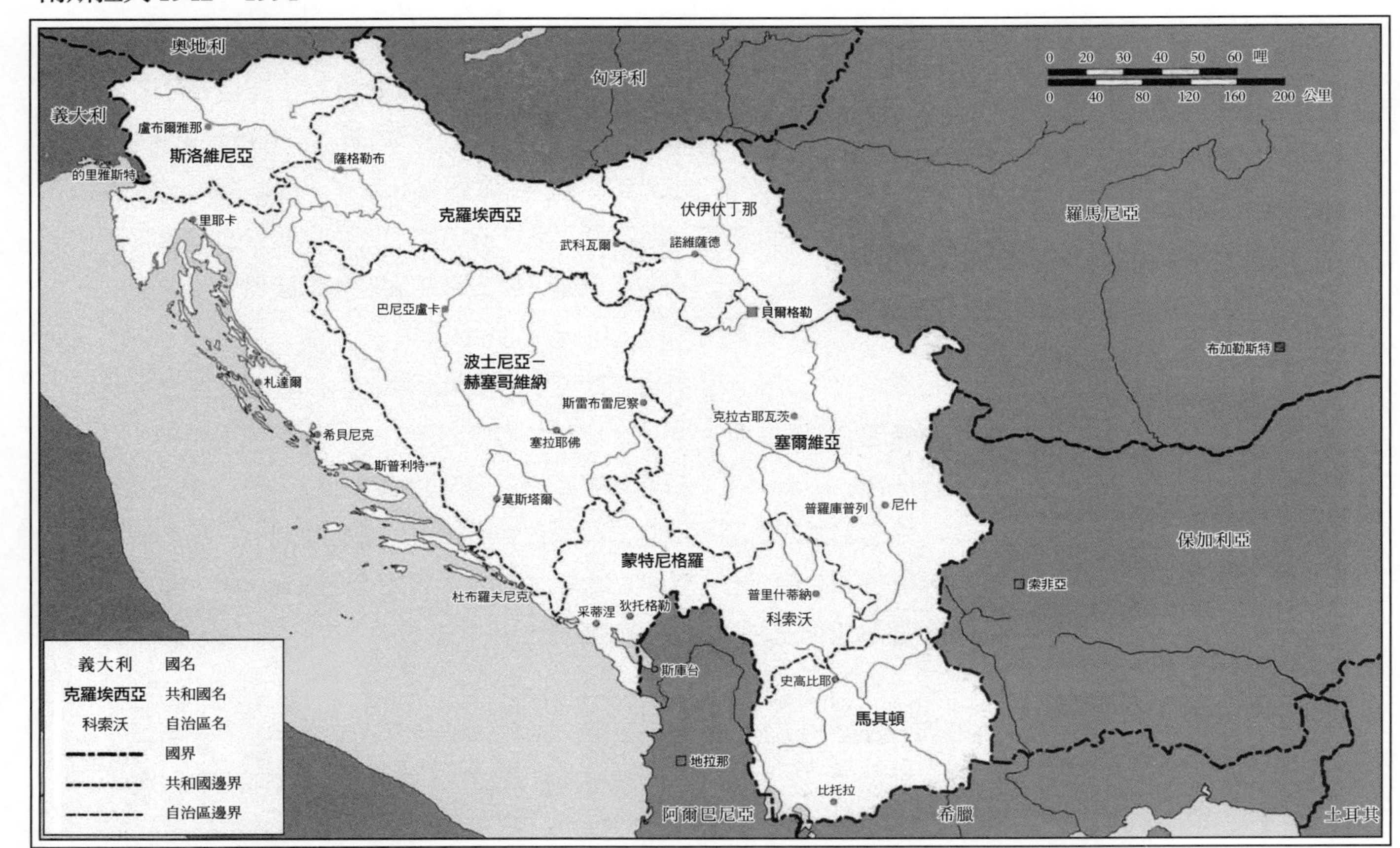

外界產生有時並不舒服的接觸；但同樣的改變也加速整合，消弭社會、民族方面的古老藩籬。

因此，雖然兄弟一體的共產主義神話要求人對戰時記憶和分裂對立視而不見，充耳不聞——狄托治下的南斯拉夫的歷史教科書，不談在該國的共同過去裡留下不可抹滅之印記的血腥內戰——但是，官方這類緘默的確有其正面效益。南斯拉夫鼓勵戰後那一代自認為「南斯拉夫人」，而非「克羅埃西亞人」或「馬其頓人」；許多人已如此自居——特別是年輕人、高學歷者、人數遽增的城市居民。[1]在盧布爾雅那或薩格勒布的年輕知識分子，對於自己族群先民的豐功偉績或紛擾過去已經興趣不大。到了一九八一年，在波士尼亞首府，多民族混居的塞拉耶佛，已有兩成居民自認是「南斯拉夫人」。

波士尼亞始終是南斯拉夫境內民族最多元的地區，因而可能不具代表性。但整個南斯拉夫都是少數民族犬牙交錯，緊密交織的地方。一九九一年住在克羅埃西亞的五十八萬塞爾維亞人，約占該共和國人口一成二。同年，波士尼亞人口，穆斯林占四成四，塞爾維亞人占三成一，克羅埃西亞人占一成七。就連面積甚小的蒙特尼格羅，都混居著蒙特尼格羅人、塞爾維亞人、穆斯林、阿爾巴尼亞人、克羅埃西亞人——更別提那些面對人口普查時選擇自稱是「南斯拉夫人」者。民族混雜地區的居民，對友人或鄰居的民族出身或宗教信仰往往不大放在心上。「跨族群通婚」愈來愈普遍。

事實上，南斯拉夫境內的「民族」斷層線一直很模糊。從語言差異切入，可充分說明此點。阿爾巴尼亞人和斯洛維尼亞人各講自己的語言。馬其頓人講馬其頓語（與保加利亞語大同小異）。但南斯拉夫大部分人口講的是「塞爾維亞」式與「克羅埃西亞」式「塞爾維亞－克羅埃西亞語」（以下簡稱塞－克語），兩者間的差異，不管是過去還是現在，都不大。塞爾維亞人使用西里爾字母書寫，克羅埃西亞人（與波士尼亞人）使用拉丁字母；但除了某些文學、學術用語、偶爾一見的拼寫差異、對e這字母的發音不同——在伊埃卡（Iékavian）式，即克羅埃西亞式塞－克語中，發ye的音，在埃卡（Ekavian）式，即塞爾維亞式塞－克語中，發e的音——這兩種「語言」一模一樣。此外，蒙特尼格羅人以西里爾字母書寫（一如塞爾維亞人），但採「伊埃卡」式發音（一如克羅埃西亞人、波士尼亞人），波士尼亞的塞爾維亞裔居民亦是如此，只有世居塞爾維亞本土的居民使用「埃卡」式。一九九二年後波士尼亞的塞爾維亞民族主義領袖，想在他們從波士尼亞切割出的土地上，逼他們的波士尼亞塞爾維亞裔同胞使用官方的「塞爾維亞」式（即埃卡式）發音，結果遭到排山倒海的反對。

因此，一九七四年獲承認為克羅埃西亞共和國官方語言的「克羅埃西亞」語——符合一群薩格勒布知識分子所擬之一九六七年《語言宣言》要求的語言——其最大功用就是突顯該國的主體性：克羅埃西亞人藉此抗議狄托不准其聯邦內各民族表達自己的民族認同。某些塞爾維亞作家執著於保存或重新標舉「純正」塞爾維亞語，也是同樣的道理。一般而言，系出同源的諸方言之間，我們會看到常民百姓使用的方言彼此差異極大，受過高等教育的菁英分子則往往使用一種共通的「正統」語言；但似乎可以合理地說，前南斯拉夫境內的情況大相逕庭，其實大多數人民講的單一語言可互通，而少數民族主義者試圖藉由強調小差異，特別標舉自身的與眾不同。

1 薩格勒布、貝爾格勒、史高比耶（馬其頓首府）都是一九一〇至一九九〇年人口成長最快的中歐城市之一。

常被人搬出來大作文章的宗教信仰差異，同樣帶給人不實認知。例如，天主教克羅埃西亞人與東正教塞爾維亞人間的差異，在此前數百年遠比現在受到看重——還有在二次大戰期間，薩格勒布的克羅埃西亞革命運動（Ustaše）組織以天主教為武器對抗塞爾維亞人、猶太人時。[2]一九九〇年代時，在人口成長快速的南斯拉夫城市裡，已少有人奉行宗教儀禮，只有在鄉間，宗教與民族情感還有一些契合。許多據稱是穆斯林的波士尼亞人已徹底世俗化，且與信仰伊斯蘭教的阿爾巴尼亞人少有共通之處（阿爾巴尼亞人並非全是穆斯林，但他們的敵人大部分未注意到）。因此，過去鄂圖曼統治時以宗教信仰界定民族出身的作為的確對後世有所影響——主要是誇大了東正教在南部斯拉夫人族群所受的看重——但這一影響正愈來愈淡化。

雖然老一輩南斯拉夫人仍懷有許多前一時期的偏見——後來出任克羅埃西亞總統的佛拉尼奧·圖季曼（Franjo Tudjman），其歧視對象是出了名的廣泛，穆斯林、塞爾維亞人、猶太人，他都瞧不起——但在晚近這些年，惟一被各族群都歧視者，大概是位於南部的阿爾巴尼亞裔少數族群。許多斯洛維尼亞人、克羅埃西亞人、塞爾維亞人、馬其頓人、蒙特尼格羅人，將阿爾巴尼亞裔斥為作奸犯科、得過且過之徒，尤以在塞爾維亞為然。[3]

原因有幾個。阿爾巴尼亞人是南斯拉夫人口成長最快的族群。一九三一年阿爾巴尼亞人只占南斯拉夫人口百分之三·六，到了一九四八年（拜戰後來自鄰國阿爾巴尼亞的移入人口之賜），已達百分之七·九。到了一九九一年，由於出生率遠高於其他族群（塞爾維亞人或克羅埃西亞人出生率的十一倍），據估計南斯拉夫境內已有一百七十二萬八千名阿爾巴尼亞人，占塞爾維亞總人口的百分之十六·六。南斯拉夫的阿爾巴尼亞裔居民大部分住在塞爾維亞境內的科索沃自治區，占科索沃人口的八成二，人數遠超過塞爾維亞裔（十九萬四千人），但享有較佳工作、住居和其他社會優惠者是塞爾維亞裔。

科索沃是中世紀塞爾維亞人對抗土耳其人進逼時的最後據點，且是一三八九年影響深遠的科索沃戰役的戰場所在，在塞爾維亞民族主義者眼中，歷史意義非比尋常。因此，有些塞爾維亞知識分子和政治人物，認為阿爾巴尼亞裔在科索沃獨大，從人口組成角度看令人憂心，從歷史角度來看則是種挑釁——特別是因為此前在毗鄰的波士尼亞共和國境內，穆斯林已取代塞爾維亞裔，成為當地最大族群，如今同樣的事又在科索沃上演。情勢看來，塞爾維亞人正節節敗退，敗給一直以來只屬於次要的少數族群，這些少數族群從狄托所嚴格執行的各邦平等政策佔了便宜。[4] 因此，科索沃是可能引爆災難的問題，但原因和那些「陳年」的巴爾幹世仇關係不大。

塞爾維亞人對阿爾巴尼亞人的厭惡，因對方近在咫尺和自己的不安全感而助長，但在南斯拉夫最北部，則是日益厭惡庸懦的南部人，不分哪個族群，原因並非民族，而是經濟。在南斯拉夫，一如在義大利，較富裕的北部愈來愈怨恨貧困的南部人，他們彷彿是靠較有生產力同胞的挹注、

2 「我們要殺掉一些塞爾維亞人，送走其他塞爾維亞人，逼剩下的塞爾維亞人信天主教。」薩格勒布克羅埃西亞革命運動的宗教部長，在一九四一年七月二十二日如此說。

3 一九九九年科索沃戰爭結束後不久，本書作者前往史高比耶「探查實情」時，馬其頓外長「私下」告訴我，阿爾巴尼亞人（包括剛離開房間的他內閣同僚）不可靠：「他們說的全不能信，他們和我們不同類。他們不是基督徒。」

4 在克羅埃西亞人和其他民族眼中，這當然並非實情。他們可以指出塞爾維亞裔在南斯拉夫國軍中的一枝獨秀（一九八四年時有六成軍官是塞爾維亞裔，此事充分反映了塞爾維亞裔在全國人口中的比例，但也未因此而令其他族群放心），以及中央對貝爾格勒的投資、支出超乎比例的高。

補貼來維持生存。在南斯拉夫，貧富差距愈來愈懸殊：且這差距正好和地理差異相關，從而挑動了敏感的南北地域神經。

因此，斯洛維尼亞、馬其頓、科索沃占全國人口的比例約略相當（百分之八），但在一九九〇年時，小小的斯洛維尼亞貢獻了南斯拉夫總出口的百分之二十九，馬其頓則只貢獻了百分之四，科索沃貢獻了百分之一。根據從南斯拉夫官方資料所盡力蒐集到的數據，斯洛維尼亞的人均國內生產毛額是塞爾維亞的兩倍，波士尼亞的三倍，科索沃的八倍。在斯洛維尼亞的阿爾卑斯山區，一九八八年時的文盲率不到百分之一；在馬其頓和塞爾維亞是百分之十一，在科索沃是百分之十八。在斯洛維尼亞，一九八〇年代底，嬰兒死亡率是每千個活產兒有十一人死亡。在鄰國克羅埃西亞，是千分之十二；在波士尼亞，千分之十六。但在塞爾維亞，達千分之二十二，在馬其頓，達千分之四十五，在科索沃，達千分之五十二。

這些數據所顯示的，乃是斯洛維尼亞和（較遜於前者的）克羅埃西亞，其富裕程度已和歐共體裡較不富裕的成員國不相上下，而塞爾維亞鄉村、科索沃、馬其頓則比較接近亞洲部分地區或拉丁美洲。如果說斯洛維尼亞人和克羅埃西亞人在南斯拉夫這個大家庭裡愈來愈待不住，那不是因為根深蒂固的宗教立場或語言立場重新浮上檯面，不是因為民族獨立自主原則的重新盛行，而是因為他們漸漸相信，如果能自己管理自己，不必考慮南部低度發展的南斯拉夫人的利益、需求，日子會好過許多。

狄托的個人權威和極力壓制外界嚴厲批評，足以壓下這類異議聲音。但他死後，情勢迅速惡化。六〇年代和七〇年代初期，西歐經濟急速成長，吸取大量南斯拉夫外勞，外勞匯回可觀的強勢貨幣。在這期間，南部過度擁擠的人口和就業不足，帶來的問題較小。但七〇年代底起，南斯拉夫經濟開始崩解。一如其他共產國家，南斯拉夫欠了西方巨額債務：華沙或布達佩斯當局的因應之道，乃是繼續向外舉債，貝爾格勒當局的因應辦法卻是印愈來愈多的本國貨幣。整個一九八〇年代，南斯拉夫逐步陷入極度通貨膨脹。一九八九年，年通膨率已達百分之一千兩百四十，且還繼續上升。

不當的經濟政策出自首都貝爾格勒的決定，但其苦果，在薩格勒布和盧布爾雅那，感受卻最強烈，引發的民怨也最深。許多克羅埃西亞人、斯洛維尼亞人，不管是不是共產黨員，都深信若能在經濟決策上當家作主，不受聯邦首都腐敗、任人唯親的統治階層掣肘，日子會比較好過。而且，他們愈來愈擔心以斯洛博丹．米洛塞維奇（Slobodan Milošević）——此前在他家鄉塞爾維亞沒沒無聞的「共產主義者聯盟」會長——為核心的一小群共黨黨工，會挑動、操弄塞爾維亞民族情感，在狄托死後的權力真空裡興風作浪，奪取大權，於是更堅信上述看法。

米洛塞維奇的行為，就這些年的共黨領袖來說，並不算特別。在民主德國，誠如前面已提過的，共產黨人搬出十八世紀普魯士的豐功偉績來博取民心；而鄰國保加利亞、羅馬尼亞搞「民族共產主義」已有數年。米洛塞維奇於一九八六年高調歡迎來自塞爾維亞藝術科學院的愛國「備忘錄」，或隔年走訪科索沃以表達他多麼認同塞爾維亞人不滿阿爾巴尼亞的「民族主義」時，他心裡的盤算和當時其他東歐共黨領袖的盤算差別不大。在戈巴契夫時代，由於共產主義和執政共黨的意識形態正當性迅速式微，愛國精神提供了穩穩保住權力的替代工具。

但在東歐其他地方，這種訴諸民族主義和隨之而來搬出民族過往的作法，其風險就只是引發外國人不安，而在南斯拉夫，這樣的代價，卻會是由國內付出。一九八八年，為強化其在塞爾維亞共和國內的地位，米洛塞維奇開始公開鼓吹民族主義性質的集會，戰時切特尼克組織的標誌，在塵封四十年後首度公開露面——此舉令人想起被狄托長久壓抑的過去，以及特別是故意激起克羅埃西亞人不安。

民族主義是米洛塞維奇牢牢掌控塞爾維亞的工具——而隨著一九八九年五月當選塞爾維亞共和國總統，他如願以償。但若要保住並強化塞爾維亞對整個南斯拉夫的影響力，他得改造聯邦制度本身。原本各共和國間小心拿捏出的勢力平衡，先是靠狄托富群眾魅力的領導來維持，繼而靠各共和國、自治省的代表輪流擔任聯邦總統團主席（即國家元首）來維持。一九八九年三月，米洛塞維奇著手推翻這一安排。

他強渡關山，修正塞爾維亞本身的憲法，藉此將此前保有自治地位的科索沃、伏伊伏丁那兩省「併」入塞爾維亞直轄區（Serbia proper），同時允許他們保留在聯邦總統團裡的兩個席位。自此，不管碰上什麼爭端，總統團訴諸投票表決時，塞爾維亞都可望掌握八票中的四票（塞爾維亞、科索沃、伏伊伏丁那、親塞爾維亞而聽話的蒙特尼格羅共和國）。米洛塞維奇的目標乃是打造更一體化的國家（由塞爾維亞領導），另外四個共和國自然不認同，聯邦體制因此在實質上停擺。特別是從斯洛維尼亞、克羅埃西亞的角度來看的話，要擺脫困境，最終只有一個辦法：既無望透過停擺的聯邦體制促進或保住自己的利益，他們惟一的希望就是與貝爾格勒保持距離，若有需要的話，要透過宣布完全獨立來實現這目標。

為何南斯拉夫在一九八九年底就走到這樣的地步？在其他地方，脫離共產主義之路是「民主」：從俄羅斯到捷克共和國，黨工和政府官員都在幾個月內搖身一變，從伏首貼耳的共黨權貴，成了能言善道的多黨政治實踐者。要在劇變的浪潮中存活，就得按照自由主義政治文化的傳統政黨結盟，來調整自己的公開效忠對象。不管這一轉變在許多個別的例子裡如何令人無法置信，這辦法管用。而這辦法管用，乃是因為別無他途。在大部分後共產主義國家，「階級」牌受到唾棄，而且可供操弄以壯大自身勢力的國內族群對立不多：因此，新一組公共範疇——「私有化」或「公民社會」或「民主化」（或含攝這三者的「歐洲」），占據了新政治領域的大部分地方。

但南斯拉夫不同。正因為其多元族群的分布如此犬牙交錯（此前幾十年裡波蘭、匈牙利等地經歷種族滅絕和人口遷移，因此人口重組，南斯拉夫則不然），於是為米洛塞維奇或克羅埃西亞的佛拉尼奧・圖季曼之類煽動家，提供了興風作浪的空間。他們以新的政治支持者為核心，打造他們脫離共產主義的出路時，可打出在歐洲其他地方已沒得打的族群牌——並以族群牌代替民主牌。

在波羅的海三國，或烏克蘭，或斯洛伐克，後共產時代的政治人物可祭出國家獨立，作為擺脫共產主義過往的出路——將建立新國家和新民主畢其功於一役——而不必去過度憂心國內少數民族存在的問題。但在南斯拉夫，隨著聯邦解體，將使斯洛維尼亞之外的每個共和國裡，都有一個或多個為數可觀的少數族群被困在其中。在這些情況下，一旦有一共和國宣布獨立，其他共和國將不得不跟進。簡而言之，南斯拉夫這時面臨了七十年前美國總統威爾遜和其同僚在凡爾賽所未能解決的那些棘手難題。

一如許多人所預料的，催化劑是科索沃。整個一九八〇年代，科索沃境內的阿爾巴尼亞裔針對貝爾格勒對他們的不公平對待，發動了零星示威抗議，特別是在科索沃首府普里什蒂那（Pristina）。阿爾巴尼亞裔的機構遭關閉，領袖遭解職，日常作息遭到嚴厲保安行動和（一九八九年三月起）宵禁的約束。阿爾巴尼亞裔本來就是最弱勢的一群，抑鬱不得志、一無所有，塞爾維亞修憲之後，更在實質上奪走他們的自治權及政治代表權——而一九八九年六月米洛塞維奇為慶祝「科索沃之役」六百週年而走訪該省時，頌揚並強調了這樣的情勢發展。

對據估計將近百萬的群眾講話時，米洛塞維奇要當地塞爾維亞裔放心，他們已再度「收回他們國家、民族、精神的完整……在這之前，由於塞爾維亞領袖、政治人物的作為和他們的附庸心態，（塞爾維亞人）覺得內疚且愧對別人。這一情形持續了數十年，持續了多年，如今，置身科索沃戰場，我們要說這已成為歷史。」幾個月後，警方與示威者爆發流血衝突，造成許多人死傷，之後貝爾格勒關閉科索沃省議會，將該省納入貝爾格勒的直接統治。

國境最南端的情勢發展，直接影響了北部諸共和國的決定。對於阿爾巴尼亞裔的不幸，盧布爾雅那、薩格勒布頂多只是溫和的表示同情，對於塞爾維亞獨裁主義的興起，他們則遠更關心。一九九〇年四月的斯洛維尼亞選舉，大部分選民仍贊成留在南斯拉夫，但公開批評當前聯邦制度的非共黨反對派候選人也得到選民的支持。次月，在鄰邦克羅埃西亞，新成立的民族主義政黨拿下壓倒性多數的選票，其領袖佛拉尼奧·圖季曼成為該共和國的總統。

一九九〇年十二月，在米洛塞維奇授意下，貝爾格勒的塞爾維亞領導階層未經授權，擅自拿走南斯拉夫聯邦政府在支應聯邦職員、國有企業員工薪水、紅利方面的提款權的一半，成為壓垮南斯拉夫政局的最後一根稻草。斯洛維尼亞人占全南斯拉夫人口百分之八，卻貢獻四分之一的聯邦預算，對塞爾維亞此舉尤其怒不可遏。次月，斯洛維尼亞國會宣布該共和國將退出聯邦財政體系，並宣告該共和國獨立，但接下來未立即有脫離自立的動作。不到一個月，克羅埃西亞國會也跟進（史高比耶的馬其頓國會如外界所料也跟進）。

這些變局的結果一開始並不明朗。在克羅埃西亞東南部——特別是在克拉伊納（Krajina）這個存在已久的塞爾維亞裔邊疆聚居區——為數可觀的塞爾維亞裔少數族群，已和克羅埃西亞警察起衝突，且請求貝爾格勒幫忙對付鎮壓他們的「克羅埃西亞革命運動」組織。但由於斯洛維尼亞與塞爾維亞相隔遙遠，且該共和國境內只有不到五萬的塞爾維亞裔，斯洛維尼亞人順理成章認為，或許可以不流血脫離聯邦。外國的立場並不一致：華府已因為塞爾維亞在科索沃的作為擱置對南斯拉夫的所有經援，但仍公開反對任何分離行動。

美國布希總統訪問基輔的幾個星期前，國務卿貝克於一九九一年六月訪問貝爾格勒，向貝爾格勒當局保證美國支持「一個民主且統一的南斯拉夫」。但這時候的南斯拉夫，民主與統一已是背道而馳的兩樣東西。貝克講話五天後，斯洛維尼亞、克羅埃西亞控制住各自的邊界，開始片面脫離聯邦。此舉得到這兩國人民的壓倒性支持和歐洲許多知名政治家的默默支持。聯邦隨即陳兵斯洛維尼亞的新邊界，南斯拉夫戰爭即將開打。

或更具體地說，**數場**南斯拉夫戰爭即將開打，因為共有五場。南斯拉夫於一九九一年出兵攻打斯洛維尼亞，但只打了幾星期即撤兵，隨後允許這個分離主義共和國走自己的路。接著，在克羅埃西亞和其叛亂的塞爾維亞裔少數族群之間，爆發了死傷遠更慘重的戰爭。造反的塞爾維亞裔得到「南斯拉夫」——其實是塞爾維亞和蒙特尼格羅——軍隊支持。隔年初，在聯合國調停下，達成不穩定的停火協議，戰火才平息。波士尼亞境內的克羅埃西亞裔和穆斯林於一九九二年三月投票贊成獨立後，波士尼亞的塞爾維亞裔向這新國家宣戰，著手在波國境內切割出「塞族共和國」（Republika Srpska）。同樣在南斯拉夫軍隊的支持下，他們包圍了數個波士尼亞城鎮，特別是首府塞拉耶佛。

在這同時，一九九三年一月，由於有些克羅埃西亞裔想在克羅埃西亞裔居多數的赫塞哥維納地區自建一短期性的小國，波士尼亞的克羅埃西亞裔與穆斯林間爆發了另一場內戰。最後，在這些戰爭都平息之後（但也在克羅埃西亞–塞爾維亞戰爭於一九九五年重新開打之後，薩格勒布於此役奪回三年前落入塞爾維亞軍隊之手的卡拉伊納），在科索沃境內爆發以科索沃為爭奪標的的戰爭：鑑於其他土地都已實質上落入他人之手，米洛塞維奇把矛頭轉回科索沃，最後，由於北約部隊在一九九九年春對塞爾維亞直轄區展開史無前例的攻擊，米洛塞維奇才停止屠殺和驅逐科索沃的阿爾巴尼亞裔居民。

在這些戰爭中，每一場都有內部力量的驅動和外部力量的推波助瀾。誠如前面已提過的，斯洛維尼亞、克羅埃西亞的獨立，都受到有憑有據的國內因素推動。但使他們的敵、友都認定他們已正式獨立的因素，乃是德國——和接著歐共體——倉促承認這兩個新國家。隨著克羅埃西亞獨立已成事實，貝爾格勒電台、電視台的歇斯底里宣傳活動，得以開始利用新國家境內塞爾維亞居民的恐懼，興風作浪，搬出戰時屠殺的往事，呼籲塞爾維亞裔拿起武器對抗他們的「克羅埃西亞革命運動」鄰居。

在波士尼亞，塞爾維亞裔人口多上許多，眼見波士尼亞即將獨立成一國，過半人口為克羅埃西亞人、穆斯林，波國塞爾維亞裔也生起類似的不安。波士尼亞獨立是否勢不可免，如今仍未有定論：它是戰前諸共和國裡整合程度最高的地方，境內諸族群混居於全國各地，彼此犬牙交錯，若強行將不同族群分開，損失將大於其他共和國，而且在米洛塞維奇當權之前，不管是民族上或宗教上的少數族群，都無一顯露出非脫離不可的念頭。但一旦其北方鄰邦脫離聯邦，波士尼亞跟進的念頭就蠢蠢欲動。

一九九一年後，波士尼亞的克羅埃西亞裔和穆斯林，若能選擇，必然選擇獨立建國，而不願在米洛塞維奇所支配，南斯拉夫僅剩的疆域內，屈居少數民族的身分。一九九二年二月底，他們果然在公民複決中投票贊成獨立。但波士尼亞的塞爾維亞裔，經過幾個月來貝爾格勒對他們的言語宣傳——不只宣傳當年克羅埃西亞革命運動組織如何屠殺塞爾維亞人，還宣傳穆斯林將對基督徒發動聖戰——可以理解的是，同樣傾向於和塞爾維亞結盟，或至少成立自治區，而不願以少數族群的身分，屈居於以塞拉耶佛為首府的穆斯林－克羅埃西亞國家裡。一旦波士尼亞（或者應該說，波士尼亞境內的穆斯林與克羅埃西亞裔兩族群領導人）於一九九二年三月宣布波士尼亞獨立，波士尼亞就注定在劫難逃——塞爾維亞裔杯葛以獨立為主題的公民複決和國會投票。次月，波士尼亞塞爾維亞裔領袖宣布建立塞族共和國，南斯拉夫軍隊進入波士尼亞以協助他們保住疆土，「清洗」疆土。

塞爾維亞人與克羅埃西亞人的戰爭、塞爾維亞人與波士尼亞人的戰爭，帶給他們族人慘重傷亡。最初有大體上稱得上正規軍的部隊公開交手，特別是在塞拉耶佛或武科瓦爾之類戰略位置重要的城市裡和其周邊，但有許多戰事是非正規軍在打，特別是塞爾維亞裔非正規軍。這些非正規軍幾無異於成群結夥的武裝暴徒、罪犯，靠貝爾格勒武裝，領導者若非傑利科・拉日納托維奇（Zeljko Raznatovic）之類職業重罪犯，就是拉特科・姆拉迪奇（Ratko Mladić）中校之類前南斯拉夫陸軍軍官。外號「阿爾坎」（Arkan）的拉日納托維奇，領導俗稱「虎」的「塞爾維亞義勇自衛隊」（Serb Volunteer Guard），在克羅埃西亞、波士尼亞兩國的東部，屠殺了數百人。姆拉迪奇中校被美國外交官理查・郝爾布魯克（Richard Holbrooke）形容為「具群眾魅力的殺人凶手」，一九九二年起統率波士尼亞的塞爾維亞裔部隊，針對克拉伊納地區塞爾維亞人居多數的村落裡的克羅埃西亞裔村民，協助組織了頭幾波攻擊。

他們的首要戰略目標，與其說是擊敗敵軍，不如說是在他們所認為屬於塞爾維亞人之地方，將非塞爾維亞裔居民趕出其家園、土地、事業。[5]各方都有進行「種族清洗」——為古已有之的行為所創造的新詞——但塞爾維亞部隊的犯行最駭人。除了那些被殺害的人（據估計波士尼亞戰爭結束時已有三十萬人遇害），還有數百萬人流離失所。從一九八八至一九九二年向歐共體申請庇護的人數增加了兩倍多：一九九一年，光是德國就收到二十五萬六千難民的庇護申請。在克羅埃西亞、波士尼亞爆發戰爭的頭一年，就有三百萬來自南斯拉夫的居民（戰前人口的八分之一）向國外尋求庇護。

因此，國際社會很清楚南斯拉夫的悲劇——慘劇即時呈現在全球各地的電視螢幕上，包括塞爾維亞戰俘營裡穆斯林快餓死的駭人畫面，和更不忍卒睹的畫面。首先是歐洲人試圖干預，一九九一年六月派出歐共體部長小組到南斯拉夫——就是在這場合裡，倒楣的盧森堡外長雅克・普斯（Jacques Poos）說出了他不吐不快的心聲：「該歐洲上場了。」但，儘管成立高階委員會以從事調查、仲裁、提議，歐共體和其數個機構最終使不上什麼力——特別是因為其成員國意見分歧，一方是支持諸共和國脫離自立的德、奧之類國家，另一方是以法國為首的國家，想維持既定邊界、聯邦體制，因而並未完全反對塞爾維亞。

美國仍堅決不願淌這個渾水（從而北約亦抱持同樣立場），於是，就只有聯合國出面。但除了對貝爾格勒施予制裁，聯合國似乎使不上什麼力。過去，聯合國派部隊到飽受戰火摧殘的地區、國家平靖局勢，維持和平：但在南斯拉夫，沒有和平可維持，而且當地既無促成和平的意願，也無促成和平的工具。一如在西班牙內戰這個類似的例子裡所見到的，宣稱中立的國際立場，實際上有利於內戰中的侵略一方：塞爾維亞人有舊南斯拉夫聯邦的龐大軍火工業可倚賴，國際施加於前南斯拉夫的武器禁運，絲毫約束不了他們，卻使波士尼亞穆斯林打起內戰大為綁手綁腳，穆斯林於一九九二至一九九五年在戰場上損失慘重，這是重要原因。

一九九五年前國際社會的惟一成就，乃是在克羅埃西亞境內戰事平息後，在該地部署一萬四千多名聯合國保護部隊，將克羅埃西亞裔、塞爾維亞裔隔開，接著在波士尼亞境內選定為「安全區」的城鎮裡，部署數百聯合國維和部隊，保護被趕進那些地區而人數日增的難民（大部分是穆斯林）。然後，在聯合國授權下，在波士尼亞部分地區設置了「禁航區」，以使南斯拉夫無法恣意威脅平民（或違反聯合國施加的制裁）。

長期來看更為重大的發展，或許是一九九三年五月在海牙設立國際戰爭罪法庭。光是這一法

5 在南斯拉夫，無法從長相或講話確認對方屬於哪個族群，因此，四處遊走的民兵靠村民「指認」鄰居來找出迫害對象。那些鄰居和指認他們的村民和睦相處，甚至結為朋友，往往已數年，乃至數十年。

庭的成立本身，就證實了這時已是人人都看得出的事——就在維也納以南數十哩處，正有人在犯戰爭罪和更惡劣的罪行。但那些被推定有罪者，大部分——包括姆拉迪奇和其波士尼亞塞爾維亞裔同胞拉多萬・卡拉季奇（Radovan Karadžić，塞族共和國總統）——仍繼續犯他們的戰爭罪而未受懲罰，因此這一法庭這時仍是擺著好看、無足輕重的東西。

一九九五年，情勢才開始改觀。在那之前，所有要求外力干預的主張，都因為有人宣稱——特別是聯合國部隊內外的英、法軍官——波士尼亞塞爾維亞裔實力強大、意志堅定、武裝完備，而被擱下。這些人認為不該向塞爾維亞裔挑釁：想在波士尼亞執行和平協議，若違反塞爾維亞裔的意願或利益，不只不公平，且可能使情勢惡化……米洛塞維奇也暗自竊喜地從貝爾格勒鼓勵這一論點，而且宣稱對於波士尼亞境內他塞爾維亞同胞所做的決定，他沒什麼參與——實情應該並非如此。

波士尼亞的塞爾維亞裔因此形同可為所欲為，[6]還變本加厲。國際社會（包括由外國外交官組成，鍥而不捨欲促成協議的一個「聯絡小組」[7]）普遍同意，根據一九九四年三月在華府所簽署的協議而創立，使克羅埃西亞裔、穆斯林不再兵戎相向的「穆斯林－克羅埃西亞裔」聯邦，應得到新成立的波士尼亞聯邦國家百分之五十一的領土，塞爾維亞裔得到百分之四十九，但以帕萊（Pale）鎮為基地的塞爾維亞裔領袖不予理會，繼續攻擊。一九九四年二月，塞爾維亞裔部隊從塞拉耶佛周邊山區發了一枚迫擊炮彈，打進塞拉耶佛市場，造成六十八人死亡，數百人受傷。在聯合國支持下，北約隨之揚言一旦再有攻擊，將對塞爾維亞裔部隊空襲，戰火因此暫時沉寂。

但一九九五年五月，為報復波士尼亞的幾次軍事進攻，報復克羅埃西亞奪回克拉伊納地區

（戳破塞爾維亞戰無不勝的軍事神話），塞爾維亞裔再度炮轟塞拉耶佛。北約飛機轟炸波士尼亞塞爾維亞裔的設施作為回應，塞爾維亞裔即拿下三百五十名聯合國維和部隊當人質。西方諸國政府擔心自己士兵安危，極力要求聯合國和北約停止轟炸。於是，國際勢力介入不但未能約束塞爾維亞人，反倒給了他們額外的掩護。

看穿西方的怯懦，姆拉迪奇轄下的波士尼亞塞爾維亞裔部隊膽子陡增，七月十一日肆無忌憚進入波士尼亞東部城鎮斯雷布雷尼察（Srebrenica）。斯雷布雷尼察是所謂的聯合國「安全區」之一，當時已擠滿恐懼的穆斯林。這裡不只受到聯合國訓令的「保護」，還有由荷蘭武裝軍人組成的四百餘人維和部隊「保護」。但姆拉迪奇的手下抵達時，荷蘭部隊放下武器，毫無抵抗地看著塞爾維亞裔部隊在穆斯林族群裡搜查，有條不紊的將男子、男童與其他人分開。隔天，即姆拉迪奇已「以他身為軍官的名譽作保」，承諾那些男子不會受傷害之後，他的軍人押著穆斯林男性，包括小至只有十三歲的男童，來到斯雷布雷尼察周邊的田野。接下來四天裡，共七千四百人，幾乎全遇害。荷蘭軍人安然返回荷蘭。

斯雷布雷尼察屠殺是二次大戰以來歐洲境內最嚴重的集體屠殺：與奧拉杜爾（Oradour）、利迪策（Lidice）、卡廷諸屠殺事件同樣嚴重的戰爭罪行，且是在國際人士的眾目睽睽之下所犯。幾

6 一九九二至一九九四年，聯合國在巴爾幹半島設立的機構，幾乎和波士尼亞塞爾維亞裔沆瀣一氣，例如讓他們有權決定哪些東西、哪些人不准進出被圍攻的塞拉耶佛城。

7 譯按：聯絡小組，Contact Group，指由非常關心巴爾幹半島的情勢發展且具影響力之國家組成的非正式團體，成員包括美、俄、英、法、德、義。

天後，斯雷布雷尼察慘劇的消息傳到世界各地。但惟一的立即回應，乃是北約向塞爾維亞裔正式警告，若再有「安全區」遭到攻擊，北約將重啟空襲。直到八月二十八日，也就是整整七個星期後，國際社會才終於回應——而且完全是因為波士尼亞塞爾維亞裔以為自己已獲准可以恣意屠殺，於是失策二度炮轟塞拉耶佛市場，造成又三十八名平民死亡（其中許多人是孩童），才招來這回應。

北約終於行動。美國總統柯林頓打消聯合國領導階層、歐洲某些領袖、乃至他自己軍方某些人遲遲不願干預的心態，批准展開持久且大規模的轟炸，以削弱、最終消滅塞爾維亞裔再為非作歹的能力。這一行動來得遲，但奏效。大受吹捧的塞爾維亞裔戰鬥機器灰飛煙滅。鑑於己方陣地受到沒完沒了、撲天蓋地的攻擊，且得不到米洛塞維奇的支持（這時米洛塞維奇極力撇清他與帕萊那些人的關係），波士尼亞塞爾維亞裔收手。

隨著塞爾維亞人不鬧事，美國大力介入，巴爾幹半島出奇容地實現了和平——或起碼平息戰火。十月五日，柯林頓總統宣布停火，表示相關各方已同意赴美和談。十一月一日，和談在俄亥俄州岱頓（Dayton）的美國空軍基地展開。三週後，各方代表談成協定，並於一九九五年十二月十四日在巴黎簽署。[8]圖季曼代表克羅埃西亞，阿利亞・伊澤特貝戈維奇（Alija Izetbegović）代表波士尼亞穆斯林，米洛塞維奇代表南斯拉夫和波士尼亞塞爾維亞裔，簽署該協定。

從美國的角度看，《岱頓協定》的目的，乃是為南斯拉夫戰爭找到一個不致使波士尼亞遭到分割的解決辦法。若分割國土，將是塞爾維亞裔的勝利（如此一來，他們會把分到的土地與塞爾維亞直轄區合併，實現民族主義者所夢寐以求的「大塞爾維亞」）；而且分割將使建國過程中的種族清洗得到國際認可。最後，依據該協定，成立了複雜的三方治理制度，波士尼亞的塞爾維亞裔、穆斯林、克羅埃西亞裔各擁有某種程度的行政、領土自治權，但同屬一個波士尼亞國，波士尼亞國的國界將維持不變。

表面上看，波士尼亞歷經內戰而存活下來。但恐怖與驅逐的效應無法消弭。遭逐出家園者（特別是穆斯林），儘管有本國政府和國際當局的保證、鼓勵，大部分未返回故里。事實上，後來又發生種族「清洗」，受害對象換成塞爾維亞裔。塞爾維亞裔被薩格勒布當局有計畫地逐出其新奪回的卡拉伊納地區，或受到自己族的民兵逼迫，要他們離開位於塞拉耶佛等地的家，「遷居」塞爾維亞裔居多的地區。但整個來講，和平維繫住，波士尼亞未遭分割——此事有賴於六萬多充當「執行部隊」（後來為「穩定部隊」）的北約軍隊進駐，有賴於一位文職「高級代表」獲得授權治理這國家，直到該國能管好自己事務才會撤走。

本人撰寫此書時（《岱頓協定》簽定十年後），「高級代表」和多國部隊仍駐在波士尼亞，繼續監督該國事務——此事說明了該國經歷內戰後情況的悲慘，也說明三個族群間仍然互無好感、未能攜手合作。[9] 波士尼亞境內出現許多國際機構：政府的、政府間的、非政府的機構。事實上，一九九五年後波士尼亞的經濟幾乎完全倚賴這些機構的存在和開支。根據一九九六年一月世界銀行的估算，要恢復波士尼亞，得在三年內投入五十億美元。後來發現這低估得離譜。

8 簽約儀式是在法國堅持下選在巴黎舉行——法國想透過這儀式補償過去的失策，但矯枉過正，反倒使外界注意到法國先前不願對付塞爾維亞裔的立場。

9 北約領導的「穩定部隊」於二〇〇四年十二月二日由歐盟部隊（EUFOR）取代。

隨著波士尼亞戰爭停止，多個國際機構就位以協助平靖局勢，國際的關注隨之減少。歐盟一如以往忙著自己的事，無暇他顧；而柯林頓先是忙於國內選舉，然後忙於北約擴張和應付葉爾欽治下的俄羅斯局勢不穩的問題，也不再把重心放在巴爾幹危機上。但即使斯洛維尼亞、克羅埃西亞、波士尼亞這時看來已是獨立國家，南斯拉夫問題仍未解決。米洛塞維奇仍掌控剩下的南斯拉夫土地，而他一開始利用來爬上大位的那個問題，就要爆開。

塞爾維亞的阿爾巴尼亞裔仍受到歧視、壓迫——事實上，隨著國際注意力移到更北邊處的危機，他們比以往任何時候都更為弱勢。《岱頓協定》之後，米洛塞維奇的國際處境已明顯改善：他如此爽快就配合美國在波士尼亞的促和作為，主要目的在使外界撤銷對南斯拉夫的所有制裁，最後雖未完全實現這目的，但南斯拉夫已不再是國際社會的棄民。然後，由於一連串掛在他名下的挫敗，還有貝爾格勒的塞爾維亞民族主義政治人物批評他和塞爾維亞的「敵人」妥協，米洛塞維奇把矛頭再度對準科索沃。

由於貝爾格勒壓迫科索沃當地居多數的阿爾巴尼裔居民，否決當地提出的所有自治要求，把該地居民最起碼的代表權都拿走，一九九七年春時，聯合國人權問題特別報告員伊莉莎白·瑞恩（Elisabeth Rehn）就已示警，科索沃省即將大難臨頭。年輕一代的阿爾巴尼亞裔——有武裝且受到阿爾巴尼亞的鼓舞——不管走溫和路線而束手無策、飽受屈辱的易卜拉欣·魯戈瓦（Ibrahim Rugova），放棄非暴力抗爭，愈來愈支持科索沃解放軍（Kosovo Liberation Army）。

科索沃解放軍一九九二年創立於馬其頓，矢志以武裝鬥爭實現科索沃的獨立（或許還有和阿爾巴尼亞合併）。該組織的作法——主要是以游擊戰術攻擊孤立的警察局——落人口實，讓米洛塞維奇得以將阿爾巴尼亞裔所有反抗組織斥為「恐怖分子」，他得以順理成章用日益暴力的行動對付他們的反抗。一九九八年三月，配備迫擊炮且有戰鬥直昇機火力支援的塞爾維亞部隊，在德雷尼察（Drenica）等阿爾巴尼亞裔村落屠殺，造成數十人死傷之後，國際社會終於回應魯戈瓦的請求，更密切注意科索沃的情勢。但當美國和歐盟都表示「警方在科索沃的暴力行為令人驚駭」，米洛塞維奇的好戰回應乃是警告道：「打算將問題國際化的恐怖主義，將會讓訴諸這些手段的人嘗到最大的苦果。」

這時候，科索沃阿爾巴尼亞裔的整個領導階層已決定——他們大部分不是流亡在外就是躲藏起來——只有和完全脫離塞爾維亞才能拯救他們族群。在這同時，美國和「聯絡小組」諸國仍在米洛塞維奇、阿爾巴尼亞裔之間調解——以居間促成一「公正」的解決辦法，並避免南巴爾幹爆發更大範圍的戰爭。這並非杞人憂天：如果無法使南斯拉夫公平對待其阿爾巴尼亞裔公民，讓阿爾巴尼亞裔選擇脫離，這可能嚴重衝擊鄰邦馬其頓，該國境內也有為數不少心懷不滿的阿爾巴尼亞裔少數族群。

新獨立的馬其頓共和國，在希臘堅持下，國名定為「前南斯拉夫馬其頓共和國」。[10]它自古就是個敏感區域，在二次大戰前和大戰後，就與鄰國保加利亞、希臘、阿爾巴尼亞有邊界爭議。所

10 老邁的希臘總理安德烈亞斯·巴本德里歐（Andreas Papandreou），操弄民族主義情緒以拉攏選民，他聲稱「馬其頓」一詞是希臘古老遺產的一部分，只能用來指稱希臘最北邊的那個地區。如果這個從南斯拉夫南部獨立出來的斯拉夫國家以馬其頓為國名，表示他們必然包藏著收復領土的野心。巴本德里歐所無法公開承認的事實是，希臘馬其頓地區的「希臘人」，有許多是斯拉夫裔，只是基於愛國目的而被官方希臘化。

有鄰國都對它心存猜忌，而這個不臨海的內陸小國，其對外貿易和進出又完全倚賴這些鄰國。南斯拉夫解體後，它存活下來，但情勢絕非就此底定。但如果馬其頓瓦解，阿爾巴尼亞、保加利亞、希臘、乃至土耳其，都可能捲進衝突。

因此，米洛塞維奇如果繼續不當對待——屠殺——科索沃境內的阿爾巴尼亞裔，必然招來西方列強的反對和干預。怪的是，儘管整個一九九八年夏，美國國務卿瑪德琳·歐布萊特（Madeleine Albright）、法國總統雅克·席哈克、北約秘書長哈維爾·索拉納（Javier Solana）陸續警告他——歐布萊特說會要米洛塞維奇「本人負責」——他似乎都未完全意會到這後果。一如數年後的伊拉克總統海珊，米洛塞維奇孤立、隔絕於西方，無法接收到西方的看法，且對自身操控外國政治家、在他們之間周旋的能力太過自信。

這不盡然是米洛塞維奇的錯。某些美國外交官對自己的折衝能力過度自負，頻頻走訪貝爾格勒，令米洛塞維奇飄飄然，自認受到國際的看重，自然而然覺得他在西方心目中不是頑固的敵人，而是受禮遇的對話者。[11]這位南斯拉夫獨裁者深知國際社會最高的目標，就是避免國界再度重畫。晚至一九九八年七月，跡象清楚顯示科索沃的情勢已到危急時刻，由諸國外長組成的「聯絡小組」仍公開表示不可能透過獨立解決問題。

米洛塞維奇所未能理解到的，乃是波士尼亞浩劫已使國際輿論轉向。人權——特別是種族清洗——這時已成為每個人最在意的事，即使那完全是因為先前未能及時阻止巴爾幹悲劇，集體良心不安所致。一九九八年六月，海牙的戰爭罪法庭宣布它有權管轄在科索沃所犯下的罪行——檢察長露易絲·阿布爾（Louise Arbour）聲稱，該省戰事的規模與性質，使它夠格列為國際法下的武裝衝突——七月十九日，美國參院敦促海牙官員以「戰爭罪、違反人道罪、種族滅絕」起訴米洛塞維奇。

這些指控愈來愈讓人覺得可信。這時，不只有數百名阿爾巴尼亞裔「恐怖分子」被從塞爾維亞抽調來的特種警察殺害，而且愈來愈多證據顯示，貝爾格勒正打算以這場衝突為掩護，「鼓勵」阿爾巴尼亞裔離開，逼他們逃離家園保命。一九九八至一九九九年那整個冬天，有數則塞爾維亞警方行動的報導——有時是為了回應科索沃解放軍的攻擊，較常見的情況是集體處決一戶或多戶大家庭——意在讓阿爾巴尼亞裔心生恐懼而逃離所居的村落，逃到鄰國阿爾巴尼亞或馬其頓。

這時，國際的回應愈來愈分歧。早在一九九八年十月，美國和大部分北約成員就公開贊成採取某種軍事干預，以拯救處境堪慮的阿爾巴尼亞裔。但在聯合國，此議遭到俄、中兩國強烈反對，因為聯合國若授權干預，等於是干預一主權國據稱屬於「內政」的事務——俄國國會通過一決議案，將北約日後的任何行動都稱做「非法侵略」。在歐盟和北約內部，希臘基於自身考量，反對外界干預南斯拉夫事務。在這同時，烏克蘭、白俄羅斯向其塞爾維亞的斯拉夫同胞提供「無條件的聲援」和「精神支持」。

若非貝爾格勒在一九九九年初變本加厲，執行了一連串殘酷的集體屠殺——先是一月十五日在科索沃南部的拉察克（Racak）村，繼而是三月時在科索沃省全境——這一僵局本有可能無限期

11 一九九六年冬，在塞爾維亞選舉傳出明顯舞弊情事後，該地學生在貝爾格勒街頭示威了三個月，抗議米洛塞維奇獨裁，要求改革。但西方列強認為米洛塞維奇是後岱頓時期的穩定力量，未著手削弱他的地位，因而對他們的籲求完全未予支持或鼓勵。

拖下去。在拉察克的攻擊，使四十五名阿爾巴尼亞裔遇害（其中二十三人似乎遭處決），最終一如在塞拉耶佛的市場屠殺，使國際社會再無法坐視不管。[12]歐布萊特與南斯拉夫代表團在法國的朗布依埃（Rambouillet）多次談判，徒勞無功，最後結果，可想而知，貝爾格勒不願從科索沃撤軍，不願讓外國駐軍該省，干預隨之變得勢在必行。三月二十四日，雖然聯合國未正式認可下，北約船艦、飛機、導彈還是投入南斯拉夫戰事，實質上向貝爾格勒政權宣戰。

這最後一場南斯拉夫戰爭打了將近三個月，在這期間北約部隊重創塞爾維亞直轄區，但未能有效阻止阿爾巴尼亞裔被趕出科索沃：這場戰爭期間，有八十六萬五千難民（科索沃阿爾巴尼亞裔人口數一半），逃入鄰國馬其頓西部阿爾巴尼亞裔聚居區、蒙特尼格羅、波士尼亞、阿爾巴尼亞的臨時收容營。但儘管柯林頓總統考慮欠周，公開主張北約地面部隊不該參戰——迫使聯軍不得不從空中攻擊，不可避免地造成災難，讓南斯拉夫可在宣傳上大作文章、讓塞爾維亞塑造受害形象——結果可想而知。六月九日，貝爾格勒同意從科索沃撤出軍警，北約暫停攻擊，聯合國授權由北約領導的科索沃部隊「暫時」占領該省。

占領科索沃標誌著長達十年、周而復始的南斯拉夫戰爭就此結束，也標誌著米洛塞維奇本人開始厄運臨頭。這是塞爾維亞民族主義大業所遭受的最嚴重挫敗，米洛塞維奇因這場最新的挫敗而大失民心，在二〇〇〇年九月的南斯拉夫總統大選時慘敗給反對派候選人伏依斯拉夫·科斯圖尼察（Vojislav Koštunica）。米洛塞維奇權謀地表示得票不如科斯圖尼察，但又稱得票差距太近，因而需要再投一次票以決勝負，終於激起忍耐已久的塞爾維亞人大舉抗議。數萬民眾走上貝爾格勒街頭，十月五日米洛塞維奇終於承認敗選下台。六個月後，愈來愈迫切需要西方經援的塞爾維亞政府同意逮捕米洛塞維奇，遞交海牙法庭，將他以種族滅絕、戰爭罪起訴。

南斯拉夫的悲劇誰該負責？有些組織或國家的確難辭其咎。聯合國一開始不大關心——聯合國秘書長布特羅斯・布特羅斯－蓋里（Boutros Boutros-Ghali）並不適任，也不在乎，他稱波士尼亞是「有錢人的戰爭」；當聯合國終於派代表來到巴爾幹時，他們把大部分時間用來阻攔對最惡劣的犯罪者施以有效的軍事行動。歐洲人也好不到哪裡去，特別是法國明顯不願將南斯拉夫的演變怪罪於塞爾維亞，且明顯不願淌這渾水。

因此，一九九〇年九月華府想將南斯拉夫問題提交即將在巴黎召開的歐洲安全與合作組織高峰會討論時，法國總統密特朗指責美國人「過分誇大」，予以拒絕。四個月後，這議題再度端上檯面時，法國外交部宣稱外力干預已經「太遲」……甚至在多國部隊不得不於該地區與敵交火時，巴黎仍持不合作立場：駐波士尼亞聯合國保護部隊指揮官，法國將領貝納爾・讓維爾（Bernard Janvier）親自下令禁止空襲斯雷布雷尼察的波士尼亞塞爾維亞裔部隊。[13]至於荷蘭政府，甚至否決北約對波士尼亞塞爾維亞裔據點空襲的一切提議，直到所有荷蘭部隊安全撤離該國才改變立場。

其他國家的表現稍好，但好不了太多。倫敦最終站在美國一邊要求干預，但南斯拉夫戰爭

12 一如塞拉耶佛慘劇發生後的反應，貝爾格勒和為該行動辯護者堅稱根本沒那回事，不然就是在他們的說詞開始無人相信時，堅稱那是受害者主導的「挑釁行為」。

13 讓維爾的表現在法國國內外激起呼聲，要求他為後來的屠殺悲劇一起受起訴。

的關鍵頭幾年，英國政府暗地阻止歐共體和北約直接參戰。英國對待南斯拉夫難民的方式令人唾棄：一九九二年十一月，無家可歸且絕望的波士尼亞難民人數達到最高峰時，倫敦宣布沒有簽證的波士尼亞人不得進入英國。不講道義的英格蘭，在此展現它最冷血無情的一面。在塞拉耶佛沒有英國大使館可發簽證，波士尼亞家庭若要取得英國簽證，惟一辦法就是千里迢迢前往第三國境內的英國大使館……而一旦到了第三國，英國政府又會宣稱——且真的如此宣稱——他們既已在別處找到庇護，英國就不需要收容他們。因此，儘管德、奧、斯堪地納維亞國家於一九九二至一九九五年大方接納數十萬南斯拉夫難民，同一期間向英國尋求庇護者卻減少。

華府拖了特別久才將注意力放在巴爾幹情勢上，但一旦投入該地，其表現明顯改善。事實上，每個階段的國際干預都是美國的主動作為所促成，而美國每一次的主動都令西歐盟邦感到丟臉。但美國也不夠乾脆——大部分是因為美國國防當局不願冒險，也因為仍有許多美國政治人物深信這場戰爭與美國「沒有利害關係」。要美國同意在這些新情況下動用北約部隊，或者說要美國願意單方面干預一個未與它起爭執的主權國家的內政，並不容易辦到。誠如美國國務卿沃倫・克里斯多福（Warren Christopher）在波士尼亞戰爭打得正激烈時所論道，那是個「超級麻煩的問題」。

至於南斯拉夫人自己，經過這些動亂，沒有一個敢說自己問心無愧。南斯拉夫聯邦制的崩毀是貝爾格勒所促成，但盧布爾雅那、薩格勒布對這樣的發展並不遺憾。無可否認的，波士尼亞穆斯林沒什麼機會去犯戰爭罪——他們大部分時候是受侵略的一方。他們的遭遇最慘，損失最大，塞拉耶佛被毀尤其令他們哀痛。波士尼亞首府規模不大，卻是不折不扣的多民族混居城市：說不定是最後一個多民族、多語言、兼容並蓄的城市——這樣的城市曾是中歐、東地中海地區引以為

21 清算 The Reckoning

傲的特色之一。塞拉耶佛將會得到重建，但再也無法恢復原狀。

另一方面，在薩格勒布的授意下和他們自發的作為下，武裝的克羅埃西亞人對平民幹下了不可勝數的惡行。莫斯塔爾（Mostar）是波士尼亞西部的城鎮，境內跨宗教通婚的比例特別高，而在這裡，克羅埃西亞裔極端分子蓄意將穆斯林和跨族通婚家庭趕出西城區，然後把遭受過種族清洗而心態趨於激進的克羅埃西亞裔農民趕進這城裡，填補前者離去後留下的空間，接著那些極端分子包圍穆斯林聚居的東城區。在這同時，一九九三年十一月，他們有計畫地摧毀內雷特瓦（Neretva）河上十六世紀鄂圖曼人所建的古橋——該城種族融合、兼容並蓄之過往的象徵。

因此，克羅埃西亞人沒有多少東西可以拿出來誇耀——後共產主義時代從廢墟中崛起的諸領袖裡，佛拉尼奧·圖季曼是較乏味的人物之一。他著手將南斯拉夫過往從其同胞的記憶中抹除，把這視為個人奮鬥的志業。在這點上，他無人能及：一九九三年三月時，新克羅埃西亞境內出版的教科書、百科全書、書名、地圖裡，已見不到「南斯拉夫」一詞。直到圖季曼死後，他所創建的克羅埃西亞國才開始把自己重新定位為爭取加入國際社會的候選人。

但說到底，南斯拉夫浩劫的禍首，還是塞爾維亞人和他們選出的領袖斯洛博丹·米洛塞維奇。畢竟是米洛塞維奇的奪權作為，逼使其他共和國離去。畢竟是米洛塞維奇鼓勵克羅埃西亞、波士尼亞境內的塞爾維亞裔同胞據地獨立，用他的軍隊支持他們。畢竟是米洛塞維奇批准並指揮對南斯拉夫阿爾巴尼亞裔居民持續攻擊，進而引爆科索沃戰爭。

貝爾格勒的作為令各地的塞爾維亞裔遭殃。他們失去位在克羅埃西亞克拉伊納地區的家園；他們被迫接受波士尼亞獨立，放棄在波士尼亞據地自建塞爾維亞人主權國的計畫；他們在科索沃落敗，然後，科索沃境內大部分塞爾維亞裔擔心——有憑有據的擔心——遭阿爾巴尼亞裔報復，紛紛逃離該省；在殘缺不全的南斯拉夫，塞爾維亞裔的生活水準降到前所未有的低點（就連蒙特尼格羅都已打算脫離自立）。這樣的情勢演變加強了塞爾維亞人長久以來面對歷史不公時集體自憐自哀的傾向，從更長遠的角度看，塞爾維亞人的確很有可能是南斯拉夫戰爭最大的輸家。這在某些方面說明了他們國家處境為何如此淒慘——如今，就連保加利亞、羅馬尼亞，在當前生活水準和發展前景上都勝過塞爾維亞。

但我們不該因為這一令人深覺諷刺的遭遇，忽視塞爾維亞人應負的責任。克羅埃西亞、波士尼亞兩地的戰爭，其令人髮指的凶殘和施虐——對數十萬同國的人民連續施以傷害、侮辱、折磨、強暴、殺害——出自塞爾維亞裔男子之手（大部分是年輕男子），這些人在本地塞裔領袖的宣傳和領導下，突然生起沒來由的仇恨，對他人的苦難麻木不仁，而這些領袖最終都聽命於貝爾格勒，且靠貝爾格勒的撐腰才得以據地稱雄。接下來所發生的事，談不上特別：畢竟這樣的事幾十年前就在歐洲上演過，那時，整個歐陸，由於戰爭的驅策，一般人也犯下令人髮指的罪行，且覺得這麼做乃是必要。

毋庸置疑地，有段歷史可供塞爾維亞人的宣傳拿來大作文章，鼓動仇恨，尤以在波士尼亞境內為然——那段充滿苦難的歷史，淺淺埋藏在南斯拉夫戰後看似平靜無波的假象底下，很容易就可掀開。但決定喚起那記憶，決定操弄、利用那記憶以遂行政治目的者是人：尤其是某個人。誠如米洛塞維奇在岱頓談判期間向某新聞記者言不由衷表露的，他從未料到他國家境內的戰爭會打這麼久。那很可能是真的。但戰爭之所以爆發，並非只是出於自發性的族群因素。南斯拉夫不是自己倒下：有人把它推倒。南斯拉夫不是自己死亡：有人殺了它。

南斯拉夫的情況最慘，但在後共產主義時代，每個地方都艱苦。在葡萄牙或西班牙，從獨裁過渡到民主，伴隨著落後農業經濟體的加速現代化——西歐其他地方已經歷過因而很熟悉的發展過程。但脫離共產主義之路沒有先例可循。從貝爾格勒到柏克萊等地的學院、大學、咖啡館，一再有人從理論角度大談，如何完成從資本主義到社會主義這個備受期待的轉型——已到了令人厭煩的程度——但從沒有人想過為從社會主義過渡到資本主義之路提供一份藍圖。

共產主義所留下的諸多爛攤子中，經濟問題最為具體可見。斯洛伐克或川西瓦尼亞或西里西亞境內過時的工廠，既妨礙經濟發展，且危害環境。這兩者密切相關：貝加爾湖的中毒、鹹海的死亡、下在北波希米亞森林的酸雨，不只是生態浩劫，也貽害無窮。在這些地方投資設立新工廠之前，得先拆除舊工廠，得有人修補它們已帶來的損害。

在德東諸州，收拾共產主義爛攤子的花費由聯邦政府擔下。信託機構（Treuhand，見第十七章）在接下來四年裡花了數十億德國馬克買下、賣掉過時的工廠，資遣冗員，盡可能修補那些工廠造成的禍害。但即使結果不盡如人意且幾乎拖垮聯邦財政，前東德人運氣還是算好：他們脫離共產主義所需的開銷，由西歐最強大的經濟體擔下。在其他地方，重建經濟活動的成本得由受害者自己擔下。

後共產主義時代的政府，其面臨的基本抉擇，不外乎二選一，若非嘗試在一夜之間從補貼式社會主義經濟體，一舉轉型為由市場驅動的資本主義（即所謂的「大霹靂」辦法），就是小心翼翼拆除或出售「計畫經濟」裡成效較不彰的產業，同時盡可能保留最攸關本國人民生活的那些特色，能保住多久算多久：便宜房租、就業保障、免費的社會福利。第一個辦法最符合後共產主義新一代經濟學家、企業家所鍾愛的自由市場理論，第二個辦法從政治角度看較明智。癥結在於不管用哪個辦法，必然在短期內（且在不算短的期間內）造成劇痛和嚴重損失：在葉爾欽主政下的俄羅斯，兼採兩個辦法，經濟劇烈萎縮長達八年——現代史上從沒有哪個大型經濟體在承平時期受到如此嚴重的挫敗。

波蘭，在萊塞克．巴爾采羅維奇（初任財政部長，後任該國中央銀行行長）堅定不移的督導下，「大霹靂」辦法施行得最早、最前後一致。巴爾采羅維奇主張，他的國家——實質上已無清償能力——若無國際援助，顯然無法復原。但除非波蘭建立能讓西方銀行業者和放款機構放心的可靠結構，否則得不到國際援助。逼波蘭施行嚴厲改革者不是國際貨幣基金會；毋寧是波蘭認知到，搶在國際貨幣基金會要求改革之前自己先做，將順理成章得到它所需的援助。而要這麼做，惟一辦法就是快，在後共產主義的蜜月期裡，趁人民還不知道這過程會多痛苦時，儘快做。

因此，一九九〇年一月一日，後共產主義時代的第一個波蘭政府開始雄心勃勃地改革：儲備外匯、廢除物價管制、緊縮銀根、削減補貼（亦即任由企業倒閉）——而這些措施造成國內實質工資縮水，立即下跌了約四成。除開清楚認知到失業乃是不可避免（政府成立了一筆基金以支援、協助培訓被迫失業者，藉此減輕失業衝擊），此舉和一九七〇年代兩次失敗的改革沒什麼大不同。有所改變的，只是政治氣候。

21 清算 The Reckoning

在鄰國捷克斯洛伐克，在財政部長（後來出任總理的）瓦茨拉夫．克勞斯引導下，施行了類似的浩大改革——且額外著重貨幣的可兌換、外貿的自由化、私有化，而這三者全符合克勞斯所公開支持的「柴契爾主義」的原則。一如巴爾采羅維奇和克里姆林宮的某些年輕經濟學家，克勞斯贊成「震盪療法」：認為社會主義經濟沒有值得保留的東西，遲遲不朝資本主義轉型有害無益。

與這些人的看法截然相反者，乃是斯洛伐克之梅奇阿爾、羅馬尼亞之伊利埃斯庫以及烏克蘭總理（後來出任總統）萊奧尼德．庫奇馬（Leonid Kuchma）之類人士。他們擔心引發民怨，對於改革是能拖就拖——烏克蘭第一個「經濟改革計畫」宣布於一九九四年十月——且事實證明，他們特別不願意將國內市場自由化或降低政府在經濟中的參與比重。一九九五年九月，庫奇馬警告勿「盲目仿效外國經驗」——該地區史學家所熟悉的用語——藉此捍衛自己的立場。

捱過一九九〇年代初期令人失望的經濟困境後，第一排前共產國家以更穩固的基礎重現於世界舞台，它們能吸引到西方投資者，且可望於日後獲准加入歐盟。凡是去過波蘭或愛沙尼亞者，都能看出這兩國的經濟策略比起羅馬尼亞或烏克蘭來得有效——事實上，在小企業活動程度，乃至民眾樂觀程度上，較成功的東歐國家，表現比前東德還好（儘管前東德看來占有優勢）。

這讓人不由得想斷定，波蘭——或捷克共和國、愛沙尼亞、斯洛維尼亞、乃至匈牙利——之類較「先進」的後共產國家，經過幾年的困頓歲月，就能彌合從國家社會主義到市場資本主義的落差，儘管年紀較大、較窮的人民未蒙其利而受其害；在這同時，位在巴爾幹半島和前蘇聯境內的第二排國家，只能在它們後面苦苦掙扎，因為無能、腐敗的領導階層沒有能力且沒有意願思考改革的必要性。

這樣的斷定，只能說大略上沒錯。但即使沒有克勞斯或巴爾采羅維奇或匈牙利、愛沙尼亞境內與他們同類的人物領導，有些前共產國家還是會比其他前共產國家更順利過渡到市場經濟：有些是因為它們早在一九八九年前就已開始這類改革，有些則是因為因為它們在蘇聯時代所受到的扭曲，沒有它們較不幸的鄰國所受到的扭曲那麼病態（由匈牙利、羅馬尼亞之間的對比就可看出這點）。而在某些國家的首都（例如布拉格或華沙或布達佩斯）可見到的經濟轉型奇蹟，不盡然重現於它們的偏遠省分。過去，在中歐和東歐，真正的邊界不在國與國間，而在富裕城市與其周邊受冷落的貧困鄉村之間，這情形如今未變。

這些地方的後共產主義經驗，相似之處，比相異之處，更發人深省。畢竟，不管在哪個國家，新統治菁英在長遠的發展路線上，都面臨了同樣的抉擇。當時，到處都懷抱著「市場經濟的浪漫憧憬」[14]——俄羅斯總理維克托．車諾梅爾金（Viktor Chernomyrdin）一九九四年一月對市場經濟的貶稱。經濟自由化、往某種自由市場過渡、加入歐盟，這三個經濟大目標，是後共產主義國家所普遍追求——畢竟，加入歐盟，可望帶來外國消費者、投資、地區性援助資金，進而減輕中央指令式經濟解體的痛苦。這些幾乎是人人都想要的結局——當時大部分了解情勢的人覺得，除此之外別無他途。

如果說各後共產主義社會的公共政策有極大的差異，那不是因為這些國家對自己該何去何從或該如何抵達想望的目的地，普遍意見分歧，真正的癥結在於如何處理資源。共產主義國家的經濟或許已遭扭曲且效率不彰，但它們擁有龐大且具獲利潛力的資產：能源、礦物、武器、不動產、傳播媒體、運輸網和其他許多東西。此外，在後蘇聯時代的社會裡，只有共黨自己人——知識分子、行政官員、權貴階層——懂得如何管理實驗室、農場或工廠，只有他們有國際貿易經驗或掌理大機構的經驗。

一九八九年後這些人將掌理他們的國家，情況就和一九八九年前沒兩樣——至少在後共產主義的新一代人崛起之前是如此。但他們將在新的旗幟下工作：不是為黨效力，而將是在不同政黨裡爭奪權力；不是政府的雇員，而將是在追逐技能、商品、資本的競爭性市場裡，獨立運作的個體。政府將其在所有東西——從鑽探權到公寓大樓——的股權出售時，執行出售與購買者將是這些人（大部分是男性，日後出任烏克蘭總理的尤莉雅·提摩申科是特例）。

在傳遍整個後共產主義歐洲的信條裡，資本主義的關鍵在市場，而市場意味著私有化。一九八九年後東歐國有商品的大拍賣，乃是史上所未見。從七〇年代晚期起在西歐日益盛行的私有化風潮（見第十六章），為東歐的倉促撤離國有制提供了參考樣板；除此之外，兩者共通處少之又少。資本主義於大西洋世界和西歐出現的四百年間，伴隨出現了種種法律、機構、規定、實踐，而這些東西對於資本主義的順利運作和合法性乃是不可或缺。但在許多後共產主義國家裡，這類法律、機構不存在，那些國家裡主張自由市場的新手危險地低估了它們的重要性。

結果就是私有化變成盜賊政治（kleptocracy）。最無法無天的例子出現在葉爾欽和其友人統治下的俄羅斯。轉型後的俄羅斯經濟落入少數一群人口袋。這些人變得特別有錢，二〇〇四年時，

14 在滿腦子想著做生意、急於擺脫自己國家之惱人過去的年輕一代身上，這甚至催生出新的盲從心態，以取代不痛不癢的共產主義公共語言：不加批判地吹捧被人常掛在嘴上的新古典經濟學原則，由於他們完全不熟悉其社會代價，因而並未心生反感。

三十六位俄羅斯億萬富豪，據估計已囊括了一千一百億美元的財富，合該國國內生產總值的四分之一。私有化、貪污、明目張膽的偷竊，三者間的區隔幾乎消失：可竊取的東西太多——石油、天然氣、礦物、貴金屬、輸油管線——而且沒人、沒有東西可阻止它們遭竊。公共資產和機構遭官員拆解，然後彼此瓜分。凡是能搬動或能合法轉入私人名下的東西，幾乎個個被他們巧取豪奪。

俄羅斯情況最糟，但烏克蘭也好不到哪裡去。庫奇馬等政治人物靠「企業家」的龐大金援選上，日後則回饋金主數倍的利潤：這些人很清楚，在後蘇聯時代的烏克蘭，權力帶來金錢，而非金錢帶來權力。公共資產、官方貸款或補貼，從政府手裡直接轉到某些集團口袋裡，然後其中有許多又轉移到國外的私人帳戶裡。在這些國家裡，新「資本家」未生產東西，只掠奪公共資產造福自己。

任人唯親大行其道，雖然共產主義統治時，這現象差不多嚴重，但如今私人所能獲得的好處遠大於當時……烏克蘭的克里沃羅格（Kryvorizhstal）是名列世上前幾大的煉鋼廠，有員工四萬兩千人，一年的稅前獲利達三億美元（而烏克蘭的人均收入是每月九十五美元）。二〇〇四年六月，拖了許久的克里沃羅格出售案終於開始標售，而「得標」者是烏克蘭巨賈暨總統女婿維克托・平丘克（Viktor Pinchuk），基輔沒有人對此感到意外。

在羅馬尼亞和塞爾維亞，國家資產的下場類似，或者根本未賣掉，因為當地的政治領袖捱過初興起的私有化浪潮，偏愛以舊方式保住自己的權力和影響力。一如約略同一時期的阿爾巴尼亞人，想立刻嚐到市場經濟果實的羅馬尼亞人，得到的卻是老鼠會——這種集資騙局號稱短期就能有巨額收益，而且沒有風險。其中一個老鼠會「卡里塔斯」（Caritas），從一九九二年四月開始非法集資，一九九四年八月垮掉，最盛時可能有四百萬人投入（將近羅馬尼亞人口的五分之一）。

這些老鼠會（當時在俄羅斯也很盛行），一如「合法」的私有化，大部分的結果是將民間資金搜括到以舊共黨組織和前情治機關為大本營的非法組織裡。在這同時，在希奧塞古已死十四年後，儘管有些較能獲利、較吸引人的企業已經改為民營，仍有六成六的羅馬尼亞產業屬於國有。有許多年時間，外國投資者仍提心吊膽，不敢輕易投資這些國家：長期缺乏法律保障，使投資人雖看到巨額獲益的潛力，也不敢涉險。

在中歐其他地方，風險天平有利於外國投資者一方，就算那只是因為加入歐盟的前景加快了必要的制度改革和立法。即使如此，在匈牙利和波蘭，剛開始的私有化，有許多若非是將共產時代的黑市活動改為合法生意，就是將明顯較有前景的國有企業速速賣給靠外國資金支持的本國企業家。革命三年後，賣給私人的波蘭國有企業只有百分之十六。在捷克共和國，別出心裁的票券制（voucher scheme）讓人民有機會認購國營企業的股票，本意在使人民個個成為資本家：但接下來幾年裡，其主要結果乃是為日後的醜事打下基礎，為政治界反對投機倒把歪風的呼聲做了準備。

在後共產主義歐洲，有這些流弊伴隨私有化而來，原因之一在於幾乎沒有西方的參與。沒錯，在華沙和莫斯科境內，一開始有許多美國年輕經濟學家主動表示願教他們建構資本主義，更有德國企業，對較優質的共產國家企業早早表露興趣（例如捷克的斯柯達汽車）。[15]但幾乎沒有外國政府參與，沒有馬歇爾計畫或與此稍稍類似的東西：只有俄羅斯例外，大筆補助和貸款從華府流入

15 此事引發民族主義者不安，擔心布拉格再度被吸併入大德意志共榮圈裡—也招來一大為流傳的笑話：「關於捷克斯洛伐克的後共產主義前景，我有好消息，也有壞消息。」「什麼好消息？」「德國人要來了！」「壞消息呢？」「德國人要來了。」

俄羅斯，以協助支撐葉爾欽政權——再流進葉爾欽友人、支持者的口袋裡。

結果，外界對後共產主義歐洲的投資，不像二戰後協助西歐重建的那類投資，而比較像凡爾賽協議後那些零星不連貫的私人參與：時機好時投資，情況不利時撤走。[16]因此，一如過去，東歐人得在明顯不公平的環境裡與西方競爭，他們缺乏本土資本和外國市場，只能輸出低利潤的食品、原物料，或輸出某些工業性、消費性商品——拜低工資、公共補貼之賜，它們還能保持廉價。

不足為奇地，許多後共產主義新政府，一如兩次大戰之間的前任政府，很想藉由保護措施來阻絕這一情勢的政治傷害，以免危及政權——而保護措施指的是立法限制外人擁有土地和企業。這些作為照搬以前的自給自足政策，被外國批評者不合理地斥為「民族主義」舉動，它們可想而知成就甚微：抑制外來投資，扭曲本土市場，把私有化進程更進一步帶向貪腐。[17]

因此，每一個在倫敦或坎城另有豪宅，且靠不法手段積累財富的俄羅斯富豪背後，或每一個擁有寶馬汽車、手機且拚命賺錢的波蘭年輕企業家背後，都有數百萬個靠養老金過活者和下崗工人，對他們來說，往資本主義轉型未必是件好事——更別提還有數百萬農民，既不可能改行，也不可能養活自己：在波蘭，二十世紀底，農業產值只占國內生產毛額的百分之三，但農業人口仍占勞動人口的五分之一。在許多地方，失業仍很嚴重，原本總伴隨工作而享有的廉價設施和其他福利，也跟著失業而消失。隨著物價逐漸上漲——不管是因為通貨膨脹，[18]還是因為預期將加入歐盟——凡是靠固定收入或政府退休金過活的人（意即，原屬社會主義時代菁英分子的大部分老師、醫生、工程師），都自然而然懷念起過去。

東歐許多人，特別是年過四十者，激烈抱怨物質生活不如過去安穩，失去以前廉價的食、宿、服務；但這不表示他們必然渴望重回共產主義懷抱。誠如靠每月四百四十八美元津貼，與靠退休金過活的丈夫一起生活的某個五十歲退役俄羅斯女工兵，二〇〇三年向外國記者說明的：「我們想要的，就只是生活像蘇聯時期那樣如意，保證擁有光明、穩定的未來和低物價——同時擁有當時所沒有而現在享受到的自由。」

拉脫維亞人絕對不想再受俄國統治，但是，對他們所做的民調卻顯示，有些人認為蘇聯時期生活較好，特別是農民。他們或許沒錯，而且不只農民這麼認為。八〇年代晚期，革命之前，東歐人很愛上電影院。一九九七年時，拉脫維亞上電影院人次已銳減九成。同樣情形可見於各地——在保加利亞銳減九成三，在羅馬尼亞銳減九成四，在俄羅斯銳減九成六。有趣的是，同樣那些年裡，在波蘭，只下跌七成七，在捷克共和國下跌七成一，在匈牙利下跌五成一。在斯洛維尼亞，幾乎未降。這些數據顯示，所得愈高的地方愈常看電影，且證實了保加利亞某次民調對當地看電影人次減少所做的解釋：共產主義垮台後，有更多電影可選……但人民已買不起電影票。

在這些情況下，不順遂、不完整的東歐經濟轉型，令人想起撒繆爾·約翰遜（Samuel Johnson）那句感想：雖然事情做得不是很理想，但竟有人會去做那件事情，已經值得驚訝。這句話用在向

16 在這點上，愛沙尼亞的情況明顯例外。愛沙尼亞形同被其斯堪地納維亞鄰邦收養，大大受益。一九九二年愛沙尼亞退出盧布區時，與前蘇聯的貿易占了該國對外貿易的九成二。五年後，與西方的貿易占了該國貿易四分之三多，其中有許多是與波羅的海對岸貿易。

17 還有效率不彰——流於形式的東歐私有化，有個令人感到諷刺的現象，即集體農場遭拆解為許多小塊田地後，即無法再靠拖拉機耕種，而是靠人力。

18 據估計，在後共產主義的烏克蘭，一九九三年的年通貨膨脹率達百分之五千三百七十一。

民主的過渡上，可能也差不多貼切。除了捷克斯洛伐克這個例外，從維也納到海參崴這之間的諸多前共產主義社會，於在世者的記憶裡，無一享有過真正的政治自由，這些國家裡有許多評論家對於國家能否走上多元政治感到悲觀。他們擔心，既然資本主義一旦失去法律的約束，就輕易淪落為盜竊，那麼——因為欠缺一套眾所認可、理解的規範來限制公共修辭與政治競爭——民主可能會淪落為競相煽動人心。

這並非杞人憂天。共產主義將權力、資訊、主動權、職權集中在黨國手裡，不只創造出人人彼此猜忌、人人懷疑官方聲明或承諾的社會，還創造出人人都未曾行使個人或集體主動權，且人人缺乏賴以做出明智公共抉擇之基礎的社會。在後蘇聯時代的國家，新聞界最重要的作為，乃是創立旨在提供明確資訊的報紙——莫斯科的《事實與論據》（*Facts and Arguments*）、基輔的《事實》（*Facts*）——這絕非偶然。

最難以平順過渡到開放社會者是年紀較大者。年輕一輩有管道取得資訊——外國電視台和電台，以及愈來愈受倚重的網路——從而使這些國家的許多年輕選民心胸、眼界更為寬廣，甚至更為老成，但也使他們和父母、祖父母之間出現代溝。斯洛伐克獨立十年後，針對該國年輕人所做的某項調查，顯現出明確的代溝。年輕人與一九八九年前的過去完全脫節，對那過去所知甚少；另一方面，他們抱怨父母在斯洛伐克後共產主義的新世界裡徬徨孤獨且無力：他們既幫不了自己小孩，也無法給小孩建言。

這一代溝對各地的政治造成衝擊，年紀較大、較貧窮的選民一再受到某類政黨的吸引，即是在新自由主義共識以外，提供了懷舊或極端民族主義這些另類訴求的政黨。可想而知，這一問題在前蘇聯部分地區——混亂、脫序最嚴重且此前未體驗過民主——最為嚴重。特別在俄羅斯、烏克蘭，由於貧窮不堪、沒有安全感、痛恨一小撮有錢人刺眼的暴富，上了年紀的選民——和沒那麼老的選民——很容易就投向獨裁政治人物。因此，在後共產主義國度，雖然輕鬆就創造出完美憲法和民主政黨，但說到打造有見識的選民，卻困難重重。在每個地方，頭幾次選舉獲勝者，往往是居間促成舊政權垮台的自由派或中間偏右聯盟；但經濟困頓和不可避免的失望所激起的強烈反彈，常讓這時以民族主義招牌重出江湖的前共黨得利。

外人可能覺得前共黨權貴階層這一轉型頗為怪異，但究其實質，並不值得如此大驚小怪。民族主義和共產主義彼此的共通之處，比各自與民主主義的共通之處還要多：它們可以說共用一政治「語法」，而自由主義則是截然不同的另一種語言。撇開別的不說，蘇聯共產主義和傳統民族主義有一共同敵人——資本主義，亦即「西方」——而日後我們將看到，它們的繼承人將如何巧妙地操弄看不得別人好而要求人人平等的普遍心態（「以前至少人人都窮」），將後共產主義時代的苦難怪罪在外國干涉上。

因此，科內留·瓦丁·圖多爾（Corneliu Vadim Tudor）之類人物的崛起，絲毫不令人覺得突兀。圖多爾是羅馬尼亞獨裁者希奧塞古的著名御用文人，熱衷於寫詩歌頌這位獨裁者的豐功偉績，然後立場一轉，揚棄國家共產主義，轉而投向極端民族主義。一九九一年，在流亡者金援下，他創立大羅馬尼亞黨（Greater Romania Party），黨綱既流露失土收復主義的懷舊情緒，也抨擊匈牙利裔少數族群，且公開反猶。二〇〇〇年十二月的總統決選，圖多爾拿到三分之一的選票，另一位候選人，前共黨黨工揚·伊利埃斯庫，囊括三分之二選票。[19]

即使民族主義政治人物以批評共產主義的姿態投身政壇——例如俄羅斯「民族主義愛國」運動組織「回憶」(Pamyat)——他們還是相當輕鬆就對蘇聯過去表現出互蒙其利的認同,一邊抱持著某種民族主義憤懣,一邊又懷念蘇聯遺產和其豐功偉績。烏克蘭、白俄羅斯、塞爾維亞、斯洛伐克境內的新民族主義人士,結合慷慨激昂的愛國言語,和對於蘇聯式獨裁主義過往的失落感,因而大受歡迎。九〇年代底在波蘭迅速冒出的諸多農民和民粹式的政黨身上,特別是安傑伊·萊佩爾(Andrzej Lepper)所領導、廣受支持的自衛黨(Self-Defence Party)身上,也可見到這樣的支持。

不管在哪個地方,改頭換面重出江湖的共黨都與不折不扣的民族主義分子結盟,[20]但就是在俄羅斯,赤裸裸的民族主義訴求最能打動人心,且吸引力最持久不墜。這不令人意外:佛拉基米爾·吉里諾夫斯基(Vladimir Zhirinovsky)是狂暴型的新公眾人物,以不認錯的舊俄羅斯仇外心態為基礎打造選舉魅力,引用他的話說,「俄羅斯人民已成為世上最抬不起頭的民族。」不管蘇聯有什麼缺點,總是個世界性強權:領土與文化上的大國、帝俄的合法繼承者和延伸。蘇聯解體,令許多年紀大的俄羅斯人深以為辱,其中許多人抱持和蘇聯軍方一樣的心態,痛恨北約將俄羅斯的「近西」納入其勢力範圍,痛恨俄羅斯無力阻止此事。恢復國際「聲望」的念頭,成為後蘇聯時期莫斯科許多外交政策的動機,既可以說明佛拉基米爾·普丁當總統期間的作風,也可以說明儘管(和因為)普丁的國內政策愈來愈不開明,為何仍能得到普遍支持。

基於顯而易見的理由,俄羅斯前帝國的中歐子民,無意做這樣的懷舊。但失落的共產主義世界,即使在東德,都令某些人心動。一九九〇年代中期的民調顯示,東德人普遍認為,除開遷徙、電子媒體、言論自由,還是一九八九年前的日子過得比較好。在其他國家,就連前共產時代的節目都得到觀眾喜愛——二〇〇四年捷克收視率最高的電視節目是舊片重播的《采曼少校》（*Major Zeman*）。這是七〇年代初期的連續劇，其劇本和一九六八年後「正常化」政策的文宣幾沒什麼兩樣。

只有在捷克共和國（和法國、獨立後的前蘇聯加盟共和國），共黨大剌剌保留其名字。但在每個後共產主義中歐國家，都有約五分之一的選民支持如同共黨化身的「反～」政黨：反美、反歐盟、反西方、反私有化……或更常見的，以上皆反。特別是在巴爾幹半島，「反美」或「反歐」通常是反資本主義的代碼，是掩護前共產黨員活動的幌子，這些人無法公開表達他們懷念舊時代，但在其虛偽的公開聲明中仍利用那股懷念之情。

把票投給非主流政黨候選人以表達對現狀不滿，此一行徑間接彰顯了有一個無法避開的共識，將政治主流勢力給綁住：該地區只有一個未來，而且那未來位在西方，位在歐盟，位在全球市場。在這些目標上，主流政黨間差異不大，它們全都靠著批評對手的「失敗」政策來贏得選舉，選上後又執行與前任政府驚人相似的政綱。因此，在中歐和東歐，出現了新的公共政策「木頭語」（wooden language）——「民主」、「市場」、「預算赤字」、「成長」、「競爭」——這些不痛不癢的用語，對許多人民來說沒什麼意義或關連。

因此，想表達自己抗議或痛苦的選民，投向非主流激進政黨的懷抱。九〇年代初期，後共產主義歐洲出現民族主義－民粹主義激進政黨，出現煽動性領袖，觀察家在這現象中看到危險的反

19 但羅馬尼亞可能是特例。一九九八年的布加勒斯特市長選舉，羅馬尼亞工人黨在市區到處張貼希奧塞古的海報。「他們槍斃我，」海報上寫道。「你們生活有更好嗎？不要忘了我為羅馬尼亞人民所做的事。」

20 甚至偶爾與頑固守舊、懷念二次大戰時之美好日子的法西斯分子結盟，尤以在克羅埃西亞境內為然。

民主反應，看到被禁錮長達半世紀的落後地區返古式的倒退。但在晚近這些年，奧地利的耶爾格・海德（Jörg Haider）、法國的尚－馬利・勒潘（Jean-Marie Le Pen）和從挪威到瑞士的許多地方裡與他們極類似的人物，在選舉上大有斬獲，已使西歐人評論起後共產主義歐洲的政局時，語氣不再那麼倨傲不可一世。返古現象的出現，和是不是處於邊陲沒有關係。

在許多前共產國家，知識分子是促成政治民主的大功臣，而在功成之後，這些人的際遇不盡相同。有些人，例如波蘭的亞當・米奇尼克，透過新聞從業工作，繼續發揮影響力。其他人，例如匈牙利的雅諾什・基什，從異議知識分子變成國會議員（基什成為自由民主黨的領袖），卻在度過幾年紛擾不安的公眾生活後，重回學術界。但早年那些反對派知識分子，除了在過渡時期被當成名義上的領袖，大部分未成功轉型為後共產主義時代的政治人物或公眾人物，且有許多人嘗試投身政壇，反而暴露自己的無能。瓦茨拉夫・哈維爾是特例，而就連他，仕途都不是很順遂。

可以套用愛德蒙・勃克對前代革命運動人士的輕蔑評論：「最優秀的都是些紙上談兵者。」他們大部分人對接下來十年棘手的政治、技術問題未有充分的心理準備，對於因閱讀習慣改變和年輕一代拒絕從傳統來源取得指引和意見，導致知識分子公共地位的驟然低落，也未有充分的心理準備。到了九〇年代中期，老一輩知識分子所創辦，曾很有影響力的那些期刊，有一些已退居邊陲，乏人問津。

芭芭拉・托倫齊克（Barbara Toruńczyck）的《文學筆記本》（*Zeszyty Literackie*）是廣受推崇的文學刊物，由一九六八年那一代的波蘭流亡人士在巴黎出版，對一九八九年前維繫波蘭文學辯論，貢獻很大。祖國獲解放後，它將出刊業務遷回首都華沙，但這時卻為了保住一萬名讀者而苦苦奮鬥。

捷克最古老、最有影響力的文藝週刊《文學新聞》情況也好不了多少，一九九四年時發行量已不到一萬五千份。在大部分西方國家，文學雜誌、期刊的發行人，若看到這些數據，再比對它們所在國家的人口，大概會說這成績已經不錯；但在中歐，它們日益式微，代表了文化關注重點有了令人心痛的變化。

知識分子地位下滑，有數個原因，其中一個原因乃是他們強調反共倫理，亦即必須建構具有道德意識的社會，以填補個人與國家之間的失序空間，但此時建構市場經濟的實務作為已取代其地位。短短幾年，「公民社會」在中歐就成為過時的觀念，只有少數外國社會學家感興趣。二次大戰後在西歐已發生過相當類似的情形（見第三章），首先是重建實務，接著是冷戰，消除並取代了戰時反抗運動的高道德觀。在那些年裡法國和義大利作家仍有可觀的讀者——一部分得歸因於他們本身廣為周知的政治參與——但匈牙利和波蘭的作家沒這麼好運。

真的在民主公眾生活裡闖出一片天的知識分子，通常是一九八九年前在異議圈子裡名不見經傳的「技術官僚」——律師或經濟學家。他們在這之前未有搶眼的功績，因而對與他們同樣平凡的同胞來說，他們提供了較令人放心的榜樣。瓦茨拉夫·克勞斯於二〇〇三年接替哈維爾出任捷克總統後不久，即在某場總統演說中直言不諱的闡明此點：「我和你們大家有些像，既不會是共產黨員，也不會是異議分子；既不是走狗，也不是滿嘴道德者。滿嘴道德者一出現，就令你們想起自己過去的懦弱：自己的內疚。」

一提到內疚，懲奸除惡這個惱人的問題隨之浮上檯面——人在過去共黨當政時做了什麼，他們現在該受到如何對待。對於幾乎每個後共產主義政權，這都是痛苦難題。一方面，人心普遍認為在蘇聯時代所犯的政治罪行應予揭露，犯罪者應受懲罰，且不只那些愛高談道德的知識分子這麼認為。共產主義時期的歷史真相應得到公開承認，否則往自由過渡這條已很艱難的道路會走得更艱難：為舊政權辯護的人會把該政權的罪惡漂白，人會忘掉一九八九年的意義所在。

另一方面，共黨在這所有國家執政已超過四十年——在波羅的海三國五十年，在蘇聯本身是七十年。以黨治國的共黨始終獨攬大權。共黨政權的法律、機構、警察始終是國內的惟一力量。事後來看，誰會說共黨從來不是合法統治者？他們當政期間無疑被外國政府承認為合法統治者，且從沒有哪個國際法庭宣布共黨政權是犯罪政權。那麼，怎麼能以某人曾遵守共黨法律或為共黨政權效力，而在共黨政權垮台後懲罰那人？

此外，早期呼籲向共黨暴政報復喊得最響亮那些人，有一些人本身的出身就可疑——在九○年代初期混亂的氣氛下，反共往往也攙雜著對共黨所取代的舊政權抱有某種程度的懷念。有時候，並不很容易去區分究竟是在譴責共產黨還是在平反其所取代的法西斯黨。許多明理之人坦承，沒必要再去追究史達林主義時代的個人作為：這時再去懲罰那些在共黨政變和一九五○年代擺樣子審判、迫害中扮演共犯角色的人已經太遲，而且被害者大部分已不在人間。

當時人覺得，這類事情最好交給史學家去處理，畢竟此後史學家將得以取閱檔案資料，能為後代子孫釐清歷史真相。但就後史達林主義時代那幾十年來說，社會普遍同意，最駭人的罪行和罪犯應受到公開懲罰：與外人合力壓下布拉格之春的捷克共黨領袖；該為神父波皮耶武斯科（Popieluszko）遭暗殺一事受責的波蘭警察（見第十九章）；下令槍殺企圖翻越柏林圍牆者的東德當局，諸如此類。

但這仍未解決更棘手得多的兩個難題。該如何處置前共黨黨員和警政高層官員？如果他們未被控以具體罪名，那麼他們該為過去的作為受罰嗎？該允許他們參與公眾生活嗎？——當警察、從政、甚至當總理？有何不可？畢竟他們之中許多人在推翻他們自己政權上有所貢獻。但如果不行呢？如果要限制這些人的公民權或參政權，那要限制多久，限制對象要往下擴及到前共黨權貴階層的哪個層級？這些問題就和戰後占領德國、想將德國去納粹化的盟軍所面臨的問題差不多——不同之處在於一九八九年後做決定者不是占領軍，而是直接相關的政黨。

這是棘手問題之一。而第二個難題在某些方面更為複雜，且隨著時日推移才漸漸浮現。共黨政權不只強行統治不願受其統治的人民；還鼓勵人民與情治機關合作，回報同事、鄰居、熟人、朋友、親戚的活動、想法，藉此使人民與共黨當局合力壓制自由。這一地下的情蒐、偵察網，規模因國而異，但普見於每個地方。

結果就是社會上所有人彼此猜忌——別人會不會曾經為警察或當局效力，即使那完全不是蓄意的？——同時，也使人難以區別出於利欲薰心而與當局合作的行為，與出於純粹的懦弱，乃至為了保護自己家人而與當局合作的作為。不願向東德國安局通報的後果，可能是葬送自己小孩的前途。因此，無助的個人所做的許多私人抉擇，難以從道德角度斷定其是非對錯。[21]事後看，除了少數勇氣可嘉、一路走來始終如一的異議分子，誰能論斷別人？值得注意的是，有許多前異議分子，也正是最激烈反對懲罰自己同胞者，亞當．米奇尼克就是個顯著例子。

21 但有些大作家的自私作為可能就不是如此——若拒絕服務當局，當局也不大會傷害他們——例如前東德作家克莉絲塔．沃爾夫，其探討矛盾情結而備受推崇的文學作品，在後來她與東德國安局合作的事蹟遭揭露後，就顯得沒那麼崇高。

雖然每個後共產主義國家都碰到這些難題，但每個國家處理的方式各異。在從未有變革的地方——共產黨員或其友人仍掌控大權，只是換上不同的稱呼，提出剛剛洗白的「西方」行動計畫——過去仍如原樣，未有改變。在俄羅斯，一如在烏克蘭，在摩爾多瓦，在僅存的南斯拉夫土地上，懲罰舊惡從未成為議題，舊政權的高階官員悄無聲息回鍋，成為新統治階層的一分子：在普丁執政下，共黨時代的軍警情治人員（Siloviki）在非正式內閣裡超過一半。

另一方面，在德國，政府情治機關的規模和其觸角所及範圍，經披露後，令全國人民震驚。除了八萬五千名正式編制職員，東德國安局還有約六萬名「非正式合作人員」、十一萬名正職密探，超過五十萬的「兼職」密探，其中許多人不知道自己已成為「兼職」密探。[22]丈夫監視妻子，教授回報學生動態，牧師密報其堂區居民的情況。前東德有六百萬居民（三分之一人口）被編了忠誠檔案。整個社會實際上已遭其自己指派的衛兵滲透、分化、污染。

為平息相互猜忌之風，德國聯邦政府於一九九一年十二月指派由前路德教派牧師約阿希姆・高克（Joachim Gauck）領導的委員會，監管前東德國安局檔案，防止它們遭濫用。個人將得以查明自己是否給編了「檔案」，如果想了解那檔案，也可以前來查閱。藉此，人民將知道誰曾密告他們——有時因此在國內引發軒然大波——但檔案本身不開放大眾閱覽。這是個令人難堪的妥協，但事實證明相當成功：一九九六年時已有一百一十四萬五千人申請閱覽自己的檔案。人們所受的傷害已無法平復，但由於外界相信高克委員會並不會濫用其職權，它所掌控的資料幾乎未被政治人物拿去打擊對手。

正是因為擔心遭到這類利用，東歐其他地方未能出現類似的開放舉措。在波蘭，指控過去曾和獨裁政權合作，成為鬥臭政治對手的常見手法——二〇〇〇年，就連華勒沙都遭指控曾替波蘭秘密警察機關效力，儘管那指控只掀起一時波瀾。有位後共產主義時代的內政部長，甚至揚言公布他政治對手裡所有曾與獨裁政權合作者的名字；正是因為擔心出現這類行為，米奇尼克等人希望勿再追究共黨當政期間的個人作為，眼光應往前看。在這一觀點下，二〇〇一年有人想以一九七〇年下令射殺罷工工人的罪名，將已七十八歲的前共黨總統雅魯澤爾斯基送上法庭時，也遭到米奇尼克的反對。一九八九年時，戒嚴記憶和其後續影響還太近，使得打開過去、評判罪過一事變得不明智；等到已可妥當這麼做時，機會已逝，人民注意力已轉到別的地方，這時追求遲來的正義，看來比較像是謀取政治利益的機會主義作風。

在拉脫維亞，政府明令凡是曾替格別烏效力者，十年內不得出任公職。一九九四年起，拉脫維亞仿效德國，允許人民閱覽自己的共黨時期警察檔案；但只有當事人競選公職或欲投身執法工作時，才會公開檔案內容。在保加利亞，新政府仿效後維琪時代法國政府的作法，設立特別法庭，特別法庭有權對犯有與前政權相關罪行者施予「公民降級」。

在匈牙利，共黨積極配合結束自己政權，因而，欲以該黨過去的罪行肅清或懲罰該黨，就比較站不住腳——特別是因為在後卡達爾時代的匈牙利，主要的爭執點無疑在一九五六年，而對該國大部分人民來說，一九五六年將在不久後成為與己無干的古史。在鄰國羅馬尼亞，的確有非常充分的晚近理由要人懲罰舊惡，而由於後共產時代政治菁英堅決反對，好幾年都未能設置設置類

22 相對地，一九四一年時蓋世太保用不到一萬五千人監控整個大德國。

似高克委員會的機構。畢竟，若認真追究希奧塞古政權的作為，許多後共產時代的政治菁英，從總統伊利埃斯庫以降，都肯定無法脫身。最後，成立了「國立『國安局』檔案研究學院」，但這機構從不敢奢望擁有德國高克委員會那樣的權力。

這些國家都有心正視並處理前共黨政權的罪行，只是在做法上都未能令人人滿意或未能做到完全的公平。但捷克斯洛伐克所採行的解決辦法激起爭議，使國外都捲入爭議之中。史達林主義降臨該地比其他地方晚，且比在其他地方當道更久，而不堪回首的那段「正常化」過去，這時人民記憶猶新。而且共產主義在捷克地區打下的政治基礎，比在東歐其他任何地方都來得穩固。最後，捷克斯洛伐克抵抗暴政屢試屢敗的歷史——一九三八、一九四八、一九六八——令人民心中不快。誠如較堅定不移的國內批評者所覺得的，基於種種原因，全國人民苦於內疚。瓦茨拉夫·克勞斯知道自己在說什麼。

後共產主義時代捷克斯洛伐克制訂的第一道法律——一九九〇年的法律，平反了一九四八至一九八九年間所有遭非法判刑者，並在最終付出一億歐元賠償費——沒激起什麼爭辯。但接下來施行了《曝光法》（lustration law），[23]以審查所有政府官員和有意成為政府官員者與前情治機關的關係（一九九六年將此法施行期限展延五年，二十一世紀初期到期時再度展延）。但這看來合法的目標，為有心害人者提供了大作文章的機會。事實證明，出現在前秘密警察線人名單上的名字，有許多只是「候選人」：即共黨政權希望逼使乖乖聽話的人。這些人包括一些最有名的捷克作家，而其中有些人根本不住在國內。

秘密警察的線人名單不久就落入媒體手裡，被有心鬥臭對手的政治人物和國會議員候選人拿去公布，大肆宣傳。在彼此攻訐抹黑期間，就連哈維爾都被說成曾受警察情蒐組織招募。如某些批評者提醒的，秘密警察檔案只針對他們所想招募的新血提供了豐富的資料，但對負責招募工作的那些警察的身分卻幾乎隻字未提。捷克《人民新聞》（*Lidové Noviny*）報上有幅漫畫，描繪兩名男子在布拉格國會前聊天：其中一人說，「我不擔心《曝光法》。」「我沒當過線民，我過去只負責下命令。」[24]

《曝光法》的施行不是要讓過去為惡者受到司法制裁，但的確讓許多它的受害者大為難堪，受到不當的「指名羞辱」。或許更為嚴重的，它從一開始就是明顯的政治工具。它是使前「公民論壇」聯盟分裂的諸多議題之一。老資格異議分子（包括哈維爾）反對這項新法，但克勞斯大力支持，認為那可用來「釐清人的立場」（且讓批評他的前異議分子難堪——其中有些人曾是共黨內的改革派）。值得一提的，在斯洛伐克，佛拉基米爾．梅奇阿爾也反對《曝光法》，尤其是因為外界普遍傳言他與前秘密警察機關有關係，但一等到他帶領斯洛伐克獨立，隨即大肆利用警察檔案中的情資，遂行個人的政治目的。

《曝光法》施行頭十二年間，造成的直接傷害相對較小。約三十萬申請公職出任許可者受到《曝光法》審查，據估計九千人未合格，相較於一九六八年後失去工作或開除黨籍的五十萬捷克人、斯洛伐克人，少了許多。但這道法律較久遠的影響，乃是它所留下的壞風氣，使捷克人民對於「絲絨革命」的完成方式普遍感到心寒。在捷克共和國，《曝光法》的作用似乎主要在賦予現

23 lustration 一詞來自捷克語 Isutrace，意為「予以曝光」，但譯成 lustration（淨化）也帶有肅清的意思。

24 這段引文的取得，得感謝 Jacques Rupnik 博士。

有的菁英合法身分，而非忠實處理漸行漸遠的過去。

一九九三年七月，捷克國會通過《有關共產政權非法性和有關反抗共產政權的法律》，實質上宣布共黨為犯罪組織。理論上這應使數百萬前共黨黨員成為有罪之身，但其衝擊純粹是口頭上的，接下來未有任何行動。這道法律未使共黨名譽掃地，未將推翻共產政權一事合法化，只促使社會大眾更加心存懷疑、認為事不關己。該法通過十年後，民調顯示五分之一的捷克選民支持頑固守舊（且完全合法）的共黨；這時，共黨仍是該國最大黨，有十六萬黨員。

22

舊歐洲與新歐洲

The Old Europe — and the New

你得想想為何歐洲在自己的場子裡似乎沒辦法採取果斷行動。

理察・郝爾布魯克

✣ ✣ ✣

如果讓我從頭再來，我會從文化開始著手。

尚・蒙內

✣ ✣ ✣

要使相當多的人相親相愛，團結為一，
始終是有可能的事，
前提是剩下的人受到他們的侵略。

佛洛伊德

✣ ✣ ✣

既有百分之十一的人民始終失業，
又有大部分人民普遍覺得自己生活較富裕，
如此奇怪的並存現象該如何解釋？

畢翠絲・韋布

九〇年代易裂變的政治傾向，不只見於前共產主義東歐諸國。欲擺脫中央集權統治束縛的衝動，以及欲甩掉對遙遠省分貧窮同胞之照顧責任的衝動，也出現於西歐。在西歐，從西班牙到英國，行政權都大舉下放給既定的地方行政區，但大體上仍至少保住傳統民族國家的形式。

誠如第十六章裡所提到的，在某些地方，這一離心傾向早在數十年前就已出現。在西班牙，長期以來要求自治的加泰隆尼亞、巴斯克地區，其要求已獲得新憲法的承認，特別是加泰隆尼亞已在一個世代內形同國中之國，有自己的語言、制度、議會。根據一九八三年的語言正常化法律（Law of Linguistic Normalization），加泰隆尼亞語將成為「最主要的教學語言」；十年後，加泰隆尼亞議會明令幼稚園裡只可使用加泰隆尼亞語。難怪，即使源自卡斯提爾地區的西班牙語仍通行於各地，許多年輕者講起加泰隆尼亞語時仍較為自在。

其他西班牙地區無一取得如此程度的民族特殊地位，但這些地區在國內所占的份量也無一及得上加泰隆尼亞。西班牙有十七個地區，而在一九九三年，加泰隆尼亞這一個地區就貢獻了西國國內生產毛額的五分之一。西班牙的外來投資，超過四分之一投入加泰隆尼亞，其中又有許多投入該地區的繁榮首府巴塞隆納；該地區的人均收入比全國平均收入高了兩成多。如果加泰隆尼亞是個獨立國家，將名列歐陸富裕國家之林。

加泰隆尼亞人自認有別於西班牙人，而興起獨特的民族認同，原因之一出在他們背負了向國庫大力捐輸的義務。由於一九八五年西班牙中央設立「跨地區補償基金」以協助西班牙最貧窮地區，加泰隆尼亞背上這樣的義務，而這種事很容易就會挑起當地人的怨恨。但加泰隆尼亞，一如巴斯克地區、加利西亞、納瓦雷和其他新近要求自治的地區，也得益於「西班牙特質」的空洞化。

傳統上民族情感的種種來源——帝國的光榮、軍方的榮耀、西班牙天主教會的權威——已被佛朗哥消費殆盡，他死後，許多西班牙人沒有興趣再聽什麼訴諸遺產或傳統的辭令。

事實上，西班牙人與前一代的後獨裁時代德國人相當類似，在「談論民族」上明顯壓抑。另一方面，地區或省的認同，與獨裁政權沒有瓜葛，所以未受污染：反倒是舊政權喜愛的攻擊目標，因而，當它們表現為往民主過渡這本身不可或缺的一部分，是相當有說服力的。就巴斯克地方來說，自治、分離主義、民主三者間的關係沒那麼清楚，因為埃塔組織在該地走殺人路線（甚至在一九九五年暗殺國王、總理未遂）。此外，六百萬加泰隆尼亞人生活富裕，但巴斯克地方的舊工業區正逐漸沒落，該地普遍嚴重失業，所得低於加泰隆尼亞，接近全國平均水平。

如果說巴斯克民族主義者未能利用這些問題壯大聲勢，那主要是因為該地區兩百萬人口中，有許多是新移民——一九九八年時只有四分之一人口能講巴斯克語（Euskera）。可想而知，他們對分離主義運動興趣缺缺：只有百分之十八的巴斯克人表示支持獨立，當地居民寧願要該地區現已獲得的自治，甚至巴斯克國民黨（Basque National Party）的選民都有過半數如此認為。至於埃塔的政治組織人民團結黨（Herri Batasuna），則漸漸流失選票，選票流向溫和的自治主義人士，甚至流向西班牙主流政黨。九〇年代底，該黨已淪為各種局外人的政黨，包括不滿現狀的綠黨、女權主義者、馬克思主義者、反全球化人士。

在西班牙，民族國家的裂解，受到過去記憶的驅動。在義大利，那常是不滿現狀所造成。在義大利，向來與中央政府不合的地區位在最北邊：這些邊疆地區是在當代才成為義大利的一部分，往往是戰爭所造成，且通常違背他們的意願。當地大部分居民仍比較愛講法語或德語或斯洛維尼亞語，而非義大利語。在這些地區，一連串成立新自治區的協議，減輕了當地不少的民怨：位於西北部阿爾卑斯山區，法、義、瑞士三國交界處的瓦爾達奧斯塔（Val d'Aosta）；與奧地利的蒂羅爾（Tyrol）接壤的特倫蒂諾－上阿迪傑（Trentino-Alto Adige）；位於義大利與南斯拉夫（後來斯洛維尼亞）交界處、境內族群組成不明確的佛留利－威內齊亞朱利亞（Friuli-Venezia Giulia）。這些地區也受惠於來自布魯塞爾歐盟的多種地區性補貼和其他鼓勵措施（誠如先前所講述過的上阿迪傑的情形）。到了一九九〇年代，由於阿爾卑斯山區觀光業的進一步挹注，還有時日的推移，義大利北部邊疆地區已從政治視野裡淡出：成為走向地區化的歐陸裡獨具一格的小地區。

但取而代之的是某種更具威脅性的地區分離主義。遲遲未按照戰後憲法賦予地區自治權的義大利政府，一九七〇年終於遵照憲法將全國劃分為二十個一級行政區，其中包括五個具有較大自治權的地區（除了前述三個邊疆地區，還有薩丁尼亞和西西里）。地區自治先例無疑過去就有且還不少：皮埃蒙特（Piedmont）、翁布里亞（Umbria）、埃米利亞（Emilia）強調自身獨特歷史的程度，至少和加泰隆尼亞或加利西亞一樣強烈；雖然在幾十年前還很鮮明的地區性語言差異這時漸漸式微，但這些差異仍未完全消失。

但這些新設的義大利行政區——與西班牙的行政區迥然不同——大體上形同虛設。雖然各行政區都有自己民選的議會和政府，且雇用了大量職員，但它們既未能打破義大利人對自己出生村、出生鎮超級在地的地域認同，也未能擺脫首都對它們的政治支配，特別是財政支配。設立這些行政區所真正達成的效果，乃是提醒了義大利人，富裕北部和貧窮南部間的根本裂痕仍未消失——以及讓因此而滋生的怨恨得以透過政治表達出來。

結果是出現某種幾可說是前所未見的東西，至少就義大利歷史來說是如此：富裕地區想脫離自立。義大利北部，特別是皮埃蒙特與倫巴底兩地區的工業、商業城鎮和波隆納與其周邊地區經營有成的農場、小企業，數十年來都明顯比義大利其他地方富裕，這一貧富差距正愈拉愈大。到了一九八〇年代底，以米蘭為中心的倫巴底地區，其人均地區生產毛額已達全國平均水準的百分之一百三十二；位於靴狀義大利腳趾部的卡拉布里亞（Calabria），只及百分之五十六。八〇年代底，義大利南部的貧窮率是義大利北部的三倍之多。義大利北部、中北部的所得、社會福利與英、法相當，南部則落後許多，兩者間的差距只能靠巨額資金挹注和其他措施來弭平。

一九八〇年代期間，新政黨「倫巴底聯盟」（Lombard League）問世——後來改名北部聯盟（Lega Nord）——以北部人普遍的心聲為訴求吸引選民支持，他們認為「南部」占有錢北部的便宜已經太久。翁貝托·博濟（Umberto Bossi）是該聯盟創建者和領袖，富群眾魅力，據他的看法，解決之道乃是拔掉羅馬的財政權，將北部與義大利其他地方分開，最後讓倫巴底與其鄰近地區獨立，讓貧困、「寄生蟲般」的義大利其他地方自謀生路。未來的發展無疑會類似於加泰隆尼亞（或斯洛維尼亞，乃至瓦茨拉夫·克勞斯治下的捷克共和國）。

一九九〇年代的全國性選舉，北部聯盟在倫巴底、威內托（Veneto）拿下不少選票，因而得以在保守執政聯盟裡取得一席之地。諷刺的是，北部聯盟能躋身執政團隊，靠的是其與兩個政黨結盟：席爾維奧·貝魯斯科尼（Silvio Berlusconi）所領導之「義大利加油」黨（Forza Italia）、與姜佛朗科·費尼（Gianfranco Fini）所領導之國民聯盟黨（National Alliance Party）的前法西斯分子——而這兩個政黨，特別是國民聯盟黨，其選票正是來自北部聯盟所鄙視的那些貧窮、受補貼的南部選民。所以，儘管南北互看不順眼，儘管衝動不計後果的博濟支持者存有獨立的幻想，義大利還是不大可能走上四分五裂或個別地區脫離的獨立之路。

這一論斷用在法國身上也差不多貼切。密特朗當總統期間，行政權下放地方的幅度有限，將公共機構和資源分散到各省時，心態消極，亂無章法。法國所新設立的一級行政區中，就連亞爾薩斯或法國巴斯克地區，儘管擁有獨特的歷史認同，仍沒什麼意願與巴黎切斷關係。只有科西嘉島出現民族分離運動組織；它的基礎既包括一真實不假的認知（科西嘉擁有與眾不同的語言和歷史），也有不太合理的主張（科西嘉脫離法國本土而獨立將前途大好）。但一如埃塔，科西嘉民族主義者喜愛暴力（和家族間的算舊帳），使他們的訴求只能得到少數人支持。

法國當時的獨特之處，乃是儘管歐洲其他地方的政治人物和評論家形式上尊重自治與地方自行治理的優點，但在巴黎，再怎麼輕微的地方分離主義騷動，都引發如雪崩一般橫掃整個政治光譜的新雅各賓式不屑。此外，法國境內最強烈認為自己不同於法國的省分，例如布列塔尼或人煙稀少的上蘭格多克（Haut-Languedoc）山區，也是幾十年來最倚賴中央政府巨額補助的省分。從高速鐵路的基礎建設開支到為吸引對內投資施行的減稅，樣樣來自巴黎，而布列塔尼或奧克語地區僅存的少許分離主義者——大部分是六〇年代的狂熱退潮後進退不得且上了年紀的好戰分子——從未得到大量支持。反倒是以里昂、格勒諾勃（Grenoble）為中心的隆－阿爾卑斯（Rhônes-Alpes）之類富裕地區，如果獨立，很有可能前途大好；但它們老早就已失去獨立記憶，未流露出恢復獨立之身的政治企圖。

但在英吉利海峽對岸的英國，盛行凱爾特語的邊陲地區儘管經濟上極度倚賴倫敦，卻已出現堪稱是民族復興的現象。在威爾斯，這大部分表現在文化上，更強力要求倫敦允許該地學校教學和新聞播報時使用威爾斯語。只有在多山、人口稀少的北威爾斯地區，完全獨立的呼聲——如民族主義者威爾斯國民黨（Plaid Cymru）的主張——才有人予以支持。都市化的威爾斯南部，與英格蘭的交通往來較便利，且與全國性工會運動組織和自由黨、工黨的政治聯繫存在已久，因而對主張威爾斯優先的小國民族主義者的野心心存提防。

因此，威爾斯黨的候選人雖在一九七四年的全國性選舉中初次贏得席次，此後雖然一直是個小黨、始終未消失於政壇，但他們從未能讓其同胞接受其民族主義的主張。一九七九年三月以權力下放地區議會為議題的選舉，只有少數威爾斯選民出來投票，其中大部分人反對此議。二十年後權力終於下放威爾斯時，並不是為了回應當地民族主義者的要求，而是東尼·布萊爾領導下的第一任新工黨政府行政革新工程的一部分——布萊爾盤算著，給予在卡地夫（Cardiff）之新威爾斯議會的有限權力，這新權力幾可確定會落入這時在西敏寺行使該議會權力的同樣那批人手裡，事實證明他的確很有遠見。

然而，如此產生的結果——具有相當象徵性價值但實權不大的威爾斯議會——似乎還是滿足了這個公國裡對自成一格之民族身分的任何要求。畢竟威爾斯於一五三六年亨利八世——某威爾斯王朝的後裔——在位期間就已併入英格蘭，受英格蘭統治，且晚近對威爾斯語言和歷史的興趣重燃雖是千真萬確，卻不該將此誤認為是民族意識的完全復甦。如果說在威爾斯公眾生活的表象底下存有憤怒或怨恨，那其實是源自經濟困境，而非受挫的民族獨立渴望。若讓威爾斯人做一選擇，是要獨立的威爾斯，或要在英格蘭統治下，恢復因去工業化和失業的摧殘而蕭條的採礦河谷、村落、港口，那麼只有極少數威爾斯人會猶豫不決。

蘇格蘭的情況不同於威爾斯。傳統工業沒落也重創蘇格蘭，但七〇年代出現的蘇格蘭國民黨（Scottish National Party），其可望在當地獲致的得票率是威爾斯國民黨的四倍之多。一九七四年該黨以「單一議題」型政黨的身分在選舉中大有斬獲，一舉拿下十一個國會議員席次，那之後不到二十年，該黨勢力即超越保守黨，且已令工黨傳統據點備感壓力。與威爾斯人不同的，蘇格蘭選民的確贊成中央下放權力；他們得等到一九九七年才如願以償，但愛丁堡的蘇格蘭議會不容置疑地主張，蘇格蘭即使不是主權國家，但至少是獨具一格、自成一體的民族。

蘇格蘭民族主義既受惠於在北海所偶然發現，為亞伯丁和東北部帶來滾滾財源的石油、天然氣，也受惠於歐盟地區政策；使得蘇格蘭行政官員和企業得以繞過倫敦，直接與布魯塞爾打交道。但蘇格蘭雖於一七〇七年因《聯合法案》與英格蘭合併為一國，始終與英格蘭迴然有別。它的自我意識主要建立在既感覺優越又感到憤懣的奇怪心理上，而非建立在語言或宗教的獨特上——它們的確具有獨特之處，但對大部分蘇格蘭居民來說，獨特之處已經變得非常薄弱。

因此，一如現代英語文學的經典名著有許多其實出自愛爾蘭作家之手，啟蒙時代以降最偉大的英語政治、社會思想著作，有一些其實出自蘇格蘭學者筆下——從大衛．休謨到亞當．斯密到約翰．彌爾，再到此後多人。愛丁堡在某些方面來說是英國工業時代初期的學術首府，格拉斯哥是二十世紀初年英國勞工運動的激進核心；不只如此，英格蘭帝國許多領地的締建、墾殖、管理，得歸功於蘇格蘭企業家、經理人——以及流亡在外的蘇格蘭人。此外，蘇格蘭始終宣稱並維持其獨具一格、自成一體的民族身分：即使在倫敦中央集權統治的高峰，蘇格蘭仍保住自己的教育制度和法律體系。

因此，蘇格蘭獨立是完全合理的主張——特別是在歐盟內來說，畢竟若以主權國身分加入歐盟，它絕非歐盟裡最小或最窮的民族國家。然而，蘇格蘭已獲得不少形式上的獨立和某些實質上的獨立，在這情況下，是否還會有大部分蘇格蘭居民想追求完全獨立，則是比較不確定。使蘇格蘭倚賴聯合王國的那些地理上、人口上、資源的限制因素，如今仍在；九〇年代底，似乎可以合理推斷，在蘇格蘭，一如在其他地方，民族主義的熱情已快要熄滅。

渡海移入愛爾蘭的那些蘇格蘭移民的後裔，民族主義熱情是否也快熄滅，則沒那麼清楚。將蘇格蘭、北愛爾蘭隔開的那道海峽寬不到八十公里，但兩族群間的心態鴻溝仍然巨大。蘇格蘭民族主義最大的根源乃是意欲抵抗、擊退英格蘭人，但新教北愛爾蘭人的民族主義愛國心，乃是不計代價也要留在「聯合王國」裡的強烈決心。愛爾蘭「動亂」的悲劇，源於雙方極端分子水火不容、但在其他方面沒有兩樣的目標：臨時愛爾蘭共和軍想將英國當局趕出北愛，使該省與信仰天主教的獨立愛爾蘭重新一統；主張北愛應留在聯合王國裡的北愛新教徒和他們的準軍事志願軍，一心欲壓制「天主教徒」，使已和倫敦結合三百年的緊密關係永遠維持不墜（見第十四章）。

主張留在聯合王國者和臨時愛爾蘭共和軍，在二十世紀最後幾年終於不得不達成妥協，但那不是因為雙方的極端分子都已無心追求原本的目標。正如波士尼亞、科索沃境內的屠殺帶來外力干預，在北愛爾蘭，出於同樣的原因，施暴與反施暴這看似無休無止的冤冤相報，使武裝民兵難以得到他們所宣稱代表之族群的支持，且還逼使倫敦、都柏林、乃至華府以前所未有的力道更強力干預，逼交戰雙方至少談成臨時協議。

一九九八年四月簽署的《受難節協議》（Good Friday Agreement）是否能解決愛爾蘭的民族問題，當時仍在未定之天。雙方勉強同意的這項臨時解決辦法，仍留下許多問題未解決。事實上，這項由美國總統柯林頓從旁協助，由愛爾蘭、英國兩國首相居間促成的協議，其中有不少條款——由設在北愛的議會進行當地自治，天主教徒少數族群在議會代表中享有保障名額；結束新教徒對警政和其他權力的獨占；以具體措施建立兩族群的互信；設立常設性跨政府代表大會以監督條款的落實——若各方都心存真誠善意，在二十年前早就可能想出。但既然這項協議是愛爾蘭數百年戰爭的停火協定，似乎有可能維持一段時間。叛亂團體裡上了年紀的領導階層激進分子，似乎已因為出任官職的前景而改變心意，轉而支持停火——在這類事情上，這情形並非第一次。

此外，愛爾蘭共和國本身在一九九〇年代期間經歷了一場前所未見的社經轉變，這時與民族主義者想像中的「愛爾蘭」已沒多少明顯的相似之處。都柏林正埋頭扮演其新覓得的角色——多文化、低稅負的後民族國家時代歐元榮景的先驅——在如此充滿朝氣的都柏林眼中，臨時愛爾蘭共和軍執迷不悟的宗派觀念，已和倫敦眼中新教組織「奧蘭治體制」（Orange Order）堅持留在聯合王國的帝國心態一樣，是已和現實大大脫節的另一個時代的古怪遺物。

凡是熟悉西歐大國歷史的人可能都會覺得，那些國家裡各種次國家特殊主義（sub-national particularism）所驅動的新政治局勢，都只是在前一世紀中央集權化的脫軌舉動之後，事情又回歸常態。就連這一模式在當代歐洲最搶眼的例外，其實都彰顯了這規則：德國，前蘇聯以西最大的歐洲國家，未遭遇類似的分離主義叛亂。這不是因為德國歷史裡有什麼特殊之處，而是因為後納粹時代的德國**已是**不折不扣的聯邦共和國。

現代德國諸州，不管是直接根據古國疆域劃定其轄區（例如巴伐利亞），還是將曾獨立的公國、共和國併在一塊組成新州（例如巴登－符騰堡州或北萊茵－威斯特法倫州），都在最直接影響人民日常生活的許多政府行政領域裡，享有相當大的財政、行政自治權，例如教育、文化、環境、觀光、本地公共電台、電視台方面。因此，若有德國人對於由領土界定的認同政治感到心動——程度有限，德國的獨特歷史大概發揮了抑制的作用——「州」就是一個還過得去的替代品。

事實上，民族分離主義政治最激烈的表現，不是出現在西歐最大的國家，而在西歐最小的國家之一。面積和威爾斯相當，人口密度只遜於鄰國荷蘭的比利時，內部分裂現象與當時後共產主義東歐的演變有某些相似，這一點在西歐是獨一無二的。因此，比利時的故事或許有助於我們了解，在二十世紀晚期的分離主義浪潮已經退潮之後，為何西歐的民族國家仍完好無損。

一九九〇年代時，瓦隆尼亞的城鎮、谷地陷入後工業時代的衰落。採煤、煉鋼、石板業、冶金業、紡織生產——比利時工業財富的傳統來源——已幾乎消失：一九九八年比利時的煤產量一年不到兩百萬噸，比一九六一年的兩千一百萬噸下滑甚多。比利時曾是歐洲最賺錢的工業地區，這時，則只剩列日上游默茲河谷的破舊工廠和蒙斯（Mons）、夏勒羅瓦（Charleroi）周邊老舊、死寂的採礦設施。這些城鎮裡的前礦工、前煉鋼工和他們的眷屬，這時大部分靠國家的雙語首都施予的福利制度過日子，而福利制度的經費——佛蘭芒民族主義者是這樣認為——來自薪資優渥的北部人所繳的稅。

因為法蘭德斯一地經濟已突飛猛進。一九四七年，超過兩成的佛蘭芒裔勞動人口仍務農；五十年後，不到百分之三的說荷語比利時人靠土地掙錢。一九六六至一九七五年這十年間，法蘭德斯的經濟以前所未見的每年百分之五．三的速度成長；甚至在七〇年代晚期、八〇年代初期經濟低谷期間仍繼續成長，成長率比瓦隆尼亞高了將近一倍。安特衛普、根特之類城鎮，未受到傳統工業或失業人口的拖累，又因地處歐洲「藍色香蕉地帶」（從米蘭到北海），隨著服務業、科技業、商業的成長而欣欣向榮。這時比利時境內說荷語者多過說法語者（三比二的比例），而且前者的人均產出和收入都較後者高。比利時北部已取代南部，成為占優勢的強勢地區——而伴隨這一轉變，佛蘭芒人要求給予更多政治權利以符合他們新取得之經濟支配地位，這樣的呼聲不斷升高。

簡而言之，歐洲各地民族主義運動、分離主義運動的要素，畢具於比利時一身：古已有之的地理分隔，[1]因為一同樣古老且看來無法弭合的語言鴻溝（荷語區的居民有許多至少被動地懂些法語，大部分瓦隆人則完全不會說荷語）而更為強化，且受到鮮明的經濟差異支撐。此外還有一因素，使兩地的分歧對立更難弭合：短短的比利時歷史裡，鄉村法蘭德斯境內的貧困聚落，大部分時候受到居住於城市、工業化、說法語的瓦隆族人支配。佛蘭芒民族主義受到以下三個因素形塑：官方規定使用法語所激起的怨恨、說法語者獨享權力和影響力、說法語的菁英人士妄自奪取了所有文化權、政治權的行使工具。

因此，佛蘭芒民族主義者傳統上自認扮演的角色，是類似於捷克斯洛伐克分家前的斯洛伐克——甚至到了在二次大戰期間積極與占領者合作，奢望從納粹餐桌上分到一點分離主義自治麵包屑的程度。但到了一九六〇年代，經濟角色已反轉：這時候，佛蘭芒政治人物不再自況為落後、

1 凱撒的比利時高盧（Gallia Belgica），正好跨處於將羅馬高盧與法蘭克人土地隔開，且自那之後成為由法蘭西人主宰的拉丁語歐洲與日耳曼人北歐之分界的那條界線上。

2005年的比利時

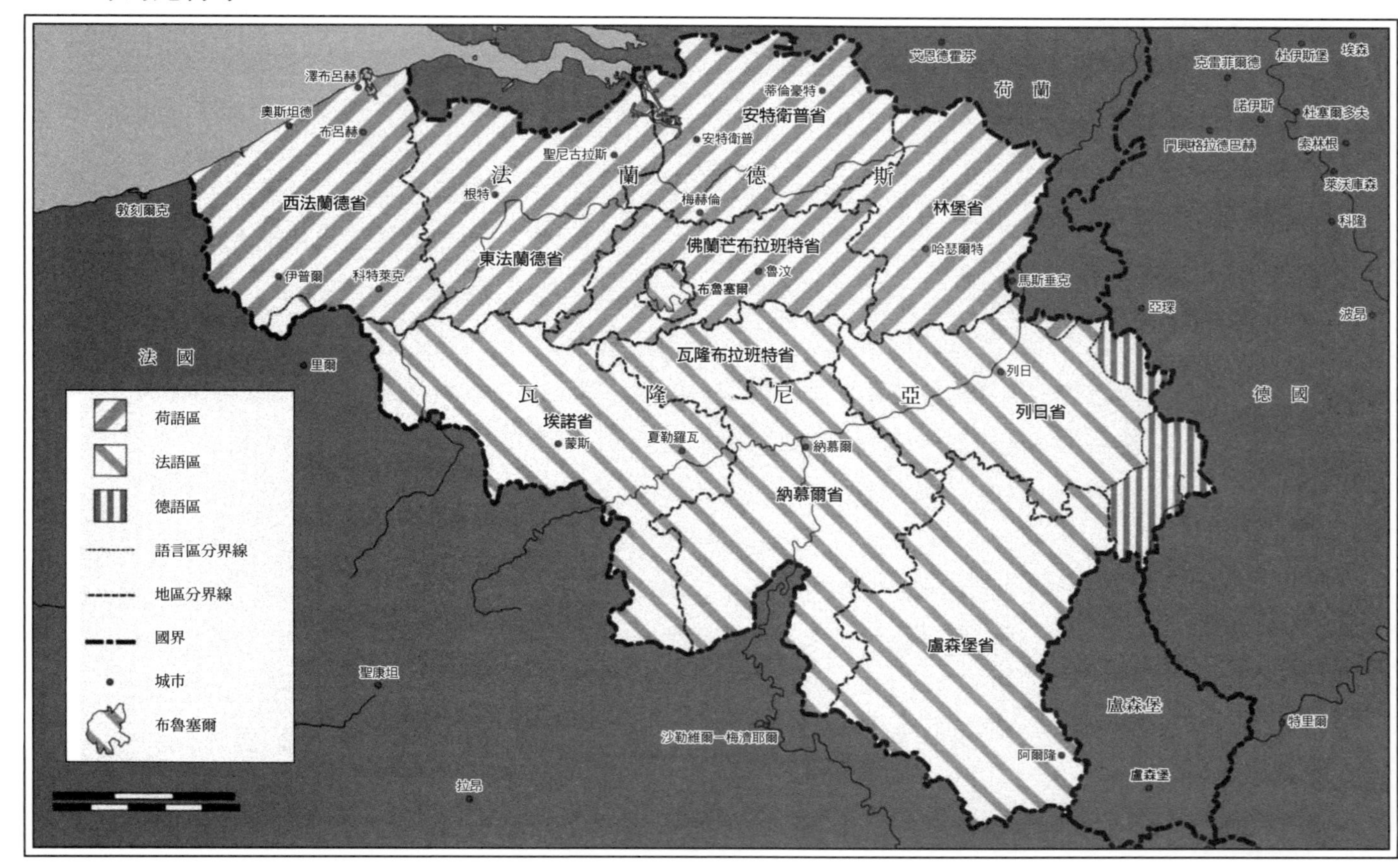

澤布呂赫
奧斯坦德
布呂赫
敦刻爾克
西法蘭德省
伊普爾
科特萊克
根特
東法蘭德省
聖尼古拉斯
法
蘭
德
斯
安特衛普省
蒂倫豪特
安特衛普
梅赫倫
佛蘭芒布拉班特省
魯汶
布魯塞爾
林堡省
哈瑟爾特
馬斯垂克
艾恩德霍芬
荷 蘭
克雷菲爾德
杜伊斯堡
埃森
諾伊斯
杜塞爾多夫
門興格拉德巴赫
索林根
萊沃庫森
科隆
亞琛
波昂
法 國
里爾
瓦隆布拉班特省
瓦
隆
尼
亞
埃諾省
蒙斯
夏勒羅瓦
納慕爾
納慕爾省
列日
列日省
德 國
盧森堡省
阿爾隆
盧森堡
特里爾
聖康坦
拉昂
沙勒維爾—梅濟耶爾
荷語區
法語區
德語區
語言區分界線
地區分界線
國界
城市
布魯塞爾

弱勢的斯洛伐克，而是斯洛維尼亞（或他們可能更中意的，倫巴底）：這個充滿活力的現代民族，被困在與時代脫節、功能不彰之國家裡。

這兩種自我定位——受壓抑的語言少數族群和無法盡情發揮的經濟動能——這時**雙雙**融入佛蘭芒分離主義政治主張裡，成為其不可分割的一部分，因而，即使在過往的不公不義已遭掃除，北部說荷語諸省老早就爭取到在公共事務上使用自己語言的權利，記憶中的怨恨和輕視仍揮之不去，纏著他們新關注的事務，從而使比利時的公共政策辯論帶有一種激情和怨念，光從爭議本身絕對無法理解。

這場「語言戰爭」期間出現數個具有重大象徵意義的時刻，其中一個重大時刻出現在六〇年代，即荷蘭語已正式獲准使用於佛蘭芒人學校、法庭、地方政府整整五十年後，在那些地方規定使用荷語的四十年後。當時，魯汶大學的說荷語學生，反對位在說荷語的佛蘭芒布拉班特（Vlaams-Brabant）省內的該大學裡，存在用法語授課的教授，於是高呼口號「瓦隆人滾出去！」（Walen buiten!），最終如願分裂魯汶大學。說法語的教員南遷到說法語的瓦隆布拉班特省（Brabant-Wallon），在該地建立新魯汶大學（University of Louvain-la-Neuve）。魯汶大學圖書館也在一段時間後分割，館藏重新分配，結果使雙方都受害。

魯汶一地的戲劇性發展——呼應了當時其他地方的學生抗議運動，但怪的是出於褊狹、沙文主義的心態——拉下一個政府，直接促成接下來三十年裡一連串（共七次）修憲。比利時的制度性重整，出於溫和派政治人物的規畫，對分離主義者多方讓步，以滿足後者的要求，但後者始終認為那些只是通往分家之路上的踏腳石。最後，雙方的目標都只得到小局部的實現，但雙方所作所為幾乎裂解了比利時的單一政府。

結果是使比利時政局走上複雜的古拜占庭模式。比利時劃為三大「地區」：法蘭德斯、瓦隆尼亞、「布魯塞爾首都」（Brussels-Capital），在全國性議會之外，每個地區都有自己的民選議會。然後還有三個由官方明文列出的「族群」：說荷語者、說法語者、說德語者，其中的德語族群有約六萬五千人，住在瓦隆尼亞東部，接近德國邊界處。這三個族群也各有自己的議會。

這三個地區和三個語言族群並不完全重疊——瓦隆尼亞境內有說德語者，法蘭德斯境內有數個說法語的鎮（或鎮裡的部分地區）。針對這些地區和族群都制訂了特權、特許權、保護措施，從而成為令各方不斷心生怨恨的根源。其中兩個地區，法蘭德斯和瓦隆尼亞，除開前述的例外情況，實質上是單語區。布魯塞爾由官方明訂為雙語區，儘管該地人口至少八成五說法語。

除了劃分三地區和三個語言族群，比利時還劃為十個省（法蘭德斯、瓦隆尼亞各占五省）。這些省也被賦予行政、治理職責。但經過數次修憲，若不是使地區愈來愈有實權（在城市規畫、環境、經濟、公共工程、運輸、對外貿易諸事務上），就是使語言族群愈來愈有實權（在教育、語言、文化、某些社會福利事業上）。

這些改變所帶來的結果，乃是使做事綁手綁腳到了可笑的程度。例如，根據語言正確原則（和憲法規定），中央政府，不管由哪個黨執政，內閣閣員的組成都必須在荷語、法語族群間取得「平衡」，只有總理必須通雙語（因而一般都由來自法蘭德斯的人士出任）。對於憲法法院（Cour d'Arbitrage）也施予類似的語言平衡規定，法院院長一職由不同語言族群者輪流擔任。在布魯塞爾，首都地區行政當局的四名成員，從此以後將坐在一塊（並用自己想用的語言），一起議定攸關所有族群的事務；但碰到攸關佛蘭芒人或說法語族群的事務，他們會分開坐，兩兩一組。

於是，比利時不再是單一政府，甚至不是兩個政府，而是由數個疊床架屋、功能一樣、彼此扞格的實權機構組成的實體。組成政府變得不易：得在各地區內和各地區間達成多方的協議，得在全國性、地區性、族群、省級、地方這幾個層級的政黨聯盟間達到「對稱性」要求，得在兩大語言族群的議會裡得到過半數的同意，得在每個政治、行政層級都達到語言平等，才能辦到。而真的組成政府，政府手裡又沒多少主動權：就連外交政策——理論上是中央政府手裡僅存的幾個職權之一——實質上也掌握在地區手裡，因為對當代比利時來說，外交政策大部分意味著簽署外貿協議，而簽署這類協議屬於地區的權限。

這一憲法劇烈變動所帶來的政局，就和制度改革本身一樣的複雜難懂。就佛蘭芒人一方來說，結果就是極端民族主義政黨和分離主義政黨問世，以大力要求改變，以從他們所催生出的新機會中獲益。佛蘭芒集團（Vlaams Blok）——精神上承襲戰時極端民族主義分子的政黨——崛起成為安特衛普省和布魯塞爾以北某些荷語郊區鎮境內的最大黨時，較傳統的荷語黨不得不採取更標舉族群差異的立場，以與之競爭。

同樣地，在瓦隆尼亞和布魯塞爾，來自法語主流政黨的政治人物採取更強硬的「族群」路線，迎合痛恨佛蘭芒人支配政局的瓦隆裔選民。於是，各大政黨最終都沿著語言、族群的斷層線分裂為兩半：在比利時，基督教民主黨（一九六八年起）、自由黨（一九七二年起）、社會黨（一九七八年起）都分裂為雙胞胎政黨，分別代表不同的語言族群。結果，不可避免地，隨著政治人物只為「自己人」發聲，族群間的鴻溝更深。[2]

因此，為了安撫語言性、地區性分離主義者，比利時付出了高昂代價。首先是經濟代價。二十世紀底，比利時的公共債務占國內生產毛額的比重居西歐之冠，絕非偶然——每項服務、每筆貸款、每筆補助、每個標牌，都要有兩份，所費不貲。按照比例原則使用公共經費（包括歐盟的地區性補助），以獎賞不同族群「柱」（pillar）之成員這一行之有年的作為，這時給用到語言族群的政治上：部長、次長、他們的職員、他們的經費、他們的朋友，和世界各地沒有兩樣，但只有在比利時，這每樣人事物都搭配有一個屬於不同語言族群的分身。

到了二十世紀底，「比利時」已顯然是名存實亡。走公路進入這國家的外地人，若漏掉刻著小字「België」（比利時的荷語名）或「Belgique」（比利時的法語名）的不起眼路標，不難理解。但幾乎不可能漏掉標出他們所已入境省分（例如列日或西法蘭德）的多彩告示牌，更不可能沒看到告知他們這時置身法蘭德斯或瓦隆尼亞的資訊看板（以荷語或法語書寫，但不會雙語並呈）。彷彿傳統協議已遭輕易顛覆；比利時的國界只是個形式，但其內部的分界則逼人且非常真實。那麼比利時人為何未乾脆分家，丟掉比利時這牌子？

有三個因素有助於說明比利時在這樣情況下為何還能存在於世，從更廣泛的角度看，有助於說明西歐諸國家為何未毀於內部分裂。首先，隨著時日推移和憲政改革，分離主義訴求失去了急迫性。存在已久的族群「柱」——按階層方式組織起來，取代民族國家的社會、政治網絡——已經式微。年輕一代的比利時人遠不如過去那麼容易被族群牌打動，儘管老一輩政治人物遲遲才體認到這一事實。

宗教實踐式微、更有機會接受高等教育、人口從鄉村移往城鎮，削弱了傳統政黨的影響力。基於顯而易見的理由，這在「新」比利時人——數十萬義大利裔、南斯拉夫裔、土耳其裔、摩洛哥裔或阿爾及利亞裔的第二代、第三代移民——身上尤其真切。一如新巴斯克人，這些人有切身問題需要煩惱，對年老的分離主義者提出的老掉牙行動計畫興趣缺缺。九〇年代的民調顯示，大部分人不再把地區或語言問題視為他們最關注的事項，甚至在法蘭德斯亦然。

第二，比利時是**富裕**國度。比利時與那些民族主義者成功利用族群情感來興風作浪的歐洲其他較不幸地區，顯而易見的差別，乃是對現代比利時的絕大部分居民來說，生活平靜安穩，且物質充足。這國家承平無事——即使內部來說不是如此平和，但至少和其他國家和平相處——而支撐起「佛蘭芒奇蹟」的經濟繁榮，也減輕了語言怨恨在政治上的作用。這一看法同樣程度適用於加泰隆尼亞，乃至蘇格蘭部分地區。在蘇格蘭那些地區，極端的鼓吹獨立建國者，其主張因為難得一見的富裕帶來的去動員化效應，愈來愈難打動人心。

比利時——和西歐其他內部分裂的民族國家——能存活下來的第三個原因，是出於地理因素而非經濟因素，儘管這兩者關係密切。如果法蘭德斯——或蘇格蘭——最終仍能自在愜意留在比利時或英國裡，那也不是因為它們的民族情感不夠強烈，類似在前共產主義國家裡重新浮現的那

2 兩大報，法語的《晚報》（*Le Soir*）和荷語的《標準報》（*De Standaard*），一旦出了各自的語言族群，就幾乎沒有人看，因此都未用心報導國內另一個族群的消息。瓦隆電視上出現某人講荷語時，即附上字幕，反之亦然。就連跨地區運行的火車，一旦駛入另一個地區，車上的自動訊息看板即轉換為該地區的語言（或就布魯塞爾來說，轉換為雙語並列）。說英語目前是比利時的共通語言，不盡然是個笑話。

樣。其實正好相反：例如，要求自治的呼聲，在加泰隆尼亞，就明顯比在波希米亞更為強烈；將佛蘭芒人與瓦隆人隔開的鴻溝，比捷克人與斯洛伐克人、乃至塞爾維亞人與克羅埃西亞人之間的鴻溝，更寬了許多。關鍵原因在於，西歐諸國不再是全權管轄自己人民、完全獨立自主的民族國家，它們也是別樣東西的一部分，且愈來愈融入那東西。

一九八七年的《單一歐洲法案》，確立了建造完整歐洲聯盟所需的正式機制；但真正推動歐洲人往這目標前進者是冷戰的結束。《單一歐洲法案》使歐共體的十二個會員國承諾在一九九二年前完成貨物、服務、資本、人員完全且自由的流通——這算不上是什麼突破性進展，因為這些目標早在數十年前就已有人設想出。促使歐盟會員國達成一組真正具新意的制度性、金融性協議者，乃是同年的《馬斯垂克條約》和五年後該條約的後繼《阿姆斯特丹條約》。而這兩個條約乃是外部形勢激烈改變的直接產物。

在《馬斯垂克條約》裡，引起大眾矚目的是受到大肆宣傳、欲建立歐洲共同貨幣的協議。為化解本身對德國統一的焦慮不安，法國人說服波昂同意由歐洲單一貨幣（歐元）取代德國馬克，使擴大後的德國承諾在歐盟框框內運作——歐盟受到日益犬牙交錯的法律、規則、協議束縛——藉此將德國牢牢綁在「西方」裡面。相對地，德國堅持新貨幣必須完全複製舊德國馬克的特質，得像德國馬克那樣，受到由諸中央銀行行長組成的自治理事會管理，得遵守德國中央銀行的財政原則：低通膨、緊縮銀根、最低赤字。德國談判人員不放心西班牙或義大利之類「地中海俱樂部」

從歐共體到歐盟：1957-2003

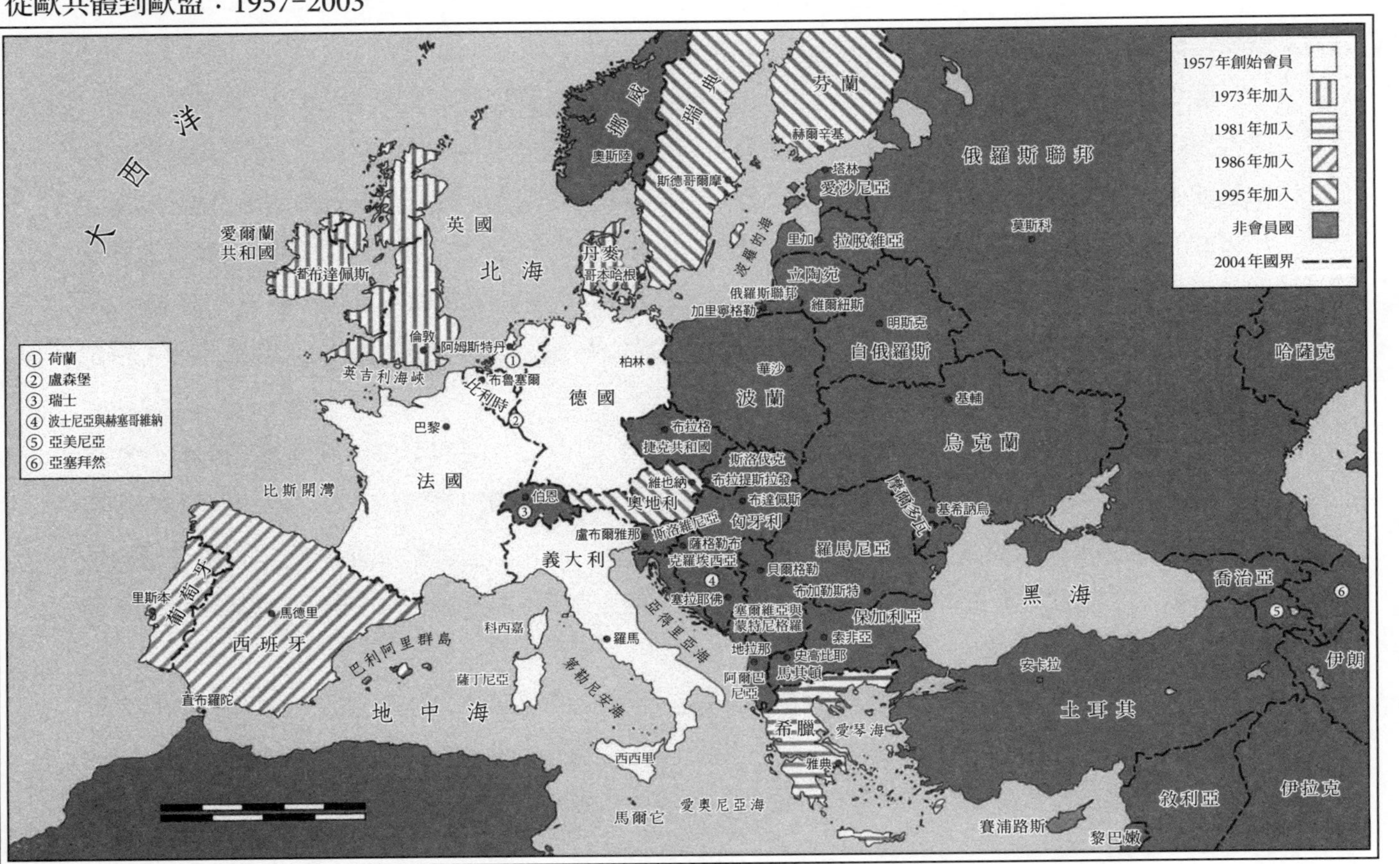

國家的浪費習性，針對有意加入新貨幣體系者設立了嚴苛的入會條件，讓歐盟執委會有權對不守規定的政府罰鍰。

照波昂的要求，歐洲諸國的財政部長將會像尤里西斯那般綁在歐元桅杆上：無法回應選民與政治人物如賽倫海妖般要求更寬鬆貨幣和增加公共支出的呼喚。這些條款旨在確保新歐元會像德國馬克一樣抗通膨，但不是每個人都喜歡——較窮的會員國普遍擔心這些條款會束縛他們的公共政策，甚至可能妨礙他們成長，而且這樣的憂心的確有其根據。因此，為使馬斯垂克的條件更易得到接受，主事者向難以搞定的幾國政府誘之以利：歐盟執委會主席雅克．德洛爾（Jacques Delors）向希臘、土耳其、葡萄牙、愛爾蘭的財政部長承諾，會大幅擴大歐盟的結構基金，以換取他們簽署該條約，作法幾同賄賂。

在這同時，英國和丹麥簽署了《馬斯垂克條約》的主約，但選擇不加入擬議中的共同貨幣——原因有三，一者，他們認為那會限制他們的經濟發展；二者，英國、丹麥本就比大部分國家更不願將國家主權讓渡給超國家機構，而在這兩國裡，加入共同貨幣正具有讓渡主權的象徵意義；三者，就英國來說，一如過去所常有的心態，他們對加入歐盟大感疑慮，認為那是往歐洲超國家更邁進一步。[3]

《馬斯垂克條約》的確非常強調「輔助性原則」（subsidiarity）——對歐盟總部行政官員來說那等於是某種「奧坎姆剃刀」（Occam's Razor）原則，主張「歐盟應無為而治，除非由歐盟來做，比由國家、地區或地方層級來做更有成效（但落在歐盟行政權限內的事務例外）」。但即使這原則，聽在不同人耳裡，都有不同的意涵：在法國，那意味著限制非巴黎所能掌控之超國家機構的權力；

對德國人來說，那暗示著讓地區政府享有特別優惠和權力；對英國人來說，那代表一個阻止體制性整合的機制。

《馬斯垂克條約》帶來三個重大的作用，其中之一是意外讓北約身價大漲。在該條約的限制性條款下，很顯然地（至少如法國人所盤算的），新近得到解放的東歐國家短期內不可能加入歐盟——他們不健全的司法、財政制度和還在復原的經濟，都不可能符合歐盟已加諸所有既有會員、有意加入者的嚴格財政規定和其他規定。

於是，在布魯塞爾，有人提出替代辦法，建議讓波蘭、匈牙利和他們鄰國提早加入北約作為補償，當作一種期中獎金。北約以如此方式擴大，其象徵意義之大誰也看得出，因此，此議一出，立即得到新候選會員國的歡迎。現實上的好處沒那麼顯而易見（相對地，對於他們與莫斯科之關係的危害，則真實且立即降臨）。但由於華府基於自身考量，贊成北約防衛圈擴大，幾年後第一批中歐國家如期獲准加入北約。[4]

第二個衝擊，作用在歐洲的大眾認知上。歐盟和其沒沒無聞之行政機構的運作情形，外界原本不甚了解，但《馬斯垂克條約》問世，使它們的運作受到前所未有的關注。該條約在每個會

3 較有歷史意識者可能會想起拉斯卡塞斯伯爵（Comte de Las Cases）根據拿破崙口述寫下的《聖赫勒拿島回憶錄》（*Mèmorial de Sainte-Hélène*）書中的段落。流放該島的拿破崙，在島上預想到一個有著「共同法典、共同法院、共同貨幣」的「歐洲聯合體」。

4 波蘭、匈牙利、捷克共和國於一九九九年加入，正好趕上北約用兵科索沃而（有點不情不願地）投身該場戰事。保加利亞、羅馬尼亞、愛沙尼亞、拉脫維亞、立陶宛、斯洛伐克、斯洛維尼亞於二〇〇四年加入。

員國付諸全民投票表決，雖然得到各國通過（但就法國來說只以百分之五十・一的支持率驚險通過），卻也激起強大反對聲浪，使得「歐洲」問題排進國內待議政治事項——往往是史上頭一遭。有四十年的時間裡，新大陸體系的制度和規則，一直在荷比盧三國沒沒無聞的城鎮裡，在完全未顧及大眾意願或民主程序下，被悄悄地規畫、決定出來。而那樣的日子，這時似乎已經結束了。

《馬斯垂克條約》的第三個影響，乃是它即使未替歐洲的結為一體鋪下坦途，至少也為歐洲西半部的結為一體做準備。冷戰結束，以及歐盟決意走上單一市場，為舊歐洲自由貿易區剩下之成員移除了障礙，得以加入歐盟。[5]瑞典、芬蘭、奧地利都如外界所料申請加入，不再受限於自己的中立承諾（就芬蘭來說，不再受限於必須與莫斯科維持良好關係），而且還愈來愈不安於被排除在歐洲共同圈之外。

這三國的入會談判只花了三個月就完成，能這麼順利，得歸功於這三國不只穩定且小（三國人口總和不到德國四分之一），且無疑富裕。剩下的最後兩個堅不加入的國家，即挪威和瑞士，也享有同樣的有利條件，若申請加入，也會很順利。但儘管兩國國內的商界領袖熱衷加入，兩國人民卻投票反對加入——他們擔心在超國家聯邦體系裡失去自主性和主動權，懷疑加入新貨幣體系於己未必有利。

一九九四年十二月，瑞典就加入歐盟一事舉行公民複決時，正反雙方得票逼近，說明了當地也有類似的懷疑心態。只有百分之五十二・三的選民投票贊成，而且是在政府表態瑞典不會加入共同貨幣下，得到這樣的投票結果（十年後斯德哥爾摩政府提議放棄克朗加入歐元，結果在公民複決中慘敗，未獲通過，一如二〇〇〇年九月丹麥政府提出同樣議題時的下場）。瑞典綠黨國會議員佩爾・加爾頓（Per Gahrton）激烈反對加入歐盟，他的反應正說明了斯堪地納維亞普遍的焦慮不安：「這一天，國會決定將瑞典從獨立國家改變為日益擴張之超級強權內的某種省級單位，在這過程中國會把自己的角色，從一立法機構改變為幾乎像是一諮詢小組。」

加爾頓的感受是許多北歐人共同的心聲——包括某些投票贊成加入歐盟者。就連瑞士或斯堪地納維亞的政、商菁英圈裡，為了能分到單一市場的利益大餅而希望加入歐盟者，都承認走這條路得付出經濟、政治的代價：他們私底下坦承，如果投票結果未能如他們的意，對他們的國家來說，也不會是天大的災難。在瑞典——和挪威，乃至在丹麥和英國——歐盟（更別提其新共同貨幣）被視為是個可能的選項，而不是必需品。

但在中歐和東歐，加入「歐洲」是惟一可行的方案。不管從塔林到地拉那的諸國新統治者心裡作何盤算——不管是為將本國經濟現代化，為了獲得新市場，為了獲取外援，為了穩定國內政局，為了將自己牢牢鎖進「西方」裡，或只是為了防止人民禁不住國家共產主義的誘惑，再度投入其懷抱——都對布魯塞爾寄予厚望。加入歐盟的前景和隨之而來富裕、安全的美好未來，懸在後共產主義歐洲獲解放的選民面前，逗引著他們。有人警告他們，那些告訴你在舊制度下日子較好過的人，你千萬別上他們的當。轉型雖然痛苦，但值得承受：歐洲是你們的未來。[6]

5 九〇年代初期的經濟衰退，也是一大推手，特別是在瑞典，它促成一普遍的認知：若無法讓本國產品自由進入歐洲市場，本國的出口商絕對會完蛋。

6 見第廿一章。轉型的確很苦。東歐諸國的國民收入於一九八九年後少了三至四成。第一個恢復到一九八九年水平者是波蘭（一九九七）；其他國家則是到二〇〇〇年或更晚。

但在布魯塞爾看來，情況大不相同。從一開始，歐洲一體化計畫就是矛盾深重。一方面，它在文化上具包容性，對歐洲所有人民敞開大門。歐洲任何國家，只要是「政府體制建立在民主原則上」，且同意接受入會條件，都有權利加入歐洲經濟共同體、歐洲共同體、歐盟。

但另一方面，歐盟在運作上具排他性。每項新協議、新條約的問世，都使將諸國結合為「歐洲」大家庭的規定變得更為複雜；而這些規定和規則層層遞加，建構起愈來愈高的圍牆，使無法滿足其標準的國家、人民無緣進入歐盟。因此，對《申根公約》（一九八五）的簽約國人民來說，該公約是一大利多，使他們從此可暢行無阻於各簽約的主權國之間。但申根俱樂部之外的國家居民，則得排隊等著進入。

《馬斯垂克條約》對加入共同貨幣的資格設下嚴格的條件，而且堅持凡是想加入的國家都得將內容快速擴增的共同體法規（acquis communautaire）融入其治理體制，因而等於是透過行政手段打造出一個令新會員難以加入的排外區域。對斯堪地納維亞或奧地利的入會申請，這不構成障礙，但對有意加入的東歐國家來說，卻是難以跨越。歐盟雖然承諾歡迎尚未加入的歐洲國家入會，實際上卻是想讓後者愈晚加入愈好。

這樣的盤算有其充分的理由。那些有意加入的國家，就連最富裕者（例如斯洛維亞尼或捷克共和國），都明顯比既有的歐盟會員國窮，而且其中大部分國家甚至是非常窮。無論從什麼標準來看，東、西歐的差距都非常大：一九九六年波羅的海三國的嬰兒死亡率，比歐盟十五個會員國的平均值高了一倍。匈牙利的男性預期壽命比歐盟平均值低了八歲；在拉脫維亞，則低了十一歲。

如果匈牙利或斯洛伐克或立陶宛——更別提有三千八百萬人口的波蘭——按照現有會員國當

初入會的條款獲准加入，補貼、地區援助、基礎設施補助、其他資金挹注方面的成本，肯定會使歐盟預算不敷使用。一九九四年十二月，德國的貝塔斯曼基金會（Bertelsmann Foundation）出版一份調查報告，裡面說當時希望加入歐盟的中歐六國（波蘭、匈牙利、斯洛伐克、捷克共和國、羅馬尼亞、保加利亞），如果按照現有會員國的入會條款獲准加入，光是結構基金方面的開支，一年就會超過三百億德國馬克。

當時普遍擔心，對於已經負擔歐盟大部分經費，且肯定會被要求負擔更多經費的那些國家，選民可能因此強烈反彈：也就是荷蘭和英國，但特別是德國（德國若反彈，對歐盟來說更為不妙）。無論如何，受援的東歐國家連提出符合歐盟現有規定的最低限度對應基金都無能為力。後共產主義歐洲所真正需要的乃是類似馬歇爾計畫的東西，但沒有國家願意提供。

新會員國加入，除了增加歐盟的財政負擔，還會帶來麻煩。它們的法律體系腐敗或功能不彰，政治領袖是政壇新手，貨幣不穩定，邊界管制鬆散。有人擔心，那些國家的貧困人民若非投奔西方，取得福利和工作，就會是待在自己國內，接受低得可憐的工資，從而將外國資金和企業主引離歐盟的舊會員國。不管是離或留，他們都將構成威脅。還有人提出西方會被「擠占」的論調——遙遙呼應德國思想家約翰．赫德（Johann Gottfried von Herder）對東歐「野蠻人」四處遊走的憂心。歐盟能為東歐帶來奇蹟，那是沒人懷疑的事，但東歐會對歐盟造成什麼影響？

由於有這些顧慮，西歐人如外界所料能拖就拖。一九八九年巨變後不久，德國外長漢斯－迪特里希．根舍（Hans-Dietrich Genscher）提議歐盟應盡快讓所有東歐國家入會，以防範民族主義者反彈，但他很快就被迫改變立場。柴契爾夫人則積極鼓吹早早東擴（盤算著擴大後的歐盟必然會被稀釋為英國所巴望的泛歐自由貿易區），但最終是法國人主導了歐盟的策略。

密特朗的初步回應乃是提議組成結構鬆散的「歐洲邦聯」（European Confederation）——由準會員組成的某種外圍組織，入會資格不設任何條件，來者不拒，享有的實質補助不多。日後，法國外交官會惋惜這一提議未得到支持，遺憾於錯失良機，未能「冷靜合作」以擴大歐盟。但在當時，那被視為是個陽謀——的確是個陽謀——以將剛獲得解放的東歐諸國趕進暫時充數的「歐洲共同體」，從而可以名正言順將它們永遠拒於歐盟大門之外。瓦茨拉夫．哈維爾從一開始就識破此點，因此立即予以拒絕（因而有一陣子成為巴黎不受歡迎的人物）。

事實上，接下來幾年裡，東、西歐的關係一直停留在雙邊匯率、貿易協定這個層次上，有幾個國家——匈牙利、波蘭、捷克共和國、斯洛伐克——被賦予相對於歐盟而資格嚴格受限的「準會員」身分，但僅止於此。不過，一九九一年莫斯科政變和不久後爆發的巴爾幹戰爭，使西歐開始注意，任由後共產主義國家的情勢在不定狀態下日益惡化有其風險；一九九三年六月在哥本哈根的歐盟高峰會議上，與會者同意，原則上，「中歐與東歐渴盼加入歐盟的相關國家將成為歐盟會員」，但加入日期還未決定。

對於那些有意加入歐盟而與布魯塞爾打交道的國家，沮喪之情未因此減輕多少，而西方諸國政府的表現，波蘭總理漢娜．蘇霍茨卡（Hanna Suchocka）含蓄表示，令他們「失望」。九〇年代剩下的歲月裡，東歐的政治領袖把許多時間花在耐心且沮喪地向不情不願的西方夥伴尋求堅定的保證上，他們向國內選民保證，加入歐盟一事已列入議程，同時一有機會就向外國代表強調，讓他們加入歐盟事不宜遲。

但西方人的心不在這裡。西方各國政府念茲在茲的，乃是如何過渡到新共同貨幣和落實《馬斯垂克條約》的體制性整合計畫。在德國，兩德合併的成本和困難愈來愈令人不安。同時，南斯拉夫的浩劫最初提醒了西方政治家，低估後共產主義整體難題有其風險，這時，則變成令他們時時刻刻關注的問題。

著名知識分子的目光——觀察當下政治潮流的可靠指標——已移到他處。自「中歐」被西方評論家重新發現，從巴黎到紐約的報紙社論和高品味期刊紛紛推崇哈維爾、昆德拉、米奇尼克等人，才不過幾年。但歷史往前疾奔，不肯駐留：布拉格和布達佩斯脫離暴政的神奇經歷已漸漸遭到淡忘，只剩觀光客、企業家對這兩個城市有興趣。若要找貝納爾－昂利・列維（Bernard-Henri Lévy）和蘇珊・桑塔格（Susan Sontag），在塞拉耶佛找到的機率會比較大。中歐的風光日子匆匆就結束，要它速速融入西方體制的公眾壓力也跟著消失。在公開場合，布魯塞爾的政治人物、行政官員堅稱他們仍希望時機「成熟」時歐盟。私底下他們較坦白。誠如歐盟執委會某高階官員於九〇年代中期所說的，「這裡沒有人認真想要東擴。」

但擴大歐盟一事已列在議程上。根據歐盟本身的規則，任何國家都有權申請加入，它不能剝奪各國申請的權利。因此，歐盟執委會不得不在一九九四年受理匈牙利與波蘭的入會申請，一九九五年受理羅馬尼亞、斯洛伐克、拉脫維亞、愛沙尼亞、立陶宛、保加利亞申請，一九九六年受理斯洛維尼亞、捷克共和國申請。於是，等著入會的，除了一九八九年就已申請入會的馬爾他、賽浦路斯，以及一九八七年申請入會的土耳其，又多了這十個前共產國家。這些候選國停在相當擁擠的前廳裡，等候歐盟垂青。

一九九七年，《阿姆斯特丹條約》對最早的《羅馬條約》施予一連串重大的技術性修正，補強了《馬斯垂克條約》的目標，致力於歐盟所言明的一項企圖，亦即推動歐洲公民權和設立泛歐洲機構，以處理就業、健康、環境和缺乏共同外交政策的明顯缺失。這時候，共同貨幣已排定於一九九九年實施，歐盟已經完成其花了十年歲月，傾注其所有行政力量投入的內部整合工作，再沒有藉口拖延不處理棘手的擴張問題。

若按照某些國家領袖的偏好和歐盟執委會許多高階官員的意見，入會談判將只鎖定「容易處理」的案子：即斯洛維尼亞或匈牙利之類小國。這類國家與歐盟現有的疆域接壤，經濟較現代化，對歐盟的體制架構和預算不致帶來太大的衝擊。但歐盟很快就看清，這在政治上可能是不智之舉——冷落羅馬尼亞或波蘭，可能使它們漂進不民主的危險水域——於是，一九九八年起，歐盟正式啟動東歐所有十國和賽浦路斯的入會進程。不久後，馬爾他也列入名單。但土耳其遭擱置。

此後歐盟持續往擴大方向邁進，儘管部分會員國仍心懷疑慮，儘管民調顯示既有會員國的人民對此議題普遍漠不關心。雙邊入會談判啟動，先是鎖定歐盟所認定申請國裡的核心成員：賽浦路斯、捷克共和國、愛沙尼亞、匈牙利、波蘭、斯洛維尼亞；一年後，與剩下的申請國展開談判：保加利亞、羅馬尼亞、斯洛伐克、拉脫維亞、立陶宛、馬爾他。波蘭入會將大大拖累歐盟經濟，但因地廣人多、地位重要，仍被納入第一梯次談判對象。相對地，斯洛伐克被「貶」到第二梯次，以回應梅奇阿爾的獨裁統治在該國帶來的經濟停滯和腐敗——且以儆效尤。

接下來五年是密集談判，有時針鋒相對。「布魯塞爾」以高高在上的姿態對待這所有候選國的政府，丟給他們許多顧問、建議、範例、計畫、指示，以使他們的制度、法律、規定、習慣作為、公務員體系符合最低限度的歐盟標準。相對地，這些申請國極力爭取保證入會後可以自由進入歐盟市場；在進入歐盟市場後，同時保護本國市場，以免遭更有吸引力的西方商品和更有效率的服務長驅直入。

這是場明顯不公平的角力。這些欲加入歐盟的東歐國家，長期以來渴望成為歐盟一分子，並公開表明此意向，但他們所能回報給歐盟的，除了保證會循規蹈距，幾乎別無他物。因此，談判過程中雙方同意，新會員國將得到一些幅度有限的讓步——包括在外人購買土地這個敏感政治問題上，可以暫時設限——但他們將得接受，歐盟雖承諾單一市場，卻會對這些國家的商品輸出，特別是人員輸出，施予相當大的限制。

二〇〇〇年公布的歐盟執委會某份報告預測，如果東歐十個入會國開放邊界，進出完全不予管制，每年將會有三十三萬五千人從那些國家出走。因為這類離譜的人口流動預估，大部分西方會員國堅持對可移往西方的東歐人數設定限額——此舉明目張膽地蔑視了十年來種種宣言、條約的精神實質和字面條文。德國、奧地利、芬蘭施行了為期兩年的嚴格限制，且有權視情況需要延長五年。比利時、義大利、希臘跟進。只有英國、愛爾蘭宣布願意遵守歐盟的「門戶開放」原則——同時聲明，入境尋找工作機會的東歐人，其享有的福利救濟將維持在最底限。

農業補貼等救濟金的發放，在東歐也受到嚴格限制。原因之一，一如歐盟執委會《二〇〇三年過渡報告》（*Transition Report 2003*）所說的，乃是「懷疑新入會國能否有效率的吸收、使用來自歐盟團結基金、結構基金的補助」。但主要原因純粹是為了壓低歐盟擴大的成本，並將西方生產者受到的競爭壓到最低。東歐農民要到二〇一三年才會得到和西歐農民一樣額度的補貼，而西方希望屆時大部分東歐農民已退休或已不務農。

等到談判完成，條款談定，九萬七千頁的歐盟「共同體法規」納入申請國的治國法典中，東歐諸國對歐盟擴大的感受，已可以說是由高度期待陡落為大失所望。等了十五年才加入，大部分新會員國失去十年前可能展露的那種熱情，也是情有可原。無論如何，與西方交往的許多實質好處已經縮水——特別是在汽車製造業。畢竟，前共產國家有現成的廉價、具專門技能的工人可供應汽車製造業，且福斯、雷諾、標誌－雪鐵龍之類公司已於九〇年代期間在東歐投入大筆資金。一九八九至二〇〇三年，外國對整個東歐的直接投資，總計已達到一千一百七十億美元。

到了二十一世紀初期，前共產主義歐洲境內的外來投資其實是愈來愈少。諷刺的是，這主要是歐盟即將擴大接納會員所致。波蘭、愛沙尼亞之類國家一旦加入歐盟，西方國家與這些國家做國內外貿易肯定會變得較容易，而這些國家也將得以賣更多東西到西方：波蘭預期加入三年內其出口到歐盟的糧食會增加一倍。但這些要在相對落後的情況下才可能發生。一旦加入歐盟，東歐諸國的工資和其他成本會漸漸升高到西方的水平，該地區相較於在印度或墨西哥設廠的成本優勢將喪失。利潤將開始下滑，至少在製造業是如此。

在這同時，由於整頓共產主義經濟的沉重成本，東歐經濟在入會前夕仍遠遠落後歐盟諸國。甚至在最富裕的新會員國裡，人均國內生產毛額仍遠低於其西鄰：在斯洛維尼亞，人均國內生產毛額只有歐盟平均值的百分之六十九，在捷克共和國是百分之五十九，在匈牙利是百分之五十四，在波蘭僅及百分之四十一，在最窮的新會員國拉脫維亞，只及百分之三十三。即使歐盟新會員國的經濟成長速度，平均比舊會員國高了百分之二，[7]斯洛維尼亞要趕上法國的水平仍得花上二十一年。就立陶宛來說，則得花上五十七年。前共產主義國家的公民當然無由取得這些資料，但大部分人對即將碰到的困難有相當清楚的認識。二〇〇〇年的一連串民調裡，捷克人被問到要花多少年他們的生活才會有所「改善」時，三成受訪者答以「五年內」，三成答以「十年」，三成答以「十五年或更久」，一成答「永遠無望」。

但儘管新加入者對加入的好處抱持種種有憑有據的猜疑，歐盟猛然大擴張所帶來的影響，從形式上看還是不容置疑。入會條約於二〇〇三年四月在雅典簽署，隔年五月一日生效，歐盟一舉由十五個會員國暴增為二十五個（保加利亞、羅馬尼亞入會案遭擱置，預期於二〇〇七年加入）。歐盟人口一下子增加了五分之一（但經濟規模增加不到百分之五）；土地面積幾乎增加一倍。「歐洲」的東界，晚至一九八九年時仍只及於的里雅斯特，這時則已延伸到前蘇聯境內。

二十一世紀初降臨時，歐盟遭遇了令人憂心的種種難題：有些是舊問題，有些是新問題，還有些是它自找的。其中經濟問題可能是外界最熟悉的，且最終是歐盟最不頭痛的。不管有沒有新會員加入，歐盟都像一開始那樣，花特別高比例的經費在農民身上。歐盟將四成預算（二〇〇四年是五百二十億美元）用在出於政治考量的「農產品保障付款」上，其中許多錢撥給西班牙或法

7 極樂觀的一項假定。西班牙、葡萄牙於一九八六年加入歐盟後頭幾年，平均成長速度也只比歐共體其他成員高了百分之一至一．五。

國境內幾乎不需要幫助的機械化大型綜合經營農場。

即使已達成協議，要減少這些補貼、裁減「共同農業計畫」，農產品價格保障（farm price support）在進入二〇一〇年代許久以後，預期仍將占歐盟總支出的三成以上，成為預算上無法承受的負擔。癥結不在於歐盟沒錢，歐盟很有錢，其所有會員國的財富、資源總和與美國不相上下。但歐盟的預算，用二〇〇三年布魯塞爾委託製作的某份獨立報告的話，是「歷史遺物」。

歐盟是在五十年前以關稅同盟——「共同市場」——的姿態開基立業，而這一關稅同盟幾乎只靠共同的對外關稅來維繫。它的支出模式靠商定的關稅、價格、補貼、價格保障方面的協議來推動，並接著受到這些協議的約束。在這些年裡，它的一體化雄心已擴及到文化、法律、政府、政治的領域裡，且已在布魯塞爾等地披上傳統政府的許多外在表徵。

但傳統政府可自由籌措資金以支應其預期的開銷，歐盟卻始終沒有多少取得收入的權限，且迄今仍是。歐盟收入來自固定稅率的關稅、農業稅、全聯盟的間接營業稅，以及最重要的，各會員國所繳納的會費；最高只及於國民收入毛額（Gross National Income）百分之一．二四。因此，歐盟的收入只有極少一部分歸歐盟自身行政機構直接控制——而且這些收入又很容易受到個別會員國國內的政治壓力而減少。

大部分會員國，其得自歐盟的援助金額，多過其繳給歐盟的會費。二〇〇四年，歐盟東擴之後，其中有十九個會員國，從布魯塞爾那兒收到的，多過其所上繳的。歐盟的經營成本，實際上只靠六個國家的捐助淨額來支撐：英、法、瑞典、奧地利、荷蘭、德國。而對歐盟前景大為不利的，這六個國家於二〇〇三年十二月向執委會請願，要求將會員國的會費由國民收入毛額的百分

不斷擴張的歐盟？2004年的歐盟

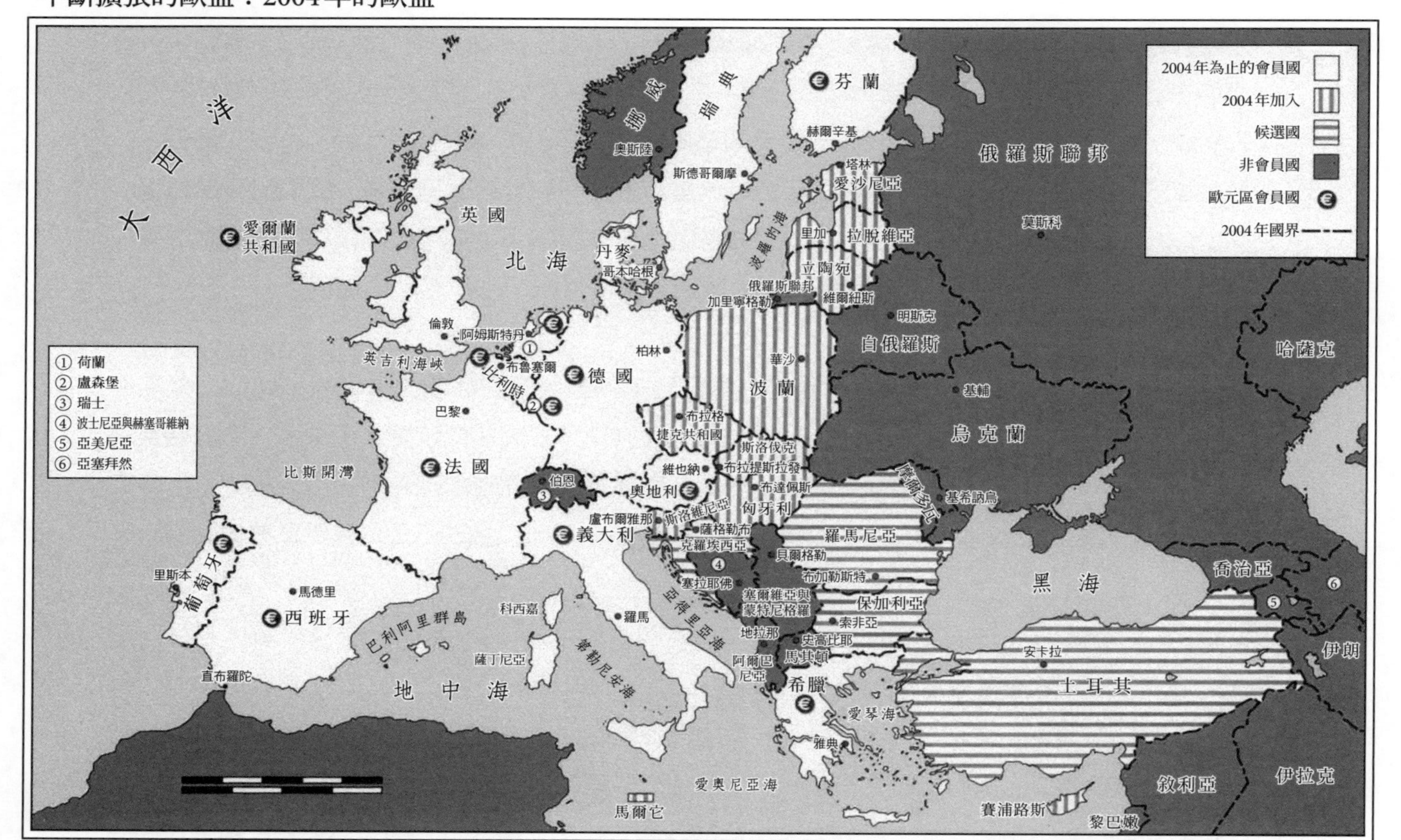

之一．二四降為百分之一。

歐盟的預算，即使跟最小會員國的國家預算相比，都微不足道，且大部分花在結構基金、農產品價格保障、開銷甚大的歐盟自身行政機關上，因此永遠受制於其預算捐助者和受益者本身的利害考量。歐盟經濟政策的推動，取決於那些政策能否得到所有會員國的同意。當特定政策——對各會員國開放邊界，或開闢不受限制的商品、服務市場——的原則和益處，得到每個會員國大致同意時，歐盟的確有明顯的進展。但當政策遭到少數會員國的反對（乃至只有一會員國反對，尤其那又是會費捐輸大國時），政策就別想落實：稅負一致化，就和降低農產品保障一樣，列入議程數十年，都未能談出結果。

有時還出現政策倒退。歐盟致力於減少會員國對本國龍頭企業的官方補貼，藉此在歐洲內部打造公平的經濟競爭環境，努力了二十年之後，歐盟單一市場專員荷蘭籍佛里茨·博爾凱斯坦（Frits Bolkestein）於二〇〇四年七月，驚訝於法、德兩國為保護受威脅的本國企業而重拾七〇年代「保護主義」政策。但當時法、德兩國有他們所無法置之不理的納稅選民，處境和布魯塞爾的非民選專員不同。

歐元的一波三折，正貼切說明了歐盟這些弔詭之處。共同貨幣的難處，不在以單一基準單位取代多國貨幣這個技術性問題上——廢除法郎、里拉、德拉克馬之前許久，這一替代過程就已在進行，結果出奇順利、容易[8]——而在對各國經濟政策必要的協調。為避免占他國便宜者帶來的道德危害、現實風險，波昂堅持制訂後來所謂的《成長暨穩定公約》（growth and stability pact）。

凡是想加入歐元區的國家，其國債都不得超過國內生產毛額六成，且預算赤字不得超過國內生產毛額百分之三。凡是未能符合這些規定的國家，都將受到歐盟制裁，包括巨額罰款。這些措施的目的，在於使歐元區的所有政府都不會放鬆其財政監督，不會任意超出預算，以免使歐元區其他會員國得獨力確保共同貨幣穩定，使這些國家的經濟受到不公平的束縛。

跌破眾人眼鏡的是，向來揮霍無度的南歐諸國，反倒出奇守規矩。西班牙靠著某西班牙觀察家以譏刺口吻稱之為運氣兼實力的東西，取得歐元區入會資格：西班牙取得歐元區入會資格，一位國內觀察家以譏刺口吻稱之為是運氣加上實力：經濟回升，使西國政府得以及時支付該國國債，趕在歐元於一九九九年啟用前符合入會標準。就連義大利都勉力通過德國的檢定（許多義大利人理所當然地懷疑那些檢定標準是為了不讓他們加入而設），只是那是靠著大肆篡改數據和一次性出售公共資產才達成。到了二〇〇三年，歐元區已涵蓋從愛爾蘭到希臘的十二個國家。

許多不看好歐元者認為，不顧各國經濟差異「一體適用」同一貨幣會出問題，而不出他們所料，問題很快就浮現。在法蘭克福所新設的歐洲中央銀行，從一開始就維持較高的利率，藉以支持這新貨幣，使其不致通貨膨脹。但歐元區諸國的經濟，在發展程度和經濟循環轉折點上各不相同。有些國家，例如愛爾蘭，經濟正蓬勃發展；其他國家，特別是葡萄牙，經濟遙遙落後，若非加入歐元區，本可以透過促進國內活動和出口來刺激經濟成長，而要促進出口，傳統辦法是降低利率和「軟化」貨幣。

葡萄牙政府被拿掉執行這類措施的權力，在按照傳統經濟理論該透過大量支出走出衰退泥淖

8 二〇〇二年一月一日，總額六千億歐元的現金不斷分送到歐元區各國，從技術上來看是很了不起的成就。

之際，不得不按照《成長暨穩定公約》的要求減少政府支出——否則會遭高額罰款。此舉不得民心；但至少葡國可得意表示，它未違反當初加入歐元的入會條款：到了二〇〇三年，里斯本已將政府債務降到國內生產毛額的百分之五十九．四，把年度赤字降到國內生產毛額的百分之二．八，勉強符合該公約規定的標準。

但隔年，法國赤字將近百分之四．一，而呈現老態的德國經濟終於為國家統一付出代價，赤字達百分之三．九，債務比率將近百分之六十五。由於兩國經濟規模龐大，法國或德國不遵守本身制定的規則一事，使這整個協議受到嚴重挑戰。但這一次，歐盟執委員啟動懲罰作業時，巴黎和柏林都表明，他們認為「暫時」赤字是經濟上不可避免的現象，無意繳交罰款，甚至無意承諾隔年大幅改善赤字。

歐盟的小國——拚命努力才達到該公約要求且為此付出一定代價的希臘、葡萄牙，還有擔心已成為本國貨幣的歐元不穩的荷蘭、盧森堡——如外界所料大喊不公，但情況已非常清楚。《成長暨穩定公約》問世不到十年就玩完了。若讓歐元區國家在制定國內預算上較有彈性，歐元會受到多大傷害，並不清楚。有許多人覺得問題癥結不在各國政府，而在作風死板、未能因應外在情勢迅速應變的歐洲中央銀行；後者悍然不動堅持完全獨立，仍在打一九七〇年代的反通膨戰役。

歐元的困境點出了歐洲一體化工程一個更大的缺陷：運作非常不良的歐盟政府體制。問題出在最初的構想。尚．蒙內和其接班人刻意不去設想一民主或聯邦的體制，更別提施行民主或聯邦體制，他們反倒推動一由上而下的歐洲現代化計畫：根據聖西蒙（Saint-Simon）原則所構想出，追求生產力、效率、經濟成長的一項策略；這策略由專家與官員來掌理，不大關注其受惠者的想望。

此一策略的提議者和闡述者，把大部分心力花在「建造歐洲」的複雜技術層面上。因而，即使有其他待處理事項出現，也都一一遭到擱置。

因此，一九九〇年代時，歐盟仍根據數十年前所制定，且大部分是為了管理方便而制定的原則在行事。布魯塞爾非民選的歐盟執委會掌理一龐大的行政機關，在由歐盟會員國部長級官員組成的歐盟理事會同意下，制定政策，執行日常工作事項和決定。議場設了兩處（布魯塞爾和史特拉斯堡），從一九七九年起開始民選的歐洲議會，龐大而無效率，行使緩慢擴張的監督功能（在最早的《羅馬條約》中，其角色被嚴格限定為諮詢性），但沒有立法提案權。

無爭議性的決定，通常在布魯塞爾由專家和文官做出。可能影響眾多選民或會員國利益的政策，則由歐盟理事會漫長討論，得出複雜的妥協辦法或成本高昂的協議。凡是無法解決或達成一致意見者，則乾脆擱置。三大會員國——英、德、特別是法國——所想要的，並非每次都能如願；但他們所不想要的，則無一能過關。

這是獨一無二的一套安排。它與一七七六年北美十三州的情況毫無相關之處，那十三州各以同一國家（英國）之衛星國的姿態出現，彼此擁有共同的語言、文化、法律體系。它也和瑞士邦聯不能相提並論，儘管偶爾有人拿瑞士邦聯來類比：瑞士諸州經數百年歷史演進，形成一套網絡，包含地方權利與特權、飛地彼此重疊的主權，比較類似法國大革命之前的法國，只是沒有國王。[9]

9 瑞士邦聯仍能運作如此順利，最主要是因為聯邦機器得到非常充分的潤滑，特別是錢的潤滑：一九九〇年代，從大部分標準來看，瑞士仍是世上最富有的國家。

相對地，歐盟諸會員國仍是完全獨立的個體，它們組成一志願性的聯盟，賦予該聯盟一套在未經計畫下積累起來的權力和主動權，卻從未說明這一安排背後的原則和這一共同的志業要走到什麼程度。「布魯塞爾」——為一界定不明確的行政實體所設的無名總部，既不民主也不獨裁——只靠諸會員國的意見一致來實行治理。從一開始它就向所有會員國標榜這是個明顯共贏的事業：歐洲共同體／聯盟將造福其會員國，同時不致嚴重損及會員國的獨立。但事情不可能永遠這樣下去。

使問題嚴重到不解決不行者，不是歐盟治理制度複雜、且只會愈來愈複雜的固有本質，而在不可能於二十五個會員國下維持這一制度。到目前為止，歐盟理事會主席由各國輪任，每任六個月，每個國家都有機會在自己國家主辦半年一次、孤芳自賞的歐洲代表大會——而歐盟的全職官員已非常厭惡這一制度。將來這個馬戲團還要從里斯本到盧布爾雅那的二十五國首都巡迴舉辦，這樣的設計實在離譜。此外，以六個會員國為出發點設計的決策制度，在擴大為十二個會員國時已變得窒礙難行，更別提擴大為十五國時，而一旦到了有五十個歐盟專員（每國兩名）參與決策，或由二十五國代表合開歐盟高峰會——且每國代表都有否決權——那就根本不可能得出決定。

二〇〇〇年十二月在尼斯召開的一場會議，就清楚預示了可能的難題。這場會議的目的，據稱是為替歐盟擴大案打下基礎，並為歐盟理事會設計出新投票制——在這新制下，將由人口數來決定會員國的加權票數，同時保住多數決議決制——卻淪為激烈爭執、極度令人難堪的檯面下協商。法國堅持要與德國擁有相等的加權票數（儘管人口少了德國兩千萬），而西班牙、波蘭之類國家——波蘭在這場會議中被賦予觀察員身分——為了盡可能拉高日後歐盟理事會投票時自己的加權票數，就去支持向他們出價最高的買家。

布萊爾、席哈克、施洛德等歐洲主要政治家，為了本國在歐洲共同家園裡的地位和影響力，而在尼斯數夜不眠討價還價與爭吵，那種爭逐影響力的難看場面，正說明了過去制定章程不夠周全所付出的代價。尼斯會議把歐盟貶到更低，於是直接催生了「歐洲未來擘畫大會」（Convention on the Future of Europe）：這是種非民選的會員國代表大會，受委託為擴大後的「歐洲」提出切實可行的治理制度，為整體目標提出可信的說明。巴黎做了某種程度的遊說（這時已很常見），之後，未來大會主席由已上了年紀但愈來愈自負的法國前總統季斯卡出任。

經過兩年的商議，這個有心仿效費城制憲會議的組織提出一份文件，勝於草案，但顯然還稱不上憲法。文件的開場白充斥著季斯卡一貫的浮誇，若與費城制定憲法中傑佛遜式開場白的優雅簡潔相比，高下立判。若拿掉這浮誇的部分，文件內容幾乎沒有典型的立憲目標——沒有對個人自由的全面定義，沒有關於分權的明確陳述，諸如此類。就這點來看，它如許多人預料的，令人失望。

但季斯卡的文稿——經一番討論後於二〇〇四年在羅馬獲採納，成為《憲法條約》（Constitutional Treaty）——的確為歐盟事務的實際管理提供了可行的藍圖：在防衛、移民事務上更為完善的協調體制；簡化、一體化的歐盟法律概要；歐洲公民《基本權利憲章》，意在進一步強化歐洲法庭權威；對歐盟正式職能和管轄權提出明確、乃至雄心勃勃的陳述。

最重要的，這個憲法提案若成真，將有助於在一段時間之後降低由各國代表組成的歐盟執委會大頭過多、頭重腳輕的情況；而且它為歐盟高峰會內的投票機制設計了一套制度，經過一番討價還價，這一投票制既在人口上達到公平合理，且可為各方所接受。這些新的安排能不能在日後碰到棘手議題時得出明確多數，尚不得而知：尤其是，在真正具爭議性的問題上（例如徵稅、防衛），各國仍同意——出於英國堅持，但其他許多國家也暗自慶幸——保留舊的戴高樂式設計，讓各國擁有否決權。而且每個人都很清楚，儘管細心分配了加權票數，真正的權力仍在幾個大國手裡——誠如奧爾特加－加塞特（Ortega y Gasset）於一九三〇年就已斷定的，「歐洲」實質上是「法、英、德三位一體」。但至少——只要這一憲法在每個會員國國內得到批准，而後來發現其困難程度超乎意料——現在終於有可能得出決定。

到了二〇〇四年，令許多觀察家大感意外的，歐盟似已克服，或至少減輕，一些實際難題，也就是要治理由二十五個獨立國家所組成，龐大笨重、初具雛形之群體的實際難題。但歐盟尚未做到的，乃是處理歐洲大眾長期以來的漠不關心——季斯卡的未來大會、各種條約、歐盟執委員和其形形色色的報告、計畫、為讓歐洲大眾了解歐盟和其運作情形而推出的昂貴出版品、網站，都尚未開始打動大眾。

如果說打造新「歐洲」之機構的那些技術官僚，對民間輿論顯露出高傲不在乎的心態，那麼這一心態這時正得到民眾以牙還牙的回敬——回以發自內心的漠不關心。英國首相艾德禮冷冷思索其滿腦子只在政黨政治的技巧、規則上打轉的工黨同僚時，常勸人勿犯以下的「基本謬誤」：相信「只要機制設計得足夠精巧，就不再需要人與人之間的信任」。[10]但戰後歐洲一體化的機構正以這謬誤為前提建造，而其後果終於漸漸浮現。歐盟正受苦於嚴重的「民主赤字」。

歐洲議會每次直選，投票率都是每下愈況；惟一的幾次例外，乃是會員國本國大選和歐洲議會選舉正好同時舉行，被地方或全國性議題動員起來的選民出門投票時，順便到歐洲議員選舉投票所投票。除開這些例外，投票率一路下滑——在法國，由一九七九年的六成降為二〇〇四年的四成三；在德國，由六成六降為四成三；在荷蘭，由五成八降為三成九。[11]

由選民關心本國政治的程度和他們對史特拉斯堡歐洲議會的愈來愈不關心，兩者間的差別，尤其可看出端倪。二〇〇四年六月的歐洲議會選舉——歐盟東擴後的第一次選舉——英國的投票率比最晚近一次全國性大選的得票率降了兩成；在西班牙降了兩成三，在葡萄牙降了兩成四，在芬蘭降了三成九，在奧地利降了四成二，在瑞典降了四成三（從瑞典本國選舉的八成投票率降為歐洲議員選舉的三成七）。

這一模式普見於各國，因而不能歸咎於特定國家的情勢。此外。新加入的東歐諸會員國，期盼加入歐洲議會已久，這次終於有機會參加歐洲議員直選，投票率卻同樣低迷，從而為歐盟的未來投下更深暗的陰影。在匈牙利，二〇〇四年六月歐洲議會選舉的投票率，比最晚近一次全國性大選的投票率低了三成二，在愛沙尼亞低了三成一，在斯洛伐克，最近一次全國性大選投票率達七成，但出來為歐洲議員選舉投票的選民只有一成七。在波蘭，兩成的投票率，比二〇〇一年的全國性大選低了兩成六，創下共產政權垮台以來的新低。

10 Quoted in Kenneth Harris, *Attlee* (London, 1984), p. 63.

11 荷蘭投票率的下滑，或許特別令人覺得不妙。荷蘭曾是推動歐洲一體化的核心成員，且是歐共體、歐盟資金的捐輸大戶，但最近幾年，注意力已退回本國內部——皮姆・佛爾泰恩（Pim Fortuyn）的崛起和後來遭暗殺，正說明且強化了這一趨勢。

為何歐洲人，不管「新」和「舊」，都對歐盟事務如此漠不關心？主要原因在於他們普遍認為他們對歐盟事務毫無影響力。大部分歐洲國家的政府從未舉行投票，決定是否該加入歐盟或歐元區，最主要是因為，曾經就這議題辦過公民複決的那些國家，不是予以否決，就是僅以些微差距通過。因此歐盟不是其公民「擁有」的東西——它似乎和一般的民主工具大不相同。

此外，歐洲大眾還有一普遍（且正確）的想法，即歐盟所有機構中，由七百三十二名民選議員組成的歐洲議會最不重要。真正有權的機構是由各國政府指派人選組成的歐盟執委會，以及由各國部長級官員組成的歐盟理事會。簡而言之，重大選擇是透過國家層級的選舉做出。既然你應該把注意力放在選擇哪個街頭手搖風琴師，幹嘛浪費時間在挑選猴子上？

另一方面，誠如連最漫不經心的公民都愈來愈清楚的，布魯塞爾那些「乏味」的男女這時掌有實權。這時，從黃瓜的形狀到個人護照的顏色、用詞，樣樣東西都在布魯塞爾決定。「布魯塞爾」能給（從牛奶補貼到獎學金），能拿走（你的貨幣、你解雇員工的權利，乃至你乳酪上的標籤）。過去二十年裡，每個會員國政府都體認到，把不得民心的法律或課稅，或自己所暗地贊成但不願為之背負責任的經濟政策，怪罪到「布魯塞爾」頭上很省事。

在這些情況下，歐盟的民主赤字可從漠不關心輕易轉化為敵意，轉化為以下想法：決定是在「那裡」做下，苦果卻由「這裡」的我們承擔，且「我們」對那決定毫無置喙的權利。這一偏見受到不負責任之主流政治人物的推波助瀾，受到蠱惑人心的民族主義政客在旁搧風點火。二〇〇四年的歐洲議會選舉時，投票率如此劇烈下滑，絕非偶然，其中真的出門投票的選民裡，有許多人把票投給旗幟鮮明——有時偏激極端——反歐盟的候選人。

在西歐，歐盟擴大一事間接促成這一強烈反彈。在英國，恐歐的「英國獨立黨」（UK Independence Party）和主張白人至上的英國國民黨（British National Party），他們提出的政見是要讓英國和「歐洲」保持距離，使英國免遭預期裡將大批湧入的移民、尋求庇護者侵犯，一起拿下百分之二十一的選票。比利時的佛蘭芒集團、丹麥的丹麥人民黨（Dansk Folkeparti）、義大利的「北部聯盟」（Northern League），也都以類似的政見為訴求——其實他們過去就提出這樣的訴求，但在這次選舉他們得票率大為提升。

在法國，尚－馬利・勒潘的國民陣線（Front National）採取類似的立場；但在法國，對歐盟擴張心存疑慮者，不只政治極端分子。法國主流政治集團長期以來反對擴大歐盟，以免因此稀釋掉法國影響力，早已是公開的秘密：密特朗、席哈克和他們的外交代表都極力阻擋這一不可避免的發展，希望那一天愈晚到來愈好。社會輿論也呼應這些想法：在新會員將正式加入歐盟的四個月前，有一民調顯示，七成法國選民表示歐盟「尚未準備好」迎接他們加入，五成五選民完全反對讓他們加入（相對地，作此表態的歐盟選民有三成五）。[12]

但對歐盟的冷漠，也影響了東歐政局。在捷克共和國，與瓦茨拉夫・克勞斯結盟，且大聲質疑歐盟和歐盟「過度強大」之權力的公民民主黨（Civic Democratic Party），二〇〇四年選舉是明顯的贏家，拿下該國歐洲議會席次的三成八。在鄰國波蘭，對歐洲心存懷疑的極右派政黨，得票率高於中間偏左的執政聯盟——想想幾個月前歐盟執委會所做的某項民調，只有一半多一點的波蘭

12 另外，或許值得一提的，二〇〇四年一月只有五十分之一的法國成人能說出歐盟十個新會員國的國名。

選民認為歐盟是個「好東西」，這或許就不足為奇。

但整個來講，歐盟是個好東西。連最懷疑歐洲的英國人都已坦承，單一市場的確帶來經濟好處，特別是在雅克・德洛爾主持歐盟執委會期間執委會所高舉的「調和」大旗遭撤下之後。在歐盟境內各地旅行、工作、求學的自由，年輕人尤其受惠良多。歐盟的好處還不止於此。從相對的角度看，歐盟預算裡所謂的「社會」成份分量極低——占歐洲區國民生產毛額不到百分之一。但八〇年代晚期起，歐共體和歐盟的預算還是有明顯的重分配特質，拿富裕地區的資源挹注較貧窮地區，促成貧富差距逐漸縮小：實質上取代了以國家為基礎的前一世代社會民主政綱。[13]

最近幾年，歐洲公民甚至有了自己的法院。一九五二年根據《巴黎條約》——促成歐洲煤鋼共同體成立的那個條約——創立的歐洲法院，一開始時的職責有限，只負責確保歐共體立法（《共同體法》）在每個會員國裡得到一致的解讀和運用。但到了二十世紀底，歐洲法院的法官——最初每個會員國派一人——已獲授權解決會員國與歐盟機構間的法律紛爭，以及審理對更下級法院判決的上訴案，乃至對會員國政府的控訴案。歐洲法院實質上已具備了泛歐上訴法院的許多權力和屬性。[14]

誠如歐洲法院的職權演變過程所表明的，歐盟諸機構以那種相當迂迴且有時無心的方式出現，是有一些好處。即使是在最支持歐洲的歐洲「核心」國家裡，若在一開始時就要求律師或立法議員放棄本國法律的最高地位，都只會有極少數人同意。同樣地，如果過去就拿出一套清楚闡明的「歐洲一體化計畫」——清楚交待後來所發展出的歐盟目標、機構——交由西歐諸國選民投票決定，那肯定會遭到否決。

因此，歐洲觀念能在戰後幾十年期間日漸成形，正要歸功於它的定義模糊。一如「成長」或「和平」——在提倡「歐洲」的人士心中與「歐洲」密不可分的兩樣東西——「歐洲」太溫和無害，不可能招來有力的反對。[15]想想七〇年代初期，法國總統龐畢度首次若無其事地談到「歐洲聯盟」時，外長米歇爾．若貝爾（Michel Jobert）還問同僚愛德華．巴拉杜（Edouard Balladur，後來的法國總理）那到底是什麼東西：巴拉杜答以「不值一談的東西，但它就妙在這裡」。龐畢度本人輕描淡寫稱之為「模糊老套的東西……以避開會讓此事停擺的教條爭論」。[16]

當然，正是這一老套的模糊，還有歐盟指令太鉅細靡遺，造成民主赤字：要歐洲人關心一個長久以來身分不明，同時似乎侵犯他們生活每個層面的聯盟，實在不易。然而，歐盟作為間接治理體制，儘管有其種種缺點，但還是有某些有趣、具創意的地方。決議和法律可能在超政府層級通過，但是由各國政府來執行。每件事情都必須得到同意才能執行，因為沒有強制施行的工具：沒有歐盟收稅員，沒有歐盟警察。因此歐盟代表了一個不尋常的折衷辦法：由會員國政府執行的

13 但並非每個地方都如此：在英國，一如在美國，富人與其他人的收入差距從一九七〇年代晚期起逐步拉大。

14 歐洲法院與歐洲人權法院不同，不可混為一談，後者係在歐洲理事會的支持下成立，以落實一九五三年的《人權與基本自由保護公約》。

15 在季斯卡所擬的「歐洲憲法」中，第三條（I）將歐盟的宗旨界定為「促進和平、歐盟的價值、歐盟人民的福祉」。

16 Quoted by Andrew Moravcsik in *The Choice for Europe* (New York, 1998), p. 265.

國際治理。

最後，歐盟既無工具也無機制來防止會員國兵戎相向，但歐盟存在本身，使兵戎相向的想法變得有點荒謬。一次大戰後，打贏的一方已體認到打這一仗讓他們在政治上或領土上得到好處，但付出的代價太大，但還要再打一次大戰，**輸的**一方才體認到這教訓。歐洲認知到，內部若掀起第三次大戰，會是一場浩劫，歐洲或許就此完蛋；但不代表那不可能發生，至少在戰後頭幾年是如此。

但到了二十世紀底，歐盟的菁英分子和機構已緊密交織，互賴甚深，因而武裝衝突雖非絕不可能，但已變得不大可能成真。拉脫維亞、波蘭之類國家為何如此渴盼加入「歐洲」，原因在此，那是他們擺脫過去的出路，是確保未來平安的保單。但諷刺的是，面對巴爾幹半島上真正開打的戰爭，歐盟的領袖為何如此束手無策，原因也在此。

南斯拉夫變局所加諸歐盟的羞辱，[17]使歐盟認識到它的制度有利也有弊。歐盟**不是**個國家，因此得以將約四億五千萬人結合為一個身分模糊、少有異議聲音的單一共同體。但正因為它不是國家——因為它的公民首要的效忠對象仍是他們所置身的國家，他們遵守自己國家的法律，講自己國家的語言，繳稅給自己國家——歐盟沒有機制來決定或落實自己的安全利益。

這不表示「歐洲」沒有共同的外交政策。相反地，歐洲共同體和接替歐共體的歐盟，在推動、捍衛自己於國際舞台上的利益，在對抗外來競爭者方面，數十年來極有成效。但這些利益從一開始就絕大部分從經濟性——或更精確地說，從保護主義——的角度來界定。歐洲的經濟部長和貿易事務專員，已在美國輸出品的減稅優惠上、對歐洲產品的進口限制上，和華府公開交手。

爭議性更大的是，歐洲也努力維持高額對外關稅，以保護歐洲的受補貼農民——限制糖之類大宗商品的自由貿易，而危害到非洲或中美洲農民——且卓有成效。[18]但儘管歐盟諸會員國樂於讓布魯塞爾出面，替他們在世貿組織等地方表達他們的經濟主張——就連歐盟前幾大強國都如此——卻不肯放掉現代國家最重要的特性。歐盟沒有自己的軍隊。

這有一部分是歷史偶然因素所造成。一九五〇年代初期，有許多人認為未來西歐人能統籌西歐的軍事事務，而且認為該這麼做——在一九五〇年八月歐洲理事會諮詢大會的某場會議上，法國的保羅．雷諾（Paul Reynaud）甚至主張該設置歐洲國防部長一職。但成立歐洲防衛隊的提議未獲通過（見第八章），還有西德加入北約，使這類構想被打入冷宮約二十年；西歐轉而舒服地躲在美國核子保護傘下面。

韓戰結束和西歐諸殖民國家放掉殖民地之後，每個西歐國家都裁減國防預算。共產主義垮台之後，國防支出降到歷史新低。八〇年代晚期時，國防支出占北約會員國預算的比重，已平均降到國民生產毛額的百分之三．四；到了二〇〇三年，丹麥的國防支出只占其國民生產毛額的百分之一．六，義大利是百分之一．五，西班牙是百分之一．四。只有英、法的國防支出多上許多，但不管是英國還是法國，這時都未超過百分之五——與過去相比，少之又少。

17 當時美國國務卿勞倫斯．伊格柏格尖刻預測歐洲人「會把事情搞砸，這會給他們一個教訓」。

18 補貼自己農民而傷害他國農民者，不止歐盟。歐盟甚至也不是這方面作法最惡劣者：從人均角度看，挪威、瑞士、日本、美國補貼的額度都高過歐盟。但歐盟似乎比較虛偽。布魯塞爾既向世人說教，它自己的作為卻往往帶有選擇性。東歐人照歐盟的要求採行林林總總的歐盟法規，卻發現西歐諸國政府頻頻不遵守這些法規。

此外，雖然二〇〇〇年宣布打算成立歐洲「快速反應部隊」，但歐洲諸國的軍隊無一受「歐洲」控制，短期內也不可能受「歐洲」控制。歐洲對外關係事務專員一職已設置多年，但阿姆斯特丹條約簽署之後，多了一個職能和它一模一樣的職務——只向歐盟理事會負責的共同外交、安全政策高級代表——該專員的權力隨之縮小。而且不管是對外事務專員，還是高級代表，都沒有權力自訂政策、派兵，或替會員國的外交政策、外交部長發言，除非事前接到指示。季辛吉過去那個帶有譏刺意味的疑問——「如果我想打電話給歐洲，該撥哪個號碼？」這時聽來譏刺意味絲毫不減。

但這些限制——歐盟雖然地大且財力雄厚，但不是國家，更不是強權——反而有助於提升其在歐洲內外的形象。至少在這點上，歐盟的確漸漸類似瑞士——國際機構林立、國際合作頻繁之處，「後民族國家時代」解決問題、凝聚社會之策略的典範：與其說是彼此相關的眾多機構或一組包羅廣泛的法律，不如說是體現於新《基本權利憲章》裡的一套價值觀（「歐洲價值觀」）。

如果說這新歐洲的價值觀和準則在二十世紀底受到壓力，那壓力不是來自既有的民族國家；民族國家與歐洲概念向來被人拿來對比，但這樣的對比造成誤解。反倒是歐盟以及諸會員國這時都面臨前所未見的一波經濟、社會挑戰，挑戰的來臨大部分是他們無法控制的外力造成，而大部分的挑戰都與一事密切相關，亦即所謂的全球化。

◆

全球化沒有什麼特別神秘之處，它甚至不是這時才有——十九世紀底新而迅捷的交通網、通訊網所帶給世界經濟的衝擊，和一個世紀後網路和金融市場解除管制、自由化所帶來的轉變，至少同樣劇烈。自由化貿易的果實，全球分享不均，也不是新鮮事——特別是二十世紀底，國際貿易體制始終在照顧有權有錢者的利益時，那種分配不均的程度和一九一四年前那幾年毫無二致。

但從歐洲的角度看，最近這波世界經濟轉變，有一重要特點是這時才有。十九世紀底，歐洲諸國剛開始擴大其在國內的控制範圍：一段時間之後，其中許多國家擁有、營運或管理重要的經濟產業。得到新推出的累進稅挹注，政府支出劇增，其中一部分用在戰爭上，但用在滿足社會、福利需求的比例愈來愈高——政府已開始視之為自身職責。

但一九九〇年代的經濟國際化，緊跟在歐洲第一波私有化的大浪潮之後，為日後的更多私有化提供了動力（見第十七章）。這時，在歐洲，國家的角色開始萎縮——先是在英國，然後西歐許多地方，最後是共產主義垮台後的東歐——而一九八七年後《單一歐洲法案》的落實，明訂了國內競爭和國與國間的公開競爭，更進一步推動這進程。透過業務的合併、收購和國際化，公司這時以全球格局在營運。商品的生產、配銷往往並非個別國家所能控制。

至於錢，它開始以數年前還無法想像的方式增殖、遷徙。一九八〇年，所有國際銀行的貸款總額是一年三千兩百四十億美元；到了一九九一年，已成長為七兆五千億美元，十一年間就多了二十二倍。而這只是開始。對資金流動的管制，八〇年代初期時已被大部分歐洲國家撤除，這時則成為和糧食配給一樣古老的東西。一九九二年九月的英鎊危機就是極具象徵性的時刻。該危機裡，英國、義大利先後被迫退出歐洲貨幣體系，因為受迫於他們所無力阻止的私人投機客和投資公司的活動，而將本國貨幣貶值。

國際經濟裡的這場革命，其好處誰都得看出。投資資金不再受到國界、匯率體制或本國貨幣管制的約束，哪裡需要它（且有利可圖），它就流到哪裡，不受羈扼——一九九〇年外國人已持有百分之三十四的德國債務。但也有缺點：歐洲製造業者，原本得在德國或法國或瑞典境內雇用具專門技能工人，因此利潤受限於工人的高工資和固定成本；但這時他們不只可以去找國際投資人，還可以找來較聽話、較低廉的外勞。

德國或英國或法國的公司，這時未像過去那樣將窮國的廉價勞工引進歐洲，反倒發現將工廠外移較有效率，於是在巴西或奈及利亞、葡萄牙或羅馬尼亞設廠，從那些地方直接將成品行銷到世界各地。這進一步加速西歐的去工業化，惡化許多地區存在已久的失業問題——且使政府在支付失業補償等社會福利上的負擔加重。

法國最後一座煤礦場——位於摩澤爾省（Moselle）的克勒茨瓦爾德（Creutzwald）——於二〇〇四年四月關閉時，誰都很清楚那些礦工將從此找不到正職工作。摩澤爾區的失業率達勞動人口一成，高居不下；在更北邊，毗鄰比利時邊界的那些前採礦鎮裡，失業率達一成五。二十世紀最後三十年裡，法國全國失去一百五十萬個工業性工作，其中大部分在一九八〇年後失去。西班牙很快就失去身為西歐較落後經濟體所取得的比較優勢，民主轉型後的二十年內失去六十萬份工作。一九九〇年代中期衰退最嚴重時，西國二十五歲以下的勞動人口有四成四失業。

失業嚴重不是新鮮事。鑑於大部分歐盟國家提供了優厚的福利網，失業對個人、社會帶來的經濟衝擊，絕對不如兩次大戰之間那些年的經濟殘破來得嚴重（對心理的衝擊是另一回事）。但二十世紀晚期經濟脫離常軌對社會的傷害，有一特別之處，即那些傷害發生在富裕年代。私有化和金融市場開放，創造了大量財富，但只讓相對少數的人享受到；在某些地方，例如倫敦或巴塞隆納，其後果特別具體可見。由於電腦和電子媒體縮短人與人的距離，加快了訊息流通，公眾能夠迅速大量得知其他人的生活方式。

就是因為意識到貧與富、生活寬裕與生計不穩、私人有錢和公家拮据之間的懸殊對比，歐洲境內對不受管制之市場和不受約束之全球化的種種大受宣揚的好處，愈來愈懷疑——雖然許多歐洲人本身間接受惠於他們所譴責的改變。若在過去，這類心態加上工會施壓和政治人物的私心，有可能促成經濟政策退回某種有限的保護主義。

但政府的手這時被綁住，而傳統意義上的工會已幾乎不存在。只有在法國，工會工人在社會輿論協助下，成功暫時擋下國營公司的出售：而即使如此，那也只是出現在法國電力公司之類的特例。法國電力公司是戰後國有化產業的象徵，其員工是一度勢力龐大（由共黨領導）之法國總工會僅存的少數會員之一。二十世紀最後幾年，歐洲其他能源市場都解除管制時，法國電力公司仍屬國營。

但曾是法國最大藍領工人工會的法國總工會，這時的實力已大不如前——法國所有工會從一九八〇年以迄這時已失去三分之二會員——且它所代表的工人，已不再是法國或其他地方境內典型的勞動族群。工作本身已經變了。在許多地方出現了新的四級體制。最頂層者是新的專業階層：屬於大都市、見多識廣而願意接納異國觀念與作風、生活優渥、受過高等教育——往往是銀行等金融機構（新全球經濟的最大受益者）的職員。然後是第二層，即傳統受雇族群裡——工廠、服務業或公家機關裡——受到保護的核心成員，他們的工作相當穩固，仍享有許多傳統救濟金、保障。

第三層由小企業、服務業構成——街角店家、旅行社、裁縫師、電器維修業者，諸如此類——而它們的老闆和員工大多是外來移民或其後代（法國境內是阿拉伯人，德國境內是土耳其人和庫德人，英國境內是南亞人）。此外還應加上南歐境內規模可觀且通常以家庭為基礎的非正式「灰色」經濟。在義大利，從鞋子到紡織品到機器零件的樣樣東西，往往都是在官方所稽查不到的地下經濟領域裡生產、配銷，據一九九七年的估計，這一「非正規」的產業貢獻了至少四分之一的義大利國內生產毛額。在葡萄牙，比例是百分之二十二（必然是估計的數據）；但在某些地區，例如葡國最北邊的布拉加（Braga）鎮，「非正式」的工人占了該地勞動力的四成五之多。

最後是第四層，成長最快速的一層：這一類人受雇的工作，既不像傳統專技工作那樣長期穩固，且未享有五〇、六〇年代經濟快速成長期間出現的標準福利；甚至可能並無就業。雖然，在某些國家（英國和荷蘭），失業率最終的確降到令人滿意的低水平，並有人據此廣為宣傳道：這正證明了不受限制的全球化市場的好處。但許多人雖已不被列入失業救濟名單——特別是婦女和年輕人——這時從事的卻是低薪、兼職、沒有福利的工作；或者在政府所補貼或出資支持的就業計畫裡，找到固定工期的工作。

薪水低到無法養活自己和家人者，仍能求助於社會福利，且有許多人這麼做。在英國——柴契爾主義對政府和社會兩者的抨擊最尖銳的地方——這時有一千四百萬人生活在貧窮裡，包括四百萬孩童。[19]六分之一人口靠「收入支持」（Income Support）計畫或「家庭信貸」（Family Credit）計畫，才得以免於淪落到貧窮線以下。已在一九五〇年代底實質絕跡的遊民——至少在歐洲北部是如此

——這時再度變多：在柴契爾當政那些年，光是倫敦境內的遊民人數就成長了九倍。到了一九九○年代中期，已達八萬人。在英國首都，座落著昂貴程度名列世界前茅的豪宅，而就在這些豪宅方圓數哩內，倫敦部分地區已開始呈現出維多利亞時代晚期惡名遠播的「被拋棄的倫敦」（Outcast London）的光景。[20]

過去，經濟回升往往使許多窮人薪水增加，工作飯碗較穩固，但這種事已成歷史。換句話說，在富裕的歐洲，正有一最低下的階級（under-class）漸漸成形。誠如法國社會學家安德烈·戈爾斯（André Gorz）於一九六○年代就預言的，伴隨工業時代的結束，將出現一由短期臨時工組成的新階級——「非工人的非階級」（non-class of non-workers），他們既處於現代生活的邊緣，又在某種程度上位在現代生活的正中心。[21]

在歐洲，一如在美國，促使人淪落最低下階級的因素，不只貧窮和失業（或兼職或大材小用），還有種族，且種族因素所占的比重愈來愈大：九○年代中期，倫敦年輕黑人男子的失業率

19 一九九五年，根據聯合國兒童基金會的某項調查，有五分之一英國孩童生活在貧窮中，相對地，德國是十分之一，丹麥是二十分之一。

20 劍橋大學政治理論家約翰·鄧恩（John Dunn）搬出稍有不同的標準，以表明類似的觀點。他把富國的勞動人口區分成「能在市場上自己安頓好自己者……全因為自己屬於倖存的集體行動單位，且那行動單位擁有的威脅性優勢遠大於個別成員之勞動價值，因而自己才得以不被淘汰者，以及因為沒人願意花大錢雇用，因而已在市場滅頂者。」Dunn, *The Cunning of Unreason. Making Sense of Politics* (London, 2000), p. 333.

21 戈爾斯推斷，這一新階級將反過來助長新一代的激進社會運動。以他所處的時代和當時的政治情勢，這樣的推斷不難理解，但至目前為止，此事幾無證據。

達五成一。窮人的出身，一如二十世紀底的整個歐洲，呈現鮮明的多國族特色；或說「多元文化的」，這個詞已經慣常被拿來描述一項事實，即是有許多深膚色的荷蘭人、德國人、英國人是在本土出生，原本來自摩洛哥或土耳其或巴基斯坦的移民，是其父母乃至祖父母。鹿特丹或萊斯特之類城市，如今呈現多語言、多膚色的面貌，變化之大，即使是只睽違二十年回到該地者，看到了都會大為驚愕。一九九八年，白人小孩在倫敦市區的公立中學裡已屬於少數。

歐洲的大城，特別是倫敦，如今是不折不扣的國際性都會。如果說高薪的城市工作仍落在白種歐洲人（和北美人）手上，那麼從街頭清道夫到兒童照顧員等低薪工作，如今幾乎全是「少數族群」在從事——往往是黑色或棕色人種，其中許多人沒有工作證——而非來自阿連特茹（Alentejo）或南義大利的傳統「次等」歐洲人在從事。據官方數據，一九九二至二〇〇二年，居住於倫敦和英格蘭東南部之外籍人士的淨增加數是七十萬；但實際數字遠不止於此。

因此，外籍人士的移入，雖在西歐全境始終受到阻撓和嚴厲管制，外來移民仍是人口組成上的一大部分：以前述一九九八年倫敦市區那些孩童來說，三分之一不以英語為第一語言。這些孩童往往是難民（即當時所俗稱的「尋求庇護者」）的後代，其人數於南斯拉夫戰爭爆發後大增；但也有一些孩童是來自中亞、東南亞、中東、非洲多處地方之移工的後代，其中許多人是非法居留，因而沒有身分證件。

當時，在給予外籍人士庇護上，德國是最大方的歐洲國家（如今仍是），[22]但外來移民要在德國取得完整的公民權，向來非常難，據估計，二十世紀底，外來移民——包含家眷和受扶養者——達五百萬。二十一世紀初期，向德國申請庇護者，過半來自伊拉克、土耳其和前南斯拉夫諸共和國，但也有來自伊朗、阿富汗、俄羅斯、越南者，且人數愈來愈多。

西歐人擔心西歐可能被「經濟難民」、非法移民、尋求庇護者之類的人「淹沒」，因而對歐盟擴大一事普遍興趣缺缺。一九八〇年代，英、德營建業裡就已出現許多非法入境的波蘭工人。但與其說問題出在波蘭、匈牙利或其他有意加入歐盟的中歐國家，不如說是出在它們東邊的那些國家。一九九二年，波蘭本身就有二十九萬「非法移民」，其中大部分來自保加利亞、羅馬尼亞、前蘇聯；匈牙利人口僅一千萬，境內卻有十幾萬尋求庇護者。在那些地方——或在斯洛伐克，或捷克共和國——生活困苦，但不至於到無法忍受的地步，且這些國家與它們西邊鄰國間的差距，不管拉近速度多慢，都已開始在拉近。至於中歐與後共產主義歐洲其他地方的巨大差距，則拉得更開更大。

因此，到了九〇年代晚期，在波蘭、捷克共和國，平均月工資已逼近四百美元，在白俄羅斯、烏克蘭、羅馬尼亞，還停留在八十美元上下；在保加利亞，不到七十美元；在摩爾多瓦，只有三十美元——這是引發錯誤認知的一個平均值，因為摩爾多瓦有四成八人口仍靠土地過活，在首都基希訥烏之外，收入更低。與波蘭、乃至保加利亞不同的，前蘇聯諸加盟共和國的情況沒有改善：二〇〇〇年時，二分之一的摩爾多瓦人民一年所得不到兩百二十美元，月所得只有十九美元。

在這樣的情況下，摩爾多瓦人——或烏克蘭人，乃至大都會以外的許多俄羅斯人——惟一的生路乃是到西方找工作。於是，有多得驚人的人數，特別是年輕婦女，落入犯罪集團之手，經羅

22 光是一九九二年，德國就接納了將近二十五萬南斯拉夫難民。英國接納四千人，法國只接納一千人。

馬尼亞、巴爾幹半島運到歐盟境內，境遇最好的，在作坊、餐館當契約僕役，最慘的淪為妓女（較常見的下場）：在德國或義大利乃至在波士尼亞當妓女，服務薪水優渥的西方軍人、行政官員、「援助人員」。於是，非出於己願的摩爾多瓦、烏克蘭「客籍工人」，和吉普賽人一樣淪入歐陸多元文化體的最底層。[23]

被迫賣春者大部分隱沒於當地社會——一如來自歐洲邊陲地區的前幾代白人移民，她們輕易就融入當地多數族群，因此警方和社工很難找到她們。但法國社會學家和批評者所喜稱之為「遭排除在外者」（les exclus）的那些人，大部分十足顯眼。這個新的最低下階層，其組成者與其說是被排除在工作之外，不如說是被排除在「生活機會」之外：個人被阻於經濟主流之外而無依無靠，他們的小孩教育程度低，他們的家人被困在城市邊緣、營房般的公寓大樓裡，那裡沒有店家、交通設施、服務性事業。二〇〇四年，法國內政部所做的某項調查斷定，約有兩百萬這類人住在受社會排斥、種族歧視、高度國內暴力危害的城中聚居區裡。法國人稱這類暴力橫行的弱勢族群聚居區為熱區（quartier chaud），在其中某些聚居區，年輕人失業率已達五成；受害最烈者是阿爾及利亞裔或摩洛哥裔的年輕人。

這一最低下階層與其他階層的不同之處，往往除了膚色，還有信仰。因為這時候歐盟除了文化多元，宗教上也愈來愈多元。基督徒仍占絕大多數，雖然其中大部分人已不上教堂。猶太人這時是少數族群裡的少數，只在俄、法、英、匈牙利境內人數頗多（但英、匈境內的猶太人又大大少於俄、法境內）。但印度教徒，特別是穆斯林，這時在英、荷、比、德，還有斯堪地納維亞、義大利、中歐三地的大城裡，已成為鮮明可見、不容小覷的一股勢力。而且皈依伊斯蘭者遽增，就歐洲境內的幾大世界性宗教來說，只有伊斯蘭逆勢成長。

到了二十一世紀頭幾年，法國境內可能有六百萬穆斯林（大部分是北非裔），在德國境內也有將近六百萬（主要是土耳其裔或庫德裔）。加上英國境內將近兩百萬穆斯林（大部分來自巴基斯坦、孟加拉）和荷比盧、義大利境內為數可觀的穆斯林，表示整個歐盟境內的穆斯林人數可能達一千五百萬。

穆斯林族群出現在迄這時為止已大體上世俗化的社會裡，帶來難處理的社會政策問題：針對公立學校裡穿戴宗教服或象徵，該制訂什麼規定？政府該鼓勵（或抑制）不同文化機構、設施到何種程度？支持文化多元（如此一來等於是區隔各個群體），是不是好的政策？亦或政府該往促進整合、甚至強迫整合的方向走？在法國，官方政策提倡文化整合，禁止在學校裡展露宗教表徵；在其他地方，特別是英國和荷蘭，對文化差異和鮮明表露宗教自我認同的行為較為寬容。但不管在哪個地方，看法都是分歧的（見第二十三章）。

如果說這些問題迅速成為最亟需解決的全國性政治問題，而且與外來移民、庇護的爭辯愈來愈糾纏不清，那是因為歐陸各地都愈來愈不安於新一代排外政黨的興起。這些政黨有一些發跡於先前的宗派政治時代或民族主義政治時代；有一些，例如在選舉上有驚人斬獲的丹麥人民黨或荷蘭的皮姆・佛爾泰恩黨（List Pim Fortuyn），創黨並不久。但這些政黨在利用「反外來移民」心態以

23 二十世紀底，歐洲境內據估計有五百萬吉普賽人：約五萬人在波蘭，六萬人在阿爾巴尼亞，五十萬人在匈牙利，在前南斯拉夫、捷克共和國可能各有約六十萬人，在羅馬尼亞至少有兩百萬人。在有吉普賽人居住的國家，他們受歧視、虐待的事司空見慣，更別提在不准他們入境的英國之類國家。

壯大自己上，都出人意料地高明。

這些極右派政黨，不管是像英國國民黨那樣抱怨「少數民族」，還是像法國「國民陣線」的尚．馬利．勒潘那樣把矛頭對準「外來移民」（在德國較常被稱作「外國人」或「異族」），在這些年裡都如魚得水，大有斬獲。一方面，經濟成長變緩，加上容易受全球經濟力量傷害，使許多上班族對生計不穩的憂心，來到數十年來未有的高度。另一方面，左派政黨老氣沉沉的機關報，已不再能高舉階級大旗，掌握、利用那份不安全感：法國國民陣線在選票上最有斬獲的地區，往往曾是法國共黨票倉，這絕非偶然。

身邊出現愈來愈多顯眼、與自己文化格格不入的少數族群，以及一旦東歐的防洪閘門打開，會有更多外國人前來搶食福利大餅或搶走「我們」的工作，為新右派提供了大作文章的題材。蠱惑民心的民粹政客宣稱「船已經滿了」，或宣稱本國政府已把邊界控制權讓給「跨國利益集團」或「布魯塞爾的官僚」，然後承諾當選後會停止外人移入，遣返「外國人」，把國家還給已在自己國家成為外人、處境艱困的白人公民。

比起過去的法西斯主義，這一最新出現的排外現象，或許顯得溫和——但在德國，九〇年代初期時出現一波針對外國人、少數族群的仇恨式罪行，使某些評論家更為憂心忡忡：鈞特．葛拉斯譴責西德政治文化的自私冷漠，指出德國眼光短淺地熱衷於「不配得到的」統一，並主張種族主義暴力，特別是發生於前東德境內仇外情緒特別強烈、破敗沒落的工業城裡的這類暴力，應該完全歸咎於該國自滿、失憶的政治菁英身上。

但即使暴力程度遭到抑制，民眾對新右派的支持程度卻令人深以為憂。鄰國奧地利的自由黨，前身為戰後的無黨聯盟（League of Independents），但據稱已清除掉該聯盟與納粹之瓜葛。黨魁耶爾格．海德很上電視鏡頭，作風年輕，在他領導下，自由黨歷經選戰洗禮，聲勢逐漸壯大。該黨以「小人物」的捍衛者自居，聲稱這些「小人物」被狼狽為奸的兩大黨冷落，受到正入侵他們家園的一批批「犯罪者」、「吸毒者」、其他「外國下等人」威脅。

為不觸犯法網，海德總是小心翼翼，避免做出會讓人一眼認定他在懷念納粹的事。大部分時候，這位奧地利人都是拐彎抹角表露其種族偏見（一如尚－馬利．勒潘）——例如，當他談到公眾生活上對他造成冒犯的事情，為了舉例說明而指名道姓，提出來的人恰巧就是猶太裔。當他和他的擁護者抨擊起歐盟之類較新的目標時，態度就沒這麼忸怩：「我們奧地利人負責的對象，不該是歐盟，不該是馬斯垂克，不該是某個國際理念，而該是我們的祖國。」

一九八六年奧地利國會選舉，海德的自由黨拿下百分之九．七的選票。四年後，已成長到百分之十七。一九九四年十月的選舉，自由黨拿下百分之二十三的選票，撼動了維也納既有的權力結構，得票率只差人民黨四個百分點——人民黨在戰後頭二十五年連續執政，且在奧地利鄉村地區仍是最大的政黨。更為不妙的是，海德的訴求已深深打動傳統上支持社會黨的維也納勞動階層選民。鑑於（據一九九五年的民調）三分之一的奧地利人，認同海德的說法，所謂奧地利境內的「客籍工人」和其他外國人享有太多好處和特殊照顧，這樣的結果並不讓人奇怪。

海德的影響力於二十世紀底達到極盛。一九九九年十月的選舉，他的黨拿下奧地利百分之二十七的選票，把人民黨擠落到第三大黨，距第一大黨社會黨的得票數不到二十九萬票。二〇〇〇年二月，人民黨與自由黨合組聯合政府（但海德本人未入閣），把奧地利的歐洲夥伴嚇得倒抽一口氣。但奧地利新總理沃爾夫岡・許塞爾（Wolfgang Schüssel）算盤打得很精：自由黨是抗議型政黨，訴求對象是「受剝削、受欺騙的小人物」（法國民粹主義政治人物皮耶・布熱德語）。一旦入閣，受到政務的折騰，又必須為不得人心的政策分攤責任，自由黨很快就會失去吸引力。二〇〇二年選舉，自由黨只拿到百分之十・一的選票（人民黨則得票成長，拿下將近百分之四十二的選票）。二〇〇四年的歐洲議會選舉，海德的黨得票率降到百分之六・四。

從海德政治生涯的起伏（但仍是他故鄉卡林西亞很得民心的州長），正可看出其他地方排外政黨的發展軌跡。在荷蘭，皮姆・佛爾泰恩遭暗殺後，皮姆・佛爾泰恩黨於二〇〇二年拿下百分之十七的選票，與他黨合組聯合政府，但好景不常，下一次選舉時，得票率陡降為百分之五，國會席次由四十二席遽降為八席。在義大利，北部聯盟加入由貝魯斯科尼主導的聯合政府，反倒使它的得票率自此一路下滑。

在丹麥，丹麥人民黨一九九五年初創時是沒沒無聞的小黨，二〇〇一年時已成為該國國會第三大黨。該黨不入閣，幾乎只專注於外來移民的議題，藉此該黨和黨領導人皮婭・克亞斯高（Pia Kjærsgaard）能夠以小搏大，發揮極大影響力。對於規範庇護事務和外籍居民的法律，向來立場不強硬的丹麥兩大黨，自由黨和社會民主黨，這時則爭相拉高其「強硬」姿態。誠如丹麥人民黨於二〇〇一年選舉拿下百分之十二選票後所說的，「我們主導政局。」[24]

這時不管是左派，還是右派，都幾乎沒有主流政治人物敢於在這類問題顯得「溫和」，從這一角度看，她說的沒錯。就連作風如流氓的迷你小黨英國國民黨，都能對英國新工黨政府的政策有所影響。向來不成氣候的英國國民黨，晚近最佳的成績是一九九七年選舉時，在孟加拉人已取代猶太人成為當地少數族群的東倫敦某區，拿下百分之七的選票；四年後在奧爾德姆（Oldham）的兩個區拿下一萬一千六百四十三張票（一成四得票率）。奧爾德姆是位於蘭開夏郡的前紡織業重鎮，在這次大選前不久才剛爆發種族暴動。

相較於歐陸同性質政黨的發展，這樣的成績微不足道，且英國國民黨一直以來的票數絕不能贏得國會席次。但（根據民調）其政見似乎反映了國民普遍的不安，因而，這個強硬右派政黨使首相布萊爾心生畏懼，不得不進一步緊縮英國針對有意移民英國、向英國尋求庇護者所設下原已苛刻的規定。新工黨政府在二〇〇一年選舉囊括六成多國會席次和將近一千一百萬選票，竟會跟著一個在全國只拿到四萬八千張選票的新法西斯政黨的宣傳調整其政策，這在某種程度上說明了當時的氣氛。英國國民黨在這次全國大選的得票率是百分之〇．二，比妖怪狂歡發瘋黨（Monster Raving Loony Party）只多了四萬票。

法國的情況不同。在那裡，國民陣線有可著力的議題——外來移民；有廣大民意支持，一九八六年大選拿到兩百七十萬票；有一富有群眾魅力的領袖，極善於將人民籠統的不滿轉化為針對明確對象之憤怒與政治歧視。話說回來，若非密特朗為了讓國民陣線進入國會（進而躋身全國性政壇），藉此分化、削弱法國主要的保守政黨，於是在一九八六年居心不良地施行比例代表制，這個極右派政黨不可能選出這麼好的成績。

但不可否認的，一九九五年總統大選時，有四百五十萬法國選民把票投給勒潘：二〇〇二年

24 丹麥人民黨是脫離丹麥進步黨自立門戶的組織，而丹麥進步黨本身是一九七〇年代初期抗稅運動的產物（見第十四章），但被新一代激進人士認為在歐盟問題上立場太「溫和」，反外來移民立場不夠強硬。

四月這位國民陣線領袖成就更是空前，得票成長為四百八十萬，以百分之十七的得票率在總統大選中位居第二，迫使左派候選人，倒楣的社會黨總理利奧內爾．喬斯潘（Lionel Jospin），退出選戰。法國的主流政治人物同樣體認到，他們得動手化解勒潘的殺傷力，辦法是，竊取他的政見，承諾以嚴厲措施處理「安全」和外來移民的問題，同時又不明確表示他們接受勒潘的言語和計畫（「法國人的法國」，遣返所有外籍人士）。

勒潘年輕時支持極右派組織布熱德黨，阿爾及利亞戰爭期間在少有人知的極右派組織裡歷練過，還小心翼翼辯護維琪政府和貝當主義目標，因此，他與更古老的極右派政治傳統有所聯繫，但他的黨，一如歐陸各地的同性質政黨，絕不可輕率視之為生今返古、懷念過去、重走歐洲法西斯道路的組織。佛爾泰恩、克亞斯高無疑也不能歸類為這樣的人。事實上，這兩人都極力強調他們想保存自己國家的傳統包容作風——且信誓旦旦表示，傳統包容作風所受的威脅，來自新穆斯林少數族群之宗教狂熱和開倒車之文化實踐。

奧地利的自由黨也不是納粹組織；海德不是希特勒。相反地，他大動作強調自己出生於戰後。誠如他所一再向其聽眾提醒的，他生於一九五〇年，擁有「晚生的好運」（die Gnade der spaten Geburt）。海德的成功，一如克里斯朵夫．布洛赫（Christoph Blocher）的成功——布洛赫領導的瑞士人民黨以反外來移民、反歐盟為訴求，二〇〇三年拿下全國兩成八選票——有一部分得歸功於他善於隱藏種族歧視的潛台詞，表面上的形象則是一現代化者，一信仰自由主義的民族主義－民粹主義者。這一招特別能打動年輕選民：自由黨一度是奧地利三十歲以下選民最支持的黨。[25]

在奧地利，一如在法國，將極右派團結在一塊者，已不是過去的執念（特別是反猶心態），而是對外來移民的恐懼和仇恨（在法國，恐懼、仇恨對象來自南邊，在奧地利來自東邊，而且那些地方都是法國或奧地利曾統治過的地方）。但這些新興的反體制政黨也受惠於其乾淨如白紙的形象。他們未曾執政，因而未受到九〇年代初期似已在腐蝕歐洲制度根基的貪腐所玷污。貪腐不只出現在羅馬尼亞和波蘭和（特別是）俄羅斯——在這些地方，可以辯稱貪腐是往資本主義轉型的副作用——而且出現在施行民主的歐陸中心地帶。

在義大利，基督教民主黨自戰後就一直與銀行業者、企業家、承包商、深具政治影響力的人物、公務員、以及——廣為謠傳的——黑手黨，走得很近，從中得到利益，而這時，新一代的年輕法官則大膽挺身而出，著手打破數十年來公眾對貪腐的沉默。諷刺的是，先倒下的是社會黨。一九九二年司法界調查該黨在米蘭市的管理階層，從中揭開「賄賂城」（tangentopoli）醜聞，進而促使該黨解散。社會黨名譽掃地，曾任總理的黨魁貝蒂諾・克拉克西（Bettino Craxi）被迫出逃，流亡地中海對岸的突尼西亞。

但社會黨與基督教民主黨長期聯合執政，兩者關係密不可分，社會黨出了事，基督教民主黨跟著被拖下水。兩黨都因為接下來的逮捕、起訴而更失民心，且左右義大利政局兩個世代的種種非正式政治協議、和解也跟著整個葬送掉。一九九四年的選舉，各大黨幾乎全軍覆沒，只有前共黨、前法西斯黨得以倖免——但從這場政治地震中長久獲益者只有一人，即曾當過郵輪歌手且行為放浪的媒體大亨席爾維奧・貝魯斯科尼。他從政的目的，與其說是進一步革除國內的陋習歪風，

25 在瑞士，反外來移民的歧視心態，在說德語的州特別盛行，而且種族歧視在瑞士有時大剌剌不避耳目：有張競選海報呈現多個深膚色的臉孔，下面圖說寫著「瑞士人快變成黑人了」。

不如說是確保他自己的生意穩如泰山，不受危害。

在西班牙，終結菲力佩·岡薩雷斯之政治生涯者，是大不相同的另一種醜聞。醜聞的爆發，源於九〇年代中期，《世界日報》、《十六日報》（*Diario 16*）裡充滿幹勁的年輕一代採訪記者，披露岡薩雷斯的政府於一九八三至一九八七年間對巴斯克恐怖活動發動了一場「骯髒戰爭」。據他們的報導，他允許且鼓勵殺手隊在西班牙境內，乃至跨出國界，到埃塔組織常據以發動恐怖活動的法國巴斯克地區（見第十四章），執行綁架、拷打、暗殺的任務。

鑑於埃塔的名聲敗壞，若非岡薩雷斯的社會黨同僚藉權牟利、特權關說的醜事同時遭披露，這或許還不足以讓具有群眾魅力的岡薩雷斯名譽掃地——由於佛朗哥統治晚期西班牙社會瀰漫著懷疑人性的心態，許多與岡薩雷斯同時代的人，在那種時代氣氛下長大，明顯從工具性的角度看待政府和政府法律，而不計較其是否正當。話說回來，社會黨的那些醜事，和義大利的醜聞如出一轍，激起社會各界的憂心，憂心還在學步期的西班牙民主道德敗壞。

在法國——和德國，和比利時——使政治人物形象大壞的九〇年代醜聞，彰顯的與其說是制度、道德觀念的脆弱，不如說是在現代環境下施行民主的代價愈來愈高。政治——幕僚、宣傳、顧問公司——是很花錢的事業。在歐洲，政府給予的政黨補助款受到法律、傳統的嚴格限制，且通常只供用於競選。過去，政治人物如果需要更多資金，即求助於傳統支持者：黨員、大型工會（就左派來說）、民間企業家和公司。但這些資源已漸漸枯竭：黨員在減少，大型工會在式微，且在經濟事務上不同政黨間的共識愈來愈高，企業和個人看不出有什麼理由該捐大錢給特定政黨。

或許可以理解的，不管哪個黨，西歐各大政黨都開始另闢蹊徑籌募資金——而就在這時，因為廢除管制和商業全球化，周邊有更多錢在流動。法國境內的戴高樂主義者和社會黨，一如德國境內的基督教民主黨、英國境內的新工黨，被披露過去二十年以種種見不得人的方式募款：不管是收錢圖利特定對象、特權關說，還是比過去更堅持倚賴傳統捐款人。

在比利時，情況更為嚴重：由其中一樁醜聞——所謂的達梭／奧古斯塔事件（Dassault/Augusta affair）——就可充分了解。一九八〇年代底，比利時政府簽訂合同向義大利奧古斯塔公司購買四十六架軍用直昇機，並委請法國達梭公司改裝其F16戰機。有意承包這生意的其他廠商遭人為因素排除在外。這事件本身並不稀奇，有三國捲入，使這事件帶上泛歐特質。

但後來查明比利時的社會黨（當時聯合政府一員）從這兩筆交易都收到很大回扣。不久後，知道太多內情的社會黨重要政治人物安德烈·寇爾斯（André Cools），一九九一年在列日某公園停車場遭殺害；另一位重要政治人物埃蒂昂·芒日（Etienne Mange）一九九五年遭捕；第三位重要人物威利·克拉斯（Willy Claes），一九九八年九月被判替所屬政黨收賄有罪。克拉斯曾任比利時總理，當過北約秘書長（一九九四～一九九五），達成上述交易時任外交部長。第四位嫌犯，與此案關係密切的前陸軍將領雅克·勒費弗爾（Jacques Lefebvre），一九九五年三月離奇死亡。

如果說這是比利時才會有的事（據波特萊爾的說法，「比利時沒有生氣，但並非沒有腐敗。」〔La Belgique est sans vie, mais non sans corruption.〕），那或許是因為比利時憲法權威遭複製、稀釋後，不只已拿掉對政府的監督，還使政府機器的許多環節幾乎瓦解，包括刑事體系。在其他地方，除了如上所述的義大利例外，少有個人貪污的事例——大部分罪行、輕罪是為了黨的利益而犯——但仍有一些非常知名的人物，其政治生涯被迫戛然而止。[26]

這些名人包括岡薩雷斯、法國前總理阿蘭・居佩（Alain Juppé）、義大利基督教民主黨的幾位受敬重的領導人，甚至還包括德國前總理暨兩德統一的英雄柯爾。柯爾拒絕透露他所屬政黨的秘密捐款人名字，形象因此受損。法國總統席哈克——在巴黎市深陷政黨藉權牟私、特權關說風暴時，擔任巴黎市長——若非受到他總統大權的保護，下場肯定也和他們一樣。[26]

這些事件最引人注目的地方，或許是它們對整個政治制度的形象危害相對沒**那麼嚴重**。投票率下降，無疑表示選民對公共事務興趣缺缺；但這由數十年前廢票率的上升和政治辯論激烈程度的降低，就已可看出。真正令人驚訝的，不是新一批右派民粹政黨崛起，而是它們利用一九八九年後的混亂和民怨壯大勢力，卻始終未能更上層樓。

這有其原因。歐洲人或許已不相信政治人物，但在歐洲政府體制的核心有一樣東西，連最激進的反體制政黨都不敢直言抨擊，而且幾乎所有人都服膺這東西。那個東西當然不是歐盟，儘管歐盟有種種優點。那也不是民主：民主太抽象，太含糊，可能還太常被掛在口頭上，因而光是它，不足以令人讚賞。那東西也不是自由或法治——這兩樣東西在西方幾十年來未受到嚴重威脅，且被年輕一代歐洲人視為理所當然。真正將歐洲人結為一體的東西，即使在歐洲人激烈批判該東西實際運作的某層面時，仍將歐洲人結為一體的東西，乃是已被習稱為「歐洲社會典範」（European model of society）的東西——與「美國生活方式」迥然有別，其差異發人深省。

26 有個例外：埃迪特・克雷松（Edith Cresson），曾任法國社會黨籍總理的歐盟專員，一九九九年被揭露利用個人在布魯塞爾的職權，為她的前牙醫虛報一筆高額的諮詢費，使整個歐盟執委會形象大傷。

23

歐洲的紛然雜陳
The Varieties of Europe

如果我們能真正看清自己時代的徵兆，
藉由了解當代的優缺點來調整自身在時代中的位置，那才是真正的智慧。
我們不要熱切凝望模糊的遠處，
而應冷靜瞧瞧周遭，瞧瞧自身所處的複雜艱難環境。

托馬斯 · 卡萊爾

✣ ✣ ✣

歐洲的創造者把歐洲變小，甚至把她分成數個小單位，
讓我們得以從眾多而非龐大中尋得樂趣。

卡雷爾 · 查佩克

✣ ✣ ✣

在歐洲我們是亞洲人，
在亞洲我們也是歐洲人。

杜斯妥也夫斯基

23 歐洲的紛然雜陳
The Varieties of Europe

隨著共產主義垮台和蘇聯瓦解而消失的，不只是某種意識形態體系，還有整個大陸的政治、地理座標。有四十五年時間——超乎大部分在世歐洲人的記憶——二次大戰的不穩定產物一直被定住不動。歐洲的意外東西分裂和隨之而來的種種發展，都被人覺得是不可避免。而這時，分裂的態勢突然間已成為歷史。事後來看，戰後幾十年有了截然不同的意義。那段期間曾被視為意識形態永久對立之新時代的開端，這時則以它的本來面目呈現：始於一九一四年之歐洲內戰的冗長完結篇，從希特勒戰敗到終於解決希特勒戰爭所留下的未竟問題，長達四十五年的過渡期。

隨著一九四五至一九八九那個世界的消失，那世界的假象更清晰呈現於世人眼前。大受稱揚的戰後西歐「經濟奇蹟」，使該地區取回它在一九一四至一九四五年間所喪失，在全球貿易、產量上的地位，隨後該地區的經濟成長率逐漸退回到與十九世紀晚期約略相當的水平。這是了不起的成就，但談不上是當時人所一度喜稱的那種邁向無限期愈來愈繁榮之境的突破性成就。

此外，這一復興不是在克服冷戰的艱難下達成，反倒是因為冷戰而得以達成。蘇聯帝國的擴張，一如過去奧圖曼人的威脅，使歐洲縮小，但也使倖存的歐洲地區同仇敵愾，團結一心。當東邊受禁錮的歐洲人不在場，西歐人過得稱心如意：既沒有義務要處理前陸上帝國之後繼國的貧窮、落後問題，且得到美國軍事保護傘的保護，不致受到晚近政治餘波的衝擊。從東歐的角度看，這始終是管窺之見。共產主義垮台、蘇聯帝國解體之後，這假象遭到戳破。

自認幸福安全的戰後西歐——有經濟共同體和自由貿易區、有令人安心的外部盟友、有形同虛設的內部邊界——突然間變得很脆弱，不得不回應其東邊有意成為「歐洲公民者」受挫的期望，與大西洋彼岸那強權的關係不再那麼理所當然、堅定不移。勾勒歐洲的共同未來時，西歐人不得不承認歐陸廣闊東部邊界地區的存在，從而必然被拉回到歐洲共同的過去裡。

因此，一九四五至一九八九年讓人覺得只是段插曲。國與國間的公開交戰——三百年間歐洲生活方式的特色之一——在一九一三至一九四五年間達到世界末日般的程度：約六千萬歐洲人死於二十世紀前半葉的戰爭或國家主導的殺戮中。但從一九四五至一九八九年，國與國間的戰爭從歐陸消失。[1]有兩個世代的歐洲人，在和平是理所當然的印象下長大，而在以前，這樣的印象是不可思議的。戰爭（和意識形態對抗），作為政治的延伸，已外包給第三世界。

儘管如此，在此仍應指出，共產國家與鄰邦和平相處，卻對自己社會發動某種獨特的永久戰：大部分以嚴格審查、強制短缺、高壓管理的形式來進行，但偶爾爆發為公開衝突——特別是在一九五三年的柏林、一九五六年的布達佩斯、一九六八年的布拉格、一九六八至一九八一年和那之後戒嚴期間斷續爆發衝突的波蘭。因此，在東歐，戰後幾十年，在集體記憶上顯得與西方大不相同（但插曲的性質無分軒輊）。但與過去相比，東歐也走過一個雖非自願但出奇平靜的時代。

這時，隨著新世界秩序（失序）的展開，戰後時代迅速退入記憶，但戰後時代會不會成為懷念渴盼與遺憾的對象，在很大程度上取決於人出生的地方和年代。鐵幕兩端的六〇年代孩子——即一九四六至一九五一年出生的嬰兒潮世代核心成員——無疑會以喜愛之情回顧「他們的」那個十年，且仍抱持溫馨回憶，仍誇大那十年的歷史意義。他們的父母仍對那時期的政治穩定、生活安穩——與那之前的恐怖生活截然相反——心懷感激，至少在西歐是如此。

但年紀太輕而對六〇年代沒有記憶者，往往痛恨寫書回憶六〇年代的老一輩的自我中心、自我吹捧；而許多在共產主義下度過人生絕大部分歲月的老一輩，回憶起的不只安穩的飯碗、便宜的房租、安全的街頭，還有，最重要的，才華虛擲、希望破毀的灰撲撲人生。在鐵幕的兩端，並非每樣東西都能從二十世紀的殘垣斷瓦中復原。他們的確找回了和平、繁榮、安全；但過去的樂觀信念已一去不復返。

一九四二年自殺之前，維也納小說家暨批評者褚威格（Stefan Zweig）以渴慕的心情寫到已消失的一九一四年前的歐洲，表示他「可憐那些年輕時不曾經歷信心年代最後幾年的人」。六十年後，二十世紀底，其他東西幾乎樣樣都已得到恢復或重建，但信心不是。褚威格那一代歐洲人進入二十世紀時抱持的那份信心，永遠無法完全拾回：發生了太多事。兩次大戰之間憶起「美好時代」（Belle Epoque）的歐洲人，可能會喃喃低語道「要是能回到那個時候該有多好」！但在二次大戰結束後，凡是回想起歐陸三十年浩劫者，心裡最大的感想都是「絕不要再來一次」。[2]

簡而言之，已不可能再回到過去。事實證明，東歐的共產主義不是解決某實質問題的正確法門。在西歐，對於那同一個問題——如何克服二十世紀上半葉那場浩劫——處理辦法乃是將晚近歷史擱置不談，扼要重述十九世紀下半葉的某些成就——國內政治穩定、經濟生產力提升、外貿持續成長——並把它們冠上「歐洲」之名。但一九八九年後，後政治時代的繁榮西歐再度面對其東部的孿生兄弟，「歐洲」得受到重新思考。

並不是每個人都樂於放棄那個平安幸福的歐洲，而雅切克．庫隆於一九九三年三月為波蘭

1 即使計入九〇年代的南斯拉夫戰爭，二十世紀下半葉歐洲境內死於與戰爭有關之因素者仍不到百萬。

2 雷蒙．阿宏（生於一九〇五年）即使不像褚威格那麼絕望，至少在某種程度上和他一樣渴慕過去：「早在資產階級歐洲於七月太陽下走進戰爭世紀時，人就已不再能控制自己的歷史。」

《政治》（*Polityka*）週刊撰文，推測「西方某些政治人物懷念舊世界秩序和蘇聯」時，並非誇大其實。但那個「舊世界秩序」——過去四十年眾所熟悉的那個靜態平衡狀態——已一去不復返。這時候歐洲人所面對的，不只是不確定的未來，還有正快速改變的過去。不久前還簡單明瞭的東西，這時再次變得非常複雜。隨著二十世紀的結束，歐亞陸塊西部岬角上的五億人愈來愈想知道自己的身分。歐洲人是誰？歐洲人代表什麼？何謂歐洲——歐洲人希望那是什麼樣的地方？

想透過稀釋「歐洲」的本質來解決，幫助不大。「歐洲觀」——本身是個備受爭議的主題——有悠久歷史，且有一部分「歐洲觀」頗受肯定。但在現今大部分歐洲人所歸屬的歐盟身上，雖然清楚可見某種歐洲「觀」——在形形色色的公約、條約中得到重述的觀念——那歐洲「觀」對他們在歐盟所過的生活，只提供了非常偏頗的了解。在人口流動、遷居的時代，今日的歐洲人，人數比以往任何時候還多，也比以往任何時候更異質。凡是想陳述二十一世紀初他們之共同處境者，必然都要在一開頭時描繪出歐洲身分與歐洲經驗之彼此重疊的輪廓線、斷層線，從而坦承那一多樣性。

使用「描繪」（mapping）一詞有其用意。歐洲終究是個地方。但它的邊界線始終非常易變動。古邊界——羅馬與拜占庭的邊界、神聖羅馬帝國與基督教歐洲的邊界——與日後的政治分裂態勢相當吻合，顯示的確存在某種延續性：不來梅的亞當（Adam of Bremen）之類十一世紀作家，對日耳曼歐洲與斯拉夫歐洲的不穩定交會點的清楚程度，絲毫不下於今日的我們；從波蘭到塞爾維亞，天主教與東正教的中世紀邊界線，就和我們今日所看到的差不多；第九世紀卡洛林王朝的官員，若存有東西歐分裂的想法，對於以易北河為界將歐洲東西隔開的觀念，將不會覺得陌生。

但這些存在已久的邊界線能否指引你找到歐洲所處地方，始終取決於你當下所在的位置。舉個著名例子來說：十八世紀時，大部分匈牙利人、波希米亞人信奉天主教已數百年，且其中許多人說德語。但對有知識的奧地利人來說，「亞洲」還是始於Landstrasse，即出維也納往東的那條公路。莫札特於一七八七年從維也納西行前往布拉格時，自稱橫越了東方（oriental）邊界。東與西，亞洲與歐洲，始終是心中的牆，這牆起碼和地球上的邊界線一樣深刻。

歐洲許多地方在不算太久以前都還未分割為各個國家，而是屬於帝國的一部分，因此，不把歐陸與外部交界的地區視為邊界，而把它們視為未定的邊境地區——即英文的marches、法文的limes、德文的militärgrenze、南斯拉夫語系的krajina——有助於我們了解。這些邊境地區，即帝國征服、殖民的地區，不盡然沿著地形劃開，但明確劃出一重要的政治、文化邊界。從波羅的海到巴爾幹半島，這類地區和其上的居民數百年來自視為文明的外圍守衛，那是難以防禦且敏感的地點，熟悉的世界止於那個點，蠻族被拒於那個點之外。

但這些邊境地區易變動，往往隨著歲月推移、情勢不同而變動：它們的地理意涵有時令人困惑。波蘭人、立陶宛人、烏克蘭人都在自己的著作和政治神話裡，把自己描寫為「歐洲」（或基督教）邊界的守衛者。[3]但誠如瞄一眼地圖就可看出的，他們的主張彼此排斥，不可能全對。

3 在此應該指出，許多波蘭人也主張他們國家位在歐洲的中心——這個現象令人困惑又饒富深意。

匈牙利人與羅馬尼亞人相對立的陳述，或克羅埃西亞人、塞爾維亞人共同的主張——他們的南界（分別與塞爾維亞人、土耳其人接壤的邊界）是文明歐洲最重要的外圍防禦線——同樣不可能全對。

這一令人困惑的現象所彰顯的，乃是歐洲的邊界數百年來都非常重要，因而使有心的各方急急於宣稱自己位在歐洲邊界以內，不顧彼此說法的矛盾。位在歐洲「內」提供了某種程度的安全感：避難、被視為歐洲一分子的保證——或起碼這方面的承諾。數百年來，它愈來愈成為集體認同的來源。身為「邊界國家」，身為歐洲文明核心價值觀的典範和守護者，既容易招來外來侵犯，但也令人驕傲：許多中歐、東歐知識分子，為什麼對於遭蘇聯支配覺得特別丟臉，原因在此：他們感到遭「歐洲」排除在外和遺忘。

因此，從地理的角度看，與其說歐洲是絕對的概念：一國或一民族所在的地方，不如說是相對的概念：一國或一民族相對於他國或他民族的所在位置。二十世紀底，摩爾多瓦、烏克蘭或亞美尼亞之類地方的作家、政治人物，斷言他們擁有「歐洲性」時，不是基於歷史或地理上的理由（那理由可能站得住腳或未必站得住腳），反倒是把「歐洲性」當作防禦工具，用來反制歷史和地理。這些後帝國時代的孤兒國家，猝然間脫離蘇聯帝國的宰制，這時把目光移向另一個「帝國」首都：布魯塞爾。[4]

這些邊陲國家所比較看重的，不是從加入新歐洲這個遙遠的前景裡所盼望得到的好處，而是一旦被排除在歐洲之外所必然遭致的損失。二十一世紀初年，就連最漫不經心的外地人，都已清楚看出被排除在歐洲之外的可能後果。在烏克蘭的切爾諾維茨（Cernovitz）或摩爾多瓦的基希訥烏之類城市裡，曾是國際性和「歐洲性」的東西，都已全被納粹和蘇聯統治打掉；周遭的鄉間這時是「有著泥土路和馬車、有著戶外井和毛氈靴、有著無邊寂靜與漆黑夜晚的前現代世界」。[5]認同「歐洲」，不是著眼於共同的過去——已遭徹底摧毀的東西——而是為了聲索一共同的未來，不管那希望是多麼的渺茫。

擔心被排除在歐洲之外者，不止歐陸的邊陲地區。在說羅馬尼亞語的摩爾多瓦人眼中，他們的西鄰羅馬尼亞受到歷史的眷顧。與摩爾多瓦不同的，羅馬尼亞被西方視為雖還不符標準但有資格加入歐盟的國家，因而將來必然有機會成為不折不扣的歐洲一員。但從布加勒斯特的角度看，情況不一樣：羅馬尼亞本身正有可能被排除在外。一九八九年尼古拉·希奧塞古的同僚終於開始對付他時，寫了封信指控這位獨裁者試圖將國家的歐洲根基拔除：「羅馬尼亞始終是且仍是歐洲國家……你已開始改變鄉村地區的地貌，但無法把羅馬尼亞搬到非洲。」同年，羅馬尼亞老劇作家歐仁·尤內斯庫（Eugène Ionesco）把他的祖國描寫為「就要永遠離開歐洲，也就是離開歷史」。這種憂心也不是這時才有：一九七二年羅馬尼亞哲學家蕭沆（E. M. Cioran）回顧祖國悲慘的歷史時，表達了羅馬尼亞人普遍的不安全感：「最讓我難過的是一幅奧圖曼帝國地圖。看著它，我了解到我們的過去和其他所有東西。」[6]

4 科索沃的阿爾巴尼亞裔居民也差不多。他們獲北約解救，擺脫塞爾維亞人的壓迫，渴望獨立建國，但獨立建國主要不是出於民族主義野心，而是為了確保自己不致被留在塞爾維亞內——不致因此被排除在歐洲之外。

5 Anna Reid, *Borderland. A Journey through the History of Ukraine* (2000), p. 20. 因此，二〇〇四年十二月的烏克蘭革命才會那麼看重、寄望「歐洲」。

羅馬尼亞人——就像保加利亞人、塞爾維亞人和其他有充分理由認為「核心」歐洲（在終於注意到他們時）把他們視為外人的民族——時而以防禦心態堅定表達自己淵源於歐洲的特色（在文學、建築、地形等諸如此類的領域裡），時而承認自己奮鬥的目標無望實現，而逃往西方。共產主義垮台之初，這兩種反應都清楚可見。羅馬尼亞前總理阿德里安·納斯塔塞（Adrien Nastase），二〇〇一年七月為法國《世界報》的讀者描述羅馬尼亞帶給歐洲的「附加價值」，此時，非法越過波、德邊界被捕的外國人，卻有一半以上是他的羅馬尼亞同胞。據二十一世紀初期的某項民調，五成二的保加利亞人（和絕大多數的三十歲以下者）表示，若有機會，他們會移民國外，最好是移到「歐洲」。

這種位處邊陲的感覺，自覺是某種二等歐洲人的感覺，如今大體上只見於前共產國家，而且這些國家幾乎全位在托馬斯·馬薩里克所預見到，從北角（North Cape）到伯羅奔尼撒半島之馬塔潘角（Cape Matapan）之間的小國林立區裡。但過去並非如此。在還不算太久之前，歐陸的其他邊緣地區，其邊陲心態——經濟上、語言上、文化上——最起碼一樣強烈。詩人愛德溫·繆爾（Edwin Muir）把一九〇一年他小時候從奧克尼群島搬到格拉斯哥，稱作「在兩天的旅行裡走過一百五十年」；這是五十年後也不會讓人覺得突兀的感想。進入八〇年代許久以後，歐洲邊緣的高地、島嶼——西西里、愛爾蘭、北蘇格蘭、拉普蘭——彼此間的共通之處，和自己過去的共通之處，比他們與歐洲中心區富裕都會區的共通之處還要多。

即使是現在——尤其是現在——仍無法指望斷層線和邊界循國界線而行。以波羅的海國家理事會（Council of Baltic Sea States）為例，就可了解此點。這個組織創立於一九九二年，成員包括斯堪地納維亞諸國：丹麥、芬蘭、挪威、瑞典；前蘇聯的波羅的海三國：愛沙尼亞、拉脫維亞、立陶宛；德國、波蘭、俄羅斯（和不瀕波羅的海、但在斯堪地納維亞國家堅持下，於一九九五年加入的冰島）。這一組織的成立，象徵性地重申了古老的密切貿易關係，漢堡及呂貝克之類曾屬於漢撒同盟的城市對之大為讚賞——塔林、格但斯克兩城市管理者甚至更為欣然歡迎。這兩個城市都很想在重新創立（且強調西方色彩）的波羅的海共同體裡占據中心位置，且很想與它們的大陸腹地和晚近過去保持距離。

但對某些會員國（特別是德國、波蘭）國內的其他地區來說，波羅的海不甚重要。反而是，晚近這些年，基於靠觀光業賺取外匯的前景可期，克拉科夫開始強調其南向政策，行銷其從前作為哈布斯堡王朝「加利西亞」首府的身分，而這樣的城市不只克拉科夫。慕尼黑和維也納雖然在爭取國外工業投資上處於競爭態勢，卻已重新發現一共有的「阿爾卑斯」遺產；此一遺產能重新發現，得歸功於將南巴伐利亞與薩爾茨堡、蒂羅爾隔開的那道邊界消失了。

因此，地區與地區間的文化差異顯然影響甚大——儘管地區與地區間的經濟差距影響更大。奧地利與巴伐利亞的共通之處，不只是同屬南德天主教圈、都擁有阿爾卑斯山景：最近幾十年，兩地都已轉型為倚賴科技更甚於倚賴勞工的高薪服務型經濟體，在生產力和富裕程度上比更北邊古老工業地區更勝一籌。南德與奧地利——加上比利時法蘭德斯地區的部分地方、瑞士、盧森堡——一如西班牙的加泰隆尼亞，義大利的倫巴底、埃米利亞－羅馬涅，法國的隆－阿爾卑斯地區、

6 See Tony Judt, 'Romania: Bottom of the Heap', *New York Review*, November 1st 2001.

法蘭西島地區，構成歐洲境內一個經濟較發達、較占優勢的共同區。

雖然從貧窮與經濟弱勢的絕對標準來看，仍以前東歐集團最為嚴重，但這時候最懸殊的對比，不在國與國間，而在國家內部。西西里與南義，一如西班牙南部，數十年來始終遠遠落後於經濟蓬勃發展的北部：一九九〇年代晚期，南義的失業率已達佛羅倫斯以北的三倍之多，南北部的人均國內生產毛額差距比一九五〇年代時拉得更大。

在英國，東南部最富裕地區與更北部前工業地區的貧富差距，在晚近這些年也是拉大。倫敦在經濟上的確表現耀眼。雖與歐元區保持距離，英國首都這時卻是無可置疑的歐陸金融中心，表現出耀眼的高科技活力，使其他歐洲城市相形之下顯得沉悶落伍、少了年輕朝氣。二十世紀底的倫敦，充斥著年輕專業人士，比歐洲其他國家的首都遠更願意接受來來去去的多元文化和語言，從而似已重拾其在「搖擺六〇年代」時的榮光——布萊爾主義者以「酷不列顛」（Cool Brittania）的新形象界定他們的國家，正體現這時英國的文化盛況。

但這一光彩只是表象。在歐洲最擁擠的大都會裡，房價飆漲，公車司機、護士、清潔工、中小學老師、警察、侍者雖然服務見多識廣、願意接納異國觀念與作風的新英國人，卻再也住不起他們所服務對象附近的房子，不得不往離市區愈來愈遠的地方尋覓棲身的窩，然後竭盡所能經由歐洲最擁擠的公路上下班，或搭乘昂貴、破爛的英國火車上下班。這時候，大倫敦的擴張觸角已往外深入到東南部鄉間，而在大倫敦區之外，正出現晚近英格蘭史上所未見的地區性差異。

二十世紀底，英格蘭十個行政區中，只有三個區（倫敦區、東南區、東英吉利區）達到或超過全國人均所得水平。英格蘭其他地區的人均所得都不如這三區，有時還低了許多。英格蘭的東北區，曾是該國礦業、造船業的核心地區，但這時的人均國內生產毛額只有倫敦的六成。二〇〇〇年時英國是歐盟結構基金的第六大受益者，次於希臘、葡萄牙、西班牙農村、南義大利、德國的前東德諸州——由此可見英國有部分地區名列歐洲最貧困地區。英國整體就業數據還不難看——令柴契爾主義者和布萊爾主義者都引以為傲且廣為宣揚——但是，經濟繁榮的首都對其貢獻之大不成比例，因而並不能反映其他地方的真實狀況：英格蘭北部的失業率仍比較接近歐陸最糟糕的失業水平。

英國諸地區間貧富差距顯著，因公共政策規畫不善而更為惡化；但這樣的貧富差距也是隨著工業時代結束可預期的後果。從這角度看，貧富差距可以說是不可避免。但在德國，類似的貧富差距乃是一政治決定於無意間所直接造成。為了吸併前東德，使兩德統一，聯邦德國已在一九九一至二〇〇四年以直接挹注和補貼的方式投入一兆多歐元。但九〇年代晚期，德東地區不只未能趕上西方，還更為落後。

德國民間企業在斯洛伐克或波蘭可用較低的工資找到較好的工人（和較完善的交通基礎設施和當地服務），自然沒意願在德東——薩克森或梅克倫堡（Mecklenburg）——設廠。德東人口老化、教育程度低、購買力差、具專門技能的工人西移、留下的居民對外地人存有根深蒂固的敵意，已有其他許多投資地可選的外地投資人並不青睞此地。二〇〇四年，前西德的失業率是百分之八．五；前東德超過百分之十九。同年九月，新納粹的國家民主黨（National Democratic Party）拿下百分之九的選票，把十二名代表送進薩克森議會。

彼此怨恨的心態，像道鴻溝將德東與德西隔開，而這一鴻溝的產生，不只與工作有無或貧富對比有關，儘管從德東人的角度看，工作有無和貧富對比是這一鴻溝最顯而易見、最令人心痛的表徵。德國社會，一如新歐洲的其他每個社會，被一組新差異切割為兩邊，且切得愈來愈開；這樣的新差異切開了傳統的地理區塊或經濟區塊。一邊是老練世故的歐洲人菁英分子：有男有女，通常年輕，遊歷甚廣，教育程度高，可能在歐陸不同地方的兩所、甚至三所大學就讀過。證照和職業性質使他們得以在歐盟各地找到工作：從哥本哈根到都柏林，從巴塞隆納到法蘭克福。高收入、便宜機票、開放的國界、整合為一的鐵路網（見後面），使他們容易流動且流動頻仍。為了就業，為了消費、休閒、娛樂，這新一類歐洲人自在從容遊走於歐陸各地——像中世紀遊走於波隆納、撒拉曼卡、牛津之間的學者，以國際通用的語言溝通：當時是拉丁語，如今是英語。

在另一邊，可看到沒辦法加入這嶄新大陸者或（尚？）未選擇加入者。這類人仍占人口的絕大多數：數百萬歐洲人因為欠缺專門技能、教育、訓練、機會或金錢而不得不乖乖留在原處。這些人是歐洲新出現的中世紀大地上的隸農（villein），無法那麼快就從歐盟的商品、服務、勞力單一市場中獲益。他們仍被綁在自己國家或自己的族群裡，因為不熟悉遙遠的機會和外語而使發展受到侷限，往往遠比他們見多識廣而願意接納異國觀念與作風的同胞更敵視「歐洲」。

這一新的跨國階級差別已開始模糊掉國與國間的古老差異，但有兩個值得注意的例外。對從東歐出外打零工的工匠、工人來說，到處移動尋找工作和季節性出國打工的事情老早就有，到倫敦或漢堡或巴塞隆納尋找新工作機會，正符合這一傳統。在這之前一直有人（大部分是男子）前往遙遠他國找工作：他們不懂外語，受到他們主人帶敵意的猜疑，一心一意要帶著用心存下的血汗錢返鄉。這種事絕非歐洲僅有。斯洛伐克的房屋油漆工——就像更早時的土耳其籍汽車工人或塞內加爾籍的沿路叫賣小販——我們不可能看到他們在布魯塞爾的餐廳用餐、在義大利度假、或在倫敦購物。然而，如今他們的生活方式也算是帶有明顯歐洲特色的生活方式。

第二個例外是英國人，或者更具體的說，疑歐心態出名的英格蘭人。由於本國天候不佳，加上在後柴契爾時代出現各色廉價航空招攬他們搭機到歐洲各地——有時機票錢比到酒館吃頓午餐還便宜——學歷並未高過父母的新一代英國人被拉到國外。進入二十一世紀時，這些英國人即使心態上並未真正開放而由衷接納異國觀念與作風，但無疑已是遊歷最廣的一部分歐洲人。英格蘭人普遍鄙夷、不信任「歐洲」的機構和遠大目標，同時又普遍想赴歐陸休閒度假花錢，這種矛盾心態的諷刺意味，歐陸的觀察家也有注意到；對他們來說，那是令人困惑的怪事。

但英國人——就像愛爾蘭人——不必學外語。英語是他們的母語。在歐洲其他地方，語言上的左右逢源（如前所述）迅速成為歐陸首要的分離性（disjunctive）身分標籤、衡量個人社會地位與集體文化實力的標準。在丹麥或荷蘭之類小國，眾人早已體認，只說一種幾乎沒有其他人說的語言，乃是國家再也承受不起的發展障礙。阿姆斯特丹大學的學生這時用英語上課，丹麥地方城鎮的銀行，大部分低階辦事員被要求能輕鬆以英語進行交易。有利的是，在丹麥、荷蘭，一如在歐洲許多小國，學生和銀行辦事員透過觀看原音呈現的英語電視節目，老早就已學得流利英語。

在瑞士，凡是完成中學教育者，往往精通三種、乃至四種本國語言，但是，和來自國內別處的人溝通時，他們卻認為用英語（非國內任一族群的第一語言）較得體且較容易。在比利時，誠如前面已提過的，瓦隆人或佛蘭芒人精通對方語言的情況，遠不如瑞士那麼普遍，因此，雙方也是樂於用英語作為共同的溝通媒介。

在已將地區性語言（例如加泰隆尼亞語或巴斯克語）正式納入學校學習科目的國家，年輕人（俗稱的歐洲「E世代」）乖乖學本土語言，但閒暇時說英語的情況並不罕見——藉以表達青少年的反叛、自認較高尚、利人且利己心態。受害的一方不是少數族群語言或方言——畢竟這兩類語言過去於當地受打壓，未來在國際上也沒前途——而是一國的國語。由於人民自然而然選擇用英語溝通，主要語言正漸漸失去其往日風光。作為保有鮮明歐洲特色的語言，西班牙語，一如葡萄牙語或義大利語，在其母土之外，學的人已不多：西班牙語能在庇里牛斯山之外保住溝通媒介的身分，得歸功於它被列為歐盟的官方語言之一。[7]

德語也正快速失去其在歐洲語言大家庭裡的地位。德文閱讀能力曾是投身國際科學界或學術界者人人必備的條件。德語也曾與法語共同名列歐洲有文化素養者的共同語言——二次大戰之前，德語的普及程度勝過法語，日常生活使用德語的地區從史特拉斯堡綿延到里加。[8]但由於屠殺猶太人、驅逐德裔、蘇聯人到來，中歐、東歐一下子脫離德語的懷抱。在城市裡，老一輩仍讀德文，偶爾說德語；在川西瓦尼亞等地孤立的德裔族群裡，德語苟延殘喘，成為實用價值不大的非主流語言；但其他人全會俄語——或學過俄語。

俄語與蘇聯占領的密切關係，大大降低了俄語的吸引力，即使在因為語言相近而容易學會俄語的捷克斯洛伐克或波蘭亦然。諸衛星國的人民被迫學習俄語，但大部分人未用心學習以求精通，更別提說主動說俄語（除非不得不說俄語）。[9]共產主義垮台才幾年，就已可清楚看出，德國、蘇聯占領所帶來的弔詭效應，乃是使當地人與長期以來熟悉的德語、俄語從此形同陌路。在長期以來夾處於俄、德之間的那些地方，這時只有一種外語該學。在一九八九年後的東歐，要成為「歐洲」一分子，就是要講英語，對年輕人來說尤其如此。

對奧地利、瑞士或德國境內以德語為母語的人來說，德語的日益邊緣化——邊緣化到就連自己語言（如荷語）幾乎完全衍生自德語的那些人，都不再普遍學德語或了解德語——乃是既成事實，沒必要為此而哀嘆。九〇年代期間，西門子之類德國大企業迫於情勢，把英語定為企業的工作語言。德國政治人物和企業高階主管，以在英語圈裡行動自如而著稱。

法語的沒落，情況不同。作為平常使用的語言，自諸舊政權的帝國貴族沒落後，法語在歐洲就一直未扮演重要角色。出了法國，只有幾百萬比利時人、盧森堡人、瑞士人，還有義大利阿爾卑斯山區和西班牙庇里牛斯山區孤立的聚落，以法語為母語，其中許多人說的是法語方言，法蘭西學院的官方捍衛者對其十分鄙視。根據純粹的統計數據，比起德語或俄語，法國位處歐洲語言世界邊陲已經很久。

但自拉丁語沒落以來，法語一直是有文化素養、見多識廣而願意接納異國觀念之菁英分子的惟一語言——從而是卓越不凡的歐洲語言。二十世紀初年，首次有人建議將法語教學列入牛津大

7 作為從聖地牙哥到舊金山，美洲數億人的共通語言，西班牙語的國際地位卻很穩固。葡萄牙語亦然，至少特色鮮明的巴西式葡萄牙語是如此。

8 羅馬尼亞例外，情況正好相反，法語較普及。

9 保加利亞是例外，俄國和俄語始終都很被接受。

學現代語言課程大綱時，不只一位學監反對；反對的理由是，凡有資格進入牛津就讀者，都已精通法語——這種說法頗有道理。二十世紀中期，在各地的學院和大使館裡，仍有許多人表達類似的看法——即使遠不如過去那麼直接大膽表達出來。根據本人的親身經驗，晚至一九七〇年，法語仍是從巴塞隆納到伊斯坦堡的學界不可或缺的溝通媒介之一，透過法語的確能達到有效率的溝通。

不到三十年，情況全然改觀。到了二〇〇〇年，連在菁英圈子裡，法語都已不再是可靠的國際溝通媒介。只有在英國、愛爾蘭、羅馬尼亞，才把法語列為學童修習第一外語時的建議選修科目——在其他地方，都以英語為第一外語科目。在前哈布斯堡歐洲的某些地方，法語甚至不再名列學校第二外語的選修單，德語取而代之。「法語圈」(Francophonie)——即全球說法語族群，其大部分成員位在前法國殖民地——在世界語言舞台上仍有影響力；但法語在歐洲的沒落已毋庸置疑，且很可能無可挽回。

甚至在歐盟執委會情況都已改觀——歐洲共同體創立頭幾年，法語是布魯塞爾的歐共體執委會裡最主要的官方語言，因此以法語為母語者，在該機構裡享有相當大的心理優勢和實務優勢。促成這一改變的因素，與其說是英國的入會——倫敦派來的助手級文職官員都精通法語——不如說是精通英語的斯堪地納維亞人的入會；作風已不再像戰後那麼低調緘默的德語族群擴張（拜兩德統一和奧地利入會之賜）；以及東歐新會員即將加入。雖有同步翻譯的設置（以滿足歐盟二十五個會員國四百二十種語言組合的需求），但凡是想要對政策和政策執行發揮實質影響力者，不可避免得用歐盟三核心語言的其中之一來溝通。法語這時淪為少數。

但與德國人的因應之道不同的，法國當局沒有為了遂行自己的商業、政治目標而改用英語。愈來愈多法國年輕人學英語，出國歷練英語，但官方的立場卻因為感到受威脅而開始帶有明顯的防禦心態：原因之一無疑是隨著法國國際地位滑落，法語同時也經歷令他們不安的衰落——由於美國人也講英語，英國躲過這樣的下場。

法語出現沒落的跡象，法國人的初步反應乃是堅持要其他人繼續講法語：誠如法國總統龐畢度於一九七〇年代初期就表示的，「法語若不再是歐洲的首要工作語言，歐洲本身將不再是完整的歐洲。」但情勢很快就表明，這一主張注定不可能實現，法國的知識分子和政治人物轉而採取防衛心態：如果法國之外不再有人講法語，至少在法國國內得獨尊法語。一九九二年七月，兩百五十位知名人士聯名請願——包括雷吉斯・德布雷（Régis Debray）、亞蘭・芬基爾克勞特（Alain Finkielkraut）、尚・狄圖爾（Jean Dutourd）、馬克斯・加洛（Max Gallo）、腓力浦・索萊爾（Philippe Sollers）諸作家——要求法國政府立法規定，在法國舉辦的會議、用法國資金拍攝的電影等，都只准使用法語，否則「說英語者」（les anglogiottes）會要我們全說英語，「或更確切地說，美語。」

不管是哪個政治派系的法國政府，都樂於照辦，即使只是做做樣子。社會黨籍部長凱瑟琳・塔斯卡（Catherine Tasca）嚴正表示，「為法語而戰勢在必行」，「在國際組織，在學界，乃至在我們城市的牆上」都是如此。兩年後，保守派文化部長雅克・圖邦（Jacques Toubon）接下這主題，闡明塔斯卡所未說出的主張：令人焦慮的不只是法語沒落，還有最重要的，英語稱霸。法國人學英語以外的語言會比較好，其他什麼都好：圖邦問道，「在我們的孩子該更深入了解德語、西班牙語、阿拉伯語、日語、義大利語、葡萄牙語或俄語的時候，幹嘛去學貧瘠的英語？英語是他們在任何年紀都可自然而然學會的東西。」

圖邦攻擊的目標——他所語帶不屑稱之為「商用英語」，且正取代法語（「法國人民的主要資本，尊嚴的象徵」）的東西——在他瞄準時，就已開始移到他所打不到的地方。米歇爾・塞爾（Michel Serres）之類知識分子或許會浮誇地抱怨，現今巴黎街上的英語名稱，比遭德國占領時街上的德文名稱還要多；但從小看電影、電視節目、玩電玩、上網、聽國外流行音樂長大，且說著充斥外來語、外來改造語之法國俚語的年輕一輩，根本不在乎這個。

欲逼法國人自己用法語交談而制定法律是一回事——儘管那法律大體上形同虛設。但要求外國的學者、企業家、智庫成員、律師、建築師、其他所有人，凡是待在法國期間，都用法語表達想法——或了解他人所說的法語——只會造成一個結果：他們會把事業和想法帶到別的地方。到了二十、二十一世紀之交，法國人已認清事實，大部分（但絕非全部）法國公眾人物和決策者已認命接受二十一世紀歐洲的殘酷現實。歐洲的新菁英分子，不管是什麼樣的人，都不會也不願講法語：「歐洲」已不再是法國所能主導。

為了解二十世紀底歐洲是個什麼樣的地方，人不由得會想照我們已做的那樣，探明其內在的分歧和大小裂痕——不可避免地重述對立嚴重的歐陸現代史，和繽紛多樣且彼此部分重疊的歐陸諸族群、諸認同、諸歷史。但歐洲人對自我身分、自己生活方式的認知，既受到將他們分隔之物的形塑，也在同樣程度上受到將他們結為一體之物的形塑：而這時他們結合的緊密達到前所未見

的程度。

歐洲人把自己塞入「日益緊密的結合」裡，或者更確切地說，被他們的開明政治領袖塞入這樣的結合裡，最能具體說明這一結合的東西，即是它所催生出的日益稠密的交通網。歐洲內部的交通基礎設施——橋樑、隧道、公路、火車、渡輪——在二十世紀最後幾十年大幅擴張，改變之大，到了讓人認不出來的程度。這時歐洲人擁有世上最高速、最安全的鐵路網（但被人罵到臭頭的英國鐵路網例外，稱不上最安全）。

歐陸人口稠密，城鎮與城鎮間的距離相對較短，較有利於發展陸上交通而非空中交通，因而鐵路是公共投資無可爭議的持續投資標的。因《申根公約》而結為一體的那些國家，這時在歐盟大力支持下開始建設品質更好、涵蓋更廣的高速鐵路網——從馬德里、羅馬到阿姆斯特丹、漢堡——且計畫進一步往北延伸到斯堪地納維亞境內，往東穿過中歐。就連可能永遠不會有TGV、ICE或ES火車[10]經過的那些地區、國家裡的歐洲人，這時都能在他們的大陸上四處旅行——未必比一百年前快上許多，但阻礙少了許多。

一如十九世紀所發生的，歐洲境內的鐵路翻新，使那些未有新鐵路經過的城鎮、地區受到連帶傷害，可能因此失去市場、人口減少，可能因此落後於較幸運的競爭對手。但這時歐洲也有了遼闊的高速公路網，除開前蘇聯、南巴爾幹、波蘭與羅馬尼亞兩國最貧窮省分，大部分歐洲人這時買得起車。這些改變，加上水翼渡輪和解除管制的航空公司，使人得以住在某城市，在另一城

10 分別指法國、德國、義大利的最頂級快車。

市上班，到別的城市購物或遊玩，雖然不盡然都很便宜，但省時便利的程度前所未見。歐洲年輕夫妻現在常常計畫，例如說，住在瑞典的馬爾默（Malmö）而在丹麥的哥本哈根上班；或每天從德國的弗萊堡到法國的史特拉斯堡上班，乃至每天從倫敦渡海到鹿特丹上班；或每天從斯洛伐克的布拉提斯拉發到奧地利的維也納上班——重現在哈布斯堡王朝時代曾非常普遍的兩地往來關係。真正整合的歐洲正在浮現。

歐洲人的流動性愈來愈高，對彼此的了解甚於此前任一時期，而且能在彼此平起平坐的關係下旅行、溝通。但仍有一些歐洲人的地位明顯高於其他人。在伏爾泰區隔出「了解世事」的歐洲和「有待被人了解」的歐洲兩百五十年後，這一差異仍未完全消失。權力、財富、機構全集中在歐陸最西邊一角。心理認知中的歐洲——歐洲人腦海裡的歐洲——包括的是一組居於核心的「真正」歐洲國家（其中有些國家從地理來看處於邊陲，例如瑞典）。這些國家在制度、法律、文化上的價值觀，是地位次要而有心向上的歐洲人——可以說是想找回真正自我者——效法的對象。[11]

於是東歐人被認為該了解西方。但在西歐人了解東歐時，作法不盡然討人喜歡。雙方的往來並非單向，也就是說，並非只是貧困的東歐、南歐人到北邊、西邊出賣勞力或身體而已。有些東歐城市，靠著重見天日的失落中歐據點的形象，吸引了西歐人的目光，但到了二十世紀底，它們已把這份魅力耗盡，於是轉而鎖定西歐的低階觀光團客，把自己重新定位為廉價、庸俗的度假地點，以打進一有利可圖的市場。特別是塔林和布拉格兩城已樹立起不值得他人艷羨的一個名聲，即英國純男性出國觀光團的天堂。這種觀光團，價錢便宜，只花週末時間，英格蘭男子搭這種團到當地喝酒作樂，玩便宜女人。

那些原本會把客人帶到英格蘭西北部黑澤（Blackpool）鎮或（更晚近）西班牙貝尼多姆（Benidorm）的英格蘭旅行社和觀光團，這時發現客人對東歐所提供的珍奇玩樂大感興趣。但英格蘭人本身也是處於邊陲——這也是為何有許多英格蘭人仍對歐洲充滿異國想像的原因。一九九一年，索非亞的《文化》（*Kultura*）週刊對保加利亞人進行調查，問他們對哪個外國文化覺得最親近：一成八答「法國」，一成一答「德國」（一成五答「美國」）。但只有百分之一．三表示對「英格蘭文化」感到親近。

德國雖在統一後經歷種種困難，仍是無可置疑的歐洲**中心**：人口和產值在歐盟都首屈一指，誠如從艾德諾到施洛德的歷任德國總理所始終強調的，是「核心歐洲」的核心。德國也是惟一橫跨過去東西分隔線的國家。拜統一、外來移民、聯邦政府遷入之賜，這時大柏林的面積比巴黎大了五倍——間接說明了歐盟前兩大會員國的相對地位。德國主宰歐洲經濟。它是歐盟大部分會員國的最大貿易夥伴。歐盟三分之二淨收入來自德國一國。德國人雖是歐盟會費的第一出資國——或許正因為這原因——仍是最熱衷於歐洲整合的成員之一。德國政治家定期提議成立通往完全整合之聯邦歐洲的「最快捷徑」，卻都因夥伴延誤，明顯失望而作罷。

如果進一步演繹伏爾泰的話，把德國當成最「了解」歐洲的國家，那麼，把另兩個前帝國國家說成二十一世紀初期最堅決想要得到歐洲「了解」的國家，也相當合理。俄國、土耳其，一如德國，曾在歐洲事務上扮演帝國角色。有許多俄羅斯人、土耳其人遭遇和歐洲德裔一樣的不幸：

11 二〇〇四年六月，在薩格勒布的外交部，有位記者以如下言語迎接本書作者：「這裡情況很好。克羅埃西亞收到歐盟入會邀請。這將改變許多人腦中的地圖。」

在帝國退出其所征服的地區後，其本族子民留在當地，淪為別的民族國家裡受當地人痛恨的弱勢少數族群。一九九〇年代晚期，據估計有一億多俄羅斯人住在俄羅斯以外的東歐諸獨立國家裡。[12]

但相似之處就止於此。後蘇聯時代的俄羅斯是個歐亞帝國，而非歐洲國家。它埋頭處理高加索地區的暴力叛亂，且因為國內政治愈來愈專制，還有白俄羅斯、烏克蘭、摩爾多瓦這三個新緩衝國，它與歐洲其他地方在精神上和地理上都隔著一段距離。俄羅斯不可能加入歐盟：誠如前面已提過的，欲加入的國家得符合「歐洲價值觀」——法治、公民權利與公民自由、制度透明方面的價值觀，而普丁主政的莫斯科不承認這些東西，更別提予以落實。[13]無論如何，俄羅斯政府較感興趣的是建造通往歐盟的油管，把天然氣賣給歐盟，而非加入歐盟。許多俄羅斯人，包括西部城市的居民，不認為自己是歐洲人：去西方時，他們像英格蘭人那樣說是「去歐洲」。

但俄羅斯作為插手歐洲事務的歐洲強權已三百年，因此帶來的影響仍未消失。拉脫維亞銀行是俄羅斯企業家的收購對象。二〇〇三年，立陶宛總統羅蘭達斯．帕克薩斯（Rolandas Paksas）因為涉嫌與俄羅斯黑手黨過從甚密而被迫下台。莫斯科保有其在波羅的海海邊的飛地「加里寧格勒州」，繼續要求讓俄羅斯貨物和軍事運輸不受限制過境立陶宛，要求讓前往歐盟的俄羅斯公民可以免簽證旅行。俄羅斯億萬富豪非法賺得的錢，透過倫敦和法國里維拉的房地產市場漂白。

因此，短期內，俄羅斯是歐洲外圍一股明顯令人不舒服的勢力，但不是威脅。俄羅斯軍隊另有要務，且無論如何破舊不堪。俄羅斯人民的健康令人深以為憂——特別是男子的預期壽命正急遽下降，國際機構一再示警，俄羅斯境內，結核病已重新流行，愛滋病已瀕臨流行邊緣——但這主要是俄羅斯人自己該憂心的事。短期內俄羅斯專注於自家事務，無暇他顧。

長期來看，俄羅斯臨近歐洲，地廣人多，化石燃料蘊藏量無可匹敵，必然對能源欠缺的歐陸未來有所影響。二〇〇四年時波蘭已有半數天然氣、九成五石油來自俄羅斯。但在這同時，俄羅斯政府和俄羅斯人所想從歐洲得到的是「尊敬」。莫斯科希望更密切參與歐洲內部決策，不管是在北約內、在巴爾幹協議的管理上，還是在貿易協議上（包括雙邊協議和透過世貿組織達成的協議）：這不是因為沒有俄國參與的決策必然損及俄國的利益，而是原則問題。

許多觀察家覺得，歐洲史走了一圈又回到原點。二十一世紀，一如十八世紀：俄羅斯既在歐洲內，又在歐洲外，既是孟德斯鳩所謂的「歐洲國家」，且是吉朋所謂的「錫西厄荒野」（Scythian Wilderness）。對俄羅斯人來說，西歐數百年來沒變，仍是一個矛盾的東西，既吸引人又令人反感、既令人欣賞又教人憤慨。俄羅斯的統治者和人民都仍對外人的看法非常敏感，同時深深猜忌外國的所有批評或干預。歷史和地理賜給歐洲人一個他們既不能置之不理又無法迎入家中的鄰居。

或許也曾有人如此認定土耳其。奧圖曼土耳其人曾作為歐洲的「異族」將近七百年，取代了

12 在二十一世紀的羅馬尼亞、斯洛伐克、塞爾維亞，匈牙利人是人數較少的另一個後帝國時代少數族群：過去支配當地，如今淪為弱勢。在北塞爾維亞的伏伊伏丁那地區，住在該地已數百年的匈牙利裔常遭人身攻擊，財產遭塞爾維亞裔青年蓄意破壞。貝爾格勒當局似乎未從九〇年代的災難學到教訓，對此的反應可想而知：這些攻擊不「嚴重」，且無論如何是「他們」先開始的。

13 反倒反其道而行。二〇〇四年春、夏，莫斯科當局祭出一連串措施，大幅限制新聞自由和本就受限制的公眾抗議自由。俄羅斯短暫開啟的自由之窗——其實是混亂和缺乏約束，而非受憲法保障的真自由——正快速關上。二〇〇四年，俄羅斯觀察家估計，受過格別烏訓練的官員，占去國內文職行政官員的四分之一。

在那之前五百年間阿拉伯人所扮演的同樣角色。有數百年間，歐陸上凡是被土耳其人控制的地區，都不被視為「歐洲」（因此蕭沆才會難過到不願別人提醒他羅馬尼亞曾被奧圖曼統治多年之事）；過去，常有歐洲人提及基督教歐洲屢屢從土耳其伊斯蘭的魔掌下「獲救」之事——不管是在維也納城門外、或布達佩斯城門外、還是一五七一年的勒班陀之役（Battle of Lepanto）。隨著奧圖曼土耳其的國力漸衰，十八世紀中葉起，「東方問題」——如何因應奧圖曼帝國的衰落和如何處置脫離土耳其人數百年統治的那些地區——是歐洲外交官最亟需解決的難題。

土耳其於一次大戰戰敗、奧圖曼帝國解體、凱末爾建立世俗化、追求現代化的國家取代奧圖曼帝國，使歐洲人不再把「東方問題」列入議程。以安卡拉為首都的土耳其共和國，有許多自己的問題要解決；而雖然把土耳其勢力趕出巴爾幹和阿拉伯中東，留下了盤根錯結、對歐洲和世界有長遠重大影響的衝突和選擇，但土耳其人本身已不再是問題的一部分。若非土耳其地處蘇聯通往地中海的海路要道上，戰略位置重要，西方大有可能已完全對它置之不理。

結果，安卡拉成為冷戰期間樂於出力幫忙的西方聯盟一員，貢獻了北約組織相當可觀的兵員。美國在土耳其部署飛彈，設立基地，作為從波羅的海到太平洋圍堵蘇聯的防線一環，西方政府不只給予土耳其大筆援助，還和善、不加批判地對待不穩定的土耳其獨裁政權（往往是軍事政變的產物）和那些政權對少數民族（特別是位於該國最東邊占總人口五分之一的庫德人）肆無忌憚的迫害。在這同時，土耳其外勞，一如地中海地區其他剩餘的農村人口，大批前往德國等西歐國家找工作。

但奧圖曼人留下的遺產，將回過頭來困擾新歐洲。隨著冷戰結束，土耳其的獨特地理位置有了新的意義。土耳其不再是國際地緣政治對抗中的前哨基地和屏障國家，反倒是夾處在歐、亞之間，與歐、亞都有關係的一個管道。土耳其在形式上是個政教分離的共和國，但其七千萬人民大部分是穆斯林。許多老一輩土耳其人，信教並不是很虔誠，但隨著激進伊斯蘭的興起，外界愈來愈擔心，就連凱末爾以霹靂手段建立的世俗化政治體制，都可能禁不住新一代人衝擊，這新一代人反抗世俗化的父母、在更古老奧圖曼伊斯蘭遺產裡尋根。

但土耳其受過高等教育的專業菁英和商界菁英，居住於伊斯坦堡歐洲城區的特別多，他們強烈認同西方衣著、文化、習俗。一如東歐其他有志之士，他們認為歐洲——歐洲價值觀、歐洲制度、歐洲市場和事業——是他們自己和他們處境尷尬之國家未來惟一的出路。他們的目標很清楚：逃出歷史，逃進「歐洲」。此外，向來具有影響力的軍官階層，也認同這一目標；他們打從肺腑支持凱末爾建立世俗化國家之夢想，公開地抱怨土耳其公眾生活正悄悄伊斯蘭化。

但歐洲——或至少布魯塞爾——態度非常猶疑：土耳其申請加入歐盟，遭擱置多年。如此審慎有其道理：土耳其得先處理許多問題，才能指望將其與歐洲夥伴的關係從純貿易關係提升到更高層次，而土耳其的監獄、土耳其對待國內批評者的方式、土耳其不完善的民法典和經濟法規，只是它得先處理的那些問題的一部分。歐洲資深專員，例如奧地利的法蘭茨．費什勒（Franz Fischler），公開質疑土國長期以來的民主表現。然後還有現實上的難處：一旦加入，土耳其將是歐盟第二大會員國，僅次於德國，且將是最窮的會員國之一——土耳其富裕西陲和遼闊、貧困東陲的差距很大，一旦開了機會之門，很可能會有數百萬土耳其人往西湧入歐洲，尋找能滿足基本生活需求的最低工資。對會員國移民政策和對歐盟經費的衝擊不容忽視。

但真正的阻礙在其他地方。[14]土耳其如果加入歐盟，歐盟的邊界將與喬治亞、亞美尼亞、伊朗、伊拉克、敘利亞接壤。從地理的角色看，把「歐洲」擴張到距摩蘇爾不到一百六十公里，是否明智，的確值得探究；以當時的情勢看，那無疑具有安全風險。而且，歐洲版圖愈是擴大，許多人（包括二〇〇四年憲法文件起草人）愈會覺得，歐盟該清楚說明界定他們共同家園的特色為何。於是，波蘭、立陶宛、斯洛伐克等地的一些政治人物——更別提羅馬的波蘭籍教宗——試圖在歐洲新憲文本的序文裡，塞入歐洲曾是**基督教**歐洲這句話以茲提醒，但未能如願。一九九四年瓦茨拉夫·哈維爾在史特拉斯堡講話時，不是提醒他的聽眾，「歐盟建立在一組價值觀上，這些價值觀來自古代和基督信仰」？

不管土耳其人是什麼樣的人，可以肯定的一點，不是基督徒。諷刺的是，正因為這理由——因為他們無法把自己界定為基督徒（或界定為信奉猶太教與基督教共有教義者）——有意成為歐洲人的土耳其人，比其他歐洲人更有可能強調歐洲人身分裡世俗化、寬容、自由的層面。[15]他們也試圖祭出歐洲價值觀和準則，藉以反制土耳其公眾生活裡的反動勢力，且對此愈來愈心急——而這一目標正是歐洲諸會員國長久以來所倡導的。

二〇〇三年，土耳其國會終於應歐洲的要求，廢除對庫德人文化生活、政治意見表達的諸多存在已久的限制，但歐洲諸國政府和官員在布魯塞爾跳的那支華爾滋溫溫吞吞、沒完沒了，早就開始要土耳其付出代價。批評歐盟入會案的土耳其人，一再指出曾是泱泱帝國的土耳其受到的羞辱——淪為在歐洲門口叩門，請求曾受它統治的國家支持讓它加入，低聲下氣到令對方厭煩的程度。此外，土耳其境內宗教情緒穩定成長，不只使該國的溫和伊斯蘭主義政黨在選舉上大有斬獲，還促成該國國會辯論一動議，欲再將通姦定為刑事罪。

布魯塞爾明確警告，若通過該動議，必定不利於安卡拉的歐盟入會申請，為此，土耳其撤除該動議，二〇〇四年十二月，歐洲終於同意與安卡拉展開入會談判。但傷害已經造成。反對土耳其加入歐盟者——而這樣的人不少，在德國[16]和法國，還有在與土耳其接壤的希臘或保加利亞境內都有——可再度指出它不適合加入。二〇〇四年，快退休的荷蘭籍歐盟專員佛里茨・博爾凱斯坦警告，歐洲即將「伊斯蘭化」。入會談判更難談出結果，負責新會員加入事務的歐盟專員鈞特・費霍伊根（Günter Verheugen）坦承，他們認為土耳其不可能在「二〇一五年」前成為歐盟會員。在這同時，日後遭拒或進一步延後處理所帶來的傷害——傷害到土耳其顏面，傷害到歐洲脆弱邊緣的政治穩定——更為升高。「東方問題」重登檯面。

鑑於當代歐洲人的歷史意識如此薄弱，二十一世紀開始時歷史居然成為影響歐洲事務的極重要因素，只令人覺得反諷。問題癥結與其說是在教育——雖然在東南歐某些地方學校歷史課的教導也是令人憂心之處——不如說是在歷史的公共用途上。在獨裁社會，這當然是司空見慣；但歐

14 包括希臘政治人物的國內政治盤算。他們多年來利用在布魯塞爾的投票權，阻撓土耳其入會。

15 此外，他們往往把理想化的自由市場等同於「歐洲」市場，把那拿來和土耳其自身經濟的藉權牟利、任人唯親現象相比較。

16 德國的基督教民主聯盟公開反對土耳其加入歐盟。

洲，根據其自我界定，已脫離獨裁時代。政府不再壟斷知識，不能因一時的政治目的而隨意改寫歷史。

大體上來說，的確是如此。在歐洲，歷史受到的威脅，不是來自為了不實目的而刻意扭曲歷史一事，而是來自乍看之下可能被視為是歷史知識理所當然之副產品的東西：懷舊。二十世紀最後幾十年，歷史被視為一件件單獨存在的手工藝品，日益受到公眾的著迷，但這樣的歷史概括的不是晚近的記憶，而是失去的記憶：與其說是用來以古鑑今，不如說是描繪了過去與現在多麼不同。電視上的歷史（不管是口述或演出的歷史）；主題公園裡的歷史；博物館裡的歷史：它們所強調的，都不是將人與過去連結的東西，而是將人與過去隔開的所有東西。此時此刻不被描述為歷史的繼承者，而是歷史的孤兒：將我們與過去的景況和失去的世界切斷。

在東歐，遺憾之情直接造成懷舊情緒；遺憾的對象是共產主義年代曾有過、但現已失去的那種篤定感，而共產主義的陰暗面已被清洗掉了。二〇〇三年，布拉格的裝飾藝術博物館舉辦了「革命前衣著」展：靴子、內衣、洋裝等革命前的東西。那時，那個時代才結束十四年，但已成為帶有距離感、令人著迷的東西。這項展覽吸引了許多老一輩者前來參觀，對他們來說，這些粗製濫造、清一色灰撲撲的展示品，想必記憶猶新。但參觀者的反應呈現某種程度的喜愛，乃至遺憾，這令館方大為驚訝。

在德國，懷舊（ostalgie）來自類似的健忘心態。套句米拉博（Mirabeau）對霍亨佐倫普魯士的描述，德意志民主共和國幾無異於一個具有國家形式的情治機關，但它卻能讓人在回顧時對其心生喜愛、乃至渴盼。捷克人欣賞他們的老衣服，德國人則湧進戲院看《再見列寧》（*Goodbye*

Lenin）：這部片宣稱在嘲弄何內克當政時東德人生活的短缺、教條和整體的荒謬，但嘲弄的力道被刻意抵消了，導演對於該主題流露某種同情，對於這種生活方式突然消失，表現出十分矛盾的心態。

但德國人和捷克人，一如其他中歐人，對於改朝換代、一切突然重新開始、帶來難忘心理創痛的事，有太刻骨銘心的體驗。他們針對歷史的瓦礫裡能撿回的任何東西進行選擇性的懷舊，乃是情有可原——埃德加．雷茨的《故鄉：德國全紀錄》於一九八四年在電視播出後，每一集平均吸引到九百萬西德人觀看，絕非偶然。但懷舊風在二十世紀末期橫掃西歐其他地方，催生出以文化遺產為賣點的產業、紀念碑、重建、重現歷史情景、翻新，其原因並非寥寥數語就能交待清楚。

歷史學家艾瑞克．霍布斯邦於一九九五年提出的「歷史神話大時代」，當然並非史無前例——霍布斯邦本人已就民族國家時代揭幕時，十九世紀歐洲境內的「虛構傳統」（invention of tradition）現象，寫過精闢文章。他說，愛德溫．繆爾（Edwin Muir）在《蘇格蘭一九四一年》（*Scotland 1941*）書中寫到蘇格蘭詩人彭斯與史考特時，把這種假文化說成是「假國家的假吟遊詩人」。但對比於此，二十世紀底，法國、英國境內對本國歷史的創意性重新想像，乃是截然不同的東西。

把懷舊當歷史，在這兩個國家裡尤其顯著，絕非偶然。兩國以帝國強權之姿得意進入二十世紀，但後來都因戰爭和去殖民化，失去領土與資源。全球性帝國的自信與安全消失，取而代之的是不安的記憶和不確定的未來。法國人或英國人對自身的界定曾非常清楚，但這時已不再。在比利時或葡萄牙之類小國裡，或在非必要不想揭露本國晚近歷史的那些國家（例如義大利或西班牙），採行替代方案——熱切擁抱「歐洲」——容易得多。[17]但在英法，在世國民還記得自己親身經歷過的本國輝煌光榮歷史，要這類大國擁抱「歐洲」，始終是令人難受的轉變：是妥協，而非選擇。

從體制上說，英國之轉向懷舊，始於二次大戰甫結束不久，當時工黨籍財政大臣休·道爾頓設立了國家土地基金（National Land Fund），為國家買下「漂亮、有歷史」的場址和建築，並將它們交由國家信託基金機構（National Trust）管理。不到一個世代，國家信託基金機構轄下的資產——園林、城堡、府邸、「天然美景出色的區域」——已成為著名觀光景點：其中有些資產仍住著原主人，他們將祖傳家產贈予國家以換取可觀的財務紓困。

從五〇年代到七〇年代結束，一種令人安心的晚近歷史以戰爭電影、古裝劇、衣著的形式一再出現：愛德華年代時尚重新流行起來——從男阿飛（teddy boy）到多毛面部飾物——就是這一潮流的一大特色。一九七七年充滿刻意「復古」、懷舊氣息的女王即位二十五週年慶祝活動，是這一潮流的最高潮，當時還辦了街頭派對、照片展，全國沐浴在懷念更古老、更美好時代的氣氛中。但經過八〇年代的柴契爾主義革命，就連這一延續性都消失。在人們回顧一九四〇年代、乃至一九一三年時，能得到人們某種溫暖肯定的那個英國——更具體地說，那個英格蘭——在八〇年代間已被掃除殆盡。

取而代之的是，除非透過否定的不經意反諷，或除非將晚近的過去視為某種淨化過、脫離現實的「遺產」，否則無法自在接受其晚近歷史的一個國家。牛津、劍橋這兩所古老大學，受迫於布萊爾主義的平等主義新氣氛而不得不標舉「反菁英主義」的精神，它們所流露出的不安全感，正充分說明了這種否定心態。倫敦的維多利亞暨亞伯特博物館之類文化機構，一九九〇年代淪落到自稱為「第一流咖啡館，並附設優質博物館」以便宣傳，其自貶身價的古怪作為，同樣充分說明了這種否定心態。

至於英國的文化遺產，則相當公開地轉型為商業經營項目，即「以文化遺產為賣點的產業」（heritage industry）：由新成立的政府部門「國家文化遺產部」負責推動並支持。這個新部門由保守黨政府成立於一九九二年，但符合工黨主政時所初擬的計畫，到了布萊爾的新工黨政府時代被併入新部會，該部名稱十分清楚，叫做「文化、媒體、運動部」。這個跨政黨的背景值得注意：文化遺產不是特定政黨的計畫。「過去」未遭濫用或剝削；而是遭淨化，被賦予快樂的臉孔。

拿位於南約克夏郡廢棄煤田中心的巴恩斯利（Barnsley）為例，就可說明此點。巴恩斯利曾是採礦重鎮，在後柴契爾時代已被改造得面目全非。鎮中心區遭掏空，地方政府機關和公用事業建築集中區遭拆除，換成俗氣的行人徒步區，周邊則是多層式停車大樓。剩下的舊東西，只有鎮公所和附近幾棟建築——見證巴恩斯利十九世紀光榮歷史的建築遺物——且有仿古的「舊世界」的路標指引遊客前往參觀。在這同時，當地市場裡的書攤，這時則專注於把當地懷舊心態當商品，賣給該地區本身的居民（巴恩斯利不在任何既有的觀光路線上）——泛黃的照片和版畫、《巴恩斯利的黃金年代》或《老唐卡斯特的記憶》（*Memories of Old Doncaster*）之類書籍（唐卡斯特是巴恩斯利的鄰鎮）：提醒人不久前才消失、現已快被遺忘的世界。

在距巴恩斯利數哩處，奧格里夫（Orgreave）村附近，藝文界於二〇〇一年重演了「奧格里夫

17 民主西班牙的確發展出官方的「文化遺產」事業，由官方機構「國家遺產董事會」（Patrimonio Nacional）負責該事業，但該機構所著意突顯的，不是西班牙的晚近歷史，而是距今遙遠的「黃金時代」。

之役」，並將其搬上電視螢幕。一九八四年柴契爾夫人與全國礦工工會的對抗，是以數場衝突揭開序幕，而該年六月罷工礦工和警察在奧格里夫的對抗（奧格里夫之役），是其中最暴力、最激烈的衝突。在那之後，許多礦工丟了飯碗——後來，其中有些人身穿「當時」的衣著，參加了二〇〇一年該事件的重演行動劇（為了錢）。把著名戰役透過「表演」重現，是英格蘭習之有年的消遣活動。但奧格里夫之役竟被當作「文化遺產」來對待，說明歷史化風潮在這時更為如火如荼。畢竟英格蘭人是在內戰時的內斯比之役（Battle of Naseby）發生三百年後，才抽出時間於奧格里夫南邊約兩小時車程處，用表演的方式重現該戰役；而礦工對峙的奧格里夫之役在發生十七年後就得到重演，搬上螢幕。

喬治·歐威爾於《通往維根碼頭之路》描述了兩次大戰之間英國工廠工人失業的悲劇，看了令人無法忘懷，而巴恩斯利鎮在這本書中大出風頭。七十年後，在維根，除了出現一座碼頭（歐威爾曾針對此碼頭的消失留下著名評論），還有在附近汽車道邊立了一個路標，鼓勵人前去參觀。在該地已淨化的運河旁，建造了「往日情景」（The Way We Were）博物館，和販賣漢堡、薯條而沒有特色的現代酒吧「維根碼頭的歐威爾」。歐威爾筆下那些可怕的貧民區已被移除——不只從地表移除，還從當地人的記憶中移除：該博物館販售的指南《一九三〇～一九七〇年維根憶往》，印有漂亮的泛黃照片，可見到端莊的女售貨員和古意盎然、已遭遺忘的店鋪。但對於吸引歐威爾到該地，使維根惡名大噪的那些礦坑和工人，指南中隻字未提。

得到「文化遺產」待遇的，不止北部。在英格蘭的西米德蘭茲郡陶瓷產區，以了解十八世紀瓷器製造商喬賽亞·韋奇伍德（Josiah Wedgwood）如何造出他的著名瓷器為賣點，鼓勵觀光客和當地學童前來參觀。但他們若想找到實物，藉以了解陶瓷工人如何生活或該地區為何被叫做「黑鄉」（歐威爾描述了連白雪都被百根煙囪染黑的事），將大失所望。而這類例子——以現在的樣貌取代當年應有的樣貌——不勝枚舉。

於是，英國現存真正的鐵路，激起全民的反感；但到了二〇〇〇年，英國所擁有的蒸汽鐵路和蒸汽鐵路博物館，比歐洲其他地區的總和還要多：共一百二十個，光英格蘭境內就有九十一個。這些蒸汽火車大部分沒在運行，而就連那些有在運行的蒸汽火車，都以某種神奇的麻木，將現實與幻想交織在一塊：來到約克夏西區的夏日遊客，受邀搭乘湯瑪士小火車，走基斯利－哈沃思線（Keighley-Haworth）前去參觀布朗特姊妹故居（Brontë Parsonage）。

因此，在當代英格蘭，歷史與虛構結合得天衣無縫。工業、貧窮、階級衝突，已遭官方遺忘、掩蓋。嚴重的社會落差遭否認或同質化。就連最晚近、最有爭議的過去，都只能在懷舊的塑膠複製品裡尋得。將記憶刪節再現的這一全國性現象，乃是英國新政治菁英的重大成就。新工黨緊跟在柴契爾夫人之後，成功廢掉過去；英格蘭欣欣向榮的文化遺產產業已用「過去」（the Past）取代了過去（the past）。

英格蘭人栽種、照料「遺忘花園」的本事——既滿懷深情的召喚過去，又極力否認過去——舉世無雙。法國對國家文化遺產的執迷，與英格蘭相當，但以不同風貌呈現。在法國，幾十年前就開始著迷於從國家歷史裡找出有價值的東西和地方，並予以保存。這股風潮始於兩次大戰之間的農村展——那些農村展已在懷念消失的一九一四年前世界——並因為維琪政權致力於用理想化的鄉村過去取代令人煩惱的城市現在，而更為盛行。

戰後，第四、第五共和期間，法國政府對全國性、地區性的文物保存投入大筆資金，積累出龐大文化遺產，並打算以之作為某種實體教學工具：以這些固著不動的東西，（在經過痛苦、動蕩的一個世紀之後）提醒當代人國家的獨特歷史。但到二十世紀最後幾十年時，法國——密特朗、席哈克主政下的法國——已開始變得不復辨識。這時，吸引人發表看法的，不是與過去光榮歷史——或過去悲劇——的賡續，而是脫節。過去——革命的過去、小農的過去、語言的過去，但最重要的，從維琪到阿爾及爾的晚近過去——為未來提供的指引不多。原本渾然一體的法國歷史，碰上人口轉變和兩代的社會–地理流動，似乎已準備從全民記憶中消失。

擔心歷史消失，帶來兩個影響。一個是官訂遺產——被政府冠上「遺產」之名且得到官方支持的古蹟和手工藝品——種類變多。一九八八年，在密特朗政府的文化部長賈克．朗（Jack Lang）命令下，法國「文化遺產」裡受官方保護的項目大增；此前只限於聯合國教科文組織式的遺產，例如尼姆附近的古羅馬時代的加爾橋（Pont du Gard）或大膽腓力當政期間建於艾格莫爾特（Aigues-Mortes）的古城牆。

法國新增的「遺產」，包括巴黎熱馬普河濱路邊日益頹圮的北方旅館（Hotél du Nord）正立面，由此可以看出朗格和其繼任者是如何認定「遺產」。官方宣布此舉是在致敬馬塞爾．卡爾內（Marcel Carné）的一九三八年同名經典電影，但卡爾內拍攝該片時完全在棚內作業。因此，保存一棟從未在該片裡出現的建築（正立面）之舉，按照個人的品味，或者可以解讀為法國人在後現代反諷上的精妙表現，又或者可以解讀為一項病徵，彰顯出任何回憶只要被官方如此製作成標本，必然帶有的虛假本質。

密特朗對國家遺產的特殊貢獻，與其說是保存遺產或將遺產分類，不如說是以即時方式製造了遺產。自路易十四以降，從沒有哪位法國統治者以如此大量的建築和儀式標舉自己的統治。密特朗當總統十四年期間，其特色不只在博物館、紀念碑、隆重啟用典禮、葬禮、遷葬禮的持續增加，還在於極力欲確立這位總統自己在國家遺產裡的地位：從巴黎西部拉德芳斯區（La Défense）駭人的大凱旋門，到羅浮宮那座優美的玻璃金字塔和現代主義的巴士底歌劇院，再到塞納河南岸邊引發爭議的新國家圖書館。

在密特朗忙著建造雄偉建築，把自己銘刻在國家的實體記憶裡時，揮之不去的憂心——憂心國家正與自己的根脫節——促使著名的巴黎史學家皮耶・諾哈（Pierre Nora）編輯了《記憶所繫之處》（*Les Lieux de mémoire*）。這本巨著是合集，分為三部分、七卷、共五千六百頁，一九八四至一九九二年陸續出版，旨在找出並說明法國所一度共享之記憶裡的地點和領域：作為法國同義詞的名字和觀念、地方和人、計畫和象徵，從大教堂到烹飪法、從土壤到語言、從城市規畫到法國人心中的法國地圖。

從未有人為其他哪個國家構思出類似的出版品，而且我們也很難想像有人會那樣做。因為諾哈的《記憶所繫之處》，既捕捉到法國人集體身分的驚人自信——沒有人會挑戰其假定，亦即八百年的法國史已遺留給法國它的獨有特性、共有遺產，得以用這種方式來呈現，而喚起記憶——也捕捉到諾哈在其導論裡所闡明的焦慮：焦慮於體現共有之過去的尋常集體象徵就要永遠消失。

這是以憂慮為內涵的懷舊心態：害怕很快會有一天，法國高速公路——展現精湛工程技術、景觀美化無懈可擊的高速公路——沿線的土色資訊看板，對法國人自己將不再具有意義。屆時，如果間接提及——先是以象徵、進一步以名字——萊姆斯的大教堂、尼姆的圓形露天競技場、武日葡萄園（Clos de Vougeot）的葡萄、聖維克托瓦山（Mont Ste Victoire）或凡爾登（Verdun）戰場時，無法令人聯想起背後的深層意涵，那麼提及它們有何意義？如果隨意遊走的旅人碰到這些名字時，已和它們所本欲喚起的記憶和本欲激起的感受脫節，那麼法國還剩下什麼？

在英國，文化遺產產業代表人們執迷於不符史實的事物——可以說是為虛假的過去營造真實的懷舊。相對地，法國人對其精神遺產的著迷，有某種程度的文化真實性。「法國」始終以寓意的方式呈現自己：「瑪麗安娜」（Marianne）——法蘭西共和國象徵——得到種種刻劃和體現。因此，對法國性消失的遺憾表現在眾多象徵上——不管是實體象徵還是知性象徵乃是順理成章。這些象徵「就是」法國。如果它們遭擺錯地方或不再為人民所共有，法國就不可能是法國——戴高樂宣布「沒有榮耀，法國不可能是法國」時，就帶有這個意涵。

各種政治立場的政治人物、知識分子、人民，都抱持這些假定——這也是《記憶所繫之處》能如此大賣的原因，該書為數萬讀者重點提示了逐漸消失的法國性，此一性質，他們在日常法國生活中已開始遺忘。因此，有一事非常發人深省：基督教——基督教觀念、基督教建築、習俗、象徵——在諾哈的巨著裡占了顯著位置，卻只有短短一章探討「猶太人」——大部分當作遭同化、排斥或迫害的對象來探討——而且完全沒有專門探討「穆斯林」。

這不是疏忽所致。法國人的記憶殿堂裡，沒有替伊斯蘭闢個專門角落，而且若這麼做，將與此書欲打造法國記憶殿堂的目標相牴觸。但這一忽略本身彰顯了法國，一如其鄰國，在接納數百萬新歐洲人後所碰上的麻煩。受命制訂歐洲憲法的歐洲未來擘畫大會共有一百零五名成員，其中無一人是非歐裔出身。一如從葡萄牙到波蘭的歐洲其他政治菁英，他們代表了白人、基督教的歐洲。

或更確切地說，代表了曾經信仰基督教的歐洲。在歐洲境內基督教仍是教派林立——從烏克蘭的東儀天主教會到威爾斯的衛斯理宗，從外喀爾巴阡山的希臘天主教會到挪威的路德宗——但真正在生活中實踐其信仰的基督徒，人數持續減少。在西班牙，二十世紀底仍擁有九百座男、女修道院（占全球六成），但上教堂作禮拜者愈來愈少，人們一想起上教堂，就想到孤立、年老、農村落後。在法國，只有七分之一成人承認有在上教堂，而且平均一個月只有一次。在斯堪地納維亞和英國，比例又更低。甚至在波蘭，基督教都在式微，該地人民對於天主教統治階層的道德勸誡愈來愈充耳不聞，雖然他們曾經很有影響力。二十、二十一世紀之交時，超過一半的波蘭人（和更大多數的三十歲以下波蘭人）贊成合法墮胎。

相對地，伊斯蘭打動了愈來愈多人，特別是年輕人。在仍普遍把境內的阿拉伯裔或土耳其裔或非洲裔公民視為「外人」的那些國家裡，伊斯蘭愈來愈成為年輕人族群認同和集體驕傲的來源。他們的上一代和上上一代極力融入、同化於所置身的社會，但在安特衛普或馬賽或萊斯特的年輕男女，這時既高聲認同他們出生的地方（比利時或法國或英國），且高聲認同他們家族原初信仰的宗教和原鄉。特別是女孩子，開始經常穿戴傳統衣物和宗教象徵——有時是在家庭壓力下，但往往是為了反抗上一代，因為上一代採取了妥協。

政府的反應，因本國傳統、情況的不同而有些許差異：只有法國國民議會，在理直氣壯的世俗化共和主義心態下，以四百九十四比三十六的票數，表決通過禁止在公立學校穿戴各種宗教象徵。但我們必須從更廣闊且更令人不安的背景，理解這一在二〇〇四年施行且以穆斯林女孩頭巾為規範對象的作為。在許多地方，極右派正利用種族歧視來壯大勢力；在歐洲，反猶心態四十多年來首度上揚。

在大西洋彼岸，反猶成為恐歐政治人物和新保守派專家經常談及的主題，而從大西洋彼岸看，法國和比利時和德國境內的反猶，迅即被視為是返回歐陸黑暗過去的作為。具有影響力的專欄作家喬治．威爾（George Will）甚至在二〇〇二年五月的《華盛頓郵報》上撰文，將反猶心態在歐洲的復發，稱作「猶太人問題最後解決辦法」的「第二——與最後？」施行階段。美國駐歐盟大使洛克威爾．施內貝爾（Rockwell Schnabel）在美國猶太人委員會於布魯塞爾的某場特殊集會上表示，歐洲境內的反猶「就要來到和一九三〇年代一樣糟糕的程度」。

這是帶有煽動性的言論，且受到嚴重誤導。反猶心態在當代歐洲大體上銷聲匿跡，只有在穆斯林和特別是阿拉伯裔歐洲人族群裡很盛行，這是中東危機日益惡化所直接造成。透過衛星轉播，這時在歐洲全境都可收看到阿拉伯語電視台，而這些電視台常播出來自迦薩走廊和遭以色列占領之約旦河西岸的消息。巴黎和里昂和史特拉斯堡郊區城鎮的年輕男子，憤慨於他們所見到、所聽到的，又受阿拉伯、以色列當局的鼓勵，將以色列等同於他們本地的猶太裔鄰居，於是開始攻擊這些鄰居：在猶太社區建築上塗鴉，刻意毀損墓地，在學校和猶太會堂裡放炸彈，攻擊猶太裔青少年或家庭。

對猶太人和猶太機構的攻擊——集中出現於二十一世紀頭幾年——令人憂心，不是因為它們的規模，甚至不是因為它們的種族歧視特性，而是因為它們暗含的族群對立性質。這與過去歐洲的反猶不一樣：對於想替自己的不滿尋找代罪羔羊的那些人來說，猶太人已不是選擇目標。事實上，猶太人已排在攻擊目標的頗後順位。二〇〇四年一月法國的某項民調發現，一成受訪者坦承不喜歡猶太人，但有更高比例者（兩成三）不喜歡「北非人」。出於種族歧視動機攻擊阿拉伯人——或因國家而異，攻擊土耳其人、印度人、巴基斯坦人、孟加拉人、塞內加爾人、其他明顯可見的少數族群——比攻擊猶太人的次數要多上許多。在某些城市，這類攻擊嚴重且普遍。

新反猶主義令人不安的地方在於，雖然猶太人再度成為受害者，但這一次加害者是阿拉伯人（或穆斯林）。惟一的例外似乎出現在德國，在該地，東山再起的極右派攻擊時，未費心去區別對方是外來移民、猶太人、還是其他「非德國人」。但基於顯而易見的理由，德國是個特例。在其他地方，政府較憂心的是境內阿拉伯裔和其他穆斯林族群與社會日益格格不入，而非法西斯主義復活。這些政府的想法大概沒錯。

美國仍把「伊斯蘭」和穆斯林視為遙遠的挑戰，與己格格不入且帶敵意，他們認為最佳的因應之道是提升安全防護和發動「先發制人的戰爭」；與美國相反的，歐洲諸國政府有充分理由不如此看待這問題。特別是在法國，中東危機不再是外交問題：它已成為國內問題。在巴勒斯坦受迫害的阿拉伯人，他們的激情與挫折，令他們在巴黎的兄弟感同身受，激發憤怒與挫敗，本就不是令人意外的事——畢竟那是帝國的另一個產物。

24

作為一種生活方式的歐洲

Europe as a Way of Life

免費健保是一絕佳範例，展現出把集體行動與公眾的主動作為運用到最不適合商業原則的社會領域裡，能夠有何等優越性。

安奈林・貝文

✣ ✣ ✣

我們希望諾基亞的員工覺得我們都是夥伴，而非上司與雇員。或許那是歐洲的工作方式之一，但對我們來說，那管用。

約瑪・奧利拉，諾基亞執行長*

* In T .R. Reid, *The United States of Europe. The New Superpower and the End of American Supremacy* (NY, 2004), p. 131.

✣ ✣ ✣

歐洲人希望未來絕不再有冒險。他們已嘗過太多冒險的苦頭。

阿爾豐斯・韋伯智，比利時國民銀行行長，一九九六

✣ ✣ ✣

美國是年輕、單身時該去的地方，
但到了該長大的時候，就該回歐洲。

接受民意調查的匈牙利企業家，二〇〇四

✣ ✣ ✣

現代社會……是個民主社會，應該不帶熱情或憤慨去觀察。

雷蒙・阿宏

二十世紀底時，歐洲的多樣性迅速擴增：歐洲境內地區、國家、歐盟多變的輪廓；歐陸兩大宗教基督教與伊斯蘭教南轅北轍的前景和氣氛；前所未見的歐洲境內、境外通訊、交換速度；使原本截然分明的國家或社會區隔變模糊的多樣斷層線；對過去和未來都感到的不確定。因為這些因素，使得我們較難看出某種一貫的集體經驗。二十世紀底的歐洲，缺乏在對十九世紀末期的自信描述裡暗含的那種同質性。

儘管如此，仍冒出了一種歐洲特有的認同，可在社會許多領域裡察覺到。在高尚文化領域——特別是表演藝術——政府保住其資助角色，至少在西歐是如此。博物館、美術館、歌劇團、管弦樂隊、芭蕾舞團，都非常倚賴官方基金的年度豐厚補助，在許多國家裡，完全靠這類補助才得以生存下來。後柴契爾時代的英國大大例外——國營彩券的收入為財政部減輕了支持藝文活動的負擔——令人產生錯誤認知。彩券只是籌集公共收入的另一個工具：從社會的角度看，它們比傳統的募款機構更為落後。[1]

高昂的公共資助成本，已經使某些人懷疑大筆補助最終可能無以為繼，特別是在德國。九〇年代期間，德國某些州政府開始質疑他們的支出是否太過大方。在德國，公共補貼通常負擔了劇院或歌劇院八成以上的經營成本。但這一層級的文化，與地位，與地區認同，有密不可分的關係。因此柏林市雖然赤字有增無減、收入停滯，仍資助三大歌劇院：德意志歌劇院（Deutsch Oper，即前西柏林歌劇院）、國立歌劇院（Staatsoper，即前東柏林歌劇院）、喜劇歌劇院（Komische Oper），此外還應加上柏林室內樂團和交響樂團。這些都倚賴巨額的公共補助。法蘭克福、慕尼黑、斯圖

1　不是只有英國如此。二〇〇四年九月某個星期，西班牙國營彩券「胖子」（El Gordo）進帳五百九十二萬兩百九十三歐元。

加特、漢堡、杜塞爾多夫、德勒斯登、佛萊堡、維爾茨堡和其他許多德國城市，繼續資助第一流的國際芭蕾舞團或歌劇團，提供年薪和完整福利、政府養老金給表演者、音樂家、舞台工作人員。二〇〇三年時，德國境內有六十一萬五千人被正式歸類為全職「藝術工作者」。

在法國，拜文化部從中央撥款直接援助之賜，在偏遠的地方城鎮，藝術（特別是戲劇）也是蓬勃發展。除了建造以自己姓氏命名的圖書館和其他宏偉建築，密特朗總統以路易十四在位以來所未見的大手筆，不只撥款給羅浮宮、巴黎歌劇院、法蘭西喜劇院，還撥款給地區博物館、地區藝術中心、省級劇團，以及撥款給全國各地的小型電影院（cinémateque），以存放、放映經典電視和現代電影。

在德國，高尚藝術以國際色彩而自豪——德勒斯登歌劇、芭蕾舞團的俄國籍團長佛拉基米爾・傑列維揚科（Vladimir Derevianko），請美籍舞蹈編導威廉・佛賽（William Forsythe）編舞，一饗德國戲迷。但在法國，藝術補貼的主要目的在於保存、呈現法國自身文化遺產，法國獨有文化的豐富多彩。在法國，高尚文化保留了普受認可的教育功能，特別是法國戲劇的經典仍透過學校課程反覆灌輸給學子。一九九三年，倫敦小學校長珍・布朗以《羅密歐與茱麗葉》一劇政治不正確為理由（她說「異性戀到一個誇張」），禁止學校帶學生去參觀該劇。以她這種觀念，若在英吉利海峽對岸，她別想出人頭地。

公共資助的規模，可能就屬法國、德國境內最為龐大，但放眼整個歐洲，政府都是藝術資助經費的主要來源——在大部分例子裡，更是惟一來源。事實上，「文化」是公眾生活裡可讓民族國家，而非歐盟或其他私人企業，扮演幾近獨占性之提供者這個特殊角色的最後一個重要領域。

在東歐，老一輩者一回想起讓政府掌控文化活動的後果，有充分理由大感驚恐，但即使在東歐，拮据的公共財政都是避開市場力量危害的惟一出路。

在共產主義下，表演藝術一直是演技出色但乏味：從技術角度看通常屬於一流，且幾乎都是謹慎而保守——凡是在比如維也納和布達佩斯看過《魔笛》者，大概都能看出兩者的差異。但共產主義垮台後，雖然出現不少低成本的實驗性作品——特別是在索非亞，在編舞和表演技巧上出現不少難得一見的後現代實驗——但資源幾乎付諸闕如，許多最優秀的音樂家、舞者、乃至演員投奔西方。加入歐洲也可能意味著自中心淪為偏鄉。

這一現象的另一個原因，乃是歐洲高尚藝術的觀眾這時已歐洲化：大城市裡的本國劇團在愈來愈國際性的觀眾面前表演。輕鬆遊走於多國、多語言之間的新興跨國知識階層，有錢有閒追求娛樂和啟迪，一如他們追求衣著或事業那樣地輕鬆自在。對展覽、劇作或歌劇的評論，會刊登在許多國家的報紙上。在某城市裡——例如倫敦或阿姆斯特丹——叫座的表演，在遠至巴黎或蘇黎士或米蘭的城市裡，也可望得到觀眾和遊客的青睞。

國際性程度前所未見的這些觀眾，是否真的懂得欣賞，而非只是附庸風雅，未有定論。歷史悠久的活動，例如一年一度的薩爾茨堡音樂節或在德國的拜魯特（Bayreuth）定期演出的《尼伯龍根的指環》系列歌劇，仍較吸引老一輩的觀眾，而這些觀眾不只熟悉演出的內容，還熟悉附屬的社交禮儀。但將傳統素材通俗化，以讓未必熟悉經典作品（和原始語言）的年輕觀眾欣賞，或針對新一代觀眾請人製作新奇、易懂的作品，已是大勢所趨。

對那些正面看待新式歌劇作品、「新銳」舞團、「後現代」藝術展的人來說，這些東西彰顯了歐洲文化面貌的轉變：充滿朝氣、創新、目無法度，最重要的，通俗——而這個產業正是極度倚賴公共資助，從而有義務找出並取悅廣大觀眾。但在批評這類作品的人眼中，倫敦的新藝術風貌（Brit Art），就像威廉．佛賽在法蘭克福上演而引發爭議的芭蕾舞劇、或偶爾在巴黎出現的古怪「改編」歌劇，證實了他們的悲觀預測：觀眾變多將只意味著更不入流。

從這角度看，原是配合贊助者所一貫熟悉的某種共通準則而演出的歐洲「高尚」文化，這時利用新入門觀眾的文化不安全感求取發展，而這些觀眾無法輕鬆區別好壞，但可望按照流行趨勢予以熱切回應。這一情況並非如文化悲觀主義者所慣常斷言的那麼前所未見——暴發戶身上，那種因文化素養不足而焦慮的心態，至少自莫里哀以來，就是文學嘲諷、戲劇嘲諷的主題之一。但這時，真正前所未見的，乃是以整個大陸為範圍的文化轉變。從巴塞隆納到布達佩斯的觀眾組成，這時驚人的一致，演出的內容亦然。在批評者眼中，這正證實了誰都看得出的現象，即藝術和其觀眾陷入互受其害的擁抱中：矯揉造作歐洲人所欣賞的歐洲風（EuroCult for Eurotrash）。

歐洲人日益緊密的結合會使其受益者更富國際性，還是只是將歐洲人各自的褊狹地域心態混在一塊？這問題不只是德國《法蘭克福匯報》（*Frankfurter Allgemeine Zeitung*）或英國《金融時報》的高尚藝術版面想弄清楚。《法蘭克福匯報》、《金融時報》、法國《世界報》、義大利的《共和報》（*La Repubblica*），現在都是不折不扣的歐洲報紙（但《共和報》的歐洲性在程度上遜於前三者），在歐洲各地都可買到、讀到。但發行量大的八卦報，仍受到本國語言和疆界的牢牢限制。不過這些八卦報的讀者都在減少——在英國讀者數最多，在西班牙最少——因此，在通俗新聞傳播上，自成一格的國家傳統，影響不如過去那麼大：只有在英格蘭又是例外，該地的八卦報煽動恐歐成見，還利用該成見刺激銷量。在東歐和伊比利半島，自由新聞媒體長期付諸闕如，使許多人，特別是大城市以外的人，完全略過報紙時代——從文盲時代直接跳到電子媒體時代。

對這時大部分歐洲人來說，電子媒體，特別是電視，是資訊、觀念、文化（高尚文化和低俗文化）的主要來源。電視的情況，一如報紙：最愛看電視的是英國人，常高居歐洲觀看次數榜首，緊追在後者是葡萄牙人、西班牙人、義大利人，以及——雖然仍落後一截的——東歐人。傳統國營電視台面臨來自有線電視、衛星電視的競爭，但它們的收視戶在所有收視戶的比重仍出奇的大。它們也大體上追隨日報的作風，大幅減少外國新聞的報導。

因此，二十世紀底，歐洲電視呈現一耐人尋味的弔詭現象。各國國內提供的娛樂相差無幾：進口的影片和情景喜劇、「真人實境秀」、猜題比賽節目和從歐陸一頭到另一頭都可見到的其他常見節目，惟一的差異在於進口的節目是否另行配音（如在義大利所見）、配上字幕或以原始語言呈現（在小國或多語國家，原語呈現愈來愈常見）。呈現風格——例如新聞報導風格——非常類似，往往取法美國當地新聞的播報方式。[2]

另一方面，電視仍是具有國家特色的媒體，甚至是觀念狹隘的媒體。因此，義大利電視一眼就可認出是義大利的電視，絕不會認錯——從出奇過時的綜藝節目、誇張做作的訪談，到個個俊男美女的節目主持人，拍攝衣著暴露的年輕女子時獨特的攝影角度，就可看出。在鄰國奧地利，本土製作的脫口秀節目流露出正經八百的道德意識，與幾乎壟斷其他電視節目的德國電視節目形

2 但未像美國那樣，必須以一名白人男性（主播）搭配一名黑人男性（運動賽事主播）、一名白人女性（軟性新聞／專題報導）、一名氣象主播（膚色／性別不限）。

成對比。在瑞士（一如在比利時），國內每個地區都有自己的電視頻道，各頻道使用的語言、播報的新聞各不相同，且營運方式天差地別。

英國廣播公司（BBC），誠如批評它者所忿忿論道的，為了和商業性對手競爭，已放棄其早年作為國內道德仲裁者和善心教導者的審美觀和理想。但儘管改走較通俗易懂路線（或許正因為這原因），它的英國特質比以往任何時候都更為鮮明。凡是對此有所懷疑者，只消拿英國廣播公司上的報導、辯論或表演，與法國國營電視二台（Antenne 2）或民營電視一台（TF1）的類似節目相比，即可釋疑：在英、法兩國，已改變的部分遠不如未改變的部分來得引人注目。在這兩個國家，知識界或政界的關注事項，對權力所抱持的態度，和五十年前一樣南轅北轍。在這個大部分其他集體活動和族群組織已在式微的年代，電視是每個國家的大部分居民所共有的東西；而在強化各國家特點和相互間的無知上，它成效卓著。

這是因為除開重大危機期間，電視台對鄰國的動態興趣不大——甚至比電視誕生初期還要漠不關心，那時候，對科技的著迷和對鄰近國家的好奇，催生出許多紀錄片和來自國外城鎮、海邊的「境外報導」。但因為歐洲現在已被視為是理所當然的東西，且在大部分觀眾眼中已明顯失去異國風味（動盪、貧困的東南歐例外），因此，歐洲電視上的旅遊節目和其他節目，老早就將自己「全球化」，把目光轉向更遙遠的地方，同時冷落歐洲其他地方：自認熟悉歐洲其他地方，其實大體上不了解。

重大的公共活動——法國的帝國式國葬；英國、比利時、西班牙或挪威的王室婚禮、葬禮；後共產主義國家境內的遷葬、追悼、總統道歉——都屬於本國事務，向本國觀眾大肆報導，但在其他國家境內，只有不具代表性的少數人觀看。[3]在歐洲，非本國的選舉結果，只有具有聳人聽聞的新聞價值或造成跨越洲際的影響，才得到本國大眾傳媒的報導。大體上，歐洲人對鄰國動態所知甚少。他們對歐洲議員選舉興趣缺缺，不只是因為對布魯塞爾辛苦做出的書面資料心存懷疑或覺得乏味；那還是大部分歐洲人心中的世界大體上並不「歐洲」，必然的副產品。

但有個無所不在的例外：運動賽事。衛星電視頻道歐洲體育台（Eurosport），專門以多種歐洲語言播映形形色色的運動賽事。從愛沙尼亞到葡萄牙，每個全國性電視台都撥出相當多的時段給運動賽事，其中許多是歐洲內部的國際賽事，往往與本地或本國隊伍無關。二十世紀最後幾十年，買票進場觀看有大量觀眾的運動比賽（例如足球、網球、籃球之類）的人數下滑，對這類運動賽事的熱衷卻大幅提高；在地中海三國，對運動新聞的需求極大，因而足以支撐起專門報導運動賽事、備受看重、大眾市場取向的日報——法國的《運動隊報》（*L'Equipe*）、西班牙的《比賽紀錄報》（*Marca*）、義大利的《運動報》（*Gazetta dello Sport*）。

許多國家仍擁有特色鮮明的本國運動和運動賽事——捷克共和國的冰上曲棍球、立陶宛與克羅埃西亞的籃球（相當奇怪）、法國的環法自行車賽、英國一年一度的溫布頓網球賽——但從整個歐洲的角度看，儘管有時能吸引到數百萬觀眾（環法是過去幾十年來到場觀看人數真正增加的惟一運動賽事），終究是少數人關注的賽事。在西班牙，鬥牛雖已在九〇年代作為某種追逐收入的「文化遺產產業」而再現生機，卻不大能得到西班牙年輕人的青睞。就連英格蘭重要的夏季賽

3 黛安娜王妃的死亡和外界在她死後的病態性關注，或許讓人覺得是個例外。但儘管有許多英國以外的歐洲人觀看她葬禮的電視轉播，也很快就興趣缺缺。民眾公開傾瀉哀悼之情這種怪事，只見於英國。

事，板球，雖然有人用心於使它更為精彩、更為高潮迭起——以使五日的賽事不再步調緩慢、營收慘淡——從娛樂業的角度看，還是滑落到只能靠特定小眾人口來勉力維持。真正將歐洲結為一體的運動乃是足球。

但並非一開始就是如此。每個歐洲國家境內都有足球賽，但在戰後頭幾十年，足球選手都在國內踢球。觀眾欣賞本國足球聯盟的比賽；不常有的國際賽事，在某些地方被當作令人熱血澎湃的軍事對抗史的重現。在那些年裡，為歐洲國際足球比賽買票入場的觀眾——例如英、德或德、荷（更別提波蘭、俄羅斯）之間的比賽——沒有人會對《羅馬條約》和「日益緊密的結合」心存幻想。觀眾看球時心中浮現的相關歷史，很清楚就是二次世界大戰的歷史。

戰後頭幾十年，不同歐洲國家的足球選手彼此很陌生，通常在球場外從未碰面：一九五七年威爾斯前鋒約翰．查爾斯離開英國里茲聯隊，以聞所未聞的六萬七千英鎊天價轉會金，加入義大利杜林的祖文特斯隊，在兩國都受到大肆報導。一九六〇年代晚期，職業足球隊裡仍非常罕見外籍選手，只有在義大利例外。在義大利，創新求變的球隊經理這時正開始挖角國外的好手。一九五〇年代戰績輝煌的西班牙皇家馬德里隊，的確擁有球技舉世無雙的匈牙利籍選手費倫茨．普斯卡什（Ferenc Puskás），但普斯卡什談不上是代表性的例子。他曾是匈牙利國家隊隊長，蘇聯入侵後逃離布達佩斯，入西班牙籍。在那之前，一如其他每個匈牙利足球選手，他在母國之外幾乎無人知曉——因此，一九五三年十一月他率領匈牙利足球隊踏上倫敦溫布利體育場的足球場時，將與他們下場較量的英格蘭足球隊裡，有一人如此評論他：「看看那個小胖子，我們會幹掉這些傢伙。」（後來匈牙利以六比三勝英格蘭，讓英格蘭足球隊首度在本國土地上嚐到敗績。）

約二十年後，祖文特斯、里茲、皇家馬德里和幾乎歐洲每個重要的職業足球隊，球員組成都已國際化，吸收了多國的好手。來自斯洛伐克或挪威的年輕好手，原本只會在科希策（Košice）或特隆赫姆（Trondheim）闖蕩，偶爾以國家隊隊員的身分露臉，現在有機會到大型足球聯盟踢球：在新堡、阿姆斯特丹或巴塞隆納得到曝光機會、經驗和非常優渥的薪水。二〇〇五年時英格蘭足球隊經理是瑞典人。二十一世紀初期戰績最優的英國職業足球隊，兵工廠隊，經理是法國人。這支北倫敦足球俱樂部的先發球員，除了一些本土球員，還包括來自法、德、瑞典、丹麥、冰島、愛爾蘭、荷蘭、西班牙、瑞士、巴西、象牙海岸、美國的球員。足球是無國界的運動，就球員、經理、觀眾來說都是如此。曼聯之類人氣十足的足球俱樂部，利用自己的優秀戰績，打造出從蘭開夏到拉脫維亞都可以（且的確）吃得開的「形象」。

有少數足球明星——球技未必最高超，但擁有俊秀外表、漂亮妻子、精彩私生活——在原只有小女明星或王室次要成員能得到青睞的歐洲公眾生活、八卦報上，取得一席之地。大衛·貝克漢（球技中庸但自我推銷本事無人能及的英格蘭足球員）於二〇〇三年離開曼聯投效皇家馬德里時，歐盟每個會員國的電視台都予以大肆報導。隔年，在葡萄牙舉行的歐洲足球錦標賽上，貝克漢的表現令人難堪——這位英格蘭籍隊長兩次罰球未中，使英格蘭早早就遭淘汰，打包回家——但粉絲對他的熱情幾乎不減。

更發人深省的，英格蘭代表隊雖然遭淘汰，英國電視觀眾對於剩下的比賽——由小國（葡、荷、希、捷）代表隊捉對廝殺、與英國球迷沒有利害關係的比賽——觀看興致卻沒有明顯降低。雖然國際比賽的現場氣氛火熱，國旗飄揚，獅徽處處，觀眾高唱自己國歌相互較勁，但觀看比賽

——任何比賽——這一共同執著，凌駕大部分的派性意識。[4]英國廣播公司播放那年夏天在葡萄牙舉行的賽事，最高峰時，光是在英國境內，就吸引到兩千五百萬人觀看。比賽期間，這一錦標賽的官方網站「euro.com」，有四千萬人次到訪，頁面點擊數達五億次。

足球能如此大受歡迎，不難理解。它是人人都玩得起的消遣。除了一顆球，不需要其他設備，任何人在任何地方都能玩——不像網球、游泳、田徑運動，需要某種程度的收入，或在歐洲許多國家並非普遍能取得的那種公共設施，才能玩。特別高或特別壯，踢起足球並不占優勢——其實反倒相反——而且踢足球並不是特別危險。把踢足球當職業，老早就是工業城鎮勞動階級子弟的低薪出路之一；這時則是躋身城郊富裕上流階級的途徑。

此外，足球隊員球技再怎麼高超、名氣再怎麼大，都必定是球隊的一分子。他們不可能像屢次參加環法都和冠軍失之交臂的法國自行車選手雷蒙·普利多（Raymond Poulidor）那樣，輕易就被轉化為努力打拚但得不到回報的民族奮鬥象徵。足球還太簡單明瞭，不可能像棒球有時在美國那樣，用來暗喻或供做準形而上學的用途。而且足球比賽以一種在北美職業球賽身上已不復見的方式，對所有男子開放（和對所有女子愈來愈開放）。簡而言之，足球是一種非常歐洲的運動。

足球，作為歐洲大眾關注的對象，有人認為它不只已取代了戰爭，還取代了政治。它在報紙上所占的版面，無疑遠比政治還多；各地的政治人物都小心翼翼向運動英雄致敬，對於足球員的成就，展現了應有的熟悉度。但在這時候的歐洲，政治本來就已失去其競爭優勢：舊的主敘述（社會主義對資本主義；無產階級對資本家；帝國主義者對革命分子）消失，不代表特定的公共政策不再能動員民意或分裂民意，但的確讓人更難從傳統政黨角度描述政治選擇、政治忠誠。

舊的政治極端派系——極左派、極右派——這時常常不分彼此：通常在反對外國人和對歐洲整合心懷疑慮上，立場一致。反資本主義——竟然被詮釋為反全球化，好似資本主義只要是國內資本主義就會有所差別，較不令人反感——既吸引到本土主義反動分子，也吸引到國際主義激進分子。至於政治主流勢力，中間偏右政黨和中間偏左政黨間的舊差異，這時已大體上消失。例如，在多種當代議題上，瑞典社會民主黨和法國新戴高樂主義者彼此意見的共同之處，很可能比他們各自的意識形態前輩之間還來得多。歐洲的政治地圖在過去二十年間已大幅改觀。雖然人們仍習慣從「左」、「右」派的角度來思考政治，但他們彼此的差異已不清楚。

舊式政黨是這些改變的受害者，誠如我們已看到的，黨員人數減少，投票率降低。另一個受害者是幾乎同樣古老而受敬重的歐洲公共知識分子群體。十九世紀末期，第一次出現許多知識分子投身政治——在維也納，在柏林，在布達佩斯，但最重要的，在巴黎：西奧多・赫茨爾（Theodor Herzl）、卡爾・克勞斯（Karl Kraus）或萊昂・布呂律（Léon Blum）之類人物。在一個世紀後的歐洲舞台上，有意承繼他們志業者，即使不是完全消失，也是愈來愈淪入邊陲。

大陸性知識分子的消失，有多個原因（在英國，這類知識分子始終不常見，偶爾出現一兩個，通常是流亡的附帶結果，例如亞瑟・柯斯勒和以撒・柏林）。在中歐和東歐，曾令政治知識分子奮起的那些議題——馬克思主義、極權主義、人權、轉型經濟——這時從更年輕一代身上激起的是乏味、冷淡的反應。上了年紀的人格者如哈維爾——以及米奇尼克之類曾是政治英雄者——在

4 惡名昭彰的例外，乃是人數不多但惡性難改的德國球迷和（特別是）英格蘭球迷，他們去觀看國際比賽，擺明是為了找人打架，其行徑令其他所有人百思不解。

人們心中，已和只有極少人想會重訪的某段過去畫上無法甩開的等號。切斯瓦夫·米沃什過去所謂的「東歐知識分子的惱怒」——對美國執迷於純粹物質產物一事的惱怒——這時愈來愈把矛頭指向他們的同胞。

在西歐，知識分子的勸誡功能未完全消失——德國或法國正派大報的讀者，仍常收到鈞特·葛拉斯或雷吉斯·德布雷（Régis Debray）充滿真知灼見的政治開示——但已失去勸誡標的。有許多罪惡是公共道德主義者可予以撻伐的，但沒有大目標或大理想可供他們用來動員支持者。法西斯主義、共產主義和戰爭，已連同審查制和死刑一起被逐出歐陸。墮胎手術和避孕工具幾乎到處都可施行、可取得，同性戀獲准且公開進行。不受限制的資本主義市場，不管是全球的還是本土的資本主義市場，其掠奪作為仍引來各地知識分子的抨擊；但既然缺少了自信滿滿的反資本主義反制計畫，這場辯論還是較適合智庫而非哲學家參與。

只剩一個領域，讓歐洲知識分子仍可在其中兼顧到嚴正的道德立場與普世的政策規定，那就是外交事務領域，外交事務不像國內政策一樣受到胡亂妥協之掣肘，且對錯、生死問題仍十分重要。南斯拉夫戰爭期間，東西歐的知識分子奮起捍衛他們心中的正義。有些人，例如巴黎的亞蘭·芬基爾克勞特（Alain Finkielkraut），全力支持克羅埃西亞人的奮鬥目標。有些人，特別是法國和奧地利境內的這類人，譴責西方的干預，把那視為以美國為首的西方，根據（他們所認定）對莫須有罪行的誇大乃至不實的報導，而冒犯塞爾維亞自主權。大部分人根據大原則極力贊成干預波士尼亞或科索沃境內戰事，將二十年前所首度揭櫫、以權利為基礎的論點擴而大之，強調塞爾維亞部隊的種族滅絕行為。

但就連南斯拉夫情勢，儘管非常急迫，都無法把知識分子送回公眾生活的中心。在巴黎，貝納爾－昂利·列維能受邀到艾麗榭宮，供總統諮詢意見，就和東尼·布萊爾偶爾會作東款待得寵的英國記者和其他奉承當局的文人差不多。但這些精心操作、旨在營造政治形象的作為，對政策毫無影響：不管是法國、英國、還是它們的哪個盟邦，都未因為知識界的壓力而改變自身的盤算。抱著淑世心態投入公眾事務的知識分子，也未能像過去那樣鼓動風潮，動員社會輿論，一如二〇〇三年大西洋兩岸齟齬期間所清楚表明的。

歐洲民眾（與歐洲某些政治家立場南轅北轍）絕大部分反對該年美軍入侵伊拉克，反對美國小布希政府在外交政策上更為粗線條的作風。但這一反對立場所激發出的焦慮與憤怒，卻並不倚賴歐洲知識分子才能發聲和組織，儘管許多歐洲知識分子也認同並表達一樣的心情。有些法國作家——列維和巴斯卡·布魯克納（Pascal Bruckner）——不願譴責華府，一部分是擔心外界會認為他們不加思索盲目反美，一部分是因為支持華府反「激進伊斯蘭」的立場。他們的聲音幾乎無人理睬。

米奇尼克、格魯克斯曼之類曾具有影響力的人物，呼籲其讀者支持華府的伊拉克政策，他們延伸自己過去評論共產主義之著作的論點，主張為捍衛各地的人權而採行的「自由干預主義」政策，從大原則看有其道理，主張美國如今一如以往是抵抗政治惡行與道德相對主義的先鋒。他們以此說服自己，認為美國小布希總統根據**他們**所主張的那些理由執行他的外交政策，然後赫然發現自己竟被向來支持他們的人所孤立、漠視。

但米奇尼克或格魯克斯曼的過氣，與他們抱持何種看法毫無關係。與他們立場南轅北轍的那些知識分子，也落得同樣的下場。二〇〇三年五月三十一日，于爾根·哈伯馬斯和雅克·德希達

——歐洲最知名的兩位作家／哲學家／知識分子——在《法蘭克福匯報》上刊出〈我們的復興。戰後：歐洲的重生〉（Unsere Erneuerung. Nach dem Krieg: Die Wiedergeburt Europas），文中他們主張美國的危險新路徑緊急喚醒了歐洲人：讓歐洲人可藉此機會重新思考自己的共同身分，利用他們共有的啟蒙運動價值觀，打造歐洲人在世界事務上的獨特立場。

他們選擇推出這篇文章的此刻，同樣知名的公眾人物在西歐各地也刊出類似文章：安伯托·艾可（Umberto Eco）在《共和報》上；他的義大利同僚哲學家姜尼·瓦蒂莫（Gianni Vattimo）在《新聞報》（*La Stampa*）上；瑞士德意志藝術學院院長阿道夫·穆施格（Adolf Muschg）在《新蘇黎士報》（*Neue Zürcher Zeitung*）上；西班牙哲學家費南多·薩瓦特（Fernando Savater）在《祖國報》（*El País*）上；惟一的美國人，哲學家理查·羅蒂（Richard Rorty）在《南德日報》（*Süddeutsche Zeitung*）上。由如此望重學界的知識分子，以如此規模在這類大報上同時發聲，若是在二十世紀，幾乎不管何時，都會鼓動風潮，廣受矚目，會成為撼動整個政治界、文化界的宣言和戰鬥號令。

但德希達—哈伯馬斯的主動出擊，儘管清楚表達了許多歐洲人共同的心聲，卻幾乎是無人聞問。新聞界未把它當新聞報導，支持者也未引用他們文中的話。沒有人懇請該文作者拿起筆，引領前進。有相當多的歐洲國家，包括法國、德國、比利時和後來的西班牙，其政府無疑大體上認同這些文章所表達的觀點；但這些政府沒有一個想到邀德希達教授或艾可入門請教。整件事無疾而終。在德雷福斯事件發生一百年後，在沙特引領風騷五十年後，歐洲的主要知識分子發出呼聲，結果無人響應。

二次大戰結束六十年後，歐、美組成的大西洋聯盟出現不和。從某個角度看，這是冷戰結束可預料的結果——雖然很少人希望北約解散或遭棄，但讓它以既有的形式繼續存在又沒什麼道理，而且它的未來目標太模糊。南斯拉夫戰爭期間，大西洋聯盟再受傷害，那期間，美國將領與歐洲將領共同下決策，而他們痛恨這種情況，因為歐洲將領作風消極，且在戰場上提供不了什麼實際支援。

最重要的，華府對二〇〇一年九一一攻擊事件的回應，使北約受到前所未有的壓力，顯得左支右絀。小布希不妥協、蠻幹的單邊主義作風（「要嘛站在我們這邊，要嘛與我們為敵」），對他北約盟友主動伸出援手不理不睬，美國不顧龐大的國際反對聲浪和缺乏聯合國授權，執意出兵伊拉克，這些因素使得美國——如同它所宣布要以無限期戰爭對付的「恐怖」活動——必將從此被視為世界和平與安全的主要威脅之一。

二〇〇三年春，為挑起歐洲諸盟邦間的不和，美國國防部長唐納德·倫斯斐聲稱已在歐洲身上看到「舊歐洲－新歐洲」的差別，但這說法幾無助於說明歐洲內部的分裂對立，還離譜誤解了這個分裂。只有在波蘭，美國可指望得到人民一致的尊敬與支持。在歐洲，不管是新歐洲還是舊歐洲其他地方，美國對伊拉克的政策和其他許多政策，都遭到由衷的厭惡。[5]但在歐洲人排除萬難，開始往統合之路走才幾年，就有一美國高級官員嘗試用這方式來分化歐洲人，使許多人因此斷定，美國本身是這時歐洲所面臨的最嚴重問題。

西歐無力在美國不援助下自衛，才有北約的誕生作為補強。歐洲諸國政府始終無法打造出一支屬於自己且有戰鬥力的軍力，因而始終需要北約這個組織。從一九九三年的《馬斯垂克條約》

開始，歐盟已至少承認有需要取得一「共同的外交、安全政策」，儘管關於那一政策的內容和如何決定、如何施行該政策，仍不明朗。但花了十年，歐盟在不久後就會成立一支六萬餘人的快速反應部隊，供干預和維和之用。在法國一再敦促下，在令華府明顯惱火下，歐洲諸國政府也快要達成協議，成立自主防衛機構──能在北約轄區之外，不受北約約束下行事的機構。

但大西洋兩岸的意見分歧，不只在軍隊的成立上，甚至不在經濟衝突上，儘管歐盟這時已大到足以拿趕出歐盟市場為威脅，逼迫美國國會和美國個別製造商乖乖遵守其準則和規定，這令美國許多國會議員和企業大吃一驚。不只歐洲已不再受美國擺布，雙方的關係甚至已反轉。二〇〇〇年歐洲在美國的直接投資已達九千億美元（相對地，美國在歐洲的直接投資不到六千五百億美元）；美國收到的外來投資，將近七成來自歐洲；美國許多重要產品現在歸歐洲跨國公司所有，包括美國職棒洛杉磯道奇隊、蘭登書屋、健牌香菸、布克兄弟服飾、彭澤爾機油、鳥眼冷凍食品。

但經濟競爭再怎麼激烈，都說明了雙方關係的密切。真正使歐、美分道揚鑣者，乃是在「價值觀」上日益分歧。引用法國《世界報》的話說，「跨大西洋兩岸的價值觀共同體正在崩解。」從歐洲的角度看，美國──冷戰期間歐洲曾在表面上熟悉的美國──這時開始顯得十分陌生。愈來愈多美國人表現出虔誠宗教信仰──由美國最近一個「重生」（born-again）信徒總統小布希身上就可看出──而這令大部分歐洲基督徒大惑不解（甚至也令更虔誠的歐洲穆斯林大惑不解）。美國人喜歡持有個人隨身武器，包括配備完整的半自動步槍，使美國社會顯得危險、無法無天，而在絕大多數歐洲觀察家眼中，美國頻頻動用死刑，對此毫無悔意，使美國已不屬於現代文明國家。[6]

此外還應加上華府對國際條約日益不屑、華府在從全球暖化到國際法的各種問題上堅持己見，以及最重要的，在以巴危機中立場偏頗。這三個走向，都不是因為二〇〇〇年小布希當選總統後完全扭轉美國外交政策，才致於如此；大西洋兩岸關係老早就開始出現裂痕。但小布希政府蠻幹的作風，坐實了許多歐洲評論家早有的猜疑：不只在個別的政策議題上意見不合，愈來愈多證據顯示雙方存有根本的文化敵對關係。

在文化上美國與歐洲不同——或劣於歐洲，或威脅到歐洲——這樣的想法老早就有。一九八三年，法國文化部長賈克·朗警告，收視率很高的電視連續劇《朱門恩怨》，嚴重威脅法國和歐洲認同。九年後，《侏羅紀公園》在法國戲院上映時，有位承繼他保守立場的人士，表達了同樣的主張。歐洲迪士尼於一九九二年春開幕時，激進的巴黎舞台劇導演亞莉安·莫努希金（Ariane Mnouchkine）更進一步警告，這座遊樂園將成為「文化車諾比」。但這流露的是大家所熟悉且不值一顧的心態——知識分子的自負和文化不安全感，加上濃濃的沙文主義懷舊情緒（在法國一如在其他地方）。在諾曼第登陸五十週年那天，義大利前法西斯政黨國家聯盟黨（National Alliance Party）的領導人姜佛朗科·費尼（Gianfranco Fini），告訴義大利《新聞報》，「我希望，當我問歐洲是否因

5 二〇〇三年一月，在西班牙、英國兩國首相的倡議下，歐洲八國政府（英、西、葡、丹、義、波、匈、捷）簽署聯合聲明，表態一致支持美國。幾個月後，匈牙利人、捷克人私底下表示，為先前遭西班牙總理荷塞·馬里亞·阿斯納爾（José María Aznar）「脅迫」而簽署該聲明，感到遺憾、憤懣。一年後，阿斯納爾被西班牙選民拉下台，主要原因是帶領西班牙加入了入侵伊拉克的「聯盟」，而入侵伊拉克遭到全國絕大多數人民反對。

6 「美國人的確立起巨大告示板，上面寫著『愛汝鄰居』，但他們殺害、強暴鄰居的比例，會讓每個歐洲國家都感到震驚。」T. R. Reid, *The United States of Europe* (NY, 2004), p. 218.

美國人的登陸而失去一部分文化認同，不會有人認為我是在替法西斯主義辯解。」

二十一世紀初的情勢，其不同於以往之處，乃是這類心態變得愈來愈尋常，且已從知識界或政治界邊陲轉進，深入到歐洲人生活的中心。在當代歐洲，反美情緒的深度和廣度，遠超過越戰期間，乃至一九八〇年代初期反戰運動高峰時所見。在大部分國家，仍有過半數人民認為大西洋兩岸關係能保住，但二〇〇四年有五分之三歐洲人認為，美國在世上的強勢領導「不可取」（在某些國家比例更高，特別是西班牙、斯洛伐克，甚至土耳其）。

這有一部分可歸因於小布希總統的政策與個人作風招來普遍厭惡，與其前任總統柯林頓的廣受喜愛殊若天壤。但六〇年代晚期時亦有許多歐洲人對詹森總統極度反感；他們對越戰的觀感並未一致轉化為厭惡美國或所有美國人。四十年後，整個歐陸（而且包括英國人也激烈反對自己首相如此積極支持其美國盟友），出現一普遍看法，即美國所正要前往的那種地方——或如現在許多人所主張的，美國所始終在的那種地方——有問題。

事實上，歐洲所謂的那些「非美」特質，正迅速變成歐洲自我認同的最重要共通成分。歐洲價值觀與美國價值觀南轅北轍。歐洲處處與美國不同——或者說歐洲應該致力於處處與美國不同。Arte電視台的總裁熱羅姆．克萊芒（Jérôme Clément）——該電視台是法、德合資建立、以推廣文化、藝術為宗旨——一九九八年十一月示警道，「歐洲創造力」是抵抗美國拜金主義誘惑的惟一屏障，且舉出後共產主義時代的布拉格為例說明：這座城市恐怕會屈服於「致命自由主義烏托邦」（Une utopie libérale mortelle），被解除管制的市場和利潤的誘惑所操控。

若是在後共產主義時代頭幾年，布拉格，一如東歐其他地方，肯定會坦承凡是美國的東西，從個人自由到物資豐盈，他們都想擁有。而凡是走訪東歐諸國首都者——從盧布爾雅那到塔林——肯定個個都會注意到自信大膽的新菁英分子——一身時髦打扮的年輕男女——開著昂貴的新車，忙著赴約、血拼，享受克萊芒所避之惟恐不及的致命自由主義烏托邦。但到了二十一世紀初，就連東歐人都開始和美國典範保持距離：這有一部分是為了尊重他們與歐盟的新密切關係；一部分是因為對美國外交政策愈來愈反感；但愈來愈重要的因素，乃是在經濟制度和社會典範上，美國似乎不再是那麼理所當然的未來歸宿。[7]

在東歐，仍只有少數人極端反美。在保加利亞或匈牙利之類國家，反美這時成了一種間接、政治上可接受的方式，用以表達對國家共產主義之懷念——且一如以往所常見的，是用來代替反猶的好用工具。但即使在主流評論家和政治人物身上，也已不再經常高舉美國機構或實務作為靈感來源或仿效對象。有很長一段時間，美國代表了另一個時期——歐洲的未來——這時則只是另一個地方而已。沒錯，大部分年輕人仍憧憬著赴美。但某位曾在加州工作數年的匈牙利人受訪時說：「美國是年輕、單身時該去的地方，但到了該長大的時候，就該回歐洲。」

美國是年輕、冒險者的樂園——二十一世紀歐洲則是中年、厭惡冒險者的快意天堂——這樣的形象流傳甚廣，特別是在美國境內。歐洲的確是愈來愈老化。二〇〇四年六十歲以上占人口比

7 在此應該指出，東歐的新經商階層，穿著、講電話、開車都顯現歐洲本色。已不必再亦步亦趨模仿美國人，才稱得上現代。美國的消費性產品反倒常被斥為「俗氣」或「乏味」。

例最高的全球前二十個國家，十九個在歐洲（剩下的那個是日本）。在許多歐洲國家，出生率已大大低於置換水準。在西班牙、希臘、波蘭、德國、瑞典，總和生育率不到一．四（即每個婦女在育齡期間平均生不到一．四個小孩）。在東歐部分地方（例如保加利亞、拉脫維亞、斯洛維尼亞），更接近於一．一，在全世界敬陪末座。根據這些資料，推測到二〇四〇年底，許多歐洲國家的人口可能減少五分之一或更多。

用以解釋總和生育率下滑的種種傳統說法，似乎都無法說明歐洲為何會出現這場人口危機。摩爾多瓦之類窮國和丹麥之類富國，都面臨同樣的挑戰。在義大利和西班牙之類天主教國家，年輕人（不管已婚或未婚）往往過了三十好幾還窩在父母家裡，而在信仰路德宗的瑞典，年輕人有自己的家，且有權利取得政府給予的豐厚育兒補助和育嬰假。但儘管斯堪地納維亞人生的小孩比地中海歐洲人稍多，總和生育率上的差異，還不如相近之處引人注目。而且若非有來自歐洲境外的移民，各地的總和生育率會更低。這些外來移民提升了總人口數，且生育意願較強烈。在一九六〇年的德國，只有百分之一．三的新生兒，其父親或母親為外籍。四十年後，比例增加為五分之一。

歐洲的人口情況其實和大西洋彼岸差異不大，二十一世紀初，美國本土居民的出生率也已降到置換水準以下。差異之處在於美國的外來移民多了許多，而且年輕成人占的比例特別高，因而在可預見的將來，美國的總和生育率看來會穩穩超過歐洲。人口成長陷入低谷，雖意味著歐、美兩地在未來幾十年都可能碰上公共養老金和其他財政支出無以為繼的問題，但歐洲的福利制度比較優厚，面臨的威脅也就比較大。

歐洲人面臨了一個看來不難理解的難題：退休人口急速增加，而他們的壽命比過去長了許多，不繳稅，還使醫療福利支出的負擔愈來愈重，在這情況下，如果（等到？）沒有足夠的年輕人工作，以支應退休人口的福利需求，會發生什麼事？[8]解決辦法之一是減少退休補助金。另一個辦法是提高領取這些補助的門檻，亦即要人更晚退休。第三個辦法是向仍在工作者的薪資抽更多的稅。第四個選項是仿效美國，鼓勵、乃至強迫人民轉向私部門尋求社會保險（只有英國真正考慮過這辦法，而且其實根本無意這麼做）。這些選擇全都可能在政治上引發軒然大波。

對許多主張自由市場而批評歐洲福利國體制的人來說，歐洲面臨的核心問題不是人口減少，而是經濟僵化。問題不在當下或未來勞動人口不足，而在有太多法律保障他們的薪水和就業，或有太多法律保證讓他們享有如此高的失業救濟金和養老金，因而使他們根本無心工作。如果這一「勞動市場僵化」現象得到解決，高昂的社會福利減少或轉由民間承擔，就可有更多人投入勞動市場，雇主與納稅人身上的負擔會減輕，也就能治好「歐洲硬化症」（Eurosclerosis）。

這一診斷結果既對也錯。福利國制度於戰後經濟成長最快速時議定並實施，但這一制度的某些津貼，這時卻成為沉重的負擔。任何德國工人，只要失業，都有資格在接下來的三十二個月裡，每月領取相當於其最後一筆薪水六成的救濟金（如果有一個小孩的話，可領取百分之六十七）。三十二個月後，每月的救濟金降為最後一筆薪水的五成三（或五成七），且只要仍失業，可領一輩子。這一安全網是否使人不願出去找付薪工作，未有定論，但可以確定的是，建構這樣的安全網有其代價。為保護受雇工作者的利益而制定的種種規定，使大部分歐盟國家（特別是法國）的

8　一九六〇年，法國境內每四個工作者供養一名領養老金者，二〇〇〇年變成兩個，照目前的趨勢下去，二〇二〇年時將只剩一個。

雇主難以將正職員工解職；他們因此不願雇人，從而造成年輕人失業率居高不下。

另一方面，儘管從美國的標準看，歐洲諸經濟體受管制程度高且僵化，但這不表示它們必然效率不彰或生產力低。二〇〇三年，從每個工時的生產力來衡量，瑞士、丹麥、奧地利、義大利諸經濟體都和美國不相上下。用同一個標準，愛爾蘭、比利時、挪威、荷蘭、法國全都勝過美國。如果說整體來講美國仍舊較有生產力——如果說美國人製造較多商品、服務，賺較多的錢——那是因為從事有薪工作的美國人，占人口比例較高；工作時數較歐洲人多（二〇〇〇年年均超過三百小時）；假日遠較少且短。

英國人每年依法可享有二十三天有薪假，法國人是二十五天，瑞典人是三十天或更多，卻有許多美國人只能享有不到他們一半的有薪假（因所居地區而異）。歐洲人刻意選擇縮短工作時間，少賺點，過較好的生活。歐洲人繳特別高的稅（在英、美批評者眼中，這是不利成長與創新的另一絆腳石），換取免費或幾乎免費的醫療服務、早早退休、多種社會和公共福利。透過中等教育，他們的教育程度高過美國人。他們的生活環境較安全（且部分因為這因素）壽命較長，身體較健康（花費也遠較少），[9]窮人少得多。

這就是「歐洲社會模式」。毋庸置疑的，那要付出很高的成本。但對大部分歐洲人來說，此一模式承諾了工作安穩、累進稅、龐大社會津貼，代表了政府與公民間、公民與公民間未言明的契約。根據歐盟執委會每年一次的民調，絕大多數歐洲人認為貧窮是社會情勢所造成，非個人能力不足所致。他們還表示如果加稅是為了減輕貧窮，他們願意付較多的稅。

在斯堪地納維亞，這類看法可想而知很普遍。但在英國，在義大利、西班牙，也幾乎是同樣盛行。歐洲存有一跨國界、跨階級的普遍共識，認為政府有義務使公民免遭不幸或免遭市場危害：企業和政府都不該把受雇者視為可有可無的生產單位。社會責任和經濟優勢不該是水火不容——「成長」值得嘉許，但不該不惜一切代價追求成長。

這一歐洲模式以數種形式存在：「斯堪地納維亞」式、「萊茵蘭」式、「天主教」式，每一種底下又有大同小異的幾種形式。它們的共通之處，不在於擁有一套自成一格的服務或經濟習慣作為，或某種程度的政府參與，反倒在於一項觀念——認為社會權利、公民團結、集體責任三者要達到特定的平衡，才是適合於現代國家，且是現代國家所能辦到——這觀念有時明文寫在文件和法律裡，有時沒有。比如在義大利和瑞典這兩個國家，此概念所造成的整體結果可能看來大不相同。但它們所含攝的社會共識，被許多公民視為具有正式約束力——二〇〇四年德國的社會民主黨籍總理推動改革該國的福利津貼時，遭遇人民強烈抗議，一如十年前某戴高樂主義政府在法國提議類似改革時的遭遇。

◆

自一九八〇年代以降，為了解決歐洲社會團結和美式經濟靈活的兩難問題，出現了多種作為。年輕一代的經濟學家、企業家，向政治人物力陳有必要「精簡」程序，鼓勵競爭，其中有些

9 二〇〇四年，健康支出占了瑞典國內生產毛額的百分之八，但占了美國國內生產毛額的百分之十四。在瑞典，這方面的成本有八成由政府負擔，在美國，不到四成五由聯邦政府負擔，其餘成本直接落在美國企業和其員工身上。有四千五百萬美國人沒有健康保險。

人就讀過美國的商學院或在美國企業待過，失望於他們眼中歐洲商業環境的僵固不靈活。在法國，取了貼切名字的「美國左派」（Gauche Américaine），致力於讓左派揚棄其反資本主義情結，同時保留其社會良心；在斯堪地納維亞，即使在社會民主黨圈子裡，都有人討論了高稅負的抑制作用（甚至通常承認有這作用）。右派已被說服，承認福利國制度有其道理；左派則會在今後承認利潤的好處。

欲兼攝左、右派雙方優點，與欲找出一計畫取代已無意義的資本主義、社會主義辯論——一百多年來一直構成西方政治核心的路線辯論——兩者出現的時間有部分重疊，這樣的重疊並非出於巧合。於是，在一九九〇年代底，有一短暫期間，出現了所謂的「第三條道路」：宣稱既要追求不受限制的資本主義生產，同時又充分考慮到社會後果和集體利益。這談不上是新東西：那幾乎只是一九五〇年代路德維希·艾哈德之「社會市場經濟」的舊酒裝新瓶，並未另外提出什麼重要的新觀念。但政治，特別是後意識形態時代的政治，很看重形式；而吸引觀察家的，就是「第三條道路」的形式。「第三條道路」以美國總統柯林頓成功讓自己的理念超越左右派的經驗為師，且由英國新工黨的東尼·布萊爾予以最清楚的闡述。

當然，布萊爾有其獨具的天時、地利。在英國，柴契爾夫人已把政治的球門柱移到極偏右處，而布萊爾之前的工黨領導階層已完成摧毀該黨舊左派的苦差事。因此，在後柴契爾時代，布萊爾光是動動嘴皮子，肯定一下公共服務分配完善的可取之處，就能讓人覺得他是進步且「歐洲的」；在這同時，他對私部門廣受宣揚的推崇，和他的政策希望促成的有利於商業的經濟環境，使他成為「美國」陣營裡堅定的一分子。他熱切表示要將英國帶進歐洲，但仍堅持要讓他的國家免於歐洲法律之社會保護和歐盟「單一市場」所隱含之財政和諧這兩者的約束。

「第三條道路」既標榜是經濟、社會難題的切實可行解決辦法，也標榜是經過幾十年的理論停滯後一個重要的觀念突破。欣賞「第三條道路」的歐陸人士，未注意到本國曾有過而胎死腹中的「第三條道路」——特別是一九三〇年代受歡迎的法西斯主義「第三條道路」——迫不及待想跟進。在雅克・德洛爾（一九八五～一九九五）主持下，歐盟執委會已讓人覺得無關宏旨，只是執著於設計與施行準則——也就是用「歐洲」替代已消失的費邊式官僚社會主義遺產。布魯塞爾似乎也需要一個「第三條道路」：需要一套提振士氣的說法來闡述自身定位，讓歐盟既不會彷如無物，又不會管得太多。[10]

布萊爾的新願景政治主張，在他決定把英國和自己的名聲捲入二〇〇三年入侵伊拉克事件而招來慘重後果後，不久就歸於沉寂——布萊爾這一決定徒然提醒外國觀察家，新工黨的「第三條道路」擺脫不掉英國不願在歐洲、美國間選邊站的心態。而英國（一如美國）境內窮人劇增一事——相形之下，歐洲其他地方的貧窮即使惡化，也是緩緩惡化——嚴重戕害了英國模式的吸引力。但「第三條道路」的賞味期本來就不長久。這名字本身暗示了存在兩個極端路線——極端自由市場資本主義和國家社會主義——而這兩者其實都已不存在（且就前者來說，始終是靠理論想像出來的虛構之物）。理論上（或辭令上）的大破大立，已不需要。

因此，在一九八〇年代初期私有化一直引發爭議，使眾人廣泛討論公部門之使力範圍和合法性，使人質疑社會民主主義目標是否可能實現，還有，以利潤為出發點去提供公共財在道德上是

10 德洛爾去職後，在接任者的帶領下，執委會的走向已有改變：執委會活躍一如以往，但把心力放在去除對市場的管制。

否站得住腳。但到了二〇〇四年，私有化已是基於現實考量所不得不為。在東歐，那是加入歐盟的必要條件，因布魯塞爾規定禁止以公共補貼扭曲市場運作。在法國或義大利，國有資產的出售，這時成為一短期簿記工具，用來降低年度赤字、符合歐元區規定。

就連布萊爾本人的「第三條道路」計畫——例如倫敦地鐵的半私有化計畫或推動醫院服務的「競爭」——都被視為符合成本效益、連帶有益於國家預算的事來推動。這些計畫與某種社會原則的主張牢牢掛鉤，但那主張是後來倉促添加上去、無法令人信服的東西。而布萊爾的魅力正與時俱減（二〇〇五年五月他第三次勝選但成績大不如前，正顯示了這一點）。儘管裁減政府支出、選擇退出歐洲社會憲章、降低公司所得稅、用各種甜頭來促進對內投資，英國仍擺脫不了生產力低的困境。從每小時平均產出的角度來衡量，英國的表現仍始終遜於其患有「硬化症」、受規定約束的歐盟夥伴。

此外，新工黨將養老金責任推到私部門身上，打算藉此避開即將降臨的歐洲公共養老金計畫資金不足的危機，但這新工黨的計畫高調啟動不到十年，就已注定失敗。在英國，一如在美國，凡是將自家養老金投入漲落不定之股票市場的公司，都不大可能實現他們對員工的長期承諾，特別是在員工——和倚賴公共資助的靠養老金過活者——的壽命將比過去長了許多的情形。情況愈來愈清楚，大部分員工將永遠不可能領到完整的公司養老金……除非逼政府重新肩負起養老金的責任，以彌補短缺。「第三條道路」漸漸讓人覺得非常像是個騙人把戲。

二十一世紀開始時，歐洲人所面臨的兩難不是社會主義或資本主義、左派對右派、或「第三條道路」。甚至不是「歐洲」對「美國」，因為這時候，大部分人心裡其實已解決了這個問題，選擇歐洲。歐洲人所面臨的是一個疑問——惟一疑問——一九四五年時歷史已把這疑問擺在議程上，這疑問已悄悄但持續地使其他所有主張失去歐洲人的關注，或說在其他所有主張已失去歐洲人關注之後，它仍受到歐洲人的關注。歐洲個別民族國家有什麼樣的未來？它們有未來嗎？

歷史走到這階段，已不可能再回到民族國家獨立自主、相鄰國家間除了交接的邊界，沒有任何共有之物的時代。波蘭人、義大利人、斯洛維尼亞人、丹麥人——乃至英國人——這時都是歐洲人。還有數百萬錫克人、孟加拉人、土耳其人、阿拉伯人、印度人、塞內加爾人和其他許多民族，也已是歐洲人。凡是歐盟會員國——或想加入歐盟之國家——的公民，在經濟生活上，這時都已不可逆轉地步入歐洲範疇。歐盟是世上最大的內部單一市場，服務業規模居世界之冠，在其會員國的所有經濟規範、法典事務上，歐盟是各國惟一的權力來源。

在當今世界，先天條件——能源、礦物、農地、乃至地理位置——的比較優勢，不如促進教育、研究、投資的政策來得重要，而歐盟在這些領域裡愈來愈能作主一事，事關重大。一如國家曾經在市場的打造上——制定規則以管理交易、雇用、移動上——始終扮演關鍵角色，這時制定規則者已是歐盟；拜擁有自己貨幣之賜，歐盟在貨幣市場本身也享有近乎壟斷的地位。留給國家而非歐盟作主的惟一重大經濟活動，乃是稅率——而且只因為英國堅持，才得以如此。

但人生活在族群裡，而非生活在市場裡。過去幾百年裡，那些族群已在志願或（更常有的）被脅迫的情況下，在國家境內組合為一。經過一九一四至一九四五年的經歷，各處的歐洲人都感覺到迫切需要國家：一九四〇年代的政治和重大社會議題，最主要反映了這一焦慮。但隨著經濟繁榮、社會安定、國際穩定，那需求慢慢消失。取而代之的是人們開始懷疑侵犯人民之公共權威，渴求個人自主，渴求私人主動權不再受約束。此外，在超強當道的年代，歐洲對自己命運的掌控權似乎已大體上被奪走。因此，歐洲諸民族國家似乎愈來愈可有可無。但一九九〇年起，這些國家的角色似乎再度變得很吃重，且自二〇〇一年起，這一趨勢更為不容置疑。

早期的現代國家有兩個彼此密切相關的功能：收稅、開戰。歐洲——歐盟——不是國家。它不收稅，沒有能力開戰。誠如我們已知道的，光是取得基本的作戰能力，歐盟就花了很長時間，更別提取得外交政策。在二次大戰結束後五十年的大部分期間，這不是個障礙：幾乎所有歐洲人都不願再來一場歐洲戰爭，而他們對惟一可能敵人的防禦，都轉包給大西洋彼岸負責。

但在二〇〇一年九一一事件所促成的情勢下，在後民族國家時代、為追求更美好歐洲未來而開立的解決方案，其局限卻顯明出來。畢竟傳統的歐洲國家不只向外開戰，也維持國內的和平。誠如好久以前霍布斯就已明瞭的，國家就藉此取得其獨特且不可取代的合法性。晚近這些年，在英、西、義、德諸國，對無武裝平民發動暴力性政治戰爭的情形很普遍，而在這些國家，國家的重要性——其警察、軍隊、情報機關、司法機構——從未遭漠視。在「恐怖主義」時代，國家對武裝力量的獨占，乃是其大部分公民所樂見，是令他們感到放心的安排。

保障公民的安全乃是國家的職責。而沒有跡象顯示，在可預見的未來，布魯塞爾（歐盟）會（或能）擔起這一職責。在這一重要方面，國家仍是其公民最重要的合法代表，歐洲人的跨國聯盟雖有護照和議會，在這方面仍不可能比得上國家。歐洲人或許享有越過自己國家政府向歐洲法官上訴的自由，而對許多歐洲人來說，德國或英國的本國法院如此爽快就遵從史特拉斯堡或盧森堡的裁決，仍是令人吃驚的事。但談到如何阻絕武裝歹徒、炸彈客危害時，責任和權力仍穩穩落在柏林或倫敦身上。畢竟如果某歐洲公民的房子遭火焰彈攻擊，該怎麼辦？打電話找歐盟官員？

合法性高低取決於能力：例如，比利時那分裂式的超級聯邦國家，其合法性遭到質疑，原因之一就是它有時顯得無法保障其公民安全。國家的能力雖始於武力，卻非止於武力，即使在今日亦然。只要仍是由國家——而非某個超國家的實體——來付養老金、保障受雇者權益、教育孩童，那麼國家獨占了某種政治合法性一事，就不會受到質疑。二十世紀期間，歐洲的民族國家為其公民的福利、安全、身心康樂負起相當大的責任。晚近這些年，民族國家已不再用侵犯性的方式監督私人道德和某些——但非全部——經濟活動。但對其他方面的監督仍一如以往。

合法性高低也取決於領土。歐盟，一如許多觀察家已指出的，是前所未有的東西：其領土劃定明確，但不是個不變的領土實體。歐盟的法律和規定適用於其領土全境，但其公民不能在其他會員國的選舉時投票（但可自由在本國選舉和歐洲議會選舉時投票）。歐盟雖然幅員廣闊，但在歐洲人的日常事務上，歐盟的影響不如歐洲人出生國或居住國來得大。歐盟的確是經濟服務和其他服務的主要提供者之一，但在這方面，其公民被界定為消費者，而非參與者——「一個由被動公民組成的共同體……且這些公民由陌生人治理」——因此可能被人拿來與施行民主前的西班牙或波蘭相比較，或可能令人想起艾德諾主政下之西德那種死寂的政治文化：這些先例，令人對如此雄心勃勃的事業感到前途黯淡。

公民權、民主、權利、義務四者，與國家緊密綁在一塊，特別是在具備公民積極參與公共事務之傳統，且這傳統仍鮮活存在的那些國家裡。實地的親近很重要：要參與國家，就得感受到自己是國家的一部分。即使在超快火車和即時電子通訊的時代，我們仍然不清楚，位在葡萄牙科英布拉（Coimbra）或波蘭熱舒夫（Rzeszow）的人，如何能成為積極參與的歐洲公民。這一概念要保有意義——以及，要讓歐洲人仍然關心政治——在可預見的未來，他們參照的依據仍將是里斯本或華沙，而非布魯塞爾。有一現象絕非偶然：現代，廣土眾民的國家——中、俄、美——若非由獨裁政權統治，就是仍讓地方保有很大權力，其公民對聯邦首都和其所有運作深感猜疑。

因此，表象使人產生誤解。二〇〇五年，歐盟並未取代傳統的領土單位，且在可預見的未來不會這麼做。希特勒戰敗六十年後，共同界定歐洲與歐洲歷史的多種認同、主權國、領土，彼此重疊和交流的程度，無疑甚於以往任一時期。過去所未見，因而令外部觀察家較難注意到的，乃是一個人可以既是法國人且是歐洲人、或既是加泰隆尼亞人且是歐洲人——或既是阿拉伯人且是歐洲人。

自成一體的民族國家和國家未消失。一如這世界未以單一的「美國」標準為共同歸趨——已開發的諸資本主義社會展現出非常多樣的社會形式，他們對市場和國家的看法也大不相同——歐洲也包含多樣的民族和傳統。之所以會誤以為世界已經來到後民族國家或後國家時代，乃是因為把太多注意力放在「全球化」的經濟過程上……因此認定在其他每個人類生活領域裡，必然也有類似的超國界的發展在進行。單單從生產、交換這個角度看，歐洲的確已發展出天衣無縫的超國界流程。但從作為權力合法性或政治合法性之地或文化契合之地的角度看，歐洲仍和許久以前沒有兩樣：由互無關連的國家粒子所積累，令人熟悉的東西。民族主義大體上來了又走，[11]但民族國家和國家猶在。

考慮到二十世紀上半葉歐洲人如何敵對相殘，這是很值得大書特書的事。從一九四五年的戰後殘破，無疑不可能預料到會變成這樣。事實上，把歐洲飽受苦難的人民和他們各具特色的國家文化、制度，從歐陸三十年戰爭的廢墟中浴火重生，看成比他們共同打造出的跨國聯盟更為了不起的成就，亦無不可。畢竟後者在二次大戰之前許久，就已被排在多個歐洲議程上，甚至受惠於二次大戰的摧殘而得到更順利的推動。但比起歐洲的整合，德國或波蘭或法國的重生，原本就被認為較不可能實現，更別提匈牙利或立陶宛的重生。

更出乎人預料的——在幾十年前還令人覺得不可思議的——乃是二十一世紀開始時歐洲以國際德性的完美典範之姿踏上世界舞台：一個價值觀共同體，一個國際關係體系，由歐洲人與非歐洲人共同高舉，作為可供世上所有人效法之榜樣。這有一部分得歸因於日益認清美國路線的虛妄；但這樣的崇高形象並非浪得虛名。它代表了一個前所未有的機會。擦得光亮的歐洲新形象，完全拭去過去的罪惡和動盪，但是否能捱過二十一世紀的挑戰，將大大取決於歐洲人如何因應他們身邊和他們邊界處的非歐洲人。在紛擾不安的二十一世紀頭幾年，那仍是未定之天。

一百七十年前，民族主義時代剛開始時，德國詩人海因利希·海涅對兩種集體心態做了發人深省的區分，他寫道：

11 在歐洲如此，但在美國不是。根據二十世紀底的國際調查，表示對自己國家「非常自豪」的美國人超過七成五。在歐洲，只有愛爾蘭人、波蘭人表現出類似的愛國熱誠；在其他地方，「非常自豪」的人從四成九（拉脫維亞人）到一成七（前西德人）不等。

> 我們（德國人）奉命愛國，我們成為愛國者，因為統治者要我們做的事，我們謹遵照辦。但絕不可把這種愛國精神與法國境內同樣掛著愛國之名的那種心態視為同一。法國人的愛國，意味著滿懷熱情，靠著這份熱情，他的心延伸、擴張，因而法國人的愛不再只是擁抱其最親近的親人，還擁抱整個法國，整個文明世界。德國人的愛國，意味著其心像寒天中的皮革般皺縮，於是德國人恨所有外來的事物，無意成為世界公民、歐洲人，只想成為褊狹的德國人。

當然，德國和法國不再是重要的參考標的。但海涅筆下兩種愛國精神所提出的選擇，直接觸及到當代歐洲的情況。如果新崛起的歐洲要走「德國」路線，「像寒天中的皮革般」皺縮，縮回防衛性的地域心態——這種結果是可能的，因為二〇〇五年春法國、荷蘭的公民複決結果，明確多數的選民拒絕歐洲「憲法」——那麼將會錯過機會，歐盟將永遠無法超越其初定的功能。歐盟將仍只是其會員國各自私利的總和與最大公因數。

但如果愛歐洲之心能找到辦法超越自身，理解海涅筆下那個理想化的法國精神，「延伸、擴張」，「擁抱整個文明世界」，那麼，歐洲可能會成就另一番新局。二十世紀期間——美國的世紀——歐洲墮入深淵。這塊舊大陸的復原過程，緩慢且前途未卜。就某些方面而言，永遠都無法完全復原：美國將會有最強的兵力，而中國將會製造更多、更便宜的財貨。但無論是美國或者中國，都無法為這整個世界提供足資仿效競爭向上的典範標竿。儘管歐洲晚近的歷史極其恐怖——而且很大程度上正是因為如此——導致歐洲人如今處於一種獨特的立場，可以貢獻某些平實中肯的建議，讓這個世界避免重蹈覆轍。六十年前很少有人預料到，但二十一世紀還是可能屬於歐洲。

結語　來自死者之屋——論現代歐洲的記憶

Epilogue: From the House of the Dead — An Essay on Modern European Memory

邪惡將是戰後歐洲知性活動探討的基本問題，
一如死亡成為上一場大戰後探討的基本問題。

漢娜・鄂蘭，一九四五

✣ ✣ ✣

遺忘，我甚至要說遺忘歷史錯誤，
是創立民族國家的關鍵因素之一；
因此，歷史研究的進步往往危害到民族國家認同……
民族國家的本質，乃是所有個人有許多共通之處，
以及他們忘掉了許多事。

埃爾內斯特・勒南

✣ ✣ ✣

所有以這期間的事件為主題的歷史著作，
都得從與奧許維茨事件之關係的角度來撰寫或思考……
所有歷史化的作為在此走到極限。

索爾・佛里德蘭德

海因利希．海涅論道，對猶太人來說，洗禮是他們「入歐的門票」。但那是一八二五年，那時進入現代世界的代價，乃是放棄沉重的猶太差異與孤立遺產。如今，進入歐洲的代價已不一樣。二十一世紀初想要成為不折不扣之歐洲人者，首先得擔起一新且遠更沉重的遺產。如今與歐洲有關的指涉不是洗禮，而是滅絕。這樣的轉折充滿反諷，且海涅若地下有知——他曾很有先見之明地預示了「朝我們滾滾奔來的野蠻、黑暗時代」——會比任何人都更能體會這一反諷。

承認屠殺猶太人，乃是我們當代的入歐門票。波蘭總統亞歷山大．克瓦希涅夫斯基（Aleksander Kwasniewski），打算終結國家歷史裡痛苦的一章，使波蘭與其歐盟夥伴立場一致，於是在二〇〇四年正式承認波蘭猶太人戰時的確受到迫害，包括遭波蘭人迫害。就連羅馬尼亞即將離職的總統伊利埃斯庫，為了讓該國順利加入歐盟，都不得不在隔年承認他和他同僚長久以來極力否認的事：在屠殺歐洲猶太人上，羅馬尼亞也曾出力……

要成為歐洲大家庭正式的一分子，的確還得符合其他入會標準。只要土耳其仍不願承認其一九一五年對亞美尼亞裔「種族滅絕」一事，它就無法如願進入歐盟，一如在塞爾維亞統治階層為南斯拉夫戰爭期間的集體殺害等罪行擔下責任之前，塞爾維亞會繼續留在歐洲大門口無法進入一樣。但這類罪行如今在政治上受到如此的看重——以及「歐洲」自認要負責讓這類罪行受到關注，要負責把「歐洲人」定義成有關注這類罪行之人——原因在於，各國都在某一方面重現了那個罪行：存在於當代人記憶中，某一群歐洲人，在歐洲的土地上，試圖將另一群歐洲人趕盡殺絕的作為。

希特勒解決歐洲「猶太人問題的最後辦法」，不只在戰後開啟了重要國際法學領域——「種族滅絕」或「違反人道罪」——還裁定了針對此事表示意見者的道德地位（和在某些歐洲國家裡這類人的法律地位）。否認或貶低猶太大屠殺（Shoah），就是把自己擺在文明公共對話的範圍之外。主流政治人物竭盡所能不與尚－馬利．勒潘之類蠱惑人心的政客有瓜葛，原因在此。如今，猶太大屠殺已遠不只是無可否認、歐洲人再無法選擇置之不理的諸多歷史事實之一而已；隨著歐洲人準備將二次大戰拋諸腦後——隨著最後一批紀念碑啟用，最後一批倖存的老兵和受害者受到推崇——歐洲死去的猶太人重回生者記憶之中，定義了歐陸獲恢復的人性，也保證了這人性。放眼歷史，這並非必然。

歐洲猶太人的遭遇，人盡皆知。二次大戰期間估計有六百萬猶太人遭殺害一事，在戰後幾個月，就得到普遍接受。少數得以倖存者，不管是在被迫漂流異鄉者的收容營，或在他們出身的國家裡，為遇害的人數提供了間接的證據。遭移出奧地利的十二萬六千名猶太人，戰後只有四千五百人返回。在荷蘭，戰前有十四萬猶太人，其中十一萬人遭遣送出境，戰後返回者不到五千人。在法國，一九四〇至一九四四年有七萬六千猶太人（大部分是在外國出生者）遭遣送出境，存活者不到百分之三。在更東邊，存活比例更低：波蘭戰前有三百多萬猶太人，其中整整百分之九十七．五遭屠殺。在德國，原有六十萬猶太人，一九四五年五月時，只剩兩萬一千四百五十人。

倖存者返回故里後，不是很受當地歡迎。經過數年的反猶宣傳，各地居民不只傾向於把自身的苦難一股腦怪罪在「猶太人」身上，已把猶太人的工作、財產、住屋據為己有的當地居民，也明顯不樂見猶太人回來。一九四五年四月十九日，在巴黎第四區，有一遭遣送出境而返回的猶太人想拿回他（已遭占領）的公寓，引發數百人示威抗議。示威惡化為近乎暴動，群眾高喊「法國是法國人的！」然後遭當局驅離。德高望重的法國天主教哲學家加布里埃爾・馬塞爾（Gabriel Marcel），無疑不會說出這樣的話。但數個月後，他就臉不紅氣不喘地在期刊《基督徒的見證》（*Témoignage Chrétien*）上寫到「猶太人」的「狂妄無禮」和他們欲「接收一切」的野心。

難怪後來出任法國政府部長的西蒙娜・韋爾（Simone Veil），提到她從貝爾根貝爾森集中營回來後的心情時寫道：「我們覺得我們的死活不受重視，而且我們的人數非常少。」在法國（一如在比利時），遭遣送出境的反抗運動人士，若保住性命，返回故國，都被視為英雄：拯救者了國家的榮耀。但猶太人遭遣送出境不是因為他們的政治主張，而是因為他們的種族身分，因而不具有這樣的價值。無論如何，戴高樂（一如邱吉爾）對希特勒鎖定特定種族迫害一事，出奇地視若無睹，而只是從普魯士軍國主義的背景去理解納粹主義。在紐倫堡，法籍檢察官佛朗索瓦・德・蒙通（François de Menthon）不滿意「違反人道罪」這個觀念，偏向採用「違反和平罪」，而且整個審判期間完全未提及猶太人遭遣送出境或殺害之事。[1]

將近三年後，一九四八年一月十一日法國《世界報》刊出社論〈死亡集中營的倖存者〉，全文完全未出現「猶太人」這字眼，但居然還能以感人口吻提到「二十八萬遭遣送出境者，兩萬五千人倖存」。根據一九四八年通過的法律，「遭遣送出境者」（déportés）一詞，只能用在因政治因

1 美籍檢察官泰爾福・泰勒事後想起此事，但坦承他當時完全未注意到——發人深省的坦承。參見 Telford Taylor, *The Anatomy of the Nuremberg Trials* (NY, 1992), p. 296.

素或因為反抗占領者而被遣送出境的法國公民或居民身上。關於被遣送出境者送抵的集中營、或送抵集中營後的遭遇，未予以區別性的細述。因此，被關進火車車廂，運到奧許維茨毒氣室毒死的猶太孩童，在官方文件裡被稱作「政治性遭遣送出境者」。這些孩童大部分是猶太裔移民的第二代，被法國憲兵強行帶走而與父母分開，然後，十足反諷的是（無心插柳的反諷），他們在文件和碑上被當作「為法蘭西殉國者」來紀念。[2]

在比利時，戰後第一屆國會裡的天主教政黨，反對賠償「純粹因種族歧視動機而遭逮捕的猶太人」——並暗示其中大部分人很可能是黑市販子。事實上，在戰後的比利時，為了不讓猶太人享有社會補貼，作法更為積極。戰時從比利時遭送出境的猶太人，九成五是外國公民或無國籍者，因此戰後訂了一條法律，凡是保住性命而在戰後落腳比利時的猶太人，除非曾參與有組織的反抗運動，與占領者廝殺過，否則都沒資格領取公共救助。一九四四年十月，比利時政府將比利時境內倖存的猶太人，凡是無法證明擁有比利時公民身分者，一律認定為「德國」籍公民。理論上講，這廢除了戰時所有的「種族」區別——但也使倖存的猶太人實質上變成敵國公民，可予以拘留、可沒收其財產（直到一九四七年一月才歸還他們財產）。這類裁定的額外好處是，最終可把這些猶太人送回德國，因為他們已不再可能受到納粹迫害。

戰時，據荷蘭反抗運動報紙《自由尼德蘭》（*Vrij Nederland*）的報導，荷蘭當地公民和民間領袖在遭德國占領後，立即不顧屈辱和納粹占領者合作，動作之快令納粹大吃一驚。戰後，返回荷蘭的寥寥猶太人明顯不受歡迎。其中之一的莉塔・庫普曼（Rita Koopman），憶及返回後當地人對她的冷言冷語：「你們回來的真不少。你們該很高興沒在這裡——我們可餓壞了！」一九四四至一九四五那個「飢餓冬天」，荷蘭人的確苦不堪言，猶太人遭遣送出境後留下的許多空屋，成了取得木頭和其他民生物資的重要來源，尤以在阿姆斯特丹為然。戰時荷蘭官方積極配合納粹，找出並拘捕國內的猶太人，但戰後的荷蘭政府雖然良心清白，卻不覺得有義務補償猶太人，反倒以沾沾自喜的心態，高調拒絕以種族或其他任何理由將荷蘭公民分別看待，從而使該國的失蹤猶太人湮沒於歷史，從後人的記憶中消失。五〇年代，荷蘭的天主教總理甚至不願出資贊助提議於奧許維茨興建的國際紀念碑，把那斥為「共黨宣傳」。

在東歐，當然不大可能承認猶太人受過的苦難，更別提予以賠償。戰後頭幾年，東歐境內猶太人最關心的只是活下來。非猶太裔的波蘭人維托爾德．庫拉（Witold Kula），一九四六年八月寫到從羅茲搭火車到佛羅茨瓦夫，在佛羅茨瓦夫見到一猶太家庭受到的反猶嘲弄：「一般波蘭知識分子不知道今日波蘭境內的猶太人不能開車，不冒險搭火車，不敢讓小孩參加學校遠足；猶太人不能到偏遠地方，偏愛大城市，連中型城市都是能避則避，入夜後最好不出門。經過六年痛苦折磨後，還要在這種氣氛下繼續生活，只有英雄辦得到。」

德國戰敗後，東歐境內許多猶太人還是採行戰時的生存策略：隱藏自己的猶太身分，不讓同事、鄰居知道，甚至不讓自己小孩知道，盡可能融入戰後世界，至少在表面上恢復正常生活。不

2　戰時，從巴黎搜捕來的猶太孩童，送到奧爾良附近的皮蒂維耶鎮（Pithiviers）關著，等候東運。一九五七年，該鎮立起一座紀念碑，上面刻有文字「紀念為法蘭西殉國的遭遣送出境同胞」（A nos déportés morts pour la France）。直到一九九二年，該鎮當局才樹立一座新碑，碑文雖然令人較不安，但較切合史實：「紀念一九四二年七月十九日至九月六日被關在皮蒂維耶集中營，然後被遣送到奧許維茨殺害的兩千三百名猶太孩童。」

只東歐如此。在法國，雖然新法令嚴禁戰前公眾生活裡大剌剌的反猶言語，但維琪政權的遺風仍在。更晚一代人民所視為禁忌的東西，這時尚未成為社會禁忌，而日後將令人反感的行為，這時仍獲認可。一如三〇年代時，左派中了反猶的毒。一九四八年，共黨國會議員阿爾蒂爾・拉梅特（Arthur Ramette）把世人的目光引向某些赫赫有名的猶太裔政治人物——萊昂・布呂姆、居爾・莫克（Jules Moch）、勒內・邁耶（René Mayer）——以顯出他們與他本黨國會議員的不同：「我們共產黨人都只有法國名。」（既不得體也不符事實的說法。）

在這些情況下，歐洲大部分猶太人可走的路再清楚不過：離開（在以色列建國後投奔以國，或在美國於一九五〇年敞開大門後投奔美國），不然就是噤聲，盡可能不曝光。話雖如此，還是有許多歐洲猶太人按捺不住衝動，出來講話，表明自己的遭遇。用普利摩・李維（Primo Levi）的話說，一股「無法壓抑的、病態的敘事衝動」，驅使他寫下不久前的遭遇。但列維本人接下來的際遇，有助於我們了解當時的氣氛。他把自己被關在奧許維茨集中營的經歷寫成《如果這是一個人》（*Se questo è un uomo*），一九四六年，找上義大利最大的左派出版商艾伊瑙迪徵詢出版意願，結果當場遭拒：列維的故事始於他以猶太人身分而非反抗者身分被遣送出境，敘述從受迫害到最後倖存的遭遇，與描寫全國反法西斯反抗運動而提振人心的義大利敘事主流不同調。

最後，由一家小出版社出版《如果這是一個人》，印量只有兩千五百本，其中大部分滯銷，存放在佛羅倫斯某倉庫低價求售，二十年後毀於該地大水災。列維這本回憶錄，一九五九年才在英國出版，當時只賣了幾百本（美國版書名《奧許維茨倖存錄》，要到二十年後銷售才開始轉好）。伽里瑪（Gallimard），法國最受敬重的出版社，有很長一段時間一直不願買進列維的著作；直到他於一九八七年去世之後，他的作品和他的重要性，才開始在法國得到肯定。普利摩．李維的言談，一如他筆下的題材，有許多年大體上無人聞問：沒有人想聽。一九五五年他寫道，提集中營的事，已變得「不上道」：「可能會被指控以受害者自居，或暴露太多而有礙觀瞻。」朱利亞納．泰德斯基（Giuliana Tedeschi），另一個在奧許維茨保住性命的義大利人，表達同樣的觀點：「我碰到過什麼都不想知道的人，因為義大利人畢竟也吃了苦頭，即使是那些未待過集中營的人亦然……他們常說，『好在都結束了』，因此我有好一段時間閉口不提。」[3]

即使在英國，猶太大屠殺一事都未受到公開討論。一如對法國人來說，代表性的集中營是有著組織完善之共黨政治犯委員會的布痕瓦爾德，在戰後英國，納粹集中營的代表也不是奧許維茨，而是由英國軍隊予以解放的貝爾根貝爾森；戰爭末期被記錄在影片裡和呈現在戲院新聞短片上的那些骨瘦如柴的倖存者，通常未被認定為是猶太人。[4]在戰後英國，猶太人往往也偏愛保持低調，把記憶埋藏心裡。傑瑞米．艾德勒（Jeremy Adler）於一九九六年寫到他作為集中營倖存者之子在英格蘭的童年生活時憶道，在家裡可以暢所欲言討論猶太大屠殺，但在其他地方，這事仍是禁忌：「我朋友可以誇耀老爸如何在沙漠跟著蒙哥馬利打仗，我自己父親的經歷卻不能提。那些經歷一直到晚近都還見不得光。在英國，公眾的心態從壓抑走到執迷，大概花了五十年。」[5]

3　Nicola Caracciolo在*Uncertain Refuge: Italy and the Jews During the Holocaust* (University of Illinois Press, 1995) 一書第一二一頁，引述了泰德斯基這段話。

4　在戰後英國，特別瘦或病懨懨的人，可能會被說成看來「像是從貝爾森出來的」。在法國，遊樂園恐怖屋被冠上「布痕瓦爾德」之名——藉此挑動獵奇心理。

事後來看，最引人注目的，乃是這種刻意忽略的心態普見於各地。主動遺忘猶太大屠殺的，不只是那些有理由不去思考此事的地方——例如奧地利（人口只有戰前德國十分之一，卻供應了一半的集中營警衛人力）或波蘭——還包括義大利（大部分國民沒理由該為此事感到羞愧），以及英國（除了此事，英國人都用驕傲、乃至懷念的心情看待戰時歲月）。冷戰的迅速揭幕，當然起了推波助瀾的作用。[6]但還有其他理由。對許多歐洲人來說，要談二次大戰，重點不能擺在猶太人身上（除非要怪罪他們導致戰爭爆發），只要主張猶太人苦難可能是二次大戰史的最重要部分，就會深受痛恨。

猶太大屠殺只是人想忘掉的諸多事物之一而已：「在戰後蓬勃發展的年代……歐洲人藏身在集體失憶後面。」（漢斯．馬格努斯．恩岑斯貝格語）數百萬歐洲人曾與法西斯行政當局和占領軍妥協，曾與戰時占領家鄉的敵人機構、敵人統治者合作，有過私人的屈辱、物資生活的困頓和個人悲劇，面對如此不堪的過往，他們自有充分的理由予以忘記，或對己更有利的是，予以錯記。後來被法國歷史學家昂利．魯索（Henry Rousso）稱之為「維琪症候群」的現象絕非只見於法國。「維琪症候群」指的是長達數十年難以承認戰時真正發生的事，極力想堵住那段回憶，或以不致損害戰後社會之脆弱聯結、可資運用的方式重塑那段回憶。

在歐洲，每個曾被占領的國家，都發展出自己的「維琪症候群」。例如，義大利人戰時的貧困，包括在自家和在俘虜營裡的貧困，使公眾把注意力移離義大利人帶給他人的苦難——例如在巴爾幹半島或在義大利的非洲殖民地。荷蘭人或波蘭人向自己宣說的戰時事蹟，將支撐國家的自我形象長達數十年——特別是荷蘭人非常看重他們戰時反抗占領者的國家形象，同時又極盡所能遺忘有兩萬三千荷蘭人志願投身納粹武裝黨衛軍一事：那是來自西歐的最大一支武裝黨衛軍。就連挪威都有一段往事需要消化：一九四〇年四月前或那之後，超過五分之一挪威軍官志願加入維德肯・吉斯林（Vidkun Quisling）的新納粹組織「國民聯盟」（Nasjonal Samling）。但儘管解放、反抗、遭遣送出境者——乃至敦刻爾克大撤退或一九四四華沙起義之類慘烈事蹟——都可以用於製造補償性的國家神話，猶太大屠殺一事卻毫無「可資運用」之處。[7]

在某些方面，要德國人處理、承認他們罪行的重大，其實較容易。當然，一開始並不是如此：我們都已知道「去納粹化」是如何以失敗收場。在聯邦德國成立初期，歷史的教授止於威廉帝國。庫特・舒馬赫早在一九四七年六月就勸告他的同胞，最好開始「破例談談德國和全世界的猶太人」，但這類政治家是罕見的特例，在四〇、五〇年代，除開他們，德國公眾人物都對希特

5　見一九九六年十月四日的《泰晤士文學副刊》（*The Times Literary Supplement*）。有關猶太大屠殺的事，英國境內最早選擇低調處理者，並非猶太人。邱吉爾領導的戰時政府決定不將有關死亡集中營的資料用於反德宣傳上，以免激化反猶心態——而誠如戰時情報機關報告所指出的，在倫敦某些地區，反猶心態已高張。

6　特別是在美國。一九五〇年，美國國會被迫漂流異鄉者委員會表示，「波羅的海武裝黨衛軍（Waffen SS），在目標、意識形態、活動、資格上，將被視為和德國黨衛軍各不相干，截然有別。因此，委員會認為該武裝黨衛軍不是與美國政府為敵的組織。」說到東線戰場上對猶太人的折磨、殺害，波羅的海武裝黨衛軍是手段最殘暴、心態最積極的組織之一；但在冷戰的新情勢下，他們當然成了「我們的」納粹。本處資訊要感謝Rice University的Daniel Cohen教授提供。

7　當然，在以色列是例外。

勒的「最後解決辦法」隻字不提。美國作家艾佛烈・卡津（Alfred Kazin）評論此事道，對一九五二年他在科隆的學生來說，「這場戰爭結束了。這場戰爭不能提。我的學生對這場戰爭隻字未提。」西德人回顧過往時，回顧的是他們本身受過的苦：五〇年代底的民意調查顯示，絕大多數人把戰後盟軍的占領視為「自己一生最慘的時期」。

誠如某些觀察家在一九四六年就預料到的，德國人成功與希特勒劃清界線：把希特勒當代罪羔羊獻給世人，藉此避開自己應受的懲罰和道德責任。對於希特勒所帶來的惡果，德國人的確相當痛恨——但那是因為他傷害了德國人，而非因為他和德國人傷害了其他人。這些年裡許多德國人覺得，希特勒鎖定猶太人迫害，與其說是他最大的罪行，不如說是他最大的錯誤：在一九五二年的某項民調中，將近四成西德人並不介意告訴民調訪問人員，他們認為國內沒有猶太人對德國「比較好」。

附近沒有可令人想起納粹暴行的事物，使這類心態更為盛行；納粹特意將他們主要的死亡集中營設在遠離「舊德意志帝國」之處。但就算鄰近可令人想起納粹暴行的事物，不代表就比較能體會猶太人的苦難。達豪是慕尼黑的郊區城鎮，從市中心搭有軌電車就可抵達，但當地人並未因此就較能理解當地所曾發生的事：一九四八年一月，巴伐利亞議會一致表決通過，將當地納粹集中營的所在地改闢為「不願工作、不與人往來者」的強制勞動營（Arbeitslager）。誠如漢娜・鄂蘭於一九五〇年走訪德國時所觀察到的：「不管在哪個地方，都可注意到當地人對曾經發生過的事毫無反應，但這究竟是因為刻意不願為過往悲痛的心態，還是感情真的麻木的外在表現，很難說得準。」一九五五年，法蘭克福法院宣告曾提供齊克隆B（Zyklon-B）毒氣給納粹黨衛軍的某公司總經理佩特斯博士無罪，理由是「證據不足」，無法證明那東西曾被用來毒死集中營裡的人。

但在這同時，德國人——歐洲境內只有德國人——無法否認他們對猶太人做過的事。他們可以避而不談，可以堅稱自己受苦，可以把責任歸在「一小撮」納粹黨員身上，但無法藉由將種族滅絕的罪行扣在別人身上，來卸除自己的責任。就連艾德諾，雖然在公開場合只表示同情猶太「受害者」的遭遇，從未指名道姓說出加害他們的人，也不得不與以色列簽訂賠償條約。此外，不管是英國人、法國人、乃至普利摩．李維的義大利同胞，都對列維的自傳興趣缺缺，但《安娜．法蘭克日記》（的確是較淺顯易懂的一份文獻），卻成為德國史上最暢銷的平裝書，一九六〇年時銷售量已超過七十萬冊。

德國人開始捫心自問的原因，乃是對東線戰場上的德國人罪行展開遲來的調查所促成的一連串審判。這些審判始於一九五八年在烏爾姆（Ulm）一地對戰後「干預團體」成員的訴訟，繼之以對阿道夫．艾希曼（Adolf Eichmann）的逮捕和起訴，而其高潮則是一九六三年十二月至一九六五年八月間法蘭克福一地對奧許維茨集中營警衛的審判。這些審判也讓集中營倖存者自戰爭結束以來，首度有機會公開談論自己的遭遇。在這同時，聯邦德國延長了殺人罪的二十年追訴時效（儘管尚未將追訴期廢除）。

這一心態上的轉變，主要是兩個因素所促成，即五〇年代底出現的一波蓄意破壞他人財產的反猶作為，以及愈來愈多跡象顯示，德國年輕人對第三帝國完全無知：他們的父母完全未告知他們第三帝國的事，他們的老師則避談此事。從一九六二年開始，西德十個州宣布，一九三三至一九四五年這段歷史——包括滅絕猶太人——將成為所有學校的必修課。於是反轉了艾德諾在戰後最初的假定：從此，德國民主要健全，就得記住納粹主義，而非予以遺忘。於是，愈來愈受關注的，乃是種族滅絕和「違反人道罪」，而非在此之前一直被認為與國家社會主義關係最密切的「戰爭罪」。從此要讓新的一代了解納粹暴行的本質——和嚴重程度。《明星雜誌》（*Stern*）、《快報》（*Quick*）之類通俗雜誌將不能再歌頌「好」的納粹分子，也不能再像五〇年代那樣淡化集中營的歷史意義。公眾已開始認識到德國晚近歷史有令人無法接受之處，有不光彩之處。

但不該誇大這一改變。六〇年代，西德總理基辛格和聯邦總統漢斯・呂布克（Hans Lübke）都曾是納粹黨員——誠如年輕一輩評論家所貼切指出的，這是聯邦德國的自我形象裡明顯的矛盾之處（見本書第十二章）。而且，道出納粹的真相是一回事，承認德國人民的集體責任又是另一回事；這時大部分政治人物對於集體責任仍然不表示意見。此外，認為「要不是有這場戰爭」希特勒會名列德國最偉大政治家之林的西德人比例，雖從一九五五年的四成八降為一九六七年的三成二，後一數據（儘管絕大部分是老一輩受訪者）仍令人無法放心。

真正的轉變出現在下一個十年。一連串事件紛至沓來——一九六七年以阿的六日戰爭、一九七〇年西德布蘭德總理在華沙猶太隔離區起義受害者紀念碑前跪下、一九七二年以色列運動員於慕尼黑奧運選手村遭殺害、一九七九年一月德國電視播映《猶太大屠殺》迷你劇集——使猶太人和猶太人的苦難成為最熱門的德國公共議題。其中，那部迷你劇集最為重要。它是最道地的美國商業電視產品——情節簡單、角色刻畫大部分缺少深度、敘事內容極盡煽情之能事——（誠如第十四章裡指出的）受到從埃德加・雷茨到克勞德・朗茲曼（Claude Lanzmann）等歐洲電影導演的痛斥和厭惡。他們指責這部劇集把德國史轉化為美國肥皂劇，使得應該始終是不可說、無法理解的東西，變得淺顯易懂。

但這些侷限本身正說明了這部劇集為何衝擊如此大。它在西德全國性電視台連續播放四晚，收視者據估計達兩千萬，大大超過成年人口的一半。它播放時，馬伊達內克（Majdanek）死亡集中營的前警衛也正好在受審——提醒收視者這件事還沒了結。這對公眾的衝擊非常大。五個月後，聯邦議會表決通過廢除殺人罪的追訴時效（但在此應該指出，投票反對此議者，包括後來出任總理的柯爾）。自此之後，德國人將是對猶太大屠殺了解最深入的歐洲人之一，且帶頭使每一代民眾認識該國的滔天大罪。一九六八年時，只有四百七十一個學校團體參觀達豪，到了七〇年代底，一年參觀的團數已超過五千甚多。

了解——且公開承認——四十年前德國人對猶太人所做的事，乃是很大的進步；但誠如八〇年代「歷史學家的衝突」所會彰顯的，要把那段過往放在德國史、歐洲史裡，仍是棘手且未解決的難題。有些保守學者，包括在這之前一直很受敬重的歷史學家恩斯特・諾爾特（Ernst Nolte），對於「希特勒、他的組織、他的罪行是獨一無二、獨具一格的」這種主張，感到不安。他們主張，如果要了解納粹主義，就得把它擺在當時的時空去了解。據諾爾特的說法，國家社會主義的興起和它某些古怪的作為，主要是在回應布爾什維克主義：它們出現於列寧與其接班人所提出的榜樣和威脅之後，在某種程度上仿效那榜樣和威脅。在一九八六年六月《法蘭克福匯報》上某篇臭名遠播的文章裡，諾爾特主張，納粹主義的罪並不因此而減輕；但沒有布爾什維克的先例，就無法完整解釋納粹的罪行。於是，眼下該重新思考納粹時代，把「猶太大屠殺」擺在更廣闊的現代種族滅絕模式裡去思索。

諾爾特所激起的回應，主要來自于爾根・哈伯馬斯。哈伯馬斯，一如恩岑斯貝格、鈞特・葛拉斯和「懷疑一代」的其他成員，年歲夠大，對納粹主義存有記憶，因而對於欲「限制」德國人責任的任何作為，都抱有強烈懷疑。「胡說八道，」哈伯馬斯如此回應諾爾特：探討納粹主義時，重點不在將它「擺在」什麼時空或將它「歷史化」——像這樣的誘惑，所有德國人都沒有權利再度沉迷其中。納粹罪行——德國罪行——獨一無二：獨一無二在其規模，獨一無二在其野心，獨一無二在其尚未被完全探明的邪惡。照諾爾特所主張的那樣，依據當時的時空背景來理解納粹，必然隨之將德國人的責任暗地相對化——這種背景主義（contextualization）式的理解，一定要完全禁止。

但對哈伯馬斯的大部分同胞來說（包括以比較和時空背景為治史首要要求的歷史學家），他的不妥協立場太苛求，只有他少數人能夠長期堅守。德國人對「猶太大屠殺」一事的公開討論，在九〇年代時達到最高峰，當時官方大動作表達他們後悔過去所犯的錯誤，德國人沉浸在作家彼得・施奈德所謂的「某種自以為是的自我仇恨」中——但「猶太大屠殺」蔚為顯學的新現象不可能永遠不墜。要每個新一代德國人永遠活在希特勒的陰影裡，要他們為德國過去獨一無二的罪過承擔責任，使那罪過成為他們國家認同的基準，這實在是最基本的要求——卻也是最不合現實的奢望。

在西歐其他地方，緬懷、承認的進行，首先得打破當地為自利而抱持的錯覺——而這一打破過程通常花上兩個世代、數十年。在奧地利，《猶太大屠殺》一劇的播映只晚了德國兩個月，但產生的衝擊和在德國完全不能比。直到八〇年代中期，有人披露奧地利總統庫特・華德翰（Kurt

Waldheim）曾為納粹德國國防軍殘酷占領南斯拉夫出過力，（一部分）奧地利人才開始嚴正質問自己國家與納粹相關的過往，但仍不完整。事實上，華德翰先前擔任聯合國秘書長時，國際社會無人特別拿他的戰時經歷作文章，此一事實使許多奧地利人更加懷疑，他們是否受到特別的苛求。畢竟戰後奧地利已出過一位猶太裔總理——社會黨的布魯諾·克雷斯基（Bruno Kreisky）——比德國好得多。

但沒有人對奧地利人寄予厚望。他們大抵上看不出有必要為其晚近歷史而困擾，晚至一九九〇年仍有將近四成的奧地利人認為自己國家是希特勒的受害者而非其共犯，仍有四成三奧地利人認為納粹主義「好壞兼具」，而這現象只證實了他們自己和他人的偏見。[8]在奧地利的阿爾卑斯山鄰國瑞士，情況又不一樣。一九四五年後，有四十年時間，瑞士的戰時前科絲毫未受到追究。眾人不只遺忘了瑞士人曾極力不讓猶太人入境；相反地，在通俗小說和各地的電影裡，瑞士還被描寫為安全避難所，凡是能來到它邊界的受迫害者，都受到它的歡迎。瑞士人自認心安理得，受到舉世欣羨。

事實上，到一九四五年為止，瑞士人只接納了兩萬八千名猶太人，其中有七千人是戰前得到接納。戰時難民拿不到工作許可證，靠當局向有錢猶太裔居民強徵來的捐款過活。直到一九九四年六月，伯恩當局才正式承認，瑞士於一九三八年十月要求德國在所有德國猶太人護照上蓋上字

8　一九九一年十月，在維也納猶太墓地遭褻瀆之後，蓋洛普公司就奧地利人對猶太人的態度做了民調：兩成認為不該讓猶太人出任「政治要職」；三成一宣稱「不想有猶太人當鄰居」；整整五成願同意「猶太人過去受迫害是咎由自取」這說法。

母」的舉動——不讓猶太人進來的辦法——乃是「無法容忍的種族歧視」行徑。如果瑞士犯錯的程度只是如此，那當然就不必太苛責於他們，畢竟英國、美國雖從未要求在猶太人護照上標記其族裔身分，但說到拯救猶太難民，這兩國也沒什麼好自傲於人。但瑞士人的惡行遠不只是如此而已。

一九九〇年代期間的官方調查，刺眼而清楚地揭露了，瑞士不只非法買賣德國掠奪的黃金，為德國的作戰努力付出具體可觀的貢獻（見第三章），而且瑞士銀行、保險公司還在知情的情況下，侵吞猶太存款人的大筆存款或遇害猶太人的保單受益親人所理該得到的大筆保險金。在戰後與共產波蘭達成的某項秘密協議中（一九九六年才公諸於世），伯恩甚至表示願將已故波蘭猶太人的銀行帳戶讓與華沙新政府，以換取共黨掌權後賠償遭徵收的瑞士銀行、企業。[9]這類證據一開始曝光，瑞士熠熠發亮的形象隨之瓦解，再怎麼高額的（勉強拿出的）賠償、付款、「受害者基金」，也無法迅速挽回其原有的名聲。一九九六年十一月十三日德國《時代週報》的社論，指出瑞士終於被「猶太大屠殺的長影」籠罩，言語中流露濃濃的幸災樂禍味。但那是不折不扣的事實。

正面的戰時荷蘭形象——認為當時荷蘭境內幾乎人人「反抗」占領者，竭盡所能阻礙德國的計畫——更早一些就被戳破，而且是被當地人主動戳破。六〇年代中期，多卷本的官修二次大戰史書，已為荷蘭的戰時經歷提供了豐富的資料——包括將猶太人遣送出境——但刻意不詳述這場猶太浩劫的具體受害者名姓、這浩劫如何發生和為何發生。無論如何，讀過這些史書者少之又少。但一九六五年四月，荷蘭歷史學家雅各．普雷瑟（Jacob Presser）出版了《落下》（*Ondergang*），這是第一本完整交待荷蘭猶太人遭撲殺歷史的書；光是一九六五年一年，它就賣了十萬冊，使民間突然對這主題大感興趣。[10]緊接著出現許多以戰時受占領為主題的電視紀錄片和其他節目——其中之一的《占領》（*De besetting*）播映超過二十年——和官方態度的轉變。一九六五年，荷蘭政府首度表示願捐錢在奧許維茨建紀念碑，但還要再七年，荷蘭人才終於同意讓戰時遭遣送出境、最後倖存的猶太人，領取自一九四七年起戰時反抗人士等納粹受害者已領取的養老金。

一如在德國，促使荷蘭人對遭蒙蔽的自身歷史感興趣的因素，乃是六〇年代初期的以色列、德國審判。而在荷蘭，一如在其他任何地方，戰後嬰兒潮世代想了解晚近歷史，且對於他們父母那「沉默的一代」所告訴他們的事——或者應該說未告訴他們的事——大大存疑。六〇年代的社會變化，有助於打破官方對遭占領那段過往樹起的沉默之牆：社會禁忌、性禁忌遭打破——在荷蘭部分地區，特別是在阿姆斯特丹，此舉使原本保守的社會脫離了常軌——連帶使眾所認可的其他習俗和文化常規受到懷疑。對新一批讀者來說，荷蘭猶太大屠殺的核心文本——安娜・法蘭克的日記——這時要從大不相同的角度來閱讀：畢竟安娜和其家人是被他們的荷蘭鄰居出賣給德國人。

二十世紀末，一九四〇至一九四五這幾年已成為荷蘭歷史裡研究最徹底的時期。荷蘭人協助辨識、逮捕、遣送出境、殺害本國猶太公民的史實，六〇年代時首度公諸於世，但其完整意涵卻要再過很長一段時間才得到理解：直到一九九五年，才有在位的國家元首——女王貝婭特麗克絲

9　波蘭人欣然同意——為了這些目的，波蘭政府這時爽快將猶太裔視為波蘭人……

10　一九六八年，《落下》一書推出英語版，書名是《摧毀荷蘭猶太人》（*The Destruction of the Dutch Jews*）。

——公開承認荷蘭猶太人的悲慘遭遇（在訪問以色列時承認）。或許要到九〇年代中期，爆發荷蘭籍的聯合國武裝維和人員袖手旁觀，任由塞爾維亞裔民兵在斯雷布雷尼察搜捕、殺害七千名穆斯林一事，這一教訓才終於受到深刻的領會。荷蘭人早該針對他們為秩序、合作、順從的傳統所付出的代價，來場全國性的辯論；拖了這麼久，這一辯論終於得以開始。

荷蘭人若要替自己辯解，一如比利時人、挪威人、（一九四三年九月後的）義大利人、大部分遭占領的東歐地區的居民，他們可以宣稱，無論個別官員、警員、其他人與占領當局的合作再怎麼可恥，帶頭的還是上面的人——德國人。這說法並不如過去所一度認為的那麼合於事實，特別是在斯洛伐克或克羅埃西亞（或戰爭最後幾個月時的匈牙利）之類有當地傀儡政府施行自己之犯罪計畫的地方，那的確只有部分屬實。但在遭占領的西歐，除了一個鮮明的例外，其他國家都沒有受到人民認可的本地政權，沒有看來合法且掌有實權、從而該為自己作為負起全責的本土政府。占領挪威或比利時或荷蘭的德國人，若沒有當地人的合作，不可能如願迫害當地的猶太人（在惟一未與占領的德國人合作的國家——丹麥——猶太人保住性命），但在這些國家，發號施令的都是德國人。

這個例外當然是法國。而戰後歐洲欲正視、處理二次大戰和猶太大屠殺的所有努力未能竟其全功，就是因法國的戰爭記憶扭曲、長期受到否認、且不完整——關於維琪政權和其在納粹計畫中（特別是「最後解決辦法」）扮演同謀、積極角色的記憶。這並不是因為法國的行徑最惡劣，而是因為法國的角色最關鍵。在一九八九年前，巴黎——出於本書討論過的那些理由——仍是歐洲的知識首府、文化首都：或許比第二帝國以來的任何時期，都更當之無愧。拜戴高樂成功使法國重新躋身國際權力走廊之賜，法國也是歐陸西部最具影響力的國家。而促使歐陸一體化計畫按照法國的條件來推動者，也是法國——即法國政治家、法國機構、法國利益。在法國能正視自己的過去之前，陰影將始終籠罩新歐洲——謊言的陰影。

維琪難題不難說明。陸軍元帥貝當的政權，一九四〇年七月就獲得法國第三共和的最後一屆國會表決通過，掌理國政；因此在各戰時政權當中，只有維琪可以自稱它與戰前的民主機構有某種延續性——不管那延續性多麼禁不住推敲。至少一直到一九四二年底，絕大多數法國人仍視維琪政權和其機構是法國合法政府。而對德國人來說，維琪讓他們省了很多麻煩——讓他們不必費心在法國這麼大的國家裡扶植一個代價很高的占領政權，同時輕鬆就取得他們在占領政權身上所需要的一切：戰敗默認、「戰爭賠償」、原物料、廉價勞力……和其他許多東西。

因為維琪政權的作為，不只是使自己和其子民接受法國戰敗，不只是以德國的利益作為治國的依據。在貝當和其總理皮耶·拉瓦爾主政下，法國還主動推動了與占領者合作的計畫：一九四〇、一九四一年，在完全未遭德國施壓下，實施了《猶太法》，以及，隨著「最後解決辦法」的施行，法國政府制定計畫，藉以搜捕國內猶太人（法國境內許多在外國出生的猶太人首當其衝），以符合納粹當局所定配額。如此一來法國保住了行政自主權，於是，從法國遣送出境的猶太人，大部分一路上從未見到任何一名外國軍警，直到他們在巴黎北部的德蘭西（Drancy）調車場被轉交給德國人，被運到奧許維茨。在那之前，一切由法國人負責。

法國獲解放後，貝當和其同黨遭到種種辱罵，但貝當政權對「猶太大屠殺」的協助，卻幾乎未遭提起，戰後的法國政府當然更不會提。法國人不只成功將「維琪」集攏在國民記憶的一角，然後將它封藏起來，還將維琪與奧許維茨脫鉤。維琪背叛了法國，與敵合作者犯了叛國罪和戰爭罪。但法國司法用語裡沒有「違反人道罪」這名詞，這種罪只該落在德國人頭上。

這一情形在二十年後仍存在。本書作者於六〇年代晚期在英國攻讀法國史時，以維琪法國為主題的少許學術著作，對於維琪法國的「猶太」層面幾乎視若無睹。在法國和其他地方，「維琪研究」著墨於貝當主義政權是否是「法西斯主義」或「反動」政權，和它代表了多大程度的延續性，或代表了與法國共和過去多大程度的決裂這問題上。法國歷史學界仍有受尊敬的一派學者，主張貝當主義之「盾」保護了法國，使不致「波蘭化」——好似希特勒曾打算以其對付東歐的野蠻凶殘行徑，對待他所征服的西歐地區。對於全國性英勇反抗的神話，一切質疑都是不能允許的，在撰史上，一如在國民生活上，都是如此。

在那些年裡，法國政府只有一次向國外的氣氛讓步，那是一九六四年十二月。當時，遲未有所行動的法國國民議會，終於把在一九四五年八月八日的《倫敦協定》中首度得到界定的「違反人道罪」納入法國法律，宣布這類罪沒有追訴時效的限制。但這與維琪政權也沒有任何關係。此舉是為了回應當時正在法蘭克福舉行之奧許維茨審判，目標為了日後易於在法國土地上起訴曾直接參與納粹屠殺猶太人行動的個別人士（不管是德國人或法國人）。但官方究竟有多大的誠意，去重新探討法國集體責任的問題？一九六九年法國政府禁止法國電視台放映馬塞爾·奧菲爾斯（Marcel Ophuls）的《憂傷與憤怒》（*Le Chagrin et la Pitié*），此時問題的解答不言而喻。

奧菲爾斯這部紀錄片，鎖定戰時遭占領的法國中部克萊蒙費朗（Clermont Ferrand），根據對法國人、英國人、德國人的訪談，攝製而成。片中對猶太大屠殺幾乎隻字未提，對維琪政權著墨不多：其主題乃是戰時普見的貪污腐化和無日無之的與敵合作：奧爾菲斯想揭露，戰後那些往自己臉上貼金的反抗故事，其背後的真相。但在戴高樂當總統的最後一年，就連這樣的影片，都是法國政府所無法承受的。而且不只是政府：兩年後這部影片終於播映時——不是在全國性電視台，而是在巴黎拉丁區的某家小戲院播映——有人聽到一位中年婦女出戲院之後論道：「真可恥——但這不是預料中事？奧菲爾斯是猶太人，不是嗎？」

值得一提的，惟獨在法國，較誠實探討戰時歷史的突破性著作，全出自**外國**歷史學者之手，其中的兩人——德國的艾伯哈德・耶克爾（Eberhard Jäckel）和美國的羅伯特・帕克斯頓（Robert Paxton），主要著作都出版於六〇年代末期至七〇年代中期——他們最早運用德國的第一手資料，說明維琪政權的罪行有多少是法國人所主動犯下。這是任何本地出生的學者都無法輕鬆處理的課題：法國獲解放三十年後，民心仍非常敏感。晚至一九七六年，有人打算辦場展覽緬懷奧許維茨集中營的法籍受害者，而法國退伍軍人事務部得知該展覽的詳情後，立即要求主辦單位做某些更改——名單上的名字「缺乏道地的法國味」。[11]

一如那些年裡在法國所常見的，這類心態很可能主要出於自尊心受損，而非赤裸裸的種族歧視。晚至一九三九年，法國仍是國際主要強權。但短短三十年間，法國即遭受一場軍事慘敗、一次備感屈辱的占領、兩場傷亡慘重、顏面無光的殖民地撤退，以及（一九五八年）以近乎政變的方式完成的政權轉換。這個泱泱大國自一九一四年起接連遭遇如此多的損失和羞辱，因而一有機

11　參見Sonia Combe, *Archives interdites: Les peurs françaises face à l'histoire contemporaine* (Paris: Albin Michel, 1994), p. 14.

會就想申明國家榮耀的那種補償心理已變得根深蒂固。不光彩的事件——或更糟糕的事件——最好丟到「忘懷洞」裡銷毀掉。畢竟，法國人所急於拋諸腦後的東西，不止維琪一樣——沒有人想談在中南半島和阿爾及利亞打的「骯髒戰爭」，更別提軍方在那些地方折磨俘虜的事。

戴高樂的下台，未在這方面帶來多大的改變，儘管年輕一代法國男女對國家榮耀興趣缺缺，而且以法國晚近歷史為核心的神話對他們個人並無影響。在接下來的歲月裡，法國人無疑變得較了解猶太大屠殺，對猶太人的苦難較為敏感——而這有一部分得歸因於以色列打贏六日戰爭後不久，戴高樂在一九六七年十一月二十七日召開的那場臭名遠播的記者會所引發的憤慨，當時這位法國總統把猶太人稱作是「自負且跋扈的民族」。而法國導演克勞德·朗茲曼製作的一九八五年紀錄片《猶太大屠殺》(*Shoah*)，儘管（也或許正因為）幾乎只著墨於東歐遭屠殺的猶太人，對法國觀眾的影響卻極大。

但儘管法國歷史學者——追隨他們外國同僚的腳步——這時已開始認定法國的戰時統治者該對遭遣送出法國的猶太人的遭遇負絕大部分責任，法國官方的立場仍一成不變。從龐畢度（一九六九～一九七四年），到季斯卡（一九七四～一九八一），再到密特朗（一九八一～一九九五），都維持一貫立場：不管有人在維琪政權期間做了什麼或維琪政權做了什麼，那都是維琪的事。維琪或許曾存在於法國，是某些法國人的傑作，但維琪是法蘭西共和國歷史裡的一個獨裁插曲。換句話說，維琪不是「法國」，因而法國人不必為維琪感到愧疚。

密特朗總統——法國國家元首之中，他是最後一位在成人時期經歷過二次大戰者（他生於一九一六年）——有充分理由要劃清這種詭辯式的差別。密特朗曾在維琪政權裡當公務員，後來他闖蕩政壇，靠的主要是掩蔽自己過去的妥協和曖昧立場，並將那些曖昧立場投射到全國人民身上。他小心翼翼避免在公開場合提及維琪；而雖然他願意公開談論猶太大屠殺——不管是一九八二年在耶路撒冷，或是在國內，在一九四二年七月搜捕一萬兩千八百八十四名巴黎猶太人事件的十五週年紀念日當天——但他從未在言談中流露出這是法國得賠償的意思。

那個禁忌由密特朗所強加、體現，他原本一定會將那個禁忌一起帶進墳墓，但最後一連串審判打破了禁忌（一如在這一事情上所常見的）。保羅・圖維耶（Paul Touvier）——維琪政權戰時保安隊（Milice）的活躍分子——在躲藏將近五十年後，一九九四年終於被捕、送上法庭，罪名是一九四四年六月在里昂附近殺害七名法國猶太人。圖維耶本身並不重要：他只是維琪政權裡的一個小螺絲釘，與克勞斯・巴爾比（Klaus Barbie）——已在一九八七年被捕、受審的里昂蓋世太保頭子——合作的人士之一。但圖維耶的受審——還有，關於維琪政權與蓋世太保的合作，和該政權在遣送出境、殺害猶太人上之角色，新曝光的證據——充當了其他從未發生的審判的某種替代品，特別是替代了原本對維琪政權高階警政官員勒內・布斯凱（René Bousquet）的審判。布斯凱於一九四二年親自和德國當局協商遣送猶太人的事宜，他的被起訴，本可能為法國帶來面對維琪真相的契機。且不只是維琪的真相；因為布斯凱已在戰後法國安然無恙生活了數十年，受到非常高階人士的保護（包括密特朗本人）。但還來不及將他送上法庭，他就於一九九三年六月被暗殺（兇手是一名「瘋子」）。

圖維耶被定罪之後，在布斯凱已不在人間的情況下，法國司法部門終於有勇氣（在密特朗死後）控告、逮捕、起訴另一個重要人物莫里斯・帕朋（Maurice Papon）。帕朋曾在戴高樂底下當過部長和巴黎警察首長，戰時擔任波爾多行政區的秘書長。這個戰時職務是百分之百的行政職，而他在波爾多任職、為貝當政權效力的經歷，絲毫未阻礙他戰後仕途的順遂。然而，在波爾多時，帕朋直接指揮逮捕、運送該地區猶太人到巴黎，以便遣送出境。因為此事——根據法國法律這時被定為違反人道罪——他於一九九七年受審。

帕朋受審案長達半年，未揭露新證據，或許只揭露了他個人的真面目——展現出此人完全沒有同情心、毫無悔恨之意，程度令人吃驚。而這場審判在五十年前就該舉行，這時才辦的確已經太遲：已無法使八十多歲的帕朋為自己的罪行受罰；已無法為他的受害者報仇；已無法挽救他國家的顏面。有一些法國歷史學者，被傳喚以專家證人的身分出庭作證，但都婉拒出庭。他們堅稱他們的職責乃是詳述、說明過去五十年法國境內發生的事，而不是將那知識用在刑事起訴上。[12]但這場審判仍具有代表性。它有力說明了從戴高樂到密特朗的每個人，在「維琪」與「法國」之間所做出的細微差別，從來不存在。帕朋這個法國人，先後為維琪政權和法蘭西共和國效力：這兩者都完全清楚他在波爾多省的活動，都未因那些活動而感到不安。

此外，帕朋並非孤立的個案——相反地，這樣的人和這樣的前科其實很常見。一如其他許多人，他所做的只不過是簽發一些死刑執行令，其中牽涉的人他從未見過，對這些人的死活他並不在乎。帕朋的案子（還有布斯凱的案子），最有意思的地方，乃是法國官方為何花了將近五十年，才在自己的圈子裡找到他們——以及為何到了二十世紀底，沉默的硬殼才終於裂開。有許多種說法解釋這一現象，而其中一些說法所呈現出的法國政治人物及全國性媒體，形象並不光采。但歲月的推移，加上一個時代結束對心理造成的巨大影響，可能是最切合實情的解釋。

只要密特朗還當政，這個人他本身就體現了全國都沒有能力公開談論遭受占領的恥辱。密特朗去職後，一切改觀。他的接任者，雅克・席哈克，在一九四四年法國獲解放時只有十一歲大。上台後才幾個星期，在密特朗所始終小心應對的、巴黎猶太人遭拘捕事件五十三週年紀念日那天，席哈克總統就打破五十年多的禁忌，首度直截了當承認法國在撲殺歐洲猶太人一事所扮演的角色。十年後的二〇〇五年三月十五日，在耶路撒冷新啟用的猶太大屠殺博物館，席哈克的總理尚-皮耶・拉法蘭（Jean-Pierre Raffarin）嚴正宣布：「在這一可恥的事情上，法國有些時候是共犯。她永遠擺脫不掉她所欠下的債。」

二十世紀底，猶太大屠殺在西歐認同與記憶中占有中心地位，似已牢不可破。話說回來，在西歐偶爾仍有個人和組織——「修正主義者」——一再想證明不可能有猶太大屠殺之事（儘管他們在北美比在歐洲本土更為活躍）。但這類人只出現在政治的極邊陲領域——而他們之堅稱當時的技術不可能殺掉那麼多人，反倒在無意間突顯了納粹罪行的深重。但歐洲人如今承認、教導、緬懷猶太人遭屠之事時，那種無所不在的補償心理，的確帶來其他風險。

首先，始終有招來強烈反彈之虞。國民長期承擔沉重的愧疚，甚至使得德國的主流政治人物偶爾也會表達不滿——早在一九六九年時，巴伐利亞基督教社會黨領袖佛朗茨-約瑟夫・史特勞

12 哥倫比亞大學的帕克斯頓教授，在將近二十五年前（他大部分法國同僚專注於其他主題時），就開始從歷史角度調查維琪政權的罪行。他以沒那麼象牙塔的角度看待自己的職業，並作出重要證詞。

斯，在公眾場合就不吐不快：「已獲致如此亮麗經濟成就的一個民族，有權利不必再聽任何人談『奧許維茨』。」政治人物會這麼說，當然有其理由。[13]比起政治人物的發言，在二十一世紀初響起了普遍的呼聲，要求社會大眾在多年關注猶太受害者之後，重新審視德國人的苦難，這或許更能預示文化即將轉變。

藝術家和批評者——包括與哈伯馬斯同時代、在戰後聯邦德國的文學界具影響力的作家馬丁．瓦爾澤——這時已開始討論另一個「未經處理的過去」：不是屠殺猶太人，而是德國晚近歷史裡未受到充分承認的另一面。他們問道，經過這麼些年，我們為何不該談德國城市被焚，乃至更進一步談談那個令人不安的事實：希特勒統治下的（德國人）生活絕不算差，至少在二次大戰末期之前是如此？因為我們該談的是德國人對猶太人做了什麼？但我們只談這個已談了數十年；那已成為例行公事，成了習慣。聯邦德國是世上最公開支持猶太人的國家之一；我們（德國人）還要回頭看多久？談「同盟國罪行」——轟炸德勒斯登、焚燒漢堡、戰時炸沉德國難民船（二〇〇二年鈞特．葛拉斯小說《蟹行》的主題）——的新書紛紛大賣。

第二，猶太大屠殺一事在官方歐洲史新取得的突出地位，可能造成另一種扭曲。因為真正令人不舒服的二戰真相是，無論後來人們的觀感如何，對於當時大部分重要人物而言，一九三九至一九四五年的猶太人遭遇，根本沒有那麼重要。如果說許多歐洲人幾十年來忽視他們猶太裔鄰人的遭遇，那不是因為他們滿懷愧疚，壓下難以承受的記憶，而是因為——在少數高階納粹黨員心中除外——二次大戰的重點不在猶太人身上。即使對納粹來說，撲殺猶太人都只是一更浩大的種族清洗、遷置計畫的一部分。

有一種衝動是可以理解的：人們想要以五十年後的知識和情感來解讀一九四〇年代歷史，因此，往往會改寫歷史紀錄：把反猶心態擺在歐洲史的中央。畢竟，若不如此，我們要如何說明那些年裡在歐洲發生的事？但那樣做太取巧——而且在某一方面來說，太令人心安。例如，一九四〇年法國被德國打敗之後，維琪能得到大部分法國人民的接受，不是因為生活在一個迫害猶太人的政權下令他們滿意，而是因為貝當主義統治使法國人得以繼續抱持自認安全、正常的錯覺，過著當時條件下最穩定的生活。該政權如何對待猶太人是無關緊要的事：猶太人並不是那麼重要。在其他大部分遭占領的國家，情況也差不多。

如今，我們或許覺得這種冷淡心態令人震驚——代表二十世紀上半葉歐洲道德出了大毛病。不可否認的，在當時每個歐洲國家裡，也都有人真的看到猶太人的遭遇，且竭盡所能呼籲自己同胞不要那麼冷淡。但如果我們刻意忽視那一冷淡心態，反倒假設其他大部分歐洲人對二戰的經歷和猶太人一樣——體驗到一場趕盡殺絕的戰爭（Vernichtungskrieg）——那麼我們就會增添一層新的錯誤記憶。事後來看，「奧許維茨」是了解二次大戰時最該了解的事。但那不是當時人的感覺。

那也不是當時東歐居民的感覺。東歐人一九八九年後才遲遲從官定共產主義二戰史觀的包袱解脫出來，對他們而言，二十世紀末西歐人對猶太大屠殺念念不忘，其意涵具有衝擊性。一方面，一九四五年後的東歐，比起西歐更有許多東西值得記住——也更有許多東西需要忘掉。在東

13　一九八五年美國總統雷根訪問西德時，有人勸他避開比特堡的軍人公墓（葬有一些納粹黨衛軍隊員），改到集中營致意，結果德國總理柯爾致函提醒，這麼做「將對德國與美國的友好情感帶來嚴重心理衝擊」。美國人尊重主人的意見；雷根去了貝爾森和比特堡……

半部歐洲，猶太人較多，遇害的猶太人也較多；對猶太人的殺戮大部分發生在這地區，而且許多當地人參與殺戮。但另一方面，戰後的東歐諸國政府遠更用心於將猶太大屠殺從民眾記憶中完全抹除。並不是說在東歐，二戰的恐怖與罪行遭刻意淡化——其實正好相反，它們在官方言詞裡一再得到詳述，並在各地的紀念碑、教科書裡得到保存——但猶太人的遭遇不在著墨之列。

在東德，納粹責任的包袱被一股腦丟給希特勒的西德繼承人，東德新政權賠償蘇聯，但未賠償猶太人。在民主德國的學校教科書裡，希特勒被描寫成獨占性資本家的工具，那些資本家為了大企業的利益而奪取領土、開戰。一九五〇年由瓦爾特·烏爾布里希特制訂施行的「國殤日」，緬懷的不是德國的受難者，而是一千一百萬已故的「反希特勒法西斯主義戰士」。東德境內的前集中營，特別是布痕瓦爾德和薩克森豪森（Sachsenhausen），一度改闢為關押政治犯的「特殊隔離營」。許多年後，在布痕瓦爾德已改造為紀念性遺址後，該地的指南寫道，「德國法西斯主義」的目標是「摧毀馬克思主義，為打輸戰爭報仇，以殘暴恐怖手段對付所有反抗者」。在同一本小冊裡，有照片呈現初到奧許維茨集中營的猶太人在坡道上接受揀選，照片圖說引用了德國共產黨員恩斯特·特爾曼（Ernst Thälmann）的話：「資產階級是認真打算消滅黨和整個勞動階級先鋒。」[14]共產主義垮台後，才拿掉這句話。

同樣的事情可在共產主義歐洲的各地找到。在波蘭，戰時在特雷布林卡（Treblinka）或馬伊達內克或索比布爾（Sobibor）的滅絕集中營所發生的事，乃是無法否認，無法輕描淡寫一筆帶過。但這些地方已不復存——德國人逃離節節進逼的紅軍之前，已不辭勞苦將它們從土地上夷除。而在證據猶存的地方——一如在距波蘭第二大城克拉科夫只有數公里的奧許維茨——證據在事後都被賦予了不同的意義。在奧許維茨遇害者據估計有一百五十萬人，其中九成三是猶太人，但戰後共產主義政權在該地所建的博物館，只按國別列出受難者：波蘭人、匈牙利人、德國人，諸如此類。波蘭學童的確列隊走過這些駭人的照片前面，在館裡看到成堆的鞋子、頭髮、眼鏡，但沒有人告訴他們，那些東西大部分是猶太人的。

雖然，在華沙猶太人隔離區的遺址，隔離區內猶太人的生死的確得到紀念。但一九四三年的猶太人起義，被一年後波蘭人自己的華沙起義掩蓋了，無緣進入波蘭人的記憶。在共產波蘭，雖然沒有人否認德國人對猶太人犯下的罪行，但這個話題並未受到廣泛討論。蘇聯使得波蘭「重陷囹圄」，加上波蘭人普遍認為猶太人歡迎甚至幫助共產黨接管波蘭，這些情況模糊了民眾對德國占領時期的記憶。無論如何，戰時波蘭人所受的苦難，沖淡了當地人對猶太大屠殺的關注，並且在某種程度上產生排擠效應：「誰受害較嚴重」的問題，將在未來幾十年中持續破壞波蘭人與猶太人之間的關係。將兩者相提並論，始終不恰當。三百萬（非猶太裔）波蘭人死於二次大戰；雖然此一死亡率在比例上低於烏克蘭某些地區和猶太人，但仍是很駭人的數字。然而，兩者之間有個差異。對波蘭人來說，在德國人占領下，保命不容易，但原則上你辦得到。對猶太人來說，在德國人占領下雖有可能保住性命，但原則上你辦不到。

在曾有本土傀儡政權與其納粹主子合作的地方，該地的受害者都得到應有的紀念。但猶太人受害比例特別高這一事實，未得到關注。受害者有依國別分類（「匈牙利人」），特別是依社會

14 Quoted by Ian Buruma in 'Buchenwald', *Granta* 42, 1992

性質分類（「工人」），但刻意避免貼上民族、宗教標籤。誠如前面已提過的（見第六章），二次大戰被冠上反法西斯戰爭之名，還被如此教導給下一代；它種族歧視的部分遭到漠視。一九七〇年代，捷克斯洛伐克政府甚至大費周章將布拉格猶太會堂牆上的銘文塗掉，這些銘文記錄了在猶太大屠殺中遇難的捷克猶太人的名字。

重新打造這地區的晚近歷史時，戰後的共產政府的確可倚賴蓄積已久的反猶情緒——他們費心封鎖反猶的證據，連事後回顧時提到反猶都在他們禁止之列（七〇年代期間，波蘭審查員始終禁止提及該國在兩次大戰之間那段時期的反猶），這是原因之一。但如果說東歐人在事後回顧時較不關注猶太人的苦難，那不只是因為他們當時漠不關心或一心只想著如何保住自己性命，還因為共黨自己對人民施加了不少苦難和不義，打造出全新一層的怨恨和記憶。

一九四五至一九八九年間，在遣送出境、入獄、擺樣子審判、「正常化」的陸續摧殘下，蘇聯集團內的幾乎每個人，若不是自己遭到損失，就是成為帶給他人損失的共犯。公寓大樓、商店，和從已故猶太人或遭驅逐出境德裔那兒侵吞的其他資產，大多在幾年後以社會主義的名義再次被沒收——結果是一九八九年後，賠償過去損失這問題陷入該從何時開始賠起的無解麻煩。共黨掌權時人民的損失該予以賠償？如果決定賠償，該賠給誰？賠給一九四五年戰後開始擁有資產，卻在幾年後失去該資產者？或該賠給一九三八至一九四五年間被侵占或偷走的那些產業、公寓的原始所有人的繼承人？時間要抓哪一年？一九三八？一九三九？一九四一？每個年份都牽扯到道德先例，和可能在政治上引發軒然大波的國家合法性或族群合法性的定義問題。[15]

然後還有共產主義自己內部歷史所特有的兩難問題。請俄羅斯派兵摧毀一九五六年匈牙利革命或鎮壓一九六八年布拉格之春的那些人，該因為這些罪行而被傳訊嗎？一九八九年的諸革命剛結束時，許多人認為該這麼做。但他們的受害者裡，有一些也是前共黨領袖。誰有資格得到後人的關注：是被剝奪資產的斯洛伐克或匈牙利無名小農，或是將他們逐出家園、但幾年後自己也受害的共黨黨工？哪些受害者——哪些記憶——該先得到照顧？該由誰來判斷呢？

因此，隨著共產主義垮台，湧來滾滾的痛苦回憶。針對該如何處置秘密警察檔案的熱烈爭辯，只是這事的其中一部分而已（見第二十一章）。真正的問題在於有種衝動，想顛倒過去，藉此來矯正對共產主義的記憶。原是官方捧為真理的東西，這時遭到徹底唾棄——可以說是被官方定調為虛假不實的東西。但這種打破禁忌的行為，本身有其風險。一九八九年前，每個反共者都被抹黑為「法西斯主義者」。但如果「反法西斯主義」原只是共產黨的另一個謊言，那麼這時候人們就不由得想以事後的同情，乃至贊同，看待此前所有遭抹黑的反共者，包括法西斯主義者。一九三〇年代的民族主義作家鹹魚翻身。有些國家的後共產主義國會通過動議，讚許羅馬尼亞的安東涅斯古陸軍元帥（Marshal Antonescu）或巴爾幹、中歐境內的同類人物。他們在不久之前還被痛斥為民族主義者、法西斯主義者、與納粹合作者，此時地位提升，他們戰時的英勇行徑受到推崇（羅馬尼亞國會甚至為安東涅斯古默哀一分鐘）。

還有一些禁忌跟著遭唾棄的反法西斯言論一起倒下。紅軍與蘇聯的角色，這時可以從另一種角度來予以探討。甫獲解放的波羅的海三國，要求莫斯科承認《莫洛托夫－里賓特洛甫協定》不

15　一九九一年捷克斯洛伐克國會投票決定賠償戰後遭沒收的資產時，表明只有一九四八年後遭沒收的資產才有資格領取賠償——以將一九四五至一九四六年，即共黨掌權之前，遭驅逐出境的蘇台德德裔排除在外。

合法，承認史達林片面破壞他們的獨立地位。一九九五年四月，波蘭人終於得到俄羅斯承認，在卡廷森林遇害的兩萬三千名波蘭軍官，其實是死於蘇聯人民內務委員部之手，而非死於納粹國防軍之手，然後波蘭人要求俄羅斯讓波蘭調查人員自由取閱俄羅斯的相關檔案資料。至二〇〇五年五月為止，波羅的海三國和波蘭的要求似乎都不可能得到俄羅斯的接受；餘恨仍然未消。[16]

但俄羅斯人也有自己的回憶。從衛星國的角度看，蘇聯版的晚近歷史明顯不合史實；但對許多俄羅斯人來說，它可信之處甚多。二次大戰是「偉大的衛國戰爭」；蘇聯軍人和平民的死傷人數都居世界之冠；紅軍的確使東歐大片地區脫離了德國統治的魔掌；希特勒戰敗，使大部分蘇聯公民得到真正的滿足和寬慰——對其他人而言亦然。俄羅斯境內許多人對於過去的兄弟之邦竟然表現得如此不思感激，著實大吃一驚，因為他們在一九四五年是靠著蘇聯軍隊的犧牲才擺脫德國枷鎖。

然而，儘管如此，俄羅斯的集體記憶還是分裂的。不僅如此，這一分裂更表現在機構上，兩個民間組織應運而生，分別推廣其俄國共產主義歷史敘述，都具批判性，但彼此觀點南轅北轍。「紀念碑」（Memorial）於一九八七年由自由派異議分子創立，旨在取得、公布蘇聯歷史的真相。該組織成員特別關注侵犯人權之事，特別強調應承認過去的作為，以防止未來重蹈覆轍。早兩年成立的「回憶」（Pamiat'）同樣致力於找回、推崇過去，但兩者相似之處僅止於此。「回憶」的創辦人屬於反共異議分子，但遠遠談不上自由派，他們想提供經過修正的俄羅斯史：不只要清除蘇聯的「謊言」，還要排除不屬俄羅斯傳統的外來影響，特別是「猶太復國主義者」的影響。才幾年工夫，「回憶」就涉足民族主義政治，把俄羅斯遭忽視、「濫用」的歷史當做武器，藉以抵禦「世界主義」

的挑戰和外來勢力的入侵。

悲情政治——不管這些政治在細節上有多大差異，甚至彼此抵觸——是前蘇聯核心地帶與其他加盟共和國之間最後僅存的連結。對於國際社會貶低他們過去的苦難和損失，他們同感憤恨。前蘇聯勞改營的受害者怎麼辦？納粹的受害者、倖存者得到了賠償和紀念，為何勞改營的人卻沒有？還有戰時受到納粹壓迫，戰後立刻又受到共黨壓迫的數百萬人怎麼辦？為何西方如此視若無睹？

欲剷除共產主義過去，將它整個打入十八層地獄的念頭——欲將從列寧到戈巴契夫的所有事物，全解讀為一則由獨裁與罪行構成且始終不變的故事，一段由政權與壓迫所構成且未曾中斷的敘事，而壓迫是由外人所強加、或由不具民意的政權以人民的名義所犯下——具有其他風險。首先，那樣的歷史不合史實，抹消了早幾十年裡實有其事的人們的熱情和投入。其次，這個新正統觀影響了當時的政治。如果捷克人——和克羅埃西亞人、匈牙利人、其他任何國家的人民——真的在自己晚近歷史的黑暗面完全沒有扮演積極角色；如果一九三九年後的東歐歷史——就俄羅斯來說，則是一九一七至一九九一年——真的都是他人的傑作，那麼，這整個時期就成為國家歷史裡的某種插曲：類似戰後法國人意識裡賦予維琪政府的地位，但涵蓋的時期長得多，記載悲慘回憶的檔案更加不忍卒睹。而結果將會相似：一九九二年，捷克斯洛伐克政府禁止卡羅維發利（Karlovy Vary）電影節播映英國廣播公司以萊因哈德・海德利希（Reinhard Heydrich）一九四二年在布拉

16 普丁總統當政下，俄羅斯仍堅稱波羅的海三國是紅軍所解放，然後這三國自願加入蘇維埃社會主義共和國聯盟。

格遭暗殺為主題的紀錄片，因為片中出現捷克人表態支持戰時納粹政權的「不宜」畫面。

隨著後共產主義時代的東歐對記憶展開如此的重整，原本把共產主義拿來與納粹主義比較的禁忌隨之開始崩解。事實上，政治人物和學者開始堅持做這類比較。在西方，這種相提並論仍引發爭議。把希特勒與史達林直接拿來比較不成問題：對於這兩位獨裁者的極端暴虐特質，這時候少有人質疑。但如果要說應該把共產主義本身——無論是史達林之前還是之後——與法西斯主義和納粹主義歸為同類，這種說法就對西方本身的過去有其意涵，那是令人不安的意涵，而且不只在德國是如此。對許多西歐知識分子來說，共產主義是彼此共有的進步遺產的一個失敗變種。但對中歐、東歐的知識分子來說，共產主義是二十世紀獨裁主義的犯罪病理在當地異常成功的一次展現，而且本來就該如此界定其歷史地位。歐洲或許一體化了，但歐洲人的記憶仍然扞格不入。

對於回憶歐洲惱人的過去這問題，西歐的解決辦法始終是將那些回憶嵌在石頭裡。到二十一世紀初，為紀念納粹受害者而建的碑、牌、紀念館，已散布於從斯德哥爾摩到布魯塞爾的西歐各地。在某些例子裡，它們是既有場址的修訂版或「改正」版；但有許多是新建。有些企盼發揮明顯的教育功能：二〇〇五年一月在巴黎揭幕的猶太大屠殺紀念館，結合了兩個既有的場址，即「無名猶太烈士紀念碑」和「當代猶太文獻資料中心」。這一紀念館設有一面石牆，牆上刻了七萬六千名遭從法國遣送到納粹死亡集中營的猶太人名字，作法仿效美國的越戰紀念碑和規模更大得多的華府猶太屠殺紀念館和耶路撒冷猶太大屠殺紀念館（Yad Vashem）。絕大多數這類設施，係局

部為或全部為紀念猶太大屠殺而建：其中最令人印象深刻者，二〇〇五年五月十日在柏林揭幕。

最近這一波紀念碑、館所清楚表達的意涵，和上一個世代之紀念碑文的含糊、拐彎抹角大相逕庭。柏林的猶太屠殺紀念碑，占地廣達一萬九千平方公尺，與布蘭登堡門相鄰，是意涵表達最明確的這類設施：它不是籠統地紀念「納粹主義受害者」，而是開宗明義表明「歐洲猶太遇害者紀念碑」。[17]在奧地利，拒服兵役的年輕人，這時可選擇服由政府出錢的「猶太大屠殺紀念役」（Gedenkdienst，一九九一年創立），在主要的猶太大屠殺紀念機構當一段時間的實習生、導遊，取代兵役。幾乎毋庸置疑地，這時候西歐人，特別是德國人，有充分的機會面對自己晚近歷史裡的所有駭人事物。誠如德國總理施洛德於奧許維茨集中營解放六十週年紀念日那天向其觀眾提醒的，「戰爭、種族滅絕的記憶是我們生活的一部分。沒有什麼會改變那個東西：這些記憶是我們身分的一部分。」

但在其他地方，陰影仍在。在波蘭，已有一新成立的國家記憶協會（Institute of National Memory），竭力鼓勵人們對具爭議性的歷史問題展開嚴正的學術調查，但官方為波蘭自己對待國內猶太裔少數族群的事悔罪，仍引發高聲反對。諾貝爾和平獎得主暨團結工聯英雄華勒沙，對於揚·托瑪斯·葛羅斯（Jan Tomasz Gross）富影響力的著作《鄰人》二〇〇〇年出版的反應，正令人心寒地說明了這類反彈心態。對於這位研究戰時猶太人遭其波蘭鄰人屠殺的美國歷史學者，華勒沙於電台受訪時抱怨道，葛羅斯圖謀製造波蘭人與猶太人的不和。他是個「平庸的作家……一個想賺

17　這座紀念碑未能免於爭議：除了有許多人不喜歡它的抽象設計，還有人批評它協助將柏林轉變為「悔罪首府」，包括基督教民主黨籍柏林市長艾貝哈德·迪普根（Eberhard Diepgen）。

錢的猶太人」。

將屠殺猶太人之事納入後共產主義歐洲的當代記憶中有其困難，而匈牙利的經驗正有力說明了這難處。二〇〇一年，維克托．奧爾班領導的政府訂定猶太大屠殺紀念日，定於每年四月十六日（戰時布達佩斯某猶太隔離區成立於一九四四年同一天）。三年後，接任奧爾班總理之位的佩泰爾．梅傑西（Péter Medgyessy），啟用猶太大屠殺紀念中心，紀念中心設在布達佩斯某棟曾用來拘留猶太人的房子裡。但有許多時候，這一紀念中心門可羅雀，只有疏疏落落的遊客前來參觀其展示品和屠殺概況一覽表，其中許多遊客是外國人。在這同時，在布達佩斯另一頭，恐怖屋（Terrorhaza）門庭若市。

顧名思義，恐怖屋是展示恐怖歷史的博物館。它介紹一九四四至一九八九年匈牙利境內國家暴力、折磨、壓迫、獨裁的歷史。起迄年份很有深意。恐怖屋位在前安全警察總部裡，館內設置了陰暗、類似蠟像館的警察囚室、折磨設備、訊問室的複製品，而誠如參觀過這些複製品的數千學童和其他人所見到的，恐怖屋呈現的匈牙利歷史，完全未區別費倫奇．薩拉希的十字弓黨的壞蛋（一九四四年十月至一九四五年四月統治匈牙利者）與戰後成立的共黨政權。但對於十字弓黨人——和他們所積極促成的六十萬匈牙利猶太人遭屠殺一事——恐怖屋只闢了三個房間來介紹。整棟大建築的其他空間，全用來以豐富插圖和鮮明的偏頗立場介紹形形色色的共產主義罪行。

此處所傳達的訊息並未特意掩飾的訊息，那就是共產主義與法西斯主義是一樣的東西。然而兩者其實又不是一樣的東西：布達佩斯恐怖屋的陳設和展覽清清楚楚顯示出，館方認為，共產主義不只存在較久，造成的傷害也遠超過納粹。對許多老一輩的匈牙利人來說，這一認知符合他們自身的體驗，因而更顯真實。而後共產主義的匈牙利，立法禁止公開展示所有表現該國不民主過去的東西——不只卐字或十字弓黨黨徽，還有此前無所不在的紅星和伴隨紅星的槌子、鐮刀——於是更加肯定了此一訊息。匈牙利不看重這些符號所代表之政權間的差異，反倒——引用總理奧爾班於二〇〇二年二月二十四日布達佩斯恐怖屋開幕時的講話——「猛然關上病態二十世紀的大門」。

但要關上這道門並不是那麼容易。匈牙利，一如中歐、東歐其他地方，仍陷在爆燃[18]之中。[19]波羅的海三國要求莫斯科承認曾惡待他們，但在反省自身的責任上，動作明顯拖沓：贏得獨立之後，愛沙尼亞、拉脫維亞、立陶宛都未對他們國內還活著的戰犯提起公訴。在羅馬尼亞，儘管前總統伊利埃斯庫承認他的國家曾參與猶太大屠殺，一九九七年在錫蓋特（Sighet）揭幕（且得到歐洲委員會經費支持）的共產主義與反共反抗運動受難者紀念碑（Memorial of the Victims of Communism and anticommunist Resistance），卻紀念兩次大戰之間和二次大戰時「鐵衛」組織的各種激進成員，和這時已搖身一變成為受共產主義迫害之烈士的其他羅馬尼亞法西斯主義者和反猶人士。

東歐的評論者可舉出當代西歐政治文化裡對「受害者」的崇拜，來支持自己要求「一視同仁」

18 譯注：火災現場缺氧燃燒時，大量新鮮空氣注入而引發的爆發式劇烈燃燒現象。

19 二〇〇四年三月，八十四位匈牙利作家，包括佩泰爾．埃斯特哈齊（Péter Esterházy）、傑爾濟．孔拉德（György Konrád），退出該國的作家聯盟，以抗議該聯盟容忍反猶。這一集體出走，肇因於詩人科內爾．德布倫泰（Kornel Döbrentei）於猶太大屠殺倖存者伊姆雷．凱爾泰斯（Imre Kertész）獲頒諾貝爾文學獎之後所發表的看法。德布倫泰表示，凱爾泰斯是個一逕沉溺在「他少數族群」「對恐怖之喜好」的作家，而這筆獎金是發給這位作家的「良心錢」。

的主張。他們論道，我們正從贏者的歷史轉移到受害者的歷史；這是件好事，就讓我們貫徹到底。儘管納粹主義與共產主義在意圖上南轅北轍——儘管，照雷蒙・阿宏的闡述，「一套邏輯本身很可怕的哲學，和一套可被賦予可怕解讀的哲學，兩者存有差異」——那並未帶給它們的受害者什麼慰藉。人所受的苦難深淺，不該根據加害者的目的來評斷。按照這一思路，對那些在集中營裡受罰或遇害的人來說，共產黨的集中營沒比納粹的集中營好，也沒比較壞。

同樣地，現代國際法和政治辭令裡強調「權利」（和權利受損的賠償），如此已為那些覺得自己的苦難和損失未得到承認和賠償的人，提供了一個藉以爭取自身權益的論點。在德國，有些保守人士看到國際譴責「種族清洗」，有樣學樣，重新爭取二次大戰結束時遭逐出家園的德裔族群的權利。他們問道，為什麼他們受害就較不嚴重？史達林對波蘭人所做的——或者，更晚近時，米洛塞維奇對阿爾巴尼亞裔所做的——和捷克斯洛伐克總統貝內斯於二次大戰後對蘇台德地區德裔所做的，在本質上當然沒有什麼差別吧？二十一世紀初，在備受敬重的圈子裡，出現了要求在柏林再建一座紀念碑的主張：一座「反驅逐紀念館」，一個為所有種族清洗受害者而建的博物館。

這一最新的轉折，和其所傳達的意涵——不管是哪種集體性的受害，基本上都是相似的，甚至可互換的，因而應該受到同樣程度的緬懷——引來最後一位在世的華沙猶太人隔離區起義事件指揮官馬雷克・艾德曼（Marek Edelman）激烈的反駁，他在二〇〇三年簽署反對建立該紀念館的請願書。「哪一種緬懷！他們受的苦有那麼深？因為他們失去了自己的房子？被迫離開自己房子，放棄自己土地，的確令人傷心。但猶太人失去自己房子，還失去自己所有親人。遭驅逐的確苦，但世上有太多苦。病人受苦，沒有人蓋紀念碑來向他們致敬。」（《普世週刊》〔*Tygodnik Pow-*

szechny」，二〇〇三年八月十七日）。

艾德曼的反應是一記適時的提醒，提醒我們過度沉溺在緬懷，以及把關注焦點由加害者轉移到受害者所可能帶來的風險。一方面，值得回憶的過往和經歷，原則上來講沒有限制。另一方面，用宏偉建築和博物館緬懷過往，也是抑制乃至忽略過往的方式之一——把追憶的責任留給別人。只要有人還能真的從個人經驗出發去緬懷，這可能就沒關係。但如今，一如八十一歲的豪爾赫·森普倫（Jorge Semprún）在二〇〇五年四月十日布痕瓦爾德集中營解放六十週年紀念日時，向其倖存的同胞提醒的，「短期記憶的循環就要關閉。」

就算歐洲真能以某種方式永遠抓住當代人對過去罪行的記憶——這正是紀念碑、紀念館所欲達成的目的，不管實際結果多麼令人失望——最終還是沒什麼用。記憶本來就是具爭議性且偏頗的：某人承認的事，他人卻略而不提。而且靠記憶來了解過去，並不理想。戰後第一個歐洲建立在刻意**錯誤**的記憶上——建立在把遺忘當作生活方式上。一九八九年起，歐洲建立在補償性的多餘記憶上：有制度化的公共緬懷活動，作為集體認同的基礎。第一個歐洲無法持久——但第二個也將是。某種程度的忽略，乃至遺忘，是公民健全（civic health）的必要條件。

這麼說不是要提倡失憶。一個民族得先記住某事，然後才能開始忘掉該事。在法國人如實了解維琪政權——且不再以他們自己選擇的錯誤記憶去了解維琪——之前，法國人無法將它擱在一旁，繼續前進；對於波蘭人來說，亦是如此，他們對曾生活在自己周遭的猶太人有著混亂的記憶；對於轉型到民主體制後的二十年間，心照不宣避談內戰之痛苦回憶的西班牙，也將會是如此，對那場內戰和其結果的公開討論，這時才開始上路。[20]只有在德國人已體認並理解他們納粹過往的滔天大罪——歷經否認、教育、辯論、共識的一個長達六十年的周期——之後，他們才開始懂得接受它：亦即把它拋諸腦後。

在這些例子裡，回想的工具都不是記憶本身，而是兼含兩種意義的歷史：被界定為歲月流逝過程的歷史，和被界定為研究過去之專門學科的歷史——尤以後者為然。惡行，特別是納粹德國所犯下那種程度的惡行，永遠不可能得到令人滿意的牢記。這一罪行的嚴重程度，使所有紀念活動都不足以完全表達其罪行。[21]它的發生令人難以置信——在太平歲月回顧時，它的發生令人難以想像——為淡化乃至否認該事，開啟了大門。後人無法如實記住它，因而它本來就容易被人以不實的樣貌記於腦海。面對這一挑戰，記憶本身束手無策：「只有歷史學者，具有這一職業所最需具備的，對事實、證明、證據一絲不苟的追求，才頂得住。」[22]

記憶會自我證實，自我強化，而歷史則不同，能促成世界的祛魅。歷史所能示人的東西，大部分令人不安，甚至引發混亂——因此，拿過去之惡行當道德武器來攻擊、斥責一個民族，在政治上未必是明智之舉。但歷史的確需要學習才能知道——定期重學。有個頗流行的蘇聯時期笑話，說有個聽眾打電話問「亞美尼亞電台」：「未來能預測嗎？」對方答以：「可以，沒問題。我們清楚知道未來會怎麼樣。我們的問題在過去：過去一再改變。」

事實的確如此，而且不只在極權社會是如此。不過，對歐洲各種相互對立的歷史進行嚴密的調查與反思——以及這些歷史在歐洲集體自我認知裡所占的地位——仍然是過去幾十年來一項尚未得到充分肯定的歐洲一體化成就，也是促進歐洲一體化的重要因素之一。但那一項成就，除非不斷更新，否則肯定會消失。歐洲野蠻的晚近歷史，這個戰後歐洲所據以作為鑑戒的黑暗歷史，對歐洲年輕人來說，已是不復記憶的東西。不到一個世代，這些紀念碑和紀念館就會成為蚊子館——就像今日西戰線的戰場那樣，只有歷史迷和那些受害者的遺族會造訪。

如果在此後的歲月裡，我們要銘記為何從奧許維茨集中營的屍體焚化爐外建立起某種型態的歐洲似乎非常重要，能幫助我們的唯有歷史。靠著駭人過往的符號與象徵連結成一塊的新歐洲，是卓越的成就；但這個新歐洲依舊被永遠抵押給那段過往，始終擺脫不了。如果歐洲人要保住這一線必不可少的連結——如果歐洲的過往要繼續為歐洲的現在提供鑑戒和道德目的——那麼就必須以逝去的每一代經歷重新教導繼之而起的後人。「歐盟」或許是對歷史的回應，但永遠無法取代歷史。

20 馬德里最後一尊佛朗哥雕像，二〇〇五年三月十七日拂曉，在百人旁觀下，悄悄拆除。

21 「我們，倖存者，不是真正的目擊者……我們是……特異的少數：我們是靠著自己的拐彎抹角，或自己的特性，或自己的好運，而得以免於最不幸遭遇的人。那些真的受到最不幸遭遇的人，那些看到蛇髮女怪的人，未能回來訴說這遭遇，或雖回來但不發一語。」Primo Levi, *The Drowned and the Saved* (NY, 1988), pp. 83-84.

22 Yosef Hayim Yerushalmi, *Zakhor: Jewish History and Jewish Memory* (Seattle, 1982), p. 116.

Mankowitz, Zeev W., *Life between memory and hope. The survivors of the Holocaust in occupied Germany* (New York, Cambridge University Press, 2002)
Marrus, Michael Robert, *The Holocaust in history* (New York, New American Library, 1989)
Marrus, Michael Robert, and Robert O. Paxton, *Vichy France and the Jews* (Stanford, Stanford University Press, 1995)
Mikhman, Dan, *Remembering the Holocaust in Germany, 1945-2000: German strategies and Jewish responses* (New York, P. Lang, 2002)
Mitscherlich, Alexander and Margarete, *The Inability to Mourn: principles of collective behavior* (NY, Grove, 1984)
Mitten, Richard, *The Politics of Antisemitic Prejudice: the Waldheim phenomenon in Austria* (Boulder, Westview Press, 1992)
Moore, Bob, *Victims and Survivors. The Nazi persecution of the Jews in the Netherlands, 1940-1945* (New York, Arnold, 1997)
Müller, Jan-Werner, *Memory and Power in post-war Europe: studies in the presence of the past* (Cambridge, Cambridge University Press, 2002)
Nossiter, Adam, *The Algeria Hotel: France, memory, and the Second World War* (Boston, Houghton Mifflin, 2001)
Polonsky, Antony, *'My brother's keeper?' Recent Polish debates on the Holocaust* (NY, Routledge, 1990)
Presser, J., *Ashes in the wind: the destruction of Dutch Jewry* (London, Souvenir Press, 1968)
Rousso, Henry, *The Vichy syndrome. History and memory in France since 1944* (Cambridge, Mass., Harvard University Press, 1991)
Todorov, Tzvetan, *Hope and Memory. Lessons from the twentieth century* (Princeton, NJ, Princeton University Press, 2003)
Utgaard, Peter, *Remembering and forgetting Nazism: education, national identity, and the victim myth in postwar Austria* (New York, Berghahn Books, 2003)

Meier, 1981)

Bloxham, Donald, *Genocide on trial: war crimes trials and the formation of Holocaust history and memory* (New York, Oxford University Press, 2001)

Borkowicz, Jacek et al., *Thou shalt not kill: Poles on Jedwabne* (Warsaw, Wiez, 2001)

Braham, Randolph L., *The politics of genocide: the Holocaust in Hungary* (NY, Columbia University Press, 1981)

Brenner, Michael, *After the Holocaust: rebuilding Jewish lives in postwar Germany* (Princeton, NJ, Princeton University Press, 1997)

Caracciolo, Nicola, Florette Rechnitz Koffler, and Richard Koffler, *Uncertain refuge: Italy and the Jews during the Holocaust* (Urbana, University of Illinois Press, 1995)

Colijn, G. Jan, and Littell, Marcia Sachs, *The Netherlands and Nazi genocide: papers of the 21st annual scholars' conference* (Lewiston, N.Y., E. Mellen Press, 1992)

Douglas, Lawrence, *The Memory of Judgment: making law and history in the trials of the holocaust* (New Haven, CT., Yale University Press, 2001)

Evans, Richard J., *In Hitler's shadow: West German historians and the attempt to escape from the Nazi past* (New York, Pantheon Books, 1989)

Golsan, *The Papon Affair: memory and justice on trial* (New York, Routledge, 2000)

Grodzinsky, Yosef, *In the shadow of the Holocaust: the struggle between Jews and Zionists in the aftermath of World War II* (Monroe, Maine, Common Courage Press, 2004)

Gross, Neighbors. *The Destruction of the Jewish Community in Jedwabne, Poland* (Princeton, Princeton U.Press, 2001)

Hass, Aaron, *The Aftermath. Living with the Holocaust* (New York, Cambridge University Press, 1995)

Herf, Jeffrey, *Divided memory. The Nazi past in the two Germanys* (Cambridge, Mass., Harvard University Press, 1997)

Hirschfeld, Gerhard, *Nazi rule and Dutch collaboration: the Netherlands under German occupation, 1940-1945* (New York, Berg, 1988)

Hockenos, Matthew D., *A church divided: German Protestants confront the Nazi past* (Bloomington,Indiana University Press, 2004)

Huyssen, Andreas, *Twilight memories: marking time in a culture of amnesia* (New York, Routledge, 1995)

Joerges, Christian, and Ghaleigh, Navraj Singh, *Darker legacies of law in Europe. The shadow of National Socialism and Fascism over Europe and its legal traditions* (Portland, OR., Hart., 2003)

Kushner, Tony, *The Holocaust and the liberal imagination : a social and cultural history* (Oxford, Blackwell, 1994)

LaCapra, Dominick, *History and memory after Auschwitz* (Ithaca, NY, Cornell University Press, 1998)

Levi, Primo, *The Drowned and the Saved* (New York, Vintage, 1989)

——, *Survival in Auschwitz* (New York, Collier Books, 1993)

Maier, Charles S., *The Unmasterable Past: history, Holocaust, and German national identity* (Cambridge, MA., Harvard University Press, 2003)

CHAPTER 22——舊歐洲與新歐洲

Judt, Tony, *A Grand Illusion? An essay on Europe* (New York, Hill and Wang, 1996)
Lieven, Anatol, and Trenin, Dmitri, *Ambivalent neighbors: the EU, NATO and the price of membership* (Washington D.C., Carnegie Endowment for International Peace, 2003)
Mandelbaum, Michael, *The Dawn of Peace in Europe* (New York, Twentieth Century Fund Press, 1996)
Mattli, Walter, *The Logic of regional integration : Europe and beyond* (New York, Cambridge University Press, 1999)
Perrineau, Pascal, Grunberg, Gérard and Ysmal, *Colette Europe at the polls. The European elections of 1999* (New York, Palgrave, 2002)
Wallace, William, *The Dynamics of European integration* (London, Pinter, 1990)

CHAPTER 23——歐洲的紛然雜陳

Calleo, David P., and Gordon, Philip H., *From the Atlantic to the Urals: national perspectives on the new Europe* (Arlington, Va., Seven Locks Press, 1992)
Judt, Tony, and Lacorne, Denis, *Language, nation, and state: identity politics in a multilingual age* (New York, Palgrave, 2004)
Nelson, Brian, et al., *The Idea of Europe: problems of national and transnational identity* (New York, Berg, 1992)
Nora, Pierre, *Realms of Memory: rethinking the French past* (NY, Columbia University Press, 1996)
Sassen, Saskia, *The Global City. New York, London, Tokyo* (Princeton, N.J., Princeton University Press, 2001)
Wise, Michael Z., *Capital dilemma: Germany's search for a new architecture of democracy* (New York,Princeton Architectural Press, 1998)

CHAPTER 24——作為一種生活方式的歐洲

Balibar, Etienne, *We, the people of Europe? Reflections on transnational citizenship* (Princeton, Princeton University Press, 2004)
Calleo, David P., *Rethinking Europe's future* (Princeton, Princeton University Press, 2001)
Edwards, Michael, *Future positive: international co-operation in the 21st century* (London, Michael Edwards, 2004)
Reid, T. R., *The United States of Europe: the new superpower and the end of American supremacy* (New York, Penguin Press, 2004)
Shore, Cris, *Building Europe: the cultural politics of European integration* (New York, Routledge, 2000)
Slaughter, Anne-Marie, *A New World Order* (Princeton, Princeton U. Press, 2004)

結語　來自死者之屋——論現代歐洲的記憶

Bartov, Omer, Grossmann, Atina and Nolan, Mary, *Crimes of War. Guilt and denial in the twentieth century* (New York, New Press, 2002)
Bauer, Yehuda, and Rotenstreich, Nathan, *The Holocaust as historical experience* (New York, Holmes &

Linz, Juan J., and Stepan, Alfred C. *Problems of democratic transition and consolidation. Southern Europe, South America, and post-communist Europe* (Baltimore, Johns Hopkins University Press, 1996)

McFaul, Michael, and Stoner-Weiss, Kathryn, *After the collapse of communism : comparative lessons of transition* (New York, Cambridge University Press, 2004)

Medvedev, Roy, *Post-Soviet Russia: a journey through the Yeltsin era* (New York, Columbia University Press, 2000)

Meier, Andrew, *Black earth. Russia after the fall* (London, HarperCollins, 2004)

Mungiu, Alina, and Krastev, Ivan, *Nationalism after communism : lessons learned* (Budapest, Central European University Press, 2004)

Pinson, Mark, and Mottahedeh, Roy P., *The Muslims of Bosnia-Herzegovina: their historic development from the Middle Ages to the dissolution of Yugoslavia* (Cambridge, Mass., Harvard University Press, 1996)

Reddaway, Peter, and Glinski, Dmitri, *The tragedy of Russia's reforms: market bolshevism against democracy* (Washington, D.C., United States Institute of Peace Press, 2001)

Remnick, David, *Resurrection: the struggle for a new Russia* (New York, Vintage Books, 1998)

Rupnik, Jacques, ed., *International perspectives on the Balkans* (Clementsport, NS, Press of the Pearson Peacekeeping Centre, 2003)

Siegelbaum, Lewis H., and Walkowitz, Daniel J., *Workers of the Donbass speak : survival and identity in the new Ukraine, 1989-1992* (Albany, State University of New York Press, 1995)

Simms, Brendan, *Unfinest hour. Britain and the destruction of Bosnia* (London, Penguin Books, 2002)

Smith, Graham, *Nation-building in the post-Soviet borderlands: the politics of national identities* (Cambridge, UK; New York, Cambridge University Press, 1998)

Soros, George, *Underwriting democracy: encouraging free enterprise and democratic reform among the Soviets and in Eastern Europe* (New York, Public Affairs, 1991)

Stark, David Charles, and Bruszt, László, Postsocialist pathways. *Transforming politics and property in East Central Europe* (Cambridge, Cambridge University Press, 1998)

Szporluk, Roman, *National identity and ethnicity in Russia and the new states of Eurasia* (Armonk, N.Y., M.E. Sharpe, 1994)

Teitel, Ruti G., *Transitional justice* (New York, Oxford University Press, 2000)

Tismaneanu, Vladimir, *Fantasies of salvation. Democracy, nationalism, and myth in post-communist Europe* (Princeton, NJ, Princeton University Press, 1998)

Ugrešić, Dubravka, *The culture of lies : antipolitical essays* (University Park, Pa., Pennsylvania State University Press, 1998)

Verdery, Katherine, *What was socialism, and what comes next?* (Princeton, N.J., Princeton University Press, 1996)

Wedel, Janine R., *Collision and collusion : the strange case of western aid to Eastern Europe, 1989-1998* (New York, St. Martin's Press, 1998)

Jarausch, Konrad, *The rush to German unity* (New York, Oxford University Press, 1994)
Lieven, Anatol, *The Baltic revolution: Estonia, Latvia, Lithuania, and the path to independence* (New Haven, Yale University Press, 1993)
Misiunas, Romuald J., Taagepera, Rein and Misiunas, Romuald J., *The Baltic States, years of dependence,1940-1990* (Berkeley, University of California Press, 1993)
Remnick, David, *Lenin's Tomb: the last days of the Soviet empire* (New York, Vintage Books, 1994)
Sa'adah, Anne, *Germany's second chance: trust, justice, and democratization* (Cambridge, Mass., Harvard University Press, 1998)
Schneider, Peter, *The German comedy: scenes of life after the wall* (NY, Farrar, Straus, Giroux, 1991)
Smith, Hedrick, *The Russians* (New York, Times Books, 1985)
Stent, Angela, *Russia and Germany reborn: unification, the Soviet collapse, and the new Europe*(Princeton, NJ, Princeton University Press, 1999)
Szporluk, Roman, *Russia, Ukraine, and the breakup of the Soviet Union* (Stanford, Hoover Institution Press, 2000)
Zelikow, Philip, and Condoleezza Rice, *Germany unified and Europe transformed : a study in statecraft*(Cambridge, MA., Harvard University Press, 1995)

CHAPTER 21——清算

After Milosevic: a practical agenda for lasting Balkans peace (Brussels, International Crisis Group, 2001)
Andjelic, Neven, *Bosnia-Herzegovina. The end of a legacy* (London, Frank Cass, 2003)
Biserko, Sonja, *In the Name of Humanity* (Belgrade, Helsinki Committee for Human Rights in Serbia, 1996)
Burg, Steven L., and Shoup, Paul, *The war in Bosnia-Herzegovina : ethnic conflict and international intervention* (Armonk, N.Y., M.E. Sharpe, 1999)
Drakulic, Slavenka, *The Balkan express : fragments from the other side of war* (New York, Norton, 1993)
——, *Café Europa: life after communism* (New York, Norton & Co., 1997)
Frydman, Roman, et al., *The privatization process in Central Europe* (Budapest, Central European University Press, 1993)
——, *The Privatization process in Russia, Ukraine, and the Baltic States* (Budapest, Central European University Press, 1993)
Gal, Susan, and Kligman, Gail, *The politics of gender after socialism: a comparative-historical essay* (Princeton, NJ, Princeton University Press, 2000)
Holbrooke, Richard, *To end a war* (New York, Random House, 1998)
Holmes, Leslie, *The end of Communist power: anti-corruption campaigns and legitimation crisis* (New York, Oxford University Press, 1993)
Jones, Derek C., and Miller, Jeffrey B. *The Bulgarian economy: lessons from reform during early transition* (Aldershot, Ashgate, 1997)
Krastev, Ivan, *Shifting obsessions. Three essays on the politics of anticorruption* (Budapest, Central European University Press, 2004)

Readers International, 1987)

CHAPTER 19——舊秩序的終結

Antohi, Sorin, and Tismaneanu, Vladimir, *Between past and future : the revolutions of 1989 and their aftermath* (Budapest, Central European University Press, 2000)

Banac, Ivo, ed., *Eastern Europe in revolution* (Ithaca, N.Y., Cornell University Press, 1992)

Boldin, V. I., *Ten years that shook the world. The Gorbachev era as witnessed by his chief of staff* (New York, Basic Books, 1994)

Brandys, Kazimierz, *A Warsaw diary: 1978-1981* (New York, Vintage Books, 1985)

Brown, J. F., *Surge to freedom: the end of Communist rule in Eastern Europe* (Durham, Duke University Press, 1991)

Chirot, Daniel, *The Crisis of Leninism and the decline of the Left: the revolutions of 1989* (Seattle, University of Washington Press, 1991)

Codrescu, Andrei, *The hole in the flag* (NY, Morrow, 1991)

Darnton, Robert, *Berlin journal, 1989-1990* (New York, Norton, 1991)

Garton Ash, Timothy, *The Magic Lantern. The revolution of '89 witnessed in Warsaw, Budapest, Berlin, and Prague* (New York, Random House, 1990)

Gorbachev, Mikhail Sergeevich, *Conversations with Gorbachev* (NY, Columbia University Press, 2002)

Kenney, Padraic, *A Carnival of Revolution. Central Europe 1989* (Princeton, Princeton University Press, 2002)

Lévesque, Jacques, *The enigma of 1989: the USSR and the liberation of Eastern Europe* (Berkeley, University of California Press, 1997)

Lewin, Moshe, *The Gorbachev phenomenon: a historical interpretation* (Berkeley, University of California Press, 1991)

Medvedev, Zhores A., *Nuclear disaster in the Urals* (New York, Vintage Books, 1980)

Philipsen, Dirk, *We were the people. Voices from East Germany's revolutionary autumn of 1989* (Durham, Duke University Press, 1993)

Stokes, Gale, *The walls came tumbling down. The collapse of communism in Eastern Europe* (New York, Oxford University Press, 1993)

CHAPTER 20——易裂的大陸

Braithwaite, Rodric, *Across the Moscow river: the world turned upside down* (New Haven, Yale University Press, 2002)

Grass, Günter et al., *Two states--one nation?* (San Diego, Harcourt Brace Jovanovich, 1990)

Hosking, Geoffrey A., Aves, Jonathan and Duncan, Peter J. S. *The road to post-Communism:independent political movements in the Soviet Union, 1985-1991* (London, Pinter, 1992)

Innes, Abby, *Czechoslovakia: the short goodbye* (New Haven, Yale University Press, 2001)

James, Harold, and Stone, Marla, *When the Wall came down: reactions to German unification* (New York, Routledge, 1992)

——, *The triumph of democracy in Spain* (New York, Methuen, 1986)

Williams, Allan M., *Southern Europe transformed: political and economic change in Greece, Italy, Portugal, and Spain* (London, Harper & Row, 1984)

CHAPTER 17——新現實主義

Clarke, Thomas & Pitelis, Christos, eds., *The Political Economy of Privatisation* (London, Routledge, 1993)

Judt, Tony, *Marxism and the French Left* (Oxford, Oxford University Press, 1986)

Kavanagh, Dennis, *Thatcherism and British Politics* (Oxford, Oxford U. Press, 1997)

Penniman, Howard Rae, *The French National Assembly elections of 1978* (Washington, D.C., American Enterprise Institute for Public Policy Research, 1980)

Wolmar, Christian, *Broken rails: how privatisation wrecked Britain's railways* (London, Aurum Press, 2001)

Wright, Vincent, *Privatization in Western Europe: pressures, problems, and paradoxes* (London, Pinter, 1994)

Young, Hugo *One of Us. The Life of Margaret Thatcher* (London, Pan Books, 1993)

CHAPTER 18——無權者的力量

Bahro, Rudolf, The Alternative in Eastern Europe (Verso, 1978)

Funder, Anna, *Stasiland* (London, Granta, 2003)

Garton Ash, Timothy, *The Uses of Adversity : essays on the fate of Central Europe* (New York, Random House, 1989)

Havel, Václav, *The Power of the Powerless: citizens against the state in central-eastern Europe* (Armonk, N.Y., M.E. Sharpe, 1985)

Koehler, John, *Stasi : the untold story of the East German secret police* (Boulder, Colo., Westview Press, 1999)

Konrád, György, *Antipolitics. An essay* (New York, H. Holt, 1987)

Kopstein, Jeffrey, *The Politics of economic decline in East Germany, 1945-1989* (Chapel Hill, University of North Carolina Press, 1997)

Kornai, János, *Contradictions and Dilemmas: studies on the socialist economy and society* (Cambridge, Mass., MIT Press, 1986)

Rakovski, Marc, *Towards an East European Marxism* (New York, St. Martin's Press, 1978)

Skilling, H. Gordon, and Wilson, Paul R. *Civic freedom in Central Europe: voices from Czechoslovakia* (New York, St. Martin's Press, 1991)

Solzhenitsyn, Aleksandr, *The Gulag Archipelago* (New York, Perennial, 2002)

Tismaneanu, Vladimir, *The crisis of Marxist ideology in Eastern Europe : the poverty of Utopia* (New York, Routledge, 1988)

Triska, Jan F., and Gati, Charles, *Blue-collar workers in Eastern Europe* (Boston, Allen & Unwin, 1981)

Vaculík, Ludvík, *A cup of coffee with my interrogator: the Prague chronicles of Ludvík Vaculík* (London,

章　別 BY CHAPTER

CHAPTER 14——期望降低

Becker, Jillian, *Hitler's Children. The story of the Baader-Meinhoff Terrorist Gang* (London, Panther, 1979)

Olson, Mancur, *The Rise and Decline of Nations. Economic Growth, Stagflation and Social Rigidities* (Newhaven, Yale U.Press, 1984)

Sciascia, Leonardo, *The Moro Affair and the Mystery of Majorana* (NY, NYR Books, 2004)

Wright, Joanne,*Terrorist Propaganda. The Red Army Fraction and the Provisional IRA 1968-1986* (NY, Palgrave, 1991)

CHAPTER 15——政治譜新調

Duchen, Claire, *Women's rights and women's lives in France, 1944-1968* (New York, Routledge, 1994)

Garton Ash, Timothy, *In Europe's name. Germany and the divided continent* (New York, Random House, 1993)

Harvie, Christopher, *The rise of regional Europe* (New York, Routledge, 1994)

Haslam, Jonathan, *The Soviet Union and the politics of nuclear weapons in Europe, 1969-87* (Ithaca, NY, Cornell University Press, 1990)

Hobsbawm, E. J., and Napolitano, *Giorgio The Italian road to socialism: an interview* (Westport, CT., L. Hill, 1977)

Keating, Jones and, *The European Union and the regions* (Oxford, UK, Oxford University Press, 1995)

Mandel, Ernest, *From Stalinism to Eurocommunism: the bitter fruits of "socialism in one country"*(London, NLB, 1978)

Mayo, Patricia Elton, *The roots of identity : three national movements in contemporary European politics* (London, Allen Lane, 1974)

Middlemass, Keith, *Power and the Party. Changing Faces of Communism in Western Europe* (London, A. Deutsch, 1980)

Nelson, Keith L., *The making of détente. Soviet-American relations in the shadow of Vietnam* (Baltimore, Johns Hopkins University Press, 1995)

Sarotte, M. E., *Dealing with the Devil. East Germany, détente, and Ostpolitik, 1969-1973* (Chapel Hill, University of North Carolina Press, 2001)

Vallance, Elizabeth, and Elizabeth V. Davies, *Women of Europe: women MEPs and equality policy* (Cambridge, Cambridge University Press, 1986)

CHAPTER 16——過渡時期

Pérez Díaz, Víctor, *The return of civil society. The emergence of democratic Spain* (Cambridge, Mass., Harvard University Press, 1993)

Preston, Paul, Juan Carlos. *Steering Spain from dictatorship to democracy* (New York, Norton, 2004)

Heath, Edward, *Travels: people and places in my life* (London, Sidgwick & Jackson, 1977)
Heath, Edward, *The Course of my Life* (London, Coronet Books, 1999)
Hörner, Helmut, and Powell, Allan Kent, *A German Odyssey. The journal of a German prisoner of war* (Golden, CO., Fulcrum Pub., 1991)
Kennan, George Frost, *Memoirs, 1925-1950* (London, Hutchinson, 1968)
Kravchenko, Victor, *I chose Freedom : the personal and political life of a Soviet official* (New Brunswick, N.J., Transaction, 1989)
Kun, Miklós, *Stalin. An unknown portrait* (Budapest, Central European University Press, 2003)
Lacouture, Jean, *De Gaulle: the ruler, 1945-1970* (London, Harvill, 1991)
Leonhard, Wolfgang, *Child of the Revolution* (London, Ink Links, 1979)
Lodge, David, *Out of the Shelter* (New York, Penguin Books, 1989)
Mack Smith, Denis, *Mussolini* (New York, Vintage Books, 1983)
Márai, Sándor, *Memoir of Hungary, 1944-1948* (Budapest, Corvina in association with Central European University Press, 1996)
Milosz, Czeslaw, *Native realm : a search for self-definition* (New York, Farrar, Straus and Giroux, 2002)
Molotov, Vyacheslav Mikhaylovich, *Molotov remembers* (Chicago, Ivan Dee, 1993)
Monnet, Jean, *Memoirs* (London, Collins, 1978)
Nowak, Jan, *Courier from Warsaw* (Detroit, Wayne State University Press, 1982)
Padover, Saul K., *Experiment in Germany; the story of an American intelligence officer* (New York, Duell, 1946)
Pinkus, Oscar, *The house of Ashes* (Schenectady, N.Y., Union College Press, 1990)
Preston, Paul, *Franco. A biography* (New York, NY, Basic Books, 1994)
Roberts, Frank, *Dealing with dictators: the destruction and revival of Europe, 1930-70* (London, Weidenfeld & Nicolson, 1991)
Ryder, Sue, *Child of my Love* (London, Harvill Press, 1997)
Sante, Luc, *The Factory of Facts* (New York, Pantheon Books, 1998)
Schwarz, Hans-Peter, *Konrad Adenauer* (Providence, RI, Berghahn Books, 1995)
Sebag-Montefiore, Simon, *Stalin. The court of the Red Tsar* (London, Weidenfeld & Nicolson, 2003)
Semprún, Jorge, *What a beautiful Sunday!* (San Diego, Harcourt Brace Jovanovich, 1982)
Simmons, Michael, *The Reluctant President. A political life of Vaclav Havel* (London, Methuen, 1991)
Slingova, Marian, *Truth will prevail* (London, Merlin, 1968)
Souvarine, Boris, *Stalin, a critical survey of bolshevism* (New York, Longmans, 1939)
Szulc, Tad, *Pope John Paul II. The biography* (New York, Scribner, 1995)
Taubman, William, *Khrushchev: The man and his era* (New York, Norton, 2003)
Tec, Nechama, *Dry Tears. The story of a lost childhood* (New York, Oxford University Press, 1984)
Tiersky, Ronald, *Francois Mitterrand: The last French President* (New York, St. Martin's Press, 2000)
Wat, Aleksander, *My century : the odyssey of a Polish intellectual* (New York, NY Review Books, 2003)

University Press, 2001)
Merridale, Catherine, *Night of stone: death and memory in twentieth century Russia* (New York, Viking, 2001)
Paxton, Robert O., *Vichy France: old guard and new order, 1940-1944* (New York, Knopf, 1972)
Rév, István, *Retroactive justice: prehistory of post-communism* (Stanford, CA, Stanford University Press, 2005)
Revel, Jacques, and Hunt, Lynn, *Histories: French constructions of the past* (New York, New Press, 1995)
Sebald, W. G., *On the natural history of destruction* (New York, Modern Library, 2004)
Winter, J. M., and Emmanuel Sivan, *War and remembrance in the twentieth century* (Cambridge, Cambridge University Press, 1999)

自傳與回憶錄

Acheson, Dean, *Present at the creation. My years in the State Department* (London, Hamilton, 1970)
Antonov-Ovseenko, Anton, *The time of Stalin. Portrait of a tyranny* (New York, Harper & Row, 1981)
Aron, Raymond, Memoirs. *Fifty years of political reflection* (New York, Holmes & Meier, 1990)
Barnstone, Willis, *Sunday morning in fascist Spain: a European memoir, 1948-1953* (Carbondale, Southern Illinois University Press, 1995)
Brandt, Willy, *My Life in Politics* (London, Hamish Hamilton, 1992)
Brandys, Kazimierz, *A question of reality* (New York, C. Scribners, 1980)
Brown, Archie, *The Gorbachev factor* (Oxford, Oxford University Press, 1996)
Bullock, Alan, *Ernest Bevin, foreign secretary: 1945-1951* (Oxford, Oxford University Press, 1985)
Campbell, John, *Edward Heath: a biography* (London, J. Cape, 1993)
Clare, George, *Before the Wall: Berlin days, 1946-1948* (New York, E.P. Dutton, 1990)
Clay, Lucius D., *Decision in Germany* (Westport, Conn., Greenwood Press, 1970)
Crane, Stephen Lee, *Survivor from an unknown war: the life of Isakjan Narzikul* (Upland, PA, Diane Pub., 1999)
Demetz, Hanna, *The journey from Prague Street* (New York, St. Martin's Press, 1990)
Deutscher, Isaac, *Stalin. A political biography* (Oxford, Oxford University Press, 1967)
Djilas, Milovan, *Wartime* (New York, Harcourt Brace Jovanovich, 1980)
Dobrynin, Anatoliy Fedorovich, *In confidence* (New York, Random House, 1995)
Eden, Anthony, *Full circle. The memoirs of the Rt. Hon. Sir Anthony Eden* (London, Cassell, 1960)
Foot, Michael, *Aneurin Bevan. A biography* (London, New English Library, 1966)
Friedländer, Saul, *When Memory Comes* (Madison, Wis., University of Wisconsin Press, 2003)
Frisch, Max, *Sketchbook 1946-1949* (New York, Harcourt Brace Jovanovich, 1977)
Garton Ash, Timothy, *The File: A personal history* (New York, Vintage Books, 1998)
Ginzburg, Evgeni Semenovna, *Journey into the whirlwind* (New York, Harcourt Brace Jovanovich, 1975)
Grundy, Trevor, *Memoir of a fascist childhood: a boy in Mosley's Britain* (London, Heinemann, 1998)
Harris, Kenneth, *Attlee* (London, Weidenfeld & Nicolson, 1995)
Healey, Denis, *The Time of my Life* (New York,, W.W. Norton, 1990)

Verso, 2003)
Cochrane, Allan, Clarke, John and Gewirtz, Sharon, *Comparing welfare states* (London, Sage Publications in association with the Open University, 2001)
Esping-Andersen, Gosta, *The three worlds of welfare capitalism* (Princeton, N.J., Princeton University Press, 1990)
Flora, Peter, *Growth to limits: the western European welfare states since World War II* (Berlin, W. de Gruyter, 1986)
Flora, Peter, and Heidenheimer, Arnold J., *The Development of welfare states in Europe and America* (New Brunswick, NJ., Transaction Books, 1981)
Gladstone, David, *Poverty and social welfare* (London, Routledge, 1996)
Lawson, Roger, and Reed, Bruce, *Social security in the European Community* (London, Chatham House, 1975)
Mishra, Ramesh, *The welfare state in capitalist society: policies of retrenchment and maintenance in Europe, North America, and Australia* (New York, Harvester Wheatsheaf, 1990)
———, *The welfare state in crisis: social thought and social change* (New York, St. Martin's Press, 1984)
Payer, Lynn, *Medicine and culture: varieties of treatment in the United States, England, West Germany, and France* (New York, Henry Holt, 1996)
Richardson, J. J., and Henning, Roger, *Unemployment: policy responses of Western democracies* (Beverly Hills, CA., Sage Publications, 1984)

戰爭與記憶

Best, Geoffrey, *War and law since 1945* (Oxford, Clarendon Press, 1994)
Boym, Svetlana, *The future of nostalgia* (New York, Basic Books, 2001)
Cohen, Shari, *Politics without a past: the absence of history in post-communist nationalism* (Durham, University Press, 1999)
Doumanis, Nicholas, *Myth and memory in the Mediterranean: remembering Fascism's empire* (New York, Macmillan, 1997)
Farmer, Sarah Bennett, *Martyred village: commemorating the 1944 massacre at Oradour-sur-Glane* (Berkeley, University of California Press, 1999)
Fishman, Sarah, *France at war: Vichy and the historians* (New York, Berg, 2000)
Gildea, Robert, *The past in French history* (New Haven, Yale University Press, 1994)
Hayner, Priscilla B., *Unspeakable truths: facing the challenge of truth commissions* (New York, Routledge, 2002)
Jong, L. de, *The Netherlands and Nazi Germany* (Cambridge, MA., Harvard University Press, 1990)
Kramer, Jane, *The politics of memory: looking for Germany in the new Germany* (New York, Random House, 1996)
Lagrou, Pieter, *The legacy of Nazi occupation. Patriotic memory and national recovery in Western Europe, 1945-1965* (Cambridge, Cambridge University Press, 2000)
McAdams, A. James, *Judging the past in unified Germany* (Cambridge, UK; New York, Cambridge

Lindemann, Albert S., *A history of European socialism* (New Haven, Yale University Press, 1983)

Markovits, Andrei S., and Gorski, Philip S., *The German left: red, green and beyond* (New York, Oxford University Press, 1993)

Morgan, Roger, and Silvestri, Stefano, *Moderates and conservatives in Western Europe : political parties, the European Community, and the Atlantic Alliance* (Rutherford, NJ, Fairleigh Dickinson University Press, 1983)

Pelling, Henry, and Reid, Alastair J. , *A Short History of the Labour Party* (New York, St. Martin's Press, 1996)

Ramet, Sabrina P., *The radical right in Central and Eastern Europe since 1989* (University Park, Pennsylvania State University Press, 1999)

Rémond, René, *The right wing in France from 1815 to De Gaulle* (Philadelphia, University of Pennsylvania Press, 1969)

Sassoon, Donald, *The strategy of the Italian Communist Party: from the resistance to the historic compromise* (New York, St. Martin's Press, 1981)

Schain, Martin, Zolberg, Aristide R. and Hossay, Patrick, *Shadows over Europe : the development and impact of the extreme right in Western Europe* (New York, Palgrave, 2002)

Urban, Joan Barth, *Moscow and the Italian Communist Party: from Togliatti to Berlinguer* (Ithaca, N.Y., Cornell University Press, 1986)

Vinen, Richard, *Bourgeois politics in France, 1945-1951* (Cambridge; Cambridge University Press, 1995)

Wall, Irwin M., *French communism in the era of Stalin: the quest for unity and integration, 1945-1962* (Westport, Conn., Greenwood Press, 1983)

宗　教

Estruch, Juan, *Saints and schemers: Opus Dei and its paradoxes* (New York, Oxford University Press, 1995)

Gruber, Ruth Ellen, *Virtually Jewish: reinventing Jewish culture in Europe* (Berkeley, University of California Press, 2002)

Karam, Azza M., *Transnational political Islam: religion, ideology, and power* (London, Pluto Press, 2004)

Reese, Thomas J., *Inside the Vatican: the politics and organization of the Catholic Church* (Cambridge, Mass., Harvard University Press, 1996)

福利國家

Atkinson, Alexander, and Mogensen, Gunnar Viby, *Welfare and work incentives: a North European perspective* (Oxford, Oxford University Press, 1993)

Atkinson, A. B., *The economic consequences of rolling back the welfare state* (Cambridge, Mass., MIT Press, 1999)

——, *Incomes and the welfare state: essays on Britain and Europe* (New York, Cambridge University Press, 1995)

Blackburn, Robin, *Banking on death or Investing in life: the history and future of pensions* (London,

Milosz, Czeslaw, *The Captive Mind* (New York, Vintage International, 1990)
Müller, Jan-Werner, *Another Country: German intellectuals, unification, and national identity* (New Haven, Yale University Press, 2000)
Poster, Mark, *Existential Marxism in postwar France: from Sartre to Althusser* (Princeton, N.J., Princeton University Press, 1975)
Schivelbusch, Wolfgang, *In a cold crater: cultural and intellectual life in Berlin, 1945-1948* (Berkeley, University of California Press, 1998)
Stern, J. P., *The heart of Europe: essays on literature and ideology* (Oxford, Blackwell, 1992)
Walicki, Andrzej, *A history of Russian thought from the Enlightenment to Marxism* (Stanford, Stanford University Press, 1979)
——, *Stanislaw Brzozowski and the Polish beginnings of "Western Marxism"* (Oxford, Oxford University Press, 1989)

政黨和運動

Barltrop, Robert, *The Monument. The story of the Socialist Party of Great Britain* (London, Pluto Press, 1975)
Blackmer, Donald L. M., and Kriegel, Annie, *The international role of the Communist parties of Italy and France* (Cambridge, MA., Harvard University, 1975)
Buchanan, Tom, and Conway, *Martin Political Catholicism in Europe, 1918-1965* (Oxford, Oxford University Press, 1996)
Cheles, Luciano, Ferguson, Ronnie and Vaughan, Michalina, *The far right in Western and Eastern Europe* (New York, Longman, 1995)
Eley, Geoff, *Forging democracy: the history of the left in Europe, 1850-2000* (New York, Oxford University Press, 2002)
Evans, Robert H., *Coexistence: communism and its practice in Bologna, 1945-1965* (University of Notre Dame Press, 1967)
Hockenos, Paul, *Free to hate: the rise of the right in post-communist Eastern Europe* (New York, Routledge, 1993)
Johnson, R. W., *The long march of the French left* (New York, St. Martin's Press, 1981)
Kalyvas, Stathis N., *The rise of Christian Democracy in Europe* (Ithaca, N.Y., Cornell University Press, 1996)
Kertzer, David I., *Politics & symbols: the Italian Communist Party and the fall of communism* (New Haven, Yale University Press, 1996)
Kolinsky, Martin, and William E. Paterson, *Social and political movements in Western Europe* (London, Croom Helm, 1976)
Krantz, Frederick, *History from below: studies in popular protest and popular ideology* (Oxford, Blackwell, 1988)
Lange, Peter, and Maurizio Vannicelli, *The Communist parties of Italy, France, and Spain: postwar change and continuity : a casebook* (London, Allen & Unwin, 1981)

1998 (Lincoln, University of Nebraska Press, 2000)
Soysal, Yasemin Nuho glu, *Limits of citizenship: migrants and post-national membership in Europe* (Chicago, University of Chicago Press, 1994)
Teitelbaum, Michael S., and J. M. Winter, *A question of numbers: high migration, low fertility, and the politics of national identity* (New York, Hill & Wang, 1998)
Winder, Robert, *Bloody foreigners: the story of immigration to Britain* (London, Little, Brown, 2004)

知識分子

Annan, Noel Gilroy Annan, *Our age: portrait of a generation* (London, Weidenfeld and Nicolson, 1990)
Caute, David, *Communism and the French intellectuals, 1914-1960* (New York, Macmillan, 1964)
Chiaromonte, Nicola, *The worm of consciousness and other essays* (New York, Harcourt Brace Jovanovich, 1976)
Enzensberger, Hans Magnus, *Europe, Europe: forays into a continent* (New York, Pantheon Books, 1989)
Foucault, Michel, *The order of things; an archaeology of the human sciences* (New York,, Vintage Books, 1973)
Giesen, Bernhard, *Intellectuals and the German nation: collective identity in an axial age* (New York, Cambridge University Press, 1998)
Goldfarb, Jeffrey C., *Beyond glasnost: the post-totalitarian mind* (Chicago, University of Chicago Press, 1991)
Harris, Frederick John, *Encounters with darkness, French and German writers on World War II* (New York, Oxford University Press, 1983)
Hughes, H. Stuart, *The obstructed path: French social thought in the years of desperation, 1930-1960* (New Brunswick, NJ, Transaction Publishers, 2002)
Hughes, H. Stuart, *Sophisticated rebels: the political culture of European dissent, 1968-1987* (Cambridge, Ma., Harvard University Press, 1988)
Judt, Tony, *The Burden of Responsibility: Blum, Camus, Aron, and the French twentieth century* (Chicago, University of Chicago Press, 1998)
Khilnani, Sunil, *Arguing Revolution. The Intellectual Left in Post-War France* (Newhaven, Yale U.P., 1993)
Koestler, Arthur, *The trail of the dinosaur & other essays* (New York, Macmillan, 1955)
Lilla, Mark, *New French thought: political philosophy* (Princeton, N.J., Princeton University Press, 1994)
Lottman, Herbert R., *The Left Bank: writers, artists, and politics from the Popular Front to the Cold War* (Chicago, University of Chicago Press, 1998)
Lyotard, Jean François, *The postmodern condition: a report on knowledge* (Minneapolis, University of Minnesota Press, 1984)
Macciocchi, Maria Antonietta and Althusser, Louis, *Letters from inside the Italian Communist Party to Louis Althusser* (London, NLB, 1973)
Merquior, José Guilherme, *From Prague to Paris: a critique of structuralist and post-structuralist thought*(London, Verso, 1986)
Michnik, Adam, *Letters from prison and other essays* (Berkeley, University of California Press, 1985)

Diner, Dan, *America in the eyes of the Germans: an essay on anti-Americanism* (Princeton, NJ, Markus Wiener Publishers, 1996)

Garton Ash, Timothy, *Free world: America, Europe, and the surprising future of the West* (New York, Random House, 2004)

Gordon, Philip H., and Jeremy Shapiro, *Allies at war: America, Europe, and the crisis over Iraq* (New York, McGraw-Hill, 2004)

Michta, Andrew A., *America's new allies: Poland, Hungary, and the Czech Republic in NATO* (Seattle, University of Washington Press, 1999)

Pells, Richard H., *Not like us: how Europeans have loved, hated, and transformed American culture since World War II* (New York, NY, Basic Books, 1997)

Servan-Schreiber, Jean-Jacques, *The American challenge* (New York, Atheneum, 1968)

Wall, Irwin M., *The United States and the making of postwar France, 1945-1954* (New York, Cambridge University Press, 1991)

移民與少數族群

Acton, T. A., *Gypsy politics and social change; the development of ethnic ideology and pressure politics among British gypsies from Victorian reformism to Romany nationalism* (London, Boston, Routledge and K. Paul, 1974)

Baldwin-Edwards, Martin, and Schain, Martin A., *The politics of immigration in Western Europe* (Portland, OR., Frank Cass, 1994)

Bjørgo, Tore, and Witte, Rob, *Racist violence in Europe* (New York, St. Martin's Press, 1993)

Collinson, Sarah, *Beyond borders : West European migration policy towards the 21st century* (London, Royal Institute of International Affairs, 1993)

Freeman, Gary P., *Immigrant Labor and racial conflict in industrial societies: the French and British experience, 1945-1975* (Princeton, N.J., Princeton University Press, 1979)

Haus, Leah A., *Unions, immigration, and internationalization: new challenges and changing coalitions in the United States and France* (New York, Palgrave Macmillan, 2002)

Ireland, Patrick R., *The policy challenge of ethnic diversity: immigrant politics in France and Switzerland* (Cambridge, Mass., Harvard University Press, 1994)

Jackson Preece, Jennifer, *National minorities and the European nation-states system* (Oxford Oxford University Press, 1998)

King, Russell, *Mass migration in Europe : the legacy and the future* (New York, Wiley, 1995)

Levy, Daniel, and Yfaat Weiss, *Challenging ethnic citizenship: German and Israeli perspectives on immigration* (New York, Berghahn Books, 2002)

Mandelbaum, Michael, *The new European diasporas: national minorities and conflict in Eastern Europe* (New York, Council on Foreign Relations Press, 2000)

Phillips, Mike, and Trevor Phillips, *Windrush: the irresistible rise of multi-racial Britain* (London, HarperCollins, 1998)

Senocak, Zafer, and Leslie A. Adelson, *Atlas of a tropical Germany: essays on politics and culture, 1990-*

Marglin, Stephen A., and Schor, Juliet, *The Golden age of capitalism : reinterpreting the postwar experience* (Oxford, Clarendon Press, 1990)

Mills, Dennis R., *English rural communities: the impact of a specialised economy* (London, Macmillan, 1973)

Milward, Alan S., *The European rescue of the nation-state* (Berkeley, University of California Press, 1992)

Nove, Alec, *The economics of feasible socialism revisited* (London, HarperCollins Academic, 1991)

Reich, Simon, *The fruits of Fascism: postwar prosperity in historical perspective* (Ithaca, Cornell University Press, 1990)

Tsoukalis, Loukas, *The new European economy: the politics and economics of integration* (New York, Oxford University Press, 1993)

Williams, Allan M., *The Western European economy: a geography of post-war development* (Totowa, N.J., 1987)

歐 盟

Asbeek Brusse, Wendy, *Tariffs, trade, and European integration, 1947-1957: from study group to Common Market* (New York, St. Martin's Press, 1997)

Bainbridge, Timothy, and Teasdale, Anthony, *The Penguin companion to European Union* (New York, Penguin Books, 1995)

Gillingham, John, *European integration, 1950-2003: superstate or new market economy?* (Cambridge; Cambridge University Press, 2003)

Henderson, W. O., *The genesis of the Common Market* (Chicago, Quadrangle Books, 1963)

Josselin, Daphne, *Money politics in the new Europe: Britain, France and the single financial market* (Houndmills, Macmillan Press, 1997)

Lipgens, Walter, and Loth, Wilfried, *Documents on the history of European integration* (Berlin, De Gruyter, 1985)

Moravcsik, Andrew, *The choice for Europe: social purpose and state power from Messina to Maastricht* (Ithaca, N.Y., Cornell University Press, 1998)

Nelson, Brian, Roberts, David and Veit, Walter, *The European Community in the 1990s: economics, politics, defense* (New York, Berg, 1992)

Stirk, Peter M. R., *European unity in context: the interwar period* (New York, Pinter Publishers, 1989)

Tugendhat, Christopher, *Making sense of Europe* (New York, Columbia University Press, 1988)

歐洲與美國

Brenner, Michael J., *Terms of engagement: the United States and the European security identity* (Westport, CT., Praeger, 1998)

Cohen, Stephen F., *Failed crusade: America and the tragedy of post-Communist Russia* (New York, W.W. Norton, 2001)

De Grazia, Victoria, *Irresistible Empire: America's advance through twentieth-century Europe* (Cambridge, Ma., Harvard University Press, 2005)

O'Flaherty, Kathleen Mary Josephine, *The novel in France, 1945-1965: a general survey* (Cork, Cork University Press, 1973)

Poiger, Uta G., *Jazz, rock, and rebels: cold war politics and American culture in a divided Germany* (Berkeley, Calif., University of California Press, 2000)

Rearick, Charles, *The French in love and war: popular culture in the era of the World Wars* (New Haven, CT., Yale University Press, 1997)

Roman, Denise, *Fragmented identities: popular culture, sex, and everyday life in post-communist Romania* (Lanham, Lexington Books, 2003)

Sorlin, Pierre, *European cinemas, European societies, 1939-1990* (New York, Routledge, 1991)

Strinati, Dominic, and Stephen Wagg, *Come on down? : Popular media culture in post-war Britain* (London, Routledge, 1992)

Suleiman, Susan Rubin, and Forgács, Éva, *Contemporary Jewish writing in Hungary: an anthology* (Lincoln, University of Nebraska Press, 2003)

經　濟

Armstrong, Philip, Glyn, Andrew and Harrison, John, *Capitalism since 1945* (Oxford, Basil Blackwell, 1991)

Bardou, Jean-Pierre, *The automobile revolution: the impact of an industry* (Chapel Hill, N.C., University of North Carolina Press, 1982)

Berend, T. Iván, and Ránki, György, *Economic development in East-Central Europe in the 19th and 20th centuries* (New York, Columbia University Press, 1974)

Crafts, N. F. R., and Toniolo, Gianni, *Economic growth in Europe since 1945* (Cambridge, Cambridge University Press, 1996)

Eichengreen, Barry J., *Europe's postwar recovery* (Cambridge, Cambridge University Press, 1995)

Flora, Peter et al, *State, economy, and society in Western Europe 1815-1975 : a data handbook in two volumes* (Frankfurt am Main, Campus Verlag, 1983)

Floud, Roderick, and McCloskey, Deirdre N. *The Economic history of Britain since 1700* (New York, Cambridge University Press, 1994)

Giersch, Herbert & Schmieding, Holger, *The fading miracle : four decades of market economy in Germany* (New York, Cambridge University Press, 1992)

Gourevitch, Peter Alexis, *Politics in hard times: comparative responses to international economic crises*(Ithaca, Cornell University Press, 1986)

Hobsbawm, E. J., and Wrigley, Chris, *Industry and empire: from 1750 to the present day* (New York, The New Press, 1999)

James, Harold, *International monetary cooperation since Bretton Woods* (Washington, D.C., IMF 1996)

Kaser, Michael Charles, and Radice, E. A., eds., *The Economic history of Eastern Europe, 1919-1975*(Oxford, Clarendon Press, 1985)

Maier, Charles S., *In search of stability: explorations in historical political economy* (New York, Cambridge University Press, 1987)

Northwestern University Press, 2000)

Clark, Katerina, *Petersburg, crucible of cultural revolution* (Cambridge, Harvard University Press, 1995)

Cohn, Ruby, *From Desire to Godot: pocket theater of postwar Paris* (Berkeley, University of California Press, 1987)

Dalle Vacche, Angela, *The body in the mirror: shapes of history in Italian cinema* (Princeton, N.J., Princeton University Press, 1992)

Demetz, Peter, *After the fires: recent writing in the Germanies, Austria, and Switzerland* (San Diego, Harcourt Brace Jovanovich, 1992)

Dennis, David B., *Beethoven in German politics, 1870-1989* (New Haven, Yale University Press, 1996)

Durgnat, Raymond, *A mirror for England; British movies from austerity to affluence* (New York, Praeger, 1971)

Ellwood, David W., Kroes, Rob and Brunetta, *Gian Piero Hollywood in Europe: experiences of a cultural hegemony* (Amsterdam, Free University Press, 1994)

Fehrenbach, Heide, *Cinema in democratizing Germany: reconstructing national identity after Hitler* (Chapel Hill, University of North Carolina Press, 1995)

Figes, Orlando, *Natasha's dance: a cultural history of Russia* (New York, Metropolitan Books, 2002)

Forrester, Sibelan E. S., Zaborowska, Magdalena J. and Gapova, Elena, *Over the wall/after the fall: post-communist cultures through an East-West gaze* (Bloomington, Indiana University Press, 2004)

Goetz-Stankiewicz, Marketa, *Drama Contemporary--Czechoslovakia : plays* (New York, Performing Arts Journal Publications, 1985)

Hanák, Péter, *The garden and the workshop: essays on the cultural history of Vienna and Budapest* (Princeton, NJ, Princeton University Press, 1998)

Haraszti, Miklós, *The velvet prison: artists under state socialism* (New York, Basic Books, 1987)

Harker, David, *One for the money: politics and popular song* (London, Hutchinson, 1980)

Hewison, Robert, *Culture and consensus: England, art and politics since 1940* (London, Methuen, 1995)

——, *In anger: British culture in the Cold War, 1945-60* (New York, Oxford University Press, 1981)

——, *Too much: art and society in the Sixties, 1960-75* (New York, Oxford University Press, 1987)

Insdorf, Annette, *Indelible shadows: film and the Holocaust* (New York, Cambridge University Press, 2003)

Kaes, Anton, *From Hitler to Heimat: the return of history as film* (Cambridge, MA., Harvard University Press, 1989)

Laqueur, Walter, and Mosse, George L., *Literature and politics in the twentieth century* (New York, Harper & Row, 1967)

Marks, Steven G., *How Russia shaped the modern world: from art to anti-semitism, ballet to Bolshevism* (Princeton, N.J., Princeton University Press, 2003)

Marwick, Arthur, *The sixties: cultural revolution in Britain, France, Italy, and the United States, c. 1958-c.1974* (Oxford, Oxford University Press, 1998)

Nepomnyashchy, Catharine Theimer, *Abram Tertz and the poetics of crime* (New Haven, Yale University Press, 1995)

主　題 TOPICS

冷　戰

Cronin, James E., *The World the Cold War made: order, chaos and the return of history* (New York, Routledge, 1996)
Dockrill, M. L., *The Cold War, 1945-1963* (Atlantic Highlands, NJ, Humanities Press International, 1988)
Fitz Gerald, Frances, *Way out there in the blue: Reagan, Star Wars, and the end of the Cold War* (New York, Simon & Schuster, 2000)
Gaddis, John Lewis, *The Long Peace: inquiries into the history of the cold war* (New York, Oxford University Press, 1987)
——— *We Now Know : rethinking Cold War history* (Oxford, Oxford University Press, 1997)
Gray, William Glenn, *Germany's cold war: the global campaign to isolate East Germany, 1949-1969*(Chapel Hill, University of North Carolina Press, 2003)
Gress, David, *From Plato to NATO: the idea of the West and its opponents* (New York, Free Press, 1998)
Halle, Louis Joseph, *The Cold War as history* (New York, NY, HarperPerennial, 1991)
Isaacs, Jeremy, and Taylor Downing, *Cold war: an illustrated history, 1945-1991* (Boston, Little, Brown & Co., 1998)
Leffler, Melvyn P., and David S. Painter, *Origins of the Cold War: an international history* (London, Routledge, 2005)
Murphy, David E., Kondrashev, Sergei A. and Bailey, George, *Battleground Berlin : CIA vs. KGB in the Cold War* (New Haven, Yale University Press, 1997)
Weiler, Peter, *British Labour and the cold war* (Stanford, Calif., Stanford University Press, 1988)
Zubok, V. M., and Pleshakov, Konstantin, *Inside the Kremlin's cold war: from Stalin to Khrushchev* (Cambridge, Mass., Harvard University Press, 1996)

文化與藝術

Aldgate, Anthony, Chapman, James and Marwick, Arthur, *Windows on the sixties : exploring key texts of media and culture* (London, I.B. Tauris, 2000)
Bartov, Omer, *The "Jew" in cinema: from The golem to Don't touch my Holocaust* (Bloomington, Indiana University Press, 2005)
Blécourt, Willem de, and Davies, Owen, *Witchcraft continued : popular magic in modern Europe* (Manchester, Manchester University Press, 2004)
Carroll, David, *French literary Fascism: nationalism, anti-Semitism, and the ideology of culture* (Princeton, N.J., Princeton University Press, 1995)
Chudo, Alicia, *And quiet flows the vodka, or, When Pushkin comes to shove: the curmudgeon's guide to Russian literature and culture, with the devil's dictionary of received ideas, alphabetical reflection on the loathsomeness of Russia, American Academia, and humanity in general* (Evanston, Ill.,

Kotkin, Stephen, *Magnetic mountain: Stalinism as a civilization* (Berkeley, University of California Press, 1995)

Malia, Martin E., *The Soviet tragedy: a history of socialism in Russia, 1917-1991* (New York, Free Press, 1994)

McAuley, Mary, *Soviet politics 1917-1991* (Oxford; Oxford University Press, 1992)

Nove, Alec, *An economic history of the USSR, 1917-1991* (New York, Penguin Books, 1992)

Petrone, Karen, *Life has become more joyous, comrades: celebrations in the time of Stalin* (Bloomington, Indiana University Press, 2000)

Polian, P. M., *Against their will: the history and geography of forced migrations in the USSR* (Budapest, Central European University Press, 2004)

Reid, Anna, *Borderland: a journey through the history of Ukraine* (Boulder, Colo., Westview Press, 1999)

Rosenberg, William G., and Young, Marilyn Blatt, *Transforming Russia and China: revolutionary struggle in the twentieth century* (New York, Oxford University Press, 1982)

Schapiro, Leonard, *The Communist Party of the Soviet Union* (New York, Random House, 1970)

Wilson, Andrew, *The Ukrainians: unexpected nation* (New Haven, Yale University Press, 2002)

Yakovlev, A. N., Austin, Anthony and Hollander, Paul, *A century of violence in Soviet Russia* (New Haven, CT, Yale University Press, 2002)

南斯拉夫

Allcock, John B., *Explaining Yugoslavia* (New York, Columbia University Press, 2000)

Drakulic, Slavenka, *How we survived communism and even laughed* (London, Hutchinson, 1992)

Unfinished peace: report of the International Commission on the Balkans (Washington D.C., Carnegie Endowment, 1996)

Judah, Tim, *The Serbs: history, myth, and the destruction of Yugoslavia* (New Haven, Yale University Press, 2000)

Lampe, John R., *Yugoslavia as history: twice there was a country* (New York, Cambridge University Press, 2000)

Lampe, John R, *Yugoslav-American economic relations since World War II* (Durham, Duke University Press, 1990)

Malcolm, Noel, *Kosovo: a short history* (New York, New York University Press, 1998)

Ron, James, *Frontiers and ghettos: state violence in Serbia and Israel* (Berkeley, University of California Press, 2003)

Tanner, Marcus, *Croatia: a nation forged in war* (New Haven, CT, Yale University Press 2001)

Wachtel, Andrew, *Making a nation, breaking a nation: literature and cultural politics in Yugoslavia* (Stanford, CA, Stanford University Press, 1998)

West, Rebecca, *Black lamb and Grey falcon: the record of a journey through Jugoslavia in 1937* (London, Melbourne Macmillan, 1968)

1976)

英國和愛爾蘭

Addison, Paul, *Now the war is over: a social history of Britain, 1945-51* (London, Jonathan Cape, 1985)
Barnett, Correlli, *The Audit of war: the illusion & reality of Britain as a great nation* (London, Macmillan, 1986)
Benson, John, *The rise of consumer society in Britain, 1880-1980* (London, Longman, 1994)
Coogan, Tim Pat, *The IRA* (New York, Palgrave, 2002)
Parliamentary reform 1933-1960; a survey of suggested reforms (London, Published for Hansard Society by Cassell, 1961)
Hennessy, Peter, *Never again: Britain, 1945-1951* (New York, Pantheon Books, 1993)
McKibbin, Ross, *Classes and cultures : England 1918-1951* (Oxford, Oxford University Press, 1998)
McKittrick, David, *Making sense of the troubles* (New York, New Amsterdam Books, 2002)
Morgan, Kenneth O., *The people's peace: British history, 1945-1989* (Oxford, Oxford University Press, 1990)
Porter, Roy, *London, a social history* (Cambridge, Mass., Harvard University Press, 1995)
Reynolds, David, *Britannia overruled: British policy and world power in the twentieth century* (London, Longman, 1991)
Sked, Alan, and Cook, Chris, *Post-war Britain: a political history* (New York, Penguin Books, 1990)
Woodhouse, C. M., *British foreign policy since the Second World War* (New York, Praeger, 1962)
Young, Hugo, *This blessed plot: Britain and Europe from Churchill to Blair* (Woodstock, N.Y., Overlook Press, 1999)

蘇　聯

Amalrik, Andrei, *Will the Soviet Union survive until 1984?* (New York, Penguin Books, 1980)
Bardach, Janusz, *Surviving freedom : after the Gulag* (Berkeley, University of California Press, 2003)
Butenko, I. A., and Razlogov, Kirill, *Recent social trends in Russia, 1960-1995* (Montreal, McGill-Queen's University Press, 1997)
Deutscher, Isaac, *Russia after Stalin* (Indianapolis, Bobbs-Merrill, 1969)
Dobb, Maurice Herbert, *Soviet economic development since 1917* (New York, International Publishers, 1967)
Hosking, Geoffrey A., *Church, nation, and state in Russia and Ukraine* (New York, St. Martin's Press, 1991)
——, *The first socialist society: a history of the Soviet Union from within* (Cambridge, Mass., Harvard University Press, 1990)
Keep, John L. H., *Last of the empires: a history of the Soviet Union, 1945-1991* (Oxford ; New York, Oxford University Press, 1995)
King, Charles, *The Moldovans: Romania, Russia, and the politics of culture* (Stanford, Hoover Institution Press, 2000)

Toranska, Teresa, *"Them": Stalin's Polish puppets* (New York, Harper & Row, 1987)
Zamoyski, Adam, *The Polish way: a thousand-year history of the Poles and their culture* (New York, F. Watts, 1988)

羅馬尼亞

Boia, Lucian, *History and myth in Romanian consciousness* (Budapest; Central European University Press, 2001)
Mitu, Sorin, *National identity of Romanians in Transylvania* (Budapest ; Central European University Press, 2001)
Shafir, Michael, *Romania, politics, economics, and society: political stagnation and simulated change* (Boulder, Colo., L. Rienner Publishers, 1985)
Tismaneanu, Vladimir, *Stalinism for all seasons: a political history of Romanian communism* (Berkeley, University of California Press, 2003)
Verdery, Katherine, *National ideology under socialism: identity and cultural politics in Ceausescu's Romania* (Berkeley, University of California Press, 1991)
——, *Transylvanian villagers: three centuries of political, economic, and ethnic change* (Berkeley, University of California Press, 1983)

西班牙和葡萄牙

Boyd, Carolyn P., *Historia patria: politics, history, and national identity in Spain, 1875-1975* (Princeton, N.J., Princeton University Press, 1997)
Carr, Raymond, and Fusi, Juan Pablo, *Spain, dictatorship to democracy* (London ; Boston, Allen & Unwin, 1981)
Gallagher, Tom, *Portugal: a twentieth-century interpretation* (Manchester, Manchester University Press, 1983)
Guirao, Fernando, *Spain and the reconstruction of Western Europe, 1945-57: challenge and response* (New York, St. Martin's Press, 1998)
Herr, Richard, *An historical essay on modern Spain* (Berkeley, University of California Press, 1974)
Hooper, John, *The New Spaniards* (London; New York, Penguin Books, 1995)
Kinder, Marsha, *Blood cinema: the reconstruction of national identity in Spain* (Berkeley, University of California Press, 1993)
Payne, Stanley G., *Politics and society in twentieth-century Spain* (New York, New Viewpoints, 1976)
Pérez Díaz, Víctor, *Spain at the crossroads: civil society, politics, and the rule of law* (Cambridge, Mass., Harvard University Press, 1999)
Pinto, Antonio Costa, *Salazar's dictatorship and European fascism: problems and perspectives of interpretation* (Boulder, CO, Social Science Monographs, 1994)
Preston, Paul, *The politics of revenge: fascism and the military in twentieth-century Spain* (New York, Routledge, 1995)
——, *Spain in crisis: the evolution and decline of the Franco régime* (Hassocks, UK, Harvester Press,

Stern, Fritz Richard, *Dreams and delusions: the drama of German history* (New Haven, Yale University Press, 1999)

Turner, Henry Ashby, *Germany from partition to reunification* (New Haven, Yale University Press, 1992)

匈牙利

Gati, Charles, *Hungary and the Soviet bloc* (Durham, NC., Duke University Press, 1986)

Heinrich, Hans-Georg, *Hungary: politics, economics, and society* (Boulder, Colo., L. Rienner,1986)

Hoensch, Jörg K., *A history of modern Hungary, 1867-1994* (London; New York, Longman, 1996)

義大利

Ben-Ghiat, Ruth, *Fascist modernities: Italy, 1922-1945* (Berkeley, University of California Press, 2001)

Bosworth, R. J. B., and Dogliani, Patrizia, *Italian fascism: history, memory, and representation* (New York, St. Martin's Press, 1999)

Clark, Martin, and Martin Clark, *Modern Italy, 1871-1995* (London; New York, Longman, 1996)

De Grand, Alexander J., *The Italian left in the twentieth century: a history of the Socialist and Communist parties* (Bloomington, Indiana University Press, 1989)

Doumanis, Nicholas, *Italy* (London, Arnold, 2001)

Ginsborg, Paul, *A history of contemporary Italy: society and politics, 1943-1988* (London, UK ; New York, N.Y., Penguin Books, 1990)

——, *Italy and its discontents: family, civil society, state, 1980-2001* (New York, N.Y.,Palgrave/ Macmillan, 2003)

Kogan, Norman, *A political history of Italy : the postwar years* (New York, NY, Praeger, 1983)

Mack Smith, Denis, *Modern Italy: a political history* (Ann Arbor, University of Michigan Press, 1997)

McCarthy, Patrick, *The crisis of the Italian state: from the origins of the Cold War to the fall of Berlusconi and beyond* (New York, St. Martin's Press, 1997)

Sassoon, Donald, *Contemporary Italy: economy, society, and politics since 1945* (New York, Longman, 1997)

Zamagni, Vera, *The economic history of Italy, 1860-1990* (Oxford, Clarendon Press, 1993)

波　蘭

Ash, Timothy Garton, *The Polish revolution: Solidarity* (New Haven, CT, Yale University Press, 2002)

Davies, Norman, *Heart of Europe: a short history of Poland* (Oxford; New York, Oxford University Press, 1986)

Gomulka, Stanislaw, and Antony Polonsky, *Polish paradoxes* (London; New York, Routledge, 1991)

Quinn, Frederick, *Democracy at dawn: notes from Poland and points East* (College Station, Texas A&M University Press, 1998)

Schatz, Jaff, *The Generation: the rise and fall of the Jewish communists of Poland* (Berkeley, University of California Press, 1991)

Hoffmann, Stanley, *Decline or renewal? France since the 1930s* (New York, Viking Press, 1974)

——, ed., *In search of France* (Cambridge,, Harvard University Press, 1963)

Jennings, Jeremy, *Syndicalism in France: a study of ideas* (New York, St. Martin's Press, 1990)

Keeler, John T. S., *The politics of neo-corporatism in France : farmers, the state, and agricultural policy-making in the Fifth Republic* (New York, Oxford University Press, 1987)

Larkin, Maurice, *France since the Popular Front: government and people, 1936-1996* (Oxford ; New York, Clarendon Press, 1997)

MacRae, Duncan, *Parliament, parties, and society in France, 1946-1958* (New York,, St. Martin's Press, 1967)

Marceau, Jane, *Class and status in France: economic change and social immobility, 1945-1975* (Oxford Clarendon Press, 1977)

McMillan, James F., *Twentieth-century France: politics and society 1898-1991* (London ; New York, E. Arnold, 1992)

Rioux, Jean-Pierre, *The Fourth Republic, 1944-1958* (Cambridge, Cambridge University Press, 1987)

Serfaty, Simon, *France, De Gaulle, and Europe; the policy of the Fourth and Fifth Republics toward the Continent* (Baltimore, Johns Hopkins Press, 1968)

Suleiman, Ezra N., *Politics, power, and bureaucracy in France; the administrative elite* (Princeton, N.J., Princeton University Press, 1974)

德　國

Ahonen, Pertti, *After the expulsion: West Germany and Eastern Europe, 1945-1990* (Oxford ; New York, Oxford University Press, 2003)

Bark, Dennis L., and David Gress, *A History of West Germany Vols I & II* (Oxford, UK ; Cambridge, MA, Blackwell, 1993)

Calleo, David P., *The German problem reconsidered: Germany and the world order, 1870 to the present* (Cambridge ; New York, Cambridge University Press, 1978)

Craig, Gordon Alexander, *Germany, 1866-1945* (New York, Oxford University Press, 1978)

Dennis, Mike, *German Democratic Republic: politics, economics, and society* (London ; New York, Pinter Publishers, 1988)

Fritsch-Bournazel, Renata, *Confronting the German Question: Germans on the East-West divide* (Oxford; New York, Berg, 1988)

Fulbrook, Mary, *The divided nation: a history of Germany, 1918-1990* (New York, Oxford University Press, 1992)

Glatzer, Wolfgang et al, *Recent social trends in West Germany, 1960-1990* (Frankfurt am Main, Campus Verlag, 1992)

Nicholls, Anthony James, *The Bonn Republic: West German democracy, 1945-1990* (London; New York, Longman, 1997)

Pulzer, Peter G. J., *German politics, 1945-1995* (New York, Oxford University Press, 1995)

Richie, Alexandra, *Faust's metropolis: a history of Berlin* (New York, Carroll & Graf, 1998)

荷比盧

Fitzmaurice, John, *The Politics of Belgium : a unique federalism* (Boulder, CO, Westview Press, 1996)
Fox, Renée C., *In the Belgian château : the spirit and culture of a European society in an age of change*(Chicago, I.R. Dee, 1994)
Mommen, André, *The Belgian economy in the twentieth century* (London, Routledge, 1994)
Van der Zee, Henri A., *The Hunger Winter: occupied Holland, 1944-1945* (Lincoln, Neb., University of Nebraska Press, 1998)

捷　克

August, Frantisek, and Rees, David, *Red star over Prague* (London, Sherwood Press, 1984)
Golan, Galia, *Reform rule in Czechoslovakia; the Dubcek era, 1968-1969* (Cambridge, MA, Cambridge University Press, 1973)
King, Jeremy, *Budweisers into Czechs and Germans: a local history of Bohemian politics, 1848-1948*(Princeton, N.J., Princeton University Press, 2002)
Klíma, Ivan, and Paul R. Wilson, *The spirit of Prague and other essays* (New York, Granta Books, 1995)
Krejcí, Jaroslav, *Social change and stratification in postwar Czechoslovakia* (London, Macmillan, 1972)
Sayer, Derek, *The coasts of Bohemia: a Czech history* (Princeton, N.J., Princeton University Press, 1998)
Steiner, Eugen, *The Slovak dilemma* (Cambridge, MA., University Press, 1973)

法　國

Agulhon, Maurice, *The French Republic, 1879-1992* (Oxford, B. Blackwell, 1993)
Avril, Pierre, *Politics in France* (Harmondsworth, Penguin, 1969)
Burrin, Philippe, *France under the Germans: collaboration and compromise* (New York, The New Press, 1996)
Campbell, Peter, *French electoral systems and elections since 1789* (London, Faber, 1965)
Cerny, Philip G., *Social movements and protest in France* (New York, St. Martin's Press, 1982)
Cerny, Philip G., and Schain, Martin, *French politics and public policy* (New York, St. Martin's Press, 1980)
Chapman, Herrick, *State capitalism and working-class radicalism in the French aircraft industry* (Berkeley, University of California Press, 1990)
Cleary, M. C., *Peasants, politicians, and producers: the organisation of agriculture in France since 1918* (Cambridge ; New York, Cambridge University Press, 1989)
Crozier, Michel, *The bureaucratic phenomenon* (Chicago, University of Chicago Press, 1964)
Dyer, Colin L., *Population and society in twentieth century France* (New York, Holmes & Meier, 1978)
Flynn, Gregory, *Remaking the Hexagon : the new France in the new Europe* (Boulder, Westview Press, 1995)
Forsé, Michel et al, *Recent social trends in France, 1960-1990* (Frankfurt am Main, Campus Verlag, 1993)
Hazareesingh, Sudhir, *Political traditions in modern France* (Oxford; Oxford University Press, 1994)

Clute, Robert Eugene, *The international legal status of Austria, 1938-1955* (The Hague, M. Nijhoff, 1962)

Fossedal, Gregory A., *Direct democracy in Switzerland* (New Brunswick, N.J., Transaction Publishers, 2002)

Jelavich, Barbara, *Modern Austria: empire and republic, 1815-1986* (Cambridge ; UK, Cambridge University Press, 1987)

Pauley, Bruce F., *From prejudice to persecution : a history of Austrian anti-semitism* (Chapel Hill, University of North Carolina Press, 1992)

Pick, Hella, *Guilty victim : Austria from the Holocaust to Haider* (London, I.B. Tauris, 2000)

Steinberg, Jonathan, *Why Switzerland?* (Cambridge UK; New York, Cambridge University Press, 1996)

Sully, Melanie A., *The Haider phenomenon* (New York, East European Monographs, 1997)

Wodak, Ruth, and Pelinka, Anton, *The Haider phenomenon in Austria* (New Brunswick, N.J., Transaction Publishers, 2002)

Ziegler, Jean, *The Swiss, the gold, and the dea : how Swiss bankers helped finance the Nazi war machine* (New York, Penguin Books, 1999)

巴爾幹和土耳其

Altmann, Franz-Lothar, and Batt, Judy, *The Western Balkans: moving on* (Paris, Institute for Security Studies, European Union, 2004)

Crampton, R. J., *The Balkans since the Second World War* (New York, Longman, 2002)

———, *A concise history of Bulgaria* (Cambridge, Cambridge University Press, 2005)

Glenny, Misha, *The Balkans: Nationalism, War and the Great Powers, 1804-1999* (London, Penguin, 2001)

Hockenos, Paul, *Homeland calling : exile patriotism and the Balkan wars* (Ithaca, N.Y., Cornell University Press, 2003)

Jelavich, Barbara, *History of the Balkans* (Cambridge ; UK, Cambridge University Press, 1983)

Malcomson, Scott L., *Borderlands--nation and empire* (Boston, Faber and Faber, 1994)

Mazower, Mark, *After the war was over: reconstructing the family, nation, and state in Greece, 1943-1960* (Princeton, N.J., Princeton University Press, 2000)

———, *The Balkans: a short history* (New York, Modern Library, 2000)

———, *Greece and the inter-war economic crisis* (Oxford, Clarendon Press, 1991)

McNeill, William Hardy, *The metamorphosis of Greece since World War II* (Chicago, University of Chicago Press, 1978)

Stavrou, Theofanis George, and Lampe, John R., *Redefining Southeastern Europe: political challenges and economic opportunities* (München, Südosteuropa-Gesellschaft, 1998)

Todorova, Maria Nikolaeva, *Balkan identities: nation and memory* (New York, NYU Press, 2004)

White, Jenny B., *Islamist mobilization in Turkey: a study in vernacular politics* (Seattle, University of Washington Press, 2003)

Zürcher, Erik Jan, *Turkey: a modern history* (London, I.B. Tauris, 2004)

Power, Samantha, *A Problem from Hell : America and the age of genocide* (New York, Basic Books, 2002)
Rakowska-Harmstone, Teresa, *Communism in Eastern Europe* (Bloomington, Indiana University Press, 1984)
Reynolds, David, *One World Divisible: a global history since 1945* (New York, W.W. Norton, 2000)
Roberts, J. M., *A History of Europe* (New York, N.Y., U.S.A., Allan Lane, 1997)
Rothschild, Joseph, *Return to diversity: a political history of East Central Europe since World War II* (New York, Oxford University Press, 2000)
Schópflin, George, *Politics in Eastern Europe, 1945-1992* (Oxford, Blackwell, 1993)
Snyder, Timothy, *The Reconstruction of Nations: Poland, Ukraine, Lithuania, Belarus, 1569-1999* (New Haven, Yale University Press, 2003)
Stokes, Gale, *From Stalinism to pluralism: a documentary history of Eastern Europe since 1945* (New York, Oxford University Press, 1995)
Teich, Mikuláš and Porter, Roy, *The National question in Europe in historical context* (New York, Cambridge University Press, 1993)
Urwin, Derek W., *A political history of Western Europe since 1945* (New York, Longman, 1997)
Verheyen, Dirk, and Christian Søe, *The Germans and their neighbors* (Boulder, Westview Press, 1993)
Walicki, Andrzej, *Marxism and the leap to the kingdom of freedom: the rise and fall of the Communist utopia* (Stanford, Stanford University Press, 1995)
Watson, Peter, *A Terrible Beauty : a history of the people and ideas that shaped the modern mind* (London, Weidenfeld & Nicolson, 2000)
Wee, Herman van der, *Prosperity and Upheaval : the world economy, 1945-1980* (Berkeley, University of California Press, 1986)
Weinberg, Gerhard L., *A World at Arms. A Global History of World War II* (New York, Cambridge U. Press, 1994)
Wolf, Eric R., *Peasant wars of the twentieth century* (Norman, University of Oklahoma Press, 1999)
Wolff, Larry, *Inventing Eastern Europe: the map of civilization on the mind of the enlightenment*(Stanford, Stanford University Press, 1994)
Zeman, Z. A. B., *The making and breaking of communist Europe* (Oxford, B. Blackwell, 1991)

國別史 NATIONAL HISTORIES

奧地利和瑞士

Bader, William B., *Austria between East and West, 1945-1955* (Stanford, Stanford University Press, 1966)
Bischof, Günter, and Pelinka, Anton, *Austro-corporatism : past, present, future* (New Brunswick, NJ, Transaction Publishers, 1996)
Bouvier, Nicolas, Craig, Gordon Alexander and Gossman, Lionel, *Geneva, Zurich, Basel : history, culture & national identity* (Princeton, N.J., Princeton University Press, 1994)

Gress, David, *Peace and survival: West Germany, the peace movement, and European security* (Stanford, CA, Hoover Institution Press Stanford University, 1985)

Hitchcock, William I., *The Struggle for Europe: the turbulent history of a divided continent, 1945 to the present* (New York, Anchor Books, 2004)

Hobsbawm, E. J., *The Age of Extremes: a history of the world, 1914-1991* (New York, Pantheon Books, 1994)

———, *Nations and nationalism since 1780* (NY, Cambridge University Press, 1992)

Horn, Gerd-Rainer, and Padraic Kenney, *Transnational moments of change: Europe 1945, 1968, 1989* (Lanham, Md., Rowman & Littlefield, 2004)

Jackson, Gabriel, *Civilization & barbarity in 20th-century Europe* (Amherst, N.Y., Humanity Books, 1999)

James, Harold, *Europe Reborn: a history, 1914-2000* (Harlow, England ; New York, Pearson Longman, 2003)

Johnson, Lonnie, *Central Europe: enemies, neighbors, friends* (New York, Oxford University Press, 2002)

Kaldor, Mary, *The disintegrating West* (New York, Hill and Wang, 1978)

Kennedy, Paul M., *The Rise and Fall of the Great Powers: economic change and military conflict from1500 to 2000* (New York, Vintage Books, 1989)

Keylor, William R., *A World of Nations : the international order since 1945* (New York, Oxford University Press, 2003)

Lange, Peter, George Ross, and Maurizio Vannicelli, *Unions, change, and crisis: French and Italian union strategy and the political economy, 1945-1980* (London; New York, Allen and Unwin, 1982)

Liberman, Peter, *Does conquest pay?: the exploitation of occupied industrial societies* (Princeton, N.J., Princeton University Press, 1996)

Lichtheim, George, *Europe in the twentieth century* (London, Phoenix Press, 2000)

Magocsi, Paul R., *Historical Atlas of Central Europe* (Seattle: University of Washington Press, 2002).

Magris, Claudio, *Danube* (New York, Farrar, Straus, Giroux, 1989)

Marrus, Michael Robert, *The Unwanted: European refugees in the twentieth century* (Philadelphia, Temple University Press, 2002)

Mazower, Mark, *Dark Continent: Europe's twentieth century* (New York, A.A. Knopf, 1999)

Mény, Yves, and Andrew Knapp, *Government and politics in Western Europe: Britain, France, Italy, Germany* (New York, Oxford University Press, 1998)

Mitchell, B. R., *European historical statistics, 1750-1975* (New York, N.Y., Facts on File, 1980)

Naimark, Norman M., *Fires of Hatred: ethnic cleansing in twentieth-century Europe* (Cambridge, MA, Harvard University Press, 2001)

Okey, Robin, *Eastern Europe, 1740-1985: feudalism to communism* (London, Hutchinson, 1986)

Overy, R. J., *Why the allies won* (New York, W.W. Norton, 1996)

Paxton, Robert O., *Europe in the twentieth century* (Belmont, CA, Thomson Wadsworth, 2005)

Pollard, Sidney, *European economic integration, 1815-1970* (London, Thames and Hudson, 1974)

Postan, Michael Moisse, *An Economic History of Western Europe* (London, Methuen, 1967)

通　史 GENERAL HISTORIES

Ambrosius, Gerold, and William H. Hubbard, *A social and economic history of twentieth-century Europe* (Cambridge, Mass., Harvard University Press, 1989)
Blanning, T. C. W., *The Oxford history of modern Europe* (Oxford, Oxford University Press, 2000)
Boer, Pim den, Peter Bugge, Ole Wæver, Kevin Wilson, and W. J. van der Dussen, *The history of the idea of Europe* (Milton Keynes, Open University, 1995)
Brubaker, Rogers, *Citizenship and nationhood in France and Germany* (Cambridge, Mass., Harvard University Press, 1992)
Bullock, Alan, *Hitler and Stalin: parallel lives* (London, Fontana Press, 1998)
Chirot, Daniel, *The Origins of backwardness in Eastern Europe: economics and politics from the Middle Ages until the early twentieth century* (Berkeley, University of California Press, 1989)
Cipolla, Carlo M., *The Fontana economic history of Europe* (Hassocks, Sussex, England, Harvester Press,1976)
The Twentieth century (Hassocks, UK, Harvester Press, 1977)
Cook, Chris, John Paxton, and Chris Cook, *European political facts, 1918-90* (New York, Facts on File,1992)
Crampton, R. J., *Eastern Europe in the twentieth century and after* (London; New York, Routledge, 1997)
Crouzet, Maurice, *The European renaissance since 1945* (New York, Harcourt Brace Jovanovich, 1970)
Davis, J., *People of the Mediterranean: an essay in comparative social anthropology* (London, Routledge & K. Paul, 1977)
Deighton, Anne, *Building postwar Europe: national decision-makers and European institutions, 1948-63*(New York, N.Y., St. Martin's Press, 1995)
Dunn, John, *The Cunning of Unreason: making sense of politics* (New York, NY, Basic Books, 2000)
Fejtö, François, *A history of the people's democracies: Eastern Europe since Stalin* (New York, Praeger,1971)
Ferguson, Niall, *The Cash Nexus: money and power in the modern world, 1700-2000* (New York, Basic Books, 2001)
Garton Ash, Timothy, *History of the present: essays, sketches, and dispatches from Europe in the 1990s* (New York, Random House, 1999)
Gillis, John R., *Youth and history: tradition and change in European age relations, 1770-present* (New York, Academic Press, 1981)
Glenny, Misha, *The rebirth of history: Eastern Europe in the age of democracy* (London, England; New York, N.Y., USA, Penguin Books, 1990)
Glover, Jonathan, *Humanity : a moral history of the twentieth century* (London, J. Cape, 1999)
Graubard, Stephen Richards, *Eastern Europe-- Central Europe-- Europe* (Boulder, Colo., Westview Press,1991)

延伸書目
Bibliography

作者說明

關於二戰後歐洲的文獻浩如煙海，而且就像歐洲本身一樣，不斷擴展。這裡列出的書目只是我在撰寫《戰後歐洲六十年》時所發現最有趣或最有幫助的英文書籍一小部分。只要可能，我列出的都是讀者能夠查閱或購買的書籍（也列出版次）。出於同樣的考量，我未列入一手史料（回憶錄及少數當代報告除外），也未列入其他語言出版的作品。

本書目分為三部分。第一部分列出探討現代歐洲歷史的書籍，以及專門研究特定國家或地區的作品。第二部分按照若干主題分門別類，例如冷戰、移民、文化與藝術等。第三部分則按照章別順序，列出那些為我提供重要訊息來源、在特定章節中對我撰寫內容有關鍵貢獻，或對我特別有幫助的補充書目。

這種編排方式不可避免地會有所重疊。例如，對冷戰時期法國知識分子感興趣的讀者，可以參考不同標題下的書籍：法國、冷戰、歐美關係、知識分子與思想，以及第七章〈文化戰爭〉。同樣地，想了解戰後歐洲經濟史的讀者，可以參考「通史」「經濟」或「歐盟」部分，以及強調經濟史的各章節，尤其是第三章〈歐洲的復興〉、第十章〈富裕的年代〉和第十四章〈期望降低〉。就像《戰後歐洲六十年》本身一樣，這份書目主要面向普通讀者，但我也希望學生與專家能從中獲益。

POSTWAR

A HISTORY OF EUROPE SINCE 1945

左岸歷史　387

戰後歐洲六十年〔新版〕

[下冊] 巨變與融合（1971-2005）

作　　者　東尼・賈德（Tony Judt）
譯　　者　黃中憲
總 編 輯　黃秀如
責任編輯　林巧玲、蔡竣宇
編輯協力　王湘瑋、非爾
行銷企劃　蔡竣宇
美術設計　黃暐鵬

出　　版　左岸文化／左岸文化事業有限公司
地　　址　231新北市新店區民權路108-3號8樓
發　　行　遠足文化事業股份有限公司（讀書共和國出版集團）
電話（02）2218-1417　傳真（02）2218-8057
客服專線 0800-221-029
E-Mail　rivegauche2002@gmail.com
左岸臉書　facebook.com/RiveGauchePublishingHouse
法律顧問　華洋法律事務所　蘇文生律師
印　　刷　呈靖彩藝有限公司
初版一刷　2012年2月
二版一刷　2024年12月

定　　價　750元
I S B N　978-626-7462-35-5
978-626-7462-30-0（PDF）
978-626-7462-26-3（ePub）

戰後歐洲六十年〔新版〕. 下冊：巨變與融合（1971-2005）／
東尼・賈德（Tony Judt）著；黃中憲譯.
－二版.－新北市：左岸文化，左岸文化事業有限公司出版，
遠足文化事業股份有限公司發行，2024.12
面；　公分.－（左岸歷史；387）
譯自：POSTWAR: A History of Europe Since 1945
ISBN 978-626-7462-35-5（平裝）
1.CST: 西洋史
740.275　　113018091